तुलसी : आधुनिक वातायन से

तुलसी को
आधुनिक वातायन से
देखने-सुनने-समझने का
मतलब है–
अपने देश की बहुसंख्यक जनता के
परम्परागत आदर्शों और जीवन-मूल्यों की
ठोस चुनौतियों का
अध्ययन !

तुलसी
आधुनिक वातायन से

रमेश कुन्तल मेघ

राधाकृष्ण प्रकाशन

ISBN : 978-81-8361-083-4

तुलसी : आधुनिक वातायन से

राधाकृष्ण से पहला संस्करण : 2007
दूसरा संस्करण : 2021
This book is printed on **Print on Demand** Technology : 2024

मूल्य : ₹995

प्रकाशक
राधाकृष्ण प्रकाशन प्राइवेट लिमिटेड
जी-17, जगतपुरी, दिल्ली–110 051
शाखाएँ : अशोक राजपथ, साइंस कॉलेज के सामने, पटना–800 006
पहली मंजिल, दरबारी बिल्डिंग, महात्मा गांधी मार्ग, प्रयागराज–211 001
1, अनमोल सोराबजी संतुक लेन, धोबी तलाव, मरीन लाइंस, मुम्बई-400 002
वेबसाइट : www.radhakrishnaprakashan.com
ई-मेल : info@radhakrishnaprakashan.com

TULSI : AADHUNIK VATAYAN SE
by Ramesh Kuntal Megh

हिन्दी की नई बौद्धिकतावादी
परम्परा को—

विषय-सूची

विचार-दीप का आलोकन

नागरिक, नागरक, सन्त, भक्त और कवि तुलसीदास–जिनका बचपन का नाम 'रामबोला' था–पर सात उपनिषदोंवाली हमारी इस गोष्ठी में न तो काकभुशुण्डि और गरुड़, न याज्ञवल्क्य और भारद्वाज, न शिव और पार्वती, और न ही नरहर्यानन्द और तुलसी मौजूद हैं। उनकी एक मिथकीय एवं आध्यात्मिक-ऐतिहासिक दुनिया थी। हमारी इस गोष्ठी का आयोजन बीसवीं-इक्कीसवीं सदी के भारत के मंच पर हो रहा है जहाँ की यथार्थता और स्वप्न दूसरे हैं। आज हम भारत से रूढ़ सामन्तीय संस्कारों को ख़त्म करने पर जुटे हैं जो वर्णाश्रम-धर्म और नारी की दासता की वजह से ग्राम-विकास को रोकते हैं, शहरों में बड़े-बड़े भारी उद्योगों को क़ायम करने पर जुटे हैं जो समाजवाद के लिए इस्पात, बिजली, जेट वायुयान, औद्योगिक माल पैदा करेंगे। आज के खल व्यक्ति नहीं, समूह और वर्ग हैं; आज के सन्त भी सामाजिक दार्शनिक हैं। किन्तु हमारे वर्तमान इतिहास को एक महान् परम्परा जोड़े हुए है जो एक निरन्तर जीवन्त प्रक्रिया है। तुलसी को आधुनिक वातायन से देखने-सुनने-समझने का मतलब है, अपने भारत की बहुसंख्यक जनता के परम्परागत आदर्शों तथा जीवन-मूल्यों की ठोस चुनौतियों का अध्ययन ! साहित्य और कलाओं को या तो समाज का 'दर्पण' माना जाता रहा है, अथवा 'दीपक'। हमने 'वातायन' या 'झरोखे' का प्रतीक लिखा है जहाँ से भारत के मध्ययुग की विविधता साकार हो उठती है। हमारी आज की गोष्ठी में केवल आस्तिक पाठक और सनातन संस्कारोंवाले आलोचक ही नहीं, बल्कि राजनीतिक, अर्थशास्त्री, समाजशास्त्री, नृवंशशास्त्री, सौन्दर्यबोधशास्त्री, वैज्ञानिक, मनोविश्लेषक, मार्क्सवादी, कांग्रेसी, भाजपाई, समाजवादी, बसपाई आदि भी शामिल हैं। अतः हम इस गोष्ठी को शुद्ध साहित्यिक धरातल से उठाकर 'सम्पूर्ण संस्कृति की' आधुनिकता के बोध पर क़ायम करेंगे, और इन सभी सहभोक्ताओं की मिली-जुली नई दृष्टियों से झरोखे के पार का दिग्दर्शन करेंगे। हमें सन् 2020 तक एक 'विकसित' देश जो बनना है।

यह गोष्ठी 'मध्यकाल-अध्ययनशास्त्र' (मेडीवल स्टडीज़) का विकास करने की दिशा में एक अगला क़दम है। हिन्दी में मध्यकाल-अध्ययन की प्रथम गम्भीर चेष्टा आचार्य शुक्ल ने की, किन्तु वे उदार हिन्दू-संस्कारों से भी मोहित थे। अतः उन्होंने उदार हिन्दू-दृष्टिकोण से इतिहास को देखा। आचार्य हजारी प्रसाद द्विवेदी ने मध्यकाल को लोकजीवन की भूमि से देखा और मध्यकाल की साधनाओं की मानवतावादी व्याख्याएँ कीं। इसके बाद मध्यकाल की निर्मिति के प्रयास रुक-से गए। तुलसी पर आधुनिक दृष्टि

से गम्भीर कार्य करनेवालों में सर जॉर्ज ग्रियर्सन, डब्ल्यू-डगलस पी. हिल, आचार्य रामचन्द्र शुक्ल, डॉ.प.आ. वारान्निकोव, फॉदर कामिल बुल्के, प्रो. जगदीश पांडेय का नाम गर्व के साथ लिया जाएगा। इन देशी-विदेशी मनीषियों ने तुलसी-अध्ययनमाला को ठोस ज़मीन दी है। हमने इसी प्रगतिशील और गम्भीर परम्परा से प्रेरणा पाकर गोष्ठी के विषय-सूत्रों को गूँथा है।

मुग़लकालीन भारत के मध्यकाल के अध्ययन में हमें बहुत-सी पहेलियों के बीच से गुज़रना पड़ा है। पूरे मध्यकाल का अध्ययन करने के लिए अरबी-तुर्की-ईरानी इतिहासकारों के ग्रन्थ, मुग़ल सम्राटों के संस्मरण, 'आईने-अकबरी', चित्रकला, संगीत, स्थापत्य तथा अन्य कलाएँ, प्रशासन और अर्थतन्त्र, सामाजिक जीवन और धार्मिक चेतना, साहित्य और अन्धविश्वासों के अध्ययन की अपेक्षा है। इस समग्र पैटर्न में हमें मुस्लिम इतिहासकार इस्लामी सम्राटों का दृष्टिकोण देते हैं; तथा सन्त, भक्त एवं सूफ़ी आदि भारतीय लोक-जीवन के स्वप्न। निष्पक्ष सामाजिक यथार्थता को दोनों नहीं दे सके। लेकिन जनता के उस इतिहास को–जिसमें महान् सम्राटों और रजवाड़ों के युद्ध-प्रेम-ईर्ष्या आदि का लेखा-जोखा न होकर 'भोगा गया' और 'आकांक्षित किया गया' सहज तथा दारुण सामाजिक दस्तावेज़ है–सन्त, भक्त तथा सूफ़ी पेश करते हैं। इनके दृष्टिकोण समूहपरक या सम्प्रदायपरक थे, किन्तु वे ही तत्कालीन भारत के वास्तविक नए इतिहासकार (हिस्टोरियोग्रैफ़र्स) हैं जिन्होंने पुराणों और आख्यानों का सहारा लेकर भी जन-इतिहास की नींव डाली है। साहित्यिक माध्यम से लिखे गए इस इतिहास में राम-भक्ति धारा, कृष्ण-भक्ति धारा, निर्गुण-भक्ति धारा, सूफ़ी-साधना धारा आदि ने अपने दृष्टिकोणों से समाज तथा संस्कृति, चेतना तथा रूढ़ि का भाष्य किया है। हमने केवल तुलसी को ही आधार बनाया है। इसलिए हमारा 'मध्यकाल-अध्ययन' मध्यकाल के एक खंड की एक (हिन्दू) संस्कृति के एक साहित्य-रूप (काव्य) की एक धारा के एक कवि पर केन्द्रीभूत हो जाता है। इसलिए यह 'मध्यकाल अध्ययनशास्त्र' की प्रारम्भिक भूमिका ही कहा जाएगा; यद्यपि हमने व्यापकता और गहराई के आयामों को उभारने की हर मुमकिन कोशिश की है।

मध्यकालीन धार्मिक साहित्य के अध्ययन में अत्यन्त आधुनिक होने पर हम बड़ी विशाल ऐतिहासिक परम्परा की धारा के लिए पराए हो जाते हैं; और अत्यन्त पुनरुत्थानवादी होने पर रूढ़ियों और ऐतिहासिक पतन के प्रति भी झूठे गौरव का विभ्रम फैलाने लगते हैं। इसके बीच में चलने पर फिसल जाने का मुतवातिर अन्देशा क़ायम रहा है। हमने ऐतिहासिक-भौतिकवादी दृष्टिकोण की सहायता लेकर इसका नयी-नयी दिशाओं में पुनः-संस्कार तथा अन्तर-रूपान्तर (मेटेमॉरफ़ोसिस) किया है। मध्यकालीन साहित्य तथा संस्कृति के जनपक्ष में तीन प्रवृत्तियाँ लक्षित होती हैं : मध्यकालीनीकरण, ग्राम्यीकरण और मिथकीयकरण। इन तीन 'करणों' की बुनियाद पर हम कुछ सही लोचन पा सकते हैं। मध्यकालीन साहित्य में धार्मिक भाषा की एक जटिल समस्या है क्योंकि वहाँ धार्मिक प्रतीकों और धार्मिक कर्मकांडों के माध्यम से स्वयंप्रकाश्य अनुभवों का

अन्वेषण हुआ है। मध्यकालीन सौन्दर्यबोधशास्त्र की भी अपनी विशेषताएँ हैं जो काव्यशास्त्रीय परम्परा से थोड़ा पृथक् और भिन्न भी हैं। मध्यकालीन साहित्य में अभिव्यक्त पौराणिक चेतना के आधार पर तत्कालीन ऐतिहासिक यथार्थ की संरचना करना भी एक दुरूह समस्या है, और मध्यकालीन आध्यात्मिक चेतना को तत्कालीन अनुभवगम्य यथार्थता से जोड़ना भी एक अनबूझ पहेली है। हम इन विपरीतों और अन्तर्विरोधों को यथासम्भव सुलझाने की चेष्टा करेंगे। इस प्रयास में प्राप्त नए निष्कर्षों तथा अनुभवों को प्रकट करने के लिए हमें परम्परागत शब्दावली के बजाय नई शब्दावली गढ़ने की आवश्यकता सर्वाधिक महसूस हुई है। अतः हम अनेक 'करण' वाले प्रत्ययों के द्वारा यह कार्य सिद्ध करेंगे।

सांस्कृतिक दृष्टि से तुलसी के सम्पूर्ण जीवन की रचना, और उसके आलोक में उनके कृतित्व की मीमांसा, करना लाज़िमी है। बहुधा हमारे मन में जिस तुलसी की छाप डाली गई है वह एक सन्त-भक्त की है, तथा जिस ग्रन्थ का जादू छाया है वह 'मानस' है। तुलसी प्रधानतया सन्त हो सकते हैं, किन्तु इसके साथ-साथ वे एक किसान, ग्रामीण, उपेक्षित वर्ग के एक मनुष्य थे। इसी तरह 'मानस' में उनका पुनरुत्थानवाद अपने चरमोत्कर्ष पर है। बाद में 'हनुमान बाहुक' और 'कवितावली' तक आते-आते वे वर्णाश्रम तथा अपनी आस्था-विश्वास के सामने भी बड़ा-सा प्रश्नचिह्न लगा देते हैं। यह प्रश्नचिह्न मानो उनका निर्भ्रान्तीकरण (डिस्-इल्यूज़नमेंट) और भारत के भविष्य का इशारा भी है। हमें तुलसी के 'आर्केटाइपल' बिम्ब को उनके समग्र व्यक्तित्व तथा विविध कृतित्व की पृष्ठभूमि में उभारकर साक्षात् करना होगा।

सारे मुग़लकाल में दो ही व्यक्ति व्यापक इतिहास के प्रतीक हैं : अकबर और तुलसी ! व्यापकता, दूरदर्शिता, भारत के महत् भविष्य के प्रति झिलमिलाते स्वप्नों का साकारीकरण, विराट् जनता के स्पन्दनों और देश के यथार्थ को शनैः-शनैः लोकभूमि से आँकना इन्हीं का सामर्थ्य था। इन दोनों को हम मध्यकालीन संस्कृति के दो पूरक एवं बाइनरी सामाजिक घटकों का प्रतिनिधि मान सकते हैं। इन दोनों के बीच एकसूत्रता स्थापित करने में हिन्दू-इतिहास और मुसलमान-इतिहास की ग़लत मनोवृत्तियों से आज़ाद होना पड़ेगा। इतिहास या तो महापुरुषों और महान् घटनाओं को केन्द्र मानकर लिखा जाता रहा है, अथवा साधारण जनता और उनकी दैनन्दिन सामाजिक दशाओं को ढूँढ़कर तथा उनकी व्याख्या करके लिखा जा सकता है। तुलसीदास के कलात्मक इतिहास-लेखन (आर्टिस्टिक हिस्टोरियोग्रैफ़ी) में दूसरी जीवन-दृष्टि शीर्षस्थ है। यदि उनमें नैतिक यथार्थता और आध्यात्मिक आदर्श हैं, तो सामाजिक यथार्थता और लोकमंगल के आदर्श भी हैं। वे मध्यकालीन अन्तर्विरोधों से कतई बरी नहीं हैं। इस तरह तुलसी विशाल मध्यकालीन संस्कृति के एक दर्पण हैं, एक दीपक हैं और सबसे अधिक एक झरोखे। आइए, हम आधुनिकता के वातायन से तुलसी और उनके युग का तर्कसंगत दर्शन-दिग्दर्शन क्यों न करें !

14 सितम्बर, 2006

मानस-चतुश्शती के मौक़े पर गोष्ठी का प्रवर्तक पत्र

"कलि कुटिल जीव निस्तार हेतु बालमीकि तुलसी भयो।" : अर्थात् अनेक महाकवियों के इतने सूर्यवंशी श्रीरामों के द्वारा क्या एशिया का सांस्कृतिक इतिहास भी रचा जा सकता है ? क्या एशियाई व्यक्तित्व की धारणा गढ़ी जा सकती है ? इतने सूर्यवंशी श्रीरामों के बीच तुलसी के अन्तरंग श्री रामचन्द्र कौन-से हैं ? क्या तुलसी के 'मानस' के ज़रिए परम्परागत भारतीय समाज तथा मौजूदा ग्रामीण भारतीय किसान की आदतों का अध्ययन समकालीन प्रामाणिकता दे सकता है ? क्या यह अध्ययन आज हमारी समाजवादी तब्दीली और वैचारिक क्रान्ति में भी सहकारी हो सकता है ?

पुस्तक के रूप में यह गोष्ठी सन् 1967 में हो चुकी थी। अब सन् 2006 में पुनः इसका नितांत नवीन संस्करण हो रहा है और खुशक़िस्मती से मानस-चतुश्शती समारोहों को मनाने का सिलसिला भी शुरू हुआ था। इसलिए हमें भी कई वर्ष पहले हुई सप्तपदी गोष्ठी को समसामयिक सन्दर्भ और नए सम्बन्ध प्रदान करने के लिए यह प्रवर्तक पत्र प्रस्तुत करना पड़ रहा है और अन्त में कुछ परिशिष्ट भी देने पड़ रहे हैं।

आधुनिक रचनावृत्त में तुलसी को सबसे पहले बाबू शिवनन्दन सहाय ने देखा था। बाद में सूर्यकान्त त्रिपाठी निराला ने 'तुलसीदास' (1939) की रचना द्वारा तादात्म्यीकरण किया। रांगेय राघव ने 'रत्ना की बात' (1954) शीर्षक लघु औपन्यासिक जीवनी लिखी। रुद्र काशिकेय भी 'रामबोला बोले' अधूरा ही लिखकर चल बसे। अन्ततः इस समारोह की श्रेष्ठ रचनाधर्मी उपलब्धि अमृतलाल नागर कृत 'मानस का हंस' (1972) शीर्षक उपन्यास रही है। इसीलिए हमारी रचनाधर्मी कृति 'तुलसी : आधुनिक वातायन से' भी (अब) पुनश्च समुपस्थित हो रही है। अस्तु।

कल्पभेद से राम के चरित्र अनन्त हो गए हैं क्योंकि उनके चरित्र अनन्त हैं और इसलिए रामायणों का विस्तार भी अमित है। रामायण की कथा भारत के समाज, संस्कृति, इतिहास, साहित्य, धर्म में गुँथी हुई है। मिथक और (अथवा) इतिहास के श्री राम स्वयं भारत के तथा भारत की सांस्कृतिक यात्रा के प्रतीक हो गए हैं। उनकी यात्रा

वैदिक काल से शुरू होती है और आज तक जारी है। यह यात्रा भारत, नेपाल, श्रीलंका, बरमा (म्यांमार), थाईलैंड, कम्बोडिया, मलेसिया, इन्दोनीसिया (जावा, बाली आदि) आदि अर्थात् दक्षिण एशिया में भी शताब्दियों से अपने 'जनसमूह-मीडिया' द्वारा परम्परागत संस्कृति का विस्तार करती चली आ रही है क्योंकि शुरू से ही रामायण का कलात्मक प्रचार जनसमूहों में गा-गाकर, पठन-पाठन कर तथा संगीत-नाटकों द्वारा अभिनीत करके हुआ था। सन् 1971 में इन्दोनीसिया के जावा प्रान्त के एक छोटे से नगर पनदान में **'प्रथम अन्तर्राष्ट्रीय रामायण महोत्सव'** के मौक़े पर विभिन्न रूपों में प्रचलित रामायणों के सैकड़ों शास्त्रीय नृत्यों तथा लोक गायनों ने भी यही सिद्ध किया है कि प्रत्येक देश तथा कवि के लिए रामायण एक सामाजिक अध्ययन थी और उसका पल्लवन-पुष्पन राम के लोकचरित के प्रस्तुतीकरण में हुआ है। श्री राम अपनी इस यात्रा को, देशाभिधान और कालावदान के अनुसार बारम्बार मोड़ देते हैं। कवि तथा नेता पिछड़ जाते हैं। जनता साथ चल देती है; और श्री राम भी उसके साथ आगे चलते जाते हैं। इसीलिए हमारा साक्षात्कार इतने सूर्यवंशी श्रीरामों से होता है जो एशिया के इतिहास-रथ के दर्शन एवं अध्ययन की धुरी हैं। ऐसा ही एक साक्षात्कार भारत में **'मानस' चतुश्शती समारोह** (1973) के अवसर पर हुआ और हम भी उसके एक सहकर्मी रहे।

दूसरी दिशा रामायण (वाल्मीकि कृत) का रचनाकाल निर्धारित करने की है। इसके लिए हँसमुख धीरजलाल सांकलिया ने पुरातत्व (आर्केलॉजी) के द्वारा मानव-जीवन की समय-सारणी तथा उस काल की प्राचीन संस्कृति की रचना को प्रस्तुत किया है। मानव-जीवन के भौतिक विकास की पृष्ठभूमि में उन्होंने रामायण के चार कालविभाग किए हैं जिनमें सबसे प्राचीन काल ई. पू. छठी और सातवीं शताब्दी, तथा सबसे अर्वाचीन काल ई.प. पाँचवी-छठी शताब्दी है। इस तरह रामायण किसी भी तरह ई.पू. 1000 वर्ष से प्राचीन नहीं है। इसके कई सबूत हैं। उपलब्ध रामायण की सभी आवृत्तियाँ लौहयुगीन हैं। उनमें कालायस, कार्ष्णायस तथा अयस नाम से जो-जो लौह उपकरण वर्णित हैं उनका समय सन् ई. पू. 400-500 से ई. पू. 300-400 है। दूसरा सबूत सीता के कौशेय वसन (चीनी रेशम जिसका भारत-आगमन ई.पू. दूसरी शताब्दी से पहले नहीं हुआ) का उल्लेख है जिसकी वजह से रामायण का रचनाकाल सन् 200 ई. पू. से पहले नहीं हो सकता। तीसरा सबूत अयोध्याकांड तथा सुन्दरकांड में विमान तथा गोपुर का उल्लेख है। दक्षिण भारत में प्राचीन-से-प्राचीन गोपुर सन् ई. पू. 500 से पुराने नहीं मिलते। इसी तरह पुष्पक-विमान में बड़े पत्थर के स्तम्भशीर्ष उठाते हुए व्योमचर की स्थापत्य-रचना का अभिप्राय ग्रीक है तथा गजलक्ष्मी की चित्ररचना का सम्बन्ध साँची-भरहुत से है। ये दोनों उल्लेख भी इसे सन् 200 ई. पू. से पहले का नहीं ठहराते। सांकलिया ने लंका तथा किष्किन्धा वर्णन के वनस्पतिशास्त्रीय अध्ययन करने के बाद लंका को विन्ध्यपर्वत के छोटानागपुर में ही स्थित माना है। किसी भी हालत में यह श्रीलंका द्वीप नहीं है। वे कहते हैं कि रामायणों के कवियों को दक्षिण भारत का असली ज्ञान नहीं था; लंका और किष्किन्धा नगरियों के वर्णन काल्पनिक हैं। उनमें जिस जीवन

का चित्रण हुआ है वह ई. पू. पहली-दूसरी शताब्दी से सन् 500 ई. पू. का उत्तर भारत का है।[1]

बड़ौदा के प्राच्य संस्थान में उमाकान्त प. शाह के निर्देशन में पिछले बाईस वर्षों से वाल्मीकि रामायरण के मूलपाठ का निर्धारण हो रहा है। अब तक सबसे प्राचीन पांडुलिपि बीर पुस्तकालय (काठमांडो) की है जो सन् 1026 ई. पू. की लिखी है। इसके पहले रामायण की मौखिक परम्परा सूत-मागधों, नाराशंसियों, मन्दिर के कीर्तनियों तथा लोकगाथिनों द्वारा जीवित रखी गई। अतः प्राचीन पाठ को मूलपाठ के सन्निकट लाकर परिनिष्ठित करना–'विवेचित संस्करण' तैयार करना–बड़ा लम्बा अभियोजन है। तथापि फ़ादर कामिल बुल्के ई. पू. 300, श्लेगेल ई. पू. 1000; हर्मन जैकोबी ई. पू. 700, विंटरनित्ज़ तथा वैद्य (चि. वि.) ई. पू. 200 से ई. पू. 200 का संग्रह-काल मानते हैं। वाल्मीकि द्वारा रचना के पहले रामकथा एक लोकाख्यान थी। सूर्यनारायण व्यास के अनुसार रामायण की संस्कृति वेदोत्तर उस गोचारण संस्कृति की झलक देती है जब 'प्राथमिक शहरीकरण' बस शुरू ही हुआ था।

इस तरह श्री राम और उनकी रामायण के पहले उपनिषद् काल (ई. पू. 800-600 ई. पू.) वाली एक 'निराकार-निर्विकल्प ब्रह्म' की अवतारणा आलोकमान थी जिसमें पारलौकिकता के लक्ष्य के अन्तर्गत कर्मवाद, पुनर्जन्म (आत्मा) तथा संस्कार की धारणाओं ने इतिहासदर्शन की आध्यात्मिक विश्वदृष्टि को जन्म दिया। इसी तरह स्वयं श्रीराम-रामायण के काल में हम विदेशी बैक्ट्रियनों, ग्रीकों, शकों, पहलूवों, कुषाणों तथा शुंगों, कंवों, आन्ध्र-सातवाहनों के शासनकाल पाते है (ई. पु. 200 से ई.प. 300)। इस काल में 'महाभारत' और 'रामायण' जैसे हिन्दू महाकाव्यों के युग का सूत्रपात हुआ; मनु तथा याज्ञवल्क्य की स्मृतियाँ रची गईं; ब्राह्मणवाद ही सर्वतोमुखी धर्म बन गया; वर्णाश्रम-धर्म तथा चतुर्वर्ग का विधान स्वीकृत हुआ; ज्ञान-भक्ति-कर्म के त्रिमार्ग विकसित हुए; अवतारवाद के सिद्धान्त का प्रचार हुआ; त्रिमूर्ति-देव की भावना द्वारा समन्वय हुआ; कनिष्क के शासनकाल में भारत-गांधार स्थापत्य का आविर्भाव हुआ; इत्यादि। रामायणकाल का अन्तिम चरण गुप्तों के साम्राज्यकाल (ई. पू. 320 से 470) में परिणत हुआ जब 'ऊपर से उतरते हुए सामन्तवाद' का 'सामन्तीय संस्कृतिकरण' प्रायः पूर्ण हो जाता है। इस युग में ब्राह्मण-वर्ग तथा ब्राह्मण-धर्म के पुनरुत्थान के साथ-साथ ब्राह्मण-मन्दिरों का निर्माण होना भी भारतीय इतिहास में सर्वथा नूतन प्रयोग है। सांकलिया ने पुरातत्व के द्वारा भी ऐसे कई निष्कर्ष निकाले ही हैं। इस युग में भागवत धर्म, अवतारवाद तथा वर्णाश्रम-धर्म की नियमबद्धता ने भारतीय जनता को रूढ़िमुग्ध बना दिया। नारी ही शृंगार तथा कला का केन्द्रबिन्दु हो गई, जैसा कि प्रत्येक सामन्तीय साम्राज्य के उत्कर्षकाल में होता है। सभी ओर धार्मिक कला एवं संस्कृति का अभिषेक हो गया। फलतः शृंगार में लौकिकता तथा नीति में पारलौकिकता का भी सामंजस्य हुआ। ऊपर से अवतरित होते हुए सामन्तवाद का महाभाव अवतारवाद में

1. दे. 'पुरातत्त्व की परखनली', दो लेख, 'आजकल', मई तथा जून अंक 1972।

पुंजीभूत हुआ। लौह युग से लेकर (गुप्त सम्राटों के) स्वर्ण-युग तक के बीच लगभग एक हजार वर्षों में वाल्मीकि-रामायण का संकलित स्वरूप पूरा हुआ। उस समय पृथ्वी पर गुणवान तथा वीर्यवान (साम्प्रतं लोके गुणवान् कश्चन् वीर्यवान 1.1.2) नरशिरोमणि एकमात्र श्रीराम ही माने गए थे। ऐसे मर्यादापुरुषोत्तम की रामायण में आत्मत्याग, वीरत्व तथा पति-पत्नी प्रेम की अनूठी करुणा और अद्भुत उल्लास के विरुद्धों का सामंजस्य है। इसलिए इतनी शताब्दियों के दौरान मनुष्य राम में ब्रह्मत्व (उपनिषद्कालीन प्रभाव), राजत्व (शुंग-कुषाणकालीन प्रभाव) तथा अवतारत्व (गुप्तकालीन प्रभाव) का समुपरंजन होता गया। यही हमारा मूलसूत्र है।

अब श्रीराम तथा वाल्मीकि रामायण की अपेक्षित अन्वीक्षा पूरी हो जाती है। उपर्युक्त भूमिका में हम कई सूर्यवंशी श्रीरामों के चरित झिलमिलाते हुए देख सकते हैं।

अतो देवा अवन्तु नो यतो विष्णुर्विचक्रमे। पृथिव्याः सप्त धाममिः ॥..."रक्षा, रंजन और रसास्वादन, इन तीन प्रयोजनों से सन्निविष्ट अवतारवाद का जन्म तो हुआ देवपक्षीय विष्णु के असुरसंहारक या देवरक्षक पराक्रम में, विस्तार हुआ परब्रह्म विष्णु एवं उनके तद्रूप अवतारी उपास्यों में, और पर्यवसान हुआ रस के वशवर्ती अवतारी उपास्यों की नित्य और नैमित्तिक, गुप्त एवं प्रकट रससिक्त लीलाओं में[1] आदि रामायण में राम विष्णु के अवतार न होकर विष्णु के समान वीर्यवान तथा गुणवान हैं। राजा राम पाँच देवताओं के स्वरूपों, अंशों तथा गुणों को धारण किए हुए लक्षित हुए हैं—अग्नि का प्रताप, इन्द्र का पराक्रम, सोम की सौम्यता, यम का दंड तथा वरुण की प्रसन्नता। नृतत्त्वशास्त्रीय दृष्टि से राम चरवाही युग तथा कृषिपरक राजतन्त्रीय-व्यवस्था के सन्धियुग के प्रतीक हैं। उनमें सर्वत्र धनुवेद की प्रधानता है तथा सीता में कृषि संस्कृति के प्रतीकों की प्रचुरता है। इस तरह पुरातत्व नृतत्व और इतिहासचक्र के संयोग से राम का स्वरूप भारतीय सभ्यता तथा भारतीय सांस्कृतिक एकता (उत्तर-दक्षिण, पूर्व-पश्चिम, ग्राम-नगर, राजा-प्रजा, लोकतन्त्र-राजतन्त्र) का पुरातन प्रतीक हो जाता है। वैदिक देवों के मानवीकृत रूपों से राम के स्वरूप की रचना हुई। इसी की पूरकता के लिए विष्णु को राम तथा उनके भाइयों के रूप में विभक्त होकर अवतार लेते हुए माना गया। लक्ष्मण (शेष), भरत (शंख) तथा शत्रुघ्न (सुदर्शन) के अवतार हुए। यह परम्परा मध्यकाल की साम्प्रदायिक रामकथाओं में भी स्वीकृत हुई है। पौराणिक अवतारवादी विष्णु के सामूहिक अवतार की संयोजना में सीता लक्ष्मी की, बालि इन्द्र के, जाम्बवान ब्रह्मा के, सुग्रीव सूर्य के, नल विश्वकर्मा के, नील अग्नि के, सुषेण वरुण के, शरभ पर्जन्य के, हनुमान मारुत के, वानर देवतागणों आदि के अवतार माने गए (वा. रा. 1, 17, 7-22)। वैदिक युग की गोत्रपरक आदिम 'इहलौकिकता' तथा परवर्ती युगों की 'पारलौकिकता' एवं 'अलौकिकता' की जीवनदृष्टियों के संयोग से वाल्मीकि के सम्प्रदायविहीन सूर्यवंशी (अवतारी) राम का चरित्रकमल खिलता है। वे त्रिदशपुंगव (1, 15, 25), विष्णु सनातन (2, 1, 7), सुरोत्तम (1, 76, 17), सर्वलोक नमस्कृतः (1, 15, 26), महायोगी सनातनः

1. 'मध्यकालीन साहित्य में अवतारवाद', कपिलदेव पांडेय (1963), पृ. 12।

(6, 114, 14) हैं। वे आदर्श राजा, स्नेही भ्राता, अनुरक्त पति, आज्ञाकारी पुत्र, गुरुपूजक, तथा उदार शत्रु हैं। राम शक्तिपुंज तथा सौन्दर्यपुंज हैं। वे शक्तिसिन्धु तथा शीलसिन्धु भी हैं। इस उपक्रम से पाँच देवताओं के गुणों से युक्त गुणवान, वीर्यवान अवतारी राम ही शक्ति-शील-सौन्दर्य के पुंज हुए। कृषि-संस्कृति की मूल विशेषताओं के अनुरूप सीता पतिव्रता हैं तथा गृहस्थ जीवन का सर्वोच्च आदर्श हुईं। वे सौन्दर्य-शील का पुंज हुईं। दोनों मिलकर एक 'पूर्ण एवं श्रेष्ठ जीवन के भारतीय आदर्श का प्रतिनिधित्व करते हैं' (शान्तिकुमार नानूराम व्यास : 'रामायणकालीन संस्कृति', 1965, पृ. 326)।

वाल्मीकि की आदिकथा के विष्णु सदृश वीर्यवान (विष्णुना सदृशो वीर्ये, 1, 1, 18) राम तीसरी शताब्दी के नाटककार **भास** के नाटकों में अवतारी तथा भक्तिपरक तत्वों का संयोग होता है (अत्र रामश्च सीता च लक्ष्मणश्च महायशः। सत्यं शीलं च भक्तिश्च साक्षाद् विग्रहवत् स्थिताः ॥)। भक्तिधुरी पर राम सत्य के, लक्ष्मण शील के, तथा सीता भक्ति के साक्षात विग्रह बन गए। अलौकिक से नैतिक मूल्यमानों में यह रूपान्तर उपास्यदेवता राम के स्वरूप की सूचना देता है। इस तरह विष्णु के अवतार राम अब अवतारी (या ब्रह्म) राम भी होने लगते हैं। अवतारत्व और ब्रह्मत्व की दो जीवनदृष्टियों में कभी एकता तथा कभी संघर्ष होता रहा जिससे परवर्ती मध्यकालीन सम्प्रदायों में कई श्रीरामों का आविर्भाव हुआ। निर्गुण और सगुण धारा का मूलरूप यहाँ ढूँढ़ा जा सकता है। भास के 'प्रतिमानाटक' के राम भ्रातृस्नेही, मातृभक्त तथा पितृभक्त हैं तो 'अभिषेक' नाटक के राम विष्णु के अवतार तथा वीर एवं विद्वान हैं।

कालिदास के वाल्मीकीय राम सौन्दर्यपुंज तथा शक्तिपुंज हैं। उनके राम के सौन्दर्य में भी शौर्य की प्रधानता है और रावण में भी वीर-धीर पुरुष के लक्षण विद्यमान हैं। उनके (रसिक) राम सीता की गोद में शिर रखकर शयन तो करते हैं (रघुवंश, 12, 21) किन्तु शिव की तरह महाभोगी नहीं हैं (कुमारसम्भव, सर्ग 8)। **भवभूति** ने राम के लोकचरित का प्रस्तुतीकरण करने के लिए अपने दो नाटकों–'महावीरचरित' तथा 'उत्तररामचरित'–में वाल्मीकि रामायण के प्राश्निक स्थलों का नाटकीयकरण किया, सम्राटों की प्रणय लीलाओं से अलविदा लेकर राम और सीता के लौकिक जीवन में मानवीय करुणा तथा वैयक्तिक भावनाओं की अभिव्यंजना की। 'महावीरचरित' के राम साक्षात् 'पुराणपुरुष' (7, 2) तथा धर्मभीरु हैं; तथा 'उत्तररामचरितम्' में वे एक आदर्श सम्राट तथा आदर्श मानव हैं। लोकाराधन के कारण 'प्रजापालक राम' अपनी प्राणप्रिया जानकी को भी छोड़ देते हैं (1, 12)। भास और भवभूति दोनों ने ही रामायण की उन मिथकीय घटनाओं को चुनकर नाटकीयकरण किया जिनकी तत्समकालीन सामाजिक सार्थकता अथवा संशयता हो। मिथक की पौराणिकता से इतिहास की चेतनता में आने के लिए भास और भवभूति को सामाजिक यथार्थता का प्रबल बोध था। इसीलिए उन्होंने राम के लोकचरित की लौकिक व्याख्याओं पर बल दिया। यह भी मुमकिन है कि गोदावरी के इलाके के निवासी भवभूति के नाट्यरूपों तथा नाट्यवस्तु पर एलौरा-अजन्ता

की गुफाओं की कलावीथियों तथा नागार्जुन–अमरावती के बौद्ध स्तूपों का प्रभाव पड़ा हो ! क्या तान्त्रिक नागार्जुन 'मालती माधव' में नहीं मौजूद हैं ? क्या 'उत्तररामचरितम्' की घटनाओं तथा चित्रवीथी के शौर्य एवं सौन्दर्य में क्रमशः एलौरा के स्थापत्य और अजन्ता के भित्तिचित्र तो नहीं प्रतिबिम्बित हो रहे हैं ? क्या भवभूति ने चोल, पल्लव, पांडय नरेशों की सांस्कृतिक आलोचना नहीं की ? 'प्रजापालक राजा राम' तथा 'करुणाकातर मानव राम' नए रूढ़िविरोधी प्रयाण के प्रतिफलन हैं। भट्टिकाव्य में 'प्रकृतिप्रेमी राम' का एक नया रूप प्रस्तुत हुआ है। मुरारि, राजशेखर, जयदेव के श्रीरामों में रूढ़िपालन ही हुआ है।

इस अनुक्रम में सिंहली कवि **कुमारदास** (ई.प. 700 पूर्वाधं) ने 'जानकीहरण' महाकाव्य द्वारा एक विलक्षण मोड़ दिया। उन्होंने एक तो पौराणिक वातावरण के स्थान पर सामन्तीय पर्यावरण का पूरा ऐश्वर्यविलास प्रस्तुत किया तथा, दूसरे, राम के बजाय जानकी को रामकथा की धुरी बनाया। उन्होंने कालिदासीय भाषा-वैभव की ज़मीन पर 'रघुवंश' के सूर्य से टक्कर लेने को, अपनी 'जानकीहरण' की योजना में नूपुरों और मेखलाओं की झनकार का तथा चन्दरिमा का गोपनीय संसार फैलाया। वे कहीं भी मर्म को नहीं छू सके; अलंकारों के सु-वर्ण-कार बने रहे। उन्होंने दशरथ के महल के सरोवर तथा राम के अन्तःपुर में छककर काम के मदिरा पात्र ढाले हैं। उन्होंने 'इन्द्र के छोटे भाई (वृषानुज)' विष्णु को भी 'राजाओं के कुतूहल' (नृपलीला) वाला बना दिया है। अतः श्रीराम भी एक 'सामन्तीय राजपुत्र' के रूप में अंकित हुए हैं तथा अन्त में फ़क़त 'माया मनुज' कह दिए गए हैं। इस तरह उनके राम एक महाभोगी सामन्त कुमार हैं, एक 'अधीर ललित नायक' हैं। सारे महाकाव्य में नूपुर-मेखला कन्दराएँ-सर्प-लहरियाँ गरुड़ आदि कुमारदास के सैक्स-प्रतीकों का दर्पण हैं। कालिदास सांस्कृतिक कवि हैं, गुप्तों के स्वर्णकाल के। कुमारदास तो सिर्फ़ प्रदर्शनवादी कवि हैं, सामन्तों के लीलाकौतुक के। कुमारदास केवल दो ही प्रसंगों में रमे हैं : अन्तःपुर में सीता की रति चेष्टाओं तथा दशरथ के सरोवर में युवतियों के काम-कौतुक में। इस तरह दशरथ और उनकी पत्नियों की जलक्रीड़ा (सर्ग 3), रामसीता का पूर्वानुराग तथा सम्भोगवर्णन (सर्ग 8) तथा राक्षसों की केलि (सर्ग 16) आदि के सन्दर्भ में दशरथ एक विलासी पृथ्वीपति हैं जो सरोवर में स्त्रियों को नग्न करके क्रीड़ा करते हैं, तथा विष्णु के अवतार राम सौन्दर्यपुंज होने के साथ-साथ 'रसिक' हैं जो मन्मथ रस से मदातुर रहते हैं। सीता भी मद और मदन से विह्वल रहनेवाली एक राजदुहिता हैं। राम-सीता का सम्भोग वर्णन कालिदास के 'कुमारसम्भव' के अष्टम सर्ग के सदृश तथा तुलनीय है (गोपाल रघुनाथ नन्दरगिकर)। ऐसे कामुक सामन्तीयकरण की क्षीण होती हुई दीपशिखा **दामोदर कवि** (ई.प. दसवीं शताब्दी) के 'हनुमन्नाटक' में धुँधुआती है। रसिक राम 'कामुक राम' में परिवर्तित हो जाते हैं तथा राम-सीता का परस्पर अधरपान उन्हें ब्रह्मानन्द देता है। इस तरह ब्रह्मानन्द और विषयानन्द एक समान हो गए हैं। राम सीता के नाना प्रकार के कामशास्त्रीय चुम्बन (पंचबाण चुम्बन) करते हैं तथा खंडित अधरों से सीत्कार करती हुई

सीता को अपनी रसना का यथेच्छ तथा बेखटके पान करने का आग्रह करते हैं।

उपर्युक्त श्रीरामों की निर्मितियाँ सामन्तवर्ग की विलासपूर्ण आभिजात्य संस्कृति तथा ब्राह्मण-वर्ग की नैतिक एवं पावन संसृति के कान्त योगायोग का परिणाम हैं। इन दोनों पक्षों में अन्दरूनी अन्तर्विरोध थे जिनका सरल समाधान राम को अवतार अथवा नृपति मान लेने पर सरलता से हो जाता रहा है। व्यापक रूप में इन श्रीरामों को मध्यकाल के धार्मिक आन्दोलनों से इतना अधिक नहीं जोड़ा जा सकता। अतः ये साम्प्रदायिक राम नहीं हैं। अवतार होने के सूच्य के बाद ये ब्राह्मण-क्षत्रियों के चारित्र्य के सामंजस्य हैं। वाल्मीकि के बाद अकेले भवभूति ने ही राम को व्यापक मानवीय संवेदना तथा तत्समकालीन ऐतिहासिक प्रारब्ध से सम्बद्ध किया है। उन्होंने अपने नाटकों में सीता-राम के मधुर शृंगार वर्णन की भी शुरुआत की जो कुमारदास के सामन्तीय सम्भोग शृंगार के बिल्कुल विरुद्ध थी। इस तरह मर्यादा पुरुषोत्तम राम की 'मधुरोपासना' का इतिहास आठवीं शती से शुरू माना जा सकता है, यद्यपि विष्णु के अन्य अवतारों की भाँति राम की पूजा तो गुप्तकाल में ही प्रचलित हो गई थी।

वाल्मीकीय रचनाधारा में शृंगार वर्णन राक्षसों के सन्दर्भ में होता था (सेतुबन्ध, सर्ग 10; भट्टिकाव्य, सर्ग 11) लेकिन कुमारदास ने 'कुमारसम्भव' की शैवदृष्टि को स्थानान्तरित करते हुए सीता-राम का घोर शृंगारिक सम्भोग वर्णन शुरू किया। भवभूति ने राम-सीता के लौकिक मधुर शृंगार की जो धारा बहाई, वही कालान्तर में सम्प्रदायों तथा दर्शनों द्वारा संस्कारित होती हुई अलौकिक मधुर-शृंगार-धारा अर्थात् मधुरोपासना में विकसित हो गई। इस दृष्टि से भवभूति गुणवान-वीर्यवान् श्रीराम में करुणा और मधुरता का कान्तसंयोग करनेवाले अनूठे मनोवैज्ञानिक हैं; श्रीराम के लोकचरित की सामाजिक सार्थकता की तलाश करनेवाले आधुनिक बुद्धिजीवी हैं; राम-सीता के मधुर शृंगार की धारा बहानेवाले रोमांटिक विद्रोही हैं तथा करुण रस की प्रतिष्ठा करनेवाले सामन्त विरोधी सौन्दर्य तत्त्ववेत्ता हैं। जिस तरह राम पशुपालन युग तथा कृषि युग की संस्कृति के सन्धि युग पर आविर्भूत होते हैं, उसी तरह मध्यकाल में भवभूति लौकिक त्रासदी तथा मानवीय मधुरता की सन्धिरेखा पर अपनी नई सौन्दर्यात्मक जीवनदृष्टि का उन्मेष करते हैं। अतः वे एक साथ हमें लोकाराधक राजा राम, करुणाधर्मी आत्मनिर्वासित नेता राम तथा अन्तर्मुखी मधुर प्रेमीपति राम के रूपों का वरदान देते हैं। फलतः मध्यकाल में वे एक सौन्दर्यमुखी क्रान्ति करते हैं। कलाक्षेत्र में भवभूति के इस युगप्रवर्तन की तुलना दर्शनक्षेत्र में शंकर के अद्वैत वेदान्त की प्रतिष्ठा से की जा सकती है जिसके फलस्वरूप कई शताब्दियों बाद–रामकथा को रामभक्ति के वेदान्ती स्वरूप में ढालने के हेतु–**'अध्यात्म रामायण'** (पन्द्रहवीं शताब्दी) जैसी साम्प्रदायिक रामायण की रचना हुई। यह कालान्तर में तुलसी के 'रामचरितमानस' का भी मूलाधार बनी। वाल्मीकि से लेकर श्रीहनुमान् कवि तक के श्रीरामों की गोष्ठी किसी सम्प्रदाय या भक्ति सिद्धान्त के प्रचार के लिए नहीं हुई, लेकिन 'अध्यात्म रामायण' से रामभक्ति का भी प्रतिपादन शुरू होता है। बाद की 'आनन्द रामायण', 'अद्‌भुत रामायण', 'रामचरितमानस' आदि इसी परम्परा

में आते हैं। "विकास के पहले सोपान में रामकथा आदर्श क्षत्रिय राम का चरित्र थी, दूसरे सोपान में विष्णु की अवतार लीला के रूप में परिणत हो गई तथा तीसरे सोपान में चौदहवीं शताब्दी से समस्त भारतीय रामकथा-साहित्य भक्तिभाव से ओतप्रोत होता गया और इसका समस्त वातावरण बदल गया। राम विष्णु के अंशावतार न रहकर परब्रह्म के पूर्वावतार माने जाने लगे...यहाँ पहुँचकर रामकथा विष्णु की अवतार लीला मात्र न रहकर भक्तवत्सल 'भगवान राम' के गुणकीर्तन में परिणत हो जाती है।"[1]

रामभक्ति के दो मार्गों में प्रमुख तो दास्यभक्ति रहती है जो मर्यादोपासना में पल्लवित होकर नाना पुराण निगमागम सम्मत मर्यादाओं से राम का उत्थान करती है। दूसरा मार्ग माधुर्य भक्ति का है जो मधुरोपासना द्वारा भक्त की श्रृंगार भावना का दैवी उज्ज्वल उदात्तीकरण करती है। इस तरह हम 'दास भक्त' तथा 'रसिक भक्त' के रूप में लोकदर्शन की दो जीवनदृष्टियाँ पाते हैं जो सामन्तीय संस्कृति के भोग एवं ऐश्वर्य चक्र में विच्छुरित हैं। बहुरूपी लोकचित्त ने, अपनी सीमा तथा सामर्थ्य के घेरे में, सामाजिक यथार्थता का ऐसा दोहरा धार्मिक प्रत्यक्षीकरण किया है। यह मूलरूपेण आभिजात्य सामन्ती वर्गदृष्टि से अलगाव को सूचित करता है; तथापि समृद्ध क्षत्रियवृत्त से छूटने के बाद भी यह प्रत्यक्षीकरण मध्यकालीन सात्त्विक ब्राह्मणवृत्त से ज्यादा जुड़ता है। फलस्वरूप यह ज्यादा आदर्श और अन्ततः अलौकिक और पारलौकिक हो जाता है। हमने एक पिछली गोष्ठी में इसे 'मध्यकालीनीकरण' भी कहा है। शताब्दियों बाद रामायण के रचनाकालवाली इहलौकिकता–अलौकिकता–पारलौकिकता की दृष्टित्रयी का यह दूसरा नूतन संस्कार अवतार राम एवं पुरुषोत्तम राम को परब्रह्म के पूर्णावतार राम एवं 'कोटि कन्दर्प-लावण्य रसमूर्ति' भगवान् श्रीराम में रूपान्तरित कर देता है। इनका लोकाश्रयी प्रभावन दास्य भक्ति एवं मधुर भक्ति में हुआ।

'रसिक सामन्त' के स्थान पर **'रसिक भक्त'** के व्यक्तित्व की मध्ययुगीन धारणा ने 'सहृदय रसिक' की काव्यशास्त्रीय धारणा का स्वच्छन्द आध्यात्मिकीकरण किया। 'लोमश संहिता' के अनुसार रसिक भक्त एक ओर तो विमलचित्त है अर्थात् पुण्यवान् है, निन्दा और लौकिक विषयवासना के विकारों से शुद्ध हैं; तथा दूसरी ओर मुक्तहृदय है अर्थात् रुक्षज्ञानी और शुष्क हृदय नहीं हैं, कुतर्की और रसविरोधी (वैरागी) नहीं है। इस दृष्टिबिन्दु से रामकथा रसकथा हो जाती है; राम पुरुषोत्तम तथा सनातन ब्रह्म, दोनों हो जाते हैं (शुकसंहिता); रामसीता के शरीर से ही राधाकृष्ण प्रकट होकर पुनः उनमें लीन हो जाते हैं; साकेत में श्रीराम सीता तथा उनकी अनेक यूथेश्वरी सखियों के साथ नानाविध रसविलास करते हैं तो चित्रकूट में नित्य, अखंड और अनन्त रासविलास करते हैं। यह दृष्टि राम को ब्रह्मरूप बनाने के साथ सीता को उनकी आह्लादिनी शक्ति, परमशक्ति अथवा मूलप्रकृति में भी परिवर्तित कर देती है। अतः राम की 'रसकथा' अयोध्या (विवाह के पूर्व तथा पश्चात्) और चित्रकूट (वनवास के समय) में केन्द्रित होकर एकान्तिक भाव से माधुर्य भक्ति का साम्प्रदायिक विस्तार करती है। रसिक

1. दे. 'रामकथा' (उत्पत्ति और विकास) , फ़ादर कामिल बुल्के, 1963, पृ. 741, 42, 43।

सम्प्रदाय के एक आचार्य मधुराचार्य ने यथार्थवादियों को 'लोकवेद किंकर' कहा है और कहा कि मर्यादा का ढिंढोरा पीटनेवाले लोक और वेद के दास ये मर्यादावादी मधुररस के बलिदानमय आनन्द को नहीं समझ सकते।...मधुराचार्य के अनुसार लौकिक जीवन के स्वरूप का मूल्यांकन करने के लिए ही लोकमर्यादा का नियम लागू होता है। असीम ब्रह्म राम के आनन्दात्मक, अनन्त, मधुर रस के महाभाव को लौकिक मर्यादा की दृष्टि से नहीं समझ सकते। (दे. 'रामभक्ति शाखा'—रामनिरंजन पांडेय, पृ. 471)।

रामकथा पर कृष्णावतार तथा कृष्णभक्ति का यह प्रभाव अवतार के प्रयोजनों को 'लीला' में बदल देता है जिससे राम के विहार के चित्रण एवं रासलीला के वर्णन होने लगते हैं। अतः 'मधुर राम' का यह चरित्र पहले से गुणवान् तथा कीर्तिवान् नरश्रेष्ठ राम की अपेक्षा एक माधुर्यवान् तथा कान्तिमान् (अर्थात् कोटि कन्दर्पलावण्य शोभावाले एवं रसराज) राम का अभिषेक करता है। पहले के राम मर्यादापुरुषोत्तम अवतार हैं और बाद के ये राम परब्रह्म हैं। 'आनन्द रामायण' में तो सौन्दर्य, विलास तथा वशीकरण का रास-रहस्य तथा रस-लीला छाई हुई है।

सामन्तवृत्त के अन्तर्गत कुमारदास तथा श्रीहनुमान् कवि आदि ने जब राजपुत्र राम का सम्भोगशृंगार वर्णित किया था तब उन्हें अवतार भी नहीं माना गया। किन्तु सामन्तवृत्त के बाहर मधुर राम का यह रूप सामाजिक अमल में ठीक और सही सिद्ध नहीं हुआ क्योंकि एक तो यह यथार्थता की सीमाओं (लौकिक मर्यादा) को नकारता था; दूसरे, संस्कृति के पूर्ण चक्र (वेद) से भी परे था; तीसरे, लक्ष्मी (सीता), नारायण (राम) तथा शेष (लक्ष्मण) के प्रतीक भी इसके सामन्तीय सम्भोग एवं ऐश्वर्य की अनुकृति तथा आवृत्ति को धुँधला नहीं कर सकते थे; चौथे, ऐसी रासलीला एवं रसलीला के उपासना केन्द्र नहीं बन सके क्योंकि वास्तव में ये सामन्त के अन्तःपुर का मादक रहस्य-लोक था जो रामकथा के प्रतिकूल था; पाँचवें, यह केवल कुछ आचार्यों तथा साम्प्रदायिक ग्रन्थों में ही बँध गई और व्यापक लोकरंजन का माध्यम नहीं बन सकी; छठे, यह धारा उस रोमांटिक मनोवृत्ति का केन्द्रीभवन थी जो यथार्थवाद तथा मर्यादावाद को अस्वीकार करके सामन्तीय भोगवादी नैतिकता को ही परब्रह्म की ओट में पवित्र तथा दिव्य दर्शा रहा है; और अन्ततः यह सम्पूर्ण रामकथा को काटकर केवल अन्तःपुर और पुष्पवाटिका (साकेत) तथा कानन (चित्रकूट) में केन्द्रित करता है जो रामकथावस्तु की प्रकृति का ही खंडन है तथा तापसी, दुखी और योद्धा राम के तेज और वीर्य को नकारता है। इस तरह 'मधुर राम' एक अर्द्धसामन्तीय रोमांटिक धारणा बनकर क्षीण होते जाते हैं, क्योंकि उनका यह स्वरूप यथार्थ-विरोधी और लोकविमुख, अस्वाभाविक और अनुचित, अनैतिहासिक और अनावश्यक, अप्रीतिकर और अग्राह्य सिद्ध हुआ। सामन्तीय राजमहलों तथा अन्तःपुरों से 'कामुक राम' को निकालकर पुनः परब्रह्म के दिव्य साकेत तथा चित्रकूट में लाकर उन्हें 'मधुर राम' बनाने का यह दर्शन-चक्र पूरा घूमकर आख़िरकार निषेधात्मक इतिहास-चेतना बनकर टूट गया।

किन्तु इसी सामन्तवृत्त के बाहर विकल्प के रूप में जो मर्यादावादी मनोवृत्ति उभरती

है वह अर्द्धयथार्थवादी होकर भी सामाजिक यथार्थता के ज़्यादा नज़दीक थी और सामाजिक अमल में ही मर्यादामान क़ायम करती थी। इस मर्यादावादी मनोवृत्ति में भी राम को परब्रह्म माना गया है किन्तु वे लोकमंगल के लिए साधना करते हैं। अतः वे परब्रह्म के दार्शनिक प्रतीक के अभिषेकित होकर भी मर्यादापुरुषोत्तम के यथार्थ कर्मों से वास्तविक-से भी हैं। उनकी लीलाएँ वेद तथा लोक की मर्यादाओं की पुनःस्थापना करती हैं और वे रासलीलाएँ न होकर 'रामलीलाएँ' हैं जिनके मंचन केन्द्र गाँवों की चौपालें तथा शहरों के चौराहे हैं। उनमें न तो रास का रहस्य है और न ही रस का विलास। यह तुलना सापेक्ष्य है क्योंकि मर्यादोपासना की दास्यभक्ति के भी मूल संस्कार सामन्त युग के प्रक्षेपण हैं तथा परब्रह्म की धारणा का स्वरूप यथार्थ को अस्वीकार करनेवाला एवं आध्यात्मिक है। दोनों ही धाराएँ मध्यकाल के सामन्तीय समाज में ही जन्म लेती हैं। किन्तु मर्यादोपासना की धारा लोकमंगल (रामराज्य) तथा लोकरक्षण (राम की संघर्षयात्रा के किनारों) के मध्य बहती चलती हैं। यह धारा 'कामुक राम' का पूर्णतः बहिष्कार करती है क्योंकि वे प्राकृत जन हैं अर्थात् वे 'कंचन' (सोना), 'कोह' (क्रोध) और 'काम' (सुन्दरी) के किंकर हैं। तथापि इसमें 'मधुर राम' को विवाह-पूर्व दूलह रूप में तो पूर्णतः स्वीकार किया गया है। मसलन, कुमारदास के राजपुत्र राम राजप्रासाद के रत्नजटित सिंहासन-स्तम्भ से सटी हुई राजपुत्री जानकी को सम्भोग के लिए सजे-सजाए पर्यंक पर ले जाते हैं और उसके नवपल्लवों जैसे ओठों को काटते हैं, नितम्बों से वस्त्र हटाते हैं, कटिबन्ध खोलते हैं, स्तनों पर चन्दन लेप करते हैं, और सुरतान्त में मदिरा पिलाते हैं, किन्तु तुलसी के दूलह राम इतने सुन्दर हैं कि उनके लिए कोटिकाम उपमाएँ भी छोटी हैं और सीता की शोभा भी इतनी है कि सभी उपमाएँ छोटी लगती हैं। रत्नजटित स्तम्भों पर राम सीता की छवियाँ कामदेव और रति के बहुरूपों जैसी लगती हैं। तथापि बहुएँ अभी बच्चियाँ (लरिकनी) हैं; और लड़के (लरिका) राम थके हुए उनींदे हो रहे हैं। इसलिए माताएँ श्रीराम को सुन्दर सजी शय्या पर पौढ़ा देती हैं तथा सुन्दर बहुओं को अपने साथ लेकर सो जाती हैं (सुन्दर बधुन्ह सासु लै सोईं)। इस उदाहरण से ही दो नैतिक दृष्टियों का अन्तरबोध स्पष्ट हो जाता है। मर्यादावादी धारा में 'सुकुमार राम' की बाललीला के वर्णन में 'बहुत से कवियों ने कृष्ण की बाललीला का सुस्पष्ट अनुकरण किया है।' ('रामकथा', बुल्के, पृ. 738)।

एक दूसरा अन्तर राम के परब्रह्म बनाम अवतारवाले रूप को लेकर प्रकट होता है। विष्णु के अवतार राम निश्चित प्रयोजनों के लिए धरती पर नर-देह धारण करते हैं तथा लौकिक कर्मों और मानवीय गुणों के कारण ही लोकरक्षक और नरश्रेष्ठ बनते हैं। लेकिन मर्यादावासियों के परब्रह्म राम की अद्वैतवादी लीलाओं में वे प्रयोजन आवश्यक नहीं हैं। इसलिए ब्रह्मा भी उसी प्रकार नटवत् या बालवत् 'लीलाएँ' करता है जिस तरह नर्तक या अभिनेता (नट) आनन्द के लिए 'क्रीड़ाएँ' करता है। इसलिए परब्रह्म राम की लीला नटवत् है क्योंकि वह कपट मानुषी हैं। इसलिए तुलसी के राम वाल्मीकि के विष्णु कदापि नहीं हैं। वे एक ओर अवतार रूप में विष्णु के अवतार हैं, दूसरी ओर आस्यरूप

में ब्रह्म हैं; तीसरी ओर विष्णु उनके अंगमात्र होकर उनमें समाहित हो गए हैं; चौथी ओर स्वयं 'पयनिधिवासी प्रभु' हैं। पाँचवीं ओर निर्गुण ब्रह्म के सगुण वपुधारी हैं। छठी ओर नटवत् कपट चरित करते हैं (नट इव कपट चरित कर नाना। सदा स्वतन्त्र एक भगवाना॥); तथा विग्रह रूप भी हैं। इस तरह मर्यादावादी धारा के राम अवतार-ब्रह्म-इष्टदेवता-मर्यादापुरुषोत्तम के गुण-लक्षण-धर्मादि के नानाविध योगायोग हैं।

लौकिक जीवन में नरश्रेष्ठता तथा नैतिक जीवन में मर्यादापूर्णता का दार्शनिक अन्यथाकरण, इतना सरल, सुगम तथा सम्भव नहीं हो सका। 'सम्पूर्णता' (टोटेलिटी), नित्यता (ईटर्निटी) तथा 'परमता' का मध्यकालीन साकार प्रतीक तो 'राजराजेश्वर' था तथा निर्विकल्प प्रत्यय 'ब्रह्म' था। राजराजेश्वर के लिए कर्म क्रीड़ा थे तो ब्रह्म के लिए लीला; किन्तु क्रीड़ा और (प्रकट) लीला, दोनों ही सांसारिक तथा लौकिक होकर प्रचारित हो सकती थीं। अतः दार्शनिक प्रत्यक्षीकरण के धरातल पर इन्हें 'माया' के माध्यम से 'देखा' गया। माया के माध्यम ने सत्य और मिथ्या की लौकिक समस्या उठाई जो अकेले तत्कालीन आध्यात्मिक ज्ञान के पारिभाषिकों से नहीं सुलझाई जा सकती थी। इसलिए ज्ञान को 'भक्ति' द्वारा, तथा यथार्थ को 'माया' के द्वारा स्थानान्तरित किया गया। फलतः रामकथा के बजाय अब रामभक्ति को अद्वैत तथा विशिष्टाद्वैत से सिद्धान्तों के निरूपित करने के लिए इस लम्बे मध्यकाल में शंकर, रामानुज तथा रामानन्द का आविर्भाव हुआ। साम्प्रदायिक रामायणों के क्रम में कारुणिक भवभूति के 'उत्तररामचरितम्' का विकल्प 'आनन्दरामायण' बनी तो आभिजात्य कालिदास के 'रघुवंश' का विकल्प 'अध्यात्म रामायण' हुई। उपासना की भक्ति-धुरी में दोनों ही केन्द्रित हो गए : मधुरोपासना एवं मर्यादोपासना। अतः प्रामाणिक प्रत्यक्षीकरण के बजाय हृदयस्थ अनुभवरंजन प्रमुख हुआ। इसके लिए मधुरभक्ति तथा दास्यभक्ति के दो भावबोध उभरकर परस्पर स्पर्धा करने लगे। दोनों भावबोधों के बीच के बाहरी अन्तर्विरोध नहीं उभर सके क्योंकि दोनों ही आदर्शवादी जीवनदृष्टियों की देन थे; लेकिन इनके बीच कई आन्तरिक अन्तर्विरोध थे जिन्हें सुलझाने के कुछ मध्यकालीन दार्शनिक ढंग थे : जैसे (i) एक बोध में जो सारभूत (एशेंशियल) है उसके साथ दूसरे बोध के कतिपय तत्त्वों को छोड़ देना अथवा उन्हें गैर-सारभूत बनाकर बनाए भी रखना (विवाह प्रसंग); (ii) नैतिक प्रश्नों का कारणनिर्देश पूर्वजन्म की कथाओं द्वारा करना; (iii) धार्मिक पहेलियों को समन्वयवादी दृष्टि (सगुण + निर्गुण, शिव + राम, राम + कृष्ण, ब्रह्म + अवतार आदि) द्वारा, धुन्धुकारी बना देना; और (iv) संस्कारवादी दृष्टिकोण द्वारा भक्ति के भावनात्मक माध्यम से 'मुक्ति' की सिद्धि बताकर बौद्धिक चुनौतियों को टाल देना इत्यादि।

उपर्युक्त दार्शनिक पद्धतियों की पृष्ठभूमि पुरानी है। बारहवीं शताब्दी से शंकराचार्य के अद्वैतवाद को लेकर प्रतिक्रियाएँ शुरू होने लगी थीं। मुक्ति (स्वतन्त्रता) का (आदर्शवादी एवं आध्यात्मिक) मार्ग विरक्ति है अथवा भक्ति ? इसका साधन (उपासना) ज्ञान है कि रस ? भक्तिरसवाली धारा ने पुनः सामाजिक यथार्थता तथा लोकचित्त के

संस्कार के प्रश्नों को बड़ी गहराई के साथ उछाल दिया। अब ये प्रश्न ज्ञान-धुरी से छिटकते चले गए।

अब तक शुद्ध अद्वैतवादी दर्शन अधिकाधिक अमूर्त और अनिर्वचनीय और अव्यावहारिक लगने लगा था, अमल में पूर्णतः निष्कासित होने के कारण। यह लोकाचार तथा मानवीय आचरण से कोरमकोर कट गया था। इसलिए दर्शन को धर्म से दोबारा संलग्न करने की महत्तम चुनौती उपस्थित हुई जिसने अद्वैतवाद को 'मायावाद' बताकर अनुपयुक्त सिद्ध कर दिया। अद्वैतवाद के अन्तर्गत ब्रह्म और जीव का अभेद है जो दर्शन को धर्म से पृथक करता है। इसलिए ब्रह्म और जीव के भेद को निरूपित करने के लिए, अर्थात् दर्शन और धर्म के लौकिक ऐक्य के लिए, भक्ति की धारणा का प्रसार हुआ। भक्ति के दर्शन में ज्ञान के बजाय भाव (मधुर रस) के द्वारा मुक्ति के मार्ग की खोज शुरू हुई। इसके लिए 'प्रपत्ति' (आत्मनिवेदन) की मनोदशा ('ख्याति' की नहीं) का ग्रहण अनिवार्य हुआ। श्रीसम्प्रदाय के प्रवर्तक रामानुजाचार्य ने श्री (लक्ष्मी) की धुरी में मर्यादा तथा समर्पण, दोनों पर ज़ोर दिया जो कालान्तर में उपासना के स्वरूप निर्धारक भी सिद्ध हुए। रामानुजाचार्य की चौथी या पाँचवीं शिष्य-परम्परा में स्वामी रामानन्द का आविर्भाव हुआ। 'सच पूछा जाए तो मध्ययुग की समग्र स्वाधीन चिन्ता के गुरु रामानन्द ही थे' ('हिन्दी साहित्य की भूमिका', हजारीप्रसाद द्विवेदी, 1950, पृ. 47)। उन्होंने वर्णाश्रम के बन्धनों को जाति तथा राष्ट्र दोनों के लिए व्यर्थ माना। इसलिए श्रम के आधार पर एक नए प्रकार की सामाजिक रचना द्वारा उन्होंने लोकमुक्ति का पहला स्वप्न देखा। उन्होंने भगवान् की शरण में आए हुए व्यक्ति को एक ही जाति का घोषित किया। इसलिए उनके या उनकी गद्दी के शिष्य रैदास और कबीर भी हो सके। इसी तरह उन्होंने श्रेष्ठता का आधार भी, वर्ण और वैभव के मध्यकालीन मानदंडों के विपरीत, भक्ति को घोषित किया। इन दोनों के लिए उन्हें आभिजात्य संस्कृति के सामन्तीय रचनाचक्र से आत्मनिर्वासित होकर विद्रोही बनना पड़ा। अतएव उन्होंने संस्कृत के स्थान पर जनभाषा को प्रचार का माध्यम बनाया। अपने युग की आवश्यकताओं को सिद्ध करके ही वे स्वतन्त्रता को साक्षात् तथा सार्थक तथा सम्भव बना सकते थे। इसके लिए उन्होंने अपने लोक (समाज) तथा काल (इतिहास) के लिए श्रीराम (के अवतार एवं चरित) को ही सर्वथा पूर्ण, मर्यादापूर्ण, उत्तम पुरुषोत्तम बताकर उनके माध्यम से ही तत्कालीन समाज, संस्कृति तथा जनता का त्रिमुखी नवनिर्माण किया। ऐसी शिष्य-परम्परा में तुलसीदास का भी आविर्भाव माना जाता है।

दार्शनिक अक्ष में **इस रिनैसाँ** की भी लम्बी कहानी है।

मध्ययुगीन शंकर, रामानुज और रामानन्द के आध्यात्मिक द्वन्द्व-द्वैतवाले न्यायों की एकांगिकता एवं अमूर्तता के वृत्तों में से सामाजिक सूत्रीकरण (फ़ार्मूलेशन) की खोज भी एक काफ़ी मुश्किल काम है क्योंकि इससे ही परब्रह्म राम, अद्वैत ब्रह्म राम, अवताररूप (नटवत् चरित करनेवाले) राम, प्रकृत् रूप (राजा) राम आदि के तुलसीसम्मत चरित्रों का सापेक्ष उन्मीलन हो सकता है। अवतार और पुरुषोत्तम की मैत्री का परिणाम, कई

शताब्दियों के बाद, ब्रह्म के सगुण बनाम निर्गुण रूप के द्वन्द्व में आकर प्रकट होता है।

मीमांसक प्रभाकर तथा नैयायिक कुमारिल के प्रतिपक्ष में वेदान्ती शंकर का अद्वैत सिद्धान्त सम्पूर्ण (व्होल) तथा निर्विकल्प (एब्सोल्यूट) तथा शून्य (निगेशन्स) के त्रिकोण में 'ब्रह्म' को अखंड, अनन्त तथा शून्य मानता है। ब्रह्म एक तथा अद्वितीय तथा निरंश है। अतः उसमें स्वजातीय एवं विजातीय भेद नहीं है। रामानुज ने ब्रह्म को एक ओर अद्वितीय मानने के अलावा (निरंश के बजाय) सांश माना है। अतः 'स्वगत' भेद से उसके भीतर स्थित जीव तथा जगत् उससे भिन्न हैं; उसके विशेषण हैं। इस तरह विशिष्ट द्वैत सिद्धान्त में ब्रह्म और उसके विशेषण (जीव एवं जगत्) के भेद के कारण एक ओर तो जीव उपासक हो सकता है तथा ब्रह्म उपास्य; एवं दूसरी ओर भक्ति तथा प्रेम भी सम्भव हो सकता है। इस तरह शंकर का निर्गुण तथा निर्विशेष ब्रह्म रामानुजाचार्य का सगुण तथा सविशेष ब्रह्म हो जाता है; शंकर का मिथ्या एवं माया जगत् रामानुजाचार्य में प्रकृति या माया की सत्यता की सिद्धि हो जाता है; शंकर का जीवन एवं ब्रह्म का अद्वैत रामानुजाचार्य में एकत्व का परित्याग करता है जिससे जीव ब्रह्म का अंशमात्र हो जाता है। इसलिए शंकर के अनुसार तो जीव ब्रह्म का ऐक्य मुक्ति है किन्तु रामानुजाचार्य के अनुसार एकत्व के बजाय आनन्दानुभव मुक्ति है। इसलिए भक्त पूर्णब्रह्म का एक अवशिष्ट अंश मात्र होने के कारण शेष है। अतः वह दास है। और भगवान् शेषी है, पूर्ण तथा स्वामी है। दास्य भाव की भक्ति का आधार यही है। इसी कड़ी में श्रीसम्प्रदाय के अन्तर्गत ही स्वामी रामानन्द ईश्वर के दो विशेषण मानते हैं– चित् (आत्मा) तथा अचित् (या जड़ प्रकृति)। इसलिए ईश्वर जगत् का कारण (चित्) भी है, तथा कार्य (अचित्) भी। दोनों ही अवस्थाओं में वह पूर्ण रहता है। इसी लड़ी में राम ईश्वर हैं, लक्ष्मण चित् जीव हैं, तथा सीता अचित् प्रकृति है। इस तरह विष्णु (राम) का रूपान्तरण ईश्वर में, शेष (लक्ष्मण) का चित् जीव में और लक्ष्मी (सीता) का अचित् प्रकृति में हो जाता है। दार्शनिक मध्यकालीनीकरण का 'मेटामार्फोसिस' पूरा हो जाता है। ऐक्य तथा आनन्दानुभव के क्रम के बाद मुक्ति की आवश्यकता ही भक्ति में सिद्धि प्राप्त करती है। इस तरह 'दास' (शेष और जीव और चित्) तथा 'भक्ति' (ऐक्य और आनन्द और मुक्ति) का सारभूत अवधारणाओं के रहस्य खुलते हैं जिनका लक्ष्य ईश्वर या ब्रह्मा या राम है।

'दास-भक्त' की पीठिका पर 'स्वामी-ब्रह्म' श्रीराम का अवतार होता है। जब दासभक्त (जीव) स्वयं को श्रीराम का शेष अंश अनुभव करता है तब उसका उद्धार होता है। अवतार (ब्रह्म) स्वेच्छा से लीला (माया) करता है तथा भक्त उसकी भक्ति करता है ताकि मुक्ति की सिद्धि हो। दास्य भक्ति में परब्रह्म राम का सत् रूप एवं चित् रूप ही ज्यादातर गृहीत हुआ (जबकि मधुर भक्ति में रसात्मक या रासलीलापूर्ण आनन्दस्वरूप प्रधान है)। इस भाँति भक्तों के रंजन (भक्ति एवं मुक्ति) के लिए राम लीलाचरित करते हैं (अवतरेउ अपने भगत हित निज तन्त्र नित रघुकुल मनी)। फलतः मध्यकाल में असुर भी मोक्षप्रार्थी हरिभक्त हो जाते हैं। मध्यकालीन दास्य भक्ति के

अन्तर्गत राम के चरित्र में लोकमंगल की अभिव्यक्ति का सघनीभूत माध्यम भक्तरंजन हो जाता है। इतने दार्शनिक गुंजल्कों से निकाला हुआ सामाजिक सूत्रीकरण यही है। अतः जैसा भक्त होगा, उसका जीवन होगा, उसका वर्ग होगा, उसका युग होगा लगभग वैसा ही श्रीराम का स्वरूप होगा। जैसी जगत् एवं प्रकृति के मानवीकरण तथा दार्शनिकीकरण की समस्याएँ होंगी लगभग वैसा ही श्रीराम का चरित्र होगा। वस्तुतः जीव और प्रकृति तो क्रमशः मानवीय स्वतन्त्रता तथा सामाजिक आवश्यकता के ही एकपक्षीय दार्शनिक अमूर्तीकरण हैं ! निष्कर्षतः 'भक्त' एक नई संवेदनशील ग्रामीण जनता की चेतना एवं भावना का सामाजिक दशा और सांस्कृतिक दिशा का प्रतीक तथा प्रतिनिधि हो जाता है। इसके पहले यह भूमिका 'सिद्ध' (योगी) ने निबाही थी। अतः दास्य भाव वाले भक्त-कवियों ने श्रीराम का एक साथ मध्यकालीनीकरण एवं ग्राम्यीकरण कर डाला। ऐसी विशाल पृष्ठभूमि में तुलसीदास का आविर्भाव हुआ।

लेकिन **तुलसीदास** प्रमुख अन्तर्विरोधों में तो फँसे ही रहे। वे लोक में तो वर्णाश्रम-व्यवस्था के पक्के समर्थक थे किन्तु उपासना के क्षेत्र में जात-पाँत को व्यर्थ समझते थे; वे सीता को आदिशक्ति मानते थे किन्तु नारियों को नैसर्गिक जड़ता (अबला अबल सहज जड़ जाती); वे अपने युग की ऐतिहासिक त्रासदी तथा कठोर यथार्थता को बेहद भोगते रहे लेकिन रामकथा के मिथकीय काल में उस भयानक भोग को भव्य आनन्द में उलट देते रहे; इत्यादि। अतः उनके श्रीराम में एक ओर वाल्मीकि से लेकर भवभूति तक का, दूसरी ओर शंकर से लेकर रामानन्द तक का तथा तीसरी ओर गुप्त सम्राटों से लेकर मुगल शहंशाह तक का वैचारिक इतिहास तथा सांस्कृतिक समन्वय परिलक्षित होता है। इस वजह से ही उनके मर्यादापुरुषोत्तम राम का चरित 'नानापुराणनिगमागमसम्मत' हो गया। उनमें ब्राह्मण-स्वर्णयुगों से लेकर इस्लामी मुगल ज़मानों तक का विविध रूपोंवाला विचित्र, पूर्ण तथा व्यापक प्रतिबिम्ब झिलमिलाता है। इतिहास-गंगा की इतनी समृद्ध प्रबन्धधारा ने ही श्रीराम की उनकी कथा के प्रबन्ध (महाकाव्य) को भी विचित्र बना दिया (कथा प्रबन्ध विचित्र बनाई)। स्वर्णयुगीन रामराज्य तथा मुगलकालीन कलिकाल की तुलनीय फन्तासियों को सृजनात्मक धरातल पर केवल तुलसी ही पेश कर सकते थे। इसके लिए उन्हें मध्ययुग का पौराणिकीकरण तथा ग्राम्यीकरण करना पड़ा जो खुद उन्हें भी विचित्र लगा। इतिहास ने उन्हें वाल्मीकि से कहीं ज़्यादा क्रांतदर्शी निर्णय करने के दायित्व सौंपे। वाल्मीकि ने जिन कीर्तिवान्-गुणवान् नरश्रेष्ठ श्रीराम का अवतार चरित लिखा उसकी आर्ष शक्ति इतिहास का सर्वांगीण प्रारब्ध बन गई थी। वाल्मीकि के श्रीराम की पदवी को धारण करनेवाले सम्राटों की अनन्त वंशावलियाँ भारत से लेकर जावा, बाली, चम्पा, सुमात्रा, थाईलैंड तक में शताब्दियों तक चलती रहीं। श्रीराम के चरित को बौद्ध भारत के अथवा जैन भारत के प्रतीकों में ढालने के लिए क्रमशः बुद्ध को नारायण राम का, तथा राम को आठवें बलदेव (बलभद्र) का अवतार माना गया (विमलसूरि, स्वयंभू, गुणभद्र, पुष्पदन्त आदि)। अन्ततः श्रीराम को परब्रह्म तथा ईश्वर ही बना दिया गया : भारत की आत्मा तथा सांस्कृतिक

ऐश्वर्य के पुंज ! वाल्मीकि के श्रीराम शताब्दियों तक सम्पूर्ण मध्यकालीन भारतीय सुपरिगठन (सुपर स्ट्रक्चर) के ही 'विराट् रूप' हो गए : राजनीति, धर्म, कला, नीति, नियम, दर्शन, विज्ञान आदि में समानान्तर से उनका दार्शनिक एवं निर्विकल्प नेतिकरण भी शंकर के अद्वैतदर्शन में आकर परिपूर्ण हो जाता है। अतएव वाल्मीकि से लेकर शंकराचार्य तक के श्रीराम ज़्यादा आभिजात्य संस्कृति के अवतार एवं मनुष्य प्रतीकों तथा स्वरूपों से सजते रहे हैं। यह तो श्रीरामों के स्वरूपों का पूर्वार्ध है।...उत्तरार्ध की शुरुआत खासतौर पर रामानुज, रामानन्द और तुलसीदास से होती है। अब श्रीराम लोक तथा काल की नई ऐतिहासिक आवश्यकताओं से जुड़कर मानवीय स्वतन्त्रता का नया आन्दोलन चलाते हैं। अतः अब नरश्रेष्ठ श्रीरामचन्द्र, लोकमर्यादा से मंडित होकर, एक लोकमंगलकारी लोकनायक हो जाते हैं। इस तरह सम्पूर्ण भारतीय इतिहास में श्रीराम के माध्यम तथा प्रतीक तथा निकष में दो दार्शनिक दृष्टियों (**लोकायतिक** : जैन, बौद्ध तथा **आध्यात्मिक** : अद्वैत, वैष्णव) का, दो वर्गीय चरित्रों का (सामन्तीय तथा कृषक) तथा दो संस्कृतियों (स्वर्णयुगीन तथा मध्यकालीन) का कई शताब्दियों तलक वैचारिक संवाद तथा संघर्ष चलता रहा है। इसीलिए इतने सूर्यवंशी श्रीरामों से हमारा निरन्तर साक्षात्कार होता है। अतः श्रीराम के अनन्त राष्ट्रीय तथा अन्तर्राष्ट्रीय एशियाई चरित्रों के द्वारा एशिया का इतिहासदर्शन तथा एशियाई संस्कृतिबन्ध के नए क्षेत्रों का समारम्भ हो सकता है। आर्केटाइपल पात्र (नेता) तथा घटनाओं का अन्ततोगत्वा क्रमशः इतिहासदर्शन और सामाजिक समस्याओं से होता है। इसी तरह चरित्रशिल्प कवि या उसके वर्ग तथा जनता या उसके युग के विश्वदृष्टिकोणों का प्रवृत्त्यात्मक प्रक्षेपण होता है।

रामानन्द और तुलसी, दोनों ने ही 'अध्यात्मरामायण' की विचारधारात्मक भूमि पर आत्मसंस्कार किया था। कहा जाता है कि 'अध्यातमरामायण' की रचना चौदहवीं शती में किसी अज्ञात दार्शनिक कवि ने की थी। किन्तु दन्तकथाओं में इसे शिवचरित माना गया। शिव सौन्दर्य, आनन्द, संहार तथा मंगल के देवता हैं। इसलिए जब तुलसी ने 'अध्यात्मरामायण' की विचारधारा का व्यापक ग्रहण किया तथा 'मानस' के प्रबन्धशिल्प में भी उसका अनुकरण किया तो उन्होंने स्पष्ट रूप से कहा भी कि महेश ने इसको रचकर अपने मानस में रखा था और शुभ समय में पार्वती से भाखा (अवधी) में कहा। इसीलिए हर ने इसको अपने हृदय में देखकर हर्षित होकर इसका नाम 'रामचरितमानस' रखा। 'अध्यात्मरामायण' की समस्त रचना भी तो पार्वती-शम्भु संवाद के रूप में हुई है। राम और शिव के ऐक्य की धारणा में काशी-निवासी तुलसी की लौकिक आवश्यकता परिलक्षित होती है। किन्तु कवि के मानस की गहराई में 'शिवत्वधर्मी राम' का चरित्रशिल्पन भी झिलमिलाया। फलस्वरूप उनके श्रीराम भी सीता के प्रिय, दीनों के स्नेही तथा करुणाधाम होने के अतिरिक्त काममर्दन भी हैं। आत्मिक आनन्द की अपेक्षा लोकमंगल की प्रमुखता भी शिवप्रेरणा का सुफल है। इसके अलावा एक गहन रहस्य भी खुला। शिव स्वयं साक्षात् देवता हैं। उनका बहुधा अवतार नहीं होता। विष्णु के समलीन दो अवतारों में से श्रीकृष्ण का केवल लीलावतार प्रचलित था। किन्तु राम

में अवतारत्व और परब्रह्मत्व के पूर्ववर्ती योगायोग के कारण अकेले उनके ही सगुण तथा निर्गुण (ब्रह्म) स्वरूप को लेकर दो मार्ग चले। निर्गुण सन्तों ने राम के निर्गुण ब्रह्मरूप को ही ग्रहण किया और अधिकांश सगुण भक्तों ने श्रीकृष्ण के लीलावतार की सगुणधारा को ही रसाविष्ट किया। अतः श्रीराम के अवतार प्रयोजनों को व्यापक ब्रह्म की लीलाओं में बदलने की, तथा उनके सगुण स्वरूप की दास्यभक्ति की प्रथम सार्थक साधना तुलसी ने ही की। इस भाँति 'शिवधर्मी राम' के अलावा 'सगुण ब्रह्म राम' तथा 'लोकनेता राम' की चरित्र-त्रयी तुलसी की युगान्तकारी मौलिक सिद्धि है। सम्पूर्ण 'मानस' में प्रत्येक मानवीय तथा अलौकिक अवसर पर वे राम को परब्रह्म बनाने या बताने को ही उद्यत तथा प्रतिबद्ध हैं। प्रकट रूप में इसकी सृजनात्मक प्रक्रिया यह होती है कि राम एक मध्ययुगीन ग्रामतन्त्र के पंडित, पवित्र, गरीब और गौरवशाली ब्राह्मण नेता के महाबिम्ब भी प्रतीत होने लगते हैं।

प्रसंगवश प्रतिनिधिरूप में सामन्त कवि कुमारदास तथा ब्राह्मण कवि तुलसीदास की तुलना समीचीन होगी। कुमारदास की अभिजात परम्परा रही है लेकिन तुलसी की लोकजनपरम्परा है। इसलिए कुमारदास ने श्रीराम का सामन्तीकरण (क्षत्रियकरण) किया और उन्हें पृथ्वीपति (दशरथ) के पुत्र या राजपुत्र तथा राक्षसनाथशत्रु बनाकर सम्राट्-वृत्त में ही रखा। तुलसीदास ने श्रीराम का ग्राम्यीकरण किया और उन्हें परब्रह्म, तथा मर्यादा पुरुषोमत्त एवं आदर्श तपस्वी ब्राह्मण जैसा बनाकर लोकनेता-वृत्त में रखा। कुमारदास अयोध्या, मिथिला तथा लंका जैसी राजधानियों पर मुग्ध हैं तो तुलसीदास चित्रकूट, पंचवटी और ऋष्यमूक की प्रकृति में घूमते हैं। कुमारदास ने अन्तःपुर में दशरथ की शृंगारलीला तथ जलक्रीड़ा का, राम के प्रकोष्ठ में शय्या पर श्रीराम-सीता के सम्भोग शृंगार का सामन्तीय एवं कामातुर चित्रण किया है जो उनके स्वयं के प्रथमहस्त अनुभव से रंजित है। तुलसी ने राम को वनों तथा ग्रामों में मर्यादापालन करते एवं संघर्ष तथा दुख और पीड़ा झेलते हुए दिखाया है। यही तो उनका अनुभव-संसार है। वे अपने राम को राजमहलों से झट से निकालकर अपने सुपरिचित ग्रामीण परिवेश में रमा देते हैं। कुमारदास का महाकाव्य सभाविलास बना रहता है। लेकिन वैकल्पिक कारणों से तुलसीदास का महाकाव्य ('मानस') लोककंठ है। अतः उसमें 'जानकीहरण' के यमकों की ठनक-चमक-झमक के बजाय चौपालों-चौराहों की भीड़ की धड़कनें हैं, सामूहिक गायन और पाठन है। कुमारदास की केन्द्रीय दृष्टि सम्भोग और शृंगारवाली रही है क्योंकि उनके श्रीराम सामन्त हैं, राजपुत्र हैं। तुलसी की केन्द्रीय दृष्टि तपस्या तथा शोकवाली रही है क्योंकि उनकी तरह राम एक आत्म-निर्वासित पंडित ब्राह्मणवत् हैं। उन्हें शृंगार का पहला मौक़ा 'रामललानहछू' में मिला था जहाँ वे कुमारदासीय चाल-चलन से राजा दशरथ की काम-लोलुपता को चित्रित करते हैं। बाद में दोनों 'मंगल' काव्यों में वे नववधुओं (जानकी तथा पार्वती) के श्रीहर्ष-सामयिक शृंगार में झूमकर हर्षित हो उठते हैं। उस समय अपनी कान्ता रत्ना को उन्होंने कालिदासीय उमा (पार्वती) तथा श्री हनुमान् कविसम्मत सीता (जानकी) के रूप में किंचित् झिलमिलाता हुआ पाया होगा।

अतः दोनों में उदात्त काम एवं शृंगार भिन्न हैं। कुमारदास पंडित कवि हैं : पहाड़ों और समुद्रों के। ग्रामीण तुलसी ब्राह्मण कवि हैं : आश्रमों और नरलीलाओं के ! कुमारदास विलासपूर्ण सौन्दर्य के कवि हैं; तथापि वे एक बेहद मर्महीन कवि हैं। तुलसी अलौकिक सौन्दर्य के ग्राम्यकवि हैं और सर्वातिशय मर्मबोधक कवि हैं।

यह आपातिक महाबिन्दु हमें अन्ततः और अन्ततोगत्वा तुलसीदास और उनके श्रीरामों के चक्र में केन्द्रीभूत कर देता है।

भारतीय इतिहास के इतने श्रीरामों का तुलसी ने सिद्ध दर्शन किया था और अपनी कृतियों में स्वयं भी लगभग सप्तरामों का प्रगटाव किया। ये सभी सूर्यवंशी राम तुलसी के ही हैं। लेकिन क्या इनके बीच भी तुलसी के अपने, अकेले, अन्तरंग श्रीरामचन्द्र भी हैं ? यदि हैं, तो वे कौन-से हैं ? इसे समझने के लिए ही हम विशेषतः ब्राह्मण (संस्कृत) परम्परा का सिंहावलोकन करते रहे हैं।

वाल्मीकि-भास-कालिदास-भवभूति तक तो लगभग राम को शक्तिसिन्धु-शीलसिन्धु-सौन्दर्यसिन्धु-कृपासिन्धु मानने की, फलतः आदर्श सम्राट् और आदर्श पुरुषोत्तम जानने की, जो परम्परा रही है उसे तुलसी ने भी—मध्यकालीन पौराणिकीकरण, आध्यात्मिकीकरण एवं ग्राम्यीकरण द्वारा संस्कारित करके—अंगीकार किया। कालिदास के लिए राम के रघुवंशी आदर्शों के लौकिक दृष्टान्त तो परमभागवत-चक्रवर्ती-दिग्विजयी गुप्त-सम्राट् रहे थे। इसीलिए उनका रावण एक शिथिल रजवाड़ा है। तुलसी के विश्वदृष्टिकोण ने उसमें गुप्त-सम्राट् के दिवास्वप्नों तथा अकबरे आज़म की ग़रीबनवाज़ी का विचित्र संयोग करके राम को स्वयं प्रकृति और सृष्टि (माया) का ही गुणधाम (सगुण) स्वामी एवं स्रष्टा अर्थात् अलौकिक सम्राट या 'परब्रह्मराम' बना डाला। उनकी लोकाराधक तथा लोकमंगल प्रधान जीवनदृष्टि ने तत्कालीन शैव तथा वैष्णव संघर्ष को समन्वय में बदलकर लोकनेता राम में शिवधर्मी राम का भी विचित्र संयोग किया क्योंकि पुराने बौद्ध-ब्राह्मण संघर्ष के बाद यह सबसे बड़ा वैचारिक अन्तर्विरोध था। तुलसी ने रावण तथा कलिकाल के रूप में अपने वर्तमान समाज तथा इतिहास को भी लिया है जिससे मिथकीय रामकथा एवं रामचरित्र समकालीन लोकदर्शन भी बन गई है। जैनधारा की भी ऐसी ही समानान्तर समस्या थी। विमलसूरि, गुणभद्र, स्वयम्भू आदि ने रामायण (पउम = पद्‍म = राम) का लोकायतिक जैनीकरण कर डाला है जो अन्तर्निहित मिथक-तत्त्व की अलौकिकता—अतिप्राकृतिकता को हटाकर उसे सामन्तीय ऐश्वर्य तथा जैन तपस्या के घोल में रँग देता है। यहाँ राक्षसों का स्थान विद्याधर-कुल ले लेते हैं; शूर्पणखा चन्द्रनखा हो जाती है; रावण अधिक बलवान् तथा मानवीयकृत हो जाता है; तथा राम एक अधिक वणिक योद्धा बन जाते हैं। शौर्य तथा भोग के दोनों सामन्तीय ध्रुवान्तों में विमलसूरि घूमे हैं। स्वयम्भू भोग तथा विलास की अधिकाई करते हैं तो पुष्पदन्त उन्हें तप ओर तेज के छोरों तक चलाते हैं। इन सभी महाकवियों ने रावण के चरित्र को भी महिमा और विश्वसनीयता दी है; तथा ब्राह्मणवादी अलौकिक घटनाओं तथा अद्‍भुत रस का विरेचन किया है। इस तरह रावण मध्यकाल के कई इतिहासखंडों में धार्मिक संघर्ष तथा नैतिक मूल्यों (विधायक एवं

निषेधक, दोनों) की कसौटी रहा। उसके माध्यम से भी ब्राह्मण (वाल्मीकि), बौद्ध (दशरथ जातक), जैन (पउमचरिउ), वैष्णव (मानस) धाराओं ने कई राजनीतिक एवं सांस्कृतिक चुनौतियों को परखा है। यहाँ रावण भी तो उसी सामाजिक दशा की देन है जब मध्यदेश (विमलसूरि एवं स्वयम्भू का इलाका) में जैनधर्म का प्रसार हो रहा था और वहाँ की जातियों के बीच रावण एक अच्छा राजा माना जाता था। अतः आज का शत्रु कल को जैन या बौद्ध बन जाता था। इसलिए राम और रावण के हाशियों में कई धर्मों के इतिहास के विरोध, समझौते, प्रसार, विचार आदि पढ़े जा सकते हैं और तुलसी ने भी रावण के माध्यम से वर्तमान इतिहास (कालिदास) तथा बनारसी शैवों के निषेधक रूप को अन्यथाकृत किया है।

ब्राह्मणधारा की अन्तर्वर्ती अभिजात संस्कृति की कामुक और भोगप्रधान लौकिक धारा भी चली जिसमें कुमारदास, भट्टिकाव्यकार, दामोदरमिश्र आदि का योगदान रहा। इसमें पहले तो रावणपक्ष के अन्तर्गत काम तथा शृंगार का मदनोत्सव मनाया गया; फिर बाद में कुमारदस एवं दामोदर ने रामपक्ष में भी काम एवं भोगवाला सारा कामशास्त्र उतार डाला। यहाँ राम मधुर-मदिर-रसिक हो गए हैं। यह धारा भी बाद में रामभक्ति के मधुरोपासक रसिय-सम्प्रदायों में क्षीणप्रवाही रही। परवर्ती उत्तर-मध्यकाल में हिन्दू राज्यों के विघटन के बाद अवतार राम को विलासी राम या सामन्त राम बनाने में इतिहास की हत्या होती। अतः इतिहास की आवश्यकता के अनुसार वाल्मीकि के अवतार राम की पुनः वापसी होती है—तापस राम और परब्रह्म राम के रूप में। अतः अब राम तपस्वी राम, परब्रह्म राम तथा राजा राम हो जाते हैं। 'रामचन्द्रिका' में आकर वे एक कुशल राजपूत महाराणा राम भी बनते हैं जो दरबार-पसन्दी के माहिर हैं। तथापि, तुलसी को अपने इष्टदेव राम का चुनाव करना ही पड़ा। उनके लिए राम की पूर्णता का सवाल लोक जीवन की पूर्णता की समस्या बन गया तथा राम की मर्यादा का स्वरूप एक नैतिक इतिहास-दर्शन बन गया।

तुलसीदास ने परब्रह्म राम से शिव, ब्रह्मा, विष्णु आदि नाना प्रकार के अंशावतारों की उत्पत्ति मानी है (सम्भु बिरंचि बिष्णु भगवाना। उपजहि जासु अंस ते नाना॥)। इसके साथ ही देवताओं, दैत्यों, ऋषियों आदि का भी सामूहिक अवतरण बताया। इतिहासचक्र ने इस विश्राम पर युगान्तरकारी पूर्णता तथा व्यापकता प्राप्त की। वैदिक युग के इन्द्र, अग्नि, वरुण, सूर्य, सोम, यम आदि प्रभृति देवताओं के गुणों को स्वरूप देने की ऐतिहासिक आवश्यकता तो वाल्मीकि ने पूरी कर दी जब उन्होंने एक ओर तो श्रीराम में पाँच वैदिक देवताओं के गुणों की विद्यमानता तथा स्वरूपों के अवधारण का प्रतिपादन करके उन्हें अवताररूप नरश्रेष्ठ अर्थात् मानवीयकृत प्रकृति का नियामक मानव बना दिया, तथा दूसरी ओर ऐतिहासिक भौतिकवाद के इस तथ्य को भी स्पष्ट किया कि टैक्नालॉजी शस्त्रों से आगे अस्त्रों का विकास कर रही थी क्योंकि धनुष, बाण, तलवार, भाले आदि लौह-शस्त्रों का प्रयोग तो हर व्यक्ति कर रहा था लेकिन अस्त्रों का प्रयोग कोई एकाध व्यक्ति ही कर सका था। इसलिए वे अस्त्र अभी भी अलौकिक थे तथा

उनका ज्ञान भी आधिदैविक था। इसलिए अस्त्र देवताओं से सम्बन्धित थे। इसीलिए वाल्मीकि ने विष्णु के आयुध-अवतारों का भी वर्णन किया।

तुलसी के समय तक इतिहास आभिजात्य-संस्कृति के पूरे ऐश्वर्य तथा विलास को, सामन्तीय सम्राटों की अनन्त शक्ति तथा अपार शौर्य को, लोकजीवन की शोकपूर्ण पीड़ा तथा अथाह दैन्यता-दरिद्रता को झेल चुका था। इतिहास चक्रवर्ती तथा विश्वविजेता सम्राटों के अलौकिक-अप्राकृतिक-अतिमानवीय करतबों में इतना भ्रान्त हो चुका था कि प्रजा के लिए वह अगम, अगोचर, अकल, अदृश, अमूर्त, अनन्त आदि ही हो चुका था। शंकर की 'ब्रह्म' की धारणा को अधिक फैलाने के लिए सम्पूर्ण प्रकृति तथा उसकी सृष्टि (माया) के मूल व्युत्पत्ति तत्त्वों (गुणों) को भी दार्शनिक धरातल 'ऐक' और 'पूर्ण' और 'अद्वैत' करने की आवश्यकता ने तुलसीदास की 'परब्रह्म' की धारणा को 'सगुण' ब्रह्मरूप में विराटीकृत किया। फलतः 'परब्रह्म सगुण राम' में पूर्ववर्ती अनेक सामाजिक सूत्राकरणों, ऐतिहासिक दशाओं, सांस्कृतिक आकांक्षाओं और यथार्थ समस्याओं का एक संग्रह हो जाता है। इस तरह यह धारणा एक ओर तो इतिहास-दर्शन का महाप्रतीक है तो दूसरी ओर विचार के इतिहास का नूतन समन्वय एवं संस्कार करती है। इसके अन्तर्गत वाल्मीकि के नरश्रेष्ठ अवतार राम, कालिदास के सौन्दर्यपुंज एवं शक्तिपुंज चक्रवर्ती सम्राट् राम, भवभूति के मधुर पति, आदर्श सम्राट् तथा पुराण पुरुष राम; तथा सांख्य की प्रकृति अभिव्यक्ति, शंकर का अद्वैतवाद, रामानुज के श्रीसम्प्रदाय के अनुसार लीला एवं मर्यादा, रामानन्द की भक्ति एवं मुक्ति अध्यात्मरामायणकार का शैव एवं विष्णु का संयोग, तुलसी की वेद एवं लोकधर्मी जीवन दृष्टि; तथा नानानिगमों-आगमों-पुराणों का प्रभाव, शिवपुराण और अध्यात्मरामायण का प्रभाव, वाल्मीकि रामायण और महानाटक का प्रभाव, कृष्णकथा (बाललीला, रासलीला) तथा लोकप्रथाओं का प्रभाव आदि द्वन्द्वात्मक ढंग से पुंजीभूत हो गए हैं। इस प्रक्रिया में मिथक-चेतना के मध्यकालीनीकरण, समकालीन बोध के पौराणिकीकरण तथा सामन्तीय समाज के ग्राम्यीकरण ने विशेष भूमिकाएँ निबाहीं। तो, तुलसीदास के श्रीराम के चरित्र के इतिहास-आलेख-कारी (हिस्टोरियोग्राफ़ी) का महाकाल-पटल इतना विशाल तथा विराट् है ! इस तरह तुलसी ने सापेक्ष्यतः लोकाभिमुख (लोकायतिक) अवतार को तो परब्रह्म में विराटीकृत किया तो दूसरी ओर आभिजात्य संस्कृति के ऐश्वर्य पुरुषोत्तम श्रीराम को ग्रामीण संस्कृति के मर्यादा-पुरुषोत्तम राम में इतिहासावरेखित कर दिया। सभ्यता के चरित्र के शैलीशास्त्र में भी उनकी यह महत्तम देन है। उनमें दो सांस्कृतिक दृष्टियों (राम का परब्रह्मीकरण बनाम ग्राम्यीकरण), तथा दो दार्शनिक दृष्टिकोणों (लोकायतिक बनाम आध्यात्मिक (वैष्णव)) के बीच के कई आन्तरिक अन्तर्विरोध राम के सामंजस्य (सिन्थेसिस) में परिलक्षित होते हैं।

श्रीराम के स्वरूप तथा कथा को लेकर उनकी दूसरी महत् उपलब्धि अविरल ऐतिहासिक चेतना की सिद्धि है। उनका ऐतिहासिक काल तो मध्यकाल था। उनकी रामकथा का काल एक मिथकीय काल था। अतः एक ओर तो उन्हें मिथकीय काल

को मध्यकाल की लोकचेतना में ढालना पड़ा तथा दूसरी ओर अपने वर्तमान काल के समकालीन अनुभवों तथा समस्याओं को—अपनी ग्राम्यीकृत पवित्र ब्राह्मणदृष्टि से—मिथकीय काल के माध्यम में छानकर प्रस्तुत करना पड़ा। 'रामराज्य' तथा 'कलिकाल' के मॉडल क्रमशः उनके पहले और दूसरे ढंग के कृतित्व के उदाहरण हैं। फलस्वरूप उनके श्रीराम केवल इतिहासपुंज और समाजमर्यादा ही नहीं हैं बल्कि दार्शनिक प्रतीक और सांस्कृतिक आकृतिबन्ध भी हैं। उनके अलावा किसी भी मध्यकालीन कवि को श्रीराम के द्वारा इतनी ऐतिहासिक विविधताओं, इतिहासदर्शनों तथा इतिहासलेखन के कलात्मक प्रकारों से नहीं जूझना पड़ा। इसलिए तुलसी के श्रीराम भक्तों के इष्टदेवता तो रहे ही हैं, वे इतिहास की युगचेतना और राजनीति के लोकमंगल भी हैं। फलतः अकेले तुलसी को ही श्रीराम के माध्यम से—सम्पूर्ण मध्यकाल में सर्वाधिक राजनीतिज्ञ चिन्तक और लोकदृष्टिवादी दार्शनिक नेता होने का गौरव प्राप्त है। वे मध्यकाल के 'विचारधारात्मक सुपरिगठन' (आइडियोलॉजिकल सुपरस्ट्रक्चर) के साक्षात् कल्पपुरुष थे। रामकथा के पूर्ववर्ती सभी महाकवियों को इतने ज्यादा ऐतिहासिक युगों से तथा इतनी अधिक लोकचिन्ता-पीड़ा से नहीं जूझना पड़ा था। इस दृष्टि से वे वाल्मीकि, कालिदास, कुमारदास से अलग और अपेक्षतया उन्नतिशील हैं।

उनकी तीसरी महत्तम देन भाषाक्रान्ति तथा भाषा-रिनैसाँ के क्षेत्र में है। जिस तरह निर्गुण ब्रह्म की सगुणधारा में रामावतार को भी प्रतिष्ठित करके उन्होंने पहल की थी, उसी तरह ब्रजभाषा की माधुरी तथा साहित्यिक परिष्कार से भी अलग हटकर गाँवों की, चौपालों तथा क़स्बों के चौराहों की अवधी भाखा के ओज और सौभाग्य और औदात्त्य की खोज भी उन्हें ही करनी पड़ी। अवधी की सामूहिक-आंचलिक खूबियों के कारण जायसी ने उसमें एक लौकिक सूफ़ी इश्क़ कहानी लिखी थी। तुलसी को उसी अवधी भाषा को एक भिन्न चरितनायक, एक भिन्न अनुभव संसार, एक भिन्न सांस्कृतिक ऐश्वर्य तथा एक भिन्न सौन्दर्यानुभव के अनुसार अभिव्यंजना पूर्ण बनाने में भाषिकी क्रान्ति भी करनी पड़ी क्योंकि उन्हें ब्रजभाषा की परिनिष्ठित भाषिकी-परिपाटियाँ नहीं मिली थीं। एक अकेले कवि ने उस जनपदीय भाषा की सम्पूर्ण अभिव्यंना-शक्ति को विकसित करके उसका इतना भरपूर उपयोग कर लिया कि बाद में अवधी भाषा की अभिव्यंजना-क्षमता ही विलुप्तप्रायः हो गई और उस भाषा में कोई भी श्रेष्ठ साहित्यिक कृति नहीं आ सकी। [उनकी भाषा-क्रान्ति के कुछ उदाहरण दिए जा सकते हैं।] अगर उनके सर्वादिशात्मक शब्द-भंडार (मास्टर वोकेबुलरी) के वैभव को ही देखें तो उसमें संस्कृत प्राकृत-पाली-अपभ्रंश जैसी चार भाषाओं का शब्दजगत है। विशेषणों और क्रियाओं तथा संज्ञाओं की विपुल राशि उनके पास है। यदि किसी एक लम्बे प्रसंग में राम का नाम पचीस बार आया है तो वे हर बार एक नया विशेषण अथवा पदवी का इस्तेमाल करेंगे। अवसर और प्रसंग के अनुकूल राम तथा सीता के लिए उन्होंने जो नाम इस्तेमाल किए हैं उनमें निकटस्थ आवृत्तियाँ नहीं हैं। शब्दों का मनोवैज्ञानिक एवं औचित्यपूर्ण इस्तेमाल करने में उन्हें कमाल हासिल है। जैसे; जब तक कैकेयी दशरथ

से वरदान नहीं माँगती तब तक उसे 'भरतमातु' आदि सम्मान सूचक उपाधियों से पुकारा जाता है किन्तु वरदान माँगने के पश्चात् ही उसके लिए अपमानपूर्ण सम्बोधन इस्तेमाल होते हैं; जब हनुमान लंका जाते हैं तो रावण को 'लंकेश' कहते हैं क्योंकि तब तक विभीषण राम के पास नहीं आए थे लेकिन अंगद उसे यह सम्बोधन नहीं देते क्योंकि तब तक विभीषण राम के पक्ष में आ गए थे और राम ने उन्हें 'लंकापति' मान लिया था; रावण के लिए हमेशा 'दसकन्ध', 'दशकंठ', 'दसमुख' जैसे शब्द इस्तेमाल हुए हैं क्योंकि वह सोचता नहीं है और केवल डींगें मारता है लेकिन जिन अवसरों पर वह सोचता है उन स्थलों पर 'दससीस' का व्यवहार किया गया है; एक बार जब सेतुबन्ध बन जाता है तब वह एक साथ दसों मुखों से 'समुद्र' का नाम लेता है—और कवि ने उस चौपाई में सिन्धु के दस पर्याय गिनाए हैं। अतः तुलसी के शब्दपुंज तथा भाषा का आधुनिक शब्दतात्त्विक अध्ययन ही स्वयं में एक नई खोज है।

और अन्तिम सांस्कृतिक-मनोवैज्ञानिक-सौन्दर्यात्मक देन तो स्वयं तुलसी के राम के अनेक सूर्यवंशी श्रीरामों के स्वरूपों की है जो 'रामलला-नहछू', 'जानकीमंगल', 'रामचरितमानस', 'रामाज्ञाप्रश्न', 'वैराग्य संदीपनी', 'गीतावली', 'दोहावली', 'बरवै रामायण', 'विनयपत्रिका', 'कवितावली' तथा 'हनुमानबाहुक' में प्रत्यक्ष अथवा परोक्ष ढंग से चरित्रांकित हुए हैं। इस स्थिति में तुलसीदास और उनके इतने सूर्यवंशी श्रीरामों से हमारा लगभग सर्वांगीण साक्षात्कार होता है। हममें यह भी कुतूहल जागता है कि आखिर अपने इतने सूर्यवंशी श्रीरामों के बीच क्या कोई तुलसी के विशेष प्रिय श्रीरामचन्द्र भी हैं ?

इसके लिए केवल एक ही अनिवार्य कसौटी तथा चुनौती है कि हम ऐतिहासिक यथार्थता के परिवेश में समाजशास्त्रीय-सौन्दर्यबोधशास्त्रीय-मनोवैज्ञानिक ढंग से तुलसीदास के जीवन-विकास को तथा रामकथा के विशेष अंशों को तुलसी द्वारा ग्रहण को, इन दोनों के बीच के समकालीन सम्बन्धसूत्रों को जोड़ें।

रामकथा के स्पष्टतया तो दो स्वतन्त्र भाग हैं–(क) अयोध्याधुरी; तथा (ख) निर्वासनधुरी। पहला भाग कुछ ऐतिहासिक घटनाओं पर निर्भर करता है तथा दूसरा भाग मिथकों तथा आदिम प्रतीकों के माध्यम से सभ्यता और संस्कृति के कई ऐतिहासिक चरणों का समावेश करता है। दूसरे भाग में ही अपेक्षतया नए-नए सांस्कृतिक पैटर्न गढ़े गए हैं।

निर्वासनधुनी (ख) को, तुलसीवृत्त के ख़्याल से, हम यूँ बाँटें : (i) वनवासी राम, पीड़ित तथा शोकाकुल राम का अकेले भटकना, (ii) वानर जातियों तथा ऋक्ष जातियों से मैत्री करके स्वामी बनना, (iii) योद्धा राम के रूप में विजयी एवं मुक्तिदाता बनना; तथा (iv) अन्ततः पुनः अयोध्यापुरी मं वापस आकर रामराज्य की स्थापना करना।

तुलसीमन को ध्यान में रखते हुए अयोध्यापुरी के अन्तर्गत पहला दशरथराज्य राजकुमार श्रीराम की बाललीलाओं तथा विवाह-संस्कारों की सुन्दरता, सहजता एवं मधुरता से जुड़ा है। यह ऐश्वर्य-सम्भूत है। किन्तु परवर्ती रामराज्य [(ख)–(iv)]

असुरसंहारक-भूउद्धारक-धर्मरक्षक राजेश्वर राम की राजनीति एवं धर्मनीति से जुड़ा है। यह शान्ति-सम्भूत है। वस्तुतः (क) भाग के राम ही रामचन्द्र ज्यादा हैं; (ख) भाग के राम तो सूर्यवंशी राम हैं, तेज और तपयुक्त। (ख) भाग के (i) अंश के राम आत्मनिर्वासित, अकेले, पीड़ित और शोकार्त्त हैं। उनकी करुणमूर्ति तथा मानवीय बिम्ब सर्वाधिक यहीं हैं। वैयक्तिक तादात्म्य तथा रोमांटिक भावुकता के लिए यह अंश सर्वानुकूल है। यह अंश लोकसंस्कृति तथा जनजीवन को प्रतिबिम्बित करने के लिए भी उपयुक्त है। इसी का (ii) अंश भक्ति और मुक्ति, शरणागति और आत्मनिवेदन के द्वारा मानवीय स्वतन्त्रता तथा मानवीय उद्धार, सामाजिक यथार्थता तथा सांस्कृतिक आकांक्षा को अभिव्यंजित करता है। और (iii) अंश राम की दिव्यशक्ति तथा असुरों की मायाशक्ति के माध्यम से युद्ध के दो स्वरूपों, दो आदर्शों, दो रणकौशलों तथा दो समकालीन ऐतिहासिक शक्तियों को भी प्रकारान्तर से उद्‌घाटित कर देता है। इस भाग के अन्तिम (iv) अंश वाले रामराज्य की बात हम स्पष्ट ही कर चुके हैं कि यह एक साथ वैकुंठ (स्वर्ग), जातीय स्मृति में प्रतिष्ठित गुप्तों का स्वर्णयुग, भारतीय राजनीति-दर्शन का पूर्ण भाष्य तथा जननेताओं एवं समाजनेताओं की यूटोपिया है। हम पुनः दोहराना चाहते हैं कि रामकथा के ये भाग तथा अंश तुलसीदास के व्यक्तित्व एवं कृतित्व को ही ध्यान में रखकर किए गए हैं। तुलसी ने अपने व्यक्तित्व, चिन्तन तथा अवस्था के अनुरूप ही कुदरतन इन भागों तथा अंशों का विशेष चयन किया है। यही उनके श्रीरामों के अनेक स्वरूपों का हेतु है। यह भी सही है कि श्रीरामों के इन सभी स्वरूपों की रचना में एक ओर तो मिथकवृत्त के पवित्र और दिव्य, अनन्त और अनादि, सत्य और नित्य आदि गुण घुलमिल गए हैं [लीला, अलौकिकता होकर] तथा दूसरी, ओर इतिहासवृत्त के असंख्य पूर्ववर्ती राम और कुछ पूर्ववर्ती सामन्तीय संस्कृतिखंड, अवतार और ब्रह्म की धारणाएँ, भक्ति और सगुण ईश्वर का दर्शन आदि समन्वित-संस्कारित हुए हैं।

रामकथा की तरह **तुलसी-कथा** को भी हम तीन खंडों में बाँट सके हैं–(अ) अनाथ और अभागा और कंगाल बालक रामबोला; (आ) आशावादी-आदर्शवादी यायावर संन्यासी तुलसी; एवं (इ) निराशावादी-यथार्थवादी और एकाकी गोस्वामी तुलसीदास।

किन्तु तुलसी को अपनी जीवनकथा के हरेक खंड–[(अ)–(आ)–(इ)] में रामकथा के तो दोनों भागों–[(क)–(ख)] को ही लेना पड़ा था। अतः उन्हें राम-कथा की सभी भावभूमियों तथा दर्शनभूमियों की भिन्न-भिन्न प्रकार से आवृत्तियाँ करनी पड़ीं। रामकथा के जिन भागों तथा अंशों पर वे विशेषरूप से मुग्ध या तदाकृत हुए हैं, उनका तालमेल उनकी जीवनकथा के खंडों से बैठाया जा सकता है। इस तरह तुलसी के अनेक श्रीराम एक होते हुए भी उनकी जीवनकथा या समाजदशा के इतिहास को भी प्रकारान्तर से प्रतिबिम्बित एवं प्रक्षेपित करते हैं। इस प्रतिबिम्बन एवं प्रक्षेपण में दो आलोकवृत्त सदा विद्यमान हैं–मिथकवृत्त तथा इतिहासवृत्त।

यह संरचना (स्ट्रक्चर) तुलसीदास के जीवन के विकासखंडों तथा रामकथा के विशेष भागों-अंशों के बीच प्राथमिक धरातल पर सम्बन्धसूत्र स्थापित कर देती है। यहाँ

से हम अगले सोपानों पर बढ़ सकते हैं।

'रामलला-नहछू' में युवक रामबोला (उर्फ़ बाद के तुलसी) सर्वप्रथम एक लोकगायक, ग्राम्यकवि तथा अलमस्त युवक के रूप में अनुप्रवेश करते हैं। यह अल्हड़ युवक बचपन के अभागे तथा दुखियारे दिनों को भूलकर सनातन धर्म पर मंगल विश्वास करनेवाला ब्राह्मण है जो सहज प्रवृत्तिमूलक जीवन के एक मधुर संस्कार (विवाह) का मंगलगान करता है। 'रामलला-नहछू' विवाह-मंगलोत्सव की मस्ती और शुचिता को ग्राम भाषा, ग्रामछन्द सोहर में गाता है। इसके राम एक साधारण दूल्हा हैं (गाँव के किसी ठाकुर युवक जैसे) जो अश्लील गालियों में भी रस लेते हैं। कंगाली के दंश को भुलाने के लिए यहाँ तुलसी ने राजा राम और रंक, रानी और दासी को एक ही बराबर दर्जे पर रखा है। नारियाँ रामचन्द्र को स्पष्ट गालियाँ देती हैं तथा भक्ति उनके लिए गूढ़ दर्शन न होकर घरेलू जीवन की प्रीति एवं रति है। इसमें तुलसी ने कामारि शिव को याद नहीं किया है क्योंकि दूल्हे राम रसिक हैं। इसमें नारियों के माध्यम से उन्होंने प्रेमशृंगार के हाव-भावपरक मांसल रागबोध को अभिव्यक्त करने के साथ-साथ मध्यकालीन ग्राम की अर्थरचना (लोहारिन, अहीरिन, तम्बोलिन, दर्जिन, मोचिन, मालिन, बारिन, नाइन) का नक़्शा भी खींचा है। यहाँ राम के मर्यादावाद तथा मायावाद, दोनों का जंजाल नहीं है। इस तरह ग़रीब ब्राह्मण युवक-कवि तुलसी के दूलह श्रीराम गाँव के एक ठाकुर युवक हैं जो ग्राम की कामगर-कारीगर नारियों के रसिक सखा भी हैं। उनकी रसिकता मंगल और सहज है। तुलसी ऐसे श्रीराम को फिर कभी याद नहीं कर सके क्योंकि तुलसी भी ऐसी ज़िन्दगी में फिर कभी वापस नहीं आ सके। ऐसे लौकिक-रसिक-युवा-क्षत्रिय (ठाकुर) ग्रामीण राम युवक तुलसी की प्रथम और अन्तिम रचना हैं।

'जानकीमंगल' के श्रीराम अवतार एवं राजकुमार हो गए हैं। वे स्वयंवर में वीरपुरुष हैं तो विवाह में सुकुमार नर। यहाँ साँवले सुन्दर श्रीराम का तेजवान रूप सब नारियों को अपनी ओर आकृष्ट कर लेता है, इस तरह श्रीराम के पवित्र शील और तेजस्वी सौन्दर्य का नया हाशिया खुलता है। परिवेश तो विवाह संस्कारवाला ही है लेकिन अब वह एक संक्षिप्त पूर्णता से मंडित है। 'पार्वतीमंगल' में तो तपस्वियों का विवाह था किन्तु यहाँ सम्राट क्षात्र विवाह रचाते हैं। श्रीराम ब्रह्ममय भी हो जाते हैं। वे रूप और शील, उम्र और वंश की सामन्तीय दृष्टि से परिपूर्ण हैं। स्वयंवर तो राजाओं का विवाहोत्सव है लेकिन लौकिक विधि से विवाह की प्रथाएँ लोकसंस्कृति को प्रस्तुत करती हैं। इसी तरह कवि मध्यकाल की दोनों संस्कृतियों में अपने चरित्र राम की रचना करते हैं : सामन्तीय एवं वैदिक संस्कृतियों को एक मानने का भ्रम है तथा ग्रामीण एवं मध्यकालीन संस्कृति को भी एक ही श्रेणी में रखा गया है। यहाँ श्रीराम के विवाह को लेकर तुलसी की इतिहास-चेतना का प्रथम अंकुरण तथा राम के ब्रह्मत्व की प्रथम अभिव्यक्ति भी मिलती है।

दोनों कृतियों में हमें दूलह श्रीराम के दो स्वरूप मिलते हैं। दोनों में आशावाद से आदर्शवाद तक का सातत्य मिलता हे।

'रामचरितमानस' में भारतीय इतिहासचक्र पूरा हो होता है। पिछले हिन्दू-काल की शताब्दियों के दौरान राम में जो ब्रह्मत्व (उपनिषद्कालीन प्रभाव), राजत्व (शुंग-कुषाणकालीन प्रभाव) तथा अवतारत्व (गुप्तकालीन प्रभाव) समुपरंजित हुआ था, उनकी छाप पर तुलसी के इस्लामी मध्यकाल में परब्रह्म के सगुणत्व की धारणा का एक निर्विकल्प पूर्ण बना तथा इस परिपूर्णता पर ग्राम्यत्व का रूपान्तरण होता चला गया। 'मानस' का श्रीराम-पंचायत यही है। तुलसी के श्रीराम का महासूत्र भी यही है। इसमें मिथकवृत्त, इतिहासवृत्त तथा समाजवृत्त, तीनों एक ही भक्तिधुरी पर घूम रहे हैं।

'मानस' में रामकथा के पूरे (क) तथा (ख) भागों, और तुलसी के जीवन-विकास के (आ) खंड का संयोजन हुआ है। यद्यपि 'मानस'-रचना की अवधि लम्बी है, तथापि इस अवधि में तुलसी की चिति (साइकी) तथा संवेगों का भी नया उन्मेष हुआ था। उनमें विरति-विवेक संतोष-विज्ञान से पूर्ण दास्य भक्ति की प्रतिष्ठा हो गई थी तथा जीवन क्षेत्र में वे आशावादी-आदर्शवादी यायावर संन्यासी तुलसी बन गए थे। अतः मनोवैज्ञानिक विश्वदृष्टिकोण के अनुसार उन्होंने 'मर्यादा पुरुषोत्तम तथा 'दास-भक्त' के व्यक्तित्व की दो आदर्श एवं आध्यात्मिक निर्मितियाँ पेश कीं जिससे श्रीराम के स्वामीधर्मा सम्बन्धों में (कृपा, क्षमा, करुणा, शरणागतवत्सलता, ग़रीबनवाजी, दया आदि) नए गुणों का इजाफ़ा हुआ और भक्तों की सूची में बेहद अधम और अपावन के अलावा साधारण और दीन-हीन लोग भी दर्ज हो गए। मनोविज्ञान के वृत्त में उनकी दूसरी क्रान्ति 'काम' को लेकर हुई। पूर्ववर्ती दोनों काव्यों के मुक़ाबले में अब वे कामोद्दीपन के बजाय कामदमन तथा कामशमन के निष्पादक हुए। तत्कालीक काम-क्रोध-कामिनी के दास प्राकृत राजाओं के मुक़ाबले में उन्हें ऐसे शिवमय श्रीराम को प्रस्तुत करना पड़ा जो कोटिमनोजलजावनहारे होकर भी काम-दमनकारी हैं, मनोविकारों को उद्दीप्त न करके विमल एवं विशुद्ध सन्तोष, विज्ञान, वैराग्य आदि के धारक होकर ही धीरोदात्त तथा मर्यादापुरुषोत्तम हैं। इस तरह राम लौकिक काव्यशास्त्रीय रसचक्र की गति को उलटकर भावों (मनोविकारों) में उद्दीपन के बजाय उनके निग्रह को ही शान्त (स्थायी) मानते हैं जिससे आनन्दोल्लास की सिद्धि होती है। यही श्रीराम-रति का 'हरिरस' भी है। इस रसवाला रामकाव्य पवित्र एवं अनन्त अनुभूतियों, तथा उज्जवल एवं सर्वव्यापी चिन्तनवाली 'पावनकथालीला' है जिसके नेता तथा नायक राघवेन्द्र या रघुनायक हैं। ये श्रीराम 'काम' (रति) के बजाय 'शोक' को श्लोकत्व में बदलते हैं अर्थात् शम में, निर्वेद में, तत्त्वज्ञान में परिणत करते हैं। यह तुलसी तथा उनके ज़माने के साधारण जनों का दुखों और पीड़ाओं से छुटकारा पाने का बुनियादी आभ्यंतरिक आन्दोलन है जो धर्म के माध्यम से स्वतन्त्रता को (धार्मिक परिवेश में 'मुक्ति' नाम से) खोज रहा है। अतएव इसकी स्थायी धुरी 'काम' तथा नारी न होकर कामारि 'शिव' अर्थात् मंगल पर लोकमंगल है। इसलिए तुलसी के श्रीराम समाजवृत्त में 'लोकमंगल की साधना' के प्रतीक हैं। शक्ति एवं शील के बाद श्रीराम के 'सौन्दर्य' का भी अभिनवीकरण हुआ है। एक ओर यह अद्वैतवादियों की अनिर्वचनीय ख्यातिवाला अलौकिक सौन्दर्य है, दूसरी ओर कोटि मनोजों

को लजानेवाला तथा सरस्वती एवं शेष की वर्णन-क्षमता से परे आध्यात्मिक सौन्दर्य है और तीसरी ओर भक्तों, मुनियों, देवताओं, ग्रामवनिताओं को रिझानेवाला मधुर ग्रामीण नैतिक सौन्दर्य है। तुलसी के श्रीराम भक्तों और श्रोताओं अर्थात् लोकजनों के जीवन के सभी पक्षों का विकास करके उन्हें नारायणत्व (हरिहरपद रति) की भक्तिभूमि तक पहुँचाते हैं।

रामकथा के **ग्राम्यीकरण** के उपक्रम में तुलसी ने उसके (ख) भाग के (i) एवं (ii) अंशों को सर्वाधिक मार्मिकता प्रदान की है जिससे राम गिरिजनों-हरिजनों ग्रामजनों के बीच रहनेवाले 'महाग्रामपुरुष' हैं। उनका यह क्रान्तदर्शी रूपान्तरण तो वाल्मीकि से लेकर कबीर तक ने नहीं किया। रामकथा के (ख–i) एवं (ii) अंशों के विशेष ग्रहण के मौक़े पर स्वयं तुलसी भी अपने जीवनविकास के (आ) खंड से गुज़र रहे थे। यह तारतम्य श्रीराम में तुलसी तथा उनके युग के प्रक्षेपण को भी रहस्यांकित करता है।

सगुण परब्रह्म श्रीराम का दर्शन करने पर तुलसी में मध्यकालीन अन्तर्विरोधों का समावेश हुआ है। एक धरातल पर श्रीराम परब्रह्म के सगुण तथा ससीम रूप हैं। वे अवतारी या ब्रह्म हैं। अतः वे लीलाएँ करते हैं। क्षीरसिन्धुशायी विष्णु भी राम में समाहित हैं तथा निर्गुण ब्रह्म ही राम (सगुण) (निर्गुन ब्रह्म सगुन वपु धारी ॥)। इस धरातल पर वे अद्वैत तथा वैष्णव दर्शन के कई सम्प्रदायों का सामंजस्य करते हैं। दूसरे धरातल पर श्रीराम निर्गुण ब्रह्म है जो 'तत्त्वत्रय' के अनुरूप भक्तों के लिए ही नानाविधि से अनूप चरित्र करता है। उसके चरित नट के समान 'कपट चरित्र' हैं। इस तरह राम के चरित्र की मार्मिकता, मानवीयता और लौकिकता आदि अलौकिकता में फेंक दी जाती है। इससे लोकमंगल एवं लोकरंजन के श्रेय-प्रेय दोनों की हानि होती है। परशुराम-राम के बीच की नैतिक समस्या का समाधान राम की विनय में परिपूर्ण हो जाता है किन्तु परशुराम के मन में विस्मय पैदा होता है और वे उनकी रमापति के रूप में स्तुति करने लगते हैं (राम रमापति कर धनु लेहू। खेंचहु बान मिटै सन्देहू ॥); जबसे चारों भाई ब्याह कर घर आए थे तब से जितनी सासुएँ थीं उतने ही रूप धरकर सीता उन सबकी सेवकाई करती थीं क्योंकि सब मायाएँ सीता की माया में ही हैं; सीता-हरण के पूर्व की मानवीय विवशता को तीव्र बनाने के बजाय तुलसी राम द्वारा सीता-हरण को सूचित करा देते हैं कि अब मैं कुछ 'ललित नर लीला' करूँगा और निशाचर-नाश करने तक तुम अग्निवास करोगी; सीता के वियोग में दुखी और विरही राम की मार्मिकता को झूठा बताते हुए कह उठते हैं कि पूर्णकाम, अजन्मा, अविनाशी तथा आनन्दराशि राम 'मनुजचरित' कर रहे हैं (मनुजचरित कर अज अविनासी); जब सुग्रीव द्वारा सीता की कोई ख़बर नहीं पहुँचाई जाती है तो राम का सात्त्विक क्रोध भी नक़ली बना दिया जाता है (ता कहुँ उमा कि सपनेहुँ कोहा ॥) इत्यादि। कवि ने सम्भवतः यह रसाभास इसलिए फैलाया है कि उसके श्रीराम महज़ एक साधारण नर और प्राकृत नरपति न लगें जिससे श्रीराम के आदर्श का ही लोप हो जाए। अतः वह 'अद्भुत रस' की सिद्धि प्राप्त करने के बजाय कृत्रिमता में उलझता गया है। यह नतीजा तो मध्यकालीन बोध की श्रद्धाभूमि

पर ही निकलता है। तीसरे धरातल पर तुलसी वर्णाश्रमधर्म के एक शुद्ध एवं सच्चे रूप के समर्थक होने के नाते ब्राह्मणवादी से ब्रह्मवादी हो जाते हैं। वर्गीय स्थिति से ग़रीब किसान तुलसी अपने वर्णपद के कारण आभिजात्य संस्कृति के वैराग्यवृत्त से बँध जाते हैं। लोकजीवन में वर्णाश्रमधर्म की आदर्श प्रतिष्ठा के लिए उनका प्रचार श्रीराम को किंचित् ब्राह्मणवादी बना देता है (मानवतावादी के अलावा)। इसी अंतर्विरोध का स्थानान्तरण प्रकृति को कृति के बजाय माया में बदलने पर भी होता है जब प्राकृतिक सौन्दर्य एव शक्ति मायाजाल एवं मायानटी बन जाती है। इसलिए राम भी नटवत् लीला करनेवाले हो जाते हैं।

'कलिराज्य' के महापतन (कलिकुचाल) के रूप में तुलसी ने एक हिन्दू-कवि के रूप में अपने समय के सामन्तीय समाज की व्यवस्था का नैतिक (वर्णाश्रमवाली) व्यवस्था का आर्थिक-सामाजिक-नैतिक विश्लेषण कर एक नंगा और खौफ़नाक यथार्थ देखा है। इस तरह प्रकारान्तर से उन्होंने इतिहास के मुग़ल-रंगमंच का भी प्रवृत्यात्मक दिग्दर्शन कराया है, इसके पश्चात् उन्होंने सनातन हिन्दू दृष्टिकोणवाला समाजशास्त्र पेश किया है। यह ध्यान देने की बात है कि तुलसी ने कलिकाल का वर्णन रावण की मृत्यु के बाद किया है। इस तथ्य से हम निष्कर्ष निकाल सकते हैं कि कलिकाल का समाज रावण का आर्येतर समाज न होकर वर्णाश्रम एवं श्रुति की मर्यादा से गिरा स्वार्थी हिन्दू-समाज था। तथापि यह वर्णन एक रूढ़ि का अनुकरण भी है। यहाँ कवि की 'विचारधारा' (आइडियोलॉजी) भी दृष्टिगोचर होती है।

कलिकाल की प्रति-व्यवस्था के रूप में तुलसी ने रामराज्य का 'राजनीतिक दर्शन' (फ़िलॉसफ़ी) तथा सांस्कृतिक 'यूटोपिया', पेश की है जिसके केन्द्र परब्रह्म तथा रघुवंशी राजेश्वर श्रीराम हैं। इस दार्शनिक यूटोपिया में तत्कालीन स्वामी-सेवक-सम्बन्धों का आदर्शीकरण दास्यभाव की भक्ति में हुआ है : स्वामी श्रीराम की पूर्ण शरणागत-वत्सलता तथा सेवक भक्त का समग्र आत्मनिवेदन के साथ पूर्ण समर्पण ! श्रीराम के हिन्दू सम्राट्तन्त्र (मोनार्की) को उन्होंने कूटनीति अथवा सैन्यवाद प्रधान न बनाकर मूलतः एक सर्वोत्तम आदर्श राज्यव्यवस्था अर्थात् लोकराज की मौलिक कल्पना में परिणत कर दिया है। उन्होंने राजा राम की नीति में दंड एवं भेद का बहिष्कार तथा 'सुख' एवं 'सम्पत्ति' के लौकिक मूल्यों को स्वीकार किया है। उन्होंने भारतीय नीतिशास्त्र के अनुरूप जनरक्षक (नरपति) तथा पृथ्वीरक्षक (भूमिपति) को ईश्वर-अंश मानने के बजाय जब जीव को ही ईश्वर-अंश माना तो रघुवंशी राम स्वयं परब्रह्म हो गए। प्रजा के लोकमत से वे पवित्र देश और विवेकी राजा तथा हरिभक्त प्रजा का आदर्श देते हैं। इस तरह श्रीराम स्वयं ईश्वर तथा सार्वभौम धर्म हैं। श्रीराम लोकमत तथा लोकमन, दोनों के पुंज हैं; वे ब्रह्म, सम्राट तथा लोकमत तीनों के प्रतीक हैं। इसलिए रामपक्ष से युद्ध धर्मयुद्ध है। तुलसी के श्रीराम का 'रामराज्य' कौटिल्य के 'चक्रवर्ती साम्राज्य' से काफ़ी भिन्न है। श्रीराम का राज्य यह जगत् और समस्त ब्रह्मांड है और भारत के लिए वह एक नैतिक एवं धार्मिक संस्था भी है।

इस तरह 'मानस' के श्रीराम एक 'सांस्कृतिक सम्पूर्ण' हैं; प्रतीक हैं; इतिहास के निष्कर्ष हैं। किन्तु उनमें लौकिक बनाम पारलौकिक, मानवीय बनाम दैवी, ऐतिहासिक बनाम मिथकीय के प्रबल द्वन्द्वात्मक अन्तर्विरोधों का निराकरण नहीं हो सका है जिसकी वजह से तुलसी को आगे भी अन्य श्रीरामों की अवतारणा करनी पड़ी।

'रामाज्ञा प्रश्न' में वे रामभक्ति को शकुनशास्त्र के सभी शुभलक्षणों से जोड़कर नवग्रहों, नवरत्नों, शुललग्नों, मंगल लक्षणोंवाली ज्योतिष-दुनिया में तिरोहित कर देते हैं। तथापि इस उपक्रम में उन्होंने रामकथा की समस्त घटनाओं के सुफल-कुफल को अपने समकालीन समाज के सौभाग्य-दुर्भाग्य से जोड़कर राम को ज्योतिषपुरुष के रूप में प्रस्तुत किया है। ये श्रीराम अतिप्राकृतिक तत्त्वों के अन्धविश्वासों से मुक्ति दिलाकर आचरणमूलक सौभाग्य का प्रसार करते हैं। इसी तरह **'वैराग्य सन्दीपनी'** में अज, अद्वैत, अनाम, निर्गुण मायापति अवतार राम के प्रताप का प्रभाव तीनों तापों से 'शान्ति' के रूप में प्रस्तुत है। यहाँ नाथ योगियों और निर्गुणपन्थी सन्तों के समानान्तर ब्रह्म श्रीराम के प्रताप से शान्तिपद एवं अमलपद प्राप्त 'सन्त' के स्वभाव का कथन हुआ है। इस तरह गृहस्थ 'दासभक्त' की तरह वैरागी 'शीतल सन्त' की धारणा भी मध्यकालीन व्यक्तित्व-सूत्रीकरण की दूसरी मनोदार्शनिक चेष्टा है। पहले में स्वामी श्रीराम का आधार है तो दूसरे में शान्तिस्वरूप समाधिस्थ श्रीराम हैं। सन्तुलन के लिए इसी दिशा में 'दोहावली' में एक सन्त एवं भक्त के लिए रामनाम को स्वयं राम से बड़ा सिद्ध करके उसे (नाम) कलियुग में कामतरु और कामधेनु, दीप और मणि, राकेश और संजीवनी आदि कहा गया है। युवावस्था के भ्रमर-प्रेम या पतंग-प्रेम के बजाय अब तुलसी चातक-प्रेम में नया और सुन्दर रंग पाते हैं, केवल प्यास पाते हैं (तृप्ति नहीं); प्रिय से नित नया स्नेह तथा मानपूर्ति पाते हैं और इस भाँति वे **'एक रामघनश्याम'** के प्यासे चातक तुलसीदास हो जाते हैं। यहाँ कृष्ण की मधुरोपासना को रामवृत्त में स्थानान्तरित करने की पहली तापसी चेष्टा है क्योकि तपस्वियों ने राम को सर्वथा रसविहीन बना डाला था। शायद वैराग्य की अपनी ऐकान्तिकता को काटने के लिए उन्होंने प्रकृति-जगत से एक प्रेम-सम्बन्ध (चातक मत) पुनः ढूँढ़ लिया। इस तरह तुलसी प्रेमघन राम की प्रीत को सभी प्रकार के मनोविकारों के मल से विशुद्ध करके विमल बना देते हैं। इस चरण में उनके राम 'घनस्याम' हैं अर्थात् श्यामवर्ण है, अर्थात् जल से भरे हुए काले मेघ हैं, अर्थात् घनश्याम कृष्णरूप हैं। तुलसी ने उक्त तीनों पर्यायों से **घनश्याम राम** से रोमांटिक-प्राकृतिक-आध्यात्मिक प्रेम का निवेदन किया है।

उपर्युक्त तीनों कृतियों में तुलसी ने श्रीरामों के स्वरूपों के बजाय राम-विषयक धारणाएँ एवं मान्यताएँ निरूपित की हैं—एक गोस्वामी सन्त की भावभूमि पर।

'गीतावली' ब्रजभाषा में लिखी गई गीतों-पदोंवाली प्रयोगवादी रचना है जिसमें राम के कथाचरित की अपेक्षा कुछ घटना-झाँकियाँ, मार्मिक भाव-बिन्दु, ललित रसस्थल, करुण दशा आदि को प्रगीतात्मक बोध के साथ रचा गया है। इसलिए यहाँ राम के महाकाव्यात्मक चरित में से झाँकियों का चयन तुलसी की निजी अभिरुचि, जीवनदृष्टि

और प्रवृत्ति, तीनों को प्रक्षेपित करता है। यहीं उनके सहज श्रीरामचन्द्र की सारगर्भित तलाश और मार्मिक पहचान दोबारा आगे बढ़ाई जा सकती है।

इस चयन में तुलसी ने लंका, किष्किन्धा तथा अरण्य कांडों तथा राम-रावण युद्ध को लगभग छोड़ दिया है। लगभग दो-तिहाई अंश, आरम्भ और अन्त में अयोध्यापुरी के चारों ओर घूमा है। पहली बार अयोध्या में रामजन्म के अवसर पर सोहिलों की खुशी छाई है तथा दूसरी बार दिग्विजयी श्रीराम के वापस आने पर अयोध्या में आनन्द-बधावा होता है। दोनों ही प्रसंगों में कवि ने राजकुमार राम तथा रामराज्य के राजा श्रीराम को ही लिया है। इसके अलावा कवि ने यहाँ परब्रह्म राम या मर्यादापुरुषोत्तम के बजाय एक हिन्दू राजवंश के महल तथा राजधानी में शिशु राम, किशोर राजकुमार राम तथा आदर्श सम्राट् राम की एक वर्ष की चर्या को अंकित करके एक हिन्दू सम्राट् के धर्मपरायण तथा आनन्दपूर्ण जीवन की प्रतिकल्पना की है। यहाँ किसी एक समकालीन राजपूत राजा की ललित-मंगल राजचर्या का आदर्शीकरण है। यहाँ आध्यात्मिक रंग न्यून है क्योंकि सभी रघुवर-छवि में रँगे हुए हैं। यहाँ सौन्दर्य और दिव्यता की अपेक्षा सौन्दर्य और पवित्रता का ललित संयोग है। सामन्तीय संस्कृति के ऐश्वर्यपूर्ण आनन्दोल्लास में कवि पहली बार अन्तर्लिप्त हुआ है। सम्भवतः इस ग्रामीण पंडित कवि ने काशी और अयोध्या जैसे तीर्थनगरों में रहकर कुछ रजवाड़ों में भी कथावाचन के द्वारा पहुँच बना ली होगी। इस पहुँच का बाजाब्ता मनसबदारी दरबारी ढंग 'विनयपत्रिका' में बारीकी से फ़रमाया गया है।

कृति के आधे से ज़्यादा खंड में तुलसी ने प्रेमामृतरस का पान कर अपने चित्तरूप चकोर के लिए यह सोलह कलानिधान बालचरितरूपी 'चन्द्रमा' रचा है। इस तरह चातक तुलसी अब चकोरमन तुलसी होकर **बालक** श्रीरामचन्द्र (बालचरितमय चन्द्रमा) को सर्वाधिक राग-रंग देते हैं। यह क्रम रामजन्म, राम के नामकरण, माता द्वारा राम के दुलार की लीलाओं को लेता है। छोटी धनुही लिए हुए बाल अहेरी राम (ललित-ललित लघु-लघु धनु-सर कर) मृगया तथा चौगान जैसे अमीर खेल खेलते हैं तो अवध की गलियों में गोली, भौंरा, चकडोरी जैसे ग़रीब खेल भी खेलते हैं। शिशु की सुकुमारता के बाद राम के राजकुमार-रूप का दर्शन होता है। कवि का दूसरा आकर्षण कोसलराय के कुअँरोटा राम का **'दूलह राम'** रूप है। यहाँ उन्हें 'साँवला सुभग वर' केवल सीता के लायक लगता है। दोनों के दूलह-दुलही रूप को मानो कवि ने अन्तर्मुखी अनुभवों-संस्मरणों से सराबोर कर डाला है। इस तरह शिशु राम और कुँवर रामचन्द्र और दूलह राम के स्वरूपों से कवि ने अपने अभावों की तृप्ति करके अपने मानस में विमल सन्तोष का सुख प्राप्त किया है। ये ही कवि के सर्वाधिक अन्तरंग श्रीरामचन्द्र हैं जो 'रामलला-नहछू', 'जानकीमंगल' तथा 'मानस' के बालकांड-अयोध्याकांड में बार-बार अवतीर्ण हुए हैं। इसी क्रम में जब कवि पुनः दिग्विजयी सूर्यवंशी राम को अयोध्या-धुरी में वापस ले आता है तो पुनः आनन्दोल्लास में अन्तर्लीन हो जाता है। राजेश्वर श्रीराम के जागने पर द्वारों पर सूत-मागध-गायक बीन बजाते हैं तथा विरुदावली गाते हैं; सारी सखियाँ कृष्ण की

गोपियों की तरह रघुवीर की छवि देखकर न्यौछावर होती हैं। वे आनन्द के भीतर से प्रेमाभक्ति की मधुरोपासना करती हैं। यह उनकी मानसी पूजा है। राम-हिंडोले के मौक़े पर सहेलियाँ झूला झूलती हैं, गजगामिनी-पिकबयनी-मृगलोचनी नारियाँ झुंड-के-झुंड बनाकर झूलने निकलती हैं। इस तरह तुलसी एक बार पुनः 'रामलला-नहछू' के रसीले-रसिक तुनुकमिज़ाज़ मूड में राम को मधुर राम बना देते हैं–द्वितीय भवभूति होकर (कुमारदास नहीं)। इसी तरह शरद् में दीपमालिका के उत्सव पर कंचनदीपों की पंक्तियाँ जलाई जाती हैं तथा घर-घर में निर्धन-धनी एक समान हर्षित हैं। वसन्त-विहार के अवसर पर अप्सरा जैसी नागरी सुन्दरियों के झुंड राम को गालियाँ देते हैं। जब राजाधिराज राम फाग खेलते हैं तब नागरी स्त्रियाँ दौड़कर (जब) किसी को धर पकड़ती हैं तो उनके नूपुर तथा करधनी की ध्वनि बड़ी ही सुहावनी लगती है, वे पकड़े हुए के नेत्रों में अंजन लगाकर फगुआ मनाती हैं तथा श्रीराम भाइयों समेत हँसते हैं। यहाँ कवि ने राजाधिराज राम के राज्य का ललित और मधुर जीवन अंकित किया है जहाँ लोकोत्सवों की भीड़-भाड़ में स्वयं राम भी हर्षपूर्वक हँसकर हिस्सा लेते हैं। आख़िरकार तुलसी रामकथा के सामन्तीय वृत्त से भी जुड़ ही गए ! तथापि वे तत्काल लोक उत्सवों में लोगों की भीड़ में अपने श्रीरामचन्द्र को मधुर-मदिर भाव से शामिल कर देते हैं। यहाँ भी वे उन्हें अन्तःपुर की गोपनीय क्रीड़ाओं में लीन नहीं करते।

अयोध्या के दोनों ध्रुवान्तों के बीच तुलसी अपने श्रीरामचन्द्र को वनधुरी में ग्रामीण नारियों के बीच भी सीता समेत निमन्त्रित करके दौड़कर ले आते हैं। वे वनवेशधारी सुन्दर युवा 'मुनिकुमारों' की शोभा पर मुग्ध हैं। ग्राम्य वनिताओं की रूपमाधुरी तथा वियोगमाधुरी में मधुररस का परिपाक है। वनधुरी में भी मदनमहीप का वसन्तोत्सव चित्रित हुआ है। चित्रकूट की प्रकृति के मध्य मानो कामदेव फाग खेल रहा है (अयोध्या में राम महीप ने फाग खेला था)। पल्लवदलों से रची गई पर्यंक शय्या पर राजीवनयन तथा जानकी को परस्पर प्रेमपीयूष के पान की प्यास है। स्वयं रसिक राम सिया के अंग-प्रत्यंगों पर धातुओं से कामशास्त्रीय पत्रपुष्प-रचना करते हैं, फूलों के आभूषण पहनाते हैं तथा कलाकुशल प्रिय की तरह तिलक रचना करते हैं। सम्पूर्ण तुलसी-काव्य में प्रेमी राम की यह अद्वितीय तथा एक अकेली झाँकी है। यहाँ वे कामुक नहीं, मधुर हैं। उनकी यह क्रीड़ा कामकला का एक स्वीकृत अंग है। तथापि यह वर्णन भी कुमारदास की तरह प्रथमहस्त अनुभववाला न होकर ज़्यादातर परम्पराग्रहीत ही है।

'बरवै रामायण' में राम के चरित्र तथा शीलस्वभाव का आलंकारिक वर्णन हुआ है। इसके राम सुन्दर सुकुमार हैं। कवि ने पुनः सुन्दर दूलह राम, तथा (बाद में) लोककल्याणकारी राम-नाम का वर्णन किया है। वनवासी राम नारायण ऋषि अथवा विष्णु अथवा कामदेव लगते हैं। किन्तु वाल्मीकि के अनुसार वे सुन्दर वेशधारी द्विभुज विष्णु (द्वै भुज करि हरि रघुबर सुन्दर बेस) हैं। श्रीराम के स्वरूप को लेकर तुलसी के मनोवैज्ञानिक द्वन्द्वों का यह गूढ़-रहस्योद्घाटन है। वे राम के विष्णु रूप, शिव रूप तथा कामदेव रूप के बीच अपनी परिस्थिति तथा मनोदशा के अनुरूप चुनाव करते आए हैं।

उन्होंने विष्णु एवं शिव रूप का सांस्कृतिक ऐक्य तो करा दिया लेकिन शिवरूप की उपस्थिति में, तथा अपने वैरागी-तापसी जीवन के कारण, विष्णुरूप एवं कामरूप की मैत्री अन्त तक नहीं करा सके। 'बरवै' में उनका यह आत्मसंघर्ष लक्षित होता है : श्रीराम साधु, सुशील, सुमति, शुचि, सरल स्वभाव (साधु सुसील सुमति सुचि सरल सुभाव) के हैं। अतः ऐसा कौन कवि है जो उनके स्वरूप की तुलना कामदेव के रूप से करके संसारकूप में डूब मरेगा (कामरूप सम तुलसी राम सरूप। को कबि समसरि करै परै भवकूप ॥)। वैसे अब तो यह स्पष्ट इंगित हो रहा है कि तुलसी के अपने अवचेतन में सुषुप्त आदिपुरुष के रूप में श्रीरामचन्द्र की जो दमित इच्छाकांक्षा है उसके अनुरूप उनमें कामदेव, विष्णु तथा शिव का एकत्व है : रूप, गुण, धर्म तीनों का ! उनके अवचेतन की इदम् शक्ति के रूप में विष्णु-शिव-मदन रूप श्रीरामचन्द्र ही प्रतिष्ठित हैं लेकिन उनके चकोरमन तथा चातकजीवन के चेतन स्तर पर शिव-विष्णुरूप सूर्यवंशी राम का ही महाभिषेक हुआ है। इसका समाजसांस्कृतिक कारण 'विनय-पत्रिका' में भी मिल जाता है।

'विनयपत्रिका' रामकथा के (क) भाग में प्रत्यावर्तन करके अयोध्यापुरी में केन्द्रित होती है। इस चरण में तुलसी की जीवनकथा के विकास का (इ) खंड चल रहा था जब वे निराशावादी–यथार्थवादी एवं एकाकी गोस्वामी तुलसीदास हो चुके थे।

यह कृति कई अर्थों में विलक्षण है। एक ओर तो पूर्वार्ध के तिरसठ गीतों में गणेश, सूर्य, शिव, देवी, गंगा, यमुना, काशी, चित्रकूट, हनुमान, लक्ष्मण, भरत, शत्रुघ्न, सीता, श्रीराम की स्तुतियों के रूप में एक लम्बा मंगलाचरण है तथा दूसरी ओर श्रीराम साहिब के सजे हुए दरबार में तुलसी की रहमो-करम की अर्ज़ी उर्फ़ 'विनयपत्रिका' को पेश करने का सलीक़ा इन्तज़ामे मुग़लिया है। इसलिए यहाँ परब्रह्म राम या गुप्तों के स्वर्णकाल के ऐश्वर्य से मंडित अवतार राजा राम की अपेक्षा मुसलिम मध्यकाल के 'राजाधिराज श्रीराम साहिब' के दरबार की आन-बान तथा शिष्टाचार (प्रोटोकोल) है। इस तरह श्रीराम साहिब एक मध्यकालीन बादशाह के सभी दस्तूरों तथा प्रशासन-मर्यादाओं से पदविभूषित हैं : ईश्वर ही जगदीश्वर के रूप में सिंहासन पर बैठा है। फ़रियादी रामदास है अर्थात् स्वयं कवि तुलसीदास है जो कलिकाल (मध्यकाल) में कलि के विरुद्ध अपनी अर्ज़ी पेश कर रहा है। उसकी दास्यभक्ति के आधार दैन्यता तथा अनन्यता हैं। वह भगवान सम्राट् की अहैतुकी कृपा तथा अहैतुकी भक्ति के लिए याचना करता है। प्रार्थी याचक और दीन है, शिव की पुरी काशी का रहनेवाला है। उसे एक ओर तो कलिकाल प्रताड़ित कर रहा है, दूसरी ओर संसार का भय खा रहा है। इसलिए वह दाता, भोले, बावरे और कामरिपु शिव की स्तुति करता है ताकि उनके चेले (किंकर = शैव लोग) उसको रौंदना बन्द कर दें और पंचबाण उसके हृदय में प्रपंच न रचें। प्रार्थी तुलसी हनुमान् से भी प्रार्थना करता है क्योंकि वे तुलसी के 'त्रास' का शमन करनेवाले हैं। प्रार्थी और याचक तुलसी को केन्द्रीय अनुभूति 'भय' की होती है जो सारे कलिकाल में व्याप्त है। इसीलिए उसे संसार का जंगल बड़ा भयानक लगता है : संसार-सिन्धु

मृगजल है, संसारचित्र शून्य में बना विचित्र चित्र है। इसलिए तुलसी संसाररूपी सर्प से निगला गया है। अतः वह ग़रीबनवाज़ श्रीराम साहिब की कृपा की फ़रियाद कर रहा है क्योंकि वह जानता है कि श्रीराम साहिब ग़रीब तुलसी को देखते ही उसकी बाँह पकड़कर उसे अपना लेंगे; वे रघुराई प्रीति की रीति जानते हैं; वे अकारण ही परोपकारी हैं; वे गण्यमान्यों, श्रेष्ठियों का अनादर करके ग़रीब का आदर करते हैं तथा उनकी कृपा से गणिका, गीध और बधिक को भी मुक्ति मिल गई। इस तरह तुलसी के सिंहासनारूढ़ श्रीराम साहिब दीनदयाल, दीनबन्धु, ग़रीबनवाज़, पतितपावन, दास पर प्रीति करनेवाले और सहजशील स्वभाववाले हैं। अतएव कलिकाल और संसार में तुलसी को यथार्थ का भयानक और त्रासकारी और भयंकर अनुभव होता है और वे रामराज्य के आनन्दपूर्ण कल्पलोक (यूटोपिया) के कन्ट्रास्ट में कलिकाल के संसार की भयानक फन्तासी रचते हैं। उनकी यह अनुभूति एक समकालीन आधुनिक व्यक्ति का आत्मनिर्वासन-बोध है। अतः प्रौढ़ होते हुए तुलसी अब यथार्थ बनाम आदर्श के अन्तर्विरोध की कठोरता और क्रूरता को भोगते हैं। आत्मनिर्वासन को जागरूक होकर समाप्त करने के लिए 'श्रीराम साहिब' का स्वरूप प्रस्तुत है। आत्मनिर्वासन की दीनता तथा अकेलेपन की श्रीराम की कृपा तथा प्रीति ही समाप्त कर सकती है, क्योंकि एक रघुराया ही प्रीति की रीति जानते हैं। तुलसी को क्रूर यथार्थता का ऐसा साक्षात्कार एक मोहभंग को अंकुरित करता है : उन्हें यह भी कहीं अहसास होने लगता है कि राम ने उसकी सुधि ही भुला दी है अर्थात् वह रामभक्ति और हरि-स्मरण की सार्थकता को समझ नहीं सका क्योंकि वर्तमान सामाजिक यथार्थ (कलिकाल, एवं संसार) ज़्यादा भयानक तथा प्रचंड है। यहाँ श्रीराम साहिब ग़रीबनवाज़ होकर भी भव्य दरबार के शिष्टाचारों में बँध गए हैं और वे लोकजनों के बीच तो जा ही नहीं पाते। ठौर-ठौर साहबी होने के कारण तुलसी को हरेक दरबारी के पास पैर पड़-पड़कर दीनता सुनानी पड़ती है (द्वार-द्वार दीनता कही) और चापलूसी-सिफ़ारिश आदि करनी पड़ती हैं। यथार्थता के डरावने साक्षात्कार की मानवीय दीनता के वातावरण में तुलसी को परब्रह्म राम के बजाय श्रीराम साहिब के दरबार को भी ऐसा केन्द्र बताना पड़ा जो सामान्यजनों से अलग-थलग है, उनकी मामूली ज़िन्दगी की पीड़ा तथा व्यथा से असम्पृक्त-सा है क्योंकि अपनी जीवनपर्यन्त भक्तिसिद्धि के बाद भी (इन क्षणों में) उन्हें भक्त और भगवान् के बीच की दूरी की असिद्धि की व्यथा ही हाथ लगी। 'गीतावली' के रसिक मधुर राजाधिराज राम और 'विनयपत्रिका' के रघुराजा श्रीराम साहिब, एक भक्त की करुण व्यथा और आत्मसंघर्ष को ही प्रतिबिम्बित करते हैं।

किन्तु उन्हें यथार्थ के भयानक फन्तासीकरण से वापस आना ही था क्योंकि उनकी महाभूमि लोकचित्त थी। यही उनका विश्रामकेन्द्र है।

'कवितावली' में यथार्थ की स्वाभाविक ग्रहणशीलता पुनः प्रतिष्ठित होती है। थोड़ी अवधि के लिए भटके हुए शहरी नागरिक तथा गोस्वामी सन्त की वापसी ग्राम्यकेन्द्रों में हो जाती है। उसे पीड़ा, दुख, यातना, निराशा, शोक आदि सभी का अनुभव होता है किन्तु अपनी सामाजिक चेतना तथा जातीय संस्कृति की पहचान के कारण कवि

सन्तुलित रहता है। अतः श्रीराम का पुनः एक नया रूपायन होता है। यह कृति कवि के विभक्त मन-स्तात्त्विक (साइकिक पर्सनेलिटी) का उदाहरण भी पेश करती है। इसमें एक ओर बालकांड-अयोध्याकांड का चित्रात्मक रीतिशैलीवाला सजीव वर्णन है तो दूसरी ओर सुन्दरकांड-उत्तरकांड में आर्थिक-सामाजिक यथार्थता की करुणा तथा आतंक है। यहाँ धार्मिक विरक्ति एवं विवेकवाला दृष्टिकोण प्रधान नहीं है बल्कि कवि पुनः लोकचित्त और जनजीवन के प्रतीकरूप में क्रियारत है। 'मानस' के परिपाटीबद्ध कलिकाल वर्णन के मुक़ाबले इस कृति में कवि ने यथावत् यन्त्रणाभोग से उत्पन्न वर्तमान को ही कलिकाल के रूप में उकेरा गया है। अतः इस कृति की धुरी ग़रीब गाँवों के दीनहीन किसान हैं। यह कृति स्पष्ट कर देती है कि तुलसी का बचपना और किशोरावस्था कैसे बीती; उनके समय के किसानों की आर्थिक समस्याएँ कितनी भीषण थीं; तथा सामाजिक जीवन में कितना झूठ-फ़रेब छा गया था। इसमें 'विनयपत्रिका' वाली कवि की व्यक्तिगत भावदशाओं का अमूर्तीकरण और वर्तमान का फन्तासीकरण नहीं है, बल्कि उसके यन्त्रणा-भोग का सामाजिकीकरण तथा वर्तमान का नंगा प्रत्यक्षीकरण है। अभी तक कवि विषयाग्नि की चर्चा करता आ रहा था किन्तु अब वह समझ जाता है कि महावन-वाग्नि (की आग) से भी बड़ी पेट की आग है। रचना का लगभग अर्धांश (उत्तरकांड) रामराज्य की यूटोपिया नहीं है बल्कि वर्तमान का सम्यक साक्षात्कार है जिसके अन्तर्गत कलियुग तथा काशी की महामारी का भी विस्तार हुआ है। इस कृति के सुन्दरकांड में भी एक अजब-सी क्रूरता एवं भयानकता दिखती है जिसमें कवि छटपटा रहा है।

इसी सन्दर्भात्मक इकाई में वह पुनः श्रीराम के एक और स्वरूप का विन्यास करता है। ऐसे राम अनाथ के अपने हैं और सरनागत हैं। वे राखनहारा हैं। वे ग़रीब-दीनहीन लोगों से प्रीति रखते हैं। इसीलिए उन्होंने कोल, किरात, केवट, पषान, कवि, भालु, शबरी आदि को तारा है। कवि ने मूलरूपेण सुग्रीव और विभीषण पर की गई रामकृपा का विरुद बखाना है। कवि यह भी घोषणा करता है कि केवल वानर के चरवाहे राम को भजने के कारण ही वह गोस्वामी तुलसीदास बन गया है। अतः उसके ये नए श्रीराम परब्रह्म राम तथा राजाधिराज श्रीराम साहिब से ज़्यादा मध्यकालीन लोक में घूमने तथा नेतृत्व करनेवाले 'रघुनायक' अर्थात् नेता राम हैं। वे प्रमुखतः रक्षक, दीनदयाल, सरनागतपाल कृपाल, ग़रीबनवाज़, अनाथों के दाहिने हैं। मूलतः ये 'रघुनाथ' अनाथ के नाथ हैं। श्रीराम का रघुनाथ-रघुनायकवाला यह नया समीकरण बेहद सामाजिक एवं ग्राम्य स्तर पर राजनीतिक है। 'विनयपत्रिका' वाले ऐश्वर्यपूर्ण मध्यकालीन राजदरबार से बाहर निकलकर राम ग़रीब गाँवों की धुरी में आ गए हैं। इस धुरी में लंकाकांड के अन्तर्गत ग्रामदेवता हनुमान् की आश्चर्यपूर्ण शक्ति का ग्रामीण कौतुक है तथा आग लगने से उत्पन्न आतंकित और भयभीत जनता की त्राहि है। इसी आग ने उन्हें पेट की आग का क्रान्तिकारी समीकरण बनाने को प्रेरित किया। ग्रामधुरी में राम और सीता एक ग्रामदम्पति भी पहली बार बने हैं। तीनों की शोभा रतिपति (राम), रति (सीता) तथा वसन्त (लक्ष्मण) के समान है जिससे ग्रामवधुएँ, पशुपक्षी, मुनि आदि सभी मोहित

हो जाते हैं। अन्ततः कवि में अब 'बरवै रामायण' वाला नैतिक संकट तथा संकोच नहीं रहता। इसीलिए वह खुलकर कहता है कि ये राम ऐसे हैं जैसे कामदेव पंचबाण धारण किए हुए हों (जानि सिलीमुख पंच धरें रतिनायकु है)। यहाँ राम ग्रामवधू-सी सीता (तिय) की आतुरता देखकर अश्रुमुख हो जाते हैं तथा सीता के पैरों में चुभे हुए काँटे भी निकालते हैं। इसी तरह भोली पवित्र हरिणियों एवं ग्रामवनिताओं के बीच राम पंचबाण धारण किए हुए साक्षात् कामदेव हैं। ग्रामधुरी पर गुह द्वारा पाद-प्रक्षालन के प्रसंग में कवि पुनः ग्रामीणों की सनेहसनी भोली-भाली (असयानी) वाणी पर मुग्ध है। इस तरह 'कवितावली' के श्रीराम ग्रामधुरी पर एक ओर मुग्धा ग्रामवधुओं तथा ग्रामीण लोगों के भोलेपन और वशीकरण के प्रतिबिम्ब हैं तो दूसरी ओर आर्थिक और सामाजिक जीवन में रघुनायक एवं रघुनाथ हैं। ये श्रीराम 'कोटिमनोज लजावन हारे' की अपेक्षा पंचबाणधारी रतिपति हैं और परब्रह्म-अवतार की अपेक्षा अनाथों के नाथ और ग़रीबों के पालक हैं। यहाँ श्रीराम के माध्यम से उन्होंने समकालीन ग्रामीण भारत की इतिहासकथा तथा अपनी करुण आत्मकथा, दोनों ही लिखी हैं। अतः यहाँ श्रीराम का स्वरूप कवि तथा लोक, दोनों को प्रतिबिम्बित करता है।

'हनुमान बाहुक' में बूढ़े सन्त कवि तुलसीदास बाहुपीड़ा, पाँवपीड़ा, पेटपीड़ा, मुखपीड़ा, प्लेग, पीलिया आदि से जर्जर नज़र आते हैं। अब वे दारिद्रय को दूर करने तथा दुख-दोष दहन करनेवाले शिव और रघुनाथ-रघुनायक श्रीराम की प्रार्थना करने के बजाय अपने युवावस्था के देवता हनुमान् की शरण में वापस लौट आते हैं। हनुमान् श्रीराम के प्रथम दूत एवं सेवक हैं और तुलसी स्वयं को हनुमान् सेवक बताते हैं। इसलिए अब वे केसरीकिशोर, रणरोर, बरजोर, वीर से 'पीड़ा' हरने की प्रार्थना करते हैं। इसके पहले वे 'विनयपत्रिका' और 'कवितावली' में श्रीराम से 'त्रास' हरने की याचना कर चुके थे, तथा इससे भी पहले, 'मानस' में शिव से 'काम' को दबाने की कामना कर चुके थे। अब वे हनुमान् से प्रार्थना करते हैं क्योंकि उनके ही बल से राजा रामचन्द्र ने देवताओं के सब काम पूरे किए थे (तेरे बल राम राज किए सब सुरकाज)। अन्त में तुलसी अपनी भक्ति, वैराग्य, ज्ञान आदि के सभी श्रद्धा-विश्वास दाँव पर रख देते हैं। शायद इन सब पर उन्हें अब गहरी चिन्ता तथा शंका होने लगती है। एक श्रीरामविहीन संसार और क्रूर वर्तमान काल (कलिकाल) का भयानक यथार्थ उन्हें मौन कर देता है।

यह समापन-बिन्दु तुलसीदास और उनके ही अनेक सूर्यवंशी श्रीरामों से हमारा साक्षात्कार पूरा कर देता है।

अपने इतने सूर्यवंशी श्रीरामों के बीच उनके अधिक अपने श्रीरामचन्द्र तो वही होंगे जो कवि के जीवन तथा समाज और समय के त्रिकोण के भी यथार्थ केन्द्र-बिन्दु हों।

हमने भलीभाँति यह देख ही लिया कि तुलसी ने यौवन के सहज चंचल और मादक यथार्थ से अनुप्राणित होकर 'रामलला-नहछू' लिखा तथा अपने रचनाकर्म का समापन 'हनुमान बाहुक' से किया जब शायद अपने आदर्शों से उनका मोहभंग बढ़ रहा था।

एक महान् जागरूक और स्वप्नद्रष्टा, आदर्शवादी और यथार्थवादी, तपस्वी और यन्त्रणाभोगी तुलसी ने अपने जीवन, जगत् यथा समय को अपनी कृतियों में कलात्मक इतिहास के रूप में भी प्रक्षेपित किया है। युवावस्था में वे हनुमान् और शिव जैसे देवताओं के भक्त रहे होंगे तब उनमें 'काम' एवं 'सौन्दर्य' के उद्दीपन एवं शमन के दोनों ध्रुवान्तों का द्वन्द्व होता रहा है जो किशोर राजकुमार तथा दूलह श्रीराम के स्वरूपों में आद्यन्त उद्घाटित हुआ है। प्रौढ़ावस्था में उन्होंने 'भय' और 'भक्ति' अर्थात् यथार्थता और आध्यात्मिक भ्रान्ति के बीच गहरा आत्मसंघर्ष किया है। जीवन की सन्ध्या में वे 'तापों' और 'पीड़ाओं' से जर्जर होते चले गए। मूलतः वे एक ग़रीब ग्रामीण ब्राह्मण थे। अतः गाँवों में घूमते हुए और वनों में जूझते हुए दुखी श्रीराम उन्हें दूसरे नम्बर पर भाए हैं क्योंकि वे उनकी ज़िन्दगी के अनुकूल लगते थे। परब्रह्म राम अथवा राज-राजेश्वर राम उनके महातेजपुंज, दार्शनिक एवं आध्यात्मिक प्रतीक तो हैं, किन्तु उनके अन्तस्थ श्रीरामचन्द्र कम हैं। इस तरह किशोर दूलह श्रीराम, और संघर्षों तथा दुखों से जूझते हुए निर्वासित आत्मविश्वासी श्रीराम ही उनके अपने श्रीरामचन्द्र कहे जा सकते हैं। इस न्याय से 'जानकीमंगल' और 'कवितावली' उनकी सहज आत्मोद्घाटक रचनाएँ हैं।

हम इतने सूर्यवंशी श्रीरामों का साक्षात्कार कर आए हैं कि भारत की सुदीर्घ सांस्कृतिक यात्रा का पूरा इतिहास प्रकट हो जाता है। श्रीराम एशिया के इतिहासरथ के दर्शन एवं संस्कृति की धुरी भी हैं। तुलसी के कुछ सूर्यवंशी श्रीराम मध्यकालीन भारतीय इतिहास तथा ग्रामीण जीवन के दर्पण हैं। उनमें-से भी तुलसी के अपने श्रीरामचन्द्र हैं। हमने उनकी पहचान की यह कोशिश दोबारा नए सिरे से की है ताकि आठ अधिवेशनों में होनेवाली इस गोष्ठी का परिवर्तित समकालीनबोध रेखांकित हो सके। आगे हम सातों गोष्ठियों के लिए कार्यवृत्त (एजेंडा) भी दे सकते हैं।

रामनवमी, 1973

पहली गोष्ठी[1]

"गुप्त-प्रगट इतिहास पुराना" : अर्थात् तुलसी के युग में पौराणिक अर्थात् मिथकीय काल (मिथिक टाइम) और ऐतिहासिक काल (हिस्टॉरिकल टाइम) के कौन से आयाम थे !

अपने बचपन में 'रामबोला' नामधारी तुलसीदास भारतीय मध्यकाल के दान्ते माने जा सकते हैं। भारत का मध्यकाल बहुत लम्बा है जहाँ अनेक स्थानों और समयों में काफ़ी विभिन्न प्रकारों एवं स्तरों की सभ्यताओं का समावेश है। यह हिन्दू-काल तथा मुसलिम-काल में बाँटा जाता रहा है। हिन्दू-काल में भी बाहरी जातियों के आक्रमणादि के संकटों के बाद गुप्तों का साम्राज्य पल्लवित हुआ था और कालिदास जैसे कवि ने 'रघुवंश' रचा। मुसलिम-काल में भी मंगोलों, तुर्कों, अरबों आदि के आक्रमणादि के संकटों के बाद मुग़ल बादशाह अकबर का साम्राज्य पल्लवित हुआ था और तुलसी जैसे कवि ने 'रामचरित मानस' रचा। 'रघुवंश' के पहले ऋषि वाल्मीकि की रचना पूर्ण हुई थी तथा 'मानस' के पहले किसी गुमनाम मुनि ने 'अध्यात्म रामायण' रची थी। इस तरह भारतीय मध्यकाल में रामवृत्त एक नई सामाजिक चुनौती का पुंज रहा है। तुलसी ने मुसलिम मध्यकाल में हिन्दू मध्यकाल के स्वप्नों को प्रस्तुत किया है, तथा हिन्दू मध्यकाल के आदर्शों को मुसलिम-मध्यकाल के हिन्दू-जनजीवन की तुलना में परखा भी है। इसके अलावा तुलसी ने कवि से अधिक एक सन्त एवं भक्त की दृष्टि से काव्य-रचना की है। उन्होंने अकबर-जहाँगीर-काल में जीवित रहते हुए एक मिथक-कथा को गुप्तकालीन संस्कृति के वृत्त में सँवारा है। इस तरह उन्होंने अपने युग का 'मिथकीयकरण' किया है तथा पौराणिक युग का 'मध्यकालीनीकरण'। यह दुतरफ़ा आरोहण-अवरोहण है : एक पूर्ववर्ती युग का अवतार, तथा अपने युग का उद्धार। यह दुतरफ़ा अन्तरण ही हमें वाल्मीकि, स्वयम्भू, तुलसी आदि के सर्जनात्मक कृत्य (क्रिएटिव ऐक्ट) की निजता को

1. (अ) पूरी किताब में श्री सद्गुरुशरण अवस्थी द्वारा सम्पादित 'रामलला नहछू' ('तुलसी के चार दल', भाग 2) को छोड़कर तुलसी की जिन अन्य पुस्तकों के सन्दर्भ दिए गए हैं वे गीताप्रेस गोरखपुर के प्रकाशन हैं।

   (ब) 'मानस' में सन्दर्भों का क्रम इस प्रकार है : 2/152/5-6—यहाँ पहली संख्या कांड का, दूसरी दोहे का, एवं बाद की संख्याएँ पूर्ववर्ती दोहे के आगे की चौपाइयों का निर्देश करती हैं।

समझा सकता है; अन्यथा ऊपर से तो यही महसूस होगा कि थोड़े-बहुत हेर-फेर के अलावा तुलसी ने वाल्मीकि एवं 'अध्यात्म रामायण' का अनुकरण कर डाला है। इस प्रसंग में इस बात का और भी ध्यान रखना होगा कि भारतीय मध्यकाल में राजवंशावलियों तथा घटनात्मक इतिहास का ब्यौरा तो मिल जाता है किन्तु जनता का इतिहास लगभग नहीं मिलता। सौभाग्य और दुर्भाग्य से केवल इन सन्तों एवं भक्तों ने ही तत्कालीन भावात्मक इतिहास लिखा है—लेकिन अपने धार्मिक तथा संन्यासी नज़रियों से। उन्होंने जगत् और नारी के सम्बन्ध में, गृहस्थी और लौकिक सुखों के सम्बन्ध में, बड़े ही प्रवृत्त्यात्मक दृष्टिकोण दिए हैं। इनका ख़्याल रखना भी ज़रूरी है। फिर, इन्होंने जो कथाएँ ली हैं वे अन्यापदेशिक (ऐलिगॅरिकल) या मिथकीय (मिथिकल) भी हैं। इसलिए इन्होंने अपने युग का मिथकीयकरण या पौराणिकीकरण किया, है, तथा मिथक युग का मध्यकालीनीकरण। यह युग प्रबल अन्तर्विरोधों तथा घोर सामाजिक जकड़ाव से परिपूर्ण था। इस वजह से एक ही भक्ति-प्रधान युग-चरण में तुलसी और जायसी तथा सूर और कबीर के दर्शन होते हैं। इन्होंने नाना भाँति से दर्शन में तो अद्वैत (द्वैताद्वैत, शुद्धाद्वैत, विशिष्टाद्वैत आदि) की स्थापना की है, किन्तु जीवन एवं समाज में चारों ओर द्वैत ही द्वैत था। तो, संस्कृति के इन नए मध्यकालीन कवि-इतिहासकारों पर इनके भक्त का अधिनायकत्व रहा है। इनकी कई रचनाएँ धर्मग्रन्थ और काव्यग्रन्थ के बीच की स्थिति में डगमगाती रही हैं। बहुधा इनके अन्तर्यामी कवि (सूर और जायसी को अकसर छोड़कर) पूर्ण रस तक पहुँचते ही फ़ौरन अपने भक्त से हस्तक्षेप कराकर काव्य-रस फीका कर देते हैं। तुलसी तो इस क़दर सजग हो गए हैं ('मानस' में) कि ज्यों ही राम, रामपक्ष या रावणपक्ष का कोई पात्र सहज मानवीय रहनी-करनी कर रहा होता है त्यों ही वे तुरत यह टिप्पणी कर देते हैं कि यह तो प्रभु की 'लीला' या 'कौतुक' है। उन्हें निरन्तर यह ध्यान बना रहता है कि उनके भक्त के राम परब्रह्म हैं और उनके कवि के राम तो नट मात्र हैं। मानो उनके सामने वैष्णव भारत प्रश्नाकुल है। अतएव भारतीय 'मध्यकालीन अध्ययनशास्त्र' एक बहुत नाज़ुक एवं दुस्तर कार्यक्षेत्र है जिसे छूने में बहुत मौलिक जागरूकता की अपेक्षा है। इस काल पर धार्मिक पुनरुत्थानवादी तथा विध्वंसवादी दृष्टियों से काफ़ी लिखा जा चुका है। इसलिए इसे आध्यात्मिक और अलौकिक आस्था से अलग करके समाजशास्त्रीय तथा सौन्दर्यबोधशास्त्रीय धरातल पर अंकित करने पर हमें कई जटिल गाँठों और ज्वलन्त चुनौतियों का सामना करना पड़ेगा। हम आचार्य शुक्ल की लोकमंगल की परम्परा को द्वन्द्वात्मक समाजदर्शन की दिशा देने की कोशिश करेंगे।

विश्व-संस्कृति की रचना अन्तर्मुखी तथा बहिर्मुखी प्रयोजनों के लिए होती रही है। यह रचना उत्पादन और सृजन द्वारा हुई है। हम शुरू में ही यह मंजूर करते हैं कि मानव-इतिहास की गति में कोई भी समाज प्राकृतिक एवं मानवीय सम्बन्धों से कट नहीं सकता, और कोई भी चिन्तन समाज का परोक्ष और प्रत्यक्ष आकल्पन किए बिना प्रकट ही नहीं हो सकता। हमें यह भी स्वीकार करना होगा कि राष्ट्रीय इतिहासों की रचना

में सत्य निष्पक्ष नहीं रह पाता, और प्रत्येक इतिहास अपनी भौगोलिक सीमाओं की वजह से सांगोपांग मानव-इतिहास नहीं हो पाता। पुनश्च हमें यह भी स्वीकार करना होगा कि भौगोलिक एवं राष्ट्रीय इतिहास में भी मानवतावादी, या अध्यात्मवादी या बौद्धिकतावादी विश्वदृष्टिकोण भी निहित होता है। किन्तु क्या विश्व-संस्कृतियों के मध्यकालों के कुछ ऐसे सार्वभौम तत्त्व भी हैं जिन्हें प्रत्येक राष्ट्र अपनी विशिष्ट सामाजिक अवस्था में ऐतिहासिक निश्चयता के मुताबिक़ धारण करता ही है ? व्यापक रूप से कुछ ऐसे तत्त्व हैं। फ़िलहाल हम अपने निरूपण को सामाजिक सम्बन्धों और मध्यकालीन आदर्शों तक सीमित रखेंगे।

पूरे भारतीय मध्यकाल के समाज, संस्कृति, कला, धर्म, दर्शन, क़ानून आदि का मूलाधार भूमि-व्यवस्था रही है। सामन्तों और सूबेदारों ने इस व्यवस्था में राजनीतिक तथा आर्थिक शक्ति को अपने अधिकार में रखा है और कृषकों को हमेशा शोषण का शिकार रहना पड़ा है। यह सामन्तीय व्यवस्था कुछ ऐसी थी जिसमें दुर्बल शक्तिमानों की सेवा करते थे तथा यह सशक्त के हित में था कि वह दुर्बलों की रक्षा करे। इन सबके ऊपर सम्राट् था जो ईश्वरावतार, कृपानिधान, शरणागतवत्सल और समदर्शी पिता आदि होता था। इस सामन्ती व्यवस्था में संघ और पंचायत, गण और साम्राज्य, सामन्त और सूबेदार, कृषक और गुलाम, राजसभाओं के कवि और लोककवि, किसानी और व्यापार, राजसभाओं के प्रेम तथा राजसभाओं का साहित्य, और लोकजीवन के प्रेम तथा लोकभाषाओं का साहित्य इत्यादि की दिशाएँ मिलती हैं। मुसलिम मध्यकाल की कुछ नई विशेषताएँ भी मिलती हैं : जैसे लोकभाषाओं का विकास; व्यापारियों और कारीगरों के वर्गों का अभ्युदय, दक्षिण से उभरकर उत्तर में फैलते हुए भक्ति-आन्दोलन का जनजीवन में प्रवेश, मुसलमानों और इस्लाम की सशक्त सांस्कृतिक चुनौती आदि। हिन्दू सामन्त-युग में न तो लोकभाषाओं ने साहित्यिक अस्तित्व प्राप्त किया था, और न ही व्यापार का इतना व्यापक अन्तर्राष्ट्रीयकरण हुआ था। उस युग में धर्म राजशक्ति से संलग्न था और मुसलिम-युग की तरह वह जनजीवन के आन्दोलन के रूप में नहीं प्रवाहित हो रहा था। इसलिए मुसलिम मध्यकाल शुरू में कई अर्थों में व्यापक प्रजातान्त्रिक चेतना तथा सांस्कृतिक अन्तरावलम्बन का प्रसार करता है। इसी चरण में हम तुलसी को पा जाते हैं। इस चरण में सभ्यता और संस्कृति का एक नया बृहत्तर पीठ मन्दिरों-मठों तथा लोकचित्त में क़ायम हो गया था जो दरबारों से कहीं विराट था। अतः मुसलिम मध्यकाल में सभ्यता की परम्परा का प्रसार दरबारों के द्वारा न होकर भक्ति-आन्दोलन के केन्द्र बिन्दुओं–आचार्य, मन्दिर, तीर्थ आदि–के द्वारा हुआ। जिस तरह पहले ऋषि, मुनि, सन्त आदि ने साहित्य-रचना की जो बाद में कालिदास, भवभूति, भारवि, माघ के हाथों से सँवारी गई थी, उसी तरह मुसलिम मध्यकाल में पहले सन्तों-भक्तों आदि ने साहित्य रचा जो बाद में रीतिकालीन कवियों द्वारा सँवारा गया। इस तरह भारतीय मध्यकाल में सामन्तीय संस्कृति का चक्र दो बार पर्याप्त एक जैसी ऐतिहासिक निश्चयता लेकर घूमा। इस चक्र ने कला-इतिहास के रचना-अक्ष में पहले

हमें रामवृत्त दिया जिसे मैं परित्याग का आदर्श कहूँगा, बाद में कृष्णवृत्त दिया जिसे मैं सुखोपभोग का आदर्श कहूँगा, और तीसरे पृथ्वीराज-रत्नसेन-वृत्त दिया जिसे मैं शूरनायकत्व का आदर्श कहूँगा। ये वृत्त क्रमशः पौराणिक चेतना से ऐतिहासिक वास्तविकता की ओर बढ़ रहे हैं। शौर्य-युग में रोमांस का पल्लवन हुआ है तथा शीलयुग में महाकाव्यों का। मध्ययुग में शूरवीर और चरितनायक अर्थात् पुरुषोत्तम प्राप्त हुए हैं। राम 'मर्यादा-पुरुषोत्तम' हैं; कृष्ण 'लीला-पुरुषोत्तम' ! क्यों ?

ये तीन वृत्त मध्यकालीन आदर्शों के सार्वभौम वृत्त हैं जो भारत के आरम्भिक मुसलिम मध्यकाल में एक साथ घुल-मिल गए : अर्थात् शक्ति, शील और सौन्दर्य का त्रित्व क़ायम हो गया।

सभ्यता के आरम्भिक कालों में ऐतिहासिक धारणाएँ मिथकशास्त्रीय अति-कल्पनाओं (फ़ैंसीज़) की निर्मितियों पर आधारित होती हैं जिनमें इतिहास की तथ्यात्मकता का अभाव होता है। वे 'ऐतिहासिक आदर्शों' की प्रधानतावाला आदर्शपूर्ण अतीत बन जाती हैं। अतः उनमें इतिहास-बोध या वास्तविक के बजाय पौराणिक बोध या आदर्श जीवन प्रधान हो जाया करता है। इस जीवन में ऐतिहासिक आदर्श मिथकीय होते हैं एवं अतीत की सम्पूर्णता की एक आम तस्वीर खिंच-सी जाती है। जब मनुष्य सर्वोत्कृष्टता (एक्सिलेंस) की धारणाओं को कालविरहित अतीत में प्रक्षेपित करता है तब वे ऐतिहासिक आदर्शों की भूमिका बन जाती हैं। मध्यकालीन समाज के मनुष्य के लिए संस्कृति की सम्पूर्णता को प्राप्त करना सम्भव नहीं था, और न ही सामाजिक परिस्थितियों के आधार पर उसे संस्कृति का क्रमिक विकास ज्ञात था; इसलिए एक आदर्शपूर्ण अतीत ही पहला युग हुआ, और पहला युग स्वर्ण-युग हो गया। इन्हीं कारणों से ऐतिहासिक आदर्श 'विशुद्ध खुशहाली' (हैप्पीनेस) के रूप में प्रतिष्ठित हुए। लेकिन मध्यकालीन अन्तर्विरोधों तथा सामाजिक अन्धकार के कारण पहले तो ये भौतिक इहलौकिक खुशहाली के आदर्श युगों-युगों पहले के और दूर-सुदूर लोकों के आदर्श बने; बाद में ये मात्र धारणा हो गए जिनकी प्राप्ति के लिए जीवन के बन्धनों से छुटकारा पाना (मोक्ष) और अमरत्व पाना (स्वर्ग-प्राप्ति) लाज़िमी हो गया। सारांश में, इहलौकिक विषमता पारलौकिक खुशहाली में भटक गई। इसी के साथ रहस्य, पलायन, रूढ़ि, कर्मकांड आदि की मिथ्या चेतनाएँ भी उठ पड़ीं।

मध्यकालीन समाज की व्यापक निराशापूर्ण जन-दशाओं में यह विशुद्ध खुशहाली पारलौकिक खुशहाली में बदल गई। इसके लिए सम्पूर्ण 'त्याग' तथा सम्पूर्ण 'दान' ही धारणात्मक आदर्श हो गए। सारांश में समाज की दरिद्रता को ही आदर्श रूप में प्रतिष्ठित कर दिया गया। सभी प्रकार के लौकिक बन्धनों से मुक्ति तथा सभी प्रकार की आसक्तियों से विराग आदि इसी दरिद्रता के आदर्शीकरण के आध्यात्मिक पहलू हैं। त्याग और दान का पालन एक नितान्त कठिन, किन्तु सर्वोच्च, आदर्श हो गया जिसके प्रतीक सन्त, मुनि, भक्त, ऋषि आदि के चरित्र हुए। इस तरह वास्तविक खुशहाली का आदर्श सन्तोष तथा त्याग के आदर्शों से आच्छादित हो गया। इसी परित्याग की

असामाजिक परिणति गृहस्थी और नारी के निषेध में भी हुई।

दूसरी दिशा चरवाही संस्कृति की रही। यह बहुत-कुछ व्यक्तिगत भी थी। इस आदर्श में सहज सरलता और सत्य को चरम माना गया। इसमें सुख (प्लेज़र) तथा प्रकृति (नेचर) के लिए संस्कृति की सीमाओं, लोकमर्यादाओं आदि का परित्याग-सा कर दिया जाता है। इस संस्कृति में क्रीड़ा तथा लीला की प्रधानता है। इसमें प्रेम और भोग-शृंगार, वंशियाँ और वनदेवियाँ आदि स्वर्गिक सुखोपभोग का लोक रचते हैं।

तीसरी दिशा शूरनायकों के आदर्श की है। जब मध्यकाल में भी शनैः-शनैः आदर्शात्मक अतीत के साथ-साथ वास्तविक अतीत की स्मृतियाँ जुड़ने लगती हैं तब आदर्शों को थोड़ा अधिक मूर्त और बोधगम्य होना पड़ता है। इस तरह सामान्य मानवीय आदर्शों के साथ-साथ विशिष्ट ऐतिहासिक आदर्श भी जुड़ जाते हैं। अतएव शूरवीरों के निरूपण में अपेक्षाकृत सर्वाधिक ऐतिहासिक सामग्री एवं वास्तविक अतीत के आधार होते हैं। शूरनायक संस्कृति की सम्पूर्णता (अतीत की सम्पूर्णता की अपेक्षा) का धारण करता है। वह जगत् और संस्कृति की सेवा तथा रक्षा के लिए प्रस्तुत होता है। वह खुशहाली तथा सुखोपभोग की अपेक्षा दलितों और शरणागतों की रक्षा, या धर्म-विजय से अधिक अनुप्राणित होता है। शूरवीर वैरागी भी होता है। वह अपने किसी आदर्श की प्राप्ति के लिए प्रण करता है और प्रण बहुधा सुख-सुविधाओं का परित्याग करनेवाले होते हैं। कभी-कभी तो वह जगत का भी परित्याग कर देता है। अतः वह आत्मत्यागी होता है। कई बार इस आत्मत्याग के केन्द्र में प्रणय का कोई शौर्यपरक आदर्श होता है (जैसे जायसी का 'पद्मावत', दान्ते का 'वीतानुओवा') और प्रेम की किसी प्रतिद्वन्द्विता (स्वयंवर, अपहरण, वरण आदि) में इसका उद्गम भी होता है। शूरनायक किसी शौर्य के करतब को प्रदर्शित करने की आकांक्षावश ही जान की बाज़ी लगा सकता है। इस प्रकार शूरनायकत्व के आदर्श ही राजसभाओं के जीवन, प्रणय-गीतों की अभिव्यंजना तथा ऐतिहासिक नायकों के अंकन आदि प्रदान करते हैं। कीर्ति, सम्मान और प्रतिशोध, और इनके सहवर्ती शोभागुण एवं, कर्तव्य ही शौर्ययुग के चरम मूल्य हैं। शूरवीर में परित्याग और सुखोपभोग दोनों का संयोग होता है। इन कारणों से मध्यकाल में बहुधा शूरवीर ही राष्ट्रीय आदर्शों और ऐतिहासिक बिम्ब को धारण करते हैं। शौर्य-संस्कृति में आदर्शीकरण की प्रवृत्ति का चरमोत्कर्ष होता है। इस चरण में आकर दैवी नायकों की मृत्यु हो जाती है तथा शूरनायक का पुनर्जन्म होता है।

भारतीय मध्यकाल के भक्तिसाहित्य में देवता ही चरितनायक तथा शूरनायक हो गए हैं। इसलिए देवताओं की आध्यात्मिकता और चरितनायकों की आदर्शात्मकता का अनूठा संयोग हुआ है। **अवतारवाद** मध्यकालीन साहित्य की महत्तम उपलब्धि है (इसका विवेचन यथास्थान होगा)। भक्तिसाहित्य प्रधान मध्यकालीन चरण में रामवृत्त और कृष्णवृत्त अवतारवादी प्रभामंडल से पूर्णतः आलोकित हो उठे। वे वृत्त क्रमशः प्रसार और स्थिति, साधना और सिद्धि, संघर्ष और उपभोग, केन्द्रापसारी शक्ति (सेंट्रीफ़्यूगल फ़ोर्स) और केन्द्राभिसारी शक्ति (सेंट्रीपीटल फ़ोर्स), क्लासिकता और रौमेंटिकता के संकेतक

हैं। जब-जब समाज या कवि अधिक बहिर्मुखी रहा है तब-तब संस्कृत और भाषा-काव्यों में रामवृत्त, तथा जब-जब वे अधिक अन्तर्मुखी रहे हैं तब-तब कृष्णवृत्त का, प्रसुमन हुआ है। जयदेव में इन दोनों वृत्तों की सन्धि हुई है, किन्तु उनकी वृत्ति सुखोपभोगवाली ही रही है, यद्यपि उन्होंने 'प्रसन्न-राघव' भी लिखा। इन वृत्तों की विशेष दिशाओं का एक प्रमाण यह भी है कि बृहत्तर भारत अर्थात् दक्षिणपूर्व एशिया–सुमात्रा, कम्बोज, चम्पा, बाली, जावा, स्याम आदि–में बस गए भारतीयों को कृष्ण की अपेक्षा दिग्विजयी राम ने, और उनके साथ शिव एवं बुद्ध ने, सामाजिक दर्पण प्रदान किया। संघर्ष में 'सत्य के विजयी' राम, व्यवस्था के प्रशान्त मंगलप्रतीक शिव, तथा दिग्विजय के बाद शान्ति एवं करुणा एवं मैत्री के प्रसारक बुद्ध ने मिलकर समाज-दर्शन प्रस्तुत किया। वहाँ की सामाजिक दशाओं में राम-बुद्ध-शिव का त्रित्व क़ायम हुआ। आश्चर्य यही है कि 'बृहत्तर भारत' में कृष्ण उसी प्रकार भुलाए गए हैं जिस प्रकार भारतवर्ष में बुद्ध। इसमें क्या आश्चर्य है कि अकबर-जहाँगीर काल में तुलसी ने राम और शिव (वीरता और मंगल) का समन्वय किया। वीरता का आदर्श क्षत्रियों के लिए, तथा संन्यास-प्रधान कल्याण (शिवत्व) का आदर्श ब्राह्मणों के लिए प्रस्तुत हुआ। अतएव तुलसी ने एक अलिखे इतिहास की सांस्कृतिक आवश्यकता को कई सदियों बाद जोड़ा है। कृष्ण और शिव दोनों ही नृत्य तथा भोग के देवता हैं। पहला नटनागर है, दूसरा नटराज। दोनों के साथ योग भी जुड़ा है। काव्यों में कृष्ण का योगी एवं भोगी रूप और शिव का योगी तथा सन्तोषी रूप उभरा है। तुलसी ने–जिन्हें न भोग मिला, न प्रेम, न योग; जो कर्मयोग की ही साधना करते रहे तथा एक भद्दे समाज में यन्त्रणाएँ सहते रहे–राम को मर्यादा-पुरुषोत्तम, समाज-संस्थापक, सम्मिलित कुटुम्ब को टूटने से बचानेवाले, एकपत्नीव्रत पति के रूप में उभारा है। किन्तु सामन्तयुगीन विलासी संस्कृति की कुलीनता तुलसी के अनुकूल नहीं थी। सर्वेक्षण करने पर पता लगता है कि रामानुजाचार्य की चौदहवीं पीढ़ी के शिष्य राघवानन्द थे। उनके चेले रामानन्द थे। ये दोनों वैरागी थे तथा निर्गुण-सगुण मार्ग के सन्धिस्थल पर खड़े थे। इसीलिए रामानन्द, या उनकी परवर्ती गद्दी, के शिष्यों में एक ओर कबीर-दादू आदि हुए तो दूसरी ओर नरहर्यानन्द भी। कहा जाता है कि तुलसी नरहर्यानन्द के चेले हैं। इस तरह तुलसी में भी दार्शनिक अन्तर्विरोधों का पुंज समाविष्ट हुआ। वे भी संन्यासियों की तरह घुमन्तू हैं। उनमें परिवार को नकारने की प्रवृत्ति है। उनमें शंकर का अद्वैतवाद भी है तो रामानुजाचार्य का विशिष्ट द्वैतवाद भी। वे शैवों की भी सहायता माँगते हैं। इसीलिए तुलसी में दर्शन की कोई तेज़ नुकीली धार नहीं है जिस तरह कि पुष्टिमार्गी कवियों में है। कबीर के निर्गुण राम तथा तुलसी के दाशरथि राम दोनों एक ही आचार्य-परम्परा से प्रस्फुटित हैं। लेकिन इससे अधिक आश्चर्य (समाजशास्त्रीय परिस्थितियों की दृष्टि से नहीं) क्या होगा कि बाद में रामभक्ति-परम्परा पर भी शृंगारिकता हावी हो गई। इसका एक कलात्मक कारण यह भी हो सकता है कि सूर ने समाज के धर्मों को नहीं छुआ और तुलसी ने व्यक्ति के रतिराग-पक्षों को लिया नहीं। बाद के युग ने तुलसी का अपने अनुसार परिवर्धन कर

डाला। इसका दूसरा कारण मिथकों की व्याख्या की विधियाँ भी हैं। बहुधा एक पीढ़ी किसी भी मिथकीय चरित्र-प्रतीक के विषय में शंका करती है और दूसरी पीढ़ी, या दूसरा वर्ग, या बाद की पीढ़ी उसकी व्याख्या प्रस्तुत करती है। यही नहीं, मध्यकाल में यह व्याख्या तर्क के द्वारा नहीं, बल्कि एक और मिथकीय कथा तथा आध्यात्मिक दृष्टिकोण जोड़कर की जाती है जिस पर आस्था रखना पहली शर्त होती है। तुलसी के सन्दर्भ को लें। पार्वती के प्रश्नों में युग तथा वैष्णवता-विरोधी वर्ग की प्रच्छन्न शंका है। शिवमुख से तुलसी इस शंका के परिणाम (सती-दाह) तथा समाधान, दोनों देते हैं अर्थात् राम नर नहीं, साक्षात् परब्रह्म हैं। भारतीय मिथकों की मध्यकालीन व्याख्या में एक अद्‌भुत या अलौकिक पद्धति यह भी रही है कि उसमें पूर्वजन्म की कथा और उसमें शाप या वरदानमूलक कार्य-कारण परम्परा जोड़कर किसी तकनीकी या धार्मिक प्रश्न को सुलझा दिया जाता है। इस वजह से हम सन्त और भक्त कवियों के काव्य में मिथक-काल (मिथिक टाइम) की समस्याएँ पाते हैं। अवतारवाद इन्हें न्यायपरक रहस्यपूर्ण जीवनादर्श दे देता है—जैसे कर्म-सिद्धान्त, आवागमन-सिद्धान्त, त्रिलोक-कल्पना आदि।

इस विशेषता के बाद हम मध्यकालीन भक्तिसाहित्य में आच्छादित रामवृत्त एवं कृष्णवृत्त की सामाजिक गत्यात्मकता का सटीक दिग्दर्शन कर सकते हैं। इस संयोग में पृथ्वीराज-रतनसेन-वृत्त नहीं लिया जा सकता क्योंकि वह आध्यात्मिक तथा पौराणिक नहीं है (यद्यपि 'पद्‌मावत' में अन्यापदेश अर्थात् ऐलिगॅरी या कथा-रूपकत्व भी झिलमिलाता है। सामाजिक गत्यात्मकता में दो शक्तियाँ समानान्तर और सहभाव से सक्रिय रहती हैं : पहली है केन्द्र की ओर अभिसार करनेवाली, दूसरी है केन्द्र से अपसार करने अर्थात् फैलनेवाली। मध्यकाल में समाज का केन्द्र राज्य, समाज, सूबा नहीं रहा है; और न ही व्यक्ति रहा है। मध्यकाल में समाज की लघुतम इकाई एक परिवार, और हमेशा एक 'सम्मिलित परिवार' रही है; तथा बृहत्तम इकाई 'ग्राम' रही है। उस समय राष्ट्र और राज्य का भाव एक आन्दोलक कारक नहीं होता था; अधिक-से-अधिक जाति और वर्ण, गोत्र और वंश का भाव ही जाग सकता था। अतः जनजीवन की दृष्टि से सामन्तीय व्यवस्था की आर्थिक-सामाजिक राजनीतिक इकाई एक गाँव होती थी (संगठित सामन्तवाद में तीर्थ और शहर भी)। यह ग्राम-इकाई प्रशासन की भी इकाई थी। इसमें तीन विशेषताएँ थीं : पंचायत, वर्णव्यवस्था और परिवार। पंचायत सामन्त के माध्यम से सम्राट् के शासन को लागू करती थी तथा भूमि-व्यवस्था, करों का नियमन करती थी। वर्णव्यवस्था सारे सामाजिक सम्बन्धों का लघुरूप (मिनिएचर) होती थी। परिवार रोटी-बेटीवाले सारे सम्बन्धों की धुरी था। पंचायतें सेवक-सेव्य भाव पर; वर्णाश्रम व्यवस्था लोकमर्यादा तथा वेद-मर्यादा पर; और परिवार नाना प्रकार के मधुर, सख्य, वात्सल्य आदि भावों पर आश्रित थे। मध्यकालीन संस्कृति, दर्शन, धर्मशास्त्र, कला और साहित्य नाना भाँति के इन्हीं तीन क्षेत्रों के आदर्शमूलक और यथार्थमूलक, रामराज्य तथा वैकुंठमूलक, और कलिकाल तथा नरमूलक रूपायन करते रहे हैं। परिवार से ग्राम की ओर प्रसारित होनेवाली सामाजिक शक्ति ही केन्द्रापसारी है, तथा परिवार से वैयक्तिक

सम्बन्धों की ओर अभिसार करनेवाली सामाजिक शक्ति ही केन्द्राभिसारी है। केन्द्रापसारी शक्ति का क्षेत्र पंचायत और वर्णाश्रम-व्यवस्था है, तथा केन्द्राभिसारी शक्ति का क्षेत्र परिवार और उसके सदस्य : जैसे पति-पत्नी, पिता-पुत्र, भाई-बहिन, सास-बहु, सखी-सखा, माता-पुत्र, प्रिया-प्रिय इत्यादि।)

ग्राम तथा परिवार को दो अंचलों से ज़बरदस्त चुनौतियाँ मिलीं। एक ओर नाथों-सिद्धों (जिनकी परिधि में लाकुल, शैव, कौल, भैरव, कापालिक आदि भी शामिल हैं) ने वेदमर्यादा तथा साधना को हेय बताया। उन्होंने वर्णाश्रम-व्यवस्था तथा परिवार-व्यवस्था दोनों पर कसकर चोटें कीं। परिवार की इकाई को खंडित करके उन्होंने यौन सम्बन्धों में उच्छृंखलता ला दी और रागात्मक वृत्ति के कोमल तन्तु तोड़कर सौन्दर्य समाप्तप्राय कर दिया, तथा प्रेम के उदात्तीकरण का कोई रास्ता नही छोड़ा। उन्होंने वर्णाश्रम-व्यवस्था का खंडन करके सामाजिक अनुशासन ध्वस्त कर दिया। वे स्वयं को जनसमूह से अलग समझते थे और जनता की बोधगम्य भाषा में बातें ही नहीं करते थे। उनकी भूमिका ध्वंसात्मक रही। वे पंचायत, वर्ण तथा परिवार के स्थान पर कोई विकल्प नहीं दे पाए। किन्तु उनसे एक-दो फ़ायदे भी हुए : उन्होंने बाद में निर्गुण साहित्य को बहुत अधिक प्रभावित किया और समाज की रूढ़ियों और ब्राह्याडम्बरों में उलझने का भी उग्र विरोध किया। दूसरी चुनौती इस्लाम की थी। दसवीं शती में मुसलमान अपनी नई संस्कृति, नया धर्म, नई जीवन-पद्धति लेकर आए और उन्होंने एक क्रान्ति उपस्थित कर दी। शुरू में तो उन्होंने भारत की सामन्तीय-व्यवस्था का ढाँचा ही लड़खड़ा दिया था, लेकिन कालान्तर में वे भी सूदखोर, शोषक, सामन्त और बड़े-बड़े ज़मींदार हो गए। उनकी चुनौती वर्णाश्रम-व्यवस्था को थी। सामाजिक गत्यात्मकता ने दो संस्कृतियों का अन्तरावलम्बन शुरू करा दिया। कबीर और जायसी ने क्रमशः निर्गुण मार्ग में भक्ति और इस्लाम की कट्टरता में सूफ़ी वेदान्त का मेल कराया। वे तत्काल से जूझे। एक ओर उन्होंने सवर्णों की अहंमन्यता का विनाश किया, तो दूसरी ओर मुसलमानों के ढोंगों को उघाड़ दिया। जायसी ने जोगियों को प्रेमयोगी बना दिया। जातीय जुल्मों की पीर तथा प्रेम की पीर ने अपमानित तथा शोषित, दलित तथा दमित, हिन्दू-मुसलमान कृषकों को एक नई सहज साधना और निर्मल रहनी के लिए महान उदात्तीकरण प्रस्तुत किया। किन्तु सामन्तीय ढाँचा कहाँ बदला ? वह बदल कैसे सकता था ! अतः तुलसी और सूर के माध्यम से सामाजिक शक्तियों की दिशाओं ने कार्य शुरू किया। परिवार, वर्णाश्रम तथा पंचायत इन तीनों का पौराणिकीकरण या मिथकीकरण तथा आदर्शीकरण हो गया। समाज के सारे सम्बन्ध–प्रिय, प्रिया, पति, पत्नी, पिता, माँ, सखा, स्वामी, सेवक आदि–परमात्मा से जुड़ गए। इन सम्बन्धों के कारण भी ब्रह्म सगुण हो गया। अतः वह मानव भी हो गया। भक्तों ने इसकी व्याख्याएँ बारम्बार की हैं। माया के सत्त्व-रज-तम नामक गुण निराकार-निर्विकार ब्रह्म में निहित हो गए। फलस्वरूप भक्ति अविद्या न रही और सगुण ब्रह्म को अपने को अंश रूप जीवों में बिखराने के लिए, कर्तृभाव के लिए, 'सृष्टि' की ज़रूरत हुई। यही आत्मकृति 'अवतार' है। इस तरह लोकरंजन और लोकरक्षण

स्वीकार्य हुआ–नए अर्थों में। सांसारिक पुरुषों का प्रेमभाव भगवत्प्रेम अर्थात् 'प्रेमा' में रूपान्तरित हो गया, और सांसारिक ग़ुलामी दास्य भाव में आदर्शीकृत हो गई। तो, केन्द्रापसारी शक्ति लोकरक्षण-मूलक हुई और केन्द्राभिसारी लोकरंजनमूलक। लोक दोनों में संलग्न हो गया।

फलतः रामवृत्त के कवियों ने परिवार की इकाई से ग्राम इकाई की ओर, वर्ण-व्यवस्था की ओर यात्रा की। इन कवियों ने परिवार के संगठन के लिए व्यक्तिगत सम्बन्धों के आदर्श दिए–विशेष रूप से पिता-पुत्र और पति-पत्नी के आदर्श। यह इनकी शुरुआत थी। ग्रामीण इकाइयों के संगठन के लिए इन्होंने इन आदर्श सम्मिलित परिवारवाली इकाइयों को ही आदर्श वर्ण-व्यवस्था को रचने के लिए अभिमन्त्रित किया। इस तरह एक आदर्श ग्राम्य-व्यवस्था और एक आदर्श परिवार गठन के द्वारा इन्होंने तत्कालीन समाज को ऐसी यूटोपिया दी जहाँ लोकमर्यादा एवं वेदमर्यादा ही सर्वोपरि है। ये कवि भी कोई विकल्प नहीं दे सके, केवल ऐतिहासिक वास्तविकता को पौराणिक आदर्श में उदात्तीकृत कर सके। इन्होंने रक्षक को राजा, पिता और प्रभु बनाकर उसे संन्यास तथा शौर्य दोनों से परिपूर्ण किया। इस तरह सामाजिक केन्द्रापसारी शक्ति ने परिवार और ग्राम की बाहय दुनिया को सांस्कृतिक और अनुशासनिक व्यवस्था दी। यहाँ 'दिव्य शील' की प्रधानता रही।

दूसरी ओर कृष्णवृत्त के कवियों ने परिवार की इकाई से आरम्भ करके वैयक्तिक सम्बन्धों की ओर अभिसार किया। वे ग्राम (सामाजिक इकाई के अर्थ में) की ओर उन्मुख नहीं ही हुए। इन्होंने परिवार के अन्दर एक आन्तरिक स्वायत्तता (इंटर्नल ऑटॅनमी) को स्थापित किया। यह स्थापन काफ़ी रोमैंटिक और भावकल्पमूलक रहा है। अतः यहाँ लोकमर्यादा और वेदमर्यादा का त्याग विधेय है। प्राकृतिक अंचलों का स्वच्छन्द जीवन, आभीर गोपों की निर्बन्ध चरवाही, चर्याएँ, तथा प्रेम में सभी कुंठाओं का परित्याग कृष्णवृत्त के प्रयोजन बने। नृत्य, भोग, रास, मिलन, विरह प्रणयलीलाएँ आदि के द्वारा कृष्णभक्ति के रागमूलक प्रेम को निर्बाधित मुक्ति देकर वैयक्तिक मनस्तात्त्विक जीवन की सेक्स ग्रन्थियों को उदात्तीकृत किया। यहाँ परकीया प्रेम भी सहज हो गया, अभिसार और सम्भोग भी क्रीड़ाएँ हो गए। इस वृत्त के कवियों ने रंजक को प्रेमी, पति, सखा बनाकर उसे भोग और सौन्दर्य दोनों से परिपूर्ण किया। इस तरह केन्द्राभिसारी शक्ति ने परिवार और वैयक्तिक जीवन की अन्दरूनी दुनिया को रोमैंटिक तथा भोगात्मक स्वच्छन्दता दी। यहाँ 'दिव्य सौन्दर्य' की प्रधानता रही।

अतः इस काल में रामवृत्त और कृष्णवृत्त का पुनश्च एक समानान्तर विकास तत्कालीन समाज के अन्तर्विरोधों का ही प्रतिबिम्ब है। समाज ने सुरक्षा-मेकेनिज़्म के द्वारा नाथों-सिद्धों और मुसलमानों की चुनौतियों का प्रतिबोधन किया। सामन्तीय व्यवस्था की सीमाओं के कारण ये कवि किसी अन्य समाज का विकल्पन (ऑल्टर्नेटिव) तो नहीं दे सके, किन्तु मर्यादा तथा उन्मुक्ति के बीच शील-संचालित एक सन्तुलन क़ायम करने में काफ़ी सफल हुए। अतः रामभक्ति-शाखा ने ग्राम-इकाइयों एवं परिवार-इकाइयों को

संगठित किया तो कृष्णभक्ति शाखा ने परिवार के आन्तरिक सम्बन्धों में स्वच्छन्दता ला दी। भक्त होने के कारण इन कवियों ने शूर-वीरों के शक्ति-शील-सौन्दर्य के चारित्रिक मूल्यों के आगे दिव्य विशेषण लगा दिया क्योंकि इनके नायक पुरुषोत्तम थे। समाजशास्त्रीय दृष्टि से शक्ति-शील-सौन्दर्य के मूल्यों का रूपान्तर कई नए तथ्य उद्घाटित करता है। **सौन्दर्य** को लें। कृष्णभक्ति काव्य में नारियाँ रूप-लावण्य-शोभा संयुक्त हैं, जबकि रामभक्ति शाखा में पुरुष ही मदन को लजानेवाले हैं–सीता राम पर, शूर्पणखा लक्ष्मण पर, तारा बालि पर रीझती हैं। यहाँ नारियाँ देवियाँ हैं : देवी सीता की सेविकाएँ तथा सखियाँ। कृष्णभक्ति शाखा में नारियाँ अभिसारिका, गोपियाँ, कामचतुरा दूतियाँ हैं। रामभक्ति काव्य में नैतिकता के प्रबल आग्रहों के कारण नारी का पूर्ण सौन्दर्यचित्रण–विशेषतः नख-शिख, बारहमासा या षट्ऋतु के ब्याज से–लगभग नहीं हो पाया है (दीपशिखा, सरस्वती आदि के रूपक को छोड़कर)। किन्तु कृष्णभक्ति काव्य में हसीन नारी-सौन्दर्य ही छककर छलका है और क्रमशः मांसल एवं भोग-प्रधान होता चला गया है। इसी क्रम में कृष्णभक्ति काव्य में परकीया प्रेम प्रधान है तो रामभक्ति काव्य में स्वकीया प्रेम; कृष्णभक्ति काव्य में कृष्ण अनेक युवतियों (जीवात्माओं) के साथ रमण करते हैं, लेकिन रामभक्ति काव्य में राम ज़रा-सी त्रुटि पर शूर्पणखा को अपौरुषपूर्ण दंड दिला देते हैं। कृष्णभक्ति काव्य में राधा का, गोपियों का विरह बाढ़ बन गया है जबकि रामभक्ति काव्य में उर्मिला-विरह तथा सीता-विरह की क्षीण तटरेखा तक ढूँढ़नी पड़ती है। **शील** को लें। कृष्ण पूर्णावतार तथा योगी-भोगी गृहस्थ तथा निर्बन्ध होकर भी लीलापुरुष तथा भगवान् हैं। भक्ति साहित्य में वे प्रधानतया किशोर वय के ही अंकित हुए हैं। बालक होने पर यशोदा-नन्द के पास, थोड़ा बड़े होने पर सखाओं के साथ, और किशोर होने पर गोपियों एवं राधादि के साथ लीलाएँ करते हैं जो समाज की मर्यादाओं की भंजक हैं। किन्तु बालक राम की लीलाएँ बहुत कम आ पाई हैं ('गीतावली' में थोड़ा विस्तार है)। युवक होते ही वे समाज-मंगल के निमित्त तथा मर्यादाएँ क़ायम करने के लिए त्याग तथा संघर्ष का जीवन शुरू कर देते हैं। वे पूर्ण पुरुष नहीं, मर्यादा पुरुषोत्तम हैं। बाल कृष्ण तो थोड़ा-बहुत राक्षसों से लड़ते भी हैं लेकिन परवर्ती कृष्ण प्रणयलीलाओं में लिप्त-लीन हो जाते हैं। बाल राम प्रसन्नतापूर्वक अपना समय बिताते हैं किन्तु किशोर होते ही वे दानवों तथा दानवता से जूझने लगते हैं। इसी तरह नारियों में राधा, गोपियाँ, दूतियाँ आदि समाज के लांछन नहीं झेलतीं। वे अभिसार, संयोग तथा रास के लिए आज़ाद हैं। किन्तु सीता, उर्मिला, कैकेयी आदि समाज के लांछनों तथा अत्याचारों को झेलती हैं और मर्यादा की तपस्या में निरन्तर तपती हैं। इसी तरह **शक्ति** या शौर्य को लें। कृष्णभक्ति काव्य की प्रधान नारियाँ जीवात्मा से अधिक कृष्ण की माला जपनेवाली मात्र वियोगिनी रमणियाँ हैं किन्तु रामभक्ति काव्य की नायिकाएँ पति की पार्श्वशक्ति, मन्त्री हैं। वे जीवन तथा समाज की आपदाओं को झेलती हैं। कृष्णभक्ति काव्य की नारियाँ परकीयाएँ होकर भी लांछन तथा पीड़ाएँ नहीं झेलतीं, जबकि रामवृत्त की नायिकाएँ स्वकीयाएँ होकर भी समाज के ग़लत दंड तथा पुरुष-सन्देहों

पर आत्मबलि करती हैं। कृष्ण नायक हैं, बाल रूप में ही वैदिक धर्म के प्रतीक इन्द्र को चुनौती देते हैं, किन्तु राम सभी देवताओं की स्तुति करते हैं। कृष्ण की लीला किशोरावस्था के बाद लगभग क्षीण हो जाती है, जबकि राम की विविध लीलाएँ उत्तरोत्तर अग्रसर होती हैं। राम गृहस्थ और एक-पत्नीव्रत हैं, जबकि कृष्ण गृहस्थ-धर्म से मुक्त तथा गोपीजन-वल्लभ हैं। राम अयोध्या से लेकर लंका तक की दिग्विजय करते हैं जबकि कृष्ण मुख्यतः मथुरा और गोकुल के हरकारे हैं (भक्तिसाहित्य में)। इस भाँति राम तथा कृष्ण चरित्रों के माध्यम से सामाजिक परिणामों की एक तुलनात्मक मीमांसा हो जाती है, यद्यपि इसका स्वरूप केवल चरित्रशिल्प पर ही केन्द्रित है। यूँ, हमारी सामाजिक दृष्टि से यह तथ्य भी ओझल नहीं होना चाहिए कि आलोच्य मध्यकाल के भक्ति-प्रधान चरण में जो राम और कृष्ण अवतार के रूप में वन्दित हुए हैं, महाभारत तथा रामायण के पूर्व-इतिहास-काल में उनसे विशिष्ट ऐतिहासिक आदर्श भी जुड़े हैं, और वहाँ वे चरितनायक हैं। काल की लम्बी यात्रा में राष्ट्र अपने राष्ट्रीय आदर्शों को मिथकीय चरित्रों में विकसित करते हैं और इस प्रकार सम्पूर्ण अतीत से रिश्ता जोड़ लेते हैं। इसलिए सामान्य मानवीय आदर्शों के साथ विशिष्ट ऐतिहासिक आदर्श जुड़ जाया करते हैं। महाभारत के कृष्ण का चरित्र बहुत व्यापक एवं विराट् है जो हमारे आलोच्य काल में आकर नितान्त एकांगी हो गया है। पूर्व-इतिहास काल के राम और कृष्ण राष्ट्रीय आदर्श हैं। (देशभक्तिमूलक नहीं—क्योंकि यह चेतना राष्ट्रीय राज्यों का परिणाम होती है)। त्रेता के राम ने देश की उत्तर-दक्षिण धुरी को एक किया है। उन्होंने वानर, निषाद, भील, कोल, किरात, राक्षस आदि जातियों को आर्य-संस्कृति में शामिल किया—पराजित करके या मित्रता करके। वे निरन्तर एक मर्यादा से बँधे रहे और निरन्तर मनुष्य से देवता बनने की कोशिश में रहे। राम एक सुसंस्कृत युग के देवता-नेता हैं। राम कठोर कर्तव्यों से बँधे हैं। राम में धनुर्वेद की प्रधानता है। लेकिन द्वापर युग अर्थात् 'महाभारत' के नायक कृष्ण सम्पूर्ण और निर्बाध मनुष्य हैं। वे निरन्तर देवता से मनुष्य बनने की कोशिश में हैं। वे चक्रधर, गिरिधारी और मुरलीधर हैं। उन्होंने देश की पूर्व-पश्चिम धुरी को एक किया है। कृष्ण को राम से ज़्यादा संघर्ष और कूटनीति अपनानी पड़ी थी क्योंकि एक ही कुरुवंश में अपने ही कौरव-पांडवों के बीच न्याय-अन्याय के पक्ष बँट गए थे। अतएव कृष्ण को राजनीति तथा कूटनीति, दोनों का इस्तेमाल करना पड़ा। पांचालों और पांडवों की सन्धि कराकर उन्होंने कुरु-पांचाल धुरी क़ायम की, और राजगिरि की अन्यायी मगध-धुरी को विनष्ट कर दिया। कृष्ण-पक्ष के नायक द्वारिका, हिमालय, मणिपुर, उडुपी आदि के छोर तक पहुँचते हैं। कृष्ण के युग में प्रखरता, कूटनीति, सन्धि-विग्रह और बौद्धिकता का बोलबाला था। महाभारत के नायक साँवले-सलोने कृष्ण हैं और नायिका साँवली द्रौपदी। द्रौपदी राजवंशों की नैतिकता, पतियों के ग़लत स्वामित्व तथा क्लीवता को प्रखर चुनौती देती है। इस तरह राम और कृष्ण भारतीय मिथकीय चरित्र तथा ऐतिहासिक आदर्श रहे हैं जिनके चरित्रों की व्याख्या प्रत्येक युग ने अपनी विचारधारात्मक चेतना की पुकार पर की है। मुसलिम मध्यकाल के भक्ति-प्रधान चरण

में रामवृत्त तथा कृष्णवृत्त का जो स्वरूप उभरा, उसके विषय में हम स्पष्टीकरण दे ही चुके हैं। उस काल में पंचायत, वर्णव्यवस्था तथा परिवार की पौराणिक संरचना के द्वारा ग्राम इकाइयों—तथा उनके द्वारा जम्बूद्वीप के 'कलियुगी समाज'—को नए आदर्श प्रदान करने की वैष्णव दृष्टि की पुकार मच रही थी। यह पुकार लोक-मुख की थी। अतः भक्ति-साहित्य धर्मयुग तथा एकांगी युगधर्म, दोनों हुआ।

यहाँ एक नया सवाल उठता है कि मध्यकाल के भक्ति-चरण में आदर्श समाज और जीवन की प्रेरणा देनेवाला कौन-सा युग था ? क्या यह केवल कपोलकल्पना थी या इसे अनुप्राणित करनेवाला कोई ऐतिहासिक संस्मरण था जो कालान्तर में इतिहास-बोध के विलुप्त होने पर ऐतिहासिक आदर्श मात्र रह गया ? हमारे अनुसार यह आदर्श समाज और जीवन शुंगों और गुप्तों का काल था। पुष्यमित्र शुंग एक ब्राह्मण सम्राट् था। उसने मानव-धर्मशास्त्रों का प्रणयन कराकर ब्राह्मणों को पुनः 'भू-सुर' के पद पर प्रतिष्ठित किया; वर्णव्यवस्था की पुनः प्रतिष्ठा करके यज्ञादि को पुनरुज्जीवित किया, संस्कृत को राजभाषा-पद पुनः अर्पित किया और आक्रान्ता ग्रीक तथा यवनों को पराजित किया। इसी भाँति गुप्त-साम्राज्य में ब्राह्मण-सिद्धान्तों के आधार पर एक आदर्श राज्य रचने की चेष्टाएँ हुईं। समुद्रगुप्त ने दिग्विजय की, अश्वमेध यज्ञ किए और गणतन्त्रों को समाप्त करके एक केन्द्रीय राज्य क़ायम किया। समुद्रगुप्त 'असुरविजयी' थे। उन्होंने 'धर्म-विजयी' चरित्र प्राप्त किया तथा 'गौरूपी पृथ्वी' का उद्धार किया। उन्होंने क्षत्रिय और ब्राह्मण के सम्बन्धों को सुदृढ़ करके कोसल (अयोध्या) पर धर्म-ध्वजा फहराई। वे वर्णाश्रम-रक्षक थे और मनु के आदर्शों के अनुकूल 'धर्ममय रथ' के संचालक थे। किन्तु गुप्तों ने गणों को समाप्त करके और समाज को द्विज, क्षत्रिय तथा शूद्रों की स्थायी धुरी में बाँटकर एक सामन्तीय अर्थतन्त्र की उत्पीड़क नींव भी डाली। फिर भी, समग्र रूप में गुप्त-साम्राज्य तथा समुद्रगुप्त की दिग्विजय राष्ट्र के लिए वास्तविक जीवन तथा आदर्श जीवन का मिलन-बिन्दु हो गई। कालान्तर में ये दोनों ऐतिहासिक तथ्य क्रमशः आदर्श, निजन्धर [लीजेंड] और पुराण होते चले गए। यहाँ तक कि कालिदास ने 'रघुवंश' में जो दिग्विजय वर्णन और युद्ध-वर्णन किया है वह प्रचुर रूप से समुद्रगुप्त की दिग्विजय का रूपायन है। तुलसी ने जिस आदर्श समाज, राज्य और सम्राट् की कल्पना की है वह शुंगों और गुप्तों के युग से परम्परा रूप में अनुप्राणित है। तुलसी ने ब्राह्मणों को 'भू-सुर' कहा है, पृथ्वी गौ के उद्धार के हेतु अवतार की चर्चा की है; श्रीराम को 'असुरविजयी' बताया है तथा राम के धर्ममय रथ का रूपक (लंकाकांड) मनु के आदर्शों के अनुरूप दिया है। उन्होंने 'वर्णाश्रम-धर्म की रक्षा और प्रतिष्ठा' का सर्वोच्च लक्ष्य प्रतिपादित किया है तथा द्विज, क्षत्रिय और शूद्र के अमानवीय धर्म की भी वकालत की है। इस भाँति तुलसी के लोकमंगल के आदर्शों के असली स्रोत झिलमिला उठते हैं। लेकिन रावण और रावण-पक्ष की रचना कैसे हुई ? पहले स्रोत तो पौराणिक असुर और दानव हैं ही, दूसरे स्रोत के रूप से पूर्ववर्ती मुसलमान हमलावरों की बर्बरताएँ हैं। अफ़गान शासकों ने निरंकुश लूट-पाट, हिंसा, मन्दिरों के विध्वंस, बन्दियों के क़त्लेआम,

जलते हुए शहरों और गाँवों के खंडहरों तथा भुखमरी, अकाल और धार्मिक अत्याचारों से भारतीय समाज और हिन्दू संस्कृति को रौंद डाला था। लोक-चित्त में वे बर्बरों और म्लेच्छों के रूप में भयपूर्वक प्रतिष्ठित हो चुके थे। इनके काफ़ी बाद तुलसी का जीवन अकबर (वे अकबर से दस वर्ष बड़े थे) जहाँगीर के शासन-काल में गुज़रा। यह आरम्भिक मुग़ल-युग शहंशाह अकबर महान के आदर्शों में ढलकर द्वितीय भारतीय रिनेसाँ (गुप्तों के स्वर्ण युग के बाद) होकर पल्लवित-पुष्पित हुआ। स्वयं अकबर ने समुद्रगुप्त के पौत्र विक्रमादित्य की तरह नौ श्रेष्ठ मन्त्रियों का नवरतन-मंडल बनाया था। उन्होंने हिन्दू-मुसलमान संस्कृति के मेल से हिन्दुस्तानी संस्कृति की सुदृढ़ नींव डाली; इस्लाम और सूफ़ी और ईसाई मतों के मेल से 'दीने इलाही' चलाया; बड़े पैमाने पर भूमि-सुधार लागू किए, ज़ज़िया कर हटाया; हिन्दू राजकुमारियों से विवाह किया; अपने दरबार में गंग, पुहकर, बीरबल, रहीम जैसे कवियों का सम्मान किया; रामायण तथा महाभारत के फ़ारसी अनुवाद कराए, इत्यादि। इस भाँति भारत में हर्षवर्धन के बाद पुनः एक उदार और सुदृढ़ सम्राट् तथा साम्राज्य अभ्युदित हुआ। अकबर के शासन में लूटपाट और धार्मिक अत्याचार लगभग बन्द हो गए, और किसानों को अपनी उपज का दो-तिहाई भाग रखने का अधिकार मिला। फलतः भारत में शताब्दियों की ग़रीबी और अत्याचारों से थोड़ी राहत मिली। उदारता के इसी वातावरण में तुलसीदास का जीवनकाल स्थित है। इसीलिए तुलसीदास में आशावाद की प्रधानता है। एक कट्टर ब्राह्मण होने के नाते वे मुसलमानों तथा शूद्रों दोनों के ही प्रति उदार नहीं हो सके, लेकिन उनके राक्षस और असुर, तथा उनके कार्य, बहुधा पूर्ववर्ती आक्रान्ताओं के प्रतिबिम्बित ज़ुल्म हैं। उस युग में युद्ध के चार आतंक थे : आग, अकाल, मौत, लूटपाट। बेहद आश्चर्य इस बात पर अवश्य होता है कि लोकभाषाओं के सूर और तुलसी जैसे महान् कवियों ने भी ख़िलजी अफ़ग़ानों के हमलों की कहीं भी प्रत्यक्ष चर्चा नहीं की। असुरों की माया तथा विध्वंस लीला के रूप में ये ऐतिहासिक संस्मरण भी अद्‌भुत और मिथकीय बना दिए गए हैं। इस तरह हम रामराज्य और रावण के खलनायकत्व की ऐसी संरचना को मध्यकाल के **पौराणिकीकरण** का पहला सर्वप्रधान तत्त्व मानते हैं। इसके अलावा उन्होंने आदर्श समाज (ग्राम-इकाई), आदर्श सन्त, आदर्श परिवार और आदर्श नीति के जो प्रतिमान पेश किए हैं वे नानापुराण-निगमागम-सम्मत हैं। मध्यकाल के पौराणिकीकरण का यह दूसरा प्रधान तत्त्व है। मध्यकाल के पौराणिकीकरण का तीसरा प्रधान तत्त्व है मिथकीय काल का बोध। तुलसी ने अपने वर्तमान समय तथा समाज के भविष्य को एक अतीत, एक निजंधरी (लीजेंडरी) अतीत की अनुकृति, स्वीकार करके घूमते हुए सांस्कृतिक चक्र की उद्‌भावना की। यह चक्र प्रत्येक कल्प, युग और मन्वन्तर में घूमता है (जिस तरह कर्म-चक्र)। इस भाँति अतीत-वर्तमान-भविष्य, तीनों कालों के बोधों को तुलसी ऐतिहासिक अतीत से भी युग-युग पूर्व एक मिथकीय अतीत में गए। इसके कई परिणाम निकले जिन्होंने उनकी चेतना और कला-शिल्प, दोनों को प्रभावित किया। पहला नतीजा यह हुआ कि महाकाल का प्रथम युग ही स्वर्णयुग या सत्ययुग में पर्यवसित हुआ, और

इस काल के अक्ष में देवताओं-देवियों की लीलाएँ बार-बार प्रकट हुई हैं। फलस्वरूप उनके पूर्व जन्म और अगले जन्म को वर्तमान जन्म की कथा से जोड़ दिया गया। पूर्व युग के पात्र अगले युग में, या भविष्य के पात्र पिछले युग में उपस्थित हो जाते हैं। उदाहरण के लिए पूर्वावतार परशुराम और परवर्ती अवतार श्रीराम, श्रीराम और उनके परवर्ती गायक ऋषि वाल्मीकि, राम और उनके परवर्ती दास 'तापस' तुलसी एक ही समय में उपस्थित हो जाते हैं। ऐसे अन्य कई आध्यात्मिक विश्वास कलाशिल्प का भी निर्देशन करते हैं : जैसे, प्रत्येक कल्प में रामरूप हरि का अवतार होता है और काकभुशुंडि, नारद या मुनि लोग उसका गायन करते हैं; शिव रामजन्मोत्सव में शामिल होते हैं (मानस, 1/195/1), राम बारात में आते हैं (मानस, 1/314/1), राम-रावण युद्ध देखते हैं (मानस, 6/80/1), तथा राम का तिलक देखने आते हैं (मानस, 6/115); विजयी राम को देखने दिवंगत दशरथ आते हैं (मानस, 6/111/1); नारद बराबर अयोध्या आया करते थे और वहाँ राम के नए-नए चरित्र देखकर ब्रह्मलोक में गाया करते थे, नारद युद्ध में राम को नागपाश से मुक्त करने के लिए विष्णु-वाहन गरुड़ को लंका भिजवाते हैं (मानस, 6/73/5); नारद विष्णु को शाप देते हैं कि वे नर-रूप होकर वानरों के साथ विरह का दुख भोगें; शची, सरस्वती, लक्ष्मी और पार्वती (जो अभी-अभी राम-कथा सुन रही थीं) कपटपूर्वक स्त्री-वेश बनाकर रनिवास में दूलह राम को देखने जा मिलती हैं (मानस, 1/317/3-4)। इसी तरह परवर्ती युग भी मिथकीय है : जैसे, आज भी (तुलसी के समय में) विभीषण अपने समाजसहित लंका के राज्य पर आसीन हैं (दोहावली, 164), राम के दिव्य दरबार में हनुमान् और भरत के कहने पर लक्ष्मण राम की सेवा में तुलसीदास की 'विनय-पत्रिका' अर्थात् अर्ज़ी पेश करते हैं और रघुनाथ तुलसी की सच्ची सेवा के फलस्वरूप उस पर सही कर देते हैं (विनयपत्रिका, 279); वनवासी राम को वाल्मीकि अपने आश्रम में लेने आते हैं (मानस, 2/124)। इस चेतना में कालप्रवाह की इकाई बहुत विराट् होती है। शिव सत्तासी हज़ार वर्ष बीतने पर अपनी समाधि खोलते हैं (मानस, 1/47/4), तपस्विनी पार्वती ने एक हज़ार वर्षों तक कंद-मूल और फल खाए तथा तीन हज़ार वर्षों तक सूखे बेलपत्र खाए, (मानस, 1/73/1-2)। मिथकीय काल का दूसरा नतीजा यह हुआ कि अपराध और दंड, पुण्य और पुरस्कार का विधान पूर्व-वर्तमान-पश्चात् तीनों जन्मों में प्रतिफलित होने लगा। पूर्व-जन्म के शाप पाए हुए पात्र इस जन्म में राक्षस, पाषाणशिला, सम्पाती, काकभुशुंडि आदि बनते हैं तथा राम द्वारा उद्धारित होते हैं। पूर्वजन्म के पुण्यों के फलस्वरूप पात्र इस जन्म को भोगते हैं। इसी आध्यात्मिक न्याय से अगले जन्म के निर्णय भी होते हैं। इसी प्रवृत्ति का चरमोदात्त रूप अवतारवाद है। स्वयं हरि पूर्ण, अंश, कला, विभूति, आवेश, लीला, युगल तथा रस इन नौ रूपों में अवतार लेते हैं। मिथकीय काल का तीसरा परिणाम यह निकला कि तथ्यात्मक ऐतिहासिक चेतना अधिक उपेक्षित हुई। तुलसी इतिहास से मिथक की ओर, तथा मिथक से लोकतात्त्विक इतिहास की ओर, आते-जाते रहे। राम के विवाह में वैदिक तथा लौकिक (अर्थात् मध्यकालीन), दोनों रीतियों का किया जाना (मानस,

1/39/9), वनवासी राम का अवध राज्य के गाँवों तथा पुरवों के बीच से गुज़रना (मानस, 2/112/1), वनवासी राम को देखने अल्पवयस तापस तुलसी का आना आदि मिथक से लोकतात्त्विक इतिहास की ओर प्रयाण के दृष्टान्त हैं। इसी भाँति शिव द्वारा 'मानस' की रचना करना (मानस, 1/33//5), तीर्थराज प्रयाग का तत्कालीन चित्रण करते-करते तुलसी द्वारा वहाँ याज्ञवल्क्य एवं भरद्वाज का बखान कर देना (मानस, 1/44/1), चित्रकूट के भरतकूप के बाबत फैली लोककथा के आधार पर 'मानस' के भरत को उससे सम्बद्ध कर देना (मानस, 3/309/1-4) आदि लोककथाओं से मिथक की ओर प्रयाण के दृष्टान्त हैं। मिथकीय काल की चेतना से युक्त इतिहास-लेखन की विधा कैसी हो जाती है, इसके अनूठे नमूने तुलसी ने पेश किए हैं। पहले तो मिथकीय चेतनावाला इतिहास-लेखक हमेशा रूपकों और अन्यापदेशों (ऐलिगॅरी) के द्वारा अपनी भावना व्यक्त करता है; दूसरे वह स्वयं को लेखक न मानकर किसी देवता, दैवी-प्रेरणा, गुरुकृपा को यह श्रेय दे देता है; तीसरे वह तमाम घटनाओं को सामाजिक शक्तियों का परिणाम न मानकर कर्मफल-भोग मानता है; चौथे वह तीर्थ स्थानों, आश्रमों, नदी-तटों आदि पर ही जमता-रमता है; पाँचवें वह ऐतिहासिक तथ्यों की बजाय पौराणिक गल्प पेश करता है और अन्ततः उसका काल-विभाजन चतुर्युगों के आधार पर हुआ करता है। सन्त तुलसी के लिए तत्कालीन अवस्था साक्षात् नरक या कलिकाल होकर ऊहा हो जाती है (मानस, विनय-पत्रिका, कवितावली, गीतावली) और जब वे तीर्थों, आश्रमों आदि का वर्णन करते हैं तब वे वैकुंठ हो जाते हैं। 'गीतावली' में चित्रकूट-वर्णन करते समय (43-52) उसकी प्राकृतिक सुन्दरता से अधिक प्राकृतिक पावनता, ऋषि-मुनियों तथा स्वयं राम-सीता-लक्ष्मण के निवास, पवित्र मन्दाकिनी का माहात्म्य गाया है। सारी प्रकृति का मानो आध्यात्मीकरण हो गया और इन अलौकिक पात्रों के रहने की वजह से उसकी शोभा दिन-दिन अधिकाधिक अधिकाती जाती है। यह सारा वर्णन रूपकों के शोभा-भार से झुका हुआ है। इसी के समानान्तर 'कवितावली' का काशी-वर्णन है जहाँ प्रकृति का संयोग नहीं है (169-183)। इतिहास की दृष्टि से काशी ब्रह्मा की रची हुई विष्णु की बसाई हुई और शंकर की निवास-भूमि है। यहाँ परीक्षित जैसे राजा भी रह चुके हैं (जहाँगीर नहीं)। यहाँ देवता, देवी, देवनदी गंगा, सिद्ध और मुनि रहते हैं (तत्कालीन समाजचित्र कम); यहाँ के रहनेवाले पुरुष शंकर और स्त्रियाँ पार्वती हैं, क्योंकि वेदों ने ऐसा कहा है। काशी में महादेव जैसे ठाकुर, उमा जैसी ठकुराइन हैं, रुद्र के गण योद्धा हैं, कालभैरव कोतवाल हैं, भैरव दंडाधीश हैं, गणेश जैसे सभासद् हैं अर्थात् वास्तविक राजा, रानी, सूबेदार, कोतवाल, मीरमुंशी, मनसबदार की कोई सत्ता-महत्ता नहीं है। आज काशीरूपी कल्पलता को कलिरूप निष्ठुर किरात काट रहा है। महामारी फैली है। क्यों ? शहरी गन्दगी की वजह से नहीं, बल्कि उन लोगों के पाप के कारण जिन्होंने राहगीरों तथा ब्राह्मणों को मारकर और कोटि कुमार्गों से धन इकट्ठा किया है। सम्पूर्ण काशी-वर्णन रूपकों से जड़ित है। इन उदाहरणों के विश्लेषण से हम 'मानस' आदि के ऐतिहासिक तथा मिथकीय विभाजन के गूढ़ रहस्य पा सकेंगे। मिथकीय काल की चेतना

का चौथा परिणाम यह हुआ कि देवता, प्रकृति, पशु-पक्षी, मानव, राक्षस, अर्धमानव आदि सभी एक कार्य के अंग हो गए, सभी पर एक ही प्रकार का नैतिक और धार्मिक विधान लागू हुआ, सभी मानवों की भाषा-भावनावाले हो गए और सभी को उनके सुकृत्यों-कुकृत्यों का फल, उनकी शंकाओं का समाधान, उनके कार्यों के कारणों का अभिज्ञान तुरन्त मिल गया क्योंकि मिथकीय जगत् में तीनों लोक तथा तीनों काल तथा तीनों प्राणी एकत्र होकर पूर्ण ब्रह्मांड को ही कथाभूमि में बदल देते हैं। तुलसी ने वैदिक देवमंडल के अन्तर्भूत इन्द्र, अग्नि, सरस्वती, यम, वरुण (समुद्र), रुद्र, सूर्य आदि को लिया है; तथा पौराणिक मंडल (ब्राह्मणकालीन) के देवताओं के अन्तर्गत ब्रह्मा, विष्णु, महेश, गौरी, गणेश, पार्वती आदि को लिया है; और अवतारवाद के अन्तर्गत राम में परब्रह्मत्व स्थापित कर दिया है। पौराणिकीकरण में आस्था के कारण तुलसी ने आकाशवासी वैदिक देवताओं का दरजा और कार्य बहुत गिरा दिया है। वे स्वार्थी, कपटी, कुचाली, डरपोक, भोगी आदि चित्रित किए गए हैं। ज़ाहिर है कि उनका मध्यकाल इन वैदिक देवताओं के छल-कपट को और सोमपान-विलास आदि को बरदाश्त नहीं कर सकता था। विशेष रूप से तुलसी तो और भी नहीं। यहाँ कबीर और तुलसी दो विरोधी दृष्टिकोणों को रखते हुए भी मिल-से जाते हैं। किन्तु आगे तुलसी अवतारवाद द्वारा इष्टदेवता और ईश्वर की धारणा स्थापित कर जाते हैं तथा कबीर पौराणिक तथा सामन्तीय संस्कारों को ललकारते चले जाते हैं।

अब हम मध्यकाल के आभासित गुप्तयुगीन पौराणिकीकरण के निरूपण के बाद की अगली कड़ी **मध्यकालीनीकरण** (मेडीवियलाइज़ेशन) का विवेचन करेंगे। ये दोनों प्रवृत्तियाँ मिलकर तुलसीदास की ऐतिहासिक तथा तत्कालीन चेतना का निर्धारण करती हैं।

कई शताब्दियों की धारावाहिक परम्पराओं ने वाल्मीकि की 'आदिरामायण' से लेकर तुलसी के 'रामचरितमानस' तक, तथा परमभागवत गुप्त सम्राटों से लेकर उत्तर भारत के वैष्णव आचार्यों एवं कवियों और दरबारी कवियों तक जो सांस्कृतिक रूपान्तर किया है वह वैदिक साधना से पौराणिक पूजन में, पौराणिक पूजन से भक्ति में और भक्ति के लौकिक शृंगार में परिणत हुआ है। इस भाँति मध्यकालीनीकरण की एक बड़ी लम्बी तथा गहरी धारा है। मध्यकालीनीकरण से हमारा आशय उन 'आदर्शों' (आइडियल्स) तथा 'धारणाओं' (कॉन्सेप्ट्स) की स्वीकृति से है जो पौराणिक चेतना से विकसित होने के बावजूद उनसे पृथक तथा परवर्ती हैं; और जो 'तत्कालीन' समाज में परिव्याप्त हैं। अपने निरूपण को अधिक आलोकित करने के लिए हम अपने क्षेत्र को सीमित करते हुए केवल उन्हीं आधारों का दिग्दर्शन करेंगे जो रामवृत्त से सम्बद्ध होने के कारण देवालयीय प्रतीकों (देवमन्दिर, इहलोक, दिव्यलोक) से काफ़ी असम्पृक्त हैं, जो तुलसी जैसे एक भक्त कवि की विशिष्ट दृष्टि से प्रस्फुटित हुए हैं, जो वैष्णव-परम्परा को सगुणोपासना की ही मीमांसा करते हैं, तथा अन्ततः जो समाज की केन्द्रापसारी शक्ति की परिधि में हैं।

गुप्तों के बाद की मध्यकालीन संस्कृति की रचना में शनैः-शनैः लोकजीवन से ज्ञान और कर्म तिरोहित होते चले गए; कुलीन सामन्तों में अतिरंजित अभिमान और विलास बढ़ता चला गया; समाज और जीवन के प्रति सामूहिक उत्तरदायित्व और न्याय पाने का विश्वास उठता चला गया; वर्णों (ब्राह्मणों-क्षत्रियों-शूद्रों) तथा सम्प्रदायों (बौद्धों-ब्राह्मणों, बौद्धों-जैनियों, नाथों-वैष्णवों), और वर्गों (भूमिपति और भूमिदास, कृषक और व्यापारी) तथा स्वार्थों में संघर्ष तीव्रतर होते चले गए। भारत का सम्पर्क बाहरी दुनिया से टूटता गया और इस्लाम के आगमन ने पूरे सामाजिक ढाँचे को लड़खड़ा-सा दिया। शताब्दियों के इस लम्बे प्रवाह में परिवार से बाहर बस एक ही तरह के सम्बन्ध की प्रधानता रही– स्वामी और सेवक के सम्बन्धों के अन्तर्गत कृषक स्वामी का पूरा गुलाम तो नहीं होता था किन्तु स्वामी उसे थोड़ी भूमि देता था। उसकी अपनी निजी भूमि भी होती थी। वह स्वामी के हित भी मेहनत करता था तथा अपने हित भी। उसका उत्पादन वस्तुओं के रूप में होता था, धन के रूप में नहीं। अतः वह भूमिपति की कृपा, करुणा, दान, क्षमा आदि का भिखारी था। सामन्तीय अर्थतन्त्र के ये सम्बन्ध अर्धाश्रित-अर्धस्वतन्त्र थे, किन्तु भूमि-स्वामी की कृपा इनकी सबसे बड़ी गारंटी थी। ऐसी अचल जड़ दशा में ज्ञान और कर्म के स्थान पर इच्छा को ही पूरी आज़ादी हो सकती है। इच्छा राग-प्रधान होती है। ऐसे समाज और जीवन में पीढ़ी-दर-पीढ़ी कोई परिवर्तन नहीं आ पाया था। इसलिए सारा जनजीवन घोर निराशा में जकड़ा था। निराशा के साथ रहस्यवाद, अन्धविश्वास, तर्क का विरोध आदि का बोलबाला हो जाता है। इस वजह से विश्व-संस्कृति के सभी सामन्तीय युगों में भावोच्छ्वास-प्रधान जीवन भोग, स्वामी तथा महास्वामी प्रभु के प्रति पूर्ण समर्पण, बौद्धिकता और क्रियाशीलता के अभाव में अन्धविश्वास तथा रूढ़िबद्धता, इस समाज और जीवन के प्रति आस्थालोप के कारण दिव्यलोक और अलौकिक जीवन की धारणाओं में पलायन, सहज और स्वाभाविक घटनाओं के स्थान पर कृत्रिम और अलौकिक घटनाओं की स्वीकृति आदि मिलती है। समाज-चित्त इस दुनिया से जल्दी से जल्दी छुटकारा पाना चाहता था। अतः वह मोक्ष, कैवल्य, भवसागर-सन्तरण की ही कामना करता है। मध्यकालीन संस्कृति कला, दर्शन और धर्म में इसी भाँति प्रतिबिम्बित होती है जिनमें गहरे अन्तर्विरोध होते हैं। आदर्श और यथार्थ, ज्ञान और कर्म, धर्म और व्यवहार सभी के बीच एक अलगाव तथा दुहरापन आ जाता है।

भारत में इस मध्यकालीन संस्कृति ने अपने विशिष्ट आदर्शों तथा धारणाओं की धार्मिक निर्मितियों (कॉन्सट्रक्ट्स) को विकसित किया। समग्र रूप से चरित्र और चिन्तन के क्षेत्र में इनसे स्वाभाविक सन्तुलन और इहलौकिक सहजता का लोप हुआ है। दो दृष्टिकोणों ने इन निर्मितयों को निर्धारित किया है : पहला है, इस पराजित जीवन और इस क्रूर समाज को मिथ्या मानकर अलौकिक जीवन तथा दिव्य लोक को सत्य मान लेना; तथा दूसरा है, इस जीवन तथा समाज को भोगने के लिए कुछ स्वच्छन्द, व्यक्तिगत और लिरिकल भावनाएँ तृप्त कर लेना। पहले दृष्टिकोण ने अवतारवाद की परिव्याप्ति की और दूसरे ने भक्ति की। अतः भक्ति और अवतारवाद

सम्पूर्ण संस्कृति के मध्यकालीनीकरण की दो धुरियाँ हैं। वैष्णवोपासना के रामवृत्त में संन्यास के आदर्शों की अधिकता होने के कारण अलौकिक-लौकिक दोनों प्रकार की शृंगारिकता का अभाव है तथा केन्द्रापसारी शक्ति की प्रमुखता होने के कारण नैतिक मर्यादाओं का प्राचुर्य है। भक्ति ने इसी जीवन तथा समाज को मधुर बनाने की कोशिश की है, जबकि अवतारवाद ने इस जीवन तथा समाज को बदलने के अलौकिक-पारलौकिक विश्वास दिए हैं। भक्ति ने एक साधारण-से-साधारण मनुष्य तक को 'भक्त' का दरजा दिया तथा अवतारवाद ने परब्रह्म को मानव बनाकर युग-युग में अतिमनुष्यता के नए आदर्श दिए हैं। भक्त ने अपने युग के घोर सामाजिक असन्तोष को प्रकट करने के लिए उसे कलिकाल कहा तो भगवान् ने इस युग के सामाजिक असन्तोष को मिटाने के लिए लीलाएँ कीं। भक्त और भगवान्, भक्ति और लीला की मैत्री हुई। फलतः एक भक्त के प्रेम के वश में होकर, या उसका अनुरंजन करने के लिए, या उसके एक बार नाम लेते ही नारायण अवतार ले लेते हैं। भक्त इस देह को धारण करते हुए भी 'मुक्त' है, इस लोक में रहते हुए भी उस 'दिव्य लोक' का उपासक है। भक्त को केवल अनन्य तथा दैन्य भाव से बस पूर्णरूपेण समर्पण करना होता है कि उसे सायुज्य, सारूप्य, सामीप्य या सालोक्य मुक्ति मिल सकती है। उपासना क्षेत्र में सभी वर्ण, तथा भक्त और भगवान्, दोनों समान हैं। इस प्रकार मध्यकालीन संस्कृति में व्यक्ति का महत्तम आदर्श भक्त हुआ, और भक्ति का चरम मूल्य प्रेम हुआ। भक्ति के सारे सम्बन्ध तथा उपासनाएँ समाज के सम्बन्धों और व्यक्ति-रागों के कोमलतम तथा उदात्तीकृत व्यक्तिगत रागात्मक रूप हैं। इसीलिए भक्ति का मूल प्रेम भगवत्-प्रेम होकर 'प्रेमा' (नपुंसक लिंग) हुआ; और भक्त के भगवान् से दास, पति, प्रिय, सखी, सखा, पिता, माता आदि के 'इष्ट' सम्बन्ध क़ायम हुए। इस भाँति भक्त की धारणा ने सामाजिक असमानता, असहायता, असमर्थता, नीरसता को दूर करके मनुष्य के अन्तर्लोक को सुन्दर बनाया। लेकिन इसके साथ ही एक निषेध-पक्ष भी फैलता चला गया। भक्त ने सामाजिक आस्था, जीवन के वास्तविक प्रश्नों, अपनी सामाजिक विषमता और राष्ट्रीय समस्याओं से मुँह मोड़ लिया। उसने इस जगत् और समाज को माया तथा कलिकाल कहकर इससे कुट्टी कर ली। इस तरह सामाजिक और लौकिक जीवन अधिक बिखरता चला गया, सामाजिक न्याय एवं परिवर्तन के लिए ललकार के घोष शान्त हो गए, चारों ओर निर्वेद, निवेदन तथा समर्पण ही स्वीकृत हो गया। अतः अरूढ़िबद्धता मज़बूत होती गई और सामाजिक निराशावाद छाता गया।

इसके पूरक **अवतारवाद** ने एक उत्तम-पुरुष, एक मर्यादा-पुरुष, एक लीला-पुरुष पर बल दिया। यह सामाजिक सम्बन्धों तथा आदर्श जीवन का उदात्तीकृत, समष्टिमूलक सक्रिय रूप है। अवतार में व्यक्ति के स्थान पर आदर्श मनुष्य, कलिकाल के स्थान पर आदर्श युग, तथा पतित समाज के स्थान पर दिव्यलोक की संरचना हुई है। अवतारवाद में असुर-संहारक, भू-उद्धारक तथा देव-रक्षक पराक्रम हैं : और इसकी अनुवर्तिनी लीलाएँ भी। यही नहीं, अवतार सामूहिक भी होते हैं; अर्थात् पूरा

देवमंडल विष्णु के साथ अवतरित होता है। ('मानस' में देवतागण वानर के रूप में अवतरित होते हैं); अवतार अंशरूप भी होते हैं अर्थात् विष्णु रामरूप में, लक्ष्मण शेषरूप में, भरत शंखरूप में तथा शत्रुघ्न सुदर्शनरूप में आते हैं; अवतार अर्चारूप में भी होते हैं अर्थात् ईश्वर रामरूप में, सीता माया या प्रकृतिरूप में और लक्ष्मण जीवरूप में अवतरित होते हैं; अवतार पूर्णरूप में भी होते हैं अर्थात् परब्रह्म राम ही अवतरित होते हैं; अवतार लीलारूप में भी होते हैं अर्थात् विष्णु क्रीड़ाएँ भी करते हैं; अवतार आवेशरूप में भी होते हैं अर्थात् भक्त कवि तुलसी वाल्मीकि के आवेशावतार हैं, इत्यादि-इत्यादि। इस तरह स्पष्ट रूप से अवतारवाद समाज और जीवन के मंगल के लिए भी है तथा व्यक्ति और भक्त के लिए भी। तुलसी के समय तक अवतारवाद के प्रयोजन थोड़े अधिक हो गए थे, उनके अन्तर्गत भक्त के प्रेम के वशीभूत हो जाना, गौ और ब्राह्मण की रक्षा करना भी शामिल हो गया है। अब अवतार केवल असुर-संहारक ही नहीं रहा, असुर-उद्धारक भी हो गया। असुर-उद्धारक प्रयोजन आदर्शवाद को बल देता है जिसकी वजह से तुलसी में आशावाद तथा एक आध्यात्मिक मानवतावाद के स्वर भी मिल गए हैं जिससे नैतिक मर्यादाएँ खंडित होकर पुनः-पुनः सँवर गई हैं। अवतारवाद में **लीलाएँ** पुनश्च मनुष्य और समाज के स्थान पर व्यक्ति और भक्त को ला खड़ा करती हैं। रामवृत्त तथा कृष्णवृत्त ने मर्यादोपासक तथा मधुरोपासक लीलाओं का गुंथन किया है। कृष्ण-लीलाओं में उच्छलित हृदय मात्र है, तो राम-लीलाओं (तुलसी ने ही राम के अयन को लीलाओं में अनूदित कर डाला) में नैतिक मर्यादाओं के साक्ष्य। लीला माया भी है और लीला के लिए ही राम मानव हुए हैं। अतः अवतारी ब्रह्म राम और लीलापुरुष राम साथ-साथ रहते हैं अर्थात् वे अवतारी और अवतार दोनों रूपों में सहभाव से हैं। लीला में कोमलता और मधुरता (कृष्ण), तथा करुण और रौद्र (राम), दोनों का सामंजस्य है। सब कुछ होते हुए भी लीला में अवतारी राम वास्तविक जीवन नहीं जीते, बल्कि 'ललित लीला' या 'मनुष्य लीला' करते हैं। इस भाँति लीला वास्तविक चरित न होकर अभिनय, क्रीड़ा, या कौतुक हो जाती है। इसका प्रयोजन अवतार की दृष्टि से आनन्द और क्रीड़ा, तथा भक्त की दृष्टि से भगवान् का गुण-कीर्तन मात्र रह जाता है। लीला कपट मानुषी या नटवत् मानी गई है। इस तरह लीला का प्रयोजन भक्त-रक्षण तथा भक्त-मोक्षदान हो जाता है। निष्कर्ष यह है कि अवतार में लीला के जुड़ जाने से साहित्य तथा चरित्र के स्थान पर धर्म और कृत्रिम दिखावों (चरित्र की दृष्टि से) की प्रधानता हो जाती है। सारांश में, भक्त के साथ भक्ति और प्रेम, तथा भगवान् के साथ अवतार और लीला जुड़े। रामवृत्त की दृष्टि से पहले रामकथा पूर्ण रामचरित के रूप में विकसित हुई। दूसरे चरण में (10वीं से 12वीं शती ई. पू.) यह विष्णु की अवतार-लीला में परिणत हुई। इसमें भक्ति और उपासना का समावेश हो चला और 14वीं शती तक राम विष्णु के अंशावतार न होकर परब्रह्म विष्णु के पूर्णावतार हो गए। अतः कथा का आरम्भिक मध्यकालीनीकरण हुआ। तीसरे चरण में आकर राम स्वयं भी परब्रह्म

हो जाते हैं और रामकथा विष्णु की अवतार-लीला मात्र न रहकर भक्तवत्सल भगवान् राम के गुण-कथन में परिणत हो जाती है।[1] इस भाँति अवतारी राम और लीलापुरुष राम अर्थात् नररूप-ईश्वर और नटवत् अभिनेता-ईश्वर दोनों का समवाय हो गया। फलस्वरूप साहित्यिक दृष्टिकोण के स्थान पर धार्मिक वातावरण, संघर्षशील विराट् आदर्शों के स्थान पर अनुरंजक लघु कीर्तन, स्वाभाविकता के स्थान पर अद्भुत की प्रधानता हो गई। यद्यपि मौजूद दोनों ही दृष्टियाँ रहीं। क्योंकि अवतारवाद के उपरान्त लीला का बाहुल्य हुआ इसलिए हम यह कह सकते हैं कि अवतारवाद के असुर-संहारक लक्ष्य को लीला के भक्तरंजन वाले प्रयोजन ने काफ़ी वैयक्तिक बना दिया; अवतारवाद के संघर्ष और कठोर साधनावाले पक्ष को लीला ने अभिनय तथा क्रीड़ा में दरका दिया; तथा अवतारवाद के लोक-उद्धारक आदर्श को लीला ने भक्त-मोक्षदान में बाँधकर जन को समाज तथा जगत् के प्रति उदासीन कर दिया।

इस तरह **'अवतारवाद'** तथा **'भक्ति'**, ये मध्यकालीनीकरण की दो महत्तम विशेषताएँ ठहरती हैं। रामकथा-वृत्त में अवतारी राम और नटवत् राम, ईश्वर और पुरुष राम, मानवों और निशाचरों, पशु-पक्षी और देवता, समुद्र और नदियों, अंशावतारों और राक्षस वंश, ऋषियों और वेश बदलनेवाले प्राणियों के समावेश से अलौकिक घटनाओं तथा आश्चर्यपूर्ण अद्भुत वृत्तान्तों की बहुलता हो गई है। फलतः 1. लगभग सभी प्रमुख और गौण कथा-प्रसंगों की व्याख्या में कोई-न-कोई अलौकिक या अद्भुत परिवेश जोड़ा गया; 2. विरोधी पात्रों के सभी कार्यों में किसी अद्भुत छल का दोहरा हेतु गूँथा गया; 3. सभी पात्रों को यह ज्ञात करा दिया गया कि आगामी घटना का परिणाम शापवश या वरदानवश या पूर्वजन्म के कारण-निर्देशवत पूर्वनिश्चित है तथा राम या विरोधी पात्र तो केवल लीला कर रहे हैं; 4. अनुचित माने जानेवाले सभी कार्यों को पूर्वजन्म की किसी कथा के साथ जोड़कर उचित ठहराया गया; और 5. अवतारी राम या अंशावतार के सभी सहज मानव-सुलभ भावों तथा कार्यों को वास्तविक न बनाकर ललित नर-लीला क़रार दिया गया। अलौकिक और अद्भुत परिवेश के द्वारा ही कथाओं को नया रूप तथा कथा की विचारवस्तु को नया दृष्टिकोण दिया गया। इस नए दृष्टिकोण में वरदान और शाप, पूर्वजन्म के कार्य और वर्तमान जन्म में उनके योग का सर्वाधिक उपयोग हुआ है। अतः शाप, वर और पूर्वजन्म के कारण-निर्देशों को मिलाकर रामावतार, रामवनवास, सीताहरण, रामवियोग, रावणवध, सीतात्याग के उन अप्रकट कारणों का उद्घाटन किया गया जो पूर्वजन्म में घटित हुए थे और जिनका सम्बन्ध प्रकट लीला से नहीं है। इस तरह मध्यकालीनीकरण का अलौकिक पक्ष पूर्ण विकसित हो जाता है। इसमें अतिशयोक्तियों की स्वीकृति है। अतः देवता और मनुष्य, तथा तीनों काल घुल-मिल गए हैं।

संन्यासपरक रामवृत्त के मध्यकालीनीकरण की दूसरी विशेषता नैतिक मर्यादा की कठोरता और अनुशासन-प्रियता है। तुलसी ने तो एक भक्त तथा संन्यासी की दृष्टि

1. 'रामकथा', फ़ादर कामिल बुल्के, पृ. 742-743।

से इस मर्यादा की व्याख्या को 'वज्रादपि कठोराणि' बना दिया है। यहाँ वे समाज की आचरणमूलक रचना में एक युगद्रष्टा की तरह व्यस्त हैं तथा सबसे पहले एक भक्त, फिर एक सन्त, तदुपरान्त एक साधारण आस्थावान गृहस्थ को अपना उपदेश-केन्द्र बना कर रामकथा का पूरा नीतिशास्त्र और आचरणशास्त्र लिखते हैं जिसका चरम मूल्य मर्यादा है। उन्होंने पुनरुत्थानवाद, उदारतावाद तथा समन्वयवाद के मेल से अपने मर्यादा के आदर्श का विशिष्ट मध्यकालीनीकरण किया है। इसी त्रिकोण पर वे अपने समाज को वाल्मीकि, स्वयम्भू, भवभूति आदि के काल से अलग करके अपने समसामयिक बोध, अपने वैराग्यपूर्ण दृष्टिकोण, अपने व्यापक उदारतावाद तथा संकीर्ण रूढ़िवाद का भी इस्तग़ासा पेश करते हैं। बहुधा नैतिक पुनरुत्थानवाद के अन्तर्गत तत्काल की भर्त्सना होती है, अतीत के आदर्श लोक या धार्मिक दृष्टि से दिव्य लोक के प्रारूप (मॉडल) खींचे जाते हैं, और आचरण-पालन में कठोरता का ताप दहक उठता है जिससे व्यक्तिगत निर्णयों को अपराध समझा जाता है। नैतिक पुनरुत्थानवादी सन्त तुलसीदास 'भले कुल जन्मा' रूढ़ि-संस्थापक ब्राह्मण संन्यासी हैं, उदारवादी तुलसी साधारण इनसान हैं तथा समन्वयवादी तुलसी 'भली भारत भूमि में भले समाज' के दार्शनिक हैं। पुनरुत्थानवाद के अन्तर्गत तुलसी नानापुराणनिगमागमसम्मत वर्णाश्रम-व्यवस्था के पालन को ही युग-युगीन आचरण तथा निर्विकल्प आदर्श मानते हैं। उनके अनुसार जाति-संस्कारों, कर्मकांडों तथा वर्णाश्रम-धर्म का पालन ही श्रेष्ठ धर्मशील समाज, राज्य, राजा और प्रजा का लक्षण है। वर्णाश्रम-धर्म की व्याख्याओं में तुलसी बेहद अनुदार और रूढ़िवादी हो जाते हैं। वे जायसी, कुतबन, मंझन, कबीर और दादू जैसे लोकमुखी कवियों तथा सन्तों के तत्कालीन बोध से भी बिलकुल कट जाते हैं। यहाँ तक कि शुरू-शुरू में नारी-निन्दा की रूढ़ि में आस्था रखने के कारण वे कृष्णवृत्त के अष्टछाप कवियों के नारी-सम्बन्धी सहज प्रेमाकुल मधुर भाव से भी विच्छिन्न हो जाते हैं। वैराग्य की दशाओं में, तथा दार्शनिक मान्यताओं में भक्तों तथा सन्तों ने नारी को व्यक्तिमंगल की साधना अर्थात् मोक्ष में बाधक माना है; उसे मोह-माया और जगत् में बाँधनेवाला माना है; तथा उसे काम-क्रोध-मद-लोभ का आधार माना है। तत्कालीन सामाजिक निराशा के प्रक्षेपण के लिए एक 'अबला' नारी से अधिक सुपात्र इन वैरागियों को कौन मिल सकता था। इसी भाँति पुरानी श्रेष्ठता और महत्ता को प्रमाणित करने के लिए ब्राह्मणों के शूद्र से अधिक कौन कलंक झेल सकता था, क्योंकि नीच कहे जानेवाले निर्गुण सन्त ही वर्णाश्रम तथा पौराणिक पाखंडों को चुनौती दे रहे थे। तुलसी ने एक ओर तो विप्रवंश की निरपेक्ष श्रेष्ठता घोषित की और दूसरी ओर तत्काल विद्रोहों को नज़र में रखते हुए शील तथा गुणहीन ब्राह्मण को पूजने का, और गुण-ज्ञान प्रवीण शूद्र को तिरस्कृत करने का नैतिक न्याय दिया (?)। उन्होंने ब्राह्मणों को भू-देव घोषित किया और उसकी रक्षा के लिए भी अवतार-हेतु जोड़कर एक बदलते हुए सम्बन्ध का पुनरुत्थान किया। इसी तरह सन्त तुलसी ने वैराग्य, विज्ञान, ज्ञान, सन्तोष की विमलता प्राप्ति के लिए रामवृत्त में आद्योपान्त जिस धार्मिक दृष्टिकोण तथा वातावरण की रचना की उसने कुछ विशिष्ट नारियों को

छोड़कर सामान्य नारी-जाति की निन्दा की। उन्होंने नारियों को केवल व्यक्तिमंगल में ही बाधक नहीं माना, बल्कि लोकमंगल की साधना में भी बन्धन मान लिया। उन्होंने नारी और माया (धोखा, छल, कपट), नारी और दुर्गुण (दुस्साहस, अनृत, चपलता, माया, भय, अविवेक, अशौच, दयाहीनता), नारी और जड़ता (अज्ञानता, ताड़न) को एकधर्मा बना दिया। वैरागी सन्त तो व्यक्ति के पतन और संसार-बन्धन में ही नारी को मूल कारण मानते थे, तुलसी ने लोकमंगल के भी क्षय के मूल कारणों में से नारी को भी एक बना दिया। वीरगाथा-काल के रासो-काव्यों तथा तत्कालीन समाज के भोग-विलासों, और अपने जीवन के रत्नावली-प्रसंग से तुलसी ने यह सीखा होगा जिसे उन्होंने बहुत दूर तक ग़लत ढंग से लागू किया। इसीलिए वे कैकेयी और मन्दोदरी, सीता और तारा, शूर्पणखा और शबरी, त्रिजटा और मन्थरा, अनसूया और कौशल्या के बीच सामाजिक न्याय तथा क़ानूनी दर्शन की दृटि से अन्तर नहीं कर पाए। उन्होंने एक ही असंगत स्पष्टीकरण किया : कि सभी सम्बन्ध राम के नाते से तय होने चाहिए। नारी-निन्दा केवल पात्रों ने ही नहीं, स्वयं सन्त तुलसी ने भी की है। उन्होंने नारी की चरम सार्थकता पतिव्रत, चरम सम्बन्ध पुरुषदासी और चरम अधर्म माया तथा अपावनता माना है। एक संन्यासी की जीवन-दृष्टि से नारी-सम्बन्धी धारणा के मध्यकालीनीकरण का यह उत्कर्ष है जो शूरवीरवृत्ति की नारी सम्बन्धी शृंगारिकता से बिल्कुल विपरीत है। नैतिक **पुनरुत्थानवाद** का तीसरा पहलू आचरणमूलक है। यहाँ पात्रों के पूर्ववर्ती स्वाभाविक चरित्र में दुराव किया गया है तथा उन्हें शील के निश्चित दायरों में बाँध दिया गया है। पात्रों से सम्बन्धित **'मर्यादा-विपरीत' प्रसंगों** की या तो सूचनामात्र दे दी गई है या फिर उनका विशुद्धीकरण किया गया है। पात्रों से उनकी स्वाभाविकता का हरण करने में यहाँ तुलसी नैतिक ही नहीं, 'अध्यात्म रामायण' का अनुकरण करके आध्यात्मिक भी हो गए हैं। इस दृष्टिकोण के कारण भी उन्हें एक ही घटना में वास्तविकता तथा लीला की समानान्तरता गूँथनी पड़ी, तथा साथ-साथ जनता के सभी सन्देहों का निराकरण करना पड़ा। इसी वजह से सभी प्रधान और गौण कथाओं की चरित्र की दृष्टि के बजाय भक्ति की दृष्टि से पुनर्व्याख्या की ज़रूरत पड़ी। यही कारण है कि भक्तों, बद्धजीवों और मर्यादाजीवों को लीला की तरह यह जगत् भी मायानटी का रंगमंच मानना पड़ा। सारांश में वाल्मीकि के ऐतिहासिक चरित्रों पर पौराणिक नैतिकता, आचरण-शिष्टता और भक्त की दिव्य उपासना को आरोपित किया गया। इन दृष्टिकोणों के कुछ उदाहरण दिए जा सकते हैं। विवाहोपरान्त शिव-पार्वती के सम्भोग का वर्णन करना मर्यादाप्रतिकूल है, अतः तुलसी ने 'करहिं बिबिध बिधि भोग बिलास' कहकर सूचना दे दी; जब विभीषण अशोक वन से सीता को लाकर राम के हवाले करता है तब 'रामायण' के राम सीता-चरित्र पर सन्देह करते हैं और कई कटूक्तियाँ कहते हैं किन्तु 'मानस' के राम 'कहे कछुक दुर्वाद'; स्वर्णमृग प्रसंग में 'रामायण' की सीता लक्ष्मण पर चारित्रिक आरोप करती है किन्तु तुलसी 'मरम वचन सीता जब बोली' कहकर मर्यादा बाँध देते हैं; अयोध्या छोड़ने के बाद लक्ष्मण सुमन्त को सुनाते हुए दशरथ-चरित्र को धिक्कारते हैं, किन्तु 'मानस' में 'कही

लखन कछु अनुचित बानी' कहकर सूचनामात्र दे दी जाती है। इसी भाँति 'रामायण' का जयन्त सीता के स्तनों पर चोंच से प्रहार करता है किन्तु 'मानस' में इसका विशुद्धीकरण हो गया है और वह 'सीता चरन चोंच हति भागा'; शुद्ध करुणा, वीरता, शृंगार आदि के प्रसंगों को हटाकर या संक्षिप्त करके उनके स्थान पर भक्ति-साधक प्रसंग जोड़े गए हैं या उनकी परिणति भक्ति-रस में कर दी गई है। विशुद्धीकरण की इसी कड़ी में राम के सम्पर्क में आनेवाले, राम से बैर करके उनके द्वारा मारे जानेवाले, राम की सेवा करनेवाले, रावणपक्ष के सभी पात्रादि भी पहले से ही राम के अवतार और अपनी गति को पहचानते हैं। इसीलिए वे लीला करते, या लीला का गुण-कीर्तन करते, अथवा अवसर पाते ही परब्रह्म राम की स्तुति करते हैं। फलस्वरूप सन्तों और मुनियों के चरित्र में तो घोर एकरसता आ गई है। रामकथा की कुछ आध्यात्मिक व्याख्याएँ भी भक्ति-भाव के कारण ही हुईं। यह माना गया कि मोक्ष-प्राप्ति के लिए ही रावण ने सीता का अपहरण किया था, तथा अन्य राक्षसों ने भी इसी तरह पूर्वजन्म के शापों से मुक्त होने तथा मोक्ष पाने के लिए राम का विरोध किया था। राम के नारायणत्व पर जहाँ कहीं भी आँच आ सकती थी (और ब्रह्म का साक्षात् विरोधी होना तो एक प्रबल प्रश्न था), उन सारे प्रसंगों को पूर्वजन्म के कारण-निर्देशों या शापों के फल से जोड़कर आध्यात्मिक बना दिया गया। भक्त तथा सन्त, अध्यात्मरामायणकार तथा रामचरितमानसकार, की दृष्टि से यह अनुचित तथा असम्भव, अनैतिक तथा असह्य था कि जगज्जननी सीता रावण के द्वारा हरी गई हो। इसलिए उन्होंने यह नई व्याख्या की कि हरण वास्तविक सीता का नहीं, छाया-सीता का हुआ। लंका-विजय पर अग्नि-परीक्षा के बाद छाया-सीता भस्म हो गई तथा अग्नि ने शरीर धारण कर वास्तविक सीता को हाथ पकड़कर राम को समर्पित किया (मानस, 3/23/1; 6/108/छं. 1,2) इस भाँति राम की लीलाएँ प्रकट और अप्रकट, दोनों प्रकार की हैं। एक तथ्य पर और ध्यान देना चाहिए कि राम-प्रभाव की परिणति वैराग्योदय या मोक्ष-प्राप्ति की आकांक्षा में होती है।

मर्यादा की दूसरी विशेषता उदारतावाद है। यह मुख्यतः उपासना के क्षेत्र में समानता की घोषणा करती है किन्तु व्यावहारिक जीवन में नहीं। यह सगुण भक्तों का ज़बरदस्त अन्तर्विरोध है जिसकी ओर आचार्य शुक्ल ने भी इशारा किया था। इस उदारतावाद को हम आध्यात्मिक मानवतावाद कह सकते हैं क्योंकि तुलसी का अद्वैतवाद यहाँ केन्द्रीभूत हुआ है। ब्रह्म और जीव 'सहज संघाती' हैं क्योंकि जीव ब्रह्म का अंश है 'ईश्वर अंश जीव अविनासी। चेतन, अमल, सहज, सुखरासी ॥' इसलिए वह अमल चेतन, सुखराशि होता है। माया लीला के जीवांशों पर बन्धन पड़ जाते हैं तथा भक्ति (-लीला) से वे बन्धन कट जाते हैं। इस भाँति वे संसार को माया बना देते हैं, जिसमें सभी वर्णों के लोग फँसे हैं; और ब्रह्म को सत्य बना देते हैं जिसमें सभी वर्ण के जीव समान हैं। यह एक सामाजिक विरोधाभास है कि एक ओर तुलसी समाज में वर्णाश्रम भेद को आदर्श बताते हैं तो दूसरी ओर परलोक के समाज में सभी को समान पद दे देते हैं। इसलिए राम अछूत निषाद को गले लगानेवाले तथा भीलनी के जूठे बेर खानेवाले

हैं। किन्तु वर्णाश्रम संस्थापक राम शम्बूक जैसे वेदपाठी शूद्रों या साधारण निर्गुण भक्त जैसे शूद्रों का वध करनेवाले भी हैं। वे मानव देह को शरीरों में सर्वश्रेष्ठ मानते हैं, जो बड़े भाग्य से प्राप्त होती है (मानस, 7/42/4)। यह मानव शरीर देवताओं को भी दुर्लभ है। इस शरीर को धारण करके जो दूसरों को पीड़ाएँ देते हैं उन्हें बार-बार संसार में जन्म-मृत्यु के चक्र में फँसकर पीड़ा सहनी पड़ती है। यदि मोहवश होकर मनुष्य इस शरीर के लिए अनेक पाप करता है तब उसका परलोक नष्ट हो जाता है। तुलसी के उदारतावाद के ये धनात्मक पक्ष हैं। किन्तु इसी के साथ-साथ वे मध्यकालीन संकीर्णता को भी आस्था-बिम्बित कर डालते हैं। राम काकभुशुंडी से कहते हैं कि मेरे द्वारा उत्पन्न किए गए जीवों में मनुष्य मुझे सबसे अधिक भाते हैं, लेकिन उन मनुष्यों में भी द्विज, द्विजों में भी श्रुतिधारी द्विज, श्रुतिधारी द्विजों में भी वेदधर्म का पालन करनेवाले, उनमें भी क्रमशः वैराग्यवान, ज्ञानी, विज्ञानी, और अन्ततः दास मुझे सर्वप्रिय हैं (मानस, 7/85/2-4)। स्पष्ट है कि तुलसी ब्राह्मण के जीवांश को अन्य जीवांशों से कुछ श्रेष्ठ बताते हैं। इसके बाद वे पूर्णतः आध्यात्मिक दृष्टिकोण प्रस्तुत कर देते हैं। वे इस मानव शरीर की चरितार्थता इस जगत् को सँवारने में न मानकर परलोक को सँवारने में मानते हैं। मानव-शरीर अलौकिक, पारलौकिक सिद्धियों का साधन-धाममात्र रह जाता है। मानव शरीर के सहज धर्म तथा सामाजिक जागरूकता भी भवबन्धन बन जाते हैं। निर्वेद और वैराग्य मनुष्य के चरम आदर्श बन जाते हैं। सारांश में संन्यास-चक्र पूरा घूम जाता है : विषय से निर्वेद तक, निर्वेद से वैराग्य तक, वैराग्य से परलोक तक। इसी उदारतावाद के चलते तुलसी दृढ़तापूर्वक यह भी प्रतिपादित करते हैं कि ईश्वर के सामने पूर्ण समर्पण कर देने पर, और अपना पाप स्वीकार कर लेने पर मनुष्य निर्मल हो जाता है; रामभक्ति करने, रामनाम लेने या राम-स्मरण करने से ही मनुष्य की मुक्ति हो जाती है; राम के हाथों मारे जाने पर बैरी को भी परमपद मिल जाता है; ईश्वर, नर, वानर, राक्षस, पक्षी, पशु सभी की भक्ति स्वीकार करता है, आदि-आदि। इस भाँति भक्त और नास्तिक, मित्र और शत्रु, सेवक और खलनायक 'सभी' ब्रह्म के जीवांश होने के कारण अन्ततोगत्वा भक्ति और मोक्ष प्राप्त कर लेते हैं। मध्ययुग के भक्ति-आन्दोलन ने एक ओर तो भक्त (व्यक्ति) तथा भगवान् के व्यक्तिगत सम्बन्ध क़ायम किए और दूसरी ओर भक्त तथा भगवान् को समान भी बताया। इन दोनों के सम्बन्धों का यह आधार मानवतावादी है क्योंकि भगवान् भी मनुष्य रूप में, असुरों का दलन करने के लिए अवतरित होता है। इस भाँति मनुष्यरूप भक्त का ईश्वरत्व में उद्धार हुआ; और भगवान् का मानवत्व में अवतार हुआ। इस सम्बन्ध की मूल भावना तत्कालीन सामाजिक विषमता या सत्ता का आतंक न होकर प्रेम (—प्रेमा) हुई। अतः भक्त की परम सिद्धि एवं साधना मोक्ष से अधिक प्रिय भगवान् के साथ लीला हो गई। इस भाँति हम देखते हैं कि सामन्तीय ढाँचे की वास्तविक समाज-रचना की क्रूरता के कारण मध्ययुगीन उदारतावाद में एक धार्मिक द्वैत बरक़रार रहा। व्यवहार में तो लोकमर्यादा (सत्ययुग, त्रेता, द्वापर तक की धार्मिक शिष्टताएँ) और वर्णाश्रम ही सर्वोच्च रहे, लेकिन उपासना में

इनका अनुशासन नामंजूर हुआ। युग का यह विरोधाभास तुलसी में भी प्रतिबिम्बित हुआ।

समन्वयवाद मध्यकालीनीकरण का एक अन्य परिचालक है। इसके लिए जो सांस्कृतिक, दार्शनिक, सामाजिक तथा राजनीतिक भूमिकाएँ तैयार होती हैं उनकी प्रेरणा संस्कृतियों का अन्तरावलम्बन हुआ करती है। जब विचारों को तत्काल में विज्ञापित किया जाता है; जब एक जीवन-दर्शन को, जीवन-व्यवहार बनाने के लिए व्यापक जनसमूह में उसका प्रसार किया जाता है; जब विभिन्न समूहों की नाना आस्थाओं तथा अन्धविश्वासों, रूढ़ियों और सामूहिक अवचेतन का आघाती खंडन न करके उनके उदात्तीकरण का अधिक आग्रह किया जाता है; जब अपेक्षाकृत उदार सामाजिक-व्यवस्था में एक विशेष ढंग के मूल्य अधूरे, पुराने या अकेले पड़ जाते हैं और उन्हें पूरा, समसामयिक तथा संश्लिष्ट बनाने के लिए तत्कालीन समाज के सम्बन्धों द्वारा प्रतिबिम्बित थोड़े दूसरे मूल्य भी सुन्दर अथवा उग्र बनाकर जोड़ दिए जाते हैं—तब, समन्वय होता है। बहुधा समन्वय में एक क्रान्तधर्मी पक्षधरता, एक प्रतिबद्धता (कमिटमेंट), एक सुस्पष्ट दार्शनिक सूत्रबद्धता के बजाय सभी परम्पराओं की शक्तियों का आन्दोलनकारी सामंजस्य हुआ करता है। समन्वयवाद के कई प्रयोजन हो सकते हैं। यह एक स्थिति के अकेलेपन को तत्काल की इतिहास-प्रक्रिया में संजीवित करता है, या एक दर्शन की एकांगिता को विभिन्न दृष्टियों से संवर्धित करता है, या एक जीवन के अधूरेपन को समाज के अन्य पहलुओं से गठबंधन कर सम्पूर्ण करता है अथवा बासी हो चुके प्रतिमानों में कुछ जमा-बाक़ी करके उनके शाश्वत एवं सार्वजनीन होने का मिथ्या दावा करता है। समन्वय में व्यापकता और विविधता, भ्रान्ति और अन्तर्विरोधों का समाहार होता है। विश्व के मध्यकालों में जब दो या अनेक असमान संस्कृतियों का संगम हुआ है तब उनके समन्वय से एक अधिक समृद्ध, सर्वांगीण, मूर्त एवं प्राचीन-नवीन संस्कृति ढलती है। मध्यकाल में इस समन्वय के दो कारण हुआ करते हैं : युद्ध और बरबादी के बाद विभिन्न संस्कृतियोंवाली विजेता तथा पराजित जातियों का सम्मिलन; तथा अन्तर्राष्ट्रीय व्यापार द्वारा इनका संचरण। मध्यकाल में एकांगी जीवन, दुहरी नैतिकता, सामाजिक विषमता, तथा तत्कालीन परिस्थितियों की सच्ची या झूठी या दुचित्ता, सभी प्रकार की स्थितियों की व्याख्या अवश्य होती है। इस व्याख्या के लिए विचारधारात्मक मोड़ या घुमाव (आइडियॅलॉजिकल ट्विस्ट) देना ज़रूरी है। इस मोड़ के लिए बहुधा पुरानी जीवन-संरचनाओं और आध्यात्मिक आदर्शों को ही साक्ष्य के रूप में प्रस्तुत किया जाता है। इस भाँति एक लम्बे समय तक बहुमत सामाजिक समूहों के अन्तर्विरोधों का निराकरण नहीं हो पाता। पुनः विचारधारात्मक मोड़ आते हैं, और पुनः उन्हीं साक्ष्यों की दुहाई दी जाती है। इस तरह तर्क और वास्तविकता, इतिहास और सत्य से दूर चले जाने की पलायनवादी, काल्पनिक, रहस्यवादी, निराशावादी वृत्तियाँ जकड़ती चली जाती हैं। समाज अज्ञान तथा निराशा की अँधियारी में डूबता चला जाता है; परलोक और दिव्य-लोक की अधिक परवाह की जाती है। भारत की मुसलिम मध्यकालीन

संस्कृति में सामाजिक एवं राजनीतिक समन्वय कबीर एवं अकबर ने, दार्शनिक एवं सांस्कृतिक समन्वय तुलसी और कबीर एवं जायसी ने किया है। कट्टर तुलसी हिन्दू-मुसलमानों और सवर्णों-शूद्रों के बीच तो (जायसी, कबीर तथा अकबर के जैसी) समन्वय की गहरी दृष्टि नहीं प्रस्फुटित कर सके; लेकिन हिन्दुओं के दो सर्वाधिक शक्तिशाली धार्मिक समुदायों (शैव और वैष्णव), असंख्य कट्टर सम्प्रदायों (शाक्त, कौल, नाथ, सिद्ध, योगी, अवधूत आदि), दो दार्शनिक दृष्टियों (अद्वैत तथा विशिष्टाद्वैत), दो आध्यात्मिक दृष्टिकोणों (निर्गुण और सगुण), दो उपासना मार्गों (ज्ञान एवं भक्ति) आदि में काफ़ी दूर तक आस्थामूलक समन्वय करते हैं। शायद इस वजह से भी सामन्तीय समाज के बहुविध भारतीय लोकचित्त पर क्रान्तद्रष्टा कबीर की अपेक्षा मर्यादावादी तुलसी का प्रभाव अगली शताब्दियों में क्रमशः बढ़ता रहा—जब तक कि सामन्तीय संस्कार समाज पर हावी रहे। तुलसी गुरु-शिष्य की परम्परावाले सम्प्रदाय, प्रस्थानत्रयी से समर्थित साधना-मार्ग, और नानापुराणनिगमागम-सम्मत जीवन-व्यवहार के धार्मिक-सामाजिक-भक्त कवि हैं। परवर्ती रामकथाओं पर शैव प्रभाव बढ़ने लगा था जो तुलसी में उत्कर्ष तक पहुँच गया। तुलसी ने राम की शिवभक्ति तथा शिव की रामभक्ति के बीच साधन-साध्य सम्बन्ध स्थापित किया। कालिदास की तरह तुलसी शिव को विश्वास और पार्वती को श्रद्धा का रूप बताते हुए इन्हें भक्तिमार्ग में गुरु का स्थान देते हैं। शिव स्वयं भी एक दैवी पारमार्थिक सत्ता के रूप में स्वीकृत हुए हैं और दैवी पारमार्थिक सत्ता राम के एक प्रकट रूप-मात्र भी हैं : राम शिवलिंग की स्थापना करते समय कहते हैं कि जो शंकर-विमुख होकर मेरी भक्ति चाहता है वह मूढ़, नारकीय और मन्दगतिवाला है; शंकर-द्रोही मेरा दास नहीं हो सकता; शंकरभजन के बिना अयोध्यानिवासियों को मेरी भक्ति नहीं मिलेगी। इसी के साथ शिव और ब्रह्मा राम के भक्त हैं (विनयपत्रिका, 61) और लक्ष्मीरूपा सीता की कृपा चाहते हैं (वही, 63)। शिव सिय-पी राम के सेवक और सखा हैं। 'मानस' के परशुराम, विभीषण आदि शिवभक्त तथा रामभक्त दोनों हैं, रावण प्रकट रूप में केवल शिवभक्त है, राम के सेवक हनुमान् शिव या रुद्र के अवतार हैं तथा पूरा 'मानस' उमा-महेश्वर संवाद के रूप में शिव की रामभक्ति का चित्रण है। अन्त में तुलसी राम और शिव में अभेद स्थापित करते हुए शिव को रामरूपी रुद्र भी कहते हैं (विनयपत्रिका, 11)। शिव को गुरु में मानकर भक्तजन, और स्वयं तुलसी (गुरुं शंकररूपिणम् : बालकांड, श्लोक 3) भी, उनकी कृपा से रामभक्ति के गुप्त भेद जान जाते हैं। अतः पुराणों के त्रिदेव शिव, आगमों के योगी शिव और 'मानस' के वैष्णव शिव समन्वय का त्रित्व रचते हैं। निर्गुण-सगुण का द्वन्द्व भारतीय मध्यकाल में इहलोक तथा परलोक के सम्बन्धों का अन्वेषण है। सगुण दृष्टि ने इस जगत् के समाज तथा परिवार को ब्राह्मांड-परिवार (कॉस्मिक फ़ैमिली) का 'प्रतिबिम्ब' माना, तथा उसके 'अनुकरण' को सर्वश्रेष्ठ मानव समाज के रूप में अभिषिक्त किया। प्रतिबिम्ब में आभास, मिथ्यात्व और भंगुरता का होना समीचीन है; तथा अनुकरण में परिपाटी-पालन, सार्वजनीनता और मूर्तता का होना अभिलषित है। इस भाँति सगुण ब्रह्म

इस संसार की अव्यवस्था (केऑस) को दिव्य व्यवस्था (कॉस्मॅस) में रूपान्तरित करता है और इसलिए वह अवतार लेता है; मनुष्य बनता है; मनुष्य की तरह रागों और गुणों से चरित्र रचता है; मनुष्य की तरह राजा, पिता, पति, सखा, प्रिय आदि के वैयक्तिक एवं सामाजिक सम्बन्धों को परिनिष्ठित करता है, और मनुष्य की तरह ही जन्म-मरण के चक्र में घूमता है। इस भाँति सगुण दृष्टि ने दिव्यलोक तथा पृथ्वीलोक को मानव-सम्बन्धों से अनुस्यूत कर दिया। लेकिन सगुण अवतार आख़िरकार है तो ब्रह्म : परमात्मा, व्यापक ब्रह्म, परमेश्वर भी। अतः वह पूर्णतः इस लोक का नहीं बन सकता। वह इस जगत् में आता तो है किन्तु नट की तरह, लीला करने, भक्तों का अनुरंजन करने, समाज की अव्यवस्था का खात्मा करने। अतः वह इस जगत् को अन्ततोगत्वा अपनी माया और क्रीड़ा ही बनाए रखता है। प्रतिबिम्बित जगत् भ्रम बना ही रहता है। सगुण दृष्टि का यह अन्तर्विरोध युग की ही आधिकारिक विश्वास-दृष्टि है। लेकिन सगुण दृष्टि ने परब्रह्म का प्रजातान्त्रिकीकरण किया। सगुण ब्रह्म सुर-हित और भूसुर-हित को अवतरित होता ही है, वह किसानों की धरती और साधारण भक्तों के लिए भी अवतार लेता है। वह ज्ञान और योग की दुरूह तथा दुर्लभ क्रियाओं की अपेक्षा भक्ति और प्रेम भाव से तुरत 'सभी' को मिल जाता है। वह लीलाधारी है और परमार्थरूप है। किन्तु सगुण ब्रह्म इस दुनिया का देवता, मानुषी देवता तथा इष्ट देवता है। अतः वह लौकिक संस्कारों, कर्मकांडों, रूढ़ियों और बाह्य प्रपंचों के इन्द्रजाल से छूट नहीं पाता। परब्रह्म का इसके विपरीत और समानान्तर रूप है : निर्गुण अपने सगुण रूप के प्रवृत्तिमूलक तथा विधेयसूचक स्वरूप की अपेक्षा वह अपने निर्गुण स्वरूप में निषेध-सूचकों का पुंज (निर्गुण, निरंजन, अरूप, अनाम, अव्यक्त, अजन्मा) तथा निवृत्तिमूलक कार्यों का अधिष्ठाता है। यह निर्गुण मनुष्य-रूप नहीं है, इसके मानवीय सम्बन्ध नहीं हैं, यह सर्वव्यापक सर्वज्ञाता तो है किन्तु इस लोक के जीवन और समाज में सक्रिय एवं सम्मूर्त भाग नहीं लेता। यह निराकार रहता है : केवल माया में परदे के पीछे का सूत्रधार। यह नट की तरह लीला नहीं कर सकता। यह भक्तों को नहीं, अपितु योगियों-ज्ञानियों को ही बड़ी तपस्या के बाद मिलता है। यह प्राकृतजनों, गृहस्थों, ग्रामजनों की पहुँच के बाहर है। इसे केवल ऋषि ही पा सकते हैं। यह इस दुनिया में नहीं आता, जीवन और जगत् से एकरूप नहीं होता; केवल आत्माओं को ही अपने में तिरोभूत-उद्भूत करता है। वह रागों तथा गुणों से विरहित एक अनन्त रहस्यमय निर्वैयक्तिक धारणा है जहाँ ज्ञान भी पराजित हो जाता है, जहाँ केवल ब्रह्मज्ञान ही मददगार होता है। सगुण लोकमुखी मूर्त धारणा है, निर्गुण रहस्य-समाधि की अमूर्त धारणा। सूर ने निर्गुण-सगुण संघर्ष में पक्षधर होकर 'भ्रमरगीत' के माध्यम से मोरचा लिया है, नन्ददास ने दार्शनिक धरातल पर इस संघर्ष को तेज़ किया है, तथा तुलसी ने लोक-मंगल के उद्देश्य से इस संघर्ष को समाप्त करके समन्वय कर डाला है, 'श्रीकृष्णगीतावली' (छन्द, 38-51) में तो तुलसी गोपियों के मुख से निर्गुण पर व्यंग्य करते हैं, 'गीतावली' में ग्रामवनिताओं के मुग्ध नयनों से सगुण की प्रेमाभक्ति और विरह आदि का निरूपण करते हैं (छन्द

16-42), तथा 'मानस' में दोनों को अभिन्न बना देते हैं। इस अभिन्नता का प्रमाण मुनि, पुराण, पंडित और वेद चारों देते हैं। पानी और ओले की तरह से दोनों एक ही हैं (मानस, 1/115, 1-2)। तुलसी की यह अपनी विशेषता है। इसी भाँति निर्गुण परम्परा के कबीर भी भक्ति-रस को ग्रहण कर राम से बहुरिया, पुत्र और सखा के सम्बन्ध स्थापित कर ही लेते हैं। 'कृष्णगीतावली' में 'अष्टछाप' के कवियों की भाँति तुलसी भी सगुण को प्राकृत, ग्राम्यजनों के लिए सुलभ करते हैं। उनके अनुसार निर्गुण-साधना मानो आकाश में खोदे गए कुँए के जल से स्नान है, बुद्धि-रूपी मटकी में मृगतृष्णाजल को घृत के लिए मथने की तरह है, धान की भूसी जैसी है, आनन्द नहीं केवल कल्पना है, और सूक्ष्म साड़ी की भाँति है जिसे ग्राम्य वनिताएँ नहीं केवल नागरी नारियाँ ही पहन सकती हैं। (यह सूक्ष्म साड़ी कबीर की झीनी चदरिया है) 'मानस' में आकर वे ब्रह्म के दोनों रूपों का समन्वय कर देते हैं। वेदोक्त राम ही कोसलपति हो जाते हैं। वे निर्गुण होकर भी गुणराशि हैं तथा निर्गुण-सगुण हैं (दोनों रूपों में एक साथ)। इनके सगुण चरित्र का पूरा-पूरा रहस्य ज्ञात नहीं होता। इसीलिए पार्वती, गरुड़, भारद्वाज प्रश्नाकुल हो उठते हैं और इसीलिए निषाद, शबरी, हनुमान, जामवन्त, भोली ग्राम-युवतियाँ इन्हें पहचान भी लेती हैं। ब्रह्म 'भक्त के प्रेम' के वश, या 'भक्त' के लिए, या 'भक्तिवश' अथवा 'प्रेमवश' सगुण हो जाता है। हाँ, वह अनेक परमपावन चरित्र करता है। ये उसकी मोहविहीन नरलीलाएँ हैं—अभिनय की भाँति, जहाँ नट सभी का अभिनय करके भी स्वयं पात्र नहीं हो जाता। वह लीला के गुण और दोषों से पूर्ण नटवत् होता है। इसीलिए इस भ्रमपूर्ण (प्रतिबिम्ब) जगत् में भी अजन्मा, निर्गुण, अगोचर ब्रह्म ही राम हैं, राम ही दशरथपुत्र हैं, राजपुत्र राम ही ब्रह्म हैं, तथा स्त्री-विरह में दशरथपुत्र ब्रह्म राम ही मतवाले होकर आर्तविलाप कर उठते हैं (मानस, 1/107/4)। ये राम पहले भक्तों के लिए 'राजा' का शरीर धारण करते हैं और फिर 'प्राकृत' अर्थात् साधारण मनुष्यों की तरह चरित करते हैं। इस तरह राजा लोकचित्त रूप का प्रतीक पा जाता है। राजकुमार राम साधारण वनवासी मनुष्य होते हैं, फिर साधारण प्राणियों के नेता होते हैं, और अन्त में लोकचित्त के अधिष्ठात् राजा होते हैं। सारांश यह है कि निर्गुण धारणा में ब्रह्म काल के अक्ष से त्रिकाल-मुक्त होकर कालातीत हो जाता है और देश के अक्ष में अमूर्त तथा मुक्त। सगुण धारणा में वह देश (स्पेस) में स्थित होकर पवित्र भूमि में अवतार लेता है तथा काल (टाइम) अक्ष के अन्तर्गत प्रत्येक युग में विशिष्ट विकास-प्रतीकात्मक अवतार-स्वरूप धारण करता है। अतः काल-देश के सान्त-अनन्त सम्बन्ध स्थापित हो जाते हैं।

भक्ति और ज्ञान का सम्बन्ध सत्य को पाने के लिए व्यक्ति द्वारा (समाज द्वारा नहीं) जीवन की दिशा चुनने से है। तीसरे कर्ममार्ग को इन मध्ययुगीन भक्तों-सन्तों ने अपेक्षित सामाजिक महत्ता नहीं दी। उस युग में संघर्ष, क्रान्ति, शासन आदि के मार्गों में लोक की पहलक़दमी नहीं के बराबर थी। ज्ञान और भक्ति के मार्ग ही सम्भव थे। इनकी भी सीमाएँ थीं। ज्ञान ब्रह्मज्ञान में परिणत होता था और भक्ति प्रेम में। तार्किक 'कुशाखाओं' को बढ़ाना खल या नास्तिकों का पेशा माना जाता था। ज्ञान और भक्ति

दोनों में बुद्धि से अधिक इलहाम, शंका से अधिक विश्वास और स्वीकृति थी। ज्ञान और भक्ति दोनों के लिए सांसारिक साक्ष्यों के बजाय पुराण, वेद, मुनि, सन्त और पंडित के आप्तवाक्य अन्तिम माने जाते थे। जो इन्हें अस्वीकार करता था वह अविद्या, अज्ञान, भ्रम या माया के प्रभाव में माना जाता था। उससे लोकचित्त और परम्परा से बहिष्कृत सा कर दिया जाता था। इन सीमाओं में भक्ति और ज्ञान की अन्तःश्रेणियाँ (कैटेगॅरीज़) निर्मित हुई थीं। भक्ति को सगुण ब्रह्म तथा जीवन एवं समाज की प्रवृत्ति से, और ज्ञान को निर्गुण ब्रह्म तथा जीवन और समाज की निवृत्ति से संलग्न किया गया। तुलसी को यहाँ भी समन्वय करना पड़ा। उन्होंने भक्ति और ज्ञान में कुछ भेद नहीं माना। दोनों ही संसार से खेद का हरण करते हैं किन्तु भक्ति अधिक 'सरल' और 'उपादेय' है। ज्ञान, वैराग्य, योग, विज्ञान आदि पुरुष हैं; अतः प्रबल हैं। भक्ति और माया स्त्रीवर्ग की हैं। रघुवीर को भक्ति प्रिय ही नहीं, प्रिया है। माया केवल खल नर्तकी है। रघुनाथ-भक्ति के सानुकूल हैं; अतः माया डरती है। तो, रूपक के द्वारा तुलसी ने ज्ञान को प्रबल तथा पुरुष, और भक्ति को मधुर तथा स्त्री माना। ज्ञानमार्ग दुर्गम है तथा उसका साथ कठिन है। लेकिन भक्तिमार्ग इहलोक-परलोक दोनों के लिए है, तथा वह सुखद एवं सुलभ है। भक्ति बालतन है, अतः उसमें रक्षा का भाव है। ज्ञान प्रौढ़तन है, अतः उसमें तेज है। भक्ति के प्रेमानन्द का माधुर्य अपूर्व होता है। यह प्रीति के बिना नहीं होती (और प्रीति ज्ञान के बाद की अवस्था है)। इससे राम 'तुरन्त' द्रवित होते हैं जिससे यह भक्तों को सुखदायी हैं। माया-वेधन में भक्ति स्वयं-प्रकाश्य मणि की तरह है, जबकि ज्ञान सचेष्ट दीपक की भाँति है। इस तरह भक्ति-भावना, रक्षा, लोकहित, प्रेम, श्रद्धा-विश्वास आदि मूल्यों से गूँथ दी गई है। 'मानस' में इसीलिए मुनि और योगी और ज्ञानी भी राम की भक्ति ही करते हैं।

तुलसी के समन्वय की अन्तिम परिणति अद्वैतवाद से विशिष्टाद्वैतवाद के प्रवर्तन में होती है। यह उनके विशिष्ट मध्यकालीनीकरण की आख़िरी धुरी है। तुलसी स्मार्त होने के कारण सेवक-सेव्य भाव के, तथा श्री सम्प्रदाय के रामानुज की शिष्य-परम्परा के होने के कारण विशिष्टाद्वैतवाद के समर्थक हैं। यह दर्शन का क्षेत्र है। यहाँ शंकर, रामानुज, रामानन्द और तुलसी के (अप्रौढ़) सिद्धान्तों का चतुर्व्यूह क़ायम हो जाता है। अद्वैतवाद की भूमि एक चिन्तक की है तथा विशिष्टाद्वैतवाद की भूमि एक कवि की। शंकर और रामानुज के सिद्धान्तों की तुलना करने पर हम पाते हैं कि अद्वैतवादी शंकर ब्रह्म के अलावा अन्य पदार्थ को नहीं मानते। उनका ब्रह्म अखंड तथा त्रिविध जाति-भेदों से शून्य है। रामानुज ब्रह्म को अद्वितीय तो मानते हैं किन्तु अंशरहित न मानकर अंशसहित। वे उसमें स्वगत जातिभेद की सत्ता स्वीकार करते हैं क्योंकि उसके भीतर स्थित जगत् और जीव उससे उसी प्रकार भिन्न हैं जिस तरह 'नीले आकाश' में 'नीला' स्वयं आकाश नहीं है बल्कि 'आकाश' से भिन्न धर्म है। 'आकाश' विशेष्य तथा 'नीला' विशेषण है। अतः इसी भेद के कारण जीव उपासक हो सकता है, तथा ब्रह्म उपास्य। शंकर ब्रह्म को निर्गुण और निर्विशेष मानते हैं, जबकि रामानुज उसे सगुण तथा सविशेष

मानते हैं; जिसकी वजह से वह दया, आनन्द आदि विशेषणों का मूल कोश होता है। शंकर अभेद भाव में ही मुक्ति मानते हैं। रामानुज भगवान् तथा जीव के बीच शेषशेषिभाव मानते हैं। शंकर से इन मतभेदों की स्थापना के बाद रामानुज का विशिष्टाद्वैत कुछ स्पष्ट हो जाता है। 'नीला आकाश' के विशेषण-विशेष्य सम्बन्ध की तरह ही 'सगुण ईश्वर' होता है। ईश्वर (विशेष्य) के दो विशेषण हैं : चित् तथा अचित्। चित् जीव का आभ्यन्तरिक भाव-रूप है, और अचित् जीव के द्वारा अनुभूत सुख-दुखपूर्ण जगत्। अतः जड़ जगत् और चेतन जीव दोनों शाश्वत सत्य हैं। ईश्वर जगत् का कार्यरूप तथा कारण रूप दोनों है। अतः वह सगुण रहता हुआ भी निर्गुण है। उसकी यह सगुणता-निर्गुणता नित्य रूप में उसके साथ निवास करती है। यूँ तो अपनी अनन्तव्यापिनी शक्ति के कारण विष्णु 'अद्वैत' हैं लेकिन जब वे सगुण अवतारों में अवतरित होते हैं तब 'विशिष्ट' हो जाते हैं। उनमें सगुणता-निर्गुणता शाश्वत रूप से विराजती है। यह 'विशिष्टाद्वैत' है। तुलसी ने इसी को 'निर्गुण-सगुण' कहलाया है। जनक, सुतीक्ष्ण, सनकादि, जामवन्त आदि के मुख से इस क्रम में उन्होंने सेवक-सेव्य की सिद्धि को ही मुक्ति माना है। अस्तु–

मध्यकालीनीकरण की अवतारवाद तथा भक्ति नामक पहली विशेषता, और नैतिक मर्यादा के पुनरुत्थानवादी-उदारतावादी-समन्वयवादी वृत्त की दूसरी विशेषता के बाद **शूरनायकत्व** का संचालन उसकी तीसरी विशेषता है। हम पहले इसे पृथ्वीराज-रत्नसेन-वृत्त कह चुके हैं और इसकी कुछ प्रवृत्तियों का उद्घाटन भी कर चुके हैं। हमने तीन वृत्त माने हैं : रामवृत्त जिसमें परित्याग (वैराग्य) के आदर्श हैं, कृष्णवृत्त जिसमें सुख एवं उपभोग के आदर्श हैं, तथा पृथ्वीराज-रत्नसेन वृत्त जिसमें शूरनायकत्व के आदर्श हैं। हमने एक सूत्र भी दिया है : 'शौर्ययुग में रोमांस का पल्लवन हुआ तथा शीलयुग में महाकाव्यों का'। वास्तव में इनमें काल-समय से अधिक नायकत्व की निर्मितियाँ हैं। रोमांस में (1) अलौकिक, अतिदैवीय, अतिप्राकृतिक तत्त्वों की प्रचुरता आ जाती है; (2) जादू-टोना, कौतुक, वेष बदलना आदि एक आम प्रयोजन हो जाते हैं; तथा (3) पात्रों का विभाजन अतिमानवों और अतिदानवों के बीच होता है। अपने अगले विकास-चरण में जादू-टोना, कौतुक, वेष बदलना आदि अन्धविश्वास हो जाते हैं; अतिमानव अतिरोमांचक हो जाता है, विशेषकर प्रेम और शौर्य के क्षेत्र में; तथा अतिदानव प्रबल-बर्बर संघर्षी हो जाता है। अपने विकास के तीसरे चरण में रोमांस शील से उत्कीर्ण होने लगता है जो महाकाव्य की भूमिका है। फलतः अन्धविश्वास ही जनजीवन तथा राजा-सामन्तों की परम्पराएँ हो जाते हैं; अतिरोमांचक पौराणिक आदर्शों तथा व्यक्तिगत शील की स्थापना करने लगता है, तथा अन्ततः प्रबल बर्बर संघर्ष सामाजिक चुनौतियों और असुरत्व में परिवर्तित हो जाता है। रोमांस शूरवीर नायकत्व का समय होता है, तो महाकाव्य संस्कृति का समय। चूँकि रामवृत्त को भी सारे मध्यकाल में घूमना पड़ा है इसलिए उसमें भी कृष्णवृत्त तथा शूरनायकत्व के आदर्श आ गए हैं, यद्यपि उसका परित्याग का मूल आदर्श यथावत् रहा है। परित्याग के आदर्श के कारण रामवृत्त में शृंगार

नहीं आ सका है। जब परवर्ती मध्यकाल में रामभक्ति की मधुरोपासना की भी परम्परा का विकास हुआ तब जाकर मधुराचार्य की 'माधुर्यकेलि कादम्बिनी' तथा 'श्री सुन्दरमणि सन्दर्भ', नाभादास के 'रामाष्टयाम' तथा उनसे भी पहले महाकवि हनुमान् के 'महानाटक', कुमारदास के 'जानकीहरण', 'आनन्द रामायण' के विलास खंड, 'शुक संहिता' और 'लोमश संहिता' आदि में सुखोपयोग के आदर्श भी आ गए हैं। फलतः राम का पर्यटक चरित्र खंड-खंड होकर लिरिकल भावचित्रों में छहर-छिटक गया है। राम अवतारी और मर्यादा-पुरुषोत्तम दोनों हैं। अतः उनमें शूरनायकत्व से अधिक मर्यादा-पुरुषोत्तम के आदर्श की स्थापना है। इसलिए शूरनायकत्व की धारणाएँ खलनायक रावण (या रावण-पक्ष के अन्य पात्रों में कहीं-कहीं) तथा राम-पक्ष के लक्ष्मण और अंगद में प्रतिबिम्बित हुई हैं। शेषावतार मानने पर लक्ष्मण के और राक्षस मानने पर रावण के शूरवीरत्व को अतिमानव तथा अतिदानव की धारणाओं से रँगना पड़ा है। इससे दो विरोधी चरमान्त छोर तो क़ायम हो गए हैं, किन्तु रोमांस का अतिप्राकृतिक (सुपरनेचुरल) ही महाकाव्य की संस्कृति पर आच्छादित हो जाता है। इस मध्यकालीनीकरण की एक अन्य सीमा भी है। होना चाहिए था राम को शूरवीरत्व का आदर्श, किन्तु वे मर्यादा-पुरुषोत्तम के आदर्श हो गए हैं तथा परित्याग-चक्र को घुमाते हैं। तो फिर शूरनायकत्व का स्थानान्तरण लक्ष्मण पर होना चाहिए था। किन्तु लक्ष्मण भी अंशावतार तथा 'जीव' हैं और राम के सहयात्री बनवासी भी। अतः वे भी परित्याग-चक्र के घेरे में आ जाते हैं। शेष रह जाता है रावण। यह 'रामायण' में एक विचित्र सामाजिक विरोधाभास हुआ है कि वह शूरनायकत्व और खलत्व, दोनों आदर्शों को चरमोत्कर्ष पर पहुँचाता है। एक आध्यात्मिक विरोधाभास यह भी है कि अप्रकट रूप में रावण रामभक्त तथा राम के हाथों मरकर मोक्षकामी होता है, किन्तु प्रकट रूप में एक प्रचंड खलनायक के रूप में उभरता है। तीसरा सांस्कृतिक विरोधाभास यह है कि वह ब्राह्मण, ऋषिकुल-जन्मा और महान् शिवभक्त है। वाल्मीकि का ब्रह्माभक्त रावण परवर्ती रामकथाओं में शिवभक्त हो जाता है; मानो इस कथा के द्वारा वैष्णव-जनता और शैव-जनता के संघर्ष का साम्प्रदायिक प्रचार किया गया हो। 'मानस' में आकर यह संघर्ष लुप्त होता है। रावण रामभक्त भी हो जाता है तथा शिव राम के पक्ष में युद्ध देखने आते हैं (जबकि 'कृत्तिवास रामायण' में देवी शक्ति रावण को मदद करती है)। इन अन्तर्विरोधों के आने का कारण एक तो स्वयं रामवृत्त की प्रकृति है, दूसरे, राम चरितनायक न होकर अवतारी हो जाते हैं, तीसरे, रामावतार को प्रस्तुत करनेवालों में बहुधा धार्मिक सम्प्रदाय तथा भक्त-कवि होते थे; तथा चौथे, तुलसी के युग में शूरवीरों का चरण समाप्त हो गया था और संस्कृति का चरण अपनी 'रिनैसाँई सम्पूर्णता' को खोज रहा था। ध्यान देने की बात तो यह है कि भारतीय शूरनायकत्व के वृत्त में शूरनायक का अन्त भी सुखान्त होता है, किन्तु 'रामायण' में इस वृत्त का खलनायक से संयोग होने के कारण इसका अन्त त्रासदीपूर्ण होता है। तो, राम अलौकिक वीर और शान्त हैं, रावण में अतिप्राकृतिक शौर्य (रौद्र) और आश्चर्य (अद्‌भुत) है।

शूरवीरत्व के निषेधक तथा विधेयक तत्त्व रावण में केन्द्रीभूत हैं। इनमें निषेधक तत्त्व अधिक हैं। शूरवीरता में प्रतिशोध (रिवेंज) एक सर्वोच्च गुण तथा गौरव हो जाता है। रावण अपनी बहन शूर्पणखा के अपमान का बदला लेने के लिए ही रामकान्ता सीता का हरण करता है। (यद्यपि 'मानस' में वह राम के हाथों मोक्ष पाने के उद्‌देश्य से सीताहरण को साधन बनाता है)। शूरवीर शत्रु से प्रबल प्रतिहिंसा के साथ लड़ता है किन्तु आत्मसमर्पण करनेवाले शत्रु को अभय देता है। रावण में प्रबल प्रतिहिंसा का निषेधात्मक पक्ष है और राम में आत्मसमर्पण करनेवाले शत्रु (विभीषण) को क्षमा देने का विधेयक गुणधर्म। इसलिए हनुमान् और अंगद, मन्दोदरी और विभीषण सभी रावण से आत्मसमर्पण का अनुरोध करते हैं। शूरवीर के सारे सेनापतियों, मन्त्रियों तथा दूतों के लिए वफ़ादारी अनिवार्य है। अपने स्वामी के प्रति पूर्ण श्रद्धा और बलिदान-भाव शूरवीरत्व का महत्तम नैतिक न्याय है। रामपक्ष में यह शुभ बन गया कि रावण के सभी सेवक राम-सेवक होकर 'मुक्ति तथा भक्ति' प्राप्त कर लेते हैं। रावण ग़ैर-वफ़ादार विभीषण, माल्यवान्, दूत आदि को लात मारकर अपमानित करता हुआ बाहर निकाल देता है। शूरवीरत्व के दंड-विधान में इसका नतीजा मृत्यु-दंड हुआ करता है। इसीलिए भागते हुए वानरों तथा राक्षसों के लिए सुग्रीव और रावण के सेनापति मृत्युदंड की ही घोषणा करते हैं। शूरवीरत्व में केवल शौर्य ही श्रेय हो जाता है, विजय नहीं। इसीलिए शूरवीर विजय की परवाह न करके अपना शौर्य प्रदर्शित करता है, शौर्य-प्रदर्शन के लिए ही वह बली-से-बली व्यक्ति से भी लोहा लेता है, और शौर्य-विधानों के पालन के लिए वह विजय का भी उत्सर्ग कर सकता है। रावण को अपने बल का बड़ा घमंड है। अन्दर से वह अपनी विजय-कथाओं का बखान करता है और पुनः एक और युद्ध-कौशल को प्रदर्शित करने के लिए अपने शत्रु राम (अप्रकट स्वामी) से लोहा लेता है। वह आमने-सामने सभी भाँति से शौर्य-विधानों का पालन करता हुआ अन्त तक युद्ध करता है। उसे अपने शौर्यगुण में प्रबल विश्वास है। इसलिए एक शूर की भाँति वह निडर तथा घमंडी है। वह घमंड से दर्पान्ध भी है। वह प्रकट रूप से आद्यन्त अपने शत्रु राम को मात्र नर नहीं मानता, जबकि उसके पक्ष के सभी योद्धा यह विश्वास कर लेते हैं कि वे विश्वरूप हैं। इस भाँति रावण में शौर्यपूर्ण आचरण के निषेधक पक्षों का सम्पुंजन हो जाता है। लेकिन शूरवीरता के आदर्शों में काफ़ी आत्म-प्रवंचना और जीवन का मिथ्याभास भी होता है। इसीलिए विशेष रूप से ऐतिहासिक चेतना से परिपूर्ण तुलसी के समय में परशुराम-लक्ष्मण-संवाद में, तथा रावण-अंगद-संवाद में क्रमशः परशुराम और रावण के माध्यम से इस आत्मप्रवंचना और मिथ्याभास पर उपहासपूर्ण, व्यंग्यपूर्ण, करुणापूर्ण कठोर प्रहार करना सम्भव हुआ है।

शूरवीरत्व के वृत्त में 'कुल' की चेतना सर्वाधिक होती है क्योंकि यह वास्तविक तथा मिथकीय, दोनों गृहीतों में मज़बूती से जमी रहती है। रामपक्ष की 'रघुकुल रीति' सदा से चली आनेवाली है, रघुवंश में अनेक रत्न और भूषण हुए हैं। कुम्भकरण भी विभीषण को 'कुलभूषण' कहता है। रावण द्वारा विभीषण को 'कुलघाती' कहने पर विभीषण

सर्वाधिक अपमानित होता है। रावण अंगद को भी 'कुलघातक' कहता है और तुरंत ही अंगद-रावण-संवाद का वातावरण बदल जाता है। अंगद इस लांछन को धोने में अपनी सारी तार्किक शक्ति लगा देते हैं और प्रतिशोध में रावण को भी 'कुलघाती' कहकर सन्तोष की साँस लेते हैं। इसी भाँति लक्ष्मण भी अपने रघुकुल की शौर्य-परम्परा से गर्वित होकर परशुराम की डींगों के खोखलेपन को सिद्ध कर देते हैं। इसी भाँति क्षमा के प्रति शौर्यविधान बेहद जागरूक था। इसमें क्षमा नहीं माँगी जाती; केवल प्राणोत्सर्ग किया जाता है। व्यक्तिगत सम्मान के प्रभामंडल में घिरे शूरवीर शत्रु को हमेशा अपने से तुच्छ, हीन और दुर्बल मानकर कूटनीति तथा वास्तविकता के प्रति अदूरदर्शी रहे हैं। रावण राम को पहले तो नर मानता है, फिर पत्नी-विरह और निर्वासन के कारण; शक्ति क्षीण और फिर तपस्वी होने के कारण मर्यादाभीरु। उसका विश्वास है कि वानरों-भालुओं की सेना लेकर लड़नेवाला नर उसे पराजित ही नहीं कर सकता क्योंकि उसने तो महादेव, दिक्पालों, दिग्गजों, देवताओं, कुबेर आदि सभी को अपने भुजबल का प्रमाण दिया है। उसका विश्वास है कि राम-पक्ष का बूढ़ा जामवन्त, युद्धकर्म से अनभिज्ञ शिल्पी नल-नील, डरपोंक विभीषण, कूलद्रुम अंगद-सुग्रीव आदि उससे लोहा ले ही नहीं सकते। अतः शूरवीर क्षमा माँग ही नहीं सकता—चाहे वह देवता हो अथवा दानव। शूरवीरत्व में युद्ध-नीतियों का पालन पूरी तरह से होता है। लंकाकांड के 'माया' तथा 'शक्ति' के जादू-टोनों के रोमांसीय चरणवाले प्रयोगों को थोड़ी देर के लिए दूर करके देखने पर हम पाते हैं कि रामपक्ष तथा रावण-पक्ष के बीच युद्ध के बाद धोखाधड़ी नहीं होती। युद्ध केवल दिन में होता है; रात में नहीं। शौर्यविधान के कारण ही मेघनाद शक्ति लगने से मूर्च्छित लक्ष्मण का वध नहीं करता, जनेऊ से बँध जाने पर हनुमान् रावण के युद्ध-बन्दी हो जाते हैं, तथा रावण अंगद और हनुमान् जैसे दूत-मर्यादाओं के उल्लंघनकर्ताओं का भी वध नहीं करता।

शूरवीरत्व-वृत्त के अन्य धनात्मक तत्त्व राम-पक्ष में यत्र-तत्र बिखरे हैं। अकसर ही अज्ञात अकस्मात् उपस्थित होकर राक्षस के चंगुल में जकड़ी युवती का उद्धार किया करते है। यहाँ पक्षी के टोटेमवाली जनजाति के नेता जटायु सीता को रावण के चंगुल से छुड़ाने में अपने प्राणों का बलिदान करते हैं। हनुमान भी रामसेवक होकर अपनी स्वामिनी के लिए ऐसा ही जोखिम झेलते हैं। शूरवीर किसी लक्ष्य की प्राप्ति न होने तक त्याग की कुछ प्रतिज्ञाएँ करता है। राम का कुश-पल्लव शय्या पर सोना, तथा भरत का संन्यासी होकर राज्य चलाना ऐसी ही प्रतिज्ञाएँ है। शूरवीरत्व के वृत्त में कोई-न-कोई श्रृंगार और प्रेम से सम्बन्धित खेल-प्रतियोगिता हुआ करती है जिसके केन्द्र से परित्याग, यात्राएँ, हरण-अपहरण, युद्ध आदि फूटते हुए पल्लवित होते हैं। यहाँ सीता स्वयंवर इसका दृष्टान्त है। इस तरह रामवृत्त में शौर्य के इस वैयक्तिक आदर्श पर सांस्कृतिक आदर्शों का इन्द्रधनुषी आवरण पड़ गया है, आध्यात्मिकता की कई धारणाओं ने अन्वीक्षा-दृष्टि बदल दी है। फलस्वरूप यहाँ शौर्यवृत्त लोकमंगल से संचालित अन्याय-विरोध, तथा धार्मिक दृष्टियों से अनुप्राणित धर्म-संस्थापन में रूपान्तरित हो गया है।

मध्यकालीनीकरण की चौथी विशेषता है निजन्धरी (लीजेंडर) और मिथकीय कथानक में वास्तविक अतीत के वातावरण का मेल; तथा अधिकाधिक ऐतिहासिक सन्दर्भों का समावेश। इस वजह से भी तुलसी का 'मानस' पूर्ववर्ती रामायणों की परम्परा में होते हुए भी उनसे पृथक् हो जाता है। इस श्रेणी में तत्कालीन समाज का भी समावेश होता है किन्तु हम इसे किसी अगले अनुच्छेद में लेंगे। पहला पक्ष कथा के प्रयोजन का है। अपने युग की मिथकीय धारणा अर्थात् कलियुग के निमित्त तुलसी रामकथा का प्रयोजन बदल देते हैं। तुलसी के संन्यासी दृष्टिकोण से रामकथा काव्य से अधिक आध्यात्मिक ग्रन्थ है। अतः इसमें रसानुभूति के स्थान पर चतुर्वर्ग में-से धर्म और मोक्ष (अर्थ और काम का त्याग) पर बल दिया गया है। इसका प्रयोजन भक्तसम्मित उपदेश है जिससे भक्ति-रस प्राप्त हो। उन्होंने स्वयं कहा है "रामकथा जीवों को मुक्ति देने के लिए काशी है तथा तुलसी के लिए 'हुलसी' सी हित करनेवाली है, कलियुगरूपी साँप के लिए मोरनी तथा भ्रमरूपी मेंढक के लिए भुजंगिनी है।" अतः यह उस युग में आध्यात्मिक दृष्टि से फैले हुए सन्देह, अज्ञान और भ्रम का निवारण करनेवाली है। प्रत्येक कांड का पाठ अपना अलग-अलग फल देने लगा : जैसे बालकांड का विवाह-प्रसंग सदा उछाल (उत्साह) को, अयोध्याकांड का भरत-चरित्र दास-भक्ति तथा भवरस से विरति को, अरण्यकांड के रामयश का गाना और सुनना भक्ति, किष्किन्धाकांड की रामलीला श्रवण-सुख को, सुन्दरकांड का रामगुणगान सम्पूर्ण मंगलों को, लंकाकांड का रघुनाथ नाम पापनिकेत कलियुग में सुरक्षा-आधार को तथा सम्पूर्ण 'रामचरिमानस' पुण्य और मंगल को प्रदान करनेवाला है। अतएव तुलसी ने षट्प्रयोजनी और रसानुभव के स्थान पर नाना भक्तिपरक लौकिक-पारलौकिक सुफलों और मोक्षप्राप्ति का समावेश कर दिया। उन्होंने स्वयं ऐतिहासिक तथ्य देते हुए कहा, अनन्त हरि की अन्त हरिकथा को (कवियों के बजाय) मुनि और सन्त गाया करते हैं; मैंने भी अनेक पुराण, वेद, आगमन वाल्मीकि रामायण तथा अन्यत्र से उपलब्ध ग्रन्थों के आधार पर इसे स्वान्त : सुखाय लिखा है—यशकृते और अर्थकृते नहीं। मैंने प्रबन्ध में इस 'विचित्र' अर्थात् चमत्कारपूर्ण, या काव्य की रसान्वयी परम्परा से भिन्न रचना की है। इसे तुलसीदास ने यथामति गाया और संवाद रूप में बखाना है। अतः तत्काल में रामकथा वाल्मीकि-प्रभाव तथा रसान्वयन से हटती हुई साम्प्रदायिक प्रभावों तथा मोक्षान्वयन से जुड़ती जा रही थी। वह काव्यकथा के बजाय प्रधानतया गेय धर्मगाथा बन गई थी जिसका लक्ष्य आनन्द नहीं, भक्ति था। अतः इस कथा को विश्वास और श्रद्धा के साथ 'गाना' तथा 'सुनना' एवं 'कहना' तथा 'समझना' रसानन्द के स्थान पर हरिभक्ति प्रदान करता है। सारांश में, यह भक्त सहृदयों के लिए गाकर कही जानेवाली, तथा समझकर सुनी जानेवाली धर्मकथा में रूपायित हो गई। इसे मध्यकाल के ललित तथा वीरगाथा वृत्त, और राजकवियों, बन्दी-चारणों के क्षेत्र से हटाकर मध्यकाल के ही अवतार तथा विचित्रगाथा-वृत्त और सन्तों-भक्तों के क्षेत्र से जोड़ दिया गया। यह एक ऐतिहासिक स्थानान्तरण है : काव्य-प्रयोजन तथा सहृदय-संवाद की दृष्टि से। इसका 'ऐतिहासिक' प्रमाण देने के लिए

तुलसी ने कहा कि रघुनाथ-गाथा कही रामसखा शिव के द्वारा गई है, किन्तु 'कलियुग' में लिपिबद्ध रामदास तुलसी द्वारा की गई है।...वास्तविक अतीत के वातावरण के मेल की दूसरी दिशा राजसभाओं के सन्दर्भ में हासिल होती है। जनकसभा शुरू होने पर बन्दीजन (भाट) विरुदावली (वंशकीर्ति) गाते हुए आते हैं और फिर राजा जनक के प्रण, सभा बुलाए जाने के उद्देश्य तथा सीता-स्वयंवर की विचित्रता का फ़रमान पढ़ते हैं। प्रतियोगिता शुरू होती है और जनक राजाओं के वीरताभिमान पर व्यंग्य करते हैं। शूरवीर की भाँति लक्ष्मण यह चुनौती स्वीकार करते हैं तथा राम शर्तें पूरी करते हैं। दर्पोन्मत्त सामन्त लोग जहाँ-तहाँ उठ-उठकर गाल बजाने लगते हैं और सीता का बलपूर्वक अपहरण कर लेने तथा दोनों राजकुमारों को बाँधकर बन्दी बना लेने तथा तथाकथित अन्याय के बाधक जनक को भी पराजित कर देने के षड्यन्त्र करते हैं। ऐसे राजसमाज को देखकर 'साधुओं' को लज्जा आ गई। जैसा कि हम पहले कह चुके हैं कि रामकथा के नायक-खलनायक दोनों ही शूरवीर-वृत्त के नीति-विधानों के अनुवर्ती हैं। ऐसा समाज पृथ्वीराज-जयचन्द तथा मुसलिम मध्यकाल का ही परोक्ष दर्पण है। इसी सभा में आगे चलकर परशुराम आते हैं। वे इस वातावरण को गर्वोक्तियों, व्यंग्योक्तियों तथा कटूक्तियों की मजसिल-महफ़िल में बदल देते हैं। सामन्तों और राजाओं के समाज में परशुराम विदूषक-जैसे लगते हैं; और बूढ़े, ब्राह्मण, जनकपूज्य परशुराम एक विद्रोही राजपुत्र लक्ष्मण के द्वारा ही ऐसी विदग्ध सभाओं के लिए अयोग्य सिद्ध कर दिए जाते हैं। ऐसी सभाओं के लिए अयोग्य तथा विदूषक दोनों सिद्ध होनेवाले वाल्मीकि के परशुराम या 'अध्यात्म रामायण' के परशुराम नहीं हैं, बल्कि वे 'मानस' के परशुराम ही हैं, किंवा स्वयं तुलसी हैं—ब्राह्मण तुलसी। 'द्विज देवता घरहि के बाढ़े' ! अब रावण-सभा लें। पूर्ववर्ती रामकथाओं में प्रधानतः विभीषण ही बन्धुद्रोही हुआ था। अब विभीषण ही नहीं माल्यवान्, सुषेण, रावणदूत सभी रामपक्ष से मिल गए हैं (रामभक्त हो गए हैं)। कुम्भकर्ण तक की वफ़ादारी डगमगा गई है। रावण-दरबार मानो सामन्तीय नैतिकता से षड्यन्त्रकारी होकर विनाशक होने का सटीक उदाहरण है। वह जहाँगीर की तरह प्रेममग्न होनेवाला, करोड़ों घड़े शराब तथा अनेक भैसों का भक्षण करनेवाला है (मानस, 6-63)। यही नहीं, उन्होंने रावण-दरबार को प्रतीक बनाकर आगे भी अपने युग की खिल्ली उड़ाई है। उस दरबार के मन्त्री मूर्ख हैं और केवल ठकुरसुहाती कहते अर्थात् चापलूसी करते हैं। उनमें दूरदर्शिता की कमी है। इस भाँति यह दरबार एक मुग़लकालीन लालबुझक्कड़ी दरबार में ढाल दिया गया है। ऐसी सभा का आलोचक विभीषण रामयुग का, तथा ऐसा दरबार और ऐसे मन्त्री मुग़लयुग के हो गए हैं।...राम तथा शिव के विवाह प्रसंग (मानस, नहछू, जानकीमंगल, पार्वतीमंगल) भी मध्यकालीन ऐतिहासिक वातावरण में बेहद रँग गए हैं। 'रामलला नहछू' में तुलसी एक युवक रसिक कवि के रूप में पहली और आख़िरी बार आए हैं। 'नहछू' के राम, दशरथ, कौशल्यादि विशुद्ध मानवपात्र हैं। राजमहल में मध्यकालीन लोहारिन, अहीरिन, नाउन, तम्बोलिन, दरज़िन, मोचिन, मालिन, बारिन आदि सामन्तीय समाज के विशिष्ट कार्यों का सम्पादन करती हैं। इसमें अवधपुरी

में ही स्त्रियाँ राम को स्पष्ट गाली देती हैं, दशरथ एक साधारण अहीरिन के जोबन के लोलुप हो जाते हैं, नारियों की मांसल और उन्मत्त शृंगार-विलास-चेष्टाएँ सामन्तीय कामपरकता का उद्‌घाटन करती हैं। 'पार्वतीमंगल' में योगी शिव तथा तपस्विनी पार्वती का विवाह न होकर लौकिक रीति से नारद तथा सप्तर्षियों की बिचवाली वाला मध्यकालीन विवाह है। यहाँ क्षत्रियों का ('जानकीमंगल' की भाँति) स्वयंवर भी नहीं है। हिमवान पार्वती की प्रिय वस्तुएँ (जिनमें धन, दास, दासियाँ भी हैं) दहेज़ में देते हैं, मैना लहकौरी (छन्द, 134) रीति करती है, जुआ खिलाते समय सब स्त्रियाँ हिमाचल-पत्नी मैना को गाली देती हैं (छन्द, 135), आदि-आदि। हमने राजा हिमवान के पक्ष की ही चर्चा की है। 'जानकीमंगल' में तो विवाह की तीन प्रथाओं का मेल है : स्वयंवर, वैदिक और लौकिक प्रथा का। 'पार्वतीमंगल' में बारात का विचित्र कौतुक-जगत् है, तो 'जानकीमंगल' में रनिवास की नारियों की शोभा तथा हाव-लीला की अलका है (छन्द, 130-144), राजसभाओं के उपचार हैं। यहाँ स्वयंवर पौरुषेय, तथा लौकिक विवाह कोमल नारीत्वपूर्ण है। यहाँ बन्दीजन महाराज जनक के प्रणों की घोषणा करते हैं; सुहागिन नारियाँ गौरी-गणेश पूजन करती हैं; जुआ और गाली की रस्म होती हैं; नट, भाट, मागध, सूत, याचकगण राजा के यश और प्रताप का वर्णन करते हैं, और सामन्तीय सम्बन्धों के अनुसार पाहुना (दामाद) बेहद प्रतिष्ठित होता है (छन्द, 138)। 'नहछू' के बाद के मंगल-काव्यों में तुलसी के आदर्शों तथा विचारों के निर्माण की झाँकियाँ हैं। 'मानस' के रामविवाह में, पहले की तरह, स्वयंवर-विवाह के बाद पुनः तत्कालीन लौकिक रीति के अनुसार पक्का विवाह होता है, विवाह की सामग्री ढोनेवालों में बहुत क़िस्मों के खच्चर, ऊँट और बैल भी हैं, विवाहावसर पर सरस राग से 'शहनाइयाँ' बज उठती हैं, याचकों को बख़्शीशें (बकसीस) दी जाती हैं, ससुराल में राम की 'पहुनाई' के सपने देखे जाने लगते हैं; जेवनार में गाली-गान का दौर चलता है इत्यादि। इस प्रकार इन विवरणों में मिथक (वैदिक रीति) की इतिहास (लौकिक रीति) से रँगरेज़ी कर दी जाती है। 'विनयपत्रिका' में तो राम के दरबार में अर्ज़ी देने के तौर-तरीक़ों तथा अर्ज़ी की इबारत और फ़रियाद में वे सोलहों आने मुग़लों की दरबारी तहज़ीब को ऐतिहासिक यथार्थता से सजीव कर देते हैं। ज़रा मुलाहज़ा फ़रमाएँ ! गुलाम, ग़रीब और किंकर तुलसी राम जैसे ग़रीब निवाजू साहेब सु-साहेब के बड़े दरबार में कलिकाल के खिलाफ़ अपनी अर्ज़ी (विनयपत्रिका) भेज रहा है। पहले तो वह स्मार्त परम्परा के अनुसार गणेश, सूर्य, शिव, देवी की स्तुति करता है; फिर गंगा-यमुना तथा चित्रकूट-काशी की स्तुति करता है। तदुपरान्त षट्‌कोणात्मक रामयन्त्र के अन्तर्गत सबसे पहले रामप्रिय तथा स्वसेवित हनुमान के सहाय की याचना करता है (पद 33)। इसके बाद षट्‌कोण के अन्य अंगव्यूह देवता—जैसे लक्षमण, भरत, शत्रुघ्न और सीता की स्तुति करता है। दास तुलसी जगज्जननी महारानी सीता से व्यक्तिगत सिफ़ारिश भी करता है कि कभी अवसर पाकर तुम कुछ करुणा की कहानी चलाकर राजा रामचन्द्र को मेरी भी याद दिला देना जिससे मेरा काम बन जाएगा क्योंकि रानी ने सिफ़ारिश की है!

सिफ़ारिश की अन्तिम और सर्वप्रधान कड़ी स्वयं राम हैं। ग़रीब किंकर तो राम का विरुद गाता है तथा रामराज्य की दुहाई देता है। इसके बाद वह करुणाविगलित होकर पदों में गा-गाकर अपनी दुखभरी जीवनी, लोक की विपन्नता, कलिकाल के अत्याचारों का पूरा हवाला देकर अपना मुक़दमा मज़बूत करता है। उसे राम जैसे सर्वज्ञ साहिब की सेवा का इनाम पाने का यक़ीन है। वह अपने सम्पूर्ण दैन्य को नंगा कर उद्‌घाटित कर देता है। यह अर्ज़ी पेश करने के बाद वह पुनः राम के अंगव्यूहों (हनुमान, शत्रुघ्न, भरत, लक्ष्मण) से फ़रियाद करता है कि वे इस दास का ख़्याल रखें। गरचे राजकाल में मशगूल रहने के कारण मौक़ा कम मिलता है; किन्तु तुलसी को ज़रूर याद कर लें। आख़िर राम के दिव्य दरबार में मरुतनन्दन और भरत उचित अवसर देखकर लक्ष्मण को तुलसी की बात छेड़ने का इशारा करते हैं। लक्ष्मण रुख़ देखकर प्रभु की सेवा में सेवक तुलसी की विनयपत्रिका पेश कर देते हैं। ग़रीबनवाज को ग़ुलाम तुलसी की भक्ति और प्रीति, दोनों की रीति, पर विश्वास हो जाता है। सारी सभा एकमत से समर्थन करती है और तुलसी की अर्ज़ी पर रघुनाथ राम अपने हाथ से 'सही' कर देते हैं। सारे तुलसी-वाङ्मय में इतनी सही ऐतिहासिक तथ्यात्मकता (तथ्य नहीं) उपलब्ध नहीं है। तत्कालीन अर्ज़ियों की शैली भी आलंकारिक होती थी, अतः भक्तकवि की शैली पदमूलक तो होगी ही !

इसी तरह वास्तुकला, चित्रकला, शोभा-सज्जा, अस्त्र-शस्त्र तथा फुटकर वस्तुओं आदि की दृष्टि से भी मिथक वातावरण को ऐतिहासिक सन्दर्भों से प्रतिपादित किया गया है। सबसे पहले फुटकर प्रसंगों को लें। 'मानस' में ये यथेष्ट हैं। घरों के झरोखों से छिपकर लगी हुई युवतियाँ प्रेमपूर्वक राम को देख रही हैं (1/219/2); तिरहुत से लौटने में अयोध्यावासी राजा की जोहार (सलामी की तरह) करती हैं (1/347/3); वानरों की सेना से सब वानर बारी-बारी से आकर (मन्सबदारों-सिहसालारों की तरह) श्रीराम के चरणों में मस्तक नवाते हैं और श्रीमुख के दर्शन (झरोखा-दर्शन) करके कृतार्थ होते हैं (4/21/1); अंगद रावण को मुग़लकालीन अपराधी की फ़रियाद का दूसरा ढंग बताते हुए कहते हैं कि "दाँतों में तिनका दबाकर और गले में कुठारी डालकर वह राम के सामने 'हे शरणागत-पालक रक्षा करो ! रक्षा करो !' की आर्त्त पुकार करे" (6/19/4); रावण के 'बन्दीख़ाने' में लोकपाल तक क़ैदी हैं (6/89/2); जब विभीषण सीता को एक रुचिर पालकी में सजवाकर लिवा लाते हैं तब उसके चारों ओर बेतपानि (हाथों में छड़ी लिए हुए) रक्षक चल रहे थे (6/107/4-5); कहीं-कहीं खल राक्षस लोग भैंसों, मनुष्यों, 'गायों', गधों और 'बकरों' का भक्षण कर रहे थे (5/2/छन्द, 3); आदि। नख-शिख की परम्पराओं के अन्तर्गत संस्कृत और अपभ्रंश के ललित साहित्य की परम्पराओं का ही पालन हुआ है लेकिन कुछ आभूषण और वस्त्र-वसन मुग़लकालीन हैं। 'मानस' में दूलह राम सिर पर पीत चौतनी टोपी पहने हैं जिसके बीच कुसुम और कलियों की कढ़ाई (चिकन का काम) है (1/242/4); 'गीतावली' के बालराम के सीस पर लाल चौतनिया टोपी, ज़री के काम की पगिया है, कानों में कनककली या नगफनिया पड़ी है, उनकी कटि में काछनी है। अन्य वसनाभूषणों में जड़ाऊ आभूषण 'नथुनिया' भी है। 'मानस'

में पनही और मुन्दरी का भी वर्णन है। 'कवितावली' में (छन्द 17) सीता के नगकंगन अर्थात् आरसी-जड़े कंगन हैं। 'मानस' के वसनों में, कम्बल, विचित्र पटोरे (रेशमी कपड़े) तथा झँगुली बार-बार आई है। सज्जादि के विवरण के अन्तर्गत मिथिला में बने विवाह-वितान में मानो मुग़ल-महल की पच्चीकारी का ही सूक्ष्म प्रतिबिम्ब है (1/287/1-4, 1/288/1-2); राम के घोड़ों पर मोती-मनिमानिक लगी 'जीन' जगमगाती है (1/315/छन्द); राम-ब्याह में इत्र-फुलेल चलता है; श्रेष्ठ हाथियों पर सुन्दर 'अम्बारियाँ' पड़ी हैं (1299/1); बारात के श्यामकर्ण जाति के घोड़े पाँवों में घुँघुरू तथा ललित लगाम बाँधे हुए नाच करते हैं; आदि-आदि। रोज़ के उपयोग की चीज़ों में मध्यकालीन वस्तुओं में कड़ाह, बहँगियाँ, बोझ, काँवरि, दही के कूँड़े, पानी का कठवता, भाँड़े (भाजन), कोपर आदि विशेष रूप से उल्लेखनीय हैं। कलश, थाल तथा परात सोने की भी हैं। भोजन तथा खाद्य की परिगणना कवि के तत्कालीन सीमित रसास्वाद का मानदंड है। दाल-भात और गाय का घी, तथा चना-चबेना राजाओं की बारात तक में चला दिया गया है। निर्धन तुलसी को और अकालग्रस्त भारत के जन-जन के लिए उस समय यही छप्पन पकवान थे। मूली, पूप (पूआ), और एक जगह दूध का भी उल्लेख है। कन्द-मूल-फल (बिना गिनाए हुए) तो कई बार सूचित हैं। वाद्यन्त्रों के अन्तर्गत मध्यकालीन विशिष्ट वाद्यों में शहनाई; निसान (नगाड़े), लड़ाई के जुझारू ढोल, पखावज का नाम आया है। वैसे तुलसी ने झाँझ, मृदंग, शंख, भेरी, वीणा, दुन्दुभि, डिंडिभी (डफली), बाँसुरी, ताल आदि के भी परम्परागत नाम गिनाए हैं। अस्त्र-शस्त्रों की परिगणना 'मानस' से ही की जा सकती है। विशेष मध्यकालीन हथियार भाथियाँ (छोटे-छोटे तरकस), सिर पर लोहे के टोप (कूँड़ि), बरछे, कृपाण, साँगी हैं। हथियारों के अन्तर्गत तुलसी ने वाल्मीकि रामायण तथा रासो-प्रबन्धों की परम्परा का निर्वाह किया है जिससे नाना भाँति के हथियारों के नाम ज़रूर मिल जाते हैं। वज्र, शक्तियाँ, ब्रह्मबाण, नागपाश, अग्निबाण आदि अलौकिक हथियार हैं; नख, दशन, शैल, महावृक्ष, वृक्ष-शाखाएँ आदि बर्बरों के अस्त्र-शस्त्र हैं; कवच, अंकुश, फरसे, भाले, असि, दुधारी तलवार, बाण, चक्र, त्रिशूल, धनुष, भिन्दिपाल, तोमर, परसु, शूल, परिधि आदि सामान्य परम्परागत हथियार हैं। मुद्गर तथा गदा मल्लों के हथियार हैं। काल की एक चोखी चूक करते हुए तुलसी एक स्थान पर राक्षसों से विविध-विधि तोप-गोले भी चलवा देते हैं (मानस, 6/48 छन्द)। रावण की अपार अतिविचित्र-वाहिनी (सेना) का प्रयाण किसी वीर काव्य की याद दिलानेवाला है। उसमें अनेक प्रकार के वाहन, रथ तथा सवारियाँ हैं, रंग-बिरंगे बाना धारण करनेवाले वीर-समूह हैं, 'नफ़ीरी' और 'शहनाई' बज रही हैं तथा मारू राग गूँज रहा है (6/78/1-5)। इस प्रकार इन सभी छोटे-छोटे ऐतिहासिक सन्दर्भों में केवल मुग़ल-युग की ही नहीं, अपितु परमारों, चन्देलों, चौहानों, गहरवारों की सामन्तीय-अवधियों की भी झाँकी मिल जाती है। काल की दृष्टि से पूरे मुग़ल-युग तक यह एक ही कड़ी है। अतः तुलसी ने अपने मिथकीय वृत्त की सीमा में इन्हें छुटपुट ढंग से स्वीकारा है। इनमें 'काव्यों', 'रासोओं' तथा 'आईनों-नामाओं', तीनों के युगों की परम्परा घुल-मिल गई है।

वास्तुकला (आर्किटेक्चर) एवं नगरनिवेश (टाउन प्लैनिंग) के सन्दर्भों में तुलसी ने सीधे संस्कृत-प्राकृत-अपभ्रंश की ललित काव्य-परम्परा के साथ अपने प्रत्यक्ष दर्शन का अनूठा विभावन किया है। उनके वास्तुकला और पुरनिवेश सम्बन्धी चित्रणों में हमें मुग़लकालीन राजधानी, व्यापारिक शहरों, तीर्थों तथा छावनियों की भी धुँधली झलक मिल सकती है। विशेष रूप से इन चित्रणों में तुलसी चित्रकूट, काशी, प्रयाग (इलाहाबाद) और अवध (अयोध्या) के वास्तु तथा निवेश से प्रेरित मालूम होते हैं; यद्यपि यह सम्भव है कि उन्होंने 'मानसार', 'समरांगण-सूत्रधार', 'राजतरंगिणी', 'पउमचरियं' (विमलसूरि-कृत), 'चतुर्भाणी' (भाण-कृत) आदि का भी अनुशीलन किया हो। भारतीय नगरनिवेश-शास्त्र की एक समृद्ध परम्परा है जो अग्नि, गरुड़ और भविष्यादि पुराणों तक में मिलती है। भोज के 'समरांगणसूत्रधार', भुवनदेव के 'अपराजितपृच्छा' आदि में नगरनिवेश-सिद्धान्तों का प्रणयन हुआ है। व्यावहारिक पक्ष में इन्हीं सिद्धान्तों का पालन है। भाण की 'चतुर्भाणी' में कारीगरों के औज़ारों के शोर-गुल से भरी उज्जयिनी नगरी का वर्णन है। चन्द बरदाई ने कन्नौज, बिल्हण ने प्रवरकोट, बाणभट्ट ने उज्जयिनी, त्रिविक्रम ने कुंडिनपुर, विद्यापति ने जवानपुर का वर्णन किया है। चीनी यात्रियों तथा मुसलमान इतिहासकारों (विशेष रूप से फ़ाह्यान, ह्वेनत्सांग, अलबरूनी, अबुलफ़ज़ल आदि) ने भी भारतीय शहरों की रचना तथा ज़िन्दगी का विवरण लिखा है। नगर-वर्णन, प्रासाद, मन्दिर, महल आदि के वर्णन की एक काव्य-परिपाटी रही है। तुलसी ने 'बाग़', सुमनवाटिका का तथा तड़ाग सरोवर' वर्णन में तो बहुधा परिपाटी-पालन ही किया है; अयोध्या के साज-शृंगार और उल्लास में 'रघुवंश' की भी झिलमिलाती छाया है; तथा महल और दुर्ग और नगर-रचना में पर्याप्त मुग़ल-प्रभाव है। महल में चित्रण तो खासमहल (कवितावली, 7/23) अर्थात् दीवाने-खास या अन्तःपुर, कोट, कंगूरे, रंगमहल, हवामहल, फ़र्श, दरवाज़ों पर काँच के जड़ाने का भी वर्णन है। चार क्षेत्रों को ध्यान में रखकर निवेश का ज़िक्र है : नगर-निवेश, पुर-निवेश, ग्राम-निवेश, क्षेत्र (खेड़ा अर्थात् शूद्रों की बस्ती) निवेश (मानस, 2/235/1)। नगर के बाहर भूचित्रावली (लैंडस्कैप) का निवेश होता था। वनों में ऋषि-मुनियों के आश्रम तथा कुटी आदि हुआ करते थे। राजधानी (अयोध्या, जनकपुर, हिमवान का नगर) तथा तीर्थ (प्रयाग, चित्रकूट) का निवेश थोड़ा भिन्न है। तीर्थों में मन्दिरों तथा पवित्र स्थलों, पावन नदियों की योजना पर ध्यान दिया जाता है। नगर-निवेश के अन्तर्गत पहले तो नगर के चारों ओर अति सुन्दर तथा दृढ़ परकोटा ('मानस' में लंका एवं अयोध्या) होता था जिस पर सुन्दर रंग-बिरंगे कंगूरे बने होते थे। उसके अन्दर नगर होता था। जनकपुर में बाज़ार (हाट), रास्ते (बाट), मन्दिर (घर), सुखवास (देवालय) तथा भूपबाग़ था (मानस, 1/286/2)। इनको उपखंडों में बाँटा गया था। ये बाट वीथियों, खौरियों, गलियों तथा चौहाट (चौरस्तों) में बँटे थे। बाज़ार की दुकानें बज़ाज़ा (कपड़े), सराफ़ा (रुपए-पैसे का लेन-देन) तथा बनिक (व्यापारी) खंडों में बँटी थीं (मानस, लंका, 7/27/4, छन्द)। नगर में राजद्वार, गलियों और चौराहों पर भीड़ होती थी। यदि नगर के कोट के सुदृढ़ कंगूरे ध्यान आकर्षित करते थे (कवितावली,

6/10), तो घर-रचना की वास्तुकला भी विशिष्ट थी। घर-घर में हिंडोलने रचने की प्रथा थी (गीतावली, 7/19)। प्रत्येक घर (महल) के ऊपर कलश होता था। राजभवनों के ऊपर कनककलश होते थे। घरों में अटारी तथा आँगन का खास महत्त्व था। अटारियों में नारियाँ ही रहती थीं (मानस, 5/24/5, 7/3 ख)। उनमें नाना रंगों के रुचिर ढाले हुए फ़र्श होते थे। आँगनों में बच्चे क्रीड़ा करते थे (मानस, 7/75/2)। राजभवनों के आँगन स्फटिक के होते थे। घरों के अन्दर चित्रशालाएँ भी लिखी होती थीं तथा लोग सुमनवाटिकाएँ लगाते थे (मानस, 7/27/1)। घरों के सभी दरवाज़े (पौरि) मज़बूत और देहरियाँ सुन्दर होती थीं। राजप्रासादों की रचना में तुलसी ने मणियों तथा नवरत्नों का ज़बानी जमा-खर्च बहुत किया है। लंका का दुर्ग सुन्दर और बंकिम था जिसे असुर मय (माया जाति के असीरियन इंजीनियर अशोक से युग के ही भारत में भवन-रचना-कला को संवर्धित करने लगे थे) ने बनाया था। दुर्ग की बंकिम आकृति के कारण ही राज्य का नाम भी लंका (लंका की तरह बंकिम) पड़ा। दुर्ग के चारों ओर अत्यन्त गहरी खाई थी (आगरे के क़िले से तुलनीय)। दुर्ग में चार बड़े दरवाज़े थे (आगरा से तुलनीय)। महलों के ऊपर बड़े चमकीले कलश थे। भवनों (महलों) में कंचन के खम्भे होते थे। एक शिखर पर नाच-गान का अखाड़ा (रंगमहल) था जहाँ दरबारी कवि गाते और प्रवीण अप्सरा-नर्तकियाँ नाचती थीं। भवन कनक-खचित (सोने के पत्तरों से मढ़े) होते थे तथा एक दुर्ग में ही कई भवन हुआ करते थे। महलों की वास्तुकला के अन्तर्गत ही अयोध्या का महल है जहाँ अन्तःपुर अलग हुआ करता था। अन्तःपुर में भी एक कोपभवन था जहाँ कैकेयी ने दशरथ से वरदान माँगे थे। दशरथ के प्रासाद में सुन्दर मणियों से रचित झरोखे, मूँगों की बनी देहरियाँ, मणियों से बने खम्भे, पन्नों से जड़ी सोने की दीवारें (भीति), प्रत्येक द्वार पर खरादे (खचे) हीरों से जड़े हुए कपाट, स्फटिक की दीवारें तथा उन पर विचित्र चहू (परदे), सोने से मढ़ी हुई डाँड़ियाँ और स्फटिक-भीतों एवं गृह-गृह में जलते मणिदीप एवं कंचनदीप होते थे ('मानस' तथा 'गीतावली')। एक ओर मन्दिरायतन सुन्दर तथा मनोहर होते थे तो दूसरी ओर महलों में चौबारे (छत के ऊपर के बंगले दुछत्ती) होते थे। चौबारे, राजमहल थे। इसमें से एक में नवव्याहे राम-सीता काम और रति की तरह से शरत रातों में सोया करते थे (संस्कृत काव्यों के हिमगृह से तुलनीय)। प्रासाद के नभचुम्बित उज्ज्वलधाम (सौध) होते थे। राजमहल के कपटों पर अधीन भूपों, नटों, मागधों और भाटों की भीड़ रहती थी। बड़ी-बड़ी घुड़सालें और गजशालाएँ (फ़ीलख़ाने) थीं। फ़र्श स्फटिक के या अनेक रंगों के काँचों के बनाए गए थे। यहाँ हम पाते हैं कि कलश और आँगन और अटारी रचना में तो भारतीय; तथा कंगूरे, फ़र्श, दुर्ग, खाई आदि की रचना में तुर्की वास्तु का मेल है। रंग-बिरंगे रत्नों की खराद (खचि), तथा खम्भों, दीवारों, फ़र्शों, देहरियों आदि पर नाना भाँति के पशु-पक्षियों, लता-सुमनों की पच्चीकारी (पचि)—दोनों ही प्रगाढ़ लौकिक मुग़ल प्रभाव की देन हैं। गृह-सज्जा तथा गृहान्तर-सज्जा (इंटीरियर डिकोरेशन) के भी रोमैंटिक चित्र मिल जाते हैं जिनसे एक नागरक विलास तथा दिनचर्या का अनुमान लगाया जा सकता है। रामराज्य

भोगती हुई अयोध्या में लोग घरों के चारों ओर सुमनवाटिकाएँ लगाते हैं जिनमें अनेक जातियों की लताओं के फूल भरे होते हैं। मोर, सारस, हंस, 'कबूतर' घरों के ऊपर बड़ी ही शोभा पाते हैं। ये कूजन करते, उड़ते और नृत्य करते रहते हैं। घरों के अन्दर लोग तोता-मैना पालते हैं जिन्हें बच्चे पढ़ाया करते हैं। भीतों के ऊपर सुनहले दीवे बाले जाते। द्वार (पोरि) तथा दरवाज़े (पगार) मनोहर और मज़बूत होते हैं। मंगल अवसरों पर देहरियों पर चौक पूरे जाते हैं। रंग-बिरंगे कलश सजाए जाते हैं। चौबारों की गृहान्तर-सज्जा विलक्षण होती थी। वहाँ मंजुल पलँग, मणिदीप, सभी भाँति के आराम, भोग पदार्थ और फूलों की सुगन्ध भरी होती थी तथा क्षीरफेन की भाँति उजले अनेक वस्त्र, तकिए (उपधान) और गद्दे (तुराई) होते थे जहाँ नव-विवाहित प्रेमी-युगल क्रीड़ा-शयन करते थे (मानस, 2/89/42, 2/10/1)। घरों में सुन्दर चित्रशालाएँ होती थीं। विरत तुलसी कल्पना में इतनी जीवन्त वास्तुरचना का मिल जाना एक ताज्जुब है। प्रसंगों को शुक्रिया मिलना चाहिए कि तुलसी का अवचेतन यहाँ टुक अबाध हो गया। गृह-सज्जा की भाँति नगर और बाज़ार-सज्जा के चित्रण 'मानस', 'गीतावली', 'कवितावली', दोनों 'मंगलों' में मिलते हैं। नगर-सज्जा के चित्र रामविवाहोत्सव से जुड़े हैं। 'मानस' में रामविवाह के मौक़े पर राजद्वार, चौराहे, गलियाँ और बाज़ार सुन्दर ढंग से सजाए गए हैं। चौहट (चौराहे) तथा गलियाँ सुगन्ध व चतुरसम से सींची गई हैं (1/2/12/1-2), लोगों ने सोने के कलश, तोरण, मणियों की झालरों, हल्दी-दूब- दही-अक्षत-मालाओं से अपने घर सजाए हैं, राजविवाह के अवसर पर बाज़ार विशेष रूप से ध्वजा, पताका, परदों तथा सुन्दर चँवरों से सजाया गया है। 'गीतावली' में अयोध्या नगर कलशों और दीपावली से सजा है (1/5), चौकें पूरनेवालों ने उनमें अपना-अपना नाम भी लिख दिया है (1/6), गणेश-गौरी-शिव की पूजा हुई है और गायों को दुहा गया है (1/6)। नगर में कोलाहल हो गया है, समस्त स्त्री-पुरुष आनन्दित हो गए हैं तथा सुहागिनी स्त्रियाँ सोलहों शृंगार करके झुंड-की-झुंड गाती फिर रही हैं। शहर में सजे हाथियों, श्यामकर्ण घोड़ों, 'खच्चर', पैदल और सज्जित रथों के समूह हैं, अत्यन्त बलवती सेना है तथा अनेक प्रकार के गहागह बाजे बज रहे हैं (जानकीमंगल, 182)। इसी भाँति वधू-पक्ष के नगरों की शोभा की कुछ विशेषताएँ हैं। 'पार्वतीमंगल' में हिमवान के नगर में कुशल कारीगर मंडप बनाते हैं (86), बाज़ार को पटोरों अर्थात् रेशमी वस्त्रों से छाकर बीच-बीच में फल से लदे वृक्ष भी रोपे गए हैं (87)। 'मानस' में जनकपुर में पहले तो धनुषयज्ञ के लिए बनी रंगभूमि, अतिविस्तृत पक्के आँगन तथा उसके चारों ओर साकने के बड़े-बड़े मंचों और मचानों का वर्णन मिलता है। इसके बाद विवाहमंडप-रचना का शान-शौकतवाला वर्णन है (1/287/1-4।, 1/288/1-3)। जनकपुर के माध्यम से हम नगर-रचना का अधिक पूरा चित्र पा जाते हैं। वहाँ अनेक वापियाँ (बावलियाँ), कुएँ, नदी और तालाब हैं, पुष्पवाटिका और वन हैं। तालाबों में सीढ़ियाँ हैं, और वन तथा बाग़ों में विपुल पक्षियों का बसेरा है। राजा का अपना 'भूप बाग़' या शाही बाग़ भी है जहाँ राजकुमारी सीता अपनी सहेलियों के साथ फूल चुनने आती है। भूप बाग़ में

नाना मनोहर वृक्ष लगे हैं, रंग-बिरंगी उत्तम लताओं के मंडप हैं, फलों से युक्त वृक्ष हैं तथा चारों ओर पपीहे, कोयल, तोते, चकोर आदि मीठी बोली बोल रहे हैं। सुबह मुर्ग़ा भी बाँग देता है (मानस, 1/221/1-4)। बाग़ में आमों का कुंज था। बाग़ के ही बीच में सरोवर था जिसके समीप गिरिजा का मन्दिर था जहाँ सीता अपनी सखियों के साथ पूजा करने आती हैं। सरोवर में विचित्र ढंग से सीढ़ियाँ बनी हैं। उसका जल निर्मल है, उसमें अनेक रंग के कमल खिल रहे हैं, जलपक्षी कूजन तथा भ्रमर गुँजन करते हैं। बाग़ों में घने कुंजों तथा लताभवनों में ही प्रेमलीला होती है। बाग़ों में कोयल आदि पक्षियों की बोलियाँ बटोहियों को रोकती-टोकती हैं। नगर में भी अन्य तालाब हैं जिनका सौन्दर्य भी वैसा ही है। तालाबों की सुन्दर सीढ़ियों और कुँओं का मधुर जल मनोहर होता है। नगर के बाहर भी वन, उपवन, बावलियों, कुंजों और तालाबों की शोभा मिलती है। अयोध्या में सरयू नदी के घाटों का जीवन भी मुग़ल-युग को चित्रोपम बनाता है। सरयू नदी में मनोहर घाट बँधे हैं, जिनके किनारे ज़रा भी कीचड़ नहीं है। एक ओर वह घाट है जहाँ मनोहर घोड़ों तथा हाथियों के ठट्ठ-के-ठट्ठ जल पिया करते हैं। पानी भरने के लिए बहुत से ज़नाने-घाट (पनिघट) हैं जो बहुत मनोहर हैं और जहाँ पर पुरुष स्नान नहीं कर सकते (मुग़ल-समाज)। सर्वसुन्दर राजघाट है जहाँ 'चारों' वर्णों के पुरुष स्नान करते हैं। सरयू नदी के किनारे-किनारे देवताओं के मन्दिर हैं जिनके चारों ओर सुन्दर उपवन हैं। कहीं-कहीं नदी-तीर पर उदासीन, ज्ञानरत मुनि और संन्यासी रहते हैं जिन्होंने तीर-तीर झुंड-के-झुंड तुलसी बिरवे लगा रखे हैं (मानस, 7/28/2-4)। तुलसी के नगर-वर्णनों में एक दुखद कमी यह है कि इनमें कारीगरों तथा उनके शिल्प-कर्मों के शोर नहीं मिलते, यद्यपि वाणिज्य फैला हुआ था तथा कमोडिटी-सम्बन्ध भी क़ायम थे।

मूर्ति-शिल्प तथा मन्दिरों के वास्तु पर तुलसी ने कुछ महत्त्वपूर्ण नहीं कहा। मूर्तियों के विषय में भी वे लगभग मौन हैं। अशोकवन में सीता ने जिस राममन्दिर की स्थापना की थी वह राम के आयुध चिह्नों (धनुष-बाण) से अंकित था और वहाँ नए-नए तुलसी वृक्ष लगे थे (मानस, 5/5)। प्रयाग के वेणीमाधव मन्दिर का नाम लिया गया है (मानस, 2/10/41-4) तथा वैष्णव काशी के बिन्दुमाधव तथा उनके दाईं ओर लक्ष्मी की मूर्ति का अष्टयामपरक शृंगार वर्णित हुआ है। बिन्दुमाधव-लक्ष्मी की युगल मूर्ति में बिन्दुमाधव की मूर्ति श्याम पत्थर की थी, उसके वक्ष पर मंजरियों की विशाल बनमाला खुदी थी तथा श्रीवत्स का चिह्न उट्टंकित था। मस्तक, कान, भाल, नासिका, चरण आदि के आभूषण गुप्तकालीन शिल्प-परम्परा से पूर्ण थे (विनयपत्रिका, 61) इस प्रसंग में यह ध्यान रखना चाहिए कि तुलसी की मृत्यु जहाँगीर के शासन काल में हुई थी और मूर्ति-भंजन का दूसरा दौर प्रधानतः औरंगजेब से शुरू हुआ था।

भवन के प्रसंग में ऐतिहासिक सन्दर्भों की अन्तिम चर्चा चित्रकला की रह जाती है। अकबर-जहाँगीर का काल चित्रकला का एक नवलतर रिनैसाँ था जिसने राजस्थानी और ईरानी क़लमों का मिलाप किया था। तुलसी में चित्रकला या चित्रात्मक शब्द-फलक, भीतिचित्र और फलकचित्रों के थोड़े संकेत हैं। संस्कृत के काव्य नाटकों में तो चित्रकला,

चित्रांकन, चित्रवीथियों के कई ललित दृष्टान्त भरे हैं। मुग़लकाल में भित्तिचित्रों (फ्रेस्कोज़) की शैली ख़त्म हो चुकी थी और उसका स्थान सूक्ष्म लघुचित्रों (मिनियेचर्स) ने ले लिया था। घरों की दीवारों पर चित्र-अवरेखन की लोक परम्परा चली आ रही थी जो आज भी काशी, जयपुर, पटना, अयोध्या आदि में दृष्टिगोचार होती है। तुलसी ने भित्तिचित्रों के प्रसंग रूपकों में दिए हैं। 'गीतावली' में एक सखी दूसरी से कहती है कि तू अपनी चित्तभीति पर सुप्रीति 'रंगों' से राम की शोभा को 'अवरेखित' कर ले (7/9)। 'मानस' में सीता परमप्रेम की कोमल 'स्याही' से चारु चित्त-भीति पर साँवले राम की छवि 'लिख' लेती हैं। (1234/2)। इन उदाहरणों से संकेत मिलता है कि चित्रों को काली रेखाओं से या कई रंगों से, हृदयानुरक्ति के साथ 'लिखा' जाता था। 'मानस' में सूक्ष्म लघुचित्रों के कई संकेत हैं। 'दीपशिखा जनु बरई' की तरह सीता एक फलक की ही आकृति हो गई हैं, यद्यपि यहाँ कालिदास की इन्दुमती के स्वयंवर की भी याद हो आती है। 'कवितावली' में वनवासी साँवले राम, गोरे लक्ष्मण और धोरी सीता को देखकर नर-नारी उन्हें चित्रसार के चितेरे (चित्र) समझ लेते हैं (2/4)। 'मानस' में घरों में चित्रशालाएँ होती हैं जिनमें रामचरित (प्रतिलिखित) बनाया होता था जो मुनियों तक के चित्त चुरा लेता था। एक स्थान पर सीता चित्रलिखित वानर को देखकर डर जाती हैं (2/59/2)। ये क्रमशः विद्ध-चित्र और रसचित्र के उदाहरण हैं। रसचित्र का एक अन्य उदाहरण है : जब हनुमान् वियोगिनी सीता को देखते हैं तब उनके चित्र से नयन, गढ़े से चरण व हाथ, तथा मढ़े हुए से कान थे। वे पुकारने पर भी नहीं सुनती थीं (गीतावली, 5/18)। तुलसी के युग में शहंशाह अकबर 'रामायण' का फ़ारसी अनुवाद तथा चित्रांकन करवा रहे थे। तुलसी ने भी रामकथा की एक ऐसी सूक्ष्म लघु चित्रावली की शब्द-रचना की है : पुष्पक-विमान से राम सीता-लक्ष्मणादि सहित वापस आ रहे हैं और सीता को पिछले स्थान दिखाते चल रहे हैं। मेघनाद-वध स्थल, अन्य राक्षस-वध स्थल, सेतुबन्ध स्थान, दंडकवन, चित्रकूट, यमुना, गंगा, त्रिवेणी आदि के चित्र झिलमिलाते हैं (मानस, 6/118, 6/119)। यहाँ 'उत्तररामचरितम्' की चित्रवीथी से भी प्रेरणा मिली है। इसी कोटि के एक और भावचित्र का शब्द-चित्रण है : "सुवेल पर्वत की एक शय्या पर आसीन राम सुग्रीव की गोद में अपना सिर रखे हैं; बाईं ओर धुनष तथा दाईं ओर तरकश रखा है, विभीषण कानों से लगकर सलाह कर रहे हैं, अंगद-हनुमान् चरण दाब रहे हैं तथा लक्ष्मण वीरासन से पीछे सुशोभित हैं।" तुलसी की टिप्पणी है कि इस ध्यान में रूपरसिक लौ लगाए रहते हैं (6/10/1-4)। चित्रकला के प्रभावों को लेकर तो कई रूपक हैं जो उस युग की चित्र-समृद्धि का प्रमाण हैं। पुष्पवाटिका में सीता पास जाकर राम की छवि देखती हैं और मानो 'चित्र में अवरेखित-सी' रह गईं (मानस, 1।263।2); भरत के साथ आए लोग 'चित्र-लिखे से' राम को देखते हैं (2/302/2); रावण की माया के वशीभूत वानर-भालू-लक्ष्मण कई राम-लक्ष्मणों को 'चित्र-लिखे-से' देख रहे हैं; इत्यादि। इस भाँति चित्र का सबसे गहरा प्रभाव मायावरण (इल्यूज़न), संज्ञाशून्यता तथा चमत्कृति ही थी। चित्र रसिकता तथा सुख प्रदान करते थे। चित्रों का यथावत् होना मायावरण

उत्पन्न करता है। मायवरण की भावना को तुलसी ने बिना रंगों वाले संसार-रूपी चित्र तथा निराकार केशव-रूपी चित्रकार पर ढाल दिया है जो शून्य दीवार पर चित्र रचता है। ऐसा चित्र सुखद नहीं, भयानक है; तथा संकल्प-शून्य भी (विनयपत्रिका, 111)। सांराश यह है कि चित्र समाधि तथा मायावरण, दोनों दशाओं के उत्तम उपमान हो गए हैं।

मध्यकालीनीकरण की चौथी विशेषता के सारांश के रूप में हम यही कहेंगे कि इसमें केवल मुग़ल-युग ही नहीं, पूर्ववर्ती राजपूत भूपालों का युग भी पूरक हुआ है। इसमें वास्तविक अतीत का वातावरण तथा ऐतिहासिक सन्दर्भ, दोनों शामिल हैं। इस विशेषता में काव्य-परम्पराओं तथा रूढ़ियों का भी समाहार हुआ है। एक आश्चर्य–और रेखांकन-योग्य खोज–तो यह है कि तुलसी ने ग्राम्य निवेश, गाँवों के घरों, खेड़ों ('मानसार' के अनुसार 'शूद्रालयसमन्वितम्') का अंकन नहीं किया, जबकि उन्होंने शताब्दियों से चली आती हुई रामकथा का 'ग्राम्यीकरण' (रूरेलाइजेशन) कर डाला है। इसके कई कारण हैं। पहला, वे परम्परागत कथावस्तु में अपनी तरफ़ से कुछ नहीं जोड़ते; दूसरा, उनके राम नगर के बाद सीधे वनों के वासी हो जाते हैं; तथा; तीसरा, उन्होंने कुटियों-आश्रमों का तो वर्णन किया ही है। इसकी क्षतिपूर्ति उन्होंने की है अयोध्या के बाद ग्राम्य-वधुओं, आदिवासी जातियों, पशुओं-पक्षियों में त्रिकोणमय रामव्यूह को खींच कर।

यहाँ तक हमने रामवृत्त के उन दो रूपान्तरों–मिथकीयकरण या पौराणिकीकरण (मिथिकलाइजेशन) तथा मध्यकालीनीकरण (मेडीवियलाइज़ेशन) की मीमांसा की है जिन्हें तुलसी ने अपने विशिष्ट ढंग से प्रवर्तित किया है, और मिथकीय तथा ऐतिहासिक काल में सभी आयामों का भी दिग्दर्शन किया है। अब, अन्त में, हम तुलसी के रामवृत्त के तीसरे सर्वाधिक विशिष्ट रूपान्तर–**'ग्राम्यीकरण' (रूरेलाइज़ेशन)** की मीमांसा करेंगे जो ऐतिहासिक समय के लोकमुखी प्रजातान्त्रिक आयामों को खोलता है।

ग्रामीण समाजशास्त्र (रूरल सोश्यॉलॉजी) की दृष्टि से पहले कुछ बातों का खुलासा होना चाहिए। मध्यकालीन गठन में तुलसी ने 'ग्रामीण' का दायरा केवल परिभाषेय ग्राम ही नहीं लिया है, बल्कि उसके अन्तर्गत क़बीले (ट्राइब्ज़), लोकजन (फ़ोक) तथा प्राकृतजन या ग्रामजन (विलेजर्स) को भी शामिल किया है जबकि समाजशास्त्र की दृष्टि से ये तीन विभिन्न किन्तु अपृथक श्रेणियाँ हैं। इसलिए उन्होंने ग्राम का दायरा ग्राम के बाहर के अंचल, वन, वन-संस्कृति और वन-जातियों तक प्रसारित कर दिया है। इसके कारण हैं। पहला, तुलसी के राम वनवास-काल में नगर में न रहने का प्रण करते हैं (इसीलिए वे निषादराज के शृंगवेरपुर तथा सुग्रीव के किष्किन्धा नगर में नहीं जाते); और दूसरा, तुलसी भी वैष्णव नगरों या नगरों की वैष्णव ज़िन्दगी के अलावा रजवाड़ों की ज़िन्दगी में नहीं जाने का संकल्प करते हैं। इस दृष्टि से हम क़बीले, लोकजन तथा प्राकृतजन की बाबत थोड़ी चर्चा करेंगे, **क़बीला** ऐसे कई वंश–गोत्रों (सिब्स) तथा गाँवों का एक सामाजिक समूह या उपसमूह होता है, जिनकी एक बोली या उपबोलियाँ, एक

एकरूप तथा विभेदक संस्कृति, एक ऐक्यपूर्ण राजनीतिक गठन या कम-से-कम 'बाहरी लोगों' के विरुद्ध एक आम संघटन हुआ करता है। बहुधा इन क़बीलों का 'सिब' या गोत्र नाम किसी वृक्ष, पशुपक्षी (गरुड़, काग, वानर, रीछ, गिलहरी आदि) से गृहीत होता है जिन्हें 'टोटेम' कहते हैं। इस टोटेम के प्रति क़बीले विशिष्ट सम्बन्ध और वृत्ति का प्रदर्शन करते हैं। 'रामायण' में बालि-सुग्रीव-अंगद-नल-नील का एक क़बीला (वानर टोटेमवाला), जाम्बवान का एक क़बीला (रीछ टोटेमेवाला), जटायु और सम्पाती का एक कबीला (पक्षी टोटेमवाला) प्रधान हैं। क़बीले में एक नेता, एक पूर्वज तथा एक संरक्षक देव भी हुआ करता है। रामकथा में 'मानस' में आकर तो राम इसके संरक्षक देव ही नहीं, एक सांस्कृतिक नेता भी हो गए हैं। यहाँ राम इन क़बीलों को मैत्री-सन्धि अथवा युद्ध आदि के द्वारा आर्य-संस्कृति में भी समाहित कर लेते हैं। रामकथा में पहले ये पशु-पक्षी कथाओं के चरण (फ़ेबल-फ़ेज़) का भी समावेश कर चुके हैं। 'मानस' में इनके द्वारा कथा-चरण की चेतना का भी आभास उत्पन्न किया गया है। 'मानस' में इस चेतना को सर्वचेतनावाद (पैंथीज़्म) में भी प्रसारित किया गया है; क्योंकि समुद्र, पर्वत, नदियाँ, जलचर आदि परमात्मा राम की स्तुति करते हैं। रामकथा में इसका तीसरा विकास भी हुआ है : वेश बदलने में। मारीचि, जयन्त, हनुमान् आदि पशु-पक्षियों, मानवों आदि के वेश धारण करते हैं। यहाँ ऐन्द्रजालिक चेतना (मैजिकल कॉन्शसनेस) का भी योग है।

लोकजन (फ़ोक) परवर्ती क़बीलाई सामाजिक संगठनवाले समुदाय (कॅम्युनिटी) होते हैं। इनकी संस्कृति विशिष्ट होकर भी क़बीलाई संस्कृति के असदृश, समय के अनुसार परिवर्तमान भी होती है क्योंकि ये ग्राम्य संस्कृति से जुड़ते चले जाते हैं। लोकजन (फ़ोक) कई विशेषताओंवाले होते हैं। वे संस्कृति के वाहक, जाति (रेस) के विकल्प (सब्स्टीट्यूट), आदिम के बजाय सार्वजनीन, राज्य के विपरीत स्वायत्तशील, तथा सभ्यता के विपरीत प्रकृत संस्कृतिवाले हुआ करते हैं। वे राज्य और शहरी समाज के स्थान पर लोक और प्रकृत समाज की धुरी में होते हैं। ग्राम्य संस्कृति में लीन होने पर लोकजन का आशय बदलकर 'सामाजिक सोपान के निचले वर्ग' या 'साधारण जन' हो जाता है। 'मानस' के निषाद, शबरी, भील, किरात, कोल आदि लोकजन का दरजा पा सकते हैं। 'मानस' में इनके माध्यम से, और इन पर आरोपित करते हुए, ग्राम्य संस्कृति का उपाख्यान हुआ है।

ग्राम्यजन (विलेजर्स) ग्राम इकाई, कृषि-व्यवसाय तथा सामूहिक जीवन के त्रिकोण में अवरेखित होते हैं। ग्रामीण समुदायों में आमने-सामने के रिश्ते होते हैं। इनके परिषदों में व्यक्तिगत या पृथक् हितों की सम्भावना नहीं होती क्योंकि विभिन्न पेशे और संगठन अन्योन्याश्रित होते हैं। आश्रय का आधार कृषि होती है। कृषि अर्थतन्त्र में ग्राम्य जनों की बहुसंख्या उन बहुसंख्यक सुविधाओं-सेवाओं का इस्तेमाल करती है जो उनके सामूहिक जीवन के लिए आवश्यक हैं। ग्राम्यजनों के घर एक छोटे-से क्षेत्रफल में होते हैं। इनमें स्थानीयता और आंचलिकता होती है। इनके आर्थिक, सामाजिक, सांस्कृतिक संगठन तथा संस्थाएँ उन किसानी करनेवाले परिवारों पर आश्रित होती हैं जो चारों ओर

की भूमि का इस्तेमाल करते हैं। ग्रामीण अर्थतन्त्र की पंचायत, वर्णव्यवस्था, संस्कृति, नैतिकता, पेशे आदि किसानी तथा वस्तुओं (पैसा नहीं) के विनिमय पर टिके हैं। समाजशास्त्री ग्रामों के तीन भेद करते हैं : निष्क्रमण करनेवाले गाँव जो कुछ माहों तक टिकते हैं, अर्ध-स्थायी गाँव जो कुछ वर्षों तक टिकते हैं, तथा स्थायी गाँव। 'मानस' में सारा नैतिक तथा सांस्कृतिक सु-परिगठन (सुपरस्ट्रक्चर), सम्मिलित कुटुम्ब, पंचायत, कृषि और वर्ण-व्यवस्था के 'है-पन' तथा 'चाहिए-पन' से परिपूर्ण है। 'मानस' के मुनि, भक्त, गृहस्थ, परिवार के सदस्य, संन्यासी, ब्राह्मण, क्षत्रिय, वैश्य, शूद्र आदि ग्राम्य नरनारी, ग्राम्यवधुएँ, ग्राम्यवनिताएँ, सेवक मिलकर साधारण जन या प्राकृत जन या ग्राम्यजन की रचना करते हैं। इसी वजह से तुलसी के राम पहले राजा दशरथ के मानव पुत्र होते हैं, फिर साधारण या प्राकृत जन होकर नरलीला करते हैं। इसी वजह से अयोध्या कांड के उत्तरार्ध से लंकाकांड का राम-पर्यटन ग्रामीण जन-जीवन तथा संस्कृति में घिरा होता है। लंका-कांड से पुनः रावण की राजसभा और लंका का शहरी परिवेश शुरू हो जाता है। किन्तु तुलसी ने रावण-सभा तथा रावण के दुर्ग को छोड़कर मानो सारी लंका को एक कौतुकपूर्ण महाग्राम बना दिया है। बालकांड में भी अयोध्या तथा जनकपुर, रामजन्म तथा स्वयंवर-विवाह के प्रसंगों को छोड़कर सर्वत्र एक ग्रामीण समाज का ही आदर्शीकरण लगता है। स्वयं तुलसी ने संस्कृत-काव्यों में राजवंशों तथा राजसंस्कृति को पढ़ने तथा लोकमुख से सुनने के अलावा राजवंश और दरबारी संस्कृति का कौन-सा अनुभव किया था ? इस तरह तुलसी ने 'मानस' में ग्राम्यीकरण की तीन सामाजिक दिशाएँ दीं : (क) सभी राजवंशी वृत्तों को कृषक-वृत्तों की संस्कृति में ढालने की कोशिश; (ख) कृषक-जीवन का क़बीलाई जीवन तथा प्रकृति की ओर प्रयाण; और (ग) अपने अनुभवों के चुम्बकीय क्षेत्र का ही अंकन।

इस पृष्ठभूमि के बाद हम 'ग्राम्यीकरण' की समाजशास्त्रीय परिभाषा देते हुए बताएँगे कि मध्यकालीन संस्कृति और तुलसी के अध्ययन के लिए इसमें कौन-सी तब्दीलियाँ होनी चाहिए। हम यह भी स्पष्ट करेंगे कि तुलसी-कृत ग्राम्यीकरण की कौन-कौन सी विशेषताएँ रही हैं और उनके क्या कारण हैं।

"ग्राम्यीकरण समस्याओं का एक सामाजिक निदान है जिसके द्वारा ग्रामीण मनोवृत्तियाँ तथा आचरणादि (ऐटीट्यूड्स ऐंड प्रैक्टिसेज़) को शहरी व्यवहारों तक खींच लिया जाता है" (तथा शहरी व्यवहारों का भी ग्रामीण मनोवृत्तियों और आचरणों में रूपायन कर किया जाता है)। तुलसी ने अयोध्या-जनकपुर राजमहल-राजसभा से क्रमशः ग्राम्यजनों, लोकजनों और क़बीलों की समाज-संस्कृति, राज्य तथा भूमि में राम-लक्ष्मण-सीता की त्रयी की यात्राएँ कराई हैं, उनके समाज, संस्कृति, राज्य तथा भूमि में आर्य संस्कृति का प्रसार कराया है, राम को उनका संरक्षक, देवता तथा नेता बनाया है तथा ग्रामीण परिवार तथा चतुर्वर्ण की नैतिकता और पारस्परिक सम्बन्धों को लागू करते हुए उनमें से ही अपने सखा (सुग्रीव), भक्त (जटायु, केवट, शबरी), सेवक (हनुमान, अंगद), मन्त्री (जाम्बवान), शरणागत राजा (विभीषण) के सम्बन्धों का सूत्रपात किया है। अतः यह

क़बीलों तथा लोकों की संस्कृति का एक क्रान्तिकारी रूपान्तरण हो गया है। तुलसी क़बीले, लोक तथा ग्राम्यजन में भेद नहीं कर पाए हैं। उन्होंने वन, शैल, ग्रामादि सभी को ग्रामीणता की आंचलिकता प्रदान कर दी है। इस तरह तुलसी ने रामवृत्त में (सीताहरण के बाद तो और भी) अकेले राम-लक्ष्मण को वीरगाथा-काल के वातावरण से आज़ाद करके ग्रामीण वातावरण में संचरणशील कर दिया है। उनके पूर्व वाल्मीकि, आनन्द, अध्यात्म, भुशुंडि, कृत्तिवास आदि रामायणों में राम के वनवासी-चरण का वन्यीकरण या आध्यात्मिकीकरण हुआ था, ग्राम्यीकरण नहीं। उनकी यह उपलब्धि, अपनी अच्छाइयों-बुराइयों के साथ, लाल रेखा से अंकित की जानी चाहिए। कला की दुनिया में तो ग्राम्यीकरण का कमल ख़ूब लहलहा उठा है। वे काव्य-परिपाटियों की परम्परा के तो भावगंगाधर बने हैं ही, उन परम्पराओं का भी उन्होंने ग्राम्यीकरण कर दिया है। रूढ़ियों की दिशा बदलकर सौन्दर्यबोधशास्त्र (एस्थेटिक्स) का यह रूपान्तर लोकमुखी कवियों की सबसे बड़ी क्रान्ति है जो लोक-भाषा तथा लोकाश्रय के कारण मुमकिन हो सकी (इसका विवेचन यथास्थान होगा)। यदि कालिदास ने प्रकृति और कान्त रमणियों से अपनी उपमाएँ सजाई हैं, तो तुलसी के लिए वे कविकल्पना के बजाय लोकानुभव ही उत्प्रेक्षा, उपमानादि बन गई हैं। यही नहीं, तुलसी ने सम्पूर्ण कालबोध को संस्कृत की 'कुलीनता', नागरिकता (शहरीपन), विलासिता (कामकला) की परिपाटी तथा राजसभा की नफ़ासतों से निकालकर ग्राम्य अनुभवों, ग्राम्य-सभाओं, ग्राम्य-इकाइयों के सामूहिक तथा लौकिक आचरण में ढाल दिया है। इसके साथ कमज़ोरियाँ भी आईं : (1) कबीर की तरह तत्काल के विद्रोही आलोचक के बजाय सौम्य और रोऊ योगी होने के कारण तुलसी ने लोक के अन्धविश्वासों, प्रपंचों तक का उदात्तीकरण किया है। वे खंडन करने की विद्रोही जागरूकता ही नहीं रखते हैं, (2) 'मानस' का लक्ष्य काव्यानन्द न होकर ब्रह्मानन्द, तथा प्रयोजन कान्ता-सम्मित उपदेश न होकर संन्यासीसम्मित विरतिमूलक (पलायनवादी) उपदेश हो गया, और (3) रामकथा-आस्वादक जगत् तथा जीवन में लिपटा एक साधारण नर न होकर रामगुणगानकर्ता भक्त हो गया। अतः सौन्दर्यबोधशास्त्र का परम्परागत नैतिक दृष्टिकोण ही आदेशक हो गया।

तुलसी के विशिष्ट ग्राम्यीकरण के कारणों का विश्लेषण करने पर कुछ अन्य बातें मिलती हैं। महान् साहित्यिक प्रतिभाओं को एक छोटा रसिकमंडल मिलता है। यदि तुलसीवाला विशाल श्रोतामंडल मिल जाए (और वह भी मध्यकालीन समाज का) तब कुछ समाजशास्त्रीय समस्याएँ उभरती हैं। कवि को जनचित्त को साथ लेकर चलना पड़ता है, तत्कालीन वर्तमान समाज के सभी सम्बन्धों को पुनर्मर्यादा देनी पड़ती है, जनहित को आघात पहुँचाने के बजाय उसे उदात्तीकृत करना होता है, समाज के सभी वर्गों तथा समूहों के झूठेपन को दिखाकर तत्कालीन निराशा को दिव्य धरातल पर उठाना पड़ता है अर्थात् उसे उन वर्गों का व्याख्याता भी बनना पड़ता है, जो कवि की निरीक्षण-धुरी के बाहर हैं (जैसे : राजा, रजवाड़े, राजसभाएँ, सामन्त)। उन्हें भी अपने अनुभव-क्षेत्र के अनुसार चरित्रांकित संशोधित करना पड़ता है, और स्वयं भी उन आदर्शों

का पालनकर्ता होकर विरत निरीक्षक बनना पड़ता है। सामन्तीय समाज में मनुष्य हमेशा समूह की नैतिकता तथा गठन में ही उड़-मुड़कर लौटता है। वह आत्मकेन्द्रित नहीं रह पाता। इस वजह से तुलसी को (अन्य भक्त कवियों की तरह) एक नए, एक विलक्षण, और एक अद्वितीय अनुभव का एहसास हुआ जिसका नाम देने की, जिसका विवरण देने की, उनमें एक व्याकुलता भर गई। उन्होंने नाम दिया परब्रह्म सगुण राम का, तथा विवरण दिया राम-चरणों की भक्ति का। इस नई संज्ञा और क्रिया ने ही तत्कालीन मनस्तात्त्विक (साइकिल), सामाजिक तथा सांस्कृतिक शक्तियों का विज्ञापन किया। कुल मिलाकर, मानवीय रंगमंच से विश्राम देने के लिए दैवी रंगमंच तथा प्राकृतिक जगत् झिलमिला उठा। दोनों रंगमंचों की तुलना के द्वारा तुलसी ने निम्नवर्गों तथा समूहों के अधिकार और कर्तव्यों, प्रेम तथा शत्रुओं के हेतुओं, और धर्म तथा साहित्य के लक्ष्यों को अपनी सर्जनात्मकता के अनुसार प्रस्तुत किया। अतः तुलसी के ग्राम्यीकरण के अनुभव-क्षेत्रों को तीन शीर्षकों में रखा जा सकता है : 'वर्ग' (बेखेतिहर ग्रामीण पुरुष), 'वर्ण' (उप-सामाजिक समूह : ब्राह्मण तथा संन्यासी), और 'आश्रयदाता' (स्वयं अवतारी भगवान्)। तुलसी में अपनी वर्ण-चेतना तथा वर्ग-चेतना के बीच ज़बरदस्त अन्तर्विरोध रहे हैं। कभी इनका समन्वय हुआ है; कभी विरोध प्रबल हो गए हैं। जब-जब उन्होंने अपनी दुखद, कष्टपूर्ण और दरिद्र ज़िन्दगी की ('विनयपत्रिका', 'हनुमानबाहुक', 'कवितावली' में मुख्य रूप से) कहानी कही है तब-तब वे वर्गीय चेतना को प्रकाशित करते हैं; और जब-जब वे कलियुग तथा रामराज्य के लोकों के निरीक्षक बनते हैं तब-तब अपनी ब्राह्मणवादी और संन्यासपरक वर्ण-चेतना की पुनरुत्थानवादी रूढ़ियों की गुहार लगाते हैं। इसलिए वर्ण-चेतना और वर्ग-चेतना के अन्तर्विरोधों में स्वयं कवि ही नहीं, पूरा सामन्तयुग विभक्त है। तुलसी की कमी यह रही कि उन्होंने अपनी वर्ग-चेतना को समाज-आलोचना में बहुत कम रूपान्तरित किया, जबकि कबीर आदि निर्गुण सन्तों ने वर्ग-चेतना की ज़मीन पर तत्कालीन समाज की क्रान्तिकारी आलोचना की और वर्ण-चेतना (शूद्र वर्ग की) को भी वर्ग-चेतना की परम्पराभंजक बदमस्ती प्रदान की। तुलसी ने विद्रोही क्रान्ति नहीं, नैतिक संक्रान्ति करके समाज की आदर्शवादी रचना की है। अनुभव-क्षेत्र के आश्रयदाता घटकों ने तुलसी में भी क्रान्तिदर्शी दिशाएँ दीं। इसी बिन्दु पर वे वीरागाथा-काल तथा रामकथा-युग से पृथक हो जाते हैं। तुलसी ने स्वयं कहा है कि राजाओं से याचना कौन करे और क्यों कोई देश-देश के नरेशों से याचना करता फिरे (कवितावली, 25, 163)। उनके आश्रयदाता रजवाड़े नहीं रहे; उनकी वफ़ादारी प्राकृत नरपतियों के प्रति नहीं रही। वे दरबारों में नहीं घिघियाए और न ही उन्होंने दरबारी प्रेम के कवित्त-सवैए-दोहे लिखे। उन्होंने अपना आश्रयदाता साधारण जन-समुदाय माना, उनकी वफ़ादारी परब्रह्म राजाराम के प्रति रही, वे श्रद्धा और विश्वास के साथ राम-नाम, गुण-कथादि कीर्तन करते रहे। उन्होंने विद्रोह किया है कवियों की चारण-भाट-बन्दी-परम्परा से; उन्होंने क्रान्ति की है अन्तःपुरों के प्रेम-शौर्य की व्यक्तिवादी प्रशस्तियों के स्थान पर राम के शील-संस्थान तथा लोकमंगलपूर्ण समाज का

आदर्श देकर। उन्होंने घोषणा की कि ऐसे विलासी और व्यक्तिगत दर्पवाले राजाओं का गुणगान करने पर तो वाग्देवी सिर धुनकर पछताती है–"कीन्हें प्राकृत जन गुन गाना। सिर धुनि गिरा लागि पछताना।" तत्कालीन वीरगाथा तथा रामकथा की धुरी की तुलना करने पर हम तुलसी के नव्य ग्राम्यीकरण की क्रान्ति का अन्दाज़ा लगा सकते हैं। वीरगाथा-परम्परा में वीरनायक (खुमान, पृथ्वीराज, विजयपाल, बीसलदेव आदि) किसी नायिका के रूप-लावण्य पर मुग्ध होता है और व्यक्तिगत विजय पाता है। यदि कोई ऐतिहासिक कामिनी नहीं हुई तो कल्पित कामिनी (पृथ्वीराज रासो में यवन कामिनी ऐसी ही है) की अवतारणा कर ली जाती है। 'रामचरितमानस' में शीलनायक किसी महत् लक्ष्य के लिए उत्सर्ग करता है और लोकमंगल की साधना करता है। वीरगाथा में शत्रुकन्या-हरण, पराक्रम एवं दर्प होता है; 'मानस' में नारी-हरण पर दंड (बालि, रावण), अलौकिक कार्य एवं सौम्यता है। वीरगाथा में शौर्य-प्रदर्शन ही लक्ष्य होता है; 'मानस' में शील-स्थापन है। वीरगाथा में जात्यभिमान और शौर्योन्मेष होता है; 'मानस' में संस्कृति-अभिमान और शीलोन्मेष है। वीरगाथा में समर-वर्णन, सैन्य-प्रस्थान और प्रशस्तियों की भरमार होती है; 'मानस' में लीला-वर्णन, राम के पर्यटन और स्तुतियों की प्रधानता है। वीरगाथा में बहुधा व्यक्तिचरित्र समाज से ऊपर और ऊँचे होते हैं; 'मानस' में वह समाज चरित्र की मर्यादा हो गया है। वीरगाथा में सन्तरणशील (फ़्लोटिंग) परम्पराएँ तथा लोकभाषाएँ (डिंगल) होती हैं; 'मानस' में निर्धारित परम्परा-स्थैर्य तथा लोक-भाषा है। वीरगाथा सेना, राजसभा और अन्तःपुर के समाज के लिए होती है; 'मानस' श्रद्धाभीरु किसानों, साधारण गृहस्थों तथा भक्त-समाज के लिए है। वीरगाथा परम्परा में कविगण राजा के दरबारी, भाट, बन्दी, चारण आदि होते हैं; भक्ति-साहित्य परम्परा (और 'मानस' में) कवि राजसी दुनिया से अलग और संसार से विरत भक्त होता है। वीरगाथा में ऐतिहासिक आभास छाया रहता है; भक्ति-परम्परा में पौराणिक विश्वास नियन्त्रण रखता है। अन्त में, वीरगाथा-परम्परा में ऐसे विलासी तथा दर्पोन्मत्त भूपतियों का विरुद होता है जबकि 'रामचरितमानस' में ऐसे 'परब्रह्म' लोकनायक राम का ऐसे निर्मल-चित्त भक्तकवि द्वारा कथागान है। सारांश यह, कि तुलसी ने मध्यकाल के अपने पूर्ववर्ती शौर्यवृत्त की परम्परा को छिन्न-भिन्न करके समवर्ती शीलवृत्त को प्रधानता दी, और 'सम्पूर्ण' कथानक की चेतना का ग्राम्यीकरण कर डाला। व्यापक रूप से (1) राम की पन्थ-यात्राओं, (2) वनवास, (3) पात्रों के आचार-व्यवहार, (4) उपमानों एवं रूपकों के संचय, (5) दृष्टान्तों के प्रकाशन, (6) अन्योक्तियों के उद्घाटन आदि में ग्राम्यीकरण की प्रक्रिया 'मानस' को महाग्राम का वातावरण दे देती है (बालकांड, आधे अयोध्याकांड, लंकाकांड में यह प्रक्रिया कुलीन परिवेश में घटती है)।

हम कुछ उदाहरण देकर इसे स्पष्ट करेंगे। पहले क़बीलाई (ट्राइबल) समाज और उसके सांस्कृतिक रूपाकार (कल्चरल पैटर्न) को लें। आध्यात्मिकता की दृष्टि से वानर देवताओं के, जामवन्त ब्रह्मा के, रावण-खर-दूषण-कुम्भकरण आदि पूर्वजन्म के सम्राटों आदि के अवतार माने गए हैं; पशुकथा (फेबल) के चरण की दृष्टि से वे कथानक के

मानव समाज के उस दौर में भी गढ़े जाने का प्रमाण हैं; किन्तु सामाजिक दृष्टि से (जिसमें संस्कृति और समाज दोनों शामिल हैं) वहाँ आदिम व पहाड़ी, क़बीलों की दुनिया है जिनके अपने पूज्य टोटेम हैं। नृवंशशास्त्रीय दृष्टि से कान्तारों-गुफ़ाओं में रहनेवाले नर और वानरों के क़बीले एक विकासवादी वैज्ञानिक तथ्य के भी सूचक हैं। यही नहीं, आदिम मनुष्य के कुछ जादुई विश्वास भी ('मानस' में) राम तक में घटा दिए गए हैं : जैसे राम रावण के हृदय में इसलिए बाण नहीं मारते कि उसमें जानकी बसती हैं (मानस, 6/98/7)। इन क़बीलाई समाजों की भौतिक उन्नति की दशा भी पिछड़ी हुई थी। इसलिए ये पाषाण-युग के शिला, पहाड़ वृक्ष, परशु, लकड़ी के मुगदर आदि हथियारों का प्रयोग करते हैं तथा विशेष रूप से मल्लयुद्ध, मुष्टियृद्ध ही करते हैं। तुलसी ने इन युद्धों को भी ग्रामीण अखाड़ों जैसा बना दिया है। इनमें 'किरातार्जुनीयम्' जैसा उदात्त सौन्दर्य नहीं है। इन क़बीलों की नैतिकता बड़ी सुदृढ़ और विशिष्ट है जिसमें प्रतिशोध तथा वफ़ादारी सर्वोच्च है। स्त्री शूर्पणखा को कुरूप बनाने का बदला लेने आए हुए खर-दूषण का कथन है : राम भी अपनी स्त्री को मेरे हवाले कर दें (मानस, 3/18/3)। जब राक्षस-सेना पीठ दिखाकर भागती है तब खर-दूषण घोषणा करते हैं कि जो रण से भागकर जाएगा उसका वध हम अपने हाथों से कर देंगे (मानस, 3/19/2-3)। इसी भाँति लंका-युद्ध में भागते हुए वानरों को सुग्रीव भी चेतवनी देते हैं और सीता की खोज करनेवाले वानरों को सूचना भिजवाते हैं कि जो एक पखवाड़े में नहीं आ जाएगा उसका मेरे हाथों वध होगा (मानस, 4/18/3)। क़बीलों में किसी बाहरी पुरुष के घुस आने पर बड़ा प्रतिबन्ध होता है। उनके क्षेत्रों में आती हुई राम-त्रयी को देखने और परखने के लिए सुग्रीव हनुमान् को एक सभ्य समाज के मनुष्य (ब्राह्मण) का वेश बदलवाकर भेजते हैं। शूर्पणखा रावण से कहती है कि राम धरती को निशाचरों से विहीन कर देंगे। राम इन क़बीलों को आर्य संस्कृति के अनुबन्ध में बाँधते हैं। प्रतिशोध की भावना से उग्र खर-दूषण को राम उत्तर देते हैं कि हम मनुष्य (सभ्य समाज के) हैं, तुम सरीखे दुष्ट पशुओं को ढूँढ़ते फिरते हैं; हम क्षत्रिय हैं और वन में मृगया करते हैं; हम मुनियों के पालक तथा दनुजकुल-घातक हैं। बालि के वध के समय में भी राम उसे उत्तर देते हैं कि तुमने छोटे भाई की स्त्री को बुरी नज़र से देखा है, तुममें अत्यन्त अभिमान है, तुमने मेरे आश्रित सुग्रीव को मारना चाहा तथा तुमने अपनी पत्नी की सीख पर भी कान नहीं दिया। इस तरह राम क़बीलाई समाज पर आर्य संस्कृति के पैटर्न को लागू करते हैं। बालि की क़बीलाई नैतिकता की दृष्टि से सही सवालों को राम टाल जाते हैं। बालि पूछता है कि 'धर्महेतु अवतारी' राम ने मुझे व्याध की तरह छिपकर क्यों मारा ? मुझमें और सुग्रीव में विभेद क्यों किया ? राम पराई स्त्री, पराया धन, पराई निन्दा को अपराध मानते हैं जबकि क़बीलाई संस्कृति अधिक स्वतन्त्र और कुंठामुक्त है। शूर्पणखा का सहज प्रकृत वासना-प्रकाशन इसका ही दृष्टान्त है।

लोक (फ़ोक) संस्कृति के चित्र भील, कोल और किरात जातियों में सजाए गए हैं। इनका समाज क़बीलाई समाज के आगे किन्तु ग्राम्य-समाज के पीछे है। इनकी व्यापार

वस्तुएँ शहद, कन्द, मूल, फल, अंकुर आदि की जूड़ियाँ (पटसन) हैं (मानस, 2/249/1)। इनकी सम्पत्ति केवल ईंधन और पत्ते हैं। न तो इनकी कमर में कपड़ा और न ही पेट में भोजन होता है। ग़रीबी ने इन्हें नीची जाति का, मूर्ख और हृदयहीन बना दिया है (मानस, 2/250/1-4)। किन्तु ये बड़े बहादुर हैं। बीहड़ वन, पहाड़, गुफ़ाओं और दर्रों के चप्पे-चप्पे से परिचित, तथा हाथियों, सिंहों, साँपों और बाघों के शिकारी हैं (मानस, 2/135/3)। इनकी लड़कियाँ भोली किन्तु चट्टान की तरह कठोर हैं जिन्हें कभी भौतिक सुख भोगने का मौक़ा ही नहीं मिलता। इस तरह के पिछड़े अर्थतन्त्र का चित्र मिलता है।

ग्राम्य समाज की कई दिशाओं का उद्घाटन हुआ है। गाँवों का प्रसार वन तक माना गया है जहाँ तापस और तापस-पत्नियाँ त्यागपूर्ण जीवन बिताते हैं। ग्रामीण कुतूहल, कौतुक तथा अनुराग के प्रतीक रूप में केवट, निषादों का शृंगवेरपुर, नदियातीर के गाँवों के नर-नारी तथा ग्रामवधुएँ हैं। इधर अलबेले केवट को राम की पगधूलि के प्रभाव का मधुर भय समाया है (कवितावली, 6, 7, मानस 2/99); और उधर राम-सीता-लक्ष्मण रास्ते में बसे गाँवों तथा पुरों को अपने चरणों से परम सुहावन करते चलते हैं। जब वे किसी गाँव के नज़दीक आते हैं तब उनका आना सुनकर बाल, वृद्ध, नर, नारी सब अपने घर का कामकाज बिसारकर तुरन्त उन्हें देखने चल देते हैं (मानस, 2/113/1) तथा नाना भाँति से तीनों की सेवा करते हैं (वही, 2/114/1)। रामयात्रा पर गाँव-गाँव में आनन्द होता है। घुँघटा काढ़े ग्राम्य युवतियों की चहार-दीवारी की जेल टूट जाती है। वे तीनों की मनोहरता, मोहकता तथा सुन्दरता की चर्चाएँ चलाती हैं। (कवितावली, 2/14-25) और सीता से पूछती हैं : "कहौ साँवरे से सखि रावरे को हैं ?" वे सीता के अति समीप जाती हैं; बार-बार पाँव पड़ती हुई स्नेह-संकोचवश पूछती हैं : "कोटि मनोज लजावन हारे, सुमुखि कहहु को आहिं तुम्हारे ?" और सीता भी कोरमकोर पुर से निकलनेवाली एक ग्रामीण वधू बन जाती हैं। रूपशोभा के उत्सव में मुग्ध ग्रामवनिताओं के नलिन-नयन विकसित हो जाते है (गीतावली, 2/16)। उनके जाने पर रघुनाथ-बटोही की पन्थ-कथाएँ चलती रहती हैं (गीतावली, 2/89)। सारी रामकथा में केवल ये ही राम-त्रयी के पूर्णतः देवी या अवताररूप को नहीं जानतीं। इनमें कान्तासक्ति और सहज मधुरता है। ग्राम्य कौतुक का दूसरा जीवंत चित्र 'मानस' तथा 'पार्वतीमंगल' में शिव-बारात का है। 'बावरे' तथा 'भूतनाथ' शिव के चारों ओर ही सारा ग्रामीण हास-परिहास केन्द्रित है। शिव-बारात के नगर के निकट आने पर हाथी-घोड़े भागे, घबड़ाकर बच्चे भटक गए व घर की ओर भागे; तथा शिव-बारात की चर्चा गाँवों में फैल गई : "जस दूलह तस बनी बराता।" (पार्वतीमंगल, 104-108)। ग्राम्य कौतुक का तीसरा चित्र है हनुमान् की पूँछ में कपड़े बाँधने के मौक़े का। बच्चे किलकारी मारकर ताली बजा-बजाकर गाली देते हुए पीछे लगे हैं : (कवितावली, 3) फिर आग का त्रासद आतंक है। मानो लंका नहीं, कोई गाँव जल रहा है (कवितावली, 5/11,13,16)। तुलसी ने शिव को पूरी तरह से एक ग्राम्यदेवता में रूपान्तरित कर डाला है। चरित्र की दृष्टि से राम एक ग्रामीण भी हो गए हैं। ग्रामीण की तरह ही उनकी पर्णकुटी, भोजन, साँथरी, वेश,

पनहीहीन पाँव हैं। 'पार्वतीमंगल' की मैना एक ग्रामीण माँ हो गई है। सासु कौशल्या, (सुन्दर वधू को अपने साथ सुलानेवाली) माता कौशल्या, सती और पार्वती भी प्राकृत जन जैसी हो गई हैं। राम और शिव, दोनों के विवाहों की लौकिक रीतियाँ राजमहलों या देवलोकों की न होकर गाँवों की ही परम्पराएँ हैं। इन दोनों के विवाह ग्रामीण संस्कारों और उत्सवों से प्रचुर हैं। इसी तरह सत्संग, सभाएँ, सभा-समाज, कीर्तनगोष्ठियाँ, कथावाचन के आश्रम स्थान (शिव, काकभुशुंडि, याज्ञवल्क्य) आदि ग्राम्यीकरण की ही शैलियों के स्वरूप हैं। इस प्रकार तुलसी ने करुण रामकथा को ग्राम्य महोत्सव तथा चौपाल-चर्चाओं से भाव-विभोर कर दिया है। सारांश में, अरण्यकांड तथा सुन्दरकाड के अन्तर्गत क़बीलाई समाज; और अयोध्याकांड तथा बालकांड के अन्तर्गत लोकसमाज तथा ग्राम्यसमाज का संयोजन हुआ है। इन तीनों समाजों का संयोग ग्राम्यीकरण पर तुलसी की अपनी छाप भी लगा देता है। अस्तु।

इस पहली गोष्ठी में हमने मध्यकाल के तीन वृत्तों की स्थापना की और उसके बाद रामवृत्त के मिथकीयकरण एवं मध्यकालीनीकरण एवं ग्राम्यीकरण की मीमांसा की। ये दोनों आधार मिथकीयकाल तथा ऐतिहासिक काल के कई आयामों के अन्वेषक साबित हुए।

अब दूसरी गोष्ठी में हम समाज के मुग़ल-रंगमंच तथा तुलसी के रामवृत्त के राजनीतिक दर्शन की स्थापना करेंगे।

दूसरी गोष्ठी

"'रामायन' अनुहरत सिख जग भयो 'भारत' रीति" : अर्थात् तुलसी ने समाज का मुग़ल-रंगमंच कैसा पाया, राज्य-संचालन के क्या प्रतिमान बनाए, तथा राजनीतिक दर्शन के कौन-से स्वप्न देखे !

हिन्दू मध्यकालीन पौराणिक इतिहासवाद का यह यक़ीन था कि जो सोता रहे वह 'कलिकाल' है और जो संचरणशील होकर चलने लगे वह 'सतयुग' है। बीच में अँगड़ानेवाला 'द्वापर', तथा उठ खड़ा होनेवाला 'त्रेता' युग है। तो, एक सोते युग और गतिशाली युग की धारणाओं को तुलसी ने भी अपने समाज के यथार्थ और आदर्श के रंग में रँग दिया। उनके अनुभवों तथा स्वप्नों का समाज 'कलिकाल' और 'रामराज्य' दोनों में ही अपनी छतनार छाँह फैलाए है, दोनों ही विवरण अतिशयोक्ति लिए है। अतः इनके अन्तराल से तत्कालीन समाज और सामाजिक दर्शन को अवरेखित करना एक जटिल समस्या है। यूँ तत्कालीन समाज मध्यकालीनीकरण का ही एक अंग है। तुलसी की दृष्टि से यह समसामयिक एवं वर्तमान है जिसे उन्होंने एक वैष्णव भक्त की अपनी नज़र से देखा है। यह फ़िरिश्ता, निज़ामुद्दीन मुहम्मद, अब्दुल क़ादिर बदायूँनी और अबुल फ़ज़ल की क़लम का दरबारी करिश्मा न होकर लोकमुख से लिखा गया लोकजन का अ-तथ्यात्मक और भावात्मक, तथा ब्राह्मण-आदर्शोंवाला एक इतिहास-संरूप है। यह समाज रामवृत्त के मिथकीय परिवेश से सजा होने पर भी मध्यकालीन आयामों से अधिक गुँथा है।

'समाज' क्या है ? मुग़ल-युग का पूर्ववर्ती समाज और संस्कृति कैसी थी ? मुग़ल-युग कैसा था ? इनको जानने के बाद ही हम समाज के उस मुग़ल-रंगमंच पर अवतीर्ण हो सकते हैं जिसके एक नट और सूत्रधार तुलसी भी हैं।

समाजशास्त्र के अनुसार समाज मनुष्यों का एक समूह है, कई समूहों का एक बृहद् समुदाय है। समाज एक मनुष्य के अन्य मनुष्यों के साथ 'जटिल' सम्बन्धों का पुंज है। समाज एक अकेली जीवन-अवधि से बहुत लम्बा होता है : इसलिए उसमें सामाजिक विरासत भी होती है। बुनियादी रूप से समाज मानव की जटिल सम्बन्धताओं (कॉम्प्लेक्स रिलेशनशिप) का पुंज है। यह बृहद् मानव-समुदाय निष्क्रिय नहीं, सक्रिय और परिवर्तनशील होता है, जिसमें मनुष्य अन्तर्सम्बन्धित और अन्तक्रियान्वित होते हैं,

और अपने निहित एवं प्रधान हितों की खोज करते हैं। प्रधान हित कई तरह के होते हैं, किन्तु आत्मविस्तार, आत्मसंरक्षण और आत्मोपार्जन इनमें भी प्रमुख माने जाते हैं। मानव-समूहों के कई उपसमूह होते हैं : जैसे व्यक्ति, परिवार, समूह (ग्रूप), वर्ग (क्लास), समुदाय (कॅम्यूनिटी), सम्प्रदाय (सेक्ट) और अन्ततः राज्य (स्टेट) आदि। लेकिन इन सबके मूल में जटिल मानवीय सम्बन्धता होती है जो 'कार्यों' (ऐक्शन्स) के माध्यम से संवर्धित होती है। कार्य के कारण ही मानव-समूह सक्रिय होते हैं। मानवीय सम्बन्धताएँ सक्रियता की वजह से ही 'साधन' और 'साध्य' की नई सम्बन्धता में ढलती हैं। मानवीय सम्बन्धता का साधन-साध्य की सम्बन्धता में रूपायन के कारण ही हम 'मूल्य' तथा 'प्रतीक' प्राप्त करते हैं। ये मानवीय सम्बन्धताएँ अनेक बातों के अलावा भौतिक तथा आत्मिक संस्कृति से भी संक्रमित होती हैं। इसीलिए ये संस्कृति से प्रभावित भी होती हैं और उसकी रचना भी करती हैं। ये संस्कृति को 'प्रतीक' में केन्द्रीभूत कर देती हैं। वैज्ञानिक ज्ञान तथा तकनीक, कलात्मक अभिव्यंजना, चिन्तन की आध्यात्मिक तथा नैतिक व्यवस्थादि मानव-सम्बन्धताओं को प्रभावित एवं प्रतिफलित करती हैं।

जब हम समाज के मूल्य और संस्कृति के प्रतीक पा जाते हैं तब ये दोनों मिलकर यह निश्चित करते हैं कि हमारे अभिलषित कौन-कौन से हैं। ये मूल्य तथा प्रतीक यह भी निश्चित करते हैं कि हमारे कार्य (अभिप्रेतों के कारण) किस ढंग से प्रभावित हुए हैं। अभिलषित या अभिप्रेत द्वारा कार्यों को प्रभावित करने की विशेष विधियाँ हैं। समाजशास्त्र में ये प्रभावक विधियाँ तीन हैं : (क) जब चरम लक्ष्य ही कार्य के तत्काल लक्ष्यों की रचना करते हैं; (ख) जब सक्रिय व्यवहारों से हटकर कार्य स्वयं चरम (या अन्तिम) मूल्यों की प्रत्यक्ष अभिव्यक्ति हो जाते हैं तब साधन ही (लक्ष्य से विमुख होकर) प्रतीक बन जाते हैं, जैसे : कर्मकांड, भक्ति, नाम, धन, शक्ति आदि; और (ग) जब चरम लक्ष्य निर्धारक मर्यादामानों (नॉर्म्स) की भी रचना करते हैं। ये मर्यादामान मिलकर एक रूपाकार (पैटर्न) बनाते हैं जिसे **संस्था** (इंस्टीट्यूशन) कहा जाता है। एक समाज में विभिन्न वर्गों और उसके अन्दर समूहों की कई संस्थाएँ होती हैं जो तत्काल लक्ष्यों के अन्वेषी कार्यों को निष्पादित करती हैं, व्यवस्थित सम्बन्धता को बरक़रार रखती हैं, तथा उपयोगितावादी कार्यों एवं समुदाय के चरम मूल्य-चक्र के बीच भी समंजस क़ायम रखती हैं। लेकिन क्योंकि ये संस्थाएँ एक समुदाय से दूसरे समुदाय में, एक वर्ग से दूसरे वर्ग में (कार्यों तथा लक्ष्यों की विविधता, बहुलता, पूरकता, विरोधादि के कारण) भिन्न-भिन्न होती हैं, इसलिए संस्कृति में इनकी भूमिकाएँ बदल जाती हैं। ये संस्थाएँ ही बहिर्मुखी सामाजिक स्वरूपगठन की नींव हैं और व्यक्ति से सम्बन्ध को लेकर होती हैं। सम्प्रदाय, समूह, समुदाय, वर्ग और राज्य मानव-समूहों के वर्गीकरण हैं। इन समूहों की संस्थाएँ संगठनों (ऑर्गेनाइजेशन्स) में मूर्तकार्य होती हैं। संस्थाएँ ही समाज के विभिन्न तन्तुओं का ताना-बाना बुनती हैं। हम मध्यकाल के सन्दर्भ में कुछ प्रमुख संस्थाओं और उनके संगठनों का वर्गीकरण कर सकते हैं : (1) आध्यात्मिक संस्थाएँ, (2) आर्थिक संस्थाएँ, (3) नैतिक तथा धार्मिक संस्थाएँ, (4) राजनीतिक संस्थाएँ, (5) उपयोगितावादी तथा

मनोरंजनवादी संस्थाएँ आदि। इस भाँति समाज के विभिन्न वर्गों की 'सामाजिक अन्तर्क्रियाएँ और सामाजिक कार्यधर्मों (फ़ंकशन्स)' में विभिन्नता तथा विरोध भी अन्तर्निहित रहता है जिसकी वजह से द्वन्द्व और प्रतियोगिता, सहयोग और संघर्ष में तो अन्तर्क्रियाएँ मुखर होती हैं, तथा सामाजिक कार्यधर्मों के अनुसार आध्यात्मिक, आर्थिक, नैतिक, राजनीतिक, सांस्कृतिक संस्थाएँ आदि दिशाएँ पाती हैं। संगठित मानवसमूह-वर्ग तथा व्यक्ति की आवश्यकताओं की पूर्ति सामाजिक कार्यधर्मों से ही होती है। प्रमुख सामाजिक कार्यधर्म भौतिक परिपालन, बौद्धिक जागरूकता, नैतिक नियन्त्रण और सौन्दर्यात्मक परिशंसा हैं। सामाजिक अन्तर्क्रिया ग्रामीण व शहरी समुदाय, भीड़ व जनता, समावेश और जुलूस, समुदाय और समूह, वर्ग और जाति, व्यक्ति और परिवार आदि के बीच होती है। सामाजिक कार्यधर्म तथा सामाजिक अन्तर्क्रिया मिलकर सामाजिक 'जागरूकता और सामाजिक परिवर्तन' का उन्मेष करती हैं। सामाजिक परिवर्तन सामाजिक आन्दोलन का परिणाम होता है। यह स्थायी या अस्थायी, सुनियोजित या अव्यवस्थित, प्रगतिगामी या प्रतिगामी, उपयोगी या हानिकारक, एकदिक् या अनेकदिक् हो सकता है। सारांश में, किसी विशिष्ट समय के विशिष्ट समाज की सामाजिक अन्तर्क्रियाओं, सामाजिक कार्यधर्मों तथा सामाजिक परिवर्तनों का स्वरूप 'संस्थाओं' में प्रकट होता है। संस्थाएँ हमारे कार्यों को प्रभावित करतीं हैं, कार्य अभिप्रेत से निश्चित होते हैं, और अभिप्रेत या अभिलषित समाज के चरण लक्ष्यों या मूल्यों द्वारा व्याकुल हो उठते हैं। तुलसी आदि ने साधनों को ही प्रतीक में रूपान्तरित कर दिया है, आध्यात्मिक और धार्मिक संस्थाओं पर ही बल दिया है, वर्ग के स्थान पर वर्ण के कार्यधर्मों को परिनिष्ठता दी है, और चरम मूल्य के रूप में मोक्ष, निर्वाण, मुक्ति को प्रतिष्ठित किया है। इनके सामाजिक मूल्यचक्र में अर्थ, और काम को सबसे नीचा दर्जा दिया गया है, धर्म का पौराणिक उद्धार हुआ है तथा (भक्तिपरक) मोक्ष हिन्दू संस्कृति का चरम 'प्रतीक' हो गया है।

इस पृष्ठभूमि के बाद हम मुग़ल-युग के पूर्ववर्ती समाज तथा संस्कृति की मूल विशेषताओं को बताएँगे।

हर्षवर्द्धन की मृत्यु के बाद से पृथ्वीराज के पतन (647-1192 ई. पू.) तक का भारत राजनीतिक दृष्टि से खंडित विदीर्ण हो चुका था। इस काल में पाटलीपुत्र, उज्जयिनी, कान्यकुब्ज जैसा भारतीय संस्कृति का कोई केन्द्र नहीं रहा, और देश निरन्तर युद्धरत राजवंशों में बिखर गया। इनमें से कोई भी भारतीय एकता का सूत्र नहीं गूँथ पाया। उस समय पालों, प्रतिहारों तथा राष्ट्रकूटों के बीच देश के अधिनायकत्व की होड़ शुरू हुई जिसकी परिणति प्रतिहारों का विनाश थी। प्रतिहारों के विनाश से मध्य एशिया से मुसलमानों के हमलों के रास्ते निष्कंटक हो गए। प्रतिहारों के बाद परमार वाक्यपति मुंज और चन्देल धंग के पास शक्ति चली गई। इनके बाद भोज और विद्याधर आए। फिर गाहड़वार आए और कलचुरी-साम्राज्य को ध्वस्त करने लगे। 1186 में मुहम्मद गोरी ने लाहौर जीतकर हिन्दू-शक्ति एवं स्वतन्त्रता को ज़बरदस्त धक्का दिया। काफी पहले केवल कुछ घुड़सवारों के साथ मुहम्मद बिन-बख़्तियार ने नदिया तक हमला किया और

हिन्दू संगठन को ख़त्म कर दिया। अब मुसलमान राजवंश स्थापित हुए और तुलसी के समय में मुग़ल-साम्राज्य के दूसरे (हुमायूँ), तीसरे (अकबर) और चौथे (जहाँगीर) शहंशाह की परम्परा स्थापित हो गई थी। अब वे हमलावर विदेशी नहीं, विदेशी इस्लाम धर्म के बन्दे भारतवासी सम्राट् थे जो हिन्दू संस्कृति से प्रभावित भी थे। यह एक बड़ा महत्त्वपूर्ण परिवर्तन था। दो समाजों तथा दो संस्कृतियों–हिन्दू-मुसलमान तथा इस्लाम-पौराणिक–की समाजशास्त्रीय अन्तक्रिया तथा सामाजिक परिवर्तन शुरू हुआ। इतिहास राजवंशों के उत्थान-पतन और घटनाओं की बातें गिनकर निरुत्तरित हो जाता था। लेकिन इस परिवर्तन को जनता ने किस तरह झेला ? दरबारों की धुरी के बाहर से समाज पर इनका क्या असर हुआ ?

हम कह आए हैं कि मध्यकाल शौर्यवृत्त से संचारित रहा है। शौर्यवृत्त में शौर्य (शिवेल्री) और स्पर्धा (राइवेलॅरी), दोनों होती हैं जो बहुधा सामन्तों, उपसामन्तों तथा ठाकुरों के साथ जुड़ती हैं। इससे राष्ट्रीय (देशभक्तिपरक नहीं) संगठन की नींव नहीं पड़ पाती, और राजाओं की आपसी स्पर्धाओं-ईर्ष्याओं में शक्ति तथा लक्ष्मी बिखर जाती है। इससे सामन्तों और ठाकुरों, तथा किसानों और व्यापारियों के बीच में भी खाई गहरी होती जाती है और वे भी साम्प्रदायिक स्पर्धाओं (जैन-बौद्ध, ब्राह्मण-शाक्त, हिन्दू-मुसलमान) तथा जातीय ईर्ष्याओं (ब्राह्मण-क्षत्रिय, ब्राह्मण-शूद्र, वैश्य-क्षत्रिय) में बिखरते चले जाते हैं। इस भाँति सम्राटों और जनता दोनों में ही प्रबल संघर्ष, ईर्ष्या-स्पर्धा परिव्याप्त हो जाती है। आंचलिक युद्धों के उद्देश्य से जनचित्त अलग होता है क्योंकि वे राजाओं के स्वार्थ और दर्प की भी देन होते हैं। किन्तु इन युद्धों का परिणाम जनता को भोगना होता है। गाँव और शहर में लूटपाट और हत्या बरबादी का तांडव होता है; घरों तथा खेतों को आग लगा दी जाती है; गुलामों की उगाही और नारियों का अपहरण होता है; तथा धोखा, छल, प्रपंच, पतन का दौर शुरू हो जाता है। अकाल और सामाजिक पतन युद्ध के परिणाम होते हैं। ऐसी सामाजिक-व्यवस्था में सामाजिक समूहों के द्वन्द्व, ईर्ष्याएँ, अयोग्यताएँ आदि मिलकर अस्थिरता उत्पन्न करती हैं। युद्ध और अस्थिरता के ऐसे वातावरण में शासन के पदाधिकारी निरंकुश, भ्रष्टाचारी और क्रूर हो जाते हैं। वे किसानों का कोरमकोर शोषण करते हैं क्योंकि सम्राट् को सामन्तों-जागीरदारों से एक-तिहाई कर लेना ही है, सामन्तों और ठाकुरों को भी अपने महलों की शान-शौकत के लिए आय चाहिए ही, पदाधिकारियों को भी सामन्तों की तरह विलासपूर्ण जीवन के लिए साधन चाहिए ही। और इन तीनों के स्रोत हैं–किसान ! किसानों का अकेला स्रोत है–भूमि ! इसलिए सामन्तीय-व्यवस्था की धुरी है–भूमि-व्यवस्था ! इसलिए सामन्तों, 'राजाओं' (बड़े सामन्त), ठाकुरों आदि ने भूमि पर स्वामित्व अपना रखा, अस्थायी अधिकार किसानों को दिया। गृहस्थ किसान कृषिदास भी हो गए। स्वामी-सेवक के सम्बन्ध ही सामाजिक सम्बन्धों के प्रधान आदर्श माने गए। सामन्त अन्नदाता, किन्तु कंगाल किसानों की सत्ता के बल पर, अन्नदाता हो गया। इस भूमि-व्यवस्था की भी विशिष्ट सीढ़ियाँ थीं। सम्राट् राज्य का सबसे बड़ा स्वामी, सर्वप्रमुख भूमि-स्वामी होता

था। उसके नीचे बड़े सामन्त होते थे जो अपने मातहत छोटे भूमिपतियों अर्थात् 'ठाकुरों' की नियुक्ति करते थे। सम्राट् बड़े-बड़े सेनापतियों और विश्वासपात्र दरबारियों को भूमिदान (जागीर) दिया करता था, और बदले में उनसे युद्ध के समय सेना तथा शान्ति के समय कर लेता था। ये सामन्त तथा ठाकुर अपने इलाक़ों में शासन के लिए पूर्णतः निरंकुश थे। सिपाही वेतनभोगी ग़रीब किसान होते थे और करदाता शोषित किसान-मज़दूर ! वे ग़ुलामों, दासों, बेगार करनेवाले मज़दूरों के द्वारा खेती कराते थे। खेतों की उपज तथा आमदनी उधर तो पदाधिकारियों, सामन्तों तथा सम्राट् के पास जाती थी और इधर साहूकारों, सूदखोरों, पुरोहितों का भी परोपजीवन चलता था। सामन्त को अधिकार था कि वह किसान की ज़मीन ज़ब्त कर ले या उसे बटाई पर उठा दे। फलस्वरूप राजा और जनता, दोनों के विघटन, पतन और सुप्तावस्था (कलियुग) के मूल में है– भूमि-व्यवस्था ! इनकी अभिव्यक्ति क्रमशः सामन्तीय युद्धों और सामन्तीय संस्कृति, तथा जनता की व्यथा-भरी दरिद्रता और लोकसंस्कृति के दिव्यलोक के पलायनवादी स्वप्नों में हुई है। धनवान और दरिद्र के बीच आकाश-पाताल का अन्तर था। क्षेमेन्द्र, कल्हण, बब्बर, पुष्पदन्त आदि ने देश के इस दरिद्रता-सिन्धु का भी चित्रण किया है, किन्तु उन्होंने 'कलियुग' का प्रतीक नहीं लिया, न ही किसी स्वर्णयुग से इसकी तुलना की है। ऐसी परिस्थितियों में हिन्दू जनता के बीच धर्म की जो माया फैली थी उसकी वजह से लोगों को बाहुबल की अपेक्षा तन्त्र-मन्त्र पर अधिक विश्वास हुआ। प्रजा सिद्धों-योगियों की श्रद्धा नहीं करती थी, बल्कि उनसे डरती थी। सारे समाज में तन्त्र-मन्त्र-यन्त्रमूलक साधनाएँ फैली थीं जो व्यक्तिगत हित या व्यक्तिगत मोक्ष पर ही बल देती थीं। अतः समष्टिगत चित्त और स्वस्थ मन का अभाव हो गया था। अलौकिक चमत्कारों, सिद्धियों, तन्त्र-मन्त्र-शकुनों, अवश भाग्यवाद, साधुओं आदि के प्रति गहरे अन्धविश्वास फैल गए थे। सिद्धों-नाथों ने गृहस्थ-धर्म तथा सती-नारी की महत्ता को लुप्त-सा कर दिया था। लोगों के विचारों और आचरणों, कथनी और करनी में गहरी खाई हो गई थी। धार्मिक सम्प्रदायों के संघर्ष प्रबल हो गए थे और वे विदेशी शक्तियों से सुलह भी करते थे। इसलिए सहज जीवन, समष्टि चित्त और सांस्कृतिक गौरव, इन तीनों के अवतार के लिए सामाजिक कार्यधर्म (सोशल ऐक्शन) गतिशील हो उठा था। गृहस्थ धर्म और सती नारी की महत्ता के लिए आन्दोलन चल पड़े थे। सिद्ध-रस के बजाय प्रेम-रस, मठों के बजाय गृहस्थ गृह, दर्पोन्मत्त सम्राटों के बजाय श्रीराम जैसे स्वामी सम्राट्-ईश्वर, तथा वैयक्तिक स्वार्थों के बजाय सेवाभाव–इन 'चारों' अनिवार्यताओं का अभिषेक करने के लिए नए समाज-दर्शन तथा धार्मिक और आध्यात्मिक आन्दोलन चल पड़े थे। दक्षिण से आविर्भूत रागपूर्ण और जात-पाँत के बन्धनों से रहित भक्तिधारा सामाजिक आवश्यकता होकर फूटी और देखते-देखते वृन्दावन, ब्रजमंडल, जगन्नाथपुरी, नदिया, पाली, मणिपुर, द्वारका तक को अपनी मानव-सुलभता, विश्वास-श्रद्धा तथा अनुराग-मधुरता की बाढ़ में बहा ले गई। भक्ति के चारों सम्प्रदायों ने साधारण मनुष्य की चारों अनिवार्यताओं को भावों, विचारों तथा सौन्दर्य-दृष्टियों से भर दिया। अब नए स्वामी तथा सम्राटों का अभिषेक

हुआ : अवन्ती के सम्राट् महाकाल हुए, काशी के सम्राट् शिव, पुरी के जगन्नाथ, अयोध्या के राम, और मथुरा के कृष्ण ! प्रजा ने वे दरबार, वे स्वामी, सखा, वे राजा कल्पित कर लिए जो दिव्यलोक, देवमन्दिर और सम्पूर्ण पृथ्वी के थे, जो ईश्वर होकर भी पृथ्वी पर मानवावतार धारण करते थे। जनता को राम-रावण युद्ध के रूप में युद्ध का एक नया आदर्श मिला जहाँ वह स्वयं भी सेवक या सेना थी; और राधा-कृष्ण प्रेम के रूप में प्रेम का एक आदर्श मिला जो आत्मविभोर है, जहाँ शरीर तथा वासना के बन्धन नहीं हैं, जहाँ नारी कामयष्टि न होकर प्रेमी पुरुष की प्रिया है, उसके बराबर है। इस भाँति सामाजिक परिवर्तन में असमर्थ प्रजा ने कम-से-कम एक आध्यात्मिक तथा सांस्कृतिक परिवर्तन कर ही डाला। किन्तु उसने अपने वर्तमान को 'कलियुग' कहकर इस जगत् को ही मिथ्या मानने की पुनः भयंकर ग़लती भी कर डाली; और फलस्वरूप उसका यह आन्दोलन यथार्थ की चट्टान पर छहरा गया। सम्राटों की रीतिकालीन कला आ गई। रीतिकाल : अर्थात् सामन्तीय संस्कृति का विलास-शृंगार, दर्प और पतन ! तो, सामाजिक सम्बन्धों, सामाजिक अन्तर्क्रियाओं तथा सामाजिक कार्यधर्मों की दृष्टि से जनता-पक्षीय समाजशास्त्र इस भाँति चुनौतियों का मुक़ाबला और समस्याओं का समाधान कर रहा था। तुलसी ने 'कलिकाल' के प्रतीक को लेकर अपने समय के समाज की सभी संस्थाओं के पतन का अतिरंजित वर्णन किया है। इसी तरह 'सतयुग' के प्रतीक द्वारा अपने पौराणिक आदर्शों तथा तत्कालीन जीवन की अच्छी बातों (जिन्हें वे भी अच्छा समझते थे) का स्वप्न देखा है। कलिकाल अर्थात् तत्कालीन समाज में यदि एक ओर घोर आर्थिक दरिद्रता, शोषण-छल-कपट और नैतिक पतन था, तो दूसरी ओर वैदिक परम्पराएँ लुप्त हो चुकी थीं और तन्त्र-मन्त्र-यन्त्र का प्रसार हो गया था। अतएव कलिकाल–रामराज्य के प्रतीकों द्वारा तत्कालीन समाज का अन्तर्भूत और परोक्ष और अतिरंजित प्रतिबिम्ब खींचा गया है।[1] सारांश यही है कि मुसलमानों के हमलों या हिन्दू राजाओं की पराजय के कारण मुसलिम-युग में ही भक्ति-आन्दोलन नहीं उठा, बल्कि पृथ्वीराज के बाद की भूमिव्यवस्था, वर्णव्यवस्था, सामन्तीय शोषण और विलास के कारण यह सारे अन्तर्विरोधों को निहित करता हुआ संचरणशील हुआ। हिन्दू पुराणवादी दृष्टि से देखने पर तो सारे समाज और आन्दोलन का स्वरूप ही अनैतिहासिक हो जाता है। इस आन्दोलन का सम्बन्ध हिन्दू राजाओं के पतन और मुसलमानों के हमलों से नहीं है, यद्यपि इन दोनों ने इसे प्रभावित ज़रूर किया है। इस प्रभाव के फलस्वरूप संस्कृति का जो नया 'प्रतीक' बना वह अधिक समृद्ध, प्रचुर समन्यवादी, स्वस्थ और बहुजनव्यापी था।

संस्कृति के इस नए प्रतीक की रचना में समाज का मुग़ल-'रंगमंच' सबसे महत्त्वपूर्ण है जिसने तुलसी ही नहीं, पूर्वापर के परमानन्द, मीरा, रहीम, सूर और उनसे पहले कबीर-जायसी के प्रादुर्भाव के लिए 'सामाजिक' समाज प्रस्तुत किया। महान अकबर के शासन में तीन सामाजिक परिवर्तन हुए : (1) आर्थिक भूमिसुधार, (2) राजनीतिक स्थिरता

1. यह अनुच्छेद डॉ. बुद्धप्रकाश के शोधपत्र 'सम ऐस्पेक्ट्स ऑव इंडियन कल्चर ऑन द ईव ऑव मुस्लिम इन्वेज़न' तथा आचार्य हजारीप्रसाद द्विवेदी के चारुकथा लेख 'चारुचन्द्रलेख' पर भी आधारित है।

और फलस्वरूप मुसलमानों तथा राजपूतों की मैत्री, तथा (3) सांस्कृतिक उदारतावाद। इस प्रसंग में हमारा आशय यह कतई नहीं है कि प्रजा की ग़रीबी दूर हो गई थी, या जागीरदारों द्वारा शोषण समाप्त हो गया था, अथवा धार्मिक कट्टरता मिट गई थी। इस समय में कुछ आर्थिक सुधारों की वजह से ग़रीबी और शोषण में थोड़ी कमी हुई थी; सांस्कृतिक उदारता की वजह से हिन्दुस्तानी गंगा-जमुनी संस्कृति, कला, संगीत आदि का सूत्रपात हुआ था; और अकबर की प्रजावत्सलता के कारण आशावाद का संचार भी हुआ था। (तुलसी 1532-1623 ई.) अकबर (1542-1605) से दस वर्ष बड़े थे और उन्होंने जहाँगीर शासनकाल के भी दस वर्ष देखे थे। उनके समय में डचों और अंग्रेज़ों का आवागमन नहीं बढ़ा था। हुमायूँ द्वारा भिश्ती को एक दिन का सुलतान बनाने तथा उसके द्वारा चमड़े के सिक्के चलवाने की घटना तुलसी को याद थी ('नामुराम, रावरो तो चाम की चलाई है' कवितावली, 7/74)। किसी एक गंगाराम के लिए उन्होंने 'रामाज्ञा प्रश्न' भी लिखा था। काशी की महामारी तथा चित्रकूट की दावाग्नि (कवितावली) के अलावा उन्होंने किसी अन्य ऐतिहासिक घटना का प्रत्यक्ष उल्लेख नहीं किया है; लेकिन परोक्ष उल्लेखों, तथा तत्कालीन समाज-वर्णनों से तुलसीवृत्त पर्याप्त है। इसीलिए उनके (हिन्दू-वैष्णव) समाज के प्रत्यक्ष चित्र अर्थात् मुग़ल-रंगमंच (मुग़ल समाज नहीं) को प्रस्तुत करना वांछनीय है।

तुलसीदास ने काशी के हनुमान-फाटक में अपने निवास की अवधि में रामलीला की भी शुरुआत की। कहा जाता है कि लाटभैरव की रामलीला उन्होंने ही शुरू की। इसके बाद अस्सीघाट की रामलीला का चलन किया। इस तरह रामायण की चौपाइयों पर आधारित क़स्बाई नृत्य-नाटिकाओं के द्वारा तुलसी ने पूरे के पूरे बनारस शहर को ही रंगमंच बना डाला। इसके अलावा (अमृतलाल नागर के अनुसार) काशी में अनेक हनुमान्-मन्दिरों के अलावा (जनश्रुतियों के अनुसार) कसरत-कुश्ती के अखाड़ों में भी तुलसी बाबा की प्रेरणा से ही हनुमान् की मूर्तियाँ स्थापित करने का चलन चला।... लोकधर्मी नाट्य के वे प्रथम मध्यकालीन सूत्रधार भी सिद्ध होते हैं।

बादशाह अकबर के समय में हिन्दू राजाओं, दिल्ली सल्तनत, शेरशाह सूरी आदि के परिणामों की सामाजिक चुनौतियों का स्फटिकीकरण (क्रिस्टेलाइज़ेशन) हो गया था। सबसे पहले ग़रीब एवं ग़ुलाम किसानों, तथा असन्तुष्ट एवं भगोड़े सिपाहियों की दशा सुधारने की ज़रूरत थी जिसके लिए भूमि-सुधार और फ़ौज का पुनर्गठन किया गया। फिर, विद्रोही और वफ़ादार सामन्तों, रजवाड़ों तथा सूबेदारों को अधीन रखने की ज़रूरत थी जिसके लिए केन्द्रीय शासन की दिशा में सुधार हुए। अन्त में पराजित हिन्दू राजशक्तियों को शत्रु से मित्र बनाने की ज़रूरत थी जिसके कारण एक नई कूटनीतिक एवं सांस्कृतिक दरबारी परम्पराओं एवं लोकलोचना का संगम हुआ। तत्कालीन सामन्तीय सम्बन्धों के अलावा साधारण प्रजा पर भी इन आवश्यकताओं का दूरगामी असर पड़ा। शासन में तीन असर पड़ा। कुल मिलाकर एक खंडविदीर्ण सामन्तीय समाज को सुदृढ़ और परिणामतः नवोन्मेषित मध्ययुगीन साम्राज्यशाही-व्यवस्था में परिवर्तित करने का यह

एक शक्ति एवं उदारतापूर्ण सफल अनुष्ठान ठहरता है। तुलसी अकबर-जहाँगीर की सुदृढ़ एवं नवोन्मेषित साम्राज्यशाही-व्यवस्था के ही एक प्रजाजन थे; लेकिन दरबारी समूह से अलग थे।

अकबर के शासनकाल में विशाल प्रजा ग़रीब थी, अकाल पड़ना आम बात थी : सन् 1556 में उत्तर भारत, 1573-74 में गुजरात, और 1595-98 में समूचे भारत में अकाल पड़े। आख़िरी अकाल में तो आदमी आदमी तक को खा डालते थे। किन्तु इस दरिद्रता के कीचड़ के बीच भी सामन्तों की क़िलों, गढ़ियों, हरमों, अन्तःपुरों, दरबारोंवाली संस्कृति शान-शौक़त से खुल-खिली थी। तुलसी ने इस भयानक ग़रीबी को 'भोगा' तथा 'देखा' था। सारे भक्तों और सन्तों में-से शायद अकेले तुलसी ही ऐसे हैं जिन्होंने घोर ग़रीबी झेली तथा भोगी है और इसके सबसे भयंकर 'कोढ़' अर्थात् अकाल का आतंक सर्वाधिक पेश किया है (विनयपत्रिका, 219)। जब अकाल राक्षस की तरह छाता है तब सारे देश को जकड़ लेता है (मानस, 6/69/2)। अकाल की भयानक याद को वे 'मानस' में काकभुशुंडि के एक पूर्वजन्म वृत्तान्त द्वारा भी पेश कर देते हैं। अकाल में दीन, मलिन, दरिद्र और दुखी लोगों के झुंड बिललाते हुए देश-विदेश में भटकते थे (मानस, 7/104)। तुलसी ने ग़रीबी को कभी भी आदर्श नहीं माना। सारे 'मानस' में सुख, प्रसन्नता, कामना की अभिव्यक्ति के लिए "जैसे ग़रीब को सम्पत्ति मिल जाए" जैसे वाक्य की सैकड़ों बार आवृत्ति की है। अकबर ने किसानों को काफ़ी राहत दिलाई। मध्यकाल के प्रसिद्ध अर्थशास्त्री उनके वित्तमन्त्री टोडरमल ने नया बन्दोबस्त लागू किया। इसका दुहरा उद्देश्य था : किसानों पर कर-भार और शोषण का बोझ न लादा जाए; तथा किसानों और जागीरदारों दोनों से ही शासनकार्य के लिए पर्याप्त और नियमित धन मिलता रहे। सारी ज़मीन की पैमाइश कराई गई और शेरशाह सूरी की व्यवस्था में संशोधन किया गया। बंजर तथा चाँचर ज़मीन के कर-सम्बन्धी उचित नियम बनाए गए; बाढ़-सूखा और अकाल में किसानों की मालगुज़ारी माफ़ की गई, सरकारी मदद दी गई तथा किसानों की तकलीफ़ों पर ध्यान रखा गया। पैमाइश के बाद सारे गाँव और प्रत्येक किसान की अलग-अलग मालगुज़ारी मुक़र्रर की गई। आमिलगुज़ार निश्चित समय पर किसानों को कर देने के लिए प्रोत्साहित करता था, तहसीलदार कर वसूल करता था, क़ानूनगो अनुमान-पत्र तैयार करता था, और वितिक्ची (मुनीम) हर किसान तथा हर गाँव का अलग-अलग कर निश्चित करता था। इसके फलस्वरूप बीच के अफ़सरों और जागीरदारों का हड़कम्पी शोषण-उत्पीड़न काफ़ी कम हो गया। सम्राट् ने जागीरदारों की जागीरें भी ज़ब्त कीं जिससे वे सम्राट् के दंड के अधीन रहे और नृशंस लूट-खसोट करने से सहम गए। इसी वजह से 'मानस' में राजकुमार राम केवट की नाव पर चढ़ने की खेवाई (मजूरी) देने की एक हलकी-सी भौतिक बात याद तो रखते हैं। अबुल फ़जल ने गेहूँ, जौ, मसूर, अलसी, मूँग, सरसों, ज्वार, कोदों, साँवा, मकई आदि की फ़सलें खास मानी हैं। तुलसी ग़रीबों के साथ कोदों, साँवा आदि को 'मानस' तक में ले आए हैं। सम्राट् ने शहरों में 'कारखानों' की स्थापना कराई जहाँ आध-आध मन के गोले, सुन्दर

तोपें, मज़बूत मंगोली-ईरानी दरियाँ बनती थीं (तुलसी ने भी 'मानस' के लंकाकांड में एक जगह तोप के गोले दगवा दिए हैं)। उस युग में कश्मीर दुशालों तथा 'कम्बल' के लिए प्रसिद्ध था, पाटन, बुरहानपुर और बनारस सूती-रेशमी कपड़ों के मरकज़ थे। तुलसी पटोरों (रेशमी वस्त्रों) और कम्बल को नहीं भूले। इसी कड़ी में जहाँगीर ने भी जागीरदारों पर प्रतिबन्ध लगाए। वे किसी के घर पर दख़ल नहीं कर सकते थे, वे किसी की सम्पत्ति भी ज़ब्त नहीं कर सकते। यह क़ानून 'घस्बी' कहलाता है।

निस्सन्देह भारतीय इतिहास में अशोक, समुद्रगुप्त, चन्द्रगुप्त, हर्ष के बाद अकबर महापुरुष और महान् सम्राट के रूप में देश के गौरव माने गए हैं। उन्होंने तैमूरिया रक्त से कला-प्रेम, प्रकृति-प्रेम और साहित्य-प्रेम पाया था। वे भारत में जन्मे और मृत्यु को प्राप्त हुए। अतः उन्होंने ईरान तथा मध्य एशिया की संस्कृति को भारत की हिन्दू संस्कृति में मिलाने के अनूठे प्रयास किए। भारतीय और भारत के मुसलमान सम्राटों में वे प्रथम शहंशाह थे जिन्होंने उधर के बग़दाद के खलीफ़ा हारूँअल-रशीद के आदर्शों को, और इधर के सम्राट विक्रमादित्य के नवरत्नों की परम्परा को चलाया। उनके जीवन की महत्त्वाकांक्षा **'सुलह कुल'** (सब के साथ मेल) थी। संगीत में तानसेन, स्थापत्य में फ़तहपुर सीकरी, चित्रकला में राजपूत-मुग़ल क़लम, और साहित्य में रहीम उनकी उपलब्धि हैं। धार्मिक दृष्टि से वे बेहद उदार थे। उन्होंने **'दीन इलाही'** की स्थापना भी की थी जिसमें इस्लाम, ईसाई, वेदान्त, जैन और बौद्ध तथा सूफ़ी धर्म के मानवतावादी सिद्धान्तों का सहकार था। उनके दरबार में दशहरा, दिवाली, शिवरात्रि और राखी के त्यौहार ईद तथा रमज़ान के साथ-साथ मनाए जाते थे। उनका पहनावा भी हिन्दू वेष-भूषा से समन्वित था। उन्होंने हिन्दू-समाज में कई सुधार किए। जजिया-कर समाप्त कर दिया गया, गोवध बन्द कर दिया गया, सती-प्रथा ग़ैरक़ानूनी घोषित कर दी गई तथा विधवा-विवाह क़ानूनी हो गया। सती-प्रथा कितनी प्रबल रही होगी इसका अनुमान 'मानस' में पौराणिक शिव-सती के प्रसंग के समावेश से लगाया जा सकता है। अकबर की राजधानी आगरा और उनका किला भी, सामन्तीय संस्कृति तथा जीवन के पल्लवन-प्रसुमन का केन्द्र हो गया था। उनके दरबारी कवियों में मधुसरस्वती, विष्णुनाथ, नारायण मिश्र, हरिजी सूर, भद्ररूपनारायण, मधुभट्‌ट, श्रीभट्‌ट, मधुसूदन, रामकृष्ण, बलभद्र मिश्र, वासुदेव मिश्र, रमणभट्‌ट, गोपीनाथ, भगीरथ, आसकरण, नरहरि, गंग, मदनमोहन, तानसेन, टोडरमल, मनोहर कवि, बीरबल, रहीम खानखाना आदि थे। इन्होंने नीति और लौकिक काव्य की रसधारा बहाई। अकबर के दरबार में होलराय, कुम्भनदास, केशवदास, करनेस, दुरसा आदि सम्मानित हुए थे। दरबारी दुनिया से बाहर लोक में भी नीति और अलौकिक काव्य की भक्तिधारा प्रवाहित होती आ रही थी जिसमें तुलसी, परमानन्द, मीरा, सूर आदि प्रधान थे। यह भी कहा जाता है कि स्वयं अकबर महान् अपने राजसी वैभव तथा पद-प्रतिष्ठा को छोड़कर इन भक्त-कवियों के पास स्वयं मिलने आए। यह भी कहा जाता है बरवै छन्द के जादूगर नीतिवादी रहीम कवि, और दोहा-चौपाइयों के चितेरे सन्त तुलसी में मित्रता थी। ये बातें एक उदार सम्राट् और

0नवजागृत संस्कृति के अभाव में नहीं हो सकतीं। कुछ कट्टर हिन्दू इनमें कुचाल या छल का अप्रामाणिक अनुमान ठूँसने के आदी हो गए हैं। किन्तु उस समाज में भी अछूतों की दुर्दशा थी। ये गाँव तथा नगर के भीतर नहीं रह सकते थे। इनके आठ समुदाय थे : धोबी, मोची, जुलाहे, टोकरे और ढाल बनानेवाले, मछोरे, धीवर, व्याध और रिगर। इनमें भी नीचे थे : हाड़ी, डोम, चांडाल आदि।

अकबर के समय में **'समन्वय'** ही संस्कृति का प्रतीक हो गया। इस समय के सभी समाजोन्मुख संस्कृति-निर्माताओं को समन्वय करना पड़ा। सामाजिक और सांस्कृतिक क्षेत्र में अकबर ने, तथा धार्मिक और आध्यात्मिक क्षेत्र में तुलसी ने यह समन्वय किया। यही नहीं, इस युग में समाज अपेक्षाकृत यथार्थोन्मुखी था। अकबर की राजसभा में अंकुरित हुई मुग़ल-शैली में वास्तविक दृश्यों तथा वास्तविक लोगों के अंकन की प्रवृत्ति ज़्यादा है। इसी भाँति तुलसी ने रहस्य और गूढ़ता के स्थान पर वास्तविक मानव-सुलभ जीवन के कटु-मधु, लौकिक तथा आदर्शोन्मुख, यथार्थपरक इतिवृत्त भी दिए हैं। तथापि अकबर और तुलसी की उदारता सम्बन्धी, समन्वय सम्बन्धी, सामाजिक साध्यों सम्बन्धी दृष्टियों और दायरों में बहुत फ़र्क़ है। यह फ़र्क़ एक सम्राट् और सन्त, एक दीने-इलाही के अनुयायी तथा स्मार्त-वैष्णव परम्परा के भक्त, एक व्यावहारिक प्रशासक और आदर्शवादी स्वप्न-द्रष्टा, एक सामन्तीय स्वामी और बे-घरबार ग़रीब ग्रामीण ब्राह्मण के बीच का है जिसके शुक्ल-पक्ष तथा कृष्ण-पक्ष दोनों हैं। फिर, इन दोनों के अपने-अपने वर्गीय चरित्र भी हैं जिनमें मज़हब या वर्ण की छाप भी लगी है। अकबर का दरबार सामन्तीय संस्कृति तथा जीवन की धुरी था; और तुलसी का संसार लोकजीवन की दारुण गाथा तथा रामकथा की आध्यात्मिक संस्कृति का हृदय था। अकबर का दरबार तो इतिहास का केवल छोटा-सा रंगमंच था। वास्तविक और विराट समाज महाकार होकर कराह रहा था। तुलसी ने इस साम्राज्य के उपर्युक्त रंगमंच में 'काल' की दृष्टि से प्रतिभाग लिया। लेकिन 'देश' की दृष्टि से उन्होंने हिन्दू प्रजा के समाज का वह भावात्मक इतिहास लिखा जो धार्मिक, आर्थिक, नैतिक, आध्यात्मिक संस्थाओं में मुखर हो रहा था।

तुलसी की कृतियों के आधार पर तत्कालीन समाज की रचना की अपनी सीमाएँ हैं : (1) तुलसी ने सांगोपांग रामवृत्त को तथा आद्यन्त राममयता को लिया है जिसकी वजह से उनका समकालीन समाज प्रच्छन्न तथा प्रतीक तथा संकेत तथा उपमान तथा सांगरूपकों में आया है; (2) तुलसी ने पूरे भारतीय समाज को न लेकर केवल हिन्दू समाज तथा संस्कृति को लिया है; (3) तुलसी ने इस समाज का तटस्थ विवरण नहीं दिया, बल्कि अपने भक्त, अपने ब्राह्मण, और अपने संन्यासी के एकांगी दृष्टिकोण से सामाजिक आलोचना भी की है; (4) तुलसी ने 'रामराज्य' तथा 'कलियुग' के प्रतीकों में अपने समाज के यथार्थ, मर्यादामान तथा आदर्श को अतिरंजित शैली में प्रस्तुत किया है; और (5) तुलसी ने समाज के अपने चित्रण में आदिम समाज तथा कृषक-समाज, दोनों का मेल करा दिया है। इसे लोकसमाज (फ़ोक सोसायटी) कहा जा सकता है

(आचार्य शुक्ल भी 'लोकमंगल' के सन्दर्भ में लोक का ऐसा ही व्यापक अर्थ करते हैं)। तुलसी की कृतियों में शहरी तथा ग्रामीण (लोक) समाज, दोनों ही आए हैं।

जिस तरह का लोकसमाज तुलसी ने प्रस्तुत किया है उसके (मध्यकाल के सन्दर्भ में) विशिष्ट सामाजिक कार्यधर्म तथा मूल्य हैं। 'विधेयात्मक दृष्टि से' ऐसे समाज में कार्य स्वयं चरम मूल्यों की प्रत्यक्ष अभिव्यक्ति हो जाते हैं अर्थात् कर्मकांड (रिचुअल) भी पवित्र हो जाते हैं, और फलस्वरूप खाद्य वस्तुएँ (कन्द, मूल, फल, सात्त्विक भोजन, पवित्र भोजन) तथा जीविकोपार्जक कर्म (भिक्षा, वेदपाठ, पुरोहिती आदि) भी पुनीत हो जाया करते हैं। तुलसी में समाज के अभिप्रेत को, तथा कार्यों को, प्रभावित करनेवाली इस विधि की प्रधानता पाई जाती है, वहाँ साधन और साध्य में सामरस्य हो गया है। इस समाज के सदस्यों का आचरण एक टाइप या मर्यादामान (नॉर्म) की अनुगामितावाला होता है अर्थात् इनमें संस्थाएँ समूहगत सुदृढ़ता का हेतु होती हैं। इसलिए ऐसे समाज में परम्परागत संस्कृति का प्रभाव रूढ़ियों एवं परिपाटियों (मोरेस) के रूप में व्याप्त होता है; और प्रथाएँ (कस्टम्स) सभी चीज़ों को अचल-सा बना देती हैं। इसी अचलता के अन्तराल से प्रतिद्वन्द्विता और प्रतियोगिता, संघर्ष और सहयोग का उद्घाटन होता है; और समाज के विभिन्न मानव-समूहों की भूमिकाएँ भिन्न-भिन्न हो जाती हैं। 'सहकारिता' और 'संगठन' (सुदृढ़ता एवं सूत्रबद्धता) पर आधारित ऐसे लोकसमाजों में 'कार्य' की दूरगामी पहल होती है क्योंकि वे लक्ष्यों के आमने-सामने होते हैं। इसीलिए एक भी व्यक्ति के उल्लंघन अथवा मर्यादा-पालन पर पूरी-की-पूरी संस्कृति मानो झकझोरित तथा जागरूक हो जाती है। इसी समाज के 'निषेधात्मक पक्ष' भी होते हैं जब कोई व्यक्ति या समुदाय, किसी अन्य समूह के साथ संघर्षरत हो जाता है। वर्ण तथा जाति में बँटे समाज में संघर्ष बहुत विषम तथा निरन्तर होते हैं। भू-आधिपत्य वाले परिवार सबसे अधिक लाभ और शक्ति की स्थिति में होते हैं तथा अन्य वर्गों में धरती की भूख तथा पेट की भूख धधक उठती है। फलस्वरूप शोषण, दमन, नृशंसता, हिंसादि के अलावा यातना, रोग, आर्थिक अधोगति, राजनीतिक छल-कपट और व्यक्तित्व का विकृतीकरण भी समाज में फैल जाते हैं। वर्णमूलक समाज बुनियादी तौर पर विघटक तथा प्रतियोगिता वाले होते हैं। अतः तुलसी ने समाज के इन दोनों पहलुओं को (एक मिथकीय परिवेश में तथा स्वतन्त्र रूप से भी) लिया है; लेकिन मुख्यरूप से धार्मिक तथा आध्यात्मिक संस्थाओं के परिवेश में यह ग्रहण हुआ है।

समग्र रूप से तुलसी ने तत्कालीन समाज के यथार्थ के प्रति एक निराशावादी इतिहास की दृष्टि को प्रमुखता दी है। तुलसी ने कलियुग-वर्णन में जिस सामाजिक यथार्थता को अतिशयोक्ति और सन्ताप के साथ चित्रित किया है उससे सामाजिक स्वरूप-गठन का जो चित्र मिलता है उसकी कई विशिष्टताएँ हैं : पहले तो उन्होंने कलि-वर्णन की एक पौराणिक तथा धार्मिक परिपाटी का पालन किया है जिसमें वर्ण, आश्रम तथा वेद तीनों के लोप के फलस्वरूप ह्रास की विभीषिका बताई गई है; दूसरे, उन्होंने अपने कुसाज समाज के भी रंग भरे हैं जिनमें सामन्तीय युग के अन्तर्विरोध उग्र

और कटु और कुचाली हो उठे हैं; तीसरे, उन्होंने केवल हिन्दू समाज, उसमें विशेष रूप से ग्राम्य (व थोड़ा नगर) समाज, और उसमें भी विशेषरूप से सन्तों, साधुओं, ब्राह्मणों की दृष्टि से परखा गया, समाज लक्षित हुआ है; चौथे, उन्होंने सामाजिक परिवर्तन के, प्रधान रूप से, वे द्वन्द्व, वे प्रतियोगिताएँ ली हैं जो संस्थाओं के मर्यादामानों (नॉर्म्स) को ढहाती जा रही हैं; पाँचवें, उन्होंने प्रशासनिक परिवर्तनों पर कम कहा है; छठे, उन्होंने कलियुग का मूल्यांकन वेद-वर्ण-आश्रम, काल-कर्म-स्वभाव, सत्त्व-रज-तम, इन तीन त्रिकोणों के द्वन्द्वात्मक आधार पर किया है और कलियुग के सामाजिक कार्यवृत्त की तब्दीलियाँ स्वीकार की हैं; तथा सातवें, उन्होंने तत्काल के समाज के घोर भौतिक यथार्थ का प्रतीक जो मनुष्य माना है वह खल (दुष्ट या असाधु) है। यह मनुष्य मानो तत्कालीन समाज में मनुष्य का एक अन्धकारपूर्ण बिम्ब है। इसकी टक्कर में उन्होंने मनुष्यों में सन्त तथा भक्त (जटायु, भरत और सनकादि भी शामिल हैं), और उनमें भी सर्वोच्च आदर्श श्रीराम को लिया है। कलियुग का नायक रावण के बजाय खल ही अधिक मालूम होता है। इन 'सातों' बातों को ध्यान में रखकर हम पहले तुलसी के अनुसार उनके वास्तविक समाज को यथातथ्य पेश करेंगे, फिर संस्थागत उस समाज की बारीकी में आएँगे।

यथार्थता को समझने के लिए **'कलियुग'** की धारणा भारतीय इतिहासदर्शन का अंग रही है। कलि का रंग काला तथा वर्ण शूद्र कहा गया है। इसका महादेवता यम कहा गया तथा इस काल में इष्ट दो हैं–शक्ति (चंडी) और मंगल (विनायक) [कालौ चंडीविनायकौ]। इस काल में इहलौकिक उन्नति की प्रमुखता के कारण आभिजात सांस्कृतिक दृष्टि में कलि का अर्थ 'पाप' लगा लिया गया और पवित्रतावादी जीवनदर्शन के कारण इहलौकिक उन्नति (अर्थात् आध्यात्मिक धर्म का लोप) हमारी मध्यकालीन मानसिकता में 'पतन' की ऐतिहासिक नियति बन गई। इस तरह पापपूर्ण कलिकाल कुटिल और भयंकर होकर पतन की 'अनिवार्यता' (नेसेसिटी) बन गया। इस अनिवार्यता से 'स्वतन्त्रता' का मार्ग मात्र आध्यात्मिक मुक्ति ही स्वीकृत हुआ। तुलसी की ब्राह्मण-मानसिकता इसी आभिजात्य दर्शन में फँसी रही किन्तु 'कवितावली' तक आते-आते वे मनुष्य की यातना और उससे लड़ने के लिए लोकमंगलपूर्ण संघर्ष तथा संगठन की शक्ति पेश करने लगते हैं। रामलीलाओं का आयोजन करके तथा युवकों के लिए हनुमान्-अखाड़ों की व्यवस्था करके वे समकालीन संगठनों को भी स्थापित करते हैं– 'संघे शक्तिः कलौ युगे।'

यह भी अनिवार्य था कि जब शूद्र वर्चस्व पाने की स्थिति में आएँ, जब नीच कहे जानेवाले सन्त वर्णाश्रम-व्यवस्था का खंडन कर रहे हों, जब शूद्रशक्ति श्रम की प्रतिष्ठा कर रही हो और जन्म की अवहेलना कर रही हो तब प्रभुवर्ग के लिए कलि पाप का पर्याय हो ही जाएगा और इहलौकिक उन्नति पतन मानी ही जाएगी। मानसिकता की दृष्टि से तुलसी आभिजात्य-चक्र के मोह से जूझते हैं। वे इहलौकिक उन्नति की कामना तो किसानों दीनों-हीनों के लिए करते हैं तथा सामन्तीय रति-विलास का विरोध डटकर

करते हैं। वे प्राकृत नरपतियों के भी विरोधी हैं और उन्हें स्पष्ट हो चुका है कि क्रूर सामन्तवाद तथा उससे उपजे क्रोध और वासना, स्वार्थ और शोषण आदि को समाप्त करने के लिए सशस्त्र संघर्ष ही एकमात्र विकल्प है। कलिकाल के अनुभव के माध्यम से तुलसी ने जनता की पीड़ा का पूरा अहसास किया है। 'मानस', 'विनयपत्रिका' तथा 'कवितावली' के ऐतिहासिक कालों (कलिकालों) की इतिहास-आलेख-कारी भी इसीलिए भिन्न-भिन्न हो गई हैं जो तुलसी की आत्मजागृति तथा सामाजिक उद्‌बोधन को लक्षित करते हैं। अतः कलियुग अर्थात् अपने ऐतिहासिक काल की जनता की पीड़ा और यातना की कविता तो वे लिखते हैं किन्तु साथ-साथ उसके सामाजार्थिक आधार वर्णाश्रम को तहस-नहस नहीं करते बल्कि 'परिवार' एवं 'राज्य' की नई धुरियों में उसका पवित्रीकरण एवं मर्यादीकरण कर डालते हैं। सामाजिक प्रगति के लिए उनका यही द्वन्द्वात्मक नज़रिया रहा।

तुलसी के अनुसार उनका समाज 'घोर' कलियुग में स्थित है, यद्यपि हिन्दू मस्तिष्क में कलियुग-धारणा गुप्तकाल के बाद से ही जड़ जमा चुकी थी। उनके अनुसार सत्ययुग के समाज में ध्यान, त्रेता के समाज में यज्ञ, द्वापर के समाज में पूजन, तथा कलियुग के समाज में नाम ही चरम लक्ष्य का साधन हैं। तुलसी ने 'अपने' समाज में नाम को चरम साधन बनाया। उन्होंने अपने समाज की नैतिक तथा पारिवारिक मान्यताएँ प्राकृत जन-गुण-गान में नहीं, हरिगुण-कथाओं के गान में प्रतिष्ठित कीं। इस समाज की चरम आस्था है ईश्वर-भक्ति। इसके उठने पर मनुष्य भाँड़ या बहुरूपिए की तरह नाना झूठे और दुहरे और बदले हुए जीवन अपनाने को विवश है (बरवै, 66)। तुलसी ने अपने समाज के लिए परम्परागत औचित्य-अनौचित्य के द्वन्द्वात्मक श्रेणी-युगल भी बनाए हैं जिनके बीच समूह और व्यक्ति काल, स्वभाव तथा कर्म को प्रबलता (सामाजिक, वैयक्तिक और वर्गीय आवश्यकता) के आधार पर चुनाव करते हैं। ये द्वन्द्वात्मक श्रेणी के युगल हैं : जीव-ईश्वर, अनुराग-वैराग्य, पाप-पुण्य, माया-ब्रह्म, दुख-सुख, विष-अमृत, नरक-स्वर्ग, मगध-काशी (विलासपुरी और तीर्थ), कर्मनाशा-गंगा, कुजाति-सुजाति, दानव-देवता, क़साई-ब्राह्मण, राजा-रंक, दरिद्रता-लक्ष्मी। व्यक्ति को इन गुण-दोषवाले श्रेणी-युगल में-से चुनाव करना होता है। जो गुण को चुनता है वह सन्त है, जो दोष चुनता है वह खल (मानस 1/5/3-5, 1/6/1)। अपने समय के समाज में वे तीन तरह के मनुष्य मानते हैं : पाटल की तरह से फूल देनेवाले, आम की तरह से फूल और फल दोनों देनेवाले, तथा कटहल की तरह से केवल फल देनेवाले। इसी तरह समाज में कुछ मनुष्य केवल कहते हैं (करते नहीं), दूसरे करते और कहते भी हैं और तीसरे केवल करते हैं पर वाणी से कहते नहीं (मानस, 6/89 छन्द)। अपने धार्मिक समाज में वे विषयी, साधक और सिद्ध तीन तरह के मनुष्य मानते हैं। विभिन्न सामाजिक समूहों के अन्तर्गत वे साधक, सिद्ध, विमुक्त, उदासी, कवि, विद्वान, कर्मज्ञाता, संन्यासी, जोगी, शूरवीर, बड़े तपस्वी, ज्ञानी, धर्मपरायण, पंडित और विज्ञानी (मानस, 7/123/3) मानते हैं जो व्यष्टि और समष्टि के उभयाधार लिये हैं। इन समूहों का वे और विभाजन करते हुए इनके

अन्तर्गत ब्राह्मण, राजा, वैश्य, शूद्र, स्त्री, गृहस्थ, वानप्रस्थ (वैखानस) को भी शामिल करते हैं। समाज के प्रमुख पेशों तथा कार्यधर्मों के अन्तर्गत वे खेती, मज़दूरी, विद्या, बनिज (वाणिज्य-व्यापार और लेन-देन), सेवा तथा कारीगरी को गिनाते हैं। इनकी संख्या में राजकार्य, मणि, घोड़े, रस, गोरस, खेती, विप्रकार्य, साज-सजावट, व्यापार, विद्या, वस्त्रकार्य, गृहकार्य, यज्ञ, विवाह, उत्सव, व्रत, यन्त्र, मन्त्र, औषधि, ज्योतिष, लोहे का व्यापार, भैंस का व्यापार, हाथी का व्यापार आदि भी शामिल हैं (रामाज्ञा-प्रश्न, 7/1/2)। 'मानस' के अनुशीलन से उस समाज की विभिन्न सेवामूलक, शिल्प-मूलक, सज्जामूलक क्रियाएँ भी प्राप्त होती हैं : बाजा बजानेवाले, मंगल गानेवाले, सुआसिनियाँ, मागध, सूत, गवैए, चतुर नट, श्रेष्ठ धनी-व्यापारी, भाट, मंडप बनानेवाले शिल्पी, काँवर ढोने तथा मछलियाँ लानेवाले कहार, पट्टेबाज़, मसख़रे, नाई, बारी, दर्ज़ी, तेली, समुद्री मार्गों के व्यापारी, रेशमी कीड़े पालनेवाले (दोहावली 370), मकान बनानेवाले थपति, बढ़ई, तपस्वी, मल्ल, इन्द्रजाल करनेवाले जादूगर, सर्राफ़, बज़ाज़, आदि। इनमें से कुछ पेशे बड़े मुखर हैं : ब्राह्मण गण पुरोहिती, ज्योतिष कर्म, विद्यादान, कथापाठ, गुरुधर्म, दान-ग्रहण, तथा संस्कार-कर्म करते हैं; बन्दीजन राजवंशों की विरुदावली गाते हैं; भिखारी भीख माँगते हैं; और नट लोग पुर के नर-नारियों का मनोरंजन करते हैं। वर्णविभक्त समाज में ये पेशे भी वर्णों की श्रेणी के अनुसार पवित्र-निकृष्ट, श्रेष्ठ और साधारण हो जाते हैं। नट, मल्ल, भाट, भाँड और जादूगर आदि गाँवों के लोगों को ठगते हैं। ये गाँवों के आम फहम ठग थे और अपने पेट के पिटारे भरने के लिए करोड़ों कौतुकों का ठाठ करते थे (कवितावली, 7/86), इन्हें समाज में छोटा दर्जा दिया गया (मानस, 6/28/5)। इस भाँति तुलसी अपने समय के सामन्तीय समाज-स्वरूप का पर्याप्त सर्वेक्षण करते हैं, और इसके पश्चात् हिन्दुओं के समाजशास्त्र को पेश करते हैं।

ज़ाहिर है कि सामाजिक सम्बन्धों तथा सामाजिक अन्तर्क्रियाओं की वजह से नाना भाँति के सामाजिक परिवर्तन होंगे, प्रतिद्वन्द्विताएँ, संघर्ष और विषमताएँ बढ़ेंगी, तथा पुराने परम्परागत ढाँचे में सत्ताधारी सामन्त-वर्ग अपनी शक्ति और सत्ता को मज़बूत करेगा। हम पहले ही कह चुके हैं कि शूरवृत्त के सामन्त, तथा अकबर के पूर्ववर्ती समय का समाज युद्ध, जात्यभिमान, शृंगारिकता, दुस्साहसिक शौर्य, भूमिगत शोषण आदि के शिकार थे। वासनाविलास, नारी-भोग, यौनाचार आदि की प्रबलता की वजह से दरबारी संस्कृति का चरित्र नारीमय (फ़ेमिनिन) हो गया था; तथा युद्धों की विभीषिकाओं के कारण चालाकी, छल, फ़रेब, झूठ, लोभ, नैतिक पतन, शोषण और दरिद्रता और अकाल सारे समाज को जकड़े हुए थे। नैतिक शब्दावली में ह्रासोन्मुख सामाजिक परिवर्तन के कारण **'पाप'** बढ़ गया है, वर्ण चला गया है, आश्रम चले गए हैं, और राजा-रंक, रागी-विरागी, महाभाग-अभागे सभी तृष्णा से भरे हैं; वेद-पुराण के सुमार्ग छोड़ दिए गए हैं, तथा इस धरती के कार्यों में चतुरता, और परमार्थ के कामों में पाखंड भर गया है (कवितावली, 7/80-85)। वास्तव में पाप और पुण्य की धारणाएँ मध्यकालीन समाज (प्रशासन नहीं) की पुरस्कार या दंड संहिताएँ हैं; और वर्ण-आश्रम-श्रुति कसौटी के रूप

में तत्कालीन समाज की निर्मिति (सोशल कॉन्स्ट्रक्ट)। पाप के साथ-साथ सामाजिक यातना और यन्त्रणा को **'ताप'** माना गया है जिसके कारणों की छानबीन में अलौकिकता, भाग्य और कर्मफल आए हैं। यह तत्कालीन सामाजिक विश्लेषण की सीमा है। ताप को तपस्या से और पाप को भक्ति से हटाने का विधान (कार्य के सक्रिय व्यवहारों से हट जाने के कारण) तुलसी के हिन्दू समाज की सामूहिक-वैयक्तिक चेतना थी। इसी के समानान्तर तुलसी ने उच्चवर्गीय साध्यरूपान्तरित साधनों का भी एक दुखद मसविदा लिखा है। राज-समाज करोड़ों कुचालों से भर गया है, वह नीति नहीं जानता, प्रजा उसे प्राण-समान प्रिय नहीं है। यह वर्ग परस्त्री-सेवन, परधन-भोग, पर-अपवाद या निन्दा, परबैर में रत हो गया है। राज-समाज प्रजा को खा डालनेवाला है। अतः यह बड़ा ही छली है (कवितावली 7/85, विनयपत्रिका, 201, मानस, 7/97/1)। इस वर्ग के छल और कुचालों की वजह से अन्य वर्ग भी भ्रष्ट और पतित हो गए हैं। 'लोभ' और 'झूठ' और 'दुष्टता' से सारे सामाजिक कार्यों तथा सम्बन्धों में छल, चतुरता, स्वार्थ, दिखावा आ गया है। मृदुभाषी साधु और सहज मनुष्य, दोनों ही लोभ तथा तृष्णा के शिकार हैं; अर्थात् वे अब भौतिक सुरक्षा और अपने अस्तित्व की रक्षा के लिए उच्च वर्ग की विचारधारा का अनुकरण करने लगे हैं। सारांश में, उनमें दिखावा और दुहरापन आ गया है। सर्वभक्षक परमार्थी हो गए हैं, पाखंडी सन्मार्गी हो गए हैं, बटमार नट हो गए हैं, खुशामदी भाँड़ व भाव-भंगिमा बनानेवाले भँड़ुए (कामिनियों के एजेंट ?) मालिकों के प्रिय हो गए हैं, अशुभ वेश-भूषा धारण करनेवाले, भक्ष्याभक्ष्य का ध्यान न रखनेवाले ही योगी, सिद्ध तथा पूज्य हो गए हैं, आचरण से अपकारी मान्य-गौरवशाली तथा मन-वचन-कर्म से झूठे वक्ता हो गए हैं, (दोहावली, 549, 550, 551), वेदपथ-त्यागी ही वैरागी बन गए हैं, बड़े-बड़े नख और विशाल जटाएँ रखनेवाले तपस्वी हो गए हैं, दम्भी आचारी कहलाने लगे हैं, झूठे और मसख़रे गुणवन्त माने जाने लगे हैं, दूसरों का धन हरनेवाले बुद्धिमान कहलाए जाते हैं, डींग मारनेवाले पंडित हैं, दम्भ तथा मिथ्या में डूबे सन्त हैं, (मानस, 7/17, 98, 99)। यही **'पाखंड'** है। निश्चित ही यहाँ सन्त तुलसी अतिशयोक्ति और नैतिक निराशा से भी प्रभावित हैं। किन्तु कबीर की उग्रता और विद्रोही बदमस्ती की अपेक्षा पाखंड उद्घाटन की उनकी शैली सुधारवादी, प्रलापपूर्ण है। पाखंड के उद्घाटन के साथ-साथ तुलसी ने इस ह्रासोन्मुख समाज के वर्ण तथा आश्रम के ढाँचे में जो परिवर्तन देखे हैं उनमें से वे अच्छे-बुरे के बीच भेद करने में पूर्णतः असमर्थ रहे हैं। उनके सामने वर्ण-आश्रम-श्रुति-सम्मत एक समाज का चित्र था जिसकी कसौटी पर उन्होंने अपने समाज को कसा। इसलिए उनमें इन सामाजिक परिवर्तनों के प्रति शोक और रोष है। इधर ब्राह्मणों की उपेक्षा और उनके कार्यों तथा पदों के प्रति अनास्था पर वे शोक-विलाप करते हैं तथा उधर शूद्रों की सामाजिक क्रान्ति के प्रति वे रोष प्रकट करते हैं। उन्होंने इसी शोक और रोष की अभिव्यक्ति का मूल्यमीमांसक प्रसार सारे सामाजिक परिवर्तनों में किया है जो वर्ण-आश्रय-श्रुति के कई मानदंडों को असंगत एवं अपूर्ण सिद्ध करते हैं। वेद न जाननेवाले तथा विषय-भोग में लीन ब्राह्मण के प्रति; नीति

न जाननेवाले तथा प्रजा से प्यार न करनेवाले क्षत्रिय के प्रति; कंजूस और अतिथि-सत्कार तथा शिवभक्ति में अकुशल वैश्य के प्रति; ब्राह्मणों का अपमान करनेवाले, वाचाल, मानप्रिय, ज्ञानगुमानी शूद्र के प्रति; कर्ममार्ग त्यागनेवाले गृहस्थ के प्रति; ज्ञान-वैराग्यविहीन तथा प्रपंचरत संन्यासी के प्रति तुलसी को शोक है (मानस, 2/171/1-4)। उनका विशेष रोष शूद्रों के प्रति ही प्रकट हुआ है क्योंकि शूद्र कहे जानेवाले लोगों को इस्लाम ने आज़ादी और इन्सानियत का बोध दिया था तथा इसी वर्ग से अनेक दर्शनिक निर्गुण सन्त उभरकर वर्णाश्रम-धर्म की धज्जी उड़ा रहे थे। शूद्रों ने घोषणा की कि "जो ब्रह्म को जानता है वही श्रेष्ठ ब्राह्मण है" (दोहावली, 553)। शूद्रों में नीच तेली, कुम्हार, चांडाल, भील, कोल और कलवार अर्थात् निर्गुण-मार्गी सन्त सम्पत्ति नष्ट हो जाने पर (खेतों से ब्राह्मणों-ठाकुरों द्वारा बेदखल कर दिए जाने पर) संन्यासी हो जाते हैं और अपने को ब्राह्मणों से पुजवाते हैं (मानस, 7/99/3)। यह वर्णों की जातिगत श्रेष्ठता को प्रचंड चुनौती थी जिसके प्रतिरोध में ग़रीब और साधारण तुलसी भी प्रचंड ब्राह्मणवादी हो गए हैं। तुलसी गोरखनाथ पर भी रुष्ट हैं कि उन्होंने जोग जगाकर लोगों को भक्ति से विमुख कर दिया (कवितावली, 7/84)। वे वाममार्गियों पर भी रुष्ट हैं कि उन्होंने स्त्री-पूजा का व्यभिचार फैलाया; अतः वे जीवित होकर भी मृतक के समान हैं (6/30/1 'मानस')। उन्हें और कई बातों पर रोष है कि ब्राह्मण अज्ञानी, कामी, क्रोधी, लोभी, घमंडी (विनयपत्रिका, 139), मूर्ख और नीची जाति की स्त्रियों के स्वामी हो गए हैं (मानस, 7/99/5) जिससे देवमन्दिरों, तीर्थों, पवित्र पुरियों में निपट भ्रष्टाचार और भ्रष्ट वातावरण फैल गया है (दोहावली, 558); शरीर-सुखभोगी व वासना छिपानेवाले रामोपासक हो गए हैं (तत्कालीन अयोध्या तथा काशी का वातावरण); लोग विरति-विवेकयुक्त हरिमार्ग छोड़कर अनेक पन्थों की (दीनइलाही भी) कल्पना करते हैं (दोहावली, 555, 558)। इस भाँति चारों ओर चतुरता और पाखंड ही साधन हो गए हैं। वैदिक अनुशासन के हटने से और सामन्त युग के शौर्य-विलास, शोषण-स्वेच्छाचार के फैलने से व्यापक समाज भी अधोमुख हुआ था। तुलसी ने एक धार्मिक द्रष्टा की तरह सारांश दिया है कि लोक और वेद दोनों की मर्यादा चली गई है, प्रजा अवनत होकर पाखंड में लिप्त है, कपट बढ़ गया है, धन (टेढ़ापन पैदा करनेवाला) और प्रभुता (लोकदशा को अनसुना करनेवाली) तथा कामुकता (मृगनयनी के लोचनों से घायल होनेवाली) अर्थात् 'घन' और 'शक्ति' और 'काम' समाज के अभिलषित हो गए हैं (विनयपत्रिका, 139)।

कृषि पर आधारित ऐसे सामन्तीय समाज में 'धरती', 'धन' और 'घर' इन तीनों को सारे समाजहित से अधिक व्यक्ति-केन्द्रित हो जाना पड़ता है (कवितावली, 7/124)। इन्हें प्राप्त करने की ज़रूरत तथा सुरक्षित रखने का लाचच मनुष्य से सब कुछ करवाता है। चतुरता तथा पाखंड इन्हीं आर्थिक और पारिवारिक संस्थाओं की रक्षा के लिए वे साधन हैं जिन्हें उच्च वर्ग तथा विघटनकारी समाज साधारण लोगों पर थोपता है। फलस्वरूप सारे समाज का अव-मानवीकरण (डी-ह्यूमनाइज़ेशन) हो जाता है। तुलसी ने ऐसे समाज का प्रतीक **खल** (असाधु या दुष्ट) माना है। यह नामकरण उनके नैतिक

आदर्शों की रोषपूर्ण अभिव्यक्ति होने के साथ-साथ बहुत सर्वसाधारण भी है, लेकिन इससे तत्कालीन सामाजिक अन्तर्क्रियाओं का पूरा उद्घाटन हो जाता है। हाँ, हमें धरती (कृषि), धन (वैभव) और घर (काम) को ध्यान में रखना होगा। इनके लिए ही गुरु शिष्य का धन हड़प जाते हैं (मानस, 7/99), लोग कौड़ियों के लिए ब्राह्मण तथा गुरु की हत्या कर डालते हैं (यहाँ मठों की सम्पत्ति के झगड़ों का अनुभव है), मृदुभाषी साधुओं के हृदय से भी धन-धरती-घर की तृष्णा दूर नहीं होती (कवितावली, 7/80), संन्यासी बहुत धन लगाकर अपने घरों को सजाते हैं और विषयों के वश में हैं (मानस, 7/100/1-5)। ऐसे समाज के तत्कालीन कार्य चरम लक्ष्यों और संस्कृति-प्रतीक को लीत देते हैं और केवल अभिप्रेत में बँध जाते हैं–धन, धरती और घर के अभिप्रेत में। ये अभिप्रेत सामन्तों के लिए कृषकों के शोषण, भूमिविजनों और विलासी महलों में महारूप धारण कर लेते हैं। तुलसी ने इस समाज के प्रतिनिधि खल की वन्दना की है कि अब वे सर्वसमर्थ हो गए हैं। उन्हें परहित की हानि में ही लाभ, परदोष के वर्णन में ही आदर्श, तथा परदोष-दर्शन में ही हित मिलता है (मानस, 1/3/1-6)। ये खल अर्थात् तत्कालीन समाज के संगठित स्वार्थोंवाले समुदाय, समूह, व्यक्ति, सम्प्रदाय आदि परद्रोही, परनिन्दक, परअपवाद में रत, पर-सम्पत्ति देखकर सदा जलनेवाले, अकारण वैर करनेवाले, परधन लूटने में रत, परदार के लिए व्याकुल हैं। सारांश में ये 'शिश्नोदरी (आहार-मैथुन के स्तरवाले हैं), स्वार्थ-रत हैं, निर्दयी हैं, कपटी हैं, परधन-स्वामी हैं। लोभ ही इनका ओढ़ना-बिछौना है, तथा झूठ ही इनका लेना-देना-भोजन है (मानस, 7/39/1-4)। ऐसे विलासी शोषक एवं स्वार्थी खल समाज में लोग नारी के वश में हैं। परकीयाएँ अर्थात् अभागिनी स्त्रियाँ पर-पुरुष सेवन करती हैं (सामन्तों और जागीरदारों द्वारा परकीया-प्रलोभन तथा नारी-हरण) तथा विधवाओं के नित्य नए-नए शृंगार होते हैं (अकबर के विधवा-विवाह विषयक सुधार पर भी व्यंग्य)। लेकिन ऐसा खल समाज कौन-सा है ? क्या साधारण गृहस्थ, किसान, भिखारी, सेवक (किसान, मज़दूर) अर्थात् देश के 90% जन खल हैं ? खल वे हैं जो परधन-स्वामी हैं, परदार-भोगी हैं, पर-अपवाद में रत हैं, परद्रोही हैं। निश्चित ही ये खल हैं। बड़े-बड़े विलासी जागीदार, कोतवाल, ठाकुर, छोटे-छोटे दर्पोन्मत्त बड़े ज़मींदार कुल, भोग और सम्पत्ति में लिपटे संन्यासियों के मठ, पाखंडी साधु-मुनि-सन्त आदि। हाँ, साधारण लोकजन पर इनका घातक और निर्दय प्रभाव अवश्य पड़ा है जिसकी वजह से उन्हें भी चतुर, चुगलख़ोर, चापलूस, कपटी, स्वार्थी बनना पड़ा। सेवकों (जागीरदारों के किसान-मज़दूरों), भिखारियों (बेखेतिहर दरिद्र लोगों) को क्रमशः सुख और सम्मान पाना आकाश से दूध दुहने के समान था। यहाँ इस तथ्य का ध्यान रखना होगा कि समाज का यह निरूपण विरत, 'जनमंगल' के उपासक तुलसी की नैतिक मर्यादाओं की दृष्टि से हुआ है। निष्कर्ष यह है कि तत्कालीन सामन्तीय समाज के सत्ताधारी वर्ग और स्वार्थी समूहों की सामान्य प्रवृत्तियों को खल या दुष्ट या असाधु के नए चरित्र में केन्द्रीभूत किया गया है। सम्पूर्ण तत्कालीन समाज को एक चरित्र-प्रतीक प्रदान करने की दृष्टि से तुलसी की यह एक महत्तम देन है जिसके

चारों ओर हमारा समाजशास्त्रीय परिमापन (सोशियोमेट्रिक्स) तथा भीरु आस्थावाले साधारण जनों का रोष, शोक, याचना-यन्त्रणा केन्द्रीभूत हुई है। इसी सांस्कृतिक चरित्र-प्रतीक की टक्कर में तुलसी ने मर्यादा-पुरुषोत्तम (किन्तु अवतार भी) राम, सन्त, राम-परिवार और रामराज्य का अभिषेक किया है। दोनों ही पूरक तथा विरोधी सांस्कृतिक चरित्र-प्रतीकों में एक व्याकुलता, लोकमंगल की एक विराटता, एक छटपटाहट परिव्याप्त है।

क्या तुलसी इस सामन्तीय महापतन अर्थात् 'कलिकुचाल' के कारण की खोज कर सके हैं ? उत्तर बहुत बंकिम होगा। अपने रचना-क्रम के परारम्भ में जब वे संसार को मिथ्या, माया, भ्रम आदि मानते हैं (मानस, वैराग्य सन्दीपनी, विनयपत्रिकादि), तब तो वे 'पाप' और 'भाग्य' के जंजाल में फँसे हैं; तब उन्हें कलिकाल पीड़ित करता है। लेकिन जब वे समाज के पूरे रंगमंच को देखते-देखते तथा भोगते-भोगते यथार्थवादी एवं व्यावहारिक भी होते जाते हैं (दोहावाली, कवितावली, हनुमानबाहुकादि) तब वे कलिकाल की गरदन मरोड़ देते हैं। अपने जीवन के परवर्ती चरण में तुलसी आध्यात्मिक और स्वप्नद्रष्टा के बजाय क्रमशः धार्मिक और यथार्थद्रष्टा हुए हैं। उन्होंने अन्ततः घोषित ही किया कि सारे समाजतन्त्र का आधार 'पेट' अर्थात् आर्थिक शक्ति है (कवितावली, 7/96)। 'यह उनके समाजदर्शन की महत्तम सिद्धि' है जो उन्हें कबीर तक से बहुत आगे ले जा सकती है। **आर्थिक दरिद्रता** को इतना भोगने, समझनेवाला मनुष्य, दरिद्रता के सामाजिक परिणामों को इतना सटीक विश्लेषित करनेवाला समाजपुरुष, और दरिद्रता से इतनी प्रगाढ़ नफ़रत करनेवाला लोककवि तुलसी के अलावा सारे मुसलिम मध्यकाल में कोई दूजा नहीं है। मध्यकाल की केवल एक ही अवस्था थी : लक्ष्मीपति सामन्तेश्वर लोग और दारिद्रय तथा तज्जन्य दुख भोगनेवाले लोकजन। और इसके मूल में थी–भूमि-व्यवस्था। भूमि से ही सामन्तों का विलास तथा धन, लोकजनों का शोषण तथा अकाल उद्‌भूत होता था। इस भूमि-व्यवस्था के कारण ही राजा और रंक की, ऐश्वर्य और अकालों की, चतुरता और पाखंड की, अन्धविश्वासों और निराशा की काली छायाएँ शताब्दियों तक फैली रहीं। मध्यकालीन साहित्य में समाज के आर्थिक आधार को केवल तुलसी ही छू सके हैं–'सन्त' तुलसी ! तुलसी ने कहा है कि देश में किसबी (मजदूर), गृहस्थ (किसान- परिवार), व्यापारी, भिखारी, भाट, चाकर (दास), चपल नट, चोर, चार (दूत-दूती) और चेटकी (बाज़ीगर) जैसे साधारण नब्बे प्रतिशत से अधिक लोग 'मात्र पेट भरने के लिए' पढ़ते, गुण गढ़ते, पहाड़-चढ़ते, तथा मृगया की खोज में दुर्गम वनों में भटकते हैं (कवितावली, 7/96); पेट के लिए ही लोग ऊँचे-नीचे कर्म, धरम-अधरम करते हैं, यहाँ तक कि बेटा और बेटकी (बिटिया) तक बेच देते हैं। यह पेट की आग दावाग्नि से भी बड़ी है (कवितावली, 7/96)। जीविका से विहीन लोग दुख और शोक भरे हैं, उसके सामने कोई रास्ता नहीं है, भिखारी को भीख नहीं है, बनिए का व्यापार नहीं चलता तथा नौकर को चाकरी नहीं मिलती (कवितावली, 7/97)। दारिद्रय-रूपी रावण ने दुनिया दबा ली है 'जिसके कारण ही' पाप की ज्वाला का हाहाकार फैल गया है।

दिनोंदिन दरिद्रता, दुर्भिक्ष, दुख, पाप और कुराज्य को दूना देखकर 'सुख' और 'सुकृत' संकुचित हो रहे हैं। ऐसे में ज़ोर-ज़बरदस्ती से ही अपना हक़ पाया जा सकता है। मनुष्य का शरीर दरिद्रता और दुख के कारण जलता रहा है (कवितावली, 7/81, 7/24)। ऐसे समय (कलिकाल) में कोढ़ में खाज की तरह अकाल पड़ते हैं (विनयपत्रिका, 219)। ऐसे समय (अकबर के शासनकाल) में बार-बार अकाल पड़ते हैं (मानस, 7/100/5) और अन्न के बिना 'सब' लोग (केवल 'खल' नहीं—रेखांकित करने योग्य तथ्य) दुखी होकर मरते हैं और कोई बहन-बेटी का भी विचार नहीं करता। तुलसी के इस आर्थिक इतिहास- आलेख-कारी से स्पष्ट है कि भूमि-व्यवस्था और अन्य सहवर्ती कारणों से, ग़रीबी, बेरोज़गारी, शोषण, अराजकता (कुराज्य); नैतिक पतन (पाप) और अन्ततः अकाल का भोगना ही लोकजन के हिस्से में पड़ा था। इसलिए दरिद्रता के सहयोगी 'दुख' और 'पाप' उन्हें जकड़े रहते थे। किसबी और गृहस्थों के खेत दखल हो जाने पर, तथा अन्य छोटे जनों के जीविकाविहीन हो जाने पर, उनके सामने देश-देश भटकने और जाति-कुजाति सभी छोड़कर भीख माँगने के अलावा दूसरा रास्ता नहीं था (मानस, 7/100/4) क्योंकि उत्पादन के साधन सीमित तथा भूमिपालों के हाथ में थे। इसीलिए कवियों के झुंड-के-झुंड आश्रयदाता-विहीन हो गए थे, उदार (आश्रयदाता) सुनाई नहीं पड़ते थे और गृहस्थ सुहागिनें आभूषणरहित, और गृहस्थ दरिद्र हो गए थे (मानस, 7/98/3, 7/100/5)। इस ग़रीब भारतीय जन का शोषण केवल सामन्त ही नहीं, ब्राह्मण-तपस्वी और संन्यासी भी करते थे। तपसी धनवान हो गए थे, संन्यासी धन लगाकर घर को सजाते थे (मानस, 7/100/5)। **धन की शक्ति** के कारण 'नीच' जाति के लोग भी कुलीन माने जाते थे, अर्थात् समाज की प्रतिष्ठा का आधार वर्ण के स्थान पर वर्ग, कुल के स्थान पर अर्थ हो रहा था। धन की पूरी शक्ति का अनुभव करने के बाद ही तुलसी ने कहा है कि दान, दया, यज्ञ, कर्म और उत्तम कर्म सब धन के अधीन हैं (कवितावली, 7/87)। इस तरह तुलसी ने **ग़रीबी** अर्थात् भूमि के साथ पाप और दुख को जोड़ा है, तथा **धन** और उससे उत्पन्न सत्ता के साथ चतुरता और नैतिक प्रभुत्व को (कवितावली, 7/87)। टोडरमल ने देश के आर्थिक इतिहास का प्रशासकीय पक्ष दिया है, और तुलसीदास ने उसका सामाजिक अन्तर्क्रियाओंवाला। ये दोनों मिलकर ही उस युग का पूरा फलक बनाते हैं और जिस एकमेव तथ्य को उद्घाटित करते हैं वह भूमि-व्यवस्था है। तुलसीदास के भूमि और धन सम्बन्धी ये निष्कर्ष भारतीय मध्यकालीन समाजशास्त्र के अध्ययन की सुव्यवस्थित भूमिका भी हैं। इन्हीं दोनों निष्कर्षों को उनके संवेदनशील मनुष्य तथा भक्त ने आध्यात्मिक धारणाओं में रूपान्तरित कर डाला है, अर्थात् अपने समय के समाज के सबसे प्रधान 'दैहिक ताप' के रूप में दारिद्रय, 'भौतिक ताप' के रूप में दुख और 'दैविक ताप' के रूप में पाप की घोषणा करके उन्होंने कलियुग-वर्णन को अपने समाज-विश्लेषण का ठोस कैनवास दे डाला (विनयपत्रिका, 139)। अतः उस समाज की तीन सबसे बड़ी कुरीतियाँ—सामन्तीय भूमि-व्यवस्था से उत्पन्न 'दरिद्रता' और उससे उत्पन्न 'दुख' और उसके कारण ही

लोकमंगल-विरोधी 'कार्य' (पाप) सिद्ध होते हैं जो आर्थिक सामाजिक और आध्यात्मिक त्रयी को एक परिधि में बाँध लेती हैं।

पाप को दैविक ताप के रूप में प्रतिष्ठित करके तुलसी ने तत्कालीन भौतिक और आध्यात्मिक अन्तःसम्बन्धों का रहस्य भी खोल दिया है। उस समाज के अन्धविश्वासों, अलौकिक विश्वासों आदि का एक बिन्दु इस धारणा में भी है। पाप के भोग और पाप के निवारण के लिए, पुण्य की प्राप्ति और पुण्य के भविष्य-कथन के लिए नाना भाँति के तन्त्र-मन्त्र, अभिचार, माया, शकुन, शुभलक्षण, सौभाग्य आदि पर विश्वास ही उस युग की निराशा और बौद्धिक सीमा की देन हैं। भाग्य अथवा नियति और अन्धविश्वास अथवा जादू प्रबल मध्यकालीन विश्वास थे जो चमत्कार, आश्चर्य, रहस्य, आध्यात्मिकता, अलौकिकता आदि के गूढ़ हेतुओं और अज्ञात कार्य-कारण परम्परा से अव्याख्येय की व्याख्या करते थे। 'मानस' में रामपक्ष के कथानक में **शकुनों** का, और रावणपक्ष के कथानक में अपशकुनों का उदय-अस्त होता है। 'रामाज्ञाप्रश्न' तो शकुनों, लक्षणों, ज्योतिष का ही एक संकलन है जिसमें रामकथा की प्रमुख घटनाओं के परिणामों को सभी मनुष्यों के सौभाग्य-दुर्भाग्य से जोड़ दिया गया है। शकुन-लक्षण आदि कुछ समय के लिए प्रकट होते हैं और संकेत देकर पुनः विलीन हो जाते हैं। शकुन मानव शरीर, पशुओं, पक्षियों, वृक्षों, नक्षत्रों आदि से इंगित होते हैं। इनके आधार पर अनुष्ठान और कृत्य किए जाते हैं (इन्हें टालने या सफल बनाने के लिए भी)। 'कृष्णगीतावली' तथा 'गीतावली' में झाड़-फूँक, जादू-टोने के प्रसंग आए हैं। कुब्जा चन्दनरूपी बाघजुड़ानी-जड़ी सुँधाकर योगिराज कृष्ण को वश में कर लेती है (कृष्णगीतावली, 47); अनमने राम की अवस्था दूर करने के लिए कुलगुरु आकर कुश के नृसिंह मन्त्र पढ़ते हैं (गीतावली, 1/12) और झाड़-फूँक करते हैं। राम द्वारा धनुर्भंग के लिए स्त्रियाँ कनसुई लेती फिरती हैं तथा पुरुष ज्योतिषियों से शकुन पूछते हैं (गीतावली, 70)। लोग विष्णु और शिव को छोड़कर भूतों को भी पूजते थे (दोहावली, 65)। इसके अलावा वह समाज अन्धविश्वासों में जकड़ा हुआ था। ज्योतिष और शकुन-विचार को लेकर ये अन्धविश्वास प्रचलित थे (दोहावली, 453-461)। स्त्रियों द्वारा दीवार पर ऐपन (चावल तथा हल्दी का घोल) के अपने ही छापे पूजने से मनोकामनाओं का पूरा हो जाना (दोहावली, 454), दीपावली के अगले दिन सूप बजाने से दरिद्रता का भाग जाना, दैहिक पीड़ा का पापों का परिणाम अथवा जन्त्र-मन्त्र का फल होना, और पीड़ा को दूर करने के लिए टोटके करना (हनुमानबाहुक, 26, 30, 37), आदि कुछ उदाहरण हैं। 'कवि-समय' अन्धविश्वासों का ललित विश्वासों में रूपान्तरण करते हैं और तुलसी में ये भी प्रचुर हैं। अलौकिक के साथ थोड़े लौकिक आधारों पर स्थित होकर अन्धविश्वास भी रूढ़ि तथा विश्वास बन जाया करते हैं, और एक परम्परा से जुड़ जाते हैं। तुलसी ने मध्यकाल का सर्वप्रमुख विश्वास माना है शम्भु-आराधना जो करोड़ों कल्पवृक्षों के समान सिद्धिदायक है (पार्वतीमंगल 21) और शिव-निन्दा करनेवाला नीच तथा सुननेवाला बड़ा पातकी होता है (वही, 66/8)। उनकी यह धारणा 'मानस' में चहुँव्यापी है। इसी तरह अन्य प्रमुख आस्थाएँ हैं : संसार की थाह पा लेनेवाले सन्त भी कहते हैं कि यह जगत् झूठा है, सारा वैभव दो दिन का सपना है (तत्कालीन निराशा और आध्यात्मिक पलायन की

अभिव्यक्ति...कवितावली, 7/39, 41); मृत्यु के समय कोई भी सम्बन्धी सहायक नहीं होगा (कवितावली, 7/51); जिसका जिस पर सच्चा स्नेह है वह उसे निःसन्देह मिलता है (मानस, 1/258/3); जन्म-मरण, सुख-दुख, हानि-लाभ, प्रिय का मिलन-विछोह आदि काल या कर्म के अधीन हैं (मानस, 2/149/3); जो राम ने रच रखा है वही होगा फिर क्यों कोई तर्क में फँसे; सब अपने किए हुए कर्मों का फल भोगते हैं (2/91/2); सत्संग के बिना हरिकथा सुनने को नहीं मिलती (मानस, 7/61), आदि-आदि। बहुधा इन विश्वासों में निराशा की प्रतिक्रिया अधिक है।

इस भाँति हम देखते हैं कि तुलसी ने कलिकाल का वर्णन ('मानस' तथा 'कवितावली') रावण की मृत्यु के बाद किया है। इस तथ्य से यह स्पष्ट होता है कि कलिकाल का समाज राक्षस रावण का 'आर्येतर' समाज न होकर वर्णआश्रम-श्रुति की मर्यादा से गिरा स्वार्थी हिन्दू समाज ही है। इसीलिए हम इस वर्णन में समाज का मुग़ल-रंगमंच अर्थात् तत्कालीन समाज का एक खंड भी पाते हैं। 'विनयपत्रिका' का कलिकाल-वर्णन भी इसी भाँति रामराज्य और राम-दरबार के बाद ही आया है। राक्षसों का समाज तो कौतुक, माया, चमत्कार, तामसिकता से संचालित है, और आर्यों के जातीय अवचेतन का अवशेष है। 'मानस' का कलिकाल-वर्णन अपेक्षाकृत परम्परागत है, जबकि 'कवितावली' का वर्णन तत्कालीन समाज का प्रखर दर्पण है।

इन चित्रों के अलावा तुलसी ने तत्कालीन भीड़ (मॉब) की अनुपम झाँकियाँ दी हैं। 'जानकीमंगल' में सुहागिन नारियों के समूह का राग-मदिर अंकन है। राम-विवाह में कोकिलबैनी नारियाँ परिहास करती हुई गा रही हैं, प्रेममद में छकी हुई अपने तन को सँभाल नहीं पातीं और राम की शोभा निहारती हैं, कुँवर राम तथा कुँवरि सीता के लिए गौरी-गणेश पुजवाती हैं (छन्द 130, 132, 136, 143)। प्रेममुग्ध नारी-समूह के ऐसे ही चित्रण का कुछ अधिक अनुशासित प्रसार 'मानस' में हुआ है। 'मानस', 'गीतावली' तथा 'कवितावली' के अयोध्याकांड में नीले मेघ जैसे राम, गोरे लक्ष्मण और कनक-वर्ण सीता की शोभा तथा प्रेम से मन्त्रमुग्ध ग्राम-वधुओं के हाव-भाव, स्वभाव और वार्तालाप तो तुलसीकाव्य की लावण्यमयी छायाएँ हैं। भील, किरात, कोल नर-नारियों की सेवा-श्रद्धा ग्रामीण समाज की सरलता और आतिथ्य का प्रतिनिधित्व करते हैं, वनवासी राम-त्रयी को विदा देने के लिए सारी प्रजा का साथ-साथ चला आना एक अनुगामी समूह-आचरण का मनोवैज्ञानिक तथ्य है।[1] इसी तरह तुलसी ने लंका के अग्निदाह (कवितावली, 5/13-18), चित्रकूट की दावाग्नि (वही, 7/143) का भी लोक-विवरण लिखा है। अपने समय में वे दो व्यक्तियों के प्रति बहुत जागरूक रहे। पहले थे गोरख जिन्हें वे लोगों की भक्ति से विमुख करनेवाला जोगी मानते थे, दूसरे थे कबीर जिनकी निन्दा प्रच्छन्न रूप में 'मानस' में कई बार की गई है (7/99/4, दोहावली, 553)। कबीर पर ही व्यंग्य करते हुए उन्होंने कह डाला कि वे 'साखी' और 'सबद' कहकर भक्ति का निरूपण और

1. एक अन्य उदाहरण–बहराइच दरगाह का उदाहरण लेकर वे लोगों के भेड़ियाधसान की खिल्ली उड़ाते हैं (दोहावली, 496)।

वेद-पुराणों की निन्दा करते हैं (दोहावली, 554)। इसी क्रम में वे कुतबन, मंझन, जायसी आदि प्रेमाख्यानक कवियों पर व्यंग्य करते हुए कहते हैं कि वे भी कहानी और उपखान (उपाख्यान) कहकर विरति-विवेकयुक्त हरिभक्ति को छोड़कर अनेक पन्थों की कल्पना करते हैं (दोहावली, 555)। इसी भाँति राम-रावण युद्ध में वानरों द्वारा राक्षसों को घेरकर नाचना और दाँतों से उनके नाक-कान काटना काशी के 'नककटैया' में हुए स्वाँग का प्रतिबिम्ब है। उन्होंने मुग़ल-समाज का भी सांकेतिक चित्रण एक-दो स्थान पर किया है। कैकेयी के सौतिया डाह को जगाती हुई मन्थरा उससे कहती है कि भरत तो बन्दीगृह का सेवन करेंगे और लक्ष्मण राम के नायब (नेब) होंगे, कौशल्या तुमसे पुत्र सहित चाकरी बजवाएगी (मानस, 2/19, 2/18/3)। कैकेयी दशरथ के सामने अपने कुमतरूपी दुष्ट पक्षी बाज की कुलही (आँखों पर की टोपी) खोल दे (वही, 2/26/4)। यहाँ की ऐसी तर्क और षड्यन्त्र पद्धति मुग़लों के आम रिवाज से मेल खाती लगती है। इसके अलावा भी 'मानस' के एकाध राजप्रसंगों में मुग़ल-दरबार के आचरण की झलक है। सीता को खोजने निकले अंगद सोचते हैं कि पिता (बालि) के वध होने पर मुझे सुग्रीव (चाचा) मार ही डालते किन्तु श्रीराम ने रक्षा की। अतः सुग्रीव का निहोरा नहीं है (मानस, 4/25/3)। एक स्थान पर सम्राट् अकबर महान् की प्रशंसा करते हुए संकेत रूप में तुलसी कहते हैं कि साधु, बुद्धिमान्, सुशील, कृपालु राजा ही अमीर-ग़रीब, गँवार-शहरी, पंडित-मूढ़, बदनाम-उजागर, सुकवि-कुकवि, नर-नारी आदि सबकी सराहना सुनकर तथा उनकी वाणी, भक्ति, विनय और चाल को पहचानकर सुन्दर वाणी से सबका यथायोग्य सम्मान करता है। यह 'लोक-प्रसिद्ध' प्राकृत महिपाल का स्वभाव है (मानस, 1/27/3-4) उन्होंने प्राकृत सम्राट् की यह पहली और आख़िरी प्रशंसा की है।

तत्कालीन हिन्दू समाज के इस तुलसीकृत समग्र निरूपण के बाद अब हम पृथक-पृथक सामाजिक संस्थाओं का अध्ययन करेंगे। रामनरेश वर्मा मध्यकाल में चतुर्विध धार्मिक समाजों को बताते हैं। पहला समाज चारण या श्रोत परम्परा का अभिमानी था...जिसका नेतृत्व विद्वान ब्राह्मण करते थे। इस वर्ग के राज्याश्रित विद्वान सामाजिक क्षेत्र में ऐतिहासिक काव्यों की परम्परा–'विलास' 'चरित', 'प्रशस्ति' आदि–की अवतारणा कर रहे थे।...दूसरे प्रकार का समाज देवालय परम्परा से सम्बद्ध देवपूजकों का मतानुयायी था। इसके दो वर्ग हो गए थे : आचार्य भक्त और केवल भक्त। यह वैष्णव भक्त-समाज था। इस वर्ग की जीवन-वृत्ति ब्राह्मण-वर्ग की भाँति कर्मकांड के आश्रित न होकर भक्ति के अधीन थी। तीसरे प्रकार का समाज मठ-परम्परानुवर्ती उन संन्यासपरक शैव तपस्वियों से नियन्त्रित था जिनमें शैवागमों, शिवशाक्तागमों और तदनुकूल शास्त्रों की पूर्ण प्रतिष्ठा थी।...इनकी दो परम्पराएँ हैं : वैदिक और आगमिक। इनकी मठ-अखाड़ा परम्परा भक्त-वैरागियों की परम्परा से भिन्न है।...चौथे प्रकार का समाज वेदशास्त्र-विरोधी योग-प्रमुख समाज था। पूर्व-मध्ययुग के नाथ-सिद्ध तथा उत्तर-मध्ययुग के निर्गुणिया सन्त इस समाज से सम्बद्ध हैं।...इनके जीवन की साधिका इन्हीं की अलौकिक चमत्कार-विधायिनी यौगिकों की शक्तियाँ थीं।...इसीलिए इन्होंने

वेदशास्त्रों का खंडन किया, सगुण ईश्वर या अर्चा-विग्रहों की खिल्लियाँ उड़ाईं, कान फूँकनेवाले गुरुओं को जमकर फटकारा।[1] तुलसी वैष्णव समाज के वृत्त के हैं। उस समय सारे देश का समाज शिया-सुन्नी मुसलमान, हिन्दू-मुसलमान, जैन-बौद्ध, शैव-शाक्त, निर्गुण-सगुण, शैव-वैष्णव, नाथ-सिद्ध आदि नाना धार्मिक समुदायों के स्तरोंवाला था। तुलसी ने वैष्णव और शैव सम्प्रदायों का विशिष्ट समन्वय किया, तथा निर्गुण और नाथ-सिद्धों की निन्दा की। तुलसी जैन समाज के बाबत तो खामोश-से हैं लेकिन बौद्धों और उनके अनुवर्ती नाथों-सिद्धों के विषय में मुखर हैं। वेद की निन्दा करने के कारण बुद्धावतार निन्दित हो गया (दोहावली, 464)। शैव-वैष्णवों की मैत्री की चर्चा पहली गोष्ठी में तथा नाथों-सिद्धों की निन्दा की मीमांसा इसी गोष्ठी में हो चुकी है। तुलसी वेद-विरोधियों के प्रति आद्योपान्त असहिष्णु रहे हैं। वे शिव और विष्णु के निन्दक की जीभ काटने तक का सन्देश देते हैं (मानस, 1/63/2), और निर्गुण सन्तों पर कटु-कठोर प्रहार करते हैं (मानस, 7/99/3-4)। अपने समाज के सर्वप्रमुख धार्मिक अन्तर्विरोध का उद्‌घाटन करके वे कहते हैं कि लोगों को सीख तो यह दी जाती है कि 'रामायण' का अनुकरण करो (स्वार्थ-त्याग कर भाई-भाई में, समाज मंगल में प्रेम रखो), परन्तु समाज में चलती है, 'महाभारत' की रीति (स्वार्थवश आपसी कलह) : 'रामायण अनुहरत सिख जग भयो भारत रीति'। धार्मिक संस्थाओं का पतन हो गया है; देवताओं के सदनों, तीर्थों, पवित्र पुरियों में निपट कुचाल-कुसाज फैल गया है (दोहावली, 558), पुराण, सद्‌ग्रन्थ, धातुवाद, देवताओं का प्रत्यक्ष दर्शन दुर्लभ हो गया है; ब्राह्मण वेदों को बेचनेवाले, राजा प्रजा का शोषण कर डालनेवाले हैं (मानस, 7/97/1); दम्भ-रत सन्त, डींग मारनेवाले पंडित वेदमार्ग-विमुख वैराग्यवान विशाल नख और जटाएँ रखनेवाले तपस्वी बन गए हैं (मानस, 7/97/1-4)। आगे तुलसी कहते हैं कि योग, संयम और समाधि को कलिरोग लग गया है (विनयपत्रिका, 66); पर-स्त्रियों को निरखने से नेत्र, विषय-लिप्त रहने से मन, वासना-मान-मद से हृदय, सहज सुख त्यागने से जीव, पननिन्दा तथा परदोष कथन से वचन—ये सभी मलिन हो गए हैं (विनयपत्रिका, 82); लोग न तो सन्तों का संग करते हैं और न ही उन्हें रामकथा प्यारी लगती है (विनयपत्रिका, 140); कहनी और रहनी सभी खोटी हो गई है तथा कपट-भरे करोड़ों कुमार्ग चल पड़े हैं (वही, 184); वर्ण और आश्रम-धर्म केवल पोथियों और पुराणों में लिखे पाए जाते हैं, उनके अनुसार कर्तव्य कोई नहीं करता (वही, 192), इत्यादि। अतः ऐसे बदलते हुए धार्मिक समाज में अब योगियों और ज्ञानियों की आवश्यकता नहीं रही, अब तो केवल हृदय-हित की ज़रूरत है (बरवै, 48)। ऐसे समाज में इन्द्र, ब्रह्मा, देवता, नर और मुनिगण में दीन जन के लिए पीर नहीं बची (वही, 75)। ऐसे समाज में भक्ति विमुख लोग खर, कूकर और सूकर की तरह वृथा जी रहे हैं। सारांश में वैष्णव वैरागी तुलसी की दृष्टि से धार्मिक संस्थाओं के 'ह्रास' की दशा ही कलिकाल की है। इसके प्रतिकार के लिए वे दो रूढ़ियों का सहारा लेते हैं : पहली है नारी-निन्दा की रूढ़ि, दूसरी

1. 'हिन्दी सगुण काव्य की सांस्कृतिक भूमिका', पृ. 189-192

है जगत् को मिथ्या मानने का दर्शन। ये दोनों प्रतिकार धर्मशास्त्रीय परम्परा के अनुमोदन होने के बावजूद तुलसी के जबरदस्त अन्तर्विरोध हैं जहाँ वे क्रमशः प्रतिक्रियावादी और निराशावाद-ग्रस्त पलायनवादी के रूप में भासित होते हैं। ये अन्तर्विरोध उनके कट्टर ब्राह्मणत्व, पौराणिक पुनरुत्थानवाद तथा आध्यात्मिक विरति-विवेक की देन हैं। एक ही अमूर्त श्रेणी के निषेध ने दूसरे निषेधों को जन्म दिया। सामन्तीय-व्यवस्था में नारी भोग्य वस्तु और लूट का माल बना दी गई थी, और समाज में घोर निराशा-दरिद्रता, अन्याय का बोलबाला था। इसके निषेध में दिव्यलोक की खुशहाली, कामजयी वैराग्य और ब्राह्मणों (भूसुरों) का आध्यात्मिक नेतृत्व आदि उभरे। फिर इनका भी निषेध नारी-निन्दा, षड्रिपु-दमन, कलिकाल, मिथ्या जगत् आदि की धारणाओं के रूप में हुआ। समाज की विषमता और सामाजिक सम्बन्धों के शोषण से 180^0 का मोड़ लेकर आध्यात्मिक चिन्तन में इन्हें त्याज्य तथा माया बनाकर मानो यथार्थ को ही झूठ मानने की भ्रान्ति (इल्यूजन) विकसित कर ली। नारी-निन्दा की भाँति शूद्र-ताड़न पर भी तुलसी एक प्रतिक्रियावादी अर्थात् सामाजिक परिवर्तन (जो सामाजिक आन्दोलन का परिणाम होता है) के अस्थायी, अव्यवस्थित, उपयोगी, प्रगतिवादी स्वरूप के प्रति प्रतिक्रिया प्रकट करके इसे स्थायी, हानिकारक, प्रतिगामी मान लेते हैं। इस बिन्दु पर वे कबीर के सामाजिक बोघ और क्रान्तिदर्शन की तुलना में बहुत पीछे ढकेल दिए जाते हैं। इसी बिन्दु पर वे सामाजिक और अनैतिक अन्याय का समर्थन करते हैं–'शील और गुण-विहीन ब्राह्मण भी पूजो; लेकिन गुण, गणों तथा ज्ञान में निपुण शूद्र नहीं।' (मानस, 3/33/1)। और यह सन्देश वे मर्यादा-पुरुषोत्तम राम के माध्यम से देते हैं। आगे वे कहते हैं कि शूद्र को विद्यादान मानो साँप को दूध पिलाना है। जाहिर है कि उस समय में सबसे अधिक शोषित, विद्रोही ब्राह्मण-सत्ता को ललकारनेवाले, वर्णाश्रम-व्यवस्था के भंजक शूद्र ही थे जो वर्ण और वर्ग के सक्रिय सम्मिश्रित संघर्ष के वाहक थे। ब्राह्मण-चेतना शूद्रों को गँवार, अभागा, तथा छोटी जाति का मानती थी। ('सो निगोड़ी छोटीजाति पाँति' कवितावली, 7/18)। इसी के टक्कर में वे मानो ब्राह्मणों के धार्मिक और आध्यात्मिक नेतृत्व (भूसुर, गुरु, विप्र, द्विज) तथा प्रतिष्ठा की बारम्बार घोषणा करते हैं। तुलसी ने तत्कालीन सामाजिक द्वन्द्व को ब्राह्मण-शूद्र प्रतिद्वन्द्विता में विस्थापित-सा किया है। तत्कालीन समाज में आश्रम-व्यवस्था को प्रबल धक्के लग रहे थे–नाथों, सिद्धों, सूफ़ियों, निर्गुण सन्तों, शास्त्रविमुक्त भक्तों, मुसलमानों के द्वारा। तुलसी को वर्णाश्रम-व्यवस्था के टूटने पर गहरी यन्त्रणा थी जो कलिकालनिरूपण में अभिव्यक्त हुई है। नारी, शूद्र और मिथ्या जगत-सम्बन्धी मान्यताएँ मध्यकालीन नैतिकता के अन्तर्विरोध तथा न्यायादर्श के संकट को प्रकट करते हैं जहाँ प्रभुता और अबलता के आधार पर न्याय-विभाजन होता है। रामभक्ति के आवेश में तुलसी इन नैतिक संकटों एवं मध्यकालीन न्याय के दुमुँहेपन की व्याख्या करने के लिए क्रमशः राम के ब्रह्मत्व एवं राम के नाते ही प्रेम-वैर-निर्णय का संविधान रचते हैं। कुछ उदाहरणों से बात स्पष्ट हो जाएगी। शिव से पार्वती द्वारा निर्गुण परब्रह्म बनाम दाशरथ मानव राम-विषयक पूछे गए सवाल नैतिक

और निर्गुण-सगुण के आध्यात्मिक संकट के ही सारांश हैं जिनके स्पटीकरण के लिए पूरे 'मानस' में कोशिश हुई है। तुलसी राम के नैतिक संकटों की व्याख्या नटवत् 'लीला' के व्याज से, तथा आध्यात्मिक प्रश्नों का समाधान माया अथवा ब्रह्मत्व के आधार पर करते हैं। जिस पाप के कारण राम छिपकर बालि का वध करते हैं, वैसी ही कुचाल जब सुग्रीव तथा विभीषण करते हैं तो राम स्वप्न में भी उसका मन में विचार नहीं करते (1/28/3-4)। इसी तरह जिन वैदिक यज्ञों की रक्षा के लिए राम अर्पित हैं, वैसे ही मेघनाद और रावण-द्वारा रचाए गए यज्ञों के ध्वंस की वे आज्ञा देते हैं (मानस, 6/74/4, 6/84/2)। इसी तरह सती को लेकर शिव के नैतिक संकट का उद्घाटन हुआ है (मानस, 1/55/3-4,1/56); पर जहाँ भी लक्ष्मण या सीता ने 'नैतिक मर्यादा' भंग की है वहाँ इस संकटमोचन के लिए तुलसी कटुवचन बोलने की सूचना मात्र देकर आगे बढ़ जाते हैं; हेजिमनी के न्याय के अनुसार तत्कालीन नैतिकता में पति के वचनों को झूठ मानना ही नारी को पति-परित्यक्ता तक बना सकता था (मानस 1/58, 1/59); वृद्ध, निर्धन, बहरा, अन्धा, रोगी, दीन पति भी नारी के लिए पूज्य है और उनका एकमात्र धर्म-व्रत-नियम पतिचरण-अनुराग है (वही, 4/4/4-5), इत्यादि। जब समाज में ऐसे अन्तर्विरोधों का निराकरण नहीं हो पाता, तब संघर्ष अधिक तीव्र होते हैं, मूल्यों में अधिक ह्रास आता है और रूढ़िजड़ समाजों का अधःपतन हो जाता है। तुलसी के धार्मिक समाज में नारी, शूद्र और संसार-सम्बन्धी धारणाओं में ऐसे ही तीव्र 'व्यावहारिक' अन्तर्विरोध हैं। इनके पार्श्व में नैतिक-व्यवस्था का एक विशाल आदर्श पटल मानस में खिंचा है और वह निषेध नहीं, पुनरुत्थानवादी 'व्यावहारिक' विधेय है।

तत्कालीन समाज के–और स्वयं कवि के अभिलषितार्थ–सर्वप्रधान सम्बन्धों में स्वामी-सेवक का सम्बन्ध है। धार्मिक धरातल पर भी तुलसी में इस सम्बन्ध के बड़े स्पष्ट प्रतिमान अवरेखित हैं : स्वामी की पूर्ण शरणागत-वत्सलता, तथा सेवक का समग्र भाव से पूर्ण समर्पण। इसका आदर्शीकृत रूप दास्य-भाव की भक्ति है, लेकिन यह शक्ति एवं सत्ता के आधारवाली सामाजिक सम्बन्धता का भी संकेत करती है। भक्ति के क्षेत्र में तो 'सुस्वामी' राम तथा 'कुसेवक' भक्त की मानलीला चलती है क्योंकि स्वामी दयानिधि है, पालनकर्त्ता है, तथा सेवक कृपाभाजन। इसलिए भक्त की चरम रुचि–कपट, स्वार्थ और चतुवर्ग को छोड़कर सहज स्नेह से स्वामी की सेवा है (मानस, 2/300/2)।

धार्मिक और नैतिक संस्थाओं की उत्तीर्णता आध्यात्मिक मूल्यों में होती है। अचल और अवनतिशील समाज में नैतिक मूल्य आध्यात्मिक निर्विकल्पों (ऐब्सोल्यूट्स) में छायान्तरित हो जाते हैं, और 'परलोक' के जीवन तथा सुख के लिए इस जगत् के जीवन और सुख-दुख को मिथ्या, माया, क्षणभंगुर आदि मान लिया जाता है। यहाँ एक 'अन्य समाज' की परिकल्पना होती है जिसके सदस्य गृहस्थ, लौकिक जन, नर-नारी आदि न होकर मुनि, सन्त, संन्यासी, योगी, महात्मा, पुरोहित आदि होते हैं जो विरति-विवेक विज्ञानादि से अनुप्राणित रहते हैं। भक्त बहुत कुछ इहलोक-परलोक के बीच में होता

है। विश्व के मध्यकालों के रहस्यवादी चिन्तनों में ये बातें पाई जाती हैं। तुलसी ने एक अध्यात्मवादी की तरह जगत् के बारे में कहा है कि जो देखने-सुनने तथा मन में गुनने में आते हैं उनका मूल मोह है, परमार्थ नहीं। इस दृष्टि से यह जगत् एक दृश्य-प्रपंच, मोह और स्वार्थ-प्रमाणित हो जाता है, तथा इस जगत् के मनुष्य मोह-रूपी रात्रि में सोनेवाले अर्थात् अज्ञानी हो जाते हैं (मानस, 2/91/4)। अतः सम्पूर्ण भोग-विलासों से वैराग्य ही जागरण है। यह विवेक प्रदान करता है, विवेक से प्रीति होती है और ईश्वर के प्रति यह प्रीति परमार्थ है (वही, 2/92/1-3)। सारांश में 'जगत्' ही मोह, प्रपंच और अज्ञान ठहरता है; तथा 'वैराग्य' ज्ञान, हरि-प्रीति और परमार्थ है। सांसारिक पदार्थ क्षण-क्षण में दिखनेवाले और मिटनेवाले भ्रमोत्पादक हैं (विनयपत्रिका, 66), संसाररूपी भयानक चित्र मायारूपी दीवार पर बना है और भ्रम-जनित है। इसके जड़-चेतन तत्त्वों को कालरूपी मकर खा लेता है तथा विषय-सुखों के पीछे दौड़नेवाले प्राणी मृगतृष्णा में मर जाते हैं (विनयपत्रिका 111)। निःसन्देह तुलसी के इस जगत्-टाइप को 'विशुद्ध' तर्कज्ञान (रीजन) का अभिज्ञान कह सकते हैं जो अध्यात्म (मेटेफ़िज़िक्स) का क्षेत्र है। इन इन्द्रियों से परे, इन विषयों से परे, इस प्राकृतिकता से परे, अर्थात् बहिर्गत यथार्थ और सापेक्ष्य ज्ञान से परे, अति-प्राकृतिक और अतिबोधात्मक का 'ज्ञान' प्राप्त करना ही 'परमार्थ' अर्थात् आध्यात्मिक लक्ष्य होता है। ज़ाहिर है कि हम यथार्थ की सापेक्ष्यतावादी खोज अन्तर्बाह्य दोनों के ही माध्यम से करते हैं, और इस जगत् की क्षणभंगुरता और जीवन के राग-विरागों को तब तक भोगते हैं, जब तक हम 'सशरीर जीवित' हैं। आध्यात्मिक संसार इस क्षणभंगुर जगत्, इस बहिर्मुखी यथार्थ और जीवन के राग-विरागों का क्रमशः संयत, दमन, परित्याग करने का उपदेश देता हुआ इस क्षणभंगुर जगत् के माध्यम से एक निर्विकल्प अथवा शाश्वत की गूढ़ खोज करता है; बहिर्मुखी यथार्थ का (माया, मोह, भ्रमादि कहकर) तिरस्कार करता हुआ अन्तरतल से ही सत्य या विवेक प्राप्त करता है; और अन्त में जीवन के लौकिक कार्यों को विकार, रिपु और बन्धन बता देता है (जबकि इनका असन्तुलन बन्धन है)। आध्यात्मिक संसार में शाश्वत जगत् और शाश्वत जीवन की, ब्रह्म और आत्मा की खोज ही चरम लक्ष्य हो जाती है। इन सोपानों पर पहुँचकर भक्तों में रहस्यवाद (मिस्टिसिज़्म) का भी सन्निवेश हो जाता है। रहस्यवाद की अन्तिम परिणति वैयक्तिक रहस्यवाद में होती है जहाँ पहुँचकर यथार्थता की स्वयं-प्रकाश्य (इंटुइटिव) और भावाभावात्मक (इमोटिव) सिद्धि होती है, 'वैयक्तिक' तथा आत्मपरक मूल्यों की संरचना होती है, तथा ईश्वर से अनुरागपूर्ण 'वैयक्तिक' आदान-प्रदान होता है। फलस्वरूप, ऐसे गूढ़ हर्ष और गूढ़ अनुभवों की अभिव्यक्ति भी अनिर्वचनीय, गुप्त तथा सूक्ष्म प्रतीकों से भर जाया करती है। कबीर की तरह वैयक्तिक रहस्यवादी न होने के कारण तुलसी वैयक्तिक स्वयंप्रकाश्य ज्ञान, ईश्वर से वैयक्तिक आदान-प्रदान, और वैयक्तिक आत्मपरक मूल्यों के प्रतिपादक नहीं हुए। इसीलिए कहीं भी उनके हर्ष और अनुभवों में गूढ़ता, या नाथों-सिद्धों का रहस्यपरक प्रतीक-कोश नहीं मिलता। उनका रहस्यवाद व्यावहारिक है जिसके अन्तर्गत

ज्ञान के बजाय प्रेम के द्वारा आत्मोत्सर्गवाली सेवा तथा नवधाभक्ति की जाती है और इसमें घोर वैयक्तिकता की भरती नहीं हो पाती। उसमें प्रेम और भक्ति के समावेश की वजह से ध्यान-समाधि (कंटेम्प्लेशन) तो अवश्य होती है, किन्तु योग-समाधि नहीं। भक्ति के रहस्यवाद में प्रेम की सर्वोच्चता प्रदान की जाती है, विनय और विनम्रता में सम्मान की प्रतिष्ठा की जाती है, तथा सेवा में ही हर्ष प्राप्त किया जाता है। इस तरह आध्यात्मिक समाज संस्था इस जगत के सामाजिक कार्यधर्मों को नए तथा यथार्थविमुख सूक्ष्म अर्थ-प्रतीक दे देती है जिसमें अध्यात्मवाद और रहस्यवाद की सन्धि होती है। ऐसी संस्था के समूह भी पृथक होते हैं : जैसे मुनि, सन्त, संन्यासी, योगी, महात्मा, पुरोहित आदि। ये ध्यान-समाधिवाले टाइप के अन्तर्गत आते हैं और सेवा, प्रेम, त्याग आदि के द्वारा ईश्वर-प्राप्ति (मोक्ष, मुक्ति) आदि को ही अपने व्यक्ति तथा समाज के चरम मूल्य मान लेते हैं। इसीलिए परित्याग के आदर्शवाले रामवृत्त में इन सामाजिक, किन्तु व्यक्तिपरक, समूहों की भी एक समानान्तर दुनिया होती है–लौकिक समाज के समानान्तर और सहवर्ती। इन व्यक्तिपरक समूहों में भेद के स्थान पर एक ही आदर्श की विभिन्न अवस्थाएँ या श्रेणियाँ होती हैं। इनमें भी तुलसी ने मध्यकालीनीकरण घटित करते हुए ध्यान करनेवाले मुनियों (त्रेता दशा) और ऋषियों, तथा पूजन करनेवाले साधकों (द्वापर दशा), दोनों को ही **भक्त** और दास्यभाव के भक्त (कलियुग दशा) बना डाला है ('मानस' 'कवितावली' आदि में); तथा परित्याग के आदर्शवाले रामवृत्त में प्रीति की अधिकाई कर दी है। यह तुलसी का वैशिष्ट्य है। उनकी 'वैराग्य संदीपनी' आध्यात्मिक समाज के नायक 'साधु' या 'सन्त' का उसी भाँति निरूपण करती है, जिस भाँति कलिकाल-समाज अपने प्रतिनिधि नायक **'खल'** का उद्घाटन और रामराज्य अपने नायक 'मर्यादा-पुरुषोत्तम' का अभिषेक करता है। **'मुनि'** वन में रहते हैं (किसी से कुछ प्रयोजन नहीं रखते), तपस्वी होते हैं (किसी की मुँह-देखी नहीं कहते), उदासीन होते हैं (किसी का पक्ष नहीं करते) और झूठ नहीं कहते हैं (मानस, 2/208/2)। **ऋषि** मुनियों की ही भाँति होते हैं किन्तु वे गृहस्थ होकर भी गुरु, मन्त्रद्रष्टा तथा संन्यासी होते हैं (अत्रि-अनसूया) और यज्ञादि करते-कराते हैं (शृंगी, विश्वामित्र)। **'सन्त'** छह विकारों से रहित, धर्म और ज्ञान के आचरण में अत्यन्त निपुण, सांसारिक दुखों से रहित, विगतसन्देह, सम और शीतल और सुखदायक, परहितकारी, लीला-गायक होते हैं (मानस, 3/45/1-4)। वे जगत् को मृगतृष्णा के समान जानते हैं (वैराग्य संदीपनी, 14) तथा उनमें अहंकार, भेद और अशान्ति नहीं होती (वही, 30, 31)। उनके तीन पद हैं : अमल पद, शीतल पद और कामनाहीन पद (व्यापक विवरण के लिए पूरी-की-पूरी 'वैराग्य संदीपनी' पठनीय)। सारांश में, ये प्रशान्ति और सन्तुलन के मर्यादामान तथा प्रादर्श (नॉर्म ऐंड मॉडेल) हैं। **'संन्यासी'** गृहत्यागी होते हैं। उनके विशिष्ट वेश, वट-वृक्ष के दूध से बनी जटाएँ या मुंडित शिर होते हैं (मानस, 2।83।2; दोहावली, 63)। उनके लिए वैराग्य अनिवार्य था। इनका अन्य नाम यति भी था। **'जोगी'** के अन्तर्गत निर्गुण शैव, शाक्त, वामाचारी, कौलाचारी, नाथ, सिद्ध, तान्त्रिक, जंगम (लिंगायती) आदि सम्प्रदाय तथा समुदाय (मंडली बनाकर रहनेवाले साधु

भी) शामिल हैं। वाममार्गी 'सेवड़ा' (साधक) शराब का सेवन करते थे (दोहावली, 326), जोगी और सिद्ध अशुभ वेश धारण करते और भक्ष्याभक्ष्य खाते थे (दोहावली, 550)। बहुधा ये निर्गुणोपासना, तन्त्र-मन्त्र-यन्त्र की साधनाओं के जाल फैलाया करते थे। **'महात्मा'** साधु का श्रेष्ठतम एवं वरिष्ठ रूप है। **'पुरोहित'** ब्राह्मण का ऋग्वेद-कालीन रूप है। यह यज्ञ कराता, वेदमन्त्र गाता और धार्मिक अनुष्ठानों का नेतृत्व करता था। मध्यकाल में यज्ञों की महत्ता खत्म-सी हो गई थी। यहाँ हमने आध्यात्मिक संस्था के इन प्रमुख साम्प्रदायिक समूहों का सामाजिक महत्त्व की दृष्टि से ही रेखांकन किया है।

अब हम आर्थिक संस्थाओं को लें। भूमि-व्यवस्था, भूमि (कृषि), दौलत (वेल्थ) एवं घर (परिवार) की इकाईयों की चर्चा तो हमने कलि-समाज के विश्लेषण के प्रसंग में की है। इसी क्षेत्र में तुलसी सर्वाधिक यथार्थोन्मुख रहे हैं। उनके समय ज़मींदार-जागीरदार, कृषक और व्यापारी वर्ग में समाज बँटा था। **कृषकों** के कई स्तर थे : भिखारी, किसबी (गृहस्थ किसान), मज़दूर (किसान), कृषिदास (गुलाम), बेगार करनेवाले कृषक आदि। इन्हीं के साथ कुटीर उद्योग के द्वारा जीविकोपार्जन करनेवाले कारीगर या **'शिल्पी'** थे। **व्यापारियों** के दो उपवर्ग थे : बड़ा वाणिज्य तथा व्यापार करनेवाले साहूकार, और थोड़ी-मोड़ी बनिकी कर पेट भरनेवाले छोटे दुकानदार। कुटीर उद्योगों तथा लघु उद्योगों में वस्तुओं की क़िस्में और कोटि दोनों दक्षता के स्तर पर थीं। कारीगरों का व्यक्तिगत श्रम ही नहीं कारखानों में सामूहिक श्रम भी होता था; और कम मज़दूरी देकर उनका अतिरिक्त-मूल्य ज़मींदारों के शोषण को अर्पित था। खानों से धातु और धातुओं की वस्तुएँ; खेतों से कपास, पटसन, रेशम-कीड़े और वस्त्रादि; फ़ौज के लिए तोप, तोप-गोले, हथियार आदि; तथा विकास के लिए नाना वस्तुओं का निर्माण होता था। इस भाँति ग्रामीण अर्थतन्त्र पर आश्रित एक शहरी अर्थतन्त्र भी विकसित हो रहा है। **साधारण जनता** की क्रयशक्ति नहीं के बराबर थी, धन के बजाय माल का विनिमय था क्योंकि धन सामन्तवर्ग के पास केन्द्रित था। इसलिए किसान खेतों से बेदखल होकर कृषिदास या **भिखारी** हो जाते थे। लगातार अकालों से देश क्षत-विक्षत था। देश के विशाल ग्राम्यफलक की तस्वीर यही थी। अकाल, बेरोज़गारी और बेदखली की वजह से किसान और भिखारी दुबले शरीर के (कृसगात) रोटी के लिए बिलबिलाते (ललात) फिरते थे। उनकी सारी पूँजी (कैपिटल) झोपड़ी में एक खुरपा और घास बाँधने की जाली ही थी (कवितावली, 7/46)। वह नंगे पैर (उबेने पाय) पेट खलाए और मुँह बो देश-देश का तिरस्कार सहन करता फिरता था। उसकी ग़रीबी दुःसह-दुख और दयावह थी। वह घासफूस की शय्या (साथरी) पर सोता था और झीने खेस का ओढ़ना ओढ़ता था (कवितावली, 7/125)। ऐसी परिस्थिति में राजाओं के राजा महेश्वर, या राम की दास्य भक्ति ही एकमात्र आधार हो सकती थी। ऐसी आर्थिक दशा में भिखारी ही भिखारी हो गए थे जो कुत्ते कहलाकर खाने के कौर माँगते थे (कवितावली, 7/26), कुत्ते की तरह द्वार-द्वार पेट खलाए हुए घूमते थे (विनयपत्रिका, 168)। ऐसी दशा में ज़रा-सा आशावादी होना ही, ज़रा-सा सुधार का लोभ करना ही, सबकी गुलामी हो जाती थी (वही), इसीलिए

सारे मध्यकाल में धनिकों द्वारा दान-पुण्य बताया तथा माना गया है। **दास-दासियाँ** राजमहलों, अन्तःपुरों और खेतों में सेवारत थीं। खेतों के दास कृषिदास थे। वे मालिक के टुकड़े खाकर रहते थे। बिना मोल बिक जाते थे, उनके उतरे वस्त्र पहनते थे या बची जूठन खाते थे (गीतावली, 5।30); दासों को ख़रीदा और बेचा जाता था (कवितावली, 7/12; विनयपत्रिका, 71)। अच्छे दासों को कड़े दाम पर चढ़ाया जाता था तथा खोटों के लिए एक कौड़ी भी नहीं मिलती थी। दास पर मालिक का पूर्ण स्वामित्व था (विनयपत्रिका, 146)। दास स्वामी के पाँवों की जूतियों को ही सबसे बड़ा सहारा मानता था (विनयपत्रिका, 209) और अपनी खाल तक खिंचवाकर स्वामी के पाँवों की जूतियाँ बनाने का प्रतीक उसका मानदंड था (गीतावली, 2/72)। बुरे गुलाम के लक्षण थे नमकहरामी और दल (विनयपत्रिका, 150)। ऐसा गुलाक इस हाथ से उस हाथ बिकता फिरता था (विनयपत्रिका, 151)। कुछ शूद्र जातिवश और संस्कारवश ही सेवाभाव से अनुप्राणित थे–'मानस' में केवट और निषादराज; गाँवों के कहार, बारी, मोची आदि इसके उदाहरण हैं। ये 'भले' सेवक थे (दास या गुलाम नहीं)। गुलाम और किसान जब सामन्तों की बेगार में पकड़े जाते थे तब कठिनाई से छूट पाते थे (विनयपत्रिका, 189)। ऐसे किसानों, बेखेतिहर मजूरों, गुलामों, बेगार में फँसे लोगों के मालिक या स्वामी बहुधा निर्दय राजा और क्रूर स्वामी (कुसाहेब) होते थे (कवितावली, 7/12)। ये साहेब दास का अपराध सुनते ही आग-बबूला हो जाते थे (दोहावली, 47)। अतः साहेब और स्वामी के आदर्श माने गए कि वह प्रेम और सेवा की पहचान करनेवाला हो (विनयपत्रिका, 71), सेवक के अपराधों को क्षमा करनेवाला हो, उसे सभी सेवक प्यारे लगें (मानस, 7/15/4) अच्छा स्वामी तो विनय सुनते ही प्रीति पहचान लेता है (मानस, 1/27/3)। इसलिए तुलसी ने आदर्श सेवक-स्वामी सम्बन्ध राम-हनुमान् का प्रस्तुत किया जो सामन्तीय सम्बन्धता में मानवतावादी संवेदना भने की आकांक्षा कही जा सकती है। इससे यह भी स्पष्ट हो जाता है कि जिस प्रकार का जीवन तुलसी जिए, तथा जिस प्रकार के कृषक-समाज में रहे, उसमें दास्य-भाव की शक्ति और राजा-साहेब के स्थान पर परब्रह्म स्वामी राम का स्वामित्व ही विकसित हो सकता था। **साहूकारों** की स्थिति ठगों की-सी थी। वे मीठी बोली बोलकर वाणिज्यादि अनेक उपायों से सब प्रकार के कल-बल-छल करके एक-एक को ठगा (डहका) करते थे (दोहावली, 547)। वे बहुत कंजूस होते थे जिसके लिए तुलसी ने बारम्बार उनकी भर्त्सना की है। वे दग़ाबाज़ी का सौदासूत चलाते थे, स्वार्थकृष्ण थे (विनयपत्रिका, 264)। गृहस्थ (हल जोतनेवाला कृषक परिवार) पर और भी बोझ था। पुरोहित से लगाकर पटवारी तक, साहेब से लगाकर बाज़ीगर तक, साधु से लगाकर चोर तक उसके कन्धों पर एकसवार सवार थे। वे अतिदीन और अति दुखी थे; अतिवर्षा या अनवर्षा में व्याकुल होकर नर-नारी समेत ये समूह दैव को गालियाँ देकर दिशाहारे की तरह घबड़ाए रहते थे (विनयपत्रिका, 34)। ऐसी स्थिति में जगत् और भी अधिक माया तथा मिथ्या लगता था। इनकी **नारियों** की दशा घर में टहलिनियों जैसी थी। हारा-टूटा, थका-माँदा पुरुष कृषक नारी की सारी

स्वतन्त्रता छीन लेता था। सुख तो उन्हें सपने में भी नहीं मिलता था (मानस, 1/101/3)।

कुल मिलाकर घोर ऐश्वर्य और प्रचंड दारिद्रय का सह-अस्तित्व उस युग का जादुई यथार्थ था। नीच जाति, किसान आदि छोटे-छोटे बच्चों को जिलाने भर के लिए खेती-मजूरी करते थे, उन्हें पढ़ा नहीं पाते थे (कवितावली, 2/6, 8)। किसानी, भीख, व्यापार, चाकरी, जीविका कुछ भी मिलना दुर्लभ था (वही, 7/96-97); भोले भंडारी शिव और अन्नपूर्णा तक मानो दरिद्रों के देवता हो गए थे (वही, 7/153-159); और चारों ओर कई बार अकाल पड़ते थे। इसके विपरीत राजाओं और साहिबों के द्वार पर ज़ंजीरों से जकड़े अनेक मातंग झूमते थे, पास में तीखे तुरंग थे, सुन्दर तियाएँ थीं। यही वर्ग कंजर्वेटिव था जो बहुत मन्द-मन्थर गति से सुगबुगा रहा था और कबीरादि ने धार्मिक क्षेत्र में इसका समय से पहले विस्फोट कर दिया था। तुलसी को इसका गहरा 'पद' मिल गया था। जो 'पदार्थ' उन्होंने दिया वह परिवर्तन का नहीं, सुधार का था; भविष्य का नहीं, पुनरुत्थान का था; वह प्रधानतः आध्यात्मिक और नैतिक लोकमंगल का था।

क्रीड़ा, मनोरंजन, उपयोगितावादी उद्यमों की संस्थाओं के बारे में हम पर्याप्त कह चुके हैं। प्रत्येक कर्मकांड, षोडश संस्कार, उत्सव, पर्व आदि क्रीड़ा-मनोरंजन से जुड़े होते थे। 'गीतावली' में होली, सावनी तीज के झूलने, दीवाली आदि के आनन्द-उल्लास-हर्ष भरे मदिर-मधुर-मांसल चित्र हैं (उत्तरकांड में)। 'पार्वतीमंगल', 'जानकीमंगल' तथा 'मानस' में राम-विवाह और शिव-विवाह के उत्सव-मुग्ध लोकचित्र हैं। 'मानस' में राम के तथा 'कृष्णगीतावली' में कृष्ण के संस्कारकर्मों के चित्र हैं। खेलों में चौगान, गोली, भौंरा, लट्टू-डोरी का भी वर्णन है ('मानस', व 'गीतावली', 1/43)। बाज़ पक्षी द्वारा चिड़ियों का शिकार भी इस युग का मनोरंजन था। इनमें से यह और चौगान प्रमुखतः मुग़ल-समाज की भी देन हैं।

अन्त में समाज के अन्तर्गत हम परिवार और **विवाह** की मीमांसा करेंगे। विवाह में वैदिक तथा लोक, दोनों रीतियों का मेल हो गया था। स्वयंवर तथा बिचौलीवाले विवाह होते थे। स्वयंवर की प्रथा क्षत्रिय राजाओं में थी (जानकीमंगल, मानस)। विवाह के पाँच आधार थे : रूप, शील, अवस्था, वय, वंश एवं गुण में समता होना भी अनिवार्य था (रामाज्ञा प्रश्न, 1/7/4)। लोकप्रथाओं से राम और शिव के विवाह लोकोत्सव-से हो गए हैं। लोक-रीति, वेद-रीति और कुल-रीति तीनों का पालन होता था। पाहुने (वर) की मध्यकालीन समाज में अत्यन्त प्रतिष्ठा थी; वह पूरे कन्यापक्ष, उसके ग्राम (पुर और पुरजन और परिवारजन) तथा ग्रामवासियों का पूज्य हो जाता था (जानकीमंगल, 168)। लोक-रीति के विवाह के पहले वधू गौरी-गणेश का पूजन करती थी। इसके साथ अन्य लौकिक प्रथाएँ भी शामिल हो गई थीं; जैसे जुआ और गाली, कलश थापना, तेल चढ़ाना, भेंट पठाना, न्यौछावर करना, ओहार (परदा) हटाकर नववधू को देखना, पहिरावनी देना (जानकीमंगल, 115, 125, 186, 191), आरती आदि करना ('मानस', दोनों मंगलकाव्य)। बहुधा वधुएँ लरकिनी उमर की होती थीं (मानस, 1/354/4)। गाँवों के

असंगत विवाहों पर बावले शिव तथा सुन्दरी पार्वती के विवाह के मिस छींटाकशी हुई है (पार्वतीमंगल, मानस)। विवाहों में लड़कियों को विवाह-निर्णय का अधिकार नहीं था। वे पिता के अधीन होती थीं (पार्वतीमंगल : जनायो आपु बाप अधिनता)। मिथिला में सामूहिक विवाह-प्रथा थी (जो आज भी है) जिससे राम-समेत सभी भाइयों का, एवं सीता-समेत सभी बहनों से ब्याह हो गया था। वधू-शिक्षा एक महत्त्वपूर्ण आवश्यकता थी। उसे पतिप्रिया, अचल सोहागवती, सास-ससुर-गुरु सेविका, स्त्रीधर्म जाननेवाली, पति-आज्ञाकारिणी होने का आशीष-उपदेश दिया जाता था (मानस, 1/333/2-4) अनसूया तो सीता को पूरे स्त्रीधर्म की ही शिक्षा देती है जिसमें पतिव्रत धर्म चरमादर्श है (मानस, 3/4/4-10)।

तुलसी में मध्यकालीन **'परिवार'** का एकाधिक बहुविध ख़ाक़ा मिलता है। एक ओर ऋषि-मुनियों के परिवार हैं जहाँ गृहस्थाश्रम है; दूसरी ओर भरत, राम, विभीषण के परिवार हैं जहाँ संन्यास भी है। छोटे-छोटे लोगों के परिवारों का सच्चा प्रतीक केवट-परिवार है। छोटे परिवार की जीविका पेट-पोंछी होती थी, लड़के-बच्चों को जिलानेवाली। ऐसे परिवार में नारी उग्र होती थी और अपने अधिकारों का हनन होते देखकर पति को नंगा नाच भी नचा सकती थी (कवितावली, 2/6-8; बरवै, 24)। दूसरे परिवार आदिम जातियों (सुग्रीव-बालि, खर-दूषण) आदि के हैं जहाँ भाई की पत्नी से विवाह कर लेना या उसे रख लेना एक आम प्रथा थी। साधारण परिवारों के काम-धाम निश्चित थे। जीविकोपार्जन के बाद वहाँ रामनाम स्मरण, और साधु-सन्तों की सेवा करना अन्य कार्य थे। इन तीनों कार्यों का धर्म था : इस अपार संसार-सागर के पार उतर जाना (बरवै, 61)। परिवार के सदस्यों में सास, ससुर, माता और पिता आज्ञा देनेवाले; तथा पुत्र, दामाद, बहू, कन्या, आज्ञा माननेवाले होते थे। परिवार के बाह्यवृत्त में गुरु और स्वामी थे जो परिवार के अन्तर्वृत्त में शिष्य और सेवकों का विधान करते थे। इस प्रकार परिवार वर्ण और वर्ग से भी सम्बद्ध होकर एक ग्रामीण आर्थिक इकाई हो जाता था (दोहावली, 391)। परिवार का क़िला या महल तो घर था जो मंगल लक्षणों और सुरक्षा का धाम था (दोहावली, 454)। आदर्श गृहपति के लिए धार्मिक कर्मों को करने, रामकथा सुनने, ब्राह्मण, सन्तों की सेवा करने तथा सज्जनों के साथ सत्संग करने में, अपनी दिनचर्या बाँटने का आदर्श है (मानस, 7/25/1-4)। परिवार के लिए 'सुख' और 'सम्पदा' दो सर्वोच्च मूल्य हैं। परिवार के बूढ़े सदस्यों को हरि-गुण कथा से विशेष लगाव था (मानस, 7/62/2) किन्तु मध्यकालीन सामाजिक शोषणों एवं उत्पीड़नों ने परिवार से सुख और शान्ति ही छीन ली; गृह-कलह बढ़ने लगे; तथा परिवार के सबसे अबल समूह नारियों पर ही सारी निराशा, पराजय, उदासी, दुख-दारिद्रय, छल-कपट का मनोवैज्ञानिक प्रक्षेपण हो गया। नारियों के अलावा तत्कालीन सामाजिक निराशा और आतंक ने गृह तथा गृह-सम्बन्धों में भी सामाजिक निषेधात्मकता ला दी। अतः परिवार और परिवार के सदस्यों, परिवार में रहने पर सभी राग, विराग, चतुरता, चेष्टादि को भी जगत् की ही भाँति क्षण-भंगुर बताया गया (विनयपत्रिका, 73)। यहाँ तक कहा

गया कि स्त्री, और पुत्र किसी के नहीं हुए, अर्थात् ये मरते समय साथ नहीं गए (खूब कुतर्क!); और इन सबके प्रेम में केवल कपट भरा है (विनयपत्रिका, 200)। भगोड़े लोग पत्नियों को त्यागकर संन्यासी होने लगे, और दरिद्र-दुखी मनुष्य सचमुच शरीर के प्रेम (जो उन्हें शोषण के पाटों में पीस रहा था) तथा जगत् के भयानक ज़ुल्मों (जो उन्हें डुबाते चले जा रहे थे) की तरह घर-कुटुम्ब की क्षण-भंगुर इकाई को भी मोक्ष में बाधा मान बैठे। निराशा, पराजय और पलायन की इस आध्यात्मिक क्षतिपूर्ति ने तत्कालीन सामाजिक चेतना और यथार्थोन्मुखता के सक्रिय विकास का निर्दय दमन कर दिया। परिवार का यह सारा निषेधीकरण (निगेशन) **नारी** पर भाले जैसा धँसा। उधर सामन्तों के विलास में वह काम-छड़ी थी, और इधर वह आठ अवगुणों की लड़ी हो गई। नारी को भी यह विश्वास-सा हो गया था कि संसार में नारी-जन्म ही वृथा है (पार्वतीमंगल, 144)। नारी सहज अपावन मानी गई (दोहावली, 542; मानस, 3/5)। 'मानस' में प्रथम और अन्तिम बार तुलसी एक प्रचंड नारी-निन्दक के रूप में आए हैं। पहले वे नारी को सहज रूप में लेते थे; और 'मानस' के बाद उनका नारी निन्दक दृष्टिकोण समाप्त होने लगता है। 'मानस' के बाद वे नारी की नहीं, सारे भ्रष्ट समाज और आर्थिक ग़रीबी और क्रूर जगत् की निन्दा का बोध जगा लेते हैं। 'मानस' में मन्थरा 'त्रिया चरित' करके झूठे आँसू बहाती है; कवि सत्य ही कहते हैं कि "नारि-स्वभाव अगह, अगाध तथा दुरावपूर्ण" होता है (2/46 : 4); भरत कहते हैं कि स्त्रियों के हृदय की गति विधाता भी नहीं जानता (2/161/2); शूर्पणखा-प्रसंग को लेकर काकभुशुंडि कहते हैं कि सुन्दर पुरुष देखकर नारी विकल हो जाती है : चाहे वह भाई, पिता या पुत्र ही हो (3/16/3); शबरी राम से कहती है कि नारी अति अधम से भी अधम है तिस पर मैं तो मतिमन्द भी हूँ (3/34/2); राम लक्ष्मण से कहते हैं कि स्त्री को चाहे हृदय में ही क्यों न रखा जाए पर युवती स्त्री किसी के वश में नहीं रहती (3/36/5); राम नारद को उपदेश देते हैं कि मोहरूपी वन के लिए स्त्री वसन्तऋतु के समान है : वह काम, क्रोध, मद और मत्सर को बढ़ाती है। धर्मरूपी कमलवृन्दों को हिम ऋतु-सी जला डालती है और पापों को सुख देती है (3/43/1-4); रावण कहता है कि स्त्री का स्वभाव सचमुच डरपोक होता है (5/36/1); और उसमें आठ अवगुण (साहस, झूठ, चंचलता, छल, भय, मूर्खता, अपवित्रता, निर्दयता) सदा ही रहते हैं (6/15/2), शूद्र, पशु और नारी तीनों ही ताड़न के अधिकारी हैं। यहाँ हम उन पात्रों के वचनों या उन चारित्रिक परिस्थितियों को छोड़ देते हैं जो शूर्पणखा, अहल्या, मन्थरा और रावण से सन्नद्ध हैं। लेकिन स्वयं श्रीराम, काकभुशुंडि, स्वयं कवि, शबरी आदि के विचार तो तुलसी के या तुलसी द्वारा अनुमोदित तत्कालीन अधोमुखी समाज के ही हैं जहाँ शूद्र और नारी-समुदाय उत्पीड़ित रहे हैं। तत्कालीन परिवार और हिन्दू समाज में सामन्तीय भोग-विलास, वर्णाश्रम-व्यवस्था की अराजकता, घोर आर्थिक विपन्नता, पारिवारिक दरिद्रता और दुख के प्रति यह प्रतिक्रिया नारी को भी अपना आघातक लक्ष्य बना गई। अतः शूद्र और नारी के विषय में विश्व की मध्यकालीन संस्कृतियाँ इसी तरह अनुदार और कट्टर रही हैं। ब्राह्मणवादी तुलसी

ने उनमें दूसरा रंग भी चढ़ा दिया। इस अन्याय का अनुभव नारियाँ करती थीं किन्तु धर्मशास्त्र ने उन्हें दूसरे ही धर्म सिखाए थे। ऐसे समाज में विधवा नारियाँ बहुधा सती हो जाया करती थीं, या जब उन्हें ज़बरदस्ती सती बनाया जाता था (सम्पत्ति हड़पने के लिए, या परिवार के खेतों का बँटवारा रोकने के लिए) तब वे चिता से ज़िन्दा अधजली निकलकर भी भागती थीं (दोहावली, 253)। हिन्दुओं के इस सामूहिक नारी-वध को दैवी बनाने की सती-प्रथा को अकबर ने ग़ैरक़ानूनी घोषित किया था। आध्यात्मिक अर्थों में (माया सीता के नाश के लिए) सीता को भी अग्नि-परीक्षा ही देकर पवित्रता का प्रमाण देना पड़ता है। 'अबला' नारी का इससे 'सबल' विद्रोह हो ही क्या सकता था ?

पूर्ववर्ती सभी कारणों से समाज में राग-द्वेष-विहीन 'मनुष्य' ही सर्वोत्तम माना गया। अन्याय के सामूहिक प्रतिकार की धारणा का विकास न होने के कारण राग-द्वेष विहीनता ही चरम सामाजिक मूल्य हो गई। जो राग-द्वेष-हीन हो गया वही पंडित, पारखी, चतुर, शूर, सन्त, सुभट, ज्ञानी, गुणी, दाता आदि सभी कुछ है (वैराग्य संदीपनी, 58, 59)। इसी भाँति संपत्ति, माता-पिता, पुत्र-भाई, घर-सुख आदि को वैराग्य तथा ईश्वर-प्रेम के पारमार्थिक मूल्य के लिए गिराया ही नहीं गया, परित्यक्त किए जाने का सन्देह तक दिया गया। तुलसी ने सारे ज्ञान का निचोड़ रामपद-पंकज-प्रीति प्रतिपादित की। उस समाज का सत्तावाला यथार्थ था : लक्ष्मी, प्रभुता और कामवासना; ग़रीबों का यथार्थ था : दुख, दरिद्रता और निराशा। तुलसी ने जो चरम मूल्य प्रतिष्ठित किए वे हैं : वैराग्य, करुणा और मर्यादा।

अब हम तत्कालीन प्रशासन और तुलसी के राजनीतिक दर्शन का विवेचन करेंगे।

इस प्रसंग में यह याद रखना लाज़िमी होगा कि तुलसी न तो राजनीतिक सिद्धान्त-रचयिता थे न ही व्यावहारिक राज्यविद्, दूसरे उनकी बौद्धिक चेतना नीतिपरक थी, तीसरे वे मध्य युग के एक संन्यासी लोक-नागरिक थे, और चौथे उनका आदर्शीकृत पौराणिक बोध था। मध्ययुग में किसी राजनीतिक घटना की व्याख्या करने में अति-प्राकृतिक तत्त्वों (सुपरनैचुरल एलिमेंट्स) का समावेश किया जाता है। और, यदि समाज-द्रष्टा कवि तथा सन्त हो तब तो उसकी राजनीतिक व्याख्या में आधिभौतिक तथा पौराणिक आस्था ही सर्वोपरि हो जाती है। एक व्यावहारिक राजवेत्ता सिद्धान्त और ज्ञान को, राजनीतिक शक्ति की उपयोगिता की दृष्टि से, तत्काल लागू करता है। इसके विपरीत राजनीतिक सिद्धान्त-रचयिता के लिए किसी विचार का महत्त्व उसके निरपेक्ष प्रकृत मूल्य के रूप में होता है। वह मानवीय कार्यों में उस विचार के प्रचार-पक्ष से कम अनुप्राणित होता है। उसके लिए राजनीतिक विचार बौद्धिक निर्मितियाँ होते हैं जो राजनीतिक क्षेत्र की 'तात्कालिक' तब्दीलियों के बावजूद सार्थक और स्वयंसिद्ध हुआ करते हैं। कौटिल्य तथा मैकियावेली व्यावहारिक राजवेत्ता थे, मनु और वशिष्ठ राजनीतिक सिद्धान्त-रचयिता। कवि और सन्तों में दान्ते (डि-मोनार्किया), सन्त ऑगस्ताइन, और बहुत-बहुत सीमित सन्दर्भों में तुलसी राजनीतिक विचारक भी थे। तुलसी में राजनीतिक विचारों की जो छायाएँ मिलती हैं उनमें पौराणिक-नैतिक दृष्टि की

प्रधानता, 'मर्यादा' का नैतिक प्रमापन, तथा राज्य की आध्यात्मिक निर्मिति है। वे श्रुति-स्मृति-पुराण की परम्परा के हैं। अतः यथार्थकता की जटिलताएँ उभर नहीं सकी हैं।

एक प्रत्यक्ष या परोक्ष **राज्य-सिद्धान्त** के बिना राजनीति-विज्ञान की परिकल्पना नामुमकिन है। राजनीति विज्ञान का चरम मूल्य या लक्ष्य एक आदर्श राज्य की संरचना है। कौटिल्य ने राज्य की सार्वभौमिकता के सप्तांग माने हैं : स्वामी (सम्राट्), अमात्य (सचिव), जनपद, दुर्ग (गढ़), बल (सेना), कोश (राज्यलक्ष्मी), और राष्ट्र (भौगोलिक सीमा)। आधुनिक शब्दावलियों में राज्य, क़ानून, राज्यसत्ता, संविधान, विधान परिषदें, जनता और दल, सीमा आदि का परिगणन होता है। आज सरकार और विधिनिर्माण, प्रशासन और विधि (क़ानून) की व्याख्या की समस्याएँ आदि प्रधान हैं जो राजनीतिक शक्ति के बँटवारे की शतरंज हैं। हम अपने को भारतीय मध्यकाल में ही सीमित करेंगे।

मध्यकाल में भी सामन्तों और ग़ैर-सामन्तों, तथा अमीरों और ग़रीबों के बीच राजनीतिक-आर्थिक संघर्ष था। इसी की अभिव्यक्ति राजनीतिक शक्ति, नागरिक मर्यादा, नैतिक दर्शन, ऐतिहासिक आधिभौतिकता, क़ानूनी सिद्धान्त और व्यवहार के रूप में पुष्पित होती थी। उस काल में जाति (वर्ग) के आधार पर शक्ति को संस्थागत बना दिया गया था; और धर्म ही बहुधा 'लोकमत' को वाणी देता था। तुलसी जिस काल में हुए उसमें महाभारत के भारद्वाज और युधिष्ठिर, मनु, शुक्र, धर्मशास्त्रकार और कौटिल्य आदि के राजनीति-सिद्धान्त अपनी व्यावहारिक अन्विति खो चुके थे, तथा समाज के वर्ण-विभाजन एवं आश्रमधर्म लड़खड़ा चुके थे। मुग़ल-कूटनीति और सरकार धर्म, सम्राट्, समाज एवं शासन के नए आधारों पर मज़बूत हो गई थी। इसलिए स्वाभाविक था कि राम के पौराणिक वृत्त को अपनानेवाले तुलसी के राजनीतिक विचारों में पौराणिक पुनरुत्थानवाद तथा अस्पष्टता का मेल हो, और सन्त होने के नाते वे व्यावहारिक कूटनीति को महत्त्व न दें। इसके अलावा तुलसी को राजतन्त्र तथा राजसभाओं का निजी अनुभव भी नहीं था। फलस्वरूप उन्होंने तत्कालीन यथार्थता के स्थान पर बहुत राजनीतिक सिद्धान्तों के निरपेक्ष या परम्परागत मूल्यों का ही यशोगान किया है, और अपना समस्त विवेचन हिन्दू समाज की वर्णाश्रम-व्यवस्था को ही आधार मानकर किया है। उन्होंने 'चतुरान्त' राज्य की सत्ता का उपयोग राज्य को पूर्णतः एक 'आध्यात्मिक' सृष्टि में रूपान्तरित करने में किया। हिन्दू सम्राट्तन्त्र (मोनार्की) से संचालित राज्य को उन्होंने कूटनीति अथवा सेनाप्रधान न बनाकर मूलतः एक राज्याध्यक्षीय लोकराज्य में परिणत किया। उन्होंने 'रामराज्य' के रूप में एक सर्वोत्तम आदर्श राज्य-व्यवस्था की काफ़ी मौलिक कल्पना की है जो हमें प्लेटो के 'गणतन्त्र' की याद दिलाती है। उन्होंने सम्राट्-सत्ता और लोकमत की सत्ता के नए सम्बन्ध ढूँढ़े हैं, राजनीति से दंड और भेद के दो अंग लगभग हटा दिए हैं, राज्य के आदर्श में 'सुख' और 'सम्पत्ति' को चरम मूल्य माना है। किन्तु इसके साथ ही दंडनीति पर आधारित 'पुरुषार्थ' के स्थान पर साम तथा दाम-नीति पर आधारित 'परमार्थ' को ही प्रधानता दी है। वस्तुतः यह सब राज्य का आध्यात्मिकीकरण है। यदि तुलसी स्वयं कहीं वशिष्ठ के

पद पर हुए होते तो हमें राजनीति का एक नया शास्त्र प्राप्त होता। कौटिल्य ने मानव-जीवन में त्रयी–आन्वीक्षिकी, वार्ता और दंड–के महत्त्व का विश्लेषण किया है क्योंकि ये एक ओर महत् कार्यों की प्रकाशक हैं तो दूसरी ओर जीवन में सद्‌गुणों की स्रोत। एक ओर धर्म और न्याय है, दूसरी ओर अधर्म और अन्याय। कौटिल्य ने वर्णाश्रम को सामाजिक व्यवस्था की नींव मानकर ही अपने 'अर्थशास्त्र' का निर्माण किया है। उन्होंने राज्य में 'धर्म', 'नियम' और 'स्वामी'–इन तीनों को सर्वोपरि घोषित किया है। उन्होंने राज्य-सत्ता के सप्तांगों में-से स्वामी और अमात्य (जिनमें कर्मचारी भी शामिल हैं) को केन्द्रीय सरकार माना है, दुर्ग और बल को राज्य-सत्ता और रक्षा का हेतु माना है, तथा कोश को आर्थिक हेतु माना है। कुल मिलाकर दुर्ग, बल और कोश राज्य के स्रोत ठहरते हैं। इन सबके संयोजन में उन्होंने धर्म को ही परम प्रयोजन माना है, और यह धर्म दंडनीति के पुरुषार्थ पर आश्रित है। यदि दंडधर शक्तिमान् है तभी राज्य में धर्म, अर्थ, काम और मोक्ष क़ायम रहते हैं। दंडनीति राजा की सत्ता तथा वर्णाश्रम-धर्म के लिए अनिवार्य है। अर्थ और काम सभ्यता एवं संस्कृति के आधार हैं। यों तो कौटिल्य ने राजनीति के चार अंग माने हैं : साम, दान, दंड और भेद। लेकिन वे व्यावहारिक थे। उन्होंने गौतम बुद्ध के 'धर्मचक्र' अर्थात् धर्म के साम्राज्य की धारणा के पहले 'चक्रवर्ती- व्यवस्था' अर्थात् सुदृढ़ साम्राज्य-गठन में संयोजित किया था। तुलसी ने इन मूलभूत धारणाओं में काफ़ी समन्वय तथा रद्दोबदल किए हैं जिन्हें हम आगे स्पष्टकरेंगे।

तुलसी ने तत्कालीन समाज पर जितना अधिक विचार किया है उतना ही कम तत्कालीन प्रशासन पर लिखा है। राजनीतिक विचार तो पात्रों और घटनाओं में भी गुँथे हुए मिल जाते हैं। पहले हम **तत्कालीन परिवेश** को लेंगे।

उस समय नागरिक असुरक्षा विद्यमान थी। बाहर चलते समय लोग घर की रखवाली करने के लिए किसी को नियुक्त करते थे।[1] तुलसी की यह सोच थी कि गोंड-गँवार राजा और यवन सम्राट् हो रहे थे। इनकी राजनीति में साम, दाम और भेद का प्रयोग न होकर केवल कराल दंड का प्रयोग होता था (दोहावली, 559); नगर-व्यवस्था के लिए कोतवाल, दंडपाल और अन्य कर्मचारी होते थे (कवितावली, 7/171)। सम्राट् विश्वासपात्र कर्मचारियों को ही नगर सौंपकर बाहर जाता था (मानस, 1/187)। महामारी और अकाल जैसी व्याधियों के समय राजा और सामन्त लोग हठपूर्वक सब कुछ देखकर भी पीठ फेर लेते थे (कवितावली, 7/175)। ऐसी अराजकता में रोज़ नए अन्याय बढ़ते थे (कवितावली, 7/176), भूमि के लुटेरे और चोर ज़मींदार भूप हो जाते थे (वही, 7/177)। समाज में हिन्दू-मुसलमान संघर्षों तथा वैमनस्य का जो ख़ाका क्रान्तिकारी कबीर ने खींचा है उसकी क्षीण छाया ही तुलसी ने दी है। क़साई लोग गायों का वध करते थे (कवितावली, 7/181); लुटेरे ब्राह्मणों की हत्या कर देते थे। सत्ताधारी और अराजक लोग करोड़ों अन्यायपूर्ण मार्गों से धन लूटते थे (कवितावली, 7/179)। हिन्दू समाज पतित हो चुका था : तीर्थों में भी अन्याय और पाप का बोलबाला

1. देखिए, राम से मिलने के लिए अयोध्यावासियों का जाना।

था (कवितावली, 7/174) क्योंकि निपट दरिद्रता फैली हुई थी। अत्याचारी गोशाला और ब्राह्मणों के टोले जला देते थे (मानस, 1/166/3)। मित्र और राजा को ज़हर देना तो मुसलमान शासकों में आम रिवाज था (मानस, 1/166/3)। अन्धविश्वासी जनता भयानक भूत-प्रेतों को भजती थी, लोग वेद-निन्दक तथा धर्मविहीन हो गए थे, वे पराए धन और पराई स्त्री की ताक में रहते थे। यद्यपि जगह-जगह थाने थे किन्तु अन्याय जारी थे (मानस, 7/117/6)। तुलसी के अनुसार उनका जमाना बड़ा कराल है, नृपाल कृपालु नहीं है, राज-समाज (मन्त्री, कर्मचारी) बड़ा ही छली है। न वर्ण-विभाजन रहा, न आश्रम-धर्म बचा (कवितावली, 7/85)। राजकाज-रूपी कुपथ्य तथा भोग-रूपी कुसमाज जुड़ गया है (कवितावली, 7/98)। राजा बहुत ज़्यादा राज्य-कर लेते हैं। ये सब स्वार्थ-साधक और मरे को ही मारनेवाले हैं (दोहावली, 349)। पृथ्वी के राजाओं के बड़े दरबार में जापक और पूजक बड़ा भारी अपमान सहते देखे जाते हैं (दोहावली, 393)। राज्यचक्र भी सरल स्वभाव के साधुओं को दंड देता है (दोहावली, 537)। सारांश में, उदार और कृपालु सम्राट् अकबर की नीतियों पर उनके कर्मचारी स्वार्थ और क्रूरतावश धब्बा लगाया करते थे। अतः सन्त तुलसी ऐसे राजा का सोच करते हैं जो वर्णाश्रम-नीति नहीं जानता, ऐसे ब्राह्मण का सोच करते हैं जो वेद नहीं जानता और अपना धर्म छोड़कर विषय-भोग में लीन रहता है, ऐसे शूद्र का सोच करते हैं जो ब्राह्मणों का अपमान करनेवाला और ज्ञान का घमंड रखनेवाला है, तथा ऐसे संन्यासी का सोच करते हैं जो दुनिया के प्रपंच में फँसा हुआ है (मानस, 1/171/2-4)। तुलसी ने तत्कालीन प्रशासन, समाज और धर्म के इस कृष्ण-पक्ष के संकेतों को 'कलियुग' के रूप में ('मानस' तथा 'कवितावली' के उत्तराखंड में) प्रस्तुत करके समाज तथा राज्य की आलोचना की है। इसी के 'कंट्रास्ट' में उन्होंने अपने रामराज्य की यूटोपिया रची है जिसमें आध्यात्मिकता की प्रधानता के बावजूद लोकमत में पल्लवित-पुष्पित राज्य की एक सामान्य इच्छा (रूसो-कृत 'जनरल बिल' जैसी) होगी जहाँ दंड और भेद-नीति नहीं होगी, जहाँ राजा और समाज की एक कसौटी अर्थात् मर्यादा होगी, जहाँ ग़रीबी के बजाय सम्पत्ति तथा दुखों के बजाय सुख होगा, जहाँ करों का भयानक शोषण नहीं होगा और प्रजा पर मंगल की वर्षा होगी। किन्तु यह सब होगा वर्णाश्रम-व्यवस्था के आधार पर ही (!)।

राजा या स्वामी को भारतीय नीतिशास्त्र में जन-रक्षक (नरपति) और पृथ्वी-रक्षक (भूमिपति) और ईश्वर का अंश माना है। राजा को धर्मशील होना चाहिए, (चाहिअ धरमशील नरनाहू) उसे राजनीति की रक्षा करनी चाहिए; उसे शक्ति, नीति, ऐश्वर्य तथा धर्म, प्रताप, शील का निकेतन होना चाहिए और उसे वेदनीति से प्रजा का संरक्षक होना चाहिए। राजा के प्रजावत्सलतारूपी चारे को चरकर पृथ्वीरूपी गौ दुग्धवती होती है, जिससे प्रजा-रूपी सुन्दर बछड़ा पोषित होता है (दोहावली, 512)। इसके विपरीत तोप-रूपी पृथ्वी में अनीति-रूपी बारूद और पाप-रूपी पलीता भर जाने पर कुकाल-रूपी तोपची राजा-रूपी गोले से सब विनष्ट कर देता है (दोहावली, 515)। उनका धूपछाँही समय सामन्तीय पतन का भी था। अतः प्रजा के भाग्य से ही किसान और माली की

तरह कभी-कभी नीति-निपुण नरपाल होते थे वरना प्रभुता पाकर उनमें राजमद हो जाया करता था। कर उगाहकर समय पर उसी धन से प्रजा का हित करनेवाला सम्राट् प्रजा के सौभाग्य से ही मिलता है (दोहावली, 508)। इन व्यावहारिक अनुभवों के आधार पर तुलसी ने नीति-निपुण और प्रजावत्सल राजा को ही मंगल-मूर्ति माना है। उनके अनुसार राजा की भलाई से ही वेद (नीति) और लोक (प्रजा), दोनों का भला है (मानस, 1/314/2); अच्छे राजा को पाकर प्रजा सुखी होती है (सुखी प्रजा जनु पाइ सुराजा) और बढ़ती है (प्रजा बाढ़ि जिमि पाई सुराजा); राज को राज्य के सब अंगों (स्वामी, अमात्य, कोश, दुर्ग, बल, राष्ट्र, जनपद) से पूर्ण होना चाहिए। पवित्र 'देश' हो, विवेकी 'राजा' हो, वैरागी 'मन्त्री' हो, 'योद्धा' हों, 'राजधानी' हो। राजा के उर में राजनीति के साम- दान-दंड-भेद नामक चार अंग बसते हैं (मानस, 6/37/5)। अतः राजा को राजनीति और चतुर्वर्ग (धर्म, अर्थ, काम, मोक्ष) के अनुसार शासन एवं व्यवहार करना चाहिए। जिस राजा को प्रजा प्राण के समान प्रिय नहीं है वह नीति नहीं जानता, और जिस राजा के राज्य में प्रिय प्रजा दुखी होती है वह नरक का भागी होता है। नीति के बिना राज्य, और कुमन्त्रणा से राजा, शीघ्र नष्ट हो जाते हैं। साधु, सुजान, सुशील और ईश्वरांशोत्पन्न राजा सबको सुनकर और उनकी वाणी, भक्ति, विनय, चाल को पहचानकर सुन्दर वाणी से सबका यथायोग्य सम्मान करते हैं (मानस, 1/27/4-5)। वे विद्वानों तथा मन्त्रियों से विचार-विमर्श करते हैं। पृथ्वी तथा प्रजा का पालन एवं रक्षण ही उनका राजधर्म है (राम द्वारा भरत को उपदेश)। इस भाँति भारतीय राजनीति-चिन्तन में राजा ईश्वरांश और सार्वभौम 'धर्म' का प्रतिनिधि हो गया है। इस चिन्तन में राज्य की अपेक्षा राजा ही एकता और केन्द्रीकरण की शक्ति है। कौटिल्य की मान्यता है कि स्वामी को राष्ट्र की एकता और सुदृढ़ता सम्पन्न करनी चाहिए। मन्त्रिपरिषद् के द्वारा यह एकता पूर्ण होती है, कोश के द्वारा राष्ट्र की समृद्धि होती है, दंड के द्वारा राज्य की रक्षा होती है, दुर्ग के द्वारा राज्य में शान्ति रहती है, तथा मित्र के द्वारा राज्य दीर्घजीवी होता है। विजिगीषु को 'मित्र राज्यमंडल' का निर्माण करना चाहिए जिसके अन्तर्गत सभी राजा उसकी सत्ता स्वीकार करें। तुलसी ने राम को स्वयं ईश्वरावतार मानकर उनके प्रत्येक आचार तथा आचरण को मर्यादा का मानदंड बना दिया है। राम पहले चक्रवर्ती जैसे हैं, बाद में धर्मचक्र-राज्य के संस्थापक, उन्होंने निषादराज, सुग्रीव, बालि, विभीषण आदि के साथ राजनीति और वेदनीति दोनों के अंगों का साथ-साथ प्रतिपादन किया है और अपनी मौलिक स्थापनाएँ की हैं। यद्यपि उन्होंने राम को ब्रह्म और जगदिच्छा माना है, लेकिन मनुष्य-रूप में उनके सारे कार्य समाज के कार्य बना दिए हैं। मनुष्य-रूप में वे एक राष्ट्रीय आर्य जन-नेता हैं जो अपनी व्यक्तिगत इच्छा और सामाजिक इच्छा को एकतान कर देते हैं। राम 'लोकमत' और 'लोकमन' के प्रतीक हो जाते हैं। इस भाँति वे ब्रह्म, सम्राट् और लोकमत, तीनों के प्रतीक हैं। राजनीति के स्तर पर वे निर्णायक लोकमत हैं। राम स्वयं भी अपने पिता दशरथ पर रानी कैकेयी की कुमन्त्रणा का प्रभाव झेलते हैं। वे एक नीतिवादी निर्वासित सम्राट् हैं जो भरत को

राज्य सौंपकर अपना वचन पूरा कर रहे हैं। अन्तरराज्य-सम्बन्धों की दृष्टि से वे 'राष्ट्रमंडल' की धुरी में विजिगीषु हैं : रावण उनका 'अरि' है, खर-दूषण 'अरिमित्र' हैं, सुग्रीव और निषादराज 'मित्रप्रकृति' हैं, जटायु-सम्पाती 'मित्रामित्र' हैं, विभीषण 'आक्रन्द' (पृष्ठभूमिका मित्र) है तथा बालि, जनक, शबरी आदि 'माध्यम' हैं। रामवृत्त में ऐसे 'राज्यमंडल' में कोई भी उदासीन नहीं है। राज्यमंडल की इस धारणा के द्वारा हिन्दू चक्रवर्ती-व्यवस्था और राजनीति स्पष्ट होती है। विजिगीषु साम, दान, दंड और भेद द्वारा मंडल के अरिपक्ष को विघटित करके और अपने पक्ष को संघटित करके विजयी होता है। 'मानस' में रावण को छोड़कर सशक्त अरिमंडल नहीं बन पाया है; क्योंकि मन्दोदरी, कुम्भकर्ण, माल्यवान्, त्रिजटा, विभीषण, मारीचि, दूतादि सभी परब्रह्म राम के भक्त हैं जिससे राजनीति की संघर्षशीलता एक छलावरण बनकर रह जाती है। बहरहाल, निषादराज एक यूथपति की हैसियत रखते हैं जो राम की सत्ता स्वीकार करते हैं और राम उनसे साम-नीति बरतते हैं। बालि के साथ दंड-नीति और सुग्रीव के साथ साम-नीति का प्रयोग करके राम राजनीतिक सन्धि तथा विग्रह का परिचय देते हैं। वे बालि-सुग्रीव के भेद में सुग्रीव का पक्ष लेकर और बालिपुत्र अंगद को युवराज बनाकर अपना मित्रमंडल मज़बूत कर लेते हैं। जब राज्य, कोश, नगर और स्त्री पाकर सुग्रीव राम को दिए गए अपने वचन भुला देता है तब स्वयं राम पहले तो दंड-नीति के अनुसार उसका वध करने का निश्चय करते हैं लेकिन बाद में हनुमान् के द्वारा सामनीति का उपयोग करते हैं। विभीषण के साथ वे दान-नीति का उपयोग करते हैं। यदि हम रामभक्ति की महिमा से परे हटकर विचार करें तो सुग्रीव-बालि तथा विभीषण-रावण के आपसी मतभेदों के फलस्वरूप राम इनमें से अपने अनुकूल मित्र चुनकर उनका राजतिलक कर देते हैं। इन राजाओं में सुग्रीव यूथपति है जो वानर दलों पर भय, प्रीति तथा नीति से शासन करता है अर्थात् उसका राज्यतन्त्र क़बीलाई है। वनवासी राम शरणागतवत्सल, करुणासिन्धु कृपालु और आदर्श स्वामी के रूप में उभरे हैं। उनका प्रजावत्सल और अन्य रूप तो अयोध्या में उभरा है। लंकाकांड तक वे चक्रवर्ती के रूप में रहते हैं, तदुपरान्त वे धर्मचक्र के शासक हो जाते हैं। 'यहाँ तक' वे साधनावस्था में हैं। 'बाद में' सिद्धावस्था प्राप्त होती है। 'मानस' में लक्ष्मण दंडनीति के प्रतिनिधि हैं। रावण के रूप में हम एक ऐसा निरंकुश सम्राट् पाते हैं जो वेद, प्रजा और शील, तीनों से विमुख है। वह वेद-विधि के अनुसार प्रजा का शासन नहीं करता; आर्य संस्कृति (राम) के वर्णाश्रम-धर्म, ब्राह्मण-तपस्वियों को स्वीकार नहीं करता; काम, क्रोध, मद, लोभ, मोह से ग्रस्त है; साम तथा दान नीति को त्यागकर दंड (विभीषण, माल्यवान, दूत आदि के प्रसंग में) और भेदनीति (अंगद तथा सीता के प्रसंग में।) का छल-कपटपूर्ण सहारा लेता है; यति-मुनि-ब्राह्मणादि को कष्ट देता है; केवल बाहुबल पर घमंड करता है; विद्वानों और मन्त्रियों की सलाह नहीं मानता; अपने ही हित के लिए शासन करता है और अशान्ति-हिंसा, घृणा-स्वार्थ आदि से संचालित है। चारित्रिक दृष्टि से तुलसी ने रावण को एक मध्यकालीन सम्राट् के विद्रूप में भी प्रस्तुत किया है। जनक एक दार्शनिक तथा

त्यागी सम्राट् के रूप में आए हैं, बहुत कुछ ऋषि जैसे।

अमात्य की बाबत तुलसी बाबा की दृष्टि लोकानुभव-प्रसूत है। यदि मन्त्री राजा की अप्रसन्नता के भय से या स्वार्थ-साधन की आशा से केवल अनुकूल बातें ही करता है तो राज्य शीघ्र ही नष्ट हो जाता है। सम्बन्धों की दृष्टि से राजा पेट है, मन्त्री जीभ है, तथा दूसरे कर्मचारी दाँत हैं। ये तीनों मिलकर ही राज्य-शरीर को पुष्ट और सन्तुष्ट बनाते हैं (दोहावली, 524-552)। कौटिल्य सचिव को दृढ़चित्त, शीलवान, सम्प्रिय, प्राज्ञ, दक्ष और वाग्मी होना आवश्यक मानते हैं। मन्त्रिपरिषद् के निर्णय ही राजशासन की नींव होते हैं। तुलसी ने बुद्धिमान् तथा वैरागी मन्त्री को सर्वाधिक महत्त्व दिया है। बहुधा ये मन्त्री कुलगुरु ब्राह्मण और मुनि-ऋषि आदि ही होते थे जो शासन को धर्म-धुरी से संचालित करते थे। रामायण में वशिष्ठ, विश्वामित्र, अत्रि आदि ऐसे ही गुरु-सचिव हैं। 'मानस' में रावण के चापलूस मन्त्रियों के फलस्वरूप ही लंका का विनाश हुआ दिखाया गया है। मध्यकालीन राज्य-शासन पर यह तुलसी का अपना निर्णय है। उन्होंने नैतिक दृष्टिकोण के कारण मन्त्रियों की योग्यता का विस्तार करते हुए भरत के प्रसंग में मुनि तथा माताओं को भी, जनक के प्रसंग में विद्वानों को भी, तथा वनवासी राम के प्रसंग में सखाओं को भी मन्त्रणा और शिक्षा देने के योग्य स्वीकार कर लिया है। युद्ध के समय सेनापति प्रधान मन्त्रणाएँ देते हैं (जाम्बवान, सुग्रीव आदि)। वास्तव में ब्राह्मण पुरोहित-मन्त्री का पद सर्वपूज्य था। यहाँ तुलसी ने 'मनुस्मृति' की चेतना को ही सुदृढ़ बनाया है। मन्त्री, स्वामी और कर्मचारी मिलकर ही शासन चलाते हैं। शासन की विशिष्ट 'नीतियाँ' और नियम होते हैं। कौटिल्य ने घटिया सम्राटों के प्रति साम और दान नीति का, शीलवान सम्राटों के प्रति सत्य सामनीति का विधान किया है। माया और इन्द्रजाल को वे अन्तरराज्य नैतिकता और कूटनीति में नामंजूर करते हैं। उनके अनुसार दंड-नीति सुव्यवस्था लाती है। ये नीतियाँ ही 'नियम' का विधान करती हैं। वास्तव में नियमों या क़ानूनों का सम्बन्ध किसी युग की संस्कृति, उसकी सामाजिक और क़ानूनी संस्थाओं, सामाजिक लक्ष्यों और हेतुओं से होता है। 'मानस' में 'नियम' और 'धर्म' एकमेव हो गए हैं; और ये वर्णाश्रम-व्यवस्था के विभेदक न्यायमानदंड पर आधारित हैं जिसके अनुसार ब्राह्मण और शूद्र के अधिकार एवं कर्तव्य तथा उनको पुरस्कार एवं दंड के विधान भी भिन्न-भिन्न हैं। नियमों के आधार धर्म के साथ-साथ 'व्यवहार' तथा 'आचार' भी हैं। इसीलिए राजनीति में समान और बड़ी ताक़तों के विरुद्ध भेद तथा दंडनीति का भी विधान है। राम भी रावण, बालि आदि से दंड-नीति के द्वारा ही पेश आते हैं। अशान्ति और हिंसा को समाप्त करने के लिए 'मानस' में विग्रह के बजाय सन्धि पर अधिक बल दिया गया है जो प्रेम-परोपकार का प्रसार करती है। इस भाँति तुलसी शैवों (रावण भी रामविमुख शैव था) की अराजकता और स्वेच्छाचारिता के स्थान पर नव्य पौराणिकता के ऐसे व्याख्याता भी हो जाते हैं जो 'स्मृतियों' पर आधारित हैं। 'मानस' में जिन्हें राज्य-शासन का आदर्श माना गया है वे वनवासी तापस राम, सन्त भरत, विदेह जनक, वशिष्ठ, विश्वामित्र आदि हैं। ये सभी राग, द्वेष, परिग्रह आदि से

मुक्त हैं और धर्मानुकूल आचरण करते हैं। ऐसे 'शिष्ट' जनों के अनुरूप ही 'मानस' में शिष्टाचार के मानदंड क़ायम हुए हैं। वेद-इतिहास-न्याय-पुराणादि के साथ शिष्ट जनों के उपदेश भी धर्म के अंग हैं। इस भाँति 'मानस' में राजनीति और राज्य-शासन 'जातिधर्म', 'श्रेणीधर्म' (पेशों के नियम) और 'जनपद-धर्म' (स्थानीय रीतियाँ), तीनों से गुँथ जाता है। फलस्वरूप राम और राममंडल लोकमत तथा लोकमन भी हो जाता है। इसीलिए 'मानस' में नियमानुशासन बेहद परम्पराव्रती भी है। और इसीलिए 'मानस' में राजनीति की विभुता जनक की राजसभा में, तथा रावण की राजसभा से अधिक तो चित्रकूट के 'महान् विवाद' में उपलब्ध होती है; या फिर अन्य संवादों में। इन विचारों के समानान्तर तुलसी प्रशासन के प्रति थोड़ा व्यावहारिक थे। वे कहते हैं कि मालिक की अपेक्षा मालिक के कर्मचारी विशेष दुखदायी होते हैं (दोहावली, 501)। इसलिए राजा को स्वयं अपनी प्रजा की देखभाल करनी चाहिए। दुर्दिन में अच्छे अधिकारी भी बुरा व्यवहार करने लगते हैं (दोहावली, 499)। यदि राजा एक प्रकार से बुराई करता है तो अनुगामी तीन प्रकार से (दोहावली, 500)।

प्रशासन-परिषदों के लिए 'मानस' में 'समाज', 'सभा' और 'दरबार' शब्द ही प्रधान रूप से मिलते हैं। समाज में प्रजा, राजा, राजकुल, मुनिकुल आदि इकट्ठे होकर गुरु से शिक्षा लेते थे, सभा में वाद-विवाद होता था, और दरबार या राजसभा में विवाह, युद्ध, सन्धि, दूत आदि से सम्बन्धित सन्देशों के परिवहन या संवाद होते थे। 'राजसभा' और 'जातिसभा' दोनों ही नियमों का अनुशासन करती थीं। राजसभा में राजा का परिवार भी शामिल होता था, किन्तु जनसभा या जातिसभा में जनता एकत्र रहती थी। जनपदसभा का स्रोत वेदकालीन उपनिषदें हैं। 'मानस' में अंगद-रावण संवाद, तथा परशुराम-लक्ष्मण संवाद के अवसर पर क्रमशः रावण तथा जनक की राजसभाओं के जो चित्रण हुए हैं उनमें अनुभवपूर्ण कूटनीतिक शिष्टाचार के स्थान पर वक्रोक्तिपूर्ण वाग्वैदग्ध्य की छटा है। इस वजह से तुलसी की राजसभाएँ भी साहित्यिक गोष्ठियों जैसी हो गई हैं।

'दूतों' के विषय में तुलसी ने काफ़ी ज्ञान दरशाया है। दूत दूसरे राजा के दरबार में गया हुआ अधिकारी होता था जो अपने स्वामी के हितों का प्रतिनिधित्व करता था। वह मित्र बनाने, सन्धि करने, अन्तिम चुनौतियाँ देने, सन्देश लाने और ले जाने का कार्य करता था। 'मानस' में ऐसे पत्रवाहक, सन्देशवाहक दूत कई जगह आते हैं। हनुमान् और अंगद, तथा खर-दूषण ऐसे ही दूत हैं। इनके अलावा दौड़कर ख़बर लेने और लानेवाले दूत 'धावन' कहलाते थे। रावण-सभा में अंगद हनुमान् को लघुधावन कहते हैं। सबसे महत्त्वपूर्ण **'गुप्तचर'** होते थे। इन्हें कोई जान नहीं पाता था। इनका रहस्य खुलने पर या इनके पकड़े जाने पर इन्हें कठोर दंड मिलता था। हनुमान् को लंका में, तथा विभीषण का पीछा करनेवाले रावण के दूतों को सुग्रीव के सैनिक-शिविर में दंड मिलता है। गुप्तचर वेश भी बदलते थे। हनुमान् पहले तो सुग्रीव के ब्रह्मचारी-वेशधारी दूत होकर राम का पता लगाते हैं, फिर लंका से लौटते समय भरत को रामसन्देश देते

हैं। भरत के सद्भाव-दुर्भाव का पता लगाने के लिए जनक अयोध्या को चार दूत भेजते हैं। गुप्तचर को कूटनीतिक विशेषाधिकार नहीं मिलते थे, किन्तु 'दूत' (नृपदूत) को ये प्राप्त थे। दूत का वध नीति-विरुद्ध था। दूत की भी मर्यादा थी कि वह अतिथि सम्राट् के सामने दूसरे वीर का बलगान न करे। दूत अपने स्वामी के अपमान से डरता था। दूत को बल, बुद्धि तथा गुण से युक्त होना चाहिए। 'मानस' में तुलसी राम के मुख से अंगद के दूतधर्म के बखान द्वारा नई नैतिक कूटनीति का प्रवर्तन करते हैं : "शत्रु से वही बातचीत करना जिससे 'हमारा' काज हो और 'उसका' कल्याण हो (मानस, 6/16/4)। 'मानस' में रावण-पक्ष के सभी गुप्तचर रामभक्त बना दिए गए हैं जो तुलसी के भक्त की एक कलात्मक त्रुटि है। इस परिप्रेक्ष्य में रावण के नगर में भेजे गए हनुमान् या उसकी सभा में भेजे गए अंगद अपनी राजनीतिक चेतना की हीनता तथा कूटनीतिक उद्देश्यों को प्राप्त करने की अयोग्यता को ही प्रकाशित करते हैं। रावण की सभा में इन वानर-दूतों को भी उचित राजनीतिक विशेषाधिकार प्राप्त हैं। हनुमान् द्वारा लंका-नगर का दहन तथा अशोकवन-उच्छेदन, या अंगद द्वारा रावण के मुकुटों को गेंद की तरह उछालना तथा उसे गालियाँ देना आदि तुलसी के राजसभाओं सम्बन्धी अज्ञान का भी प्रकाशन करते हैं। लक्ष्मण-परशुराम संवाद में भी शौर्यपूर्ण राज-वातावरण के मुकाबले कौतुक अधिक है।

मध्यकाल में युद्ध-वृत्तान्तों को भी शौर्यपरक विचार प्रभावित करते रहे हैं। 'मानस' में अतिप्राकृतिक तत्त्वों का पौराणिक समावेश भी हो गया है। हम इन दोनों को निथारकर राजनीतिक महत्त्वों को ढूँढ़ेंगे। मध्यकाल में इतिहास को शौर्य, कर्तव्य, और वफ़ादारी के अतिरंजित वातावरण में देखा गया है। उनमें सामन्तीय गुणों और शौर्य को गौरवान्वित किया गया है। सेना, दूत, मन्त्री आदि का एकमात्र आदर्श अपने स्वामी की अन्धभक्ति थी और स्वामी का एकमात्र लक्ष्य शौर्य प्रदर्शन था। क़ानूनी दृष्टि से कोई विवाद अपना 'महत्त्व' खोकर 'प्रतिष्ठा' का सवाल हो जाता था। सारा संघर्ष न्याय-धुरी के बजाय प्रतिशोध की धुरी पर बँध जाता था अर्थात् प्रतिशोध ही राजा का कर्तव्य था। तुलसी ने रावण को प्रतिशोध और अहंकार के उत्कर्ष तक पहुँचे अभिमान का प्रतीक बनाकर उसमें मध्यकालीन ऐतिहासिक शूरता का झूठ उद्घाटित किया है। अपनी बहन शूर्पणखा के अपमान का बदला लेने के लिए ही वह सीताहरण करके जोखिम उठाता है, और अपने शत्रु राम से अन्त तक युद्ध करने को अपना पुनीत कर्तव्य तथा गौरव समझता है। रावण के नृपतन्त्र का मूल स्रोत 'दर्प' (वैनिटी) है। वह अपने सभी 'विश्वासघाती' मन्त्रियों, दूतों तथा सम्बन्धियों को पदच्युत कर देता है जो शत्रुपक्ष की श्रेष्ठता और न्यायसंगति के क़ायल हैं। ऐसे ही तुलसी ने राम को शौर्य-वृत्त से विच्छिन्न करके संन्यास-वृत्त से जोड़ा है और उन्हें लोकमत, लोकमानस तथा सामाजिक संकल्प का प्रतीक बना दिया है। राम में व्यक्ति-इच्छा के स्थान पर लोक-मंगल की साधना है, सामन्तीय आभिजात्य के स्थान पर जन-नेतृत्व की चेतना है, आचरण के अनुशासन के स्थान पर समाज का शासन और विवेकाधीन अनुशासन अर्थात् मर्यादा है, विलक्षणता

के स्थान पर सर्वोत्तमता है। राम व्यक्ति-इच्छा के बजाय सामाजिक इच्छा से संचालित हैं, प्रतिशोध के बजाय न्याय के अनुगामी हैं, भय के बजाय प्रेम-सम्बन्धों के संस्थापक हैं और मनुष्य होने के साथ-साथ जगदात्मा-परमात्मा भी हैं। अतः राम उस पौराणिक धर्म की संकल्पात्मक उदारता और संस्कृति के प्रतीक हैं जो विमलता और वैराग्य से ओत-प्रोत है। इस भाँति तुलसी ने राम और रावण की राजनीतिक भूमिकाओं में भी परिवर्तन किया है।

इस वजह से एक ही **राम-रावण युद्ध** रामपक्ष में धर्मयुद्ध, तथा रावणपक्ष में कूटयुद्ध हो जाता है, और इसी वजह से रामपक्ष साम तथा दान-नीति का, और रावणपक्ष दंड और भेद-नीति का आश्रय लेता है। तुलसी ने राजनीति के चार अंगों के बीच यह नैतिक-अनैतिक पार्थक्य क़ायम कर दिया है जो आदर्श को पूजनीय किन्तु यथार्थ को हेय प्रतीत करा देता है। शायद वे चाहते भी यही हैं। इसी बिन्दु पर कौटिल्य का 'चक्रवर्ती साम्राज्य' और तुलसी का 'रामराज्य' साफ़तौर पर द्विधाविभक्त हो जाते हैं। राम जिन अन्य राजाओं (सुग्रीव) से सन्धियाँ करते हैं या जिन्हें शरण देने का वचन देते हैं (विभीषण), वे अन्तर्राष्ट्रीय नियम के अनुसार अभंगनीय पावनतावाले अनुबन्ध हो जाते हैं। इसलिए ये 'सन्धियाँ' 'मैत्रियाँ' और 'वार्ताएँ' धर्मविजय का हेतु बन जाती हैं क्योकि ये राम जैसे अवतारी लोकनायक की साम तथा दान-नीति की हिन्दू मानवतावादी और आध्यात्मिक भूमिका पर आसीन हैं। इस भाँति राम का युद्ध धर्मयुद्ध और परिणाम धर्मविजय है जहाँ शास्त्रबल और शस्त्रबल एकमेव हैं। इसके विपरीत रावण का कूटयुद्ध असुर-विजय के निमित्त है। कूटयुद्ध के अन्तर्गत रावण अंगद पर भेदनीति का प्रयोग करता है, समरभूमि में 'माया' तथा 'इन्द्रजाल' का इस्तेमाल करता है। इस भाँति राजनीति में पुनः अतिप्राकृतिक तत्त्वों का समाहार हो जाता है। शत्रु के लिए मारण, वशीकरण, उच्चाटन और आकर्षण का भी इस्तेमाल होता है। राम की सहायता के लिए भी इन्द्र का रथ, गरुड़ और देवताओं के अस्त्र प्राप्त होते हैं। राक्षसपक्ष भी ब्रह्मास्त्र, नागपाश आदि का प्रयोग करता है। रावण और मेघनाद 'माया' तथा नाना जादुई शक्तियों कोउपयोग करते हैं और विजय के लिए यज्ञ भी करते हैं। रावण की सेना अधिक सुसज्जित है और वह त्रिशूल, परिघ, भिन्दिपाल, कुन्त, शक्ति, यष्टि, कृपाण, फरसा, बरछी आदि का प्रयोग भी करती है। राम-सेना के सेनापति गदा धारण करते हैं तो स्वयं राम-लक्ष्मण धनुर्वेद का कौशल दिखाते हैं। उनके वानर तथा रीछ-दल पर्वत-खंडों तथा समूल वृक्षों को ही अपना हथियार बनाते हैं। तुलसी इस विराट् युद्ध-वर्णन में यथार्थ के त्रास और भय के स्थान पर 'कौतुक' और 'रोचकता' का ही प्रभाव उत्पन्न कर सके हैं। बार-बार थकी लौटी राम-सेना को अलौकिक स्फूर्ति से अपराजेय चित्रित करके वे संघर्ष को मृदुल बना देते हैं। अन्तोगत्वा रावण की सुसज्जित और अनुशासित सेना पर राम की अल्पसज्जित गुरिल्ला-सेना विजय पा लेती है। राजनीतिक निष्कर्षों की दृष्टि से सशक्त रावण-सेना का नैतिक बल क्षीण हो जाता है और उसके सम्मुख कोई भी राजनीतिक आदर्श नहीं रहता, जबकि राम-सेना का नैतिक

बल अपराजेय है और उसके पास धर्मविजय का आदर्श है। दोनों ही पक्ष युद्ध के कुछ अन्तर्राष्ट्रीय नियमों का पालन करते हैं : घायल और भूमिलुंठित सैनिक पर हमला नहीं होता (लक्ष्मण और मेघनाद), मल्लयुद्ध में दो व्यक्ति ही विजय-पराजय का निर्णय करते हैं, युद्ध-बन्दियों के साथ अच्छा सलूक होता है, युद्ध रात में नहीं केवल दिन में होता है, प्रतिद्वन्द्वी परस्पर ललकारकर वार करते हैं, इत्यादि। सेना द्वारा दुर्ग को घेरकर ('गढ़-छेंका' लगाकर) उसके चारों दरवाज़ों पर घमासान युद्ध करने की मोरचाबन्दी पर मुग़ल-प्रभाव भी है। 'मानस' में कई प्रकार के युद्ध वर्णित हैं : यथा, मुष्टि-युद्ध (बालि-सुग्रीव, कुम्भकर्ण-हनुमान्, हनुमान्-रावण), वृक्ष-युद्ध, पत्थर-युद्ध, वानर-युद्ध (ये तीनों युद्ध आदिम समाज तथा आदिम जातियों के चरण के हैं), मल्ल-युद्ध (रावण-विभीषण), गदा-युद्ध (विभीषण-रावण), रथ-युद्ध (राम-रावण), शक्तियुद्ध (लक्ष्मण-मेघनाद), तोप-युद्ध आदि। इन युद्धों में हम गुफ़ा-युग के मनुष्य के हथियारों (नख, पहाड़, वृक्ष) से लेकर पाषाण युग के मनुष्य के अस्त्र-शस्त्र, लौह-युग और कृषियुग के मनुष्य के हथियार तथा मुग़लों के बारूदी हथियारों तक का गड्डमड्ड पाते हैं। इनमें मन्त्र, शकुन, इन्द्रजाल आदि प्रयोग मानो आदिम अवस्था के जादुई चरण के अवशेष हैं। इस दृष्टि से राम-रावण-समर नृतत्त्वशास्त्र की भी एक क्रमिक सांकेतिक सामग्री देता है। निषादराज की नौका-युद्ध की तैयारी के चित्रण पर ही तुलसी पर कोरमकोर तत्कालीन प्रभाव पड़ा है। गुह के सैनिक मुग़ल सिपाहियों जैसे सजते हैं (मानस, 2/189, 190)। कुल मिलाकर तुलसी का युद्ध-अनुभव काल्पनिक है।

अन्त में हम **'राज्य'** की चर्चा करेंगे। सम्पूर्ण मध्यकाल में तुलसी के 'रामराज्य' की यूटोपिया लोकचित्त तथा लोकमत का एक अनुभव-प्रसूत आदर्श भी है। यह मध्यकालीन साहित्य की श्रेष्ठतम सांस्कृतिक उपलब्धि है जो इतिहास और पुराण, परम्परा और रूढ़ि, यथार्थ और आदर्श का संश्लेषण करती है। उस सांस्कृतिक अवस्था में तुलसी ही ऐसे अकेले नागरिक-चिन्तक थे जो (कवि और सन्त होने, एवं अनेक अन्तर्विरोधों, से पूर्ण होने के बावजूद) तत्कालीन जनपद, और जनजीवन की सामाजिक, आर्थिक, नैतिक, राजनीतिक, आध्यात्मिक आदि समस्याओं को उन्हीं के भावकल्प से समझ-बूझ सके थे। क्रान्तिकारी कबीर मूलतः धार्मिक और वर्णाश्रम-व्यवस्था वाले जातीय क्षेत्र तक ही बँधे रहे; सूर गोकुल-ब्रज-वृन्दावन की चरवाही संस्कृति के सिद्ध आनन्द और भोगवाले वैकुंठ में मन्त्रमुग्ध रहे; जायसी लोकरंजन पर ही अपनी नज़र गड़ाए रहे; लेकिन परम्परावादी और मर्यादावादी समन्वयकर्ता तुलसीदास ने ही भूमि, प्रजा, लोकमंगल, समाज जैसी इकाइयों की भी मूल्यमीमांसा की है। यद्यपि वे धर्म, नीति और आध्यात्मिकता की भूमिका पर ही रामराज्य का आलोचनाशील (क्रिटीक) गढ़ते हैं, यद्यपि उनकी अपनी प्रवृत्ति वैष्णव मर्यादावादी आस्थापरक है, तदपि **'राम राज्य'** में वे 'तत्कालीन सामाजिक यथार्थता के आलोक' में समाज, संस्कृति, राष्ट्र और आध्यात्मिकता की आकांक्षा को अभिव्यक्त करते हैं। उन्होंने राज को 'सुराज' में रूपान्तरित किया; उस सुराज को 'रामराज्य' का स्वरूप दिया जहाँ राजा स्वयं परब्रह्म राम हैं; जहाँ परब्रह्म राम

लोकमंगल-स्वरूप हैं; जहाँ लोकमंगल-विधान राजा नहीं, साधुमत और लोकमत करता है ('करब साधुमत लोकमत नृपनय निगम निचोरि'); जहाँ इन मतों के सूत्रधार मन्त्री, विद्वान्, बुद्धिमान् और गुरुजन हैं; और जहाँ 'भूमि' तथा 'प्रजा' के हितार्थ 'धर्म' और 'नीति' संचालित हैं। इस यूतोपिया की रचना में तुलसी पूर्णतः प्रजातन्त्रवादी नहीं हैं क्योंकि वे वर्णाश्रम-धर्म और राजतन्त्र के पौराणिक आदर्शों के प्रति भी निष्ठावान हैं। लेकिन इस कल्पना में सामन्तवादी समाज-व्यवस्था से आगे की सामन्तमुक्त प्रजासत्तात्मक व्यवस्था की झिलमिलाहट है जिसमें सम्राट् की सत्ता और समाज की सत्ता का विरोध मिट गया है, निरंकुश राजतन्त्र को त्रिविध तापों का सही कारण मानकर उसे पहचान लिया गया है, प्रशासन में क्रूर दंड और छल-कपटपूर्ण 'द्वैधीभाव' का भंडाफोड़ किया गया है और बहुसंख्यक कृषक जनता (प्रजा) की आर्थिक समस्याओं की जड़ (भूमि) छू ली गई है। इस भाँति धर्म-सापेक्ष्य और दिव्य राजत्वपूर्ण 'रामराज्य' जाने-अनजाने ही मध्यकालीन जनता की आर्थिक, सामाजिक और राजनीतिक चेतना का वर्गीय आकांक्षा-दर्पण भी हो गया है। यहाँ तत्कालीन समाज और किसानों की संघ-चेतना के दोनों पक्ष प्रतिबिम्बित हैं। अतएव 'रामराज्य' की विवेचना एक समाजशास्त्रीय दृष्टि की अपेक्षा रखती है क्योंकि यहाँ सामन्तीय समाज और उसके अन्तराल से उभरता हुआ लोकतन्त्र, दोनों घुले-मिले हैं।

तुलसी ने रामराज्य के कुछ सूत्र-सिद्धान्त दिए हैं : (1) राज्य एक धार्मिक और नैतिक संस्था भी है; (2) राजा प्रजा का पिता के समान रक्षक और राष्ट्र-शान्ति का प्रहरी है; (3) राज्य को निरंकुश राजतन्त्र या फ़ौजी अधिनायकवाद से नहीं चलाना चाहिए, राज्य युद्धों का उन्मूलन कर सकता है; (4) राज्यशासन लोकमत और साधुमत दोनों के आधार पर ही चलना चाहिए; (5) राज्य में प्रजा और भूमि की समृद्धि होनी चाहिए; (6) राज्य का लक्ष्य नागरिकों को सुख और सम्पत्ति प्रदान करना है। इस चेष्टा में अन्ततः कर-व्यवस्था का ऐसा संयोजन हो कि शोषण-उत्पीड़न का खात्मा हो जाए, और मूल्य के बजाय आवश्यकताओं के आधार पर वस्तुओं का विनिमय होने लगे; (7) राजनीति के क्षेत्र में राज्य को दंड और भेद की समाप्ति करके सुमति (साम) तथा सुअर्थ (दान) की स्थापना करनी चाहिए; और (8) राज्य के सभी नारी-पुरुष नागरिक स्वतः ही सामाजिक धर्म (धर्म, अर्थ, काम) वर्णाश्रम-धर्म, और नैतिक धर्म (मोक्ष, भक्ति) आदि में निरत हों। हमें यह ध्यान में रखना चाहिए कि तुलसी ने यह राज्य का दर्शनशास्त्र (फ़िलॉसफ़ी ऑव द स्टेट) केवल वेद-पुराणादि पढ़कर नहीं रचा, बल्कि अपने व्यापक, व्यक्तिगत तथा सामाजिक अनुभवों के आधार पर रचा है। यह निष्कर्ष बिलकुल पारदर्शी है। हाँ, इस पर उन्होंने पौराणिकता और आध्यात्मिकता की अस्पष्टता भी काफ़ी थोपी है। उन्होंने तत्कालीन सामाजिक जीवन की भयानक और क्रूर विषमताएँ झेली थीं; और यह पाया था कि दरिद्रता के कारण मनुष्य का शरीर जल रहा है; जीविका से विहीन लोग दुख और शोक से भरे हैं; दारिद्र्यरूपी रावण ने दुनिया दबा ली है; पेट के लिए ही लोग ऊँचे-नीचे कर्म और पाप कर रहे हैं; दान, दया, यज्ञ आदि सब धन

के अधीन हैं; दिनोंदिन दुर्भिक्ष और दरिद्रता फैलती चली जा रही है; दुख और पाप बढ़ रहे हैं; कुराज्य हो गया है। इसलिए उन्होंने अपनी आध्यात्मिक दृष्टि के अनुसार तत्कालीन राष्ट्र के तीन ताप घोषित किए : दैहिक ताप अर्थात् दरिद्रता, भौतिक ताप अर्थात् दुख, और दैविक ताप अर्थात् पाप। रामराज्य में उन्होंने इन तीनों तापों का पूर्ण लोप कराया है ('दैहिक दैविक भौतिक तापा। राम-राज नहिं काहुहि व्यापा ॥') और इनके स्थान पर 'सम्पत्ति' और 'सुख' को राज्य का प्रयोजन माना है (रामराज कर सुख-सम्पदा)। उन्होंने यह भी देखा था कि राज-समाज बड़ा ही छली हो गया है और करोड़ों कुचालों से भर गया है। वह केवल अत्याचार (दंड) और शोषण (कर) के बल पर भोगविलास में डूबा हुआ है। इसका निदान उन्होंने राजनीति से दंड और भेद-नीति का ही सफ़ाया करके किया। रामराज्य में दंड संन्यासियों के हाथ की लकड़ी और भेद नर्तक-नृत्य समाज के ताल के रूप में रहकर राजनीति से हट गया है (मानस, 7/22)। रामराज्य केवल 'साम' और 'दान' नीति पर आधारित है अर्थात् मनुष्यों में चारों ओर परस्पर प्रेम और परोपकार का भाव है : उनमें भय और शोक नहीं है। रामराज्य में न कोई दरिद्र है, न दुखी है, न दीन है (नहिं दरिद्र कोउ दुखी न दीना)। उनके समय में भूमि युद्ध और सामन्तीय शोषण का यन्त्र थी। राजा और सामन्त उत्पीड़न करते थे। बहुधा भयंकर अकाल और फलस्वरूप महामारियाँ फैल जाती थीं। रामराज्य में 'भूमि' कामधेनु हो गई है, 'प्रजा' ईतिभय से दुखी तथा महामारियों से पीड़ित नहीं है, सबके शरीर सुन्दर और निरोग हैं, छोटी अवस्था में मृत्यु नहीं होती (मानस, 7/20/3, 1/234/2), उनके समय में लोग धन और घरनी-(परधन और परस्त्री) के लिए लोलुपनी थे; प्रजा अवनत होकर पाखंड में रत थी, कपट बढ़ गया था; ब्राह्मण अज्ञानी, कामी, क्रोधी, घमंडी और लोभी हो गए थे; लोक और वेद दोनों की मर्यादाएँ चली गई थीं; अर्थात् नागरिकों का जीवन क्षयोन्मुखी हो गया था। रामराज्य में इसका निदान धार्मिक भूमिका पर किया गया है। रामराज्य में वर्णाश्रम के सही विभाग से लोग वेदमार्ग पर प्रवर्तित हैं; भक्त और धर्मपरायण हैं (गीतावली, 6/22), पुण्यवान और सौभाग्यशाली हैं (गीतावली, 7/1)। सारांश में, 'वेदनीति' और 'पुण्य' ही नागरिकों के नैतिक तथा आध्यात्मिक जीवन का संयोजन करते हैं। फलस्वरूप ब्राह्मणों की भूसुर-पद-प्रतिष्ठा, तथा श्रीहरि-चरण-प्रीतिवाला तुलसी का दुहरा सपना भी पूरा हो जाता है; गृहस्थ-धर्म की एक-पत्नीव्रत की मर्यादा की प्रतिष्ठा हो जाती है; और नागरिक धर्मपरायण तथा पुण्यात्मा हो जाते हैं। नागरिकों में नैतिक और धार्मिक सद्गुणों की एक लम्बी फेहरिस्त के द्वारा तुलसी **'मध्यकाल के एक परिपूर्ण धार्मिक मनुष्य'** का भी बिम्ब गढ़ देते हैं जो मोक्षाधिकारी, रामभक्तिपरायण, चतुर और गुणवान, पुण्यात्मा, नीतिपूर्ण, सुखी और स्वस्थ है, जो परहित धर्म निबाहता और परपीड़ा के पाप से बचता है। इस भाँति तुलसी ने रामराज्य की अर्थ-व्यवस्था, शिक्षा और नीति-व्यवस्था तथा शासन-व्यवस्था का स्वरूप दिया है। शासन में उन्होंने लोकसभाओं और मन्त्रिपरिषद्, दोनों के सम्मिलित शासन को निरंकुश राजतन्त्र के स्थान पर स्थापित किया है। इस नई व्यवस्था में दंड-शक्ति के

स्थान पर नैतिक शक्ति की प्रधानता होगी, और अन्ततोगत्वा युद्ध तथा कर-व्यवस्था से जनता मुक्त हो जाएगी (बाज़ार रुचिर न बनइ बरनत बस्तु बिनु गथ पाइये)। ऐसी व्यवस्था में राजा एक व्यक्ति नहीं, 'सामाजिक इच्छाशक्ति' हो जाएगा, और शासन के अनुशासन के बजाय समाज का अनुशासन सर्वोपरि हो जाएगा। यहाँ तुलसी की एक परम्परावादी मध्यकालीन चिन्तनसीमा है कि वे अपनी नई समाज-व्यवस्था को सतयुग के वर्णाश्रम-धर्म के आदर्श नवोत्थान के रूप में ही संशोधित कर सके हैं और पुनरुत्थानवादी हो गए हैं, जबकि उनके समानान्तर निर्गुण और सूफ़ी चिन्तक विडम्बनापूर्ण वर्णाश्रम-धर्म की काल-प्रतिकूलता को सटीक कूत रहे हैं। एक अवधारणा पर और ध्यान देना है कि तुलसी का 'रामराज्य' एक 'चक्रवर्ती साम्राज्य' है जिसकी सीमा सात समुद्रों की मेखलावाली पृथ्वी एवं राजधानी अयोध्या है (मानस, 7/21/1)। राज्य की इस धारणा पर भू-धेनु-उद्धारक चक्रवर्ती समुद्रगुप्त, तथा भारत में सुदृढ़ और उदार साम्राज्य संस्थापक अकबर का भी परोक्ष प्रभाव हो सकता है क्योंकि वे यहाँ 'अर्थशास्त्र'-सम्मत राज्य-रचना की परम्परा का पालन करते हैं। साम्राज्य की इस कल्पना पर परब्रह्म राजा राम की स्थितिधर्मा विष्णु-धारणा की भी छाया है। लेकिन राजनीतिक दृष्टि से ऐसे राज्य, तथा ऐसे राजावाली पृथ्वी में न तो युद्ध ही सम्भव है क्योंकि शत्रु नहीं होंगे, और न ही 'अभ्यन्तर कोप' (जो मन्त्री, पुरोहित, सेनापति और युवराज के कारण होता है)। ऐसे रामराज्य में अयोध्या के दशरथ-राज्य, सुग्रीव के किष्किन्धा-राज्य, रावण के लंका-राज्य के न तो अभ्यन्तर कोप हैं, और न ही 'कंटकशोधन' वाले दंडधर क़ानून, क्योंकि वर्ण-विभक्त व वर्ग-मैत्रीपूर्ण सभी नागरिक सुखी, सम्पत्तिशाली, पुण्यात्मा, भक्त, और प्रेमी-परोपकारी हैं। फलस्वरूप, तुलसी सामाजिक सुराज या 'रामराज्य' को एक चक्रवर्ती-राज्य से यूतोपियन 'धर्मचक्र' (धर्म के साम्राज्य) में परिणत कर देते हैं। यहाँ सामाजिक मंगल की सिद्धावस्था है। इस अवस्था में त्रिवर्ग-प्राप्ति के बाद सामूहिक 'मोक्ष' की सिद्धि ही चरम साधय हो जाती है। इस राज्य के नियम 'धर्मस्थीय' होते हैं।

अब हम तीसरी गोष्ठी में तुलसीदास की आत्मकथात्मक जीवनी, उनके विचार और जीवन-दृष्टि, तथा उनकी सृजन-प्रक्रिया का विवेचन करेंगे।

तीसरी गोष्ठी

"ऐसे को ऐसो भयो कबहूँ न भजे बिनु बानर के चरवाहे" : अर्थात् तुलसी की आत्मकथा क्या थी, उनके विचार तथा जीवनदृष्टियाँ क्या थीं, कृतित्व कैसा था, और उनका सृजन-कार्य कैसा था ?

'जिस' तुलसी के बाबत लोक कहता है कि यह पापों से समृद्ध है, कुत्सित दरिद्रता के कारण दीन है, तथा गन्दे ढंग से रहता है, इसके भाग्य में ब्रह्मा ने कुछ भी नहीं लिखा और यह सपने में भी अपने बल पर नहीं बढ़ता, 'वही' तुलसी आज राम का किंकर हो गया है। वह ऐसे (दीन और पानी और गन्दे) से ऐसा (महाभक्त) हनुमान् के चरवाहे अर्थात् राम को भजे बिना नहीं हुआ। इस बात को समझने में ही भलाई है, कहना उचित नहीं है (कवितावली, 7/56)। इस गोष्ठी में हम 'इस बात' को कहेंगे।

तुलसी की जीवनी (जन्म-मृत्यु तिथियाँ, जन्मस्थान आदि से सम्बन्धित असली या जाली सामग्री पर एकेडेमिक वाद-विवाद) से अधिक तत्त्वपूर्ण उनकी आत्मकथा है। ऐतिहासिक अभिप्राय के लिए बस यही जानना अपेक्षित है कि वे अकबर-जहाँगीर के शासनकाल में गंगा-सरयू के आसपास के कवि-भक्त-यायावर थे। उनकी आत्मकथा अलग से नहीं मिलती। उनकी कृतियों में इसके संकेतों तथा विचारों एवं जीवनदृष्टि के संयोग से हमें उनकी आत्मकथा तथा परिवर्तमान चरित्र, दोनों की रचना करनी होगी। इस भाँति उनकी आत्मकथा से कई बातें उद्घाटित होती हैं : (1) उनकी कृतियों में व्याप्त जीवनदृष्टियों की धूपछाँह एवं विचारों का विकास तथा परिवर्तन; (2) उनके कलाकार तथा भक्त के दुहरे व्यक्तित्व का समवाय; (3) उनकी जीवनगत अनुभव-राशि तथा सृजन-प्रक्रिया; (4) उनके व्यक्तित्व एवं चरित्र के आधार पर उनकी रचनाओं के वृत्त एवं क्रम का निर्धारण; तथा (5) 'मानस' और 'पत्रिका' के रचयिता तुलसी के एकांगी आदर्शवादी 'व्यक्तित्व-बिम्ब' के प्रचलन के स्थान पर 'एक नए सम्पूर्ण आर्केटाइपल स्वरूप' की पुनर्रचना।

प्रवृत्तिप्रधानता की दृष्टि से उनके सृजनात्मक कार्य के दो चरण प्रतीत होते हैं। पहला वह है जब वे केवल आदर्शवादी हैं, महाकाव्यात्मक भव्यता तथा आध्यात्मिक उन्मेष में महत्-ललित रचना करते हैं। 'रामचरितमानस', 'जानकीमंगल', 'पार्वतीमंगल',

'वैराग्य संदीपनी', 'रामाज्ञाप्रश्न' आदि इस चरण की देन हैं। दूसरे चरण में वे आदर्श से यथार्थ की ओर भी मुड़ने लगते हैं, उल्लास से गाम्भीर्य की ओर बढ़ते हैं; और 'मानस' के 'परब्रह्म' राम की परमपददायक गाथा के स्थान पर 'कवितावली' के लोकमंगल के 'नायक' श्री रघुनायक का जीवन गाने लगते हैं। इस चरण में उनकी महाकाव्यात्मक भव्यता का स्थान वेणुगीतात्मक (लिरिकल) वैयक्तिकता ले लेती है; आध्यात्मिक उन्मेषवाली आस्था-श्रद्धा-विश्वास के साथ-साथ नैतिक प्रायश्चित्त-पश्चात्ताप, तथा सामाजिक सन्देह-तर्क आदि का भी समावेश हो चलता है, महाकाव्यवृत्त के स्थान पर प्रगीतवृत्त के पद, कवित्त, सवैए ढलने लगते हैं। 'गीतावली', 'श्रीकृष्णगीतावली', 'विनयपत्रिका', 'बरवै', 'दोहावली', 'सतसई', 'हनुमानबाहुक' आदि मुक्तक कृतियाँ इस चरण की देन हैं। इसी वेणुगीतात्मक चरण में वे अपनी आत्मकथा कहने एवं समाज की निर्भ्रान्त आलोचिंतना करने की नई जीवनदृष्टि एवं सामर्थ्य पाते हैं। उन्होंने 'विनयपत्रिका', 'दोहावली', 'कवितावली' तथा 'हनुमानबाहुक' में ही प्रधान रूप से आत्मकथा के अनुभव बिखेरे हैं। ये उनके व्यक्तित्व के प्रवर्तक मोड़ के सूचक हैं। इसके साथ ही वे यथार्थ की ठोस भूमि पर उतरते चले आते हैं; और उनके अनुभव राम को परब्रह्म से अधिक मानवीय नायक बनाने के नवलतर बोध में उत्कर्ष पा जाते हैं। जिस तरह तुलसी की ये दो स्पष्ट प्रवृत्तियाँ हैं, उसी तरह उनके श्री रामचन्द्र भी दो हैं—एक 'मानस' के परब्रह्म राम; और दूसरे 'कवितावली' के लोकमंगल विधायक परमप्रेयान् नर राम। तुलसी-अध्ययनावली में हमें इस भयंकर भूल का निरन्तर सामना करना पड़ा है कि तुलसी के सृजनात्मक कार्य के दूसरे चरण को नज़रअन्दाज़-सा किया गया है। परिणामतः तुलसी का कटा-छँटा मात्र सन्त-भक्त-महाकाव्यकार स्वरूप ही उभारा गया है जिससे उसका नागरिक और सामाजिक लोककर्ता स्वरूप ढँक-सा गया है। क्यों ? जिस तरह तुलसी शुरू में राम को मनुष्य-रूप में त्रुटि करते हुए सहन नहीं कर सकते थे, शायद उसी तरह हिन्दू-विद्वत्ता भी महामुनि तुलसी को साधारण मनुष्य के रूप में देखना कैसे सहन कर सकती है ?

तुलसी के जीवन में चित्रकूट, अयोध्या तथा काशी, इन तीन तीर्थ-नगरों का गहरा असर पड़ा है। गीतावली (2/43-50) में चित्रकूट का विशिष्ट प्रकृति-चित्रण और पुरनिवेश है। चित्रकूट पर्वत-तीर्थ है जहाँ पयस्विनी नदी बहती है। चारों ओर वन में पांडर-चम्पक और कचनार वृक्ष होते हैं। वर्षाऋतु में तो यह अधिक सुहावना हो जाता है। धातुओं-से रंगमयी शैलमालाओं पर श्याम जलद मधुर-मधुर घोष करने लग जाते हैं। उस भूमि के बाबत मिथकीय विश्वास है कि वह सीता-राम-लक्ष्मण-पगअंकित होने से पुनीत है। तब भी वहाँ घाटों पर सन्तों की भीड़ होती थी और ऋषिगण कीर्तन की रचना करके गान करते थे। चारों ओर पर्णशालाएँ तथा कुटियाँ थीं और शिलाओं पर साधु ध्यान लगाते थे। तुलसी ने 'मानस' तथा 'कवितावली' आदि में जो पर्वत, वन तथा वनमार्गों एवं वनयुवतियों के चित्र रचे हैं उनमें मूलतः उनके चित्रकूट-निवास का यथातथ्य प्रक्षेपण है। यही नहीं; चित्रकूट की प्रकृति में धार्मिक परिवेश के संयोग का

कुछ ऐसा प्रभाव रहा था कि तुलसी ने एक ओर तो प्रकृति-सौन्दर्य को नैतिक सूक्तियों की गाँठों से बाँध दिया ('भागवत' का प्रभाव तो था ही); तथा दूसरी ओर सारी प्रकृति को राम-लक्ष्मण-सीता की शोभा की अपेक्षा कम महत्त्व दिया। उन्होंने इस अर्जित रुचि को अपनी शैली बना डाला। चित्रकूट के वातावरण में ही वे हनुमान्-भक्ति की ओर मुड़े प्रतीत होते हैं। इस आशय की किंवदन्तियाँ भी प्रचलित हैं। तदुपरान्त वे राम के किंकर हुए होंगे (हनुमानबाहुक, 21, 40)। चित्रकूट में ही उनमें रामकथा के प्रति प्रीति जागी होगी और वहाँ के कीर्तनों से प्रेरित होकर उन्होंने गेय-श्रव्य रामकथा की रचना की परिकल्पना की होगी। उनका कवि चित्रकूट में ही प्रस्फुटित हुआ है। चारों ओर के नगर-ग्रामों में वर्णाश्रम-धर्म के पाखंडों तथा कुत्सित दरिद्रता तथा दुष्ट लोगों से थोड़े मुक्त चित्रकूट में वर्णाश्रम-धर्म-प्रधान मनोहरता, सन्तोषदायिनी सम्पत्ति और भक्त साधुओं ने उनके विदीर्ण और दुखी मन को सबल सान्त्वना दी होगी। इस प्रकार उन्हें चित्रकूट से नैतिक प्रकृति-दर्शन, हनुमान् के प्रति भक्ति, रामकथा के प्रति श्रद्धा और वर्णाश्रम- धर्म की नित्य श्रेष्ठता के प्रति विश्वास प्राप्त हुए लगते हैं। एक बार चित्रकूट में लगी दावाग्नि की भयानकता ने उन पर इतना गहरा असर डाला है कि 'कवितावली' के सुन्दरकांड का लंकादहन वर्णन (बिधि की दवारि कैधों कोटिसत सूर हैं) कोरमकोर उसका ही प्रतिबिम्ब है (4/4-18)।

अयोध्या के प्रभाव के फलस्वरूप राम के प्रति उनकी जीवनदृष्टि में अभूतपूर्व क्रान्ति आ गई। अब राम अवतार हो गए और राम-कथा रससिद्धि के बजाय मोक्षसिद्धि करानेवाली हो गई। 'रामचरितमानस' पर कीर्तन-गायक-श्रवण-विधियों का सर्वोपरि चित्रकूटी प्रभाव है। अयोध्या आकर ग्रामीण तुलसी का शहरीकरण भी हो चला, और उनका दृष्टिपटल इतना व्यापक हो गया कि वे मध्यकाल के प्रतिनिधि होने की ऐतिहासिक दशा में स्थित हो गए। यहाँ उन्होंने नगर-वैभव देखा, समाज के अत्याचार तथा पर-भूमि-घर-कामिनी की लिप्सा भी देखी, आगे साधारण लोकजन के परिवार के मधुर-कटु सवालों को पहचाना। 'मानस' में यह सब कुछ मध्यकालीनीकरण और ग्राम्यीकरण के द्वारा आया है। नगर-वैभव का वर्णन भी 'मानस' तथा दोनों 'मंगल'-काव्यों में हुआ है। अयोध्या में उन्हें परब्रह्म राम, चक्रवर्ती सम्राट् राम और मर्यादा-पुरुषोत्तम राम की त्रिमूर्ति की सिद्धि हुई होगी। अयोध्या के वानरों के निरीक्षण से लंकाकांड का वानर-युद्ध अधिक वैज्ञानिक हो गया है।

काशी की देन उन्हें यथार्थवादी और विभ्रमहीन (डिसइल्यूज़ंड) बनाने में है। यहाँ उन्होंने शंकर और गंगा के आदिम प्रतीकों को दीप्त किया। काशी में ही उन्होंने 'विनयपत्रिका' में दारुण आध्यात्मिक पीड़ा तथा 'कवितावली' में दैहिक-भौतिक तापों का प्रकाशन किया। काशी उन्हें यथार्थ अर्थात् कलिकाल के बिलकुल नज़दीक खींच लाई। यहाँ उनका तीर्थों के भ्रष्ट वातावरण और निपट अनाचार से साक्षात्कार हुआ, वर्णाश्रम-धर्म के घोर पतन का अनुभव हुआ, खलों और अधिकारी वर्ग के अत्याचारों एवं पाखंडों का पता चला, अपने विरोधियों की मक्कारी और शैवों की त्रास देनेवाली

दुर्बुद्धि का सामना करना पड़ा और नगरों के पापों तथा अवगुणों की खान का अन्दाज़ लगा (कवितावली, 7/174)। 'कवितावली' का कलिकाल-वर्णन काशी की दशा का ही अतिरंजित दर्पण है। यह भी सही है कि काशी में ही उन्हें गुरु से दीक्षा मिली थी। यहीं उन्होंने शैव-वैष्णव एकता का एक ऐतिहासिक निर्णय लिया था, यहीं पतितपावनी गंगा के तट पर वे रोज़ भजन-पूजन करते थे और राम के साथ शिव को भी तत्कालीन सामाजिक आकांक्षा का प्रतीक बना रहे थे। 'पार्वतीमंगल' के कौतुककारी शिव 'कवितावली' में काशी के ठाकुर हो गए। ये शिव एक विरेचक (कैथार्टिक) प्रतीक हो गए हैं : दारिद्रय को दूर करनेवाले, विष को पी लेनेवाले, दुख और दोष का दहन करनेवाले और कामदेवता का नाश करनेवाले। शिव भी विरोधों के पुंज हो गए क्योंकि तत्कालीन जीवन में तुलसी को यही सामाजिक ज़रूरत महसूस हो रही थी। शिव नंगे भी हैं और विचित्रवेशी भी, कंगाल भी हैं और महादानी भी, योगी भी हैं और भोगी भी, संहारक भी हैं और रक्षक भी, बावले भी हैं और भोले भी। इस तरह काशी में अपने दीर्घ निवास से तुलसी ने शंकर के रूप में समाज का जादुई यथार्थ देखा है (राम-रूप में आदर्श)। देवता और राजा के ऐसे विचित्र मेल तुलसी के ही रसायन हैं। इस भाँति तुलसी की लौकिक अन्वीक्षा शिव के प्रतीक में, और अलौकिक आदर्श राम के प्रतीक में ढले हैं। तीर्थराज प्रयाग एक अत्यन्त प्रशान्त पवित्र और भले साधुओंवाले स्थल के रूप में आया है। यह तटस्थता का दृष्टान्त है।

तुलसी की जीवनचेतना पर हमने इन तीन शहरों के प्रभाव का जो विवरण दिया है वह क्रमिक नहीं है क्योंकि वे इन स्थानों में कई बार आए-गए हैं; और इस आवागमन के क्रम का पता नहीं है। हमारा उद्‌देश्य तो तुलसी के सर्जनात्मक कार्य तथा जीवन-अनुभवों पर प्रकाश डालना है। अस्तु।

उन्हें भली भारत भूमि और भले कुल में जन्म लेने का (कवितावली) तथा भारतवर्ष में अपनी कर्मभूमि होने का (विनयपत्रिका, 233) उचित गर्व है। लेकिन अपने भाग्य पर दुख है। उन्होंने भिक्षावृत्तिवाले (मंगतों) ब्राह्मण के कुल में जन्म तो पाया, किन्तु बधावों के बजने के शान्त होते ही उनके माता-पिता को परिताप हुआ। उन्हें माता-पिता ने जग में जन्म देकर त्याग दिया। या तो माता-पिता ने भी जग त्याग दिया या इन्हें त्याग दिया। दोनों ही दशाओं में तुलसी 'अनाथ' और 'अभागा' हो गया। ब्रह्मा ने भी उसके भाग्य में कुछ भलाई नहीं लिखी (कवितावली, 7/56-57)। शिशु तुलसी के विकास में ये दो गहरी शैशव-ग्रन्थियाँ (ट्रॉमाज़) पड़ गईं और उसमें अब निर्मलता आ गई। अनाथ होने की शैशव-ग्रन्थि तो राम जैसे स्वामी के मिलने पर खुल गई और प्रौढ़ावस्था में स्वयं तुलसी ने इसका विश्लेषण कर लिया। किन्तु अपने अभागेपन का देश के अभागेपन से आत्मीकरण कर लेने के कारण तुलसी अभाग्य की आध्यात्मिक यन्त्रणा भोगते रहे। इन्हीं दो ग्रन्थियों के कारण भी उनकी आत्मकथा में विनय और दैन्य-भाव प्रचुर है।

ऐतिहासिक संयोग से बालक तुलसी का नाम 'रामबोला' पड़ गया। अभागा और

अनाथ रामबोला का बचपन अचेत चित्त में बीता। उस समय उसमें चौगुनी चाह और चंचलता थी। किन्तु घोर दरिद्रता ने उसे कुक्कुर की तरह माँगकर खानेवाला भिखारी बना दिया। रामबोला कंगाली के कारण टुकड़ों के लिए दर-दर डोलता था (हनुमानबाहुक, 29), मुँह से रामनाम लेता और टूकटाक माँगकर खाता था (हनुमानबाहुक, 40)। उसे भोजन-वस्त्र से विहीन, विषम विषाद-लीन और दीन-दुबला देखकर सभी हाय-हाय करते थे (हनुमानबाहुक, 41)। अत्यन्त दीन होने के कारण वह द्वार-द्वार ललचाता और बिलबिलाता फिरता था (कवितावली 7/3); यहाँ तक कि कुक्कुर के मुँह टुकड़े के लिए भी ललचाता था (कवितावली, 7/57)। रामबोला की ओर देखकर दुख को भी दुख होता था (विनयपत्रिका, 227)। उसने द्वार-द्वार पर दाँत निकालकर, खलों के आगे क्षण-क्षण खाली पेट खोलकर और, पाँव पड़कर अपनी दीनता सुनाई लेकिन दयालुओं ने उससे बात तक न की। माता-पिता ने उसे ऐसा त्याग दिया जैसे सर्पिणी अपने ही शरीर से जन्मे बच्चों को त्याग देती है। ऐसा अनाथ तुलसी सोचता है कि मैं किसलिए रोष करूँ और किसे दोष दूँ ? यह सब मेरे ही दुर्भाग्य से हुआ (विनयपत्रिका, 275)। इस भाँति दुबला (कृसगात), बलहीन (आश्रयहीन) और अभागा रामबोला बावले की तरह जहाँ-तहाँ दौड़ता फिरा। यह दशा केवल रामबोला की ही नहीं, अपितु अकाल, ग़रीबी, दुख और पाप में पिसते हुए महाग्राम भारत की भी थी। रामबोला की आर्थिक ओर सामाजिक चेतना प्रखर हुई। उसने दरिद्रता को सभी के मूल में स्थित करने का महामन्त्र फूँका। रामबोला में दरिद्र कृषकवर्ग एक त्रिकालदर्शी वाणी पा गया। रामबोला में कृषकों की आर्थिक-सामाजिक-राजनीतिक समस्याएँ पुंजीभूत हो गईं। धर्मभीरु कृषक-समाज की इस निराशा का उदात्तीकरण या निकास धर्म में ही हो सकता था। वही हुआ। जब समाज में खेती नहीं फलती, चाकरी नहीं मिलती, धन्धे नहीं मिलते, तब रामबोला ने भी न तो कोई चाकरी की, न खेती, न व्यापार, न ही अन्य धन्धा। उसने कोई भी सामाजिक पेशा नहीं अपनाया। ब्राह्मण होने के नाते और जातीय गर्व के कारण उसने परम्परागत पेशा अपनाया। वह लबारू (बातूनी) अर्थात् रामकथा गाने-सुनानेवाला बन गया। निश्चित ही रामबोला का कंठ मधुर रहा होगा। दर-दर भटकनेवाले रामबोला ने समाज के सभी दरवाज़ों के आर-पार झाँका। राम-गायन ने उसे किसी तरह ज़िन्दा रखा। चने के चार दाने ही उसके लिए अर्थ-धर्म-काम-मोक्ष रूपी चार फल थे (कवितावली, 7/73)। युवक रामबोला चाहता तो चारु वस्त्र था, लेकिन टाट के टुकड़े भी नहीं मिलते थे (कवितावली, 7/66)। वह गन्दी कन्था और करवा धारण किए रहता था (कवितावली, 7/56)। चतुर्वेद और षड्दर्शन का पढ़ना तो उसकी छठी में नहीं पड़ा था (विनयपत्रिका, 155) न तो वह वेद-पुराणों का गान जानता था, न ही विज्ञान-ज्ञान, और न योगध्यान-धारणा-समाधि आदि (कवितावली, 7/66)। हाँ रामबोला ने सूकरक्षेत्र में पुनः चिरपरिचित रामकथा सुनी थी। तब बालपन के कारण समझ नहीं पाया था। जब गुरु ने उसे बारम्बार सुनाया तब वह समझ सका (मानस, 1/30)। अतः रामबोला की बौद्धिक उपलब्धि सीमित थी अर्थात् वह लोकजीवन, लोकपरम्परा और लोकचित्त के

धरातल पर एक भावुक हृदय युवक था।

यौवन के उन्माद में रामबोला ने रत्नावली से विवाह किया जिसे बाद में 'स्त्रीरूपी कुपथ्य' करना कहा। उसकी जवानी को युवती ने जीत लिया (विनयपत्रिका, 234)। जिस भाँति कलियुग में युवकों को ससुराल प्यारी होती है (मानस, 7/100/3), वैसे ही कामुक रामबोला पत्नी पर आसक्त रहे होंगे। किन्तु किसी अज्ञात आघात ने उनमें पूर्ण वैराग्य का उदय कर दिया और उनमें नारी तथा जगत् सम्बन्धी गहरी ग्रन्थियाँ पड़ गईं। रामबोला ने शृंगार, नारी, भौतिक सुख और काम का हमेशा के लिए परित्याग कर दिया। यह उनके चरित्र की दूसरी क्रान्ति थी। इस मनोयौनात्मक चोट ने उनमें नारी के प्रति विरक्ति और जगत् के प्रति वैराग्य जगा दिया। भौतिक बन्धनों से यह उनका आख़िरी पूरा विच्छेद था। बाद के काव्य में जगत् माया का तथा नारी वासना का पर्याय होकर आई। यह उनकी प्रतिक्रिया थी। इसी प्रतिक्रिया की परिणति उनके 'वैरागी, रमते जोगी' आदर्शवाद में हुई है ('मानस', दोनों 'मंगल' काव्य, 'वैराग्य संदीपनी' आदि) जहाँ जगत् रामराज्य, और नारी सती-रूप में प्रतिष्ठित हुई है। उनमें पलायन और उदात्तीकरण का यह विचित्र मेल है जहाँ लौकिक धरातल अलौकिकता के प्रभामंडल से जगमगा दिया गया है, तथा सभी में वैराग्य, मर्यादा और दिव्यता मंडित कर दी गई है। फिर भी उनका विवाह का कल्पित आदर्श 'जानकीमंगल' में तथा प्रेम का तापस आदर्श 'पार्वतीमंगल' में मुखर हुआ है। इसके बाद वे नारी को कुछ सीमित सन्दर्भों में ही अंकित कर सके हैं : यथा, मंगलगान करती हुई सुआसिनियाँ, माता, ऋषि-पत्नियाँ, आदिशक्ति सीता और विन्ध्याचल की भोली भील-रमणियाँ। नारी व्यक्तिवाचक संज्ञाएँ हो गईं, जातिवाचक नारी निन्दित हुई। इस चरण में आकर रामबोला 'तुलसीदास' हो जाते हैं। अपनी ही शब्दावली में वे जड़ कर्मों के कर्मबन्धन से छूट जाते हैं (विनयपत्रिका, 76)। वे कंठी, तिलक, माला, रामनाम, जप, अहिंसा, अभेद, नम्रता आदि का वैष्णव बाना सदा के लिए धारण कर लेते हैं। वे नरहर्यानन्द से दीक्षा ले लेते हैं। अब वे सन्त तुलसीदास हो जाते हैं। वे रामशरण में जाकर 'सनाथ' हो जाते हैं। इस भाँति उनकी एक सबल शैशव-ग्रन्थि खुल जाती है।

इस ग्रन्थि के उनके निजी विश्लेषण में शैशवीय-प्रत्यावर्तन (इन्फ़ेयटाइल रिग्रेशन) और क्षतिपूर्ति (कॅन्पेन्सेशन) की झलक मिलती है। वे कहते हैं कि मैं 'बाल्यावस्था' से ही सीधे रामचन्द्र के सम्मुख हुआ; केवल युवावस्था में लोकरीति में पड़कर अज्ञानवश राम की प्रीति तोड़ बैठा; उस समय खोटे-खोटे आचरणों को करते हुए मुझे अंजनीकुमार हनुमान् ने अपनाया तथा राम के पुनीत हाथों मेरा सुधार करवाया (हनुमानबाहुक, 40) और हनुमान् ने ही मुझे बुलाकर बालक के समान मेरा पालन-पोषण किया (हनुमानबाहुक, 21, 29)। इस तरह ऐसे अनाथ तुलसी को शीलसिन्धु राम ने सनाथ किया (हनुमानबाहुक, 41)। जब नीच, निरादर-भाजन, कायर, कुक्कर के मुँह के टुकड़े के लिए ललचानेवाले तुलसी ने राम से अपनी करुण-कथा कही तो रघुनाथ ने स्वार्थ और परमार्थ, दोनों सुधार दिए (कवितावली, 7/57)। यह तुलसी तो लोकव्यवहार के

भी योग्य नहीं था। इसकी बाज़ी तो रामनाम ने ही रखी : अष्टांग योग से हीन दुर्बल तुलसी राम का नाम ले-लेकर ही पेट भरता है (विनयपत्रिका, 41); उसे मन, वचन और कर्म से स्वप्न में भी किसी दूसरे का आश्रय नहीं है (विनयपत्रिका, 42)। वह राम का सरनाम ग़ुलाम है। क्या वह किसी के द्वार पर पड़ा है जो लोगों की धौंस सहे (कवितावली, 7/107) ?

तुलसी में यह विश्वास-प्रतिष्ठा मानो वैयक्तिक आस्था और साहस का पुनरागमन था। उन्होंने इस परिवर्तन को हिन्दू-समाज का तत्कालीन उपचार बनाने की सामाजिक दृष्टि विकसित कर ली। अलबत्ता इसमें वर्णाश्रम-धर्म का आदर्श प्रारूप भी सन्निविष्ट कर लिया। अपने व्यक्तिगत चरित्र एवं अपनी सामाजिक ऊर्जा के कारण तुलसी को जन-आदर और धार्मिक नेतृत्व भी मिला। इस अवस्था में ही उन्होंने दीन भाव से अपने बचपन की आत्मकथा दुहराई है। उन्हें यह धार्मिक विश्वास है कि रामभक्ति से ही सबका यह रूपान्तर हो सकता है। अपने जीवन के व्यतीत (तब) और वर्तमान (अब) की तुलना करके मानो वे स्वयं को एक विनम्र तथा सर्वसामान्य उदाहरण के रूप में पेश करते हैं। वे सिंहावलोकन करते हुए कहते हैं कि अब जब राम मेरे सहायक हो गए हैं तब राजा लोग मेरे पाँव पूजते हैं (दोहावली, 109); पहले मुझे एक फूटी कौड़ी भी नहीं नसीब थी लेकिन ग़रीबनवाज राम ने मुझे महँगा कर दिया है (दोहावली, 108); मैं तो सदा गधे पर चढ़नेवाला था पर राम के नाम ने मुझे हाथी पर चढ़ा दिया (कवितावली, 7/60); अब रामनाम की पैठ, महिमा और प्रभाव तो देखो कि तुलसी को भी जग महामुनि (वाल्मीकि)–जैसा समझता है (कवितावली, 7/72); द्वार-द्वार बिलबिलानेवाला वही तुलसी अब राम का सेवक है। इस भाँति, तुलसी के मन में राम-नाम दैहिक-दैविक-भौतिक तापों के एकमात्र उपचार के रूप में प्रतिष्ठित हो जाता है; राम दुर्भाग्य-निवारक और अनाथों के नाथ हो जाते हैं, एवं रामकथा परमपद तथा मंगल प्रदान करनेवाली हो जाती है। ये सब कुछ धार्मिक ज्ञान के आधार पर न होकर व्यक्तिगत जीवन के अनुभवों के निष्कर्ष हैं। इस भाँति तुलसी ने 'अभागेपन' से भी छुटकारा पा लिया। इन दोनों का हेतु रामनाम और राम का स्वामित्व रहा है। उन्होंने अपनी दृष्टि को अनूठे ढंग से मध्यकालीन हिन्दू समाज के लिए एक जीवनदर्शन में रूपान्तरित कर दिया। यहाँ उनका संन्यासी और भक्त प्रधान हो गया है, किसान और साधारण मनुष्य गौण। तुलसी ने अपने अनुभवों को सामाजिक न्याय के लिए निर्भीक स्वीकारोक्ति के रूप में घोषित किया है क्योंकि उनमें स्वार्थ, परिग्रह या काम-क्रोधादि का लोप हो चुका था। 'सौभाग्यशाली' तथा 'सनाथ' होने के अपने असम्भव परिवर्तन को वे राम की कृपा का फल मानते हैं। इसी बिन्दु पर उन्होंने 'सन्त' का आदर्श दिया है; वैराग्य और ज्ञान-विज्ञान पद की प्रतिष्ठा भी की है। तुलसी के जीवन में यह उदात्तीकरण की महत् दशा है।

कालान्तर में काशी में उन पर लोकनिन्दा और कूटनीति के प्रबल प्रहार होने लगे। इतना इन्द्रियदमन करने, कुत्सित दरिद्रता झेलने, सर्वस्व त्याग देने, भक्तिरस का प्रचार

करने के बाद भी जब तुलसी पर धूर्त, कुसाज करनेवाला, दग़ाबाज़, महादुष्ट और कुजाति होने के लांछन लगने लगते हैं (कवितावली, 7/106-108), तब वे एकबारगी तिलमिला उठते हैं। जब वर्णाश्रम-धर्म के महान् संस्थापक तुलसी के वर्ण (जाति) पर ही सन्देह किया जाने लगता है, वैष्णव तुलसी की अवधूत कहकर निन्दा की जाती है, निश्छल तुलसी को कुसाज करनेवाला, बड़ा ही दग़ाबाज़ बताया जाता है, तब उनका वर्णाश्रम-धर्म की महानता का और ब्राह्मण की प्रतिष्ठा का दीर्घदृढ़ जोश ठंडा पड़ जाता है। उन्हें यक़ीन हो जाता है कि खल-समाज में सन्त-प्रभाव स्थायी नहीं रह सकता। पहले उन्होंने जितना ऊँचा उदात्तीकरण किया था, अब उन्हें उतनी ही व्यापक विभ्रान्तिविहीनता (डिसइल्यूज़नमेंट) हुई। फिर भी, वे भक्त और सन्त बने रहते हैं। हाँ, उनकी समाज से सम्पृक्ति और समाज-उपदेश के प्रति वैसी प्रगाढ़ता चली जाती है। वे कहते हैं कि काशी में मुझे ठगों के धक्के खाने पड़े हैं और रात को चारों दिशाओं से चोर सताते हैं (दोहावली, 239)। वे स्वीकार करते हैं कि दुनिया को पता है कि मैंने पेट की आग के कारण जाति, सुजाति, कुजाति सबके टुकड़े खाए हैं (कवितावली, 7/72) और लोग मेरी छाया तक छूने में संकोच करते हैं (विनयपत्रिका, 275)। इस भाँति वर्णाश्रम-धर्म की विडम्बना का शिकार उसका सबसे बड़ा नैतिक संस्थापक तक भी होता है। उनमें पूरा निर्विभ्रान्तकरण हो जाता है : जाति-पाँति, और समाज के प्रति समन्वयवादी दृष्टि के प्रति। वे कहते हैं कि मेरी कोई जाति-पाँति नहीं है, और न मैं किसी की जाति-पाँति चाहता हूँ; चाहे कोई धूर्त कहे, चाहे अवधूत कहे, राजपूत या जुलाहा कहे, मुझे किसी की बेटी से अपने बेटे का ब्याह नहीं करना है; मैं किसी से सम्पर्क रखकर उसकी जाति नहीं बिगाड़ँगा (कवितावली, 7/106, 107)। आगे वे समाज के प्रति रोष प्रकट करते हैं : कोई मेरे काम का नहीं है और न मैं किसी के काम का हूँ; मैं तो किसी से कुछ चाहता नहीं, न किसी के विषय में कुछ कहता हूँ; मैं कुछ देने योग्य नहीं हूँ तो किसी का कुछ लेता भी नहीं हूँ; न मुझे भाई का भरोसा है, न बैरी से खरा-सा बैर है। परन्तु मुझे न तो इस लोक का डर है और न परलोक की सोच। मुझे देवसेवा का भी बल नहीं है, न मुझे धन-धाम का गर्व है (कवितावली, 7/77, 106, 108); मुझे न तो किसी के साथ विवाह-सगाई करनी है और न मुझे जाति-पाँति की चाह है (विनयपत्रिका, 76)। और आगे आकर तो उन्हें धार्मिक रूढ़ियों से भी घृणा हो जाती है। वे निर्भीक घोषणाएँ करते हैं कि न तो मैंने जप किया, न तप का क्लेश सहा, न मुझे जोग, यज्ञ, वैराग्य, तीर्थ, व्रत, त्याग की इच्छा है (कवितावली, 7/77)। अन्ततः वे कहते हैं कि मेरा लोक-परलोक तो राम के हाथ में है, जो गोत्र स्वामी का होता है वही सेवक का, तुलसी तो राम का सरनाम गुलाम है जिसको जो रुचे सो कहे, राम के नाम से ही जो कुछ होगा वही मुझे अच्छा लगता है (कवितावली, 7/77, 107)। इस तरह तुलसीदास वर्णाश्रम, वैष्णव पूजा-विधि और समाजहित के सभी आदर्शों से यथेष्ट निर्भ्रान्त होकर एक अनागरिक, एक एकाकी समाजद्रष्टा, एक अजनबी, एक यथार्थभोगी हो जाते हैं। उनकी यह यन्त्रणा बचपन के दारिद्र्य-ताप-भोग से अधिक करुण, एकाकी और सांस्कृतिक मूल्यों के विघटनवाली है।

मानो यह उनके पौराणिक पुनर्जागरण के महास्वप्न का लड़खड़ा जाना है। तुलसी जैसा था वैसा ही लोक-व्यवहार के अयोग्य बना रहता है। "मेरे पास जीवित रहने के लिए कोई ठाँव नहीं है, न तो कोई अपना गाँव है, न मन्दिर में जाने का कोई सम्बल है। मैंने बस रामनाम रटा है !" (कवितावली, 7/92)। तत्कालीन सामन्तीय समाज में तुलसी तक अजनबी हो गए। मेरा मन ऊँचा है, तथा रुचि भी ऊँची है लेकिन भाग्य अत्यन्त नीचा है। (कवितावली-उत्तरकांड)। भाग्य अर्थात् सामाजिक शक्तियाँ !

वृद्धावस्था में उनमें जोशीले आदर्शों के वे स्वप्न, समाज की झूठी-सच्ची करोड़ों बातों के प्रति वह अलगाव, भक्ति और रामकृपा के अति दृढ़ विश्वास भी डावाँडोल होने लगते हैं। अब वे आर्त विलाप करते हैं, विनय करते हैं, कलिकाल के त्रास को झेलते हैं और राम-भक्ति की दीपशिखा वैयक्तिक रूप से जलाए रखते हैं। काशी की महामारी देखकर वे आतंकित हो चुके थे। उनमें कई प्रश्न उठने लगे थे। वे सोचने लगे थे कि यह विशाल नरसंहार किसके कारण हुआ ? भाग्य (कपाल/लेख) के ? समय (कलिकाल) के ? त्रिदोष के ? पाप, ताप, शाप के ? वे निर्णय नहीं कर सके। जब वृद्धावस्था में उनकी बाहु में पीड़ा हुई और बालतोड़ हुआ तब वे मानो भयभीत हो ही उठे हैं। वे समझ लेते हैं कि देवता, पितर, भूत, कर्म, काल, दृष्ट ग्रह सभी मुझे घेरे हैं। यहाँ केवल रूढ़िगत विनय और दैन्य-प्रदर्शन ही नहीं है, अपितु उनकी आस्था का संकट भी है। उन्होंने अपनी वृद्धावस्था के कुछ करुण चित्र दिए हैं। हमारे मत से सगुण भक्तों के विनय और दैन्य के मूल में मनुष्य के सन्तपद के उच्चादर्श और वास्तविक सीमाओं का तुलनात्मक निर्णय है। आख़िर ये भक्त भी अन्ततः और मूलतः इंसान थे जो इन्द्रियों, दोषों, विकारों के मनोवैज्ञानिक घट थे, चाहे इन्होंने कितना भी निग्रह, दमन और संयम क्यों न किया हो। आदर्श सन्तपद तो मानवीय सहज विकारों से निरपेक्ष एक निर्विकल्प दशा थी। इस तुलना के प्रसंग में तुलसी, सूर, आदि स्वयं को कुटिल, खल, पापी आदि पाते थे। यह विनय और दैन्य-प्रदर्शन की मात्र धार्मिक रूढ़ि नहीं थी। कबीर में इस तरह का दैन्य भाव लगभग नहीं है। वृद्धावस्था में पहुँचकर तुलसी अपनी शारीरिक व्याधियों से पीड़ित होते हैं। उनका वृद्धावस्था का शरीर रोगों की खान है, उसमें वात-व्याधि भी हो गई है और बाहुशूल हो गया है (हनुमानबाहुक, 24)। सारा शरीर ठाँव की पीड़ा (गठिया), पेटपीर (उदरशूल), बाँहपीर, मुँहपीर से जर्जर हो गया है (हनुमानबाहुक, 38)। उन्हें कुलोगों, रोगों और कुयोगों ने घेर लिया है (वही, 38), भयंकर बरतोर हो गया है। इस आधिभौतिक शरीर में बड़ी ही पीड़ा हो रही है जिससे वे बहुत विकल होकर भूतनाथ से प्रार्थना करते हैं कि या तो मुझे मार दें, या मेरा शरीर नीरोग कर दें (कवितावली, 7/166)। बाँहपीर के लिए वे महावीर कपि से प्रार्थना करते हैं कि वे इसे शीघ्र ही निवारें (हनुमानबाहुक, 20)। उन्हें यह प्रायश्चित्त होता है कि नेक और भक्त होकर भी उन्हें ये त्रिताप क्यों भोगने पड़े ? वे ईश्वर से आख़िरी सवाल कर बैठते हैं कि जब विधाता ने ही सारी दुनिया को हर्ष-विषाद, राग-रोष, गुण-दोषमय बनाया है; जब माया जीव, काल, कर्म और स्वभाव के कर्ता राम हैं; 'जब इस बात को

मैंने सत्य माना है' तब मैं विनतीपूर्वक समझना चाहता हूँ कि राम से, हनुमान् से, शंकर से 'क्या नहीं हो सकता' ? (हनुमानबाहुक, 44)। यहाँ आकर मानो उनके जीवनपर्यन्त के श्रद्धा-विश्वास के आगे एक गूढ़ प्रश्नचिह्न लग-सा जाता है। इसके बाद तुलसी का व्यक्तित्व और कृतित्व ज्ञात नहीं होता।

इसके पूर्व, लेकिन वृद्धावस्था में ही रचित, 'विनयपत्रिका' में उनके उभरते हुए प्रबल द्वन्द्व उग्र हो उठते हैं। इस कृति का कलिकाल वस्तुतः उनका तत्कालीन समाज है जिसमें क्षुद्र बन्धन, जड़ कर्म, भौतिक माया-विकार आदि समाप्त नहीं हो पाए। तुलसी को यह सामाजिक वास्तविकता अपने आदर्शों और कार्यों की हार लगी। उनकी व्यक्तिगत इच्छा थी कि वे संसार में जानकी-जीवन राम के दास होकर जीवित रहें और राम उनसे ब्रह्म-जीव, स्वामी-सेवक, माता-पिता, गुरु-शिष्य, मित्र आदि अनेक नातों में से कोई भी वांछित नाता मान लें (विनयपत्रिका, 79)। लेकिन उनका मन लोक-परलोक के आचरण में विभक्त है। वह धुएँ को मेघ समझकर प्यासे पपीहे की तरह अपनी आँखें फोड़ता है, रामभक्तिरूपी गंगा को छोड़कर ओस की बूँदों से तृप्त होने की आशा करता है; कभी वियोग के वश होता है तो कभी मोह के, कभी दीन और कंगाल बनता है तो कभी घमंडी राजा, कभी पाखंडी बनता है तो कभी धर्मरत ज्ञानी, और कभी उसे सारा जगत् धनमय दीखता है, कभी शत्रुमय, कभी नारीमय। ये उनके एक सहज मनुष्य बनाम संयमी मनुष्य के बीच के अन्तर्द्वन्द्व हैं। इन्हीं मनोदशाओं में वे यह अनुभव करने लगते हैं कि हरि की शुभ शक्ति की अपेक्षा कलिकाल अर्थात् मौजूदा समाज के वास्तविक भौतिक सम्बन्ध अधिक बलवान हैं। तुलसी कह उठते हैं कि, हे हरि, यदि कलिकाल आपसे अधिक बलवान होता तो हम उसी का भजन करते। मुझे सबसे बड़ा दुख यह है कि प्रभु के नाम ने भी मेरे पापों को भस्म नहीं किया। इस भाँति तुलसी भक्ति के द्वारा, वैष्णव-शैव-समन्वय के द्वारा, खलों के हृदयपरिवर्तन के द्वारा, रामनाम के द्वारा समाज-परिवर्तन और मनुष्य-मुक्ति के प्रतिफलन के अटूट विश्वास के प्रति सन्देह करते चले जाते हैं। उनके जीवन के 'मानस'—कालीन आदर्शोन्मेष और बाद के कटु यथार्थबोध में आकाश-पाताल का अन्तर हो जाता है। इस भाँति हम तुलसी के व्यक्तित्व के तीन विकासशील पहलू पाते हैं—(क) अनाथ और अभागा और कंगाल बालक रामबोला, (ख) आशावादी आदर्शवादी-यायावर साधु तुलसी, एवं (ग) निराशावादी-यथार्थवादी और एकाकी गोस्वामी तुलसीदास। यह अवश्य है कि वे आद्योपान्त अपने अन्तःकरण में राम का दीप जलाए रहे किन्तु कलिकाल से जूझते-जूझते थक-से गए, और थोड़ा-बहुत उदासीन भी हो गए।

एक व्यक्ति का इतना व्यापक, वास्तविक, जीवन्त और गतिशील विकास तभी हो सकता है जब वह अपने युग, समाज, समाज की समर्थ शक्ति, तथा इतिहास की परम्परा एवं आदर्श का प्राणवन्त भोक्ता हो। तुलसी बहुत कुछ ऐसे थे। उनका लोकानुभव विलक्षण है, यद्यपि वह प्रकृति तथा साधारण प्रजा के लोचन से ही ग्रहीत हुआ है। ये लोकानुभव कई तरह से प्रयुक्त हुए हैं, जैसा सर्वमान्य सूक्तियों में, चरित्र के दृष्टान्तों

में, उपमा-उत्प्रेक्षादि में। फ़िलहाल हम पहले प्रकार को ही लेंगे; बाक़ी की मीमांसा यथास्थान होगी।

उनका नितान्त व्यक्तिगत अनुभव देवता, राजा, स्वामी, मित्र और खल के विषय में उद्घाटित हुआ है जो काफ़ी कटु एवं सन्तुलित है। उनके मुताबिक़ पृथ्वीपति, नागपति, देवलोकपति और लोकपाल, ये सब कारणवश ही कृपा करते हैं। समर्थ को कभी दोष नहीं लगता। उत्तम स्वामी दुर्लभ है, लेकिन जिसने उत्तम स्वामी से स्वार्थहीन प्रीति नहीं की वह बड़ा अभागा है (कवितावली, 7/15)। कोई मनुष्य अपने मित्र से सुख चाहता है तो वह छल की छाया भी न छुए (दोहावली, 324)। दुष्टों के विषय में उन्होंने नैतिक आधार भी जोड़ दिए हैं। **खल** हज़ार आँखों से दूसरों के दोष देखते हैं। वे किसी की बड़ाई सुनकर ऐसी साँस लेते हैं मानो उन्हें जूड़ी आ गई हो; वे जिससे बड़ाई पाते हैं सबसे पहले उसे ही विनष्ट करते हैं। दुष्ट से न कलह अच्छी है न प्रीति क्योंकि कुसंगति पाकर कौन नष्ट नहीं हो जाता। जहाँ कुमति होती है वहाँ, परिणामतः नाना विपत्तियाँ रहती हैं। दूसरों की कीर्ति को मिटाकर कीर्ति पानेवालों के मुँह पर कालिख लगती है। यह सामाजिक सम्बन्धों के दुहरेपन का गूढ़ दिग्दर्शन है जिससे इसमें भी दुहरापन है। वे कहते हैं कि अनहितकारी की विनय विष से भी विषम तथा सनेह की गाली अमृत के समान होती है (कृष्ण-गीतावली, 27)। इसी के साथ वे कहते हैं कि नीच लोग निरादर करने से और बड़े लोग आदर करने से सुखदायी होते हैं (दोहावली, 354)। कुल मिलाकर वे दुष्ट और खल मनुष्यों से बचना चाहते हैं क्योंकि उनमें निन्दा सहने का (कबीर की तरह–) संकल्प नहीं है : एवज़ में वे आत्मनिन्दा जरूर कर सकते हैं।

विभिन्न प्रकार के **लोकचित्त-अनुभवों** को उन्होंने सारांशीकृत कर दिया है जो एक कृषिप्रधान समाज की संहिता हैं। नाना भाँति के मनुष्यों की बाबत उन्होंने आचार-व्यवहार तय कर दिए हैं। शस्त्री, मर्मी (भेद जाननेवाला), समर्थ, स्वामी, मूर्ख, धनवान्, वैद्य, भाट, कवि और रसोइया–इनसे विरोध करने में कल्याण नहीं होता। मन्त्री, वैद्य और गुरु–यदि ये भय या लाभ की आशा से प्रिय बोलते हैं तो क्रमशः राज्य, शरीर और धर्म का नाश हो जाता है। भाटों के भड़काने से यदि नट लोग संग्राम में चले जाएँ तो या तो वे रण से भाग आएँगे या क़ैद कर लिए जाएँगे (दोहावली, 422)। नगर, स्त्री (?), भोजन, मन्त्री, सेवक, मित्र और घर–इनकी सरसता नष्ट होने के पहले ही इन्हें छोड़ देने में शोभा और आनन्द है। (दोहावली, 475)। प्राणप्रिय होने पर भी दीर्घ रोगी, दरिद्र (?), कटुभाषी और लालची–ये चारों निरादर के योग्य हैं। यदि मित्र, शिष्य, नौकर, मन्त्री और सुन्दर स्त्री दूसरे के मन को प्रसन्न करने लगें तो पहले जाँच करनी चाहिए, और फिर इन्हें छोड़ देना चाहिए। जगत् में लोभी और कामी कुटिल कौवे की तरह सबसे डरते हैं। कुत्ता, इन्द्र और कामी युवक–ये एक ही स्वभाव के होते हैं। साधु और देवता–ये सब स्नेह और सम्मान ही चाहते हैं, बर्रे, बालक और बन्दर का एक स्वभाव होता है। मालिक तो सेवक का अपराध सुनकर ही क्रोधित हो जाते हैं। उच्छृंखल

लोग विधवा के घर को घूम-घूमकर देख जाते हैं या किसी अनाथ विधवा की झोंपड़ी को जला दिया करते हैं (कवितावली, 6/24, 27)। इन अनुभवों से हमें एक अचल तथा जबदे हुए सामन्तीय समाज के वर्गीय चरित्रों का स्थिर आकलन प्राप्त होता है जिसके आधार पर सामाजिक तथा व्यक्तिगत सम्बन्धों की परख की जाती थी। तुलसी ने सामाजिक सम्बन्धों की इन कसौटियों को युगानुकूल ही दिया है। इनके मूल स्थल प्रेम और बैर के पैराडाइम भी उन्होंने दिए हैं। बैर और प्रेम, दोनों चारों आँखों से अन्धे होते हैं और इन्हें उचित-अनुचित का ज्ञान भी नहीं होता (दोहावली, 236)। बैर अन्धा होता है तथा प्रीति को ज्ञान नहीं होता। बैर और प्रेम छिपाने से नहीं छिपते। मित्र और शत्रु को पशु-पक्षी तक पहचानते हैं। हाँ, आर्त मनुष्य के चित्त में विवेक नहीं रहता। प्रीति-परीक्षा में उत्तम की स्थिति पत्थर, मध्यम की बालू और नीच की जल के समान है। ममता में फँसे हुए से ज्ञान का, अत्यन्त लोभी से वैराग्य का, क्रोधी से शान्ति का और कामी से भगवान् का वर्णन करना फ़िज़ूल है। जगत् में मुँहदेखी बातें कहने-सुननेवाले मनुष्य 'झुंड-के-झुंड' हैं। इन सब कसौटियों के बावजूद जैसी भवितव्यता होती है वैसी ही सहायता मिल जाती है। इस भाँति सामन्तीय मानदंडों का स्पष्ट पार्थक्य ओर भाग्य-निर्णय, दोनों अपने दुहरेपन के साथ प्रकट हैं। सामन्तीय तर्क हमेशा विवशता को रहस्य और आध्यात्मिक समझकर लचक जाता है। तथापि तुलसी कुछ मोटी-सी बातें गाँठ में बाँधते हैं : किसी को मोटे बोल न मारो, मोटी रोटी मारो। इस तरह की अपनी हार को हज़ारों जीतों में समान समझो (दोहावली, 428)। जिनको देश, काल, कर्ता, कर्म और वजन का विचार नहीं है वे कल्पवृक्ष के नीचे रहने पर भी दरिद्री और देवनदी गंगा के तट पर बसने पर भी पापी बने रहते हैं (दोहावली, 422)। तुलसी की ये दोनों भूमिकाएँ सामन्तीय समाज के सम्बन्धों के आधारों के दुहरेपन के तथ्य को पूर्ण कर देती हैं क्योंकि ऐसे समाज में पर-उपदेश में तो बहुत लोग कुशल होते हैं लेकिन तदनुसार आचरण करनेवाले कम होते हैं।

उन्होंने **प्रकृति-निरीक्षण** में जो सूक्ष्मता दर्शायी है वह एक ग्रामीण कवि तथा कृषक-नैतिकतावाले मनुष्य का महादान है। यहाँ तुलसी अनुपमन हैं। यहीं उन्होंने संस्कृत-परम्परावाली सौन्दर्य-परिपाटियों का आमूलचूल ग्राम्यीकरण कर डाला है। प्रकृति-वर्णन के अन्तर्गत हम इसे स्पष्ट करेंगे। सम्प्रति प्रसंग दूसरा है। चित्रकूट-निवास से उन्हें अनुभव हो गया था कि पहाड़ का पानी बहुत ही लगता (भारी होता) है, अपनी यन्त्रणाएँ सहते-सहते उन्हें यह विश्वास हो गया था कि बाँझ स्त्री प्रसवपीड़ा नहीं जान सकती और अन्य बच्चों को माँ की गोद में देखकर उन्होंने यह अनुभूति कर ली थी कि बच्चे के शरीर के फोड़े को माता कठोर हृदय करके चिरा डालती है अथवा नई ब्यायी हुई गाय शाम को बछड़े को याद करके हुँकारती, थनों से दूध चुवाती हुई दौड़ी चली आती है। उन्होंने प्रकृति के भागवत से बहुत कुछ मौलिक उपदेशों को सीखकर उन्हें अपने सौन्दर्यबोधशास्त्र तथा किसानों के आचारशास्त्र को दिया। कुछ उदाहरण यों हैं : माँजा रोग से पीड़ित मछलियाँ क्षीण होकर छटपटाती हैं; कछुआ अपने अंडों को नहीं छोड़ता;

बाँस में सार न होने से उसमें सुगन्ध नहीं आती; गाड़ी के पीछे लगा हुआ कुत्ता उसके इर्द-गिर्द ही रहता है; श्यामा गाय का दूध बहुत उज्ज्वल और गुणदायक होता है; रेशम का कीड़ा आप ही कोश बनाकर बड़प्पन के बोझ में उसमें बँध जाता है; हाथी को देखकर मूर्ख कुत्ता सूखे हाड़ को (आहार छिन जाने के भय से) लेकर दौड़ जाता है; बादल बरस जाते हैं तब भी बेत नहीं फूलता; हाल की ब्यायी हुई गाय बछड़े से अलग होने पर तड़प जाती है; जोंक जल में भी टेढ़ी चाल से चलती है; वर्षा-जल पड़ने से जवास सूख जाता है; शहद छीने जाने पर मधु-मक्खियाँ व्याकुल हो उठती हैं; नदी और समुद्र के संगम का जल क्षुब्ध हो जाता है। चम्पक के उपवन में भौंरा आसक्तिहीन होता है; टिटिहरी पक्षी (आकाश को थामने के भ्रममूलक) अभिमानवश पंजों को ऊपर करके सोता है; टिड्डियाँ पर्वत की गुफ़ाओं में लीन होती हैं; बुरी जाति की हरहाई गाय सीधी और दुधार कपिला को बिगाड़ डालती है; कोदों की बाली से उत्तम धान नहीं होता; काली घोंघी में मोती उत्पन्न नहीं होता; मोरपंख ज़मीन की ओर नीचे रहने पर कलाहीन तथा ऊपर होने पर कला-प्रधान हो जाता है; सीधी-टेढ़ी दोनों प्रकार की चाल चलनेवाले मंगल, बुध, गुरु, शुक्र और शनि नामक पंचग्रहों को राहु आँख उठाकर भी नहीं देखता, लेकिन केवल सीधी चाल भी चलनेवाले सूर्य-चन्द्र को त्रास देता है; तथा अन्ततः बिना ऋतु के फूल भयानक होते हैं। प्रकृति के वनस्पति एवं जीवविज्ञान सम्बन्धी अपने इन सूक्ष्म निरीक्षणों को तुलसी ने पात्रों के चरित्र अथवा घटनाओं में दृष्टान्त बनाकर इनका मध्यकालीनीकरण कर डाला है, तदपि इनके स्वतन्त्र सौन्दर्य की उपेक्षा भी की है। अतः प्रकृति नारी-सौन्दर्य को उपमान देने के बजाय लोक-नैतिकता को दृष्टान्तों की राशि देती है।

इसके उपरान्त हम तुलसी के विचारों, दृष्टिकोण तथा जीवन-दृष्टियों की वैज्ञानिक तथा समाजशास्त्रीय छानबीन करेंगे।

धर्म, नैतिकता और दर्शन ने मानव-विचारों के आध्यात्मिक इतिहास में ग़ज़ब की पहल की है। **'धर्म'** दो दुनियाओं की धारणाओं को उपजीव्य बनाता है : एक लौकिक जगत् तथा दूसरा अलौकिक, एक मनुष्य तथा दूसरा ईश्वर को। धर्म मनुष्य और ब्रह्मांण के अन्तःसम्बन्धों की निष्पत्ति करता है। **'नैतिकता'** धर्म का व्यवहारशास्त्र है। यदि धर्म में मनुष्य तथा ईश्वर के सम्बन्धों की छानबीन होती है तो नैतिकता में मनुष्य तथा मनुष्य के सही सम्बन्धों का कर्मकांड होता है। धर्म आचरण-नियमों का विधान करता है, और नैतिकता नैतिक आचारों का पालन कराती है। अतः धर्म और नैतिकता मनुष्य का मनुष्य से, और प्रकारान्तर से, मानवसमूहों का किसी उच्चतर अलौकिक सत्ता से सम्बन्ध क़ायम करती है। बहुधा सामाजिक प्रक्रिया में नैतिक संहिताओं पर धर्म अपनी अति प्राकृतिक स्वीकृति से हावी हो जाता है। सामाजिक नैतिकता का लक्ष्य समाज में शान्ति और सुव्यवस्था स्थापित करना होता है, जबकि धर्म ईश्वर और मोक्ष के प्रकृत मूल्यों का संस्थापक है। इन दोनों का सहवर्ती **'दर्शनशास्त्र'** मनस्, जड़ और आत्मन् के विभिन्न पक्षों के सिद्धान्तों का प्रतिपादन करता है, तथा जीवन और जगत् के रहस्यों का ज्ञान प्राप्त करता है। इस धर्म-नैतिकता-दर्शन की त्रयी में अन्योन्याश्रय है। लगभग सभी धर्मों में निःस्वार्थ समर्पण

और तीव्र कामना का, विनय और गौरव का, ऐन्द्रियिक स्थूलता तथा आध्यात्मिक सूक्ष्मता का विलक्षण मिश्रण होता है जिसमें संवेगात्मक तनाव होते हैं। इन तनावों का अनुभव एक ऐसे उच्चतर क्रम में होता है जो अन्तर्मुखी एवं वैयक्तिक है।[1] एक आध्यात्मिक अनुभव के रूप में धर्म अन्तिम उपलब्धि न होकर एक जीवन्त प्रक्रिया है जिसे प्रत्येक 'आत्मा' अपने लिए स्वयं प्राप्त करती है। इस बिन्दु पर धर्म परम्परा से परे हटकर जीवन्त संवेगों तथा व्यक्तिगत अनुभवों में भी जुड़ता है, और यहीं धर्म सौन्दर्यबोधात्मक परिवेश-प्रधान होता है। यहीं कवि और सन्त का द्वन्द्वात्मक संयोग होता है। जो उच्चतर संस्कृतियाँ होती हैं उनमें स्थिरता और परम्परा प्रधान होती हैं जिसकी वजह से समाज स्थापित मार्गों से अलग नहीं चल पाता। ऐसी स्थिति में दो विकल्प होते हैं : मानव-जीवन के तनाव-खिंचाव के क्षेत्रों से धर्म का सम्बन्ध हो जाने पर स्थिर अवस्थाओं के प्रति या तो 'परंपराबद्ध' या फिर 'सृजनात्मक' प्रतिक्रिया होती है। इसलिए यह एक अन्तर्विरोध ही है कि धार्मिक विकास (पूर्णता नहीं) के सर्वाधिक सृजनात्मक युग शान्ति के बजाय सामाजिक उथल-पुथल में रहे हैं।[2] भारतीय मध्यकाल में (और जो तुलसी का समय था, उसमें) हिन्दू वर्ण-विभक्त समाज सबसे अधिक अनुदार था। शताब्दियों की जड़ता की वजह से प्रथा (कस्टम) एवं परिपाटी (मोरेस) ही प्रमुख सामाजिक नियन्त्रक हो गई थी। यह प्रथा रूढ़ि में परिणत थी। बौद्धिक-मौलिक के ह्रास के कारण मनुष्यों के आपसी सम्बन्धों का आधार मात्र आस्था (फ़ेथ) थी। अतएव 'प्रथा' और 'आस्था' मध्यकालीन लोकमार्ग का निमित्त थीं और सामाजिक विघटन को बचाए थीं। प्रथा एवं आस्था ही मध्यकालीन 'एकता' को बनाए थीं। धर्म में एकता का यह सामाजिक संस्कार इतना विशुद्ध तथा सूक्ष्म हो गया था कि इसमें वास्तविक हितों की बात सोचना नामुमकिन-सा था। वर्णाश्रम एकता का पर्याय था। किन्तु समाज के वास्तविक हित इस 'एकता' के मार्ग से दूसरी ओर जा रहे थे। लेकिन वे हित एक समूह में—शूद्र वर्ग में ही—क्रान्तदर्शी हो सके थे। तुलसी के युग में सांस्कृतिक धरातल पर द्वन्द्व मचा हुआ था। एक ओर द्रुतगामी सामाजिक परिवर्तन हो रहे थे तो दूसरी ओर सांस्कृतिक उथल-पुथल थी; एक ओर हिन्दू और मुसलमान तथा दूसरी ओर सवर्ण और शूद्रों में द्वन्द्व था; एक ओर सामन्ती रजवाड़े युद्धों में टूटते चले आ रहे थे तथा दूसरी ओर एक विशाल साम्राज्य खड़ा हो रहा था; एक ओर कलिकाल था तथा दूसरी ओर रामराज्य का साधनावस्था वाला लक्ष्य। किन्तु आस्था और प्रथा के मेल से शास्त्रीय हिन्दू-समाज में कठोर वर्णव्यवस्था, पितृसत्ताक शासन, वात्सल्यपूर्ण करुणा और कर्म-सिद्धान्त ने स्वतः ही पुनरुत्थानवादी मूल्य-व्यवस्था को मज़बूत किया है। तुलसी स्वयं भी एक विघटनशील कृषि-परम्परा से उभरकर चित्रकूट, काशी, अयोध्या जैसे 'मृत्यु-रोग-पाप परिपूर्ण' शहरों के निवासी बन गए थे। अतः उन्होंने धार्मिक विश्वासों और अन्य मूल्य-व्यवस्थाओं के बीच की 'असंगतियों' को गहराई से भोगा था क्योंकि अकबर के समय में लघु-उद्योगों के कारण हलका 'द्वितीयक' शहरीकरण हो रहा था। रूथ बेनेडिक्ट

1. जॉर्ज सिम्मेल, 'अ कॉन्ट्रिब्यूशन टु द सोश्यॉलॅजी ऑव रिलीजन' शीर्षक शोधपत्र।
2. टॉलकोट पारसॅन : 'रिलीजन, ऐज़ अ सोर्स ऑव क्रियेटिव इन्नोवेशन'।

ने ऐसे ही सांस्कृतिक-पैटर्न का खूबसूरत विवेचन किया है। भारत के मध्यकालीन परिप्रेक्ष्य में जब, आर्थिक उत्पादन एवं सामाजिक तथा राजनीतिक संगठन के रूप में, गाँव अन्तिम इकाई हो गया, तब वर्णाश्रम-धर्म भी कठोर हो गया। किन्तु मुग़लों के आर्थिक सुधार, सांस्कृतिक प्रभाव और आर्थिक उत्पादकता की वजह से एक ज़ोरदार तब्दीली आई। धन के उत्पादक शूद्रों (कुछ अंशों तक वैश्यों) को सामाजिक प्रतिष्ठा भी मिली और वे वर्णाश्रम-व्यवस्था के ग्रामीण आधार को शहरी चेतना तथा इस्लामी एकेश्वरवाद के धरातल से चुनौती देने लगे। दूसरी ओर क्षत्रियों और ब्राह्मणों में 'धन-संग्रह' की प्रवृत्ति ही प्रधान हो गई। धन प्रभुता और भोग दोनों का स्रोत हुआ। इस सबसे 'हेजिमनी' में भी ऊहापोह मच गया। तुलसी ने इस सबका दिग्दर्शन धार्मिक आदर्शों के धरातल पर किया। शुद्धता के नाम पर कोरमकोर वैराग्य, वर्णाश्रम-आस्था के स्थान पर प्रतिक्रियावाद, तथा संन्यास के स्थान पर जीवन का निषेध उनके आदर्श में प्रधान होते गए। दैन्य, निराशा, पाप, ताप, शाप आदि के रूप में हम इन नाना धार्मिक अनुभवों का विश्लेषण करते हुए इसे स्पष्ट करेंगे। अतः प्रथा और आस्था तुलसी के दार्शनिक विचारों को मौलिकता नहीं दे सकीं। किन्तु नए सांस्कृतिक पैटर्न ने दैन्य, विनय, भक्ति, लोकमार्ग आदि के विषय में उन्हें कई मौलिक तेजस्वी विचार भी दिए। यहाँ हम पुनः याद दिला देना चाहते हैं कि कवि ने 'मानस' और 'विनयपत्रिका' में ही माया, ब्रह्म, ज्ञान आदि का पिष्टपेषण किया है। अपने जीवन के बाद के चरण में वह सहज-सुलभ, दान, दया, शरण, सुख, आनन्द का अधिकाधिक प्रचारक होता गया।

तुलसी में एक दूसरी दिशा इतिहास सम्बन्धी चेतना की भी है। हिन्दू इतिहास-दृष्टिकोण के अन्तर्गत इतिहास, पुराण और आख्यान तीनों ऐतिहासिक हैं। **'इतिहास'** का लक्ष्य है जीवन के चार लक्ष्यों–धर्म, अर्थ, काम, मोक्ष–की प्राप्ति। इनमें से अर्थ और काम साधारण जीवन के लक्ष्य हैं, तथा धर्म और मोक्ष अलौकिक जीवन के आध्यात्मिक मूल्य। साधारण जीवन में धर्म वर्णाश्रम के कर्तव्य हैं, और आध्यात्मिक जीवन में धर्म दर्शन है। हिन्दू इतिहास-दृष्टिकोण में चरितनायक को 'इतिहास' तथा 'मिथक' दोनों में अनुस्यूत किया जाता है। इसलिए इतिहास के कार्य के दो धरातल हो जाते हैं। समय-सम्भूत, और दैवी। इन दोनों का संयोग हो जाना एक पौराणिक आदर्श है। इसी वजह से हिन्दू राष्ट्रीय नेता 'नर' से 'नरोत्तम' हो जाते हैं। मध्यकालीन अवतारवाद ने नरोत्तम से 'नारायण' की उद्‌भावना की। इसलिए तुलसी के राम नर हैं, पुरुषोत्तम हैं और नारायण (हरि) हैं। पुरुषोत्तम और हरि के सभी प्रकार्य सभी दशाओं में सही होंगे, और 'मर्यादा' भी होंगे। इस भाँति तुलसी के राम 'मर्यादा-पुरुषोत्तम परब्रह्मस्वरूप' हैं, जगत् में उनका 'अवतार' होता है, और मनुष्यों का 'उद्धार'। इस उद्धार में प्रेम और दया के भाव घृणा और हिंसा से अधिक सशक्त हैं। इस अवतार में पाप और रोग और मृत्यु का अन्त करने का भी हेतु है। तुलसी ने 'मनुष्य की प्रकृति' तथा 'पाप की समस्या' को इसी धरातल पर से उठाया है। अपने इस कार्य में (एक भक्त होने के नाते) उन्होंने

अर्थ और काम का परित्याग, तथा धर्म और मोक्ष का ही अंगीकार किया है। यही नहीं, एक निवृत्तिमार्गी होने के कारण उन्होंने यह भी स्वीकार किया है कि (रामवृत्त-विमुख) सभी संवेगों (मनोविकारों) और तृष्णाओं का उद्‌गम तामसिक एवं दानवी है। उनके नीतिशास्त्र की ये दोनों आधारशिलाएँ सामाजिक नैतिकता की क़ीमत पर आध्यात्मिक नैतिकता का प्रबल समर्थन करती हैं।

तुलसी की इतिहास-चेतना के बाबत हरिदत्त शर्मा ने एक व्याख्या दी है। उनके अनुसार तुलसी का विश्वास था कि क्रूर सामन्तवाद तथा उससे विकसित एवं विलसित कुत्सित सामाजिक एवं सांस्कृतिक प्रभाव प्रबल सशस्त्र संघर्ष के बिना नहीं हट सकते। सामाजिक प्रगति की ख़ातिर महाकवि को सामन्तीय रति-विलास से घृणा है। उसके प्रेरक कामदेव को उनके तापस शिव क्षार-क्षार कर देते हैं। वे रावण को सामन्तीय प्रतीक बताते हैं। इस प्रतीक के काल राम तो जन्म लेते ही चारों हाथों में शस्त्र-सज्जित होते हैं। सुन्दर राम की सुन्दरता शस्त्रों से बढ़ती है (लोचन अभिरामा तन घन स्यामा निज आयुध भुज चारी)। बाल्यकाल से ही शस्त्र सजे राम का विकास सिंह की तरह होता है (ढबनि जुवा मृगराज लजाए)।

उनकी जीवन-दृष्टि को समझने की तीसरी दिशा **राम के देवत्व** के विविध प्रस्थानों के स्थापन की है। मानवीय आवश्यकताओं के अनुरूप ही इष्ट-देवता की जटिल और विविध धारणाओं का विकास होता है। राम सर्वसमर्थ हैं। वे शरणागत-वत्सल तथा रक्षक हैं। वे ब्रह्ममय परिपूर्णता हैं। जब तुलसी को स्नेह की ज़रूरत हुई तब राम प्रेमस्वरूप हो गए, जब आश्रय की अपेक्षा हुई तब राम स्वामी हो गए, जब अपने पापों के हरण की याचना हुई तब राम मुक्तिदाता हो गए, जब उन्हें भवसागर में मार्ग खोजने में सन्देह हुआ तब राम अन्तिम सत्य हो गए। तुलसी ने अपने भाव से राम की उपासना की। उनमें दो भाव प्रधान हैं : आश्रम की भावना, तथा नैतिक संस्कार। अकेले वे ही 'अनाथ' तथा 'अभागे' नहीं थे, किन्तु कूट-भाषा में तो उनके युग की प्रजा भी अनाथ और अभागी थी। तुलसी ने मानवीय तनाव-खिंचावों को नई धार्मिक-सम्बन्धात्मकता से रूपान्तरित कर दिया है जिनमें दास्य-भाव की प्रधानता है। जगत् तथा माया सम्बन्धी अवधारणाओं को तो शांकर चेतना से ग्रहण करते हैं, लेकिन अवतार और भक्ति की धारणाओं में मानवतावादी हो जाते हैं। यह उस युग का भी दोहरापन था जिसमें प्रथा तथा समसामयिकता के मेल की अनुभववादी कोशिश है। इस सन्दर्भ में हम तुलसी में **ताप** (सफ़रिंग) और **पाप** (सिन) की भावना की व्याख्या करेंगे। धार्मिक हितों तथा ताप-पाप के सम्बन्धों की जटिलता समाजशास्त्रीय गुत्थी है। यह संकीर्ण आत्महित का उतना परिणाम न होकर मध्ययुगीन मानव के सामूहिक अवचेतन का प्रतिफलन है। 'आधुनिक व्यक्तित्व-सिद्धान्त' के अनुसार यह जीवन की समस्याओं के प्रति व्यक्तित्व का अभियोजन है। एक ही सम्प्रदाय में एक ही संस्कृति में पोषित तथा एक ही परम्परा की विरासत लिए हुए दो व्यक्तियों का अभियोजन (ऐडजस्टमेंट) पृथक-पृथक हो सकता है क्योंकि उनके आरम्भिक जीवन के परिवेश अलहदा होते हैं। सन्तों में आत्मशंका तथा चिन्ता अधिक थी। इसके बोझ के कारण जीवन की

त्रासदी और भग्नाशा ने उन्हें औसत सामाजिक चेतना से अधिक पीड़ित किया। कबीर में कटुता की अधिकता है, किन्तु तुलसी ने निराशाओं और भग्नाशाओं को, तथा अपनी और दूसरों की ग़लतियों को, अपेक्षाकृत कम अन्तर्मुखी यन्त्रणा से झेला। इसलिए कबीर में कटुता की अधिकता और फलतः धर्म के नवीन जन्म का आहूवान है, तुलसी में एक आशावादी धर्म की संस्थापना के प्रति अगाध विश्वास भी है।[1] अपराध का बोध प्रवृत्त्या 'सुरक्षा' एवं 'चिन्ता' की अनुभूति से जुड़ा है। यह केवल बहिर्गत लक्ष्यों से सम्बद्ध नहीं है। तुलसी में 'चिन्ता' की अधिकता की वजह से सामाजिक अपराध के प्रति बेहद जागरूकता है, वे लोगों के छोटे-छोटे नैतिक स्खलनों–अपराधों और पापों के प्रति असहिष्णु हैं। वे व्यक्ति रूप में भी हिन्दू मानव समुदाय के साथ तादात्म्य कर लेते हैं। फलतः दूसरों की पीड़ाएँ और भग्नाशाएँ भी वे ओढ़ लेते हैं तथा अपनी बना लेते हैं। इसी क्रम में वे वैरागी हो जाते हैं। इस प्रकार के धार्मिक अनुभव 'रुग्ण आत्मा' (सिक् सोल) के धर्म कहलाते हैं। तुलसी में अरक्षा और चिन्ता दोनों की अधिकता रही है। सूर अपेक्षाकृत सुरक्षित रहे हैं। अतः वे यत्र-तत्र नैतिक मोड़ों के प्रति भी सहिष्णु हैं। उनका अनुभव 'स्वस्थ मानसबोध' का धर्म कहा जा सकता है। इसलिए सूर जीवन को अधिक आशावादी दृष्टि से देखते हैं। लेकिन 'पीड़ित आत्मा' मानव-अस्तित्व के श्याम-पक्षों पर मँडराती है और पापों को अधिक-से- अधिक बड़ा बनाने की आदी होती है। तुलसी की जीवन-दृष्टि में एक द्वैत है। रामवृत्त (रामकथा, रामगुण, रामनाम) के अन्तर्गत वे अत्यन्त आशावादी हैं, लेकिन अपने समकालीन समाजवृत्त (कलिकाल) के अन्तर्गत वे घोर निराशावादी और भग्नाशावादी हैं। अन्ततोगत्वा बचपन के अभागे और अनाथ तुलसी समाज की अरक्षा और चिन्ता के अनुभवों में तिरोहित हो जाते हैं। इस त्रासदी को प्रकट करने के लिए उस मध्यकालीन चिन्तक के पास तीन अवधारणाएँ हैं : ताप, पाप एवं शाप। इस ताप का एकमात्र निरास है मोक्ष। मैक्स वेबर ने प्रत्येक वर्ग के अनुसार ताप और मोक्ष (सफ़रिंग एवं सैल्वेशन) के अपने-अपने धार्मिक अर्थ प्राप्त किए हैं। हिन्दू मध्यकालीन चिन्तन में ताप या तो किसी दैवी 'शाप' का अथवा किसी गोपनीय या पूर्वजन्म के 'पाप' का लक्षण है। जब ताप का आदर्शीकरण हुआ, तब वह 'तप' में रूपान्तरित हो गया। वस्तुतः यह भौतिक पराजय को धार्मिक विजय में बदलने का उपक्रम है। मध्यकालीन सनातन हिन्दू-धर्म ब्राह्मणों की जीवन-शैली–उनके संन्यास और पौरोहित्य–से बेहद प्रभावित है। तुलसी ने ब्राह्मण जाति के आधार पर 'मनुष्य की प्रकृति' का, तथा निवृत्तिमार्ग के आधार पर 'पाप की समस्या' का दृष्टिकोण रचा है। इन दोनों आधारों ने ही मर्यादावादी धार्मिक परम्परा को ढाला है। इसी आधार पर ताप और मोक्ष के अर्थों का परम्परागत विस्तार हुआ है। अतः रामवृत्त 'मोक्ष' का तथा कलिकालवृत्त 'ताप' का निरूपक हुआ है।

प्रत्यज्ञानवादी (फ़िनॉमिनल) जगत् के बाबत तुलसी दो जीवनदृष्टियों का समर्थन करते हैं। पहली दृष्टि के अन्तर्गत वे शंकर की अद्वैतवादी ज़मीन पर खड़े होकर इस संसार को मिथ्या बताते हैं तथा मनुष्य का अन्तिम सत्य को प्राप्त करना मानते हैं जो

1. विलियम जेम्स ने धार्मिक अनुभवों के प्रभेदों में यह धारणात्मक चर्चा की है।

ब्रह्मन्-आत्मन् है। इस दशा में 'आत्मा के शुभ' की प्राप्ति होती है : आत्मा ब्रह्म में (शंकर के सिद्धान्त की तरह) विलीन न होकर अपना अस्तित्व बनाए रखती है (सगुण-सिद्धान्त के अनुरूप)। इस जगत् से मुक्ति मिल जाती है इस आधार पर जगत् निर्विकल्प नहीं है। यद्यपि वास्तविक समय-चक्र प्रवर्तित होता रहता है, फिर भी जगत् वास्तविक नहीं है। वास्तविक है आध्यात्मिक जगत् (?)। इस भाँति भौतिक जगत् और आध्यात्मिक जगत् में-से पहला माया या भ्रम, और दूसरा ज्ञान या सत्य मान लिया गया है। इसलिए यह जगत् और मानव जीवन, दूसरे जगत् और दूसरे जीवन के मात्र साधन हो गए। यह इस जगत् और निराशावाद से पलायन करके सुरक्षामय एक मानसिक जगत् की निर्मिति है, यह निराशावाद को एक दिग्दर्शन के रूप में स्वीकार करने का क्रम है। धर्मशास्त्रों में इस जगत् की वास्तविकता के बाबत यह नज़रिया नहीं मिलता। उनमें मनुष्यों को धर्म-अर्थ-काम-साधना का आदेश है (विष्णुधर्मशास्त्र)। धर्मशास्त्रों व पुराणों के जागतिक दृष्टिकोण के समानान्तर ही सांख्य, वैशेषिक, न्याय और मीमांसा में आध्यात्मिक धरातल पर यह एक अन्य जागतिक दृष्टिकोण भी प्रवहमान था। समुद्रगुप्त के समय में यह हास-हर्ष-शृंगार-दुख-कलावाला संसार चक्रवर्तित साम्राज्य की तरह ही यथार्थ था। किन्तु कालान्तर में यथार्थ भ्रम में अवनत हो गया। यह माना गया कि यथार्थ तथा सत्य एक हैं, ब्रह्म एक है; लेकिन यह जगत् विविधताओं से भरा है, परिवर्तनशील है तथा क्षणभंगुर है। इसलिए यह माया का भ्रम है। तुलसी ने भी **जगत्** को नाशवान (रावण को मन्दोदरी की सीख–'मानस') मायारचित, मिथ्या, असत् और दुखकारी (विनयपत्रिका, 120) माना। इसके भ्रम को स्पष्ट करने के लिए उन्होंने जगत् को 'वृक्ष' (जिसकी जड़ भेदबुद्धि है, भयरूपी काँटे हैं, दुख फल है), 'चित्र' (रंगहीन मायावी रचना, दुखदायी, मृगतृष्णापूर्व, निराकार कलिकाल द्वारा ग्रसित), 'सागर' (भवसागर के पार जाना) के रूपक-प्रतीकों से प्रकट किया ('विनयपत्रिका', क्रमशः पद सं. 202, 111, 123)। उनके सामने इस धरती पर मृत्यु की समस्या को और सामाजिक व्यवस्था की असफलताओं तथा भग्नाशाओं को समझने का यही एक बौद्धिक समाधान था कि वे एक प्रतीत (वर्चुअल) यथार्थ की परिकल्पना करें। जिस सांस्कृतिक-व्यवस्था में शंकर या तुलसी या कबीर हुए उसने धरती की असफलताओं और भग्नाशाओं की अपनी परिभाषाएँ भी तो रचीं। माया, भ्रम, मृगजल, पाप, क्लेश आदि इनकी धार्मिक परिभाषाएँ हैं। उन्होंने भी तो यही देखा था कि जो धर्मप्राण हैं और समाज के यम-नियमों का पालन करते हैं, उन्हें सुख और आनन्द नहीं मिलता। इसके विपरीत वे ताप भोगते हैं, असफल होते हैं; जबकि 'हरिविमुख' सुखी और समृद्ध हैं। तुलसी ने एक पैना सवाल खींचा : मनुष्यों को ताप (भौतिक, दैहिक, दैविक) क्यों हैं ? इस जगत् में आख़िर पाप क्यों है ? इस पहेली का आध्यात्मिक उत्तर उन्होंने खोज लिया; और सारी मध्यकालीन संस्कृतियों के पास एक-जैसा ही उत्तर था : इस संसार को सत्य और सुखरूप मानना भारी भ्रम है। यह भासित तो होता है सत्य, लेकिन सच्चाई में है मिथ्या। उन्होंने जगत् के द्वन्द्वात्मक स्वरूप का इसी

तरह का अन्वेषण किया। जिस तरह रस्सी में साँप का भ्रम होता है, सीप में चाँदी का भ्रम होता है, सूर्यकिरणों में पानी की प्रतीति होती है, स्वप्न में वास्तविकता का भ्रम होता है, उसी तरह यह जगत् भी भासित होता है। इस अवस्था तक पहुँचने पर सुख, सम्पत्ति, परिवार, धरती, धन, घर, नगर आदि सभी के मूल में **'मोह'** मान लिया गया। यह मोह विकार हो गया। यह सारा द्वन्द्व मायारचित मान लिया गया। इस जगत् का व्यापार परमार्थ नहीं माना गया (मानस, 4/6/8-9)। इस तरह जगत् को माया से ढाँककर और मनुष्य को मोह से लपेटकर मध्यकालीन बौद्धिक चिन्तन ने समाज की विषमताओं का विश्लेषण किया। 'माया' और 'मोह' को काटने के विधान भी प्रस्तुत हुए, और वे 'ज्ञान' तथा 'वैराग्य' हुए। जगत् तिस पर भी क़ायम रहा। इसलिए तुलसी के युग ने इसे राम की शक्ति घोषित किया। माया के साथ-साथ मोह भी ईश्वरलीला बना दिए गए–इस धरती के लिए। जब मनुष्य और ईश्वर का परस्पर विभावानुभाव-सम्बन्ध हो जाता है, जब मनुष्य आत्मसाक्षात्कार या भगवदनुग्रह प्राप्त कर लेता है...तब इस जगत् के 'वास्तविक' अर्थात् मिथ्या-स्वरूप का ज्ञान हो जाता है। क्योंकि ब्रह्म और जीव तत्त्वतः एक ही हैं, बीच में जगत् और शरीर के व्यवहार हैं, इसलिए जगत् और शरीर के 'माध्यम' (मीडियम) को नियन्त्रित किया जा सकता है। यह नियन्त्रण केवल राम-कृपा और राम-भक्ति के द्वारा ही हो सकता है। वे भी जगत् को मिथ्या स्वीकार करते हैं; और मुक्ति से भक्ति को श्रेयस्कर मानते हैं। भक्तिधारा में यह उनके अपने दृष्टिकोण का विकास है।

इसी कड़ी में 'माया-मोह' तथा 'ज्ञान' की अवधारणाओं की मीमांसा कर लेना संगत होगा।

मध्यकालीन चिन्तनधारा द्वारा जगत् को मिथ्या मान लेने पर भी जगत् एक हक़ीक़त बना रहा। जगत् में 'पाप' (ईविल) थे, ताप (सफ़रिंग्) थे; पापी सुखी थे और साधु दुखी थे। इसलिए अलौकिक जगत् की कल्पना ने सहायता की। यह मान लिया गया कि वर्तमान जीवन के सुख-दुख एक पूर्ववर्ती जीवन के पुण्य-पाप का परिणाम हैं और वर्तमान जीवन के कर्म आगामी जीवन के सुख-दुख का परिणाम होंगे। इस भाँति पूर्वजीवन-उत्तरजीवन की धारणाओंवाले 'कर्मचक्र-सिद्धान्त' की जड़ें मज़बूत हुईं। अब बुनियादी सवाल यह रह गया कि इस जन्म-मरण से मुक्ति कैसे मिले ? इसके लिए 'मोक्ष' की अवधारणा का पोषण हुआ। यह एक आध्यात्मिक सवाल से अधिक समाजशास्त्रीय समस्या है कि एक समाज में विभिन्न समूह पाप और मोक्ष की कौन-कौन सी व्याख्याएँ करते हैं। किस तरह वे मोक्ष को अर्थपूर्ण और सन्तोषपूर्ण मान लेते हैं ? किन सामाजिक परिस्थितियों में मोक्ष अधिक बलवान् हो जाता है ? भारतीय मध्यकालीन चिन्तकों ने संसार को पापपूर्ण माना, किन्तु यह भी स्वीकार किया (शंकर से अगले क़दम के रूप में) कि पापमुक्त हुआ जा सकता है। वर्तमान के प्रति वे निराशावादी बने रहे लेकिन मरणोत्तर भविष्य के प्रति आस्थावान। ईश्वर को समर्पित करके मनुष्य को पापों और तापों से संघर्ष करते रहना है, चाहे अन्तिम सफलता इस धरती पर न

मिलकर परलोक में मिले। मध्यकाल के आशावादी धार्मिक संघर्ष का यह एक रूप है जो तुलसी में 'मानस' तथा 'विनयपत्रिका' में अधिकाधिक प्रखर हुआ। एक दूसरा रूप यह भी है कि इस मृत्युलोक अर्थात् पृथ्वी में मनुष्य की क़िस्मत में पाप और ताप बदे हैं। उनसे मुक्ति का रास्ता केवल संसार को अस्वीकार करने में और जीवन से विरक्त होने में है। तुलसी में यह रूप भी है। मोक्ष प्राप्त करने की विधियाँ ही मध्यकालीन ज्ञान-मीमांसा की तीन दिशाओं को प्रकट करती हैं। मोक्ष भक्तिमार्ग से, ज्ञानमार्ग से तथा कर्ममार्ग से हासिल हो सकता है। तुलसी ने भक्ति को प्रमुख तथा ज्ञान को अप्रमुख मार्ग माना है क्योंकि उनके चारों ओर का समाज वैरागियों, सन्तों और विद्वानों (सिद्धों) का न होकर गँवार ग्रामबालाओं (कृष्णगीतावली, 53) किसान-गृहस्थों और साधारण (विषयी और साधक) जनों का था। भक्तिमार्ग ज्ञानी-योगियों के लिए न होकर मुख्यतः अशिक्षित जनों के लिए है। तत्कालीन परिस्थितियों में जगत् से विरति या जगत् की स्वीकृति, दोनों के मूल में युद्ध, अत्याचार तथा दमन का जो बोलबाला रहा है उससे सशक्त (सवर्ण) और अशक्त (शूद्र) दोनों ही प्रपीड़ित रहते रहे। इसलिए एक धारणा घर करती जाती है कि मूलतः मनुष्य (समाज-व्यवस्था या सत्ताधारी नहीं) ही 'पापी' है। 'पापी' मनुष्य का उद्धार केवल ईश्वर ही कर सकता है, और इस धरती पर उसकी सुख-शान्ति तथा खुशहाली की आकांक्षाएँ नहीं पूरी हो सकतीं। इसलिए ही मध्यकाल के सगुण अवतारवादी राम भूमि-हेतु, ब्राह्मण-हेतु, भगत-हेतु तथा देव-हेतु मनुष्य-शरीर धारण करते हैं। वे भू-भार-हरण और देव-शत्रुओं का वध करते हैं। कालान्तर में उनकी 'रक्षा' के हेतु के साथ 'रंजन'-हेतु जुड़ा, और उससे बाद में 'रसास्वादन'-हेतु भी जुड़ गया। तुलसी ने भगत-हेतु और ब्राह्मण-हेतु नामक दो नए हेतु जोड़े, तथा रक्षा पर अधिक ज़ोर दिया। यों उन्होंने रक्षा-रंजन-हेतुओं का काव्य-गान किया है। राइनहोल्ड नाइबूर ने विभिन्न समाजों में मोक्ष की धारणा का विवेचन करते हुए लिखा है कि "यह वस्तुतः इतिहास में निर्विकल्प (अवतार-ऐब्सोल्यूट) के अकस्मात् अभ्युदय का फल है जिसमें अन्तिम विजय पर विश्वास है। विशेषाधिकार-प्राप्त वर्ग ईश्वर और प्रकृति का, यथार्थ और आदर्श का तादात्मीकरण कर देता है क्योंकि वे तत्कालीन समाज की बर्बरताओं से इतना पीड़ित नहीं होते जितना कि निचले लोग। इसलिए वे इतिहास का महानाशमूलक दृष्टिकोण नहीं अपनाते।[1] तुलसी ने मध्यकालीन मोक्ष-कल्पना में मुक्ति के बजाय भक्ति की प्रजातान्त्रिक प्रतिष्ठा की; उन्होंने जगत् को दुखमय माना (मानस, 7/40/1-3), किन्तु यह भी कहा कि संसार में दरिद्रता के समान दुख नहीं है (मानस, 7/120/7)। उनकी मुक्ति शारीरिक तथा आध्यात्मिक दुख से मुक्ति थी जिसमें पीड़ा से 'सुरक्षा' (जो सामयिक भोग-विलास की वस्तुओं की देन है) तथा 'उच्चतर आनन्द' (एक या दूसरे स्वर्ग में पुनर्जन्म से मुक्ति) प्राप्त होंगे। वे भी इस 'मायाकृत' एवं 'भासमान' संसार से पूर्ण विदा को ही साध्य मानते हैं किन्तु साधर्म्य तथा सायुज्य मुक्ति के बजाय रामवृत्त में सामीप्य तथा सालोक्य मुक्ति से ही अधिक प्यार करते हैं। उनमें

1. राइनहोल्ड नाइबूरन : 'मॉरल मैन ऐंड इम्मॉरल सोसायटी', पृ. 62

अद्वैतवादी तथा वैष्णव, जीवन-दृष्टियों का योग है जो सामरस्य नहीं पा जा सके। इसे उनके सन्त और साधारण मनुष्य का एक अन्तर्विरोध ही कहा जा सकता है। वस्तुतः यह हिन्दू इतिहासवाद (हिस्टोरिसिज़्म) का दर्शन भी है।

इस भूमिका पर **माया** धर्म के 'है-पन' (इज़्-नेस) के साथ जुड़ी है, जबकि ज्ञान और भक्ति एक ही अन्तःश्रेणी (कैटेगॅरी) हो गए हैं। ज्ञान क्रमशः नैतिकता के 'चाहिए-पन' (ऑट-नेस) से सम्बद्ध है। माया में यथार्थता और भ्रम (रियैलिटी एंड इल्यूज़न) के वाद-विवाद की व्याख्या हुई है। तुलसी का वैष्णव-मायावाद शंकर के अद्वैतवाद से भिन्न भी है। माया ईश्वर की त्रिगुणात्मिका शक्ति है जो विविध प्रकार के चराचर जीवों की सृष्टि करती है। इस भाँति मनुष्य का शरीर (पंचभूत) और संवेग (मनोविकार) माया की देन हैं। सारांश में पदार्थ (मैटर) और जीवन (लाइफ़) माया के तत्त्व हैं, जबकि ज्ञान (मस्तिष्क) और आत्मा क्रमशः माया के उदात्त रूप और ब्रह्म के अंश हैं। इस भाँति 'पदार्थ' शरीर (माया)–जीवन (माया)–मस्तिष्क (माया का सात्त्विक रूप)–आत्मा (ब्रह्म का अविनाशी रूप) की एक कड़ी पूरी हो जाती है जो जगत् और ब्रह्म, दोनों अन्तःश्रेणियों में गुँथी है। माया पर ईश्वर का नियन्त्रण है और अभिमानी जीव पर माया का। ज्ञान-मीमांसा का कार्य यह है कि वह जीव और ईश्वर के आध्यात्मिक सम्पर्क को जोड़ दे अर्थात् बीच के भौतिक माध्यम (संवेगात्मक माध्यम) उर्फ माया का नाश कर दे। जीव एवं ईश्वर सहज संघाती हैं। जीव ब्रह्म का अंश है (ईश्वर अंस जीव अविनासी); अतः चेतन, अमल और सुखराशि है। माया उसे ब्रह्म के विशेषत्व से अलग करके जड़ के विशेषत्व से जोड़ देती है। अतः मूल प्रश्न है, माया की प्रकृति की पहचान और उसकी शक्ति पर क़ाबू पाना।

वस्तुतः यह माया भी ईश्वर की ही शक्ति है; उसके वश में है। हममें हमारे अहं (मैं), अधिकार (मेरा), पार्थक्य (तेरा), सम्बन्ध (मैं-तू) आदि का सामाजिक तथा भौतिक बोध माया है (अरण्यकांड में राम लक्ष्मण को यह बताते हैं)। अन्तिम लक्ष्य है इस द्वन्द्व की समाप्ति और पुनः जीव का केवल ईश्वर से सम्बन्ध। इसलिए पदार्थ और जीवन को माया माना गया, तथा जीवात्मा को सत्य। पदार्थ पंचतत्त्व से बना शरीर है जो पीड़ा, रोग और मृत्यु से जर्जर है। जीवन गुणात्मक है जो रागद्वेष अर्थात् मानवीय चेतना का विस्तार है। जगत् और शरीर और जीवन मायाकृत हैं। माया के प्रति यह एक दुखवादी और निषेधात्मक दृष्टिकोण है जिसमें जगत् के विलास और दरिद्रता की सामग्री, तथा जीवन के सुख और दुख दोनों को ही मिथ्या मान लिया गया। यहाँ सच्ची खुशहाली की परिभाषा की खोज है। सच्ची खुशहाली (हैपीनेस) इस जगत् और जीवन में न प्राप्त होकर अन्तिम लक्ष्य ईश्वर में निहित है। मानव की यह प्रकृति मान ली गई कि वह दैवी शुभ और अन्तिम हेतु ईश्वर की ओर उन्मुख है। लौकिक शुभ तो केवल क्षणिक मृगतृष्णा है। लोक का जो यह स्वरूप दिया गया वह तत्कालीन सामाजिक परिस्थितियों के कारण 'तापों' और 'पापों' से ही परिपूर्ण मिला। फलतः चरम खुशहाली के लिए इस जीवन एवं जगत् की खुशहाली को माया बना दिया गया।

जब चारों ओर समाज में यातना, दमन, दरिद्रता, चिन्ता और अरक्षा फैली हो तब माया का रूप भी दुष्ट (जगत्) ही होगा। यह माया न तो वरुण की शासन-शक्ति होगी, न इन्द्र का कुटिल कौशल, न शंकर का मात्र आभास। बल्कि यह नैतिक मनुष्य की दृष्टि से एक अनैतिक समाज की आलोचना होगी। यह माया पूर्णतः झूठी भी नहीं हो सकती। क्योंकि जगत्, शरीर और जीवन उपस्थित हैं। इसलिए माया के दो भेद बने। पहला भेद विद्या-माया का है। यह माया प्रभु से प्रेरित है, जगत् की रचना करती है। इसका अपना कुछ बल नहीं है। इसके वश में गुण हैं तथा यह पंचतत्त्व एवं शरीर बनानेवाली है। यह तटस्थ अनुशासित सृजनात्मक हेतु है। दूसरी माया अविद्या-माया है जो सक्रिय द्वन्द्वात्मक हेतु है। यथार्थ जगत् के कटु अनुभवों ने इस माया को दुष्ट, दुखरूप, जीव को संसारकूप में डाले रखनेवाली तथा मनुष्य के सभी संवेगों को तनाव-खिंचाव की ओर ले जानेवाली माया। सारांश यह है कि हमारे विशिष्ट व्यक्तित्व और पतित जगत् की भूमिकाएँ अविद्या हैं। यहाँ से शरीर पर कम बल देकर कुछ मनोविकारों को माया के साथ जोड़ दिया गया है। अविद्या-माया के सर्वप्रधान अंग काम, क्रोध और लोभ माने गए हैं। मूल में राग तथा द्वेष हैं। राग से काम और लोभ, तथा द्वेष से क्रोध उत्पन्न होते हैं। इस तरह काम, क्रोध और लोभ ये तीन संवेग माया माने गए। काम का साधन है नारी। अतः नारी एकदम माया-रूप हो गई। क्रोध का साधन है परुष वचन (ईर्ष्या, असूया, हिंसा, अमर्ष आदि)। लोभ का साधन है इच्छा और दम्भ। तुलसी ने साधक और विषयी मनुष्यों (जीवों) अर्थात् सामाजिक दृष्टि से जागरूक और साधारण जीवन में लिप्तलीन मनुष्यों के व्यक्तित्वों की मनोवैज्ञानिक (निषेधात्मक) रचना इसी प्रकार की है। इनका उद्गम अज्ञान माना गया। इस व्यक्तित्व का रेचन और शुद्धीकरण तीन प्रकार से हो सकता है : (1) अहं के प्रति अनासक्ति (वैराग्य); (2) अहं को मिथ्या समझना (विवेक); या (3) अहं को ईश्वर की ओर लगा देना (भक्ति)। तात्पर्य यह है कि काम-क्रोध-लोभ-प्रेरित कर्मों का उद्गम स्वेच्छा न होकर अज्ञानता होती है, और नैतिक निर्णय के अनुसार अज्ञानता के कर्म दुखदायी होते हैं। तुलसी अन्ततोगत्वा माया को मानुष कर्मों के केन्द्र में ले आते हैं जिनके प्रयोजन और साधनों की छानबीन भक्ति, ज्ञान आदि की अवधारणाओं में करते हैं। वे काम, क्रोध तथा लोभ से निःसृत कर्मों को मानवोचित अतः नैतिक शुभ नहीं मानते। इन्हें वे विवेकशील मनुष्य के कर्म न मानकर पशु या नैतिक मनुष्य के कर्म मानते हैं। सारांश में, पवित्रतावादी दृष्टिकोण के अनुरूप तुलसी नैतिक जीवन से काम, क्रोध और लोभ को ग़ैरक़ानूनी घोषित कर देते हैं। वस्तुतः नीतिशास्त्र में रागों और संवेगों का विभाजन ऐन्द्रिक वस्तु के पाप तथा पुण्य, शुभ तथा अशुभ के मसले से जुड़ा रहता है। जो शुभ (श्रेय) की ओर उन्मुख हों, नीतिशास्त्र को वही संवेग स्वीकार्य हैं। नीतिशास्त्र कुछ संवेगों के शुभ-अशुभ के मानदंड देता है। शुभ वस्तु के प्रति आसक्ति 'प्रीति' है, शुभ वस्तु के प्रति उन्मुख होना 'कामना' है, शुभ वस्तु की उपलब्धि 'आनन्द' है। इसी तरह अशुभ वस्तु के प्रति विरक्ति 'घृणा' है, उससे असम्पृक्ति

'द्वेष' है और उसकी उपलब्धि 'दुख' है।[1] इस भाँति तुलसी ने जगत् को माया कहकर जितनी अधिक निषेधात्मक पक्षधरता जताई है उतनी ही मनुष्य की प्रकृति के निर्धारण में माया को सीमित करके स्वीकारात्मक दृष्टि भी जताई है। माया की व्याख्या के लिए उन्होंने दो मध्यकालीन रूपक-प्रतीक लिए हैं। माया नाचनेवाली **'नटिनी'** है, नारी-रूप होने के कारण 'अबला' और 'जड़' है (मानस, 7/114)। इसलिए यह नटी जगत् में एक 'नाटकीय भ्रम' उत्पन्न करती है। जगत् के मनुष्यों को अपने खेल से बाँध लेती है। किन्तु जो माया के इस अभिनय को जान जाते हैं उनसे वह सकुचा जाती है। दूसरा प्रतीक है **'लीला'** का। यहाँ 'सच्चिदानन्दघन' भगवान् स्वयं तो मोहरहित हैं किन्तु वह अपने ही अंशों अर्थात् जीवों के साथ 'लीला' करते हैं। जिस लीला से जीवों पर बन्धन पड़ते हैं वह माया है। इसलिए इस 'नाटकीय भ्रम' (ड्रैमेटिक इल्यूज़न) को नटी माया और सूत्रधार लीलाधर भगवान् दोनों फैलाते हैं। इसका नतीजा दुख और बन्धन होता है। जब भगवान् भी जीवों को नचानेवाली 'लीला' करता है तब नियति के साथ-साथ भाग्य भी जुड़ जाता है। इस प्रकार मनुष्य के कर्म पूर्वनिश्चित हो जाते हैं, संकल्प की स्वतन्त्रता लुप्त हो जाती है तथा नैतिकता (शुभ और कल्याण के लिए प्रयत्नों) का निषेध हो जाता है।

इस द्वन्द्वात्मक पीठिका पर तुलसी एक ओर तो कर्म-सिद्धान्तों की भाग्यवादी परिणति स्वीकार किए हुए हैं (क्योंकि वर्तमान मनुष्य पूर्वजन्म के पाप-पुण्यों का मात्र भोक्ता रह जाता है), तो दूसरी ओर जीवन के अन्तिम लक्ष्य को ईश्वर का ज्ञान बताकर इस जगत् में धर्म, योग, ज्ञान और भक्ति के मार्गों की तुलना करते हैं। उनके अनुसार धर्म से वैराग्य, योग से ज्ञान और ज्ञान से मोक्ष मिलता है; लेकिन भक्ति से भक्तों को सुख मिलता है और इससे ईश्वर शीघ्र प्रसन्न होता है (मानस, 3/34)। इस तरह मध्यकाल में इस जगत् में दुबारा न आने की, अर्थात् पुनर्जन्म के संसार से बाहर निकल जाने की, तथा दैवी पारमार्थिक सत्ता से ऐक्य के मार्गों की छानबीन शुरू हुई। यह जगत् मिथ्या, दुखपूर्ण और मोहपूर्ण था। एक नए निर्विकल्प लोक (वैकुंठ) की खोज वैराग्य, ज्ञान तथा भक्ति द्वारा हुई। वैराग्यवानों को तो स्वयं समर्थ माना गया। अतः मूल चुनाव ज्ञान और भक्ति के बीच हुआ।

यह ज्ञान-मीमांसा नैतिक की अपेक्षा धार्मिक और आध्यात्मिक अधिक है। यह ज्ञान व्यावहारिक तर्कशील (रीज़न) पर बल न देकर स्पेक्युलेटिव ज्ञान पर बल देता है। इसमें शुभ कर्मों के चुनाव का विवेक, तथा संसार के प्रति एक वैराग्यमूलक दृष्टिकोण अपनाने का आग्रह है। इस ज्ञान की वर्गीय चेतना ब्राह्मण जाति की जीवन-शैली पर आश्रित है। तुलसी ज्ञान तथा भक्ति के प्रयोजन में मौलिक अन्तर तो नहीं मानते (उभय हरहिं भवसम्भव खेदा), लेकिन भक्ति को 'प्रेयान् श्रेय' सिद्ध करते हैं। यहाँ वे विश्लेषक के बजाय तुलनाकार हैं। कर्ममार्ग को वे—धार्मिक सक्रियता की दृष्टि से—वैदिक परम्परा के यज्ञ से जोड़ देते हैं और ज्ञान को योग के यम-नियम-ध्यान-समाधि आदि से।

1. गिल्बर्ट मेर : 'प्रॉब्लेम्स इन एथिक्स'।

निष्काम कर्म को वे भी स्वीकार करते हैं। तुलसी भी कर्म को ज्ञान के सम्मुख अर्थहीन मानते हैं (दार्शनिक स्तर पर) क्योंकि वे अविद्या के जनक हैं। वे भी चित्तशुद्धि पर बल देते हैं। इस तरह मध्यकाल में सामाजिक और सांसारिक कार्य, तथा श्रम हेय माने जाने लगे। यही प्रवृत्ति घोर पतन, जड़ता और निष्क्रियता का कारण बनी जिसने सामाजिक चेतना और प्रगति के बोध को पनपने ही नहीं दिया। उत्तरवर्ती भारतीय मुग़ल मध्यकाल में यह व्याधि-सर्वव्याप्त हो गई थी। प्रवृत्तिमार्ग को पतन का, तथा निवृत्तिमार्ग को उत्थान का मानदंड मान लिया गया। धार्मिक नेतृत्व तथा सांस्कृतिक परम्परा कुछ ऐसी ही हो गई थी। कर्मसिद्धान्त ने तो हिन्दू-परम्परा की पुनर्व्याख्या को ही असम्भव बना दिया। इन परिस्थितियों में **ज्ञान** मात्र ब्रह्मज्ञान ही रह गया। नैतिक क्षेत्र में यह वर्णाश्रम पालन में रूपायित हुआ। तुलसी ने अपने समकाल में ज्ञान की ऐसी सूक्ष्म परिणति को लोक-श्रेयः नहीं माना। उन्होंने यही परम्परा मंजूर की कि धर्म के आचरण में वैराग्य तथा योग से ज्ञान होता है, और ज्ञान मोक्ष प्रदान करता है (मानस, 3/15/1)। ज्ञान की स्थिति वहाँ है जहाँ मान, संशय और मिथ्या ज्ञान नहीं है; जो सबमें समान रूप से ब्रह्म को देखता है। सारांश यह है कि माया के आवरण को विच्छिन्न करके जीवन और ईश्वर का परस्पर अवबोधन ज्ञान है। यहाँ आत्मरति, आत्मक्रीड़ा और अखंडानन्द की स्थिति है। तुलसी इस ज्ञानमार्ग को दुर्लभ, कठिन साधनमय और मात्र परलोक-सुखदायक मानते हैं।

इसकी तुलना में वे **भक्ति** रखते हैं। ज्ञान-प्राप्ति वैराग्यशील तथा विज्ञानी ही कर पाते हैं, लेकिन भक्ति सर्वजन-सुलभ है। भक्तिमार्ग सुलभ, सुखद तथा इहलोक-परलोक, दोनों लोकों का साधन है। ज्ञान से जो परमपद अतिदुर्लभता से मिलता है वही भक्ति से आसानी से मिल जाता है। तुलसी भक्ति को सुख देनेवाली, इस लोक का भी सुख देनेवाली, ज्ञान-विज्ञानादि के आलम्बन से स्वतन्त्र मानते हैं। अतः भक्ति को ज्ञान से, तथा भक्त को विज्ञानी से श्रेष्ठ मानकर तुलसी मानवीय संवेगों के उदात्तीकरण का सरल आख्यान करते हैं। वे ज्ञान को भक्ति के बिना शोभित तथा पूर्ण नहीं मानते, और भक्ति के 'प्रेमानन्द' को 'ब्रह्मानन्द' से श्रेष्ठ बताते हैं। यह उनकी मौलिक जीवनदृष्टि है जिसने वैराग्य में भी श्रेयस् राग का, निवृत्ति में भी प्रवृत्ति का अनुपम संयोग किया। मध्ययुगीन वैष्णवता को जनरूप देने में उनकी महत्तम पेशक़दमी रही है—सिया-राममय सब जग जानी। पहले वे ज्ञान के द्वारा प्रतीति कराते हैं किन्तु मोक्ष के चरम मूल्य से कतराकर प्रतीति से प्रीति की ओर चले जाते हैं। 'इस भाँति भक्ति का आधार प्रीति हो जाती है।' आख़िर इस भक्ति ने किन सामाजिक सम्बन्धों को उदात्त बनाया ? पहले तो भक्ति ने 'ईश्वर के सामने सभी जीवों की समानता' घोषित की, यद्यपि तुलसी में समाज के सामने सभी वर्णों की असमानता लोकधर्म भी बनी रही। दूसरे, भक्ति ने तत्कालीन वैयक्तिक सम्बन्धों (मधुर), पारिवारिक सम्बन्धों (वात्सल्य), तथा सामाजिक सम्बन्धों (दास्य, सख्य) के सूत्र इष्टदेव के साथ जोड़ दिए; और इस भाँति भक्ति का उद्धार एक ऐसे लोक में हो गया जहाँ भगवान् ही पिता-माता, पति, सखा, भाई, स्वामी आदि हैं। भक्ति की इस नई सम्बन्धात्मकता में एक का दूसरे में पूर्ण लय या विलय स्वीकार नहीं

किया गया। यह पारस्परिक प्रेम में बँधे हुए मनुष्य (भक्त) और अन्तिम आदर्श (भगवान्) की स्थूल-सूक्ष्म स्थिति को वास्तविक मानती है। भक्ति का लक्ष्य हरि के प्रति प्रेमोद्रेक कराना हो गया। इस भाँति 'सुख' (प्लेज़र) को आनन्द में रूपान्तरित करने का कार्य भक्ति ने किया। प्रेमा–उज्ज्वल रस–नैतिक मूल्य की अन्तिम स्थिति हो गई। यह एक प्रकार से आध्यात्मिक सुखवाद (स्पिरिचुअल हिडोनिज़्म) जैसा दर्शन है। इसके अन्तर्गत भक्त के 'चरित्र की विशुद्धता' पर सर्वाधिक आग्रह है। चरित्र की विशुद्धता का अभिप्राय मनुष्य के गुण से है जो अपने आवेगों (राग-अनुराग) को कर्तव्यभाव के वश में रखता है अर्थात् उसका कोई भी कार्य आकस्मिक न होकर कर्तव्यपूरक होता है। भक्त के चरित्र के अन्तर्गत अकुटिल मन, सरल स्वभाव और सन्तोष होना चाहिए। अपने सम्बन्धों में उसे अपने प्रिय को पूर्णतः हृदयार्पण कर देना चाहिए। अतः यह सम्बन्धता भावप्रधान है जहाँ ब्रह्म भावालम्बन है। तुलसी ने दास्य-भाव से भक्ति की है और सेवक-भक्त के तीन पक्ष माने हैं : दीन, पतित तथा प्रणत। हम बता चुके हैं कि इन मनोव्यूहों के मूल में 'चिन्ता तथा अरक्षा' की अन्तर्बाह्य दशाएँ मौजूद थीं। लेकिन तुलसी इतने रोमैंटिक नहीं हो सकते थे क्योंकि वे वेद-आगम परम्परा के अनुवर्ती हैं। अतः उन्होंने वैधी भक्ति, रागात्मिकता भक्ति और नवधा भक्ति; तीनों का प्रतिपादन किया है। उन्होंने उपास्य के नाम (लीला) तथा रूप (धाम) पर सर्वाधिक ज़ोर दिया है; रागात्मिकता भक्ति की ग्यारह आसक्तियों में से सभी को राम-कथा में अन्तर्भुक्त कर लिया है तथा नवधा भक्ति के सभी चरणों ('मानस' में शबरी को नवधा भक्ति का उपदेश) का संयोग किया है। उन्होंने भक्ति के सोलह सोपान भी गिनाए हैं (विनयपत्रिका, 203)। इन सभी पर 'प्रथा' परिपाटी और 'आस्था' ही गहरी छापें हैं। यहाँ आस्था, भक्ति की अनन्यासक्ति हो गई है। आस्था पर आज्ञानुगामिता सर्वाधिक आश्रित है। इसलिए तुलसी की दास्यभक्ति में ही श्रद्धा-विश्वास की शर्तें परमपूर्ण हो सकी हैं। भक्ति में रोमैंटिक तुलसी को मर्यादावादी सन्त तुलसी भी रहना पड़ा है। इसलिए जो भक्तिमार्ग क्रम उन्होंने तय किया है वह प्रथावर्ती है : पहले ब्राह्मण-चरण प्रीति, फिर वेद-रीति के अनुसार वर्णाश्रम-पालन, फिर विषयों से वैराग्य, फिर भागवत-धर्म में प्रेम, फिर नवधा भक्ति में दृढ़ता और अन्ततः भगवान् की लीलाओं के प्रति प्रेम, निष्काम भाव से भजन, गुणगान में पुलक (राम द्वारा लक्ष्मण को आदेश–'मानस', 3/15/1-6)। यहाँ वेदरीति और भागवत की नवधा रीति; ब्राह्मण-भक्ति और हरि-भक्ति, वैराग्य और आसक्ति का संयोग है, जो भाव और विवेक दो ऐतिहासिक धर्म-अवस्थाओं तथा दो सामाजिक सम्बन्धों के संयोग का मिश्रण है। नवधा भक्ति में से श्रवण, कीर्तन और स्मरण श्रद्धावर्धक हैं एवं 'नामसम्बन्धी साधन' हैं; पाद-सेवन, अर्चन और वन्दन विश्वासवर्धक हैं एवं 'रूपसम्बन्धी साधन' हैं; तथा दास्य, सख्य और आत्मनिवेदन मूल भक्ति-रस हैं और 'भावसम्बन्धी साधन' हैं। इनमें से पाद-सेवन, अर्चन और वन्दन वैधी भक्ति के विशेष अंग हैं, तो दास्य सख्य और आत्मनिवेदन रागत्मिका भक्ति के विशेष अंग हैं। इस भाँति तुलसी ने प्रथा (रीति) को पूरी तरह पेश किया है। भगवान् पक्ष

से भी तुलसी ने भक्त के प्रति विशेष प्रीति को प्रकट कराया है। भगवान् को सेवक के समान कोई प्रिय नहीं है : राम को लक्ष्मण से अधिक प्रिय सखा सुग्रीव हैं (मानस)। राम शिव को स्वामी, हनुमान् को सखा, लक्ष्मण-भरत को भाई मानते हैं। पर वे सब उन्हें साहिब मानते हैं। 'स्वामी सेवक के प्रेम की यही रीति है।' राम विभीषण से कहते हैं कि यदि जगत् द्रोही भी विकास त्याग दे, संसार त्याग दे, अपने मन को मेरे चरणों में बाँध दे, कुछ इच्छा न रखे, हर्ष-शोक-भय से मुक्त हो, वह मुझे प्रिय है (मानस, 5/47/1-3)। यह सामन्तीय-व्यवस्था के सर्वसशक्त सम्बन्ध अर्थात् भूपति-कृषिदास के सम्बन्धों के आदर्श रूप की लोकेच्छा है जहाँ भय और शोक और त्रास के स्थान पर प्रेम-अनुग्रह-क्षमा होगी। उन्होंने भक्ति के समग्र आध्यात्मिक भाष्य के लिए तीन रूपक लिए हैं : भक्तिमणि, भक्तिसंजीवनीबूटी और श्रद्धा-धेनु। इस निरूपण के बाद हम तुलसी के भक्ति-सम्बन्धी निजी दृष्टिकोण का निष्कर्ष दे सकते हैं : (1) वे वैधी भक्ति के विधानों पर ज़ोर नहीं देते बल्कि 'भाव' को ही हर जगह प्रधान बताते हैं, लेकिन भावहीन कर्मकांड और अन्धश्रद्धा का उपचार भी कर लेते हैं, जैसे तीर्थों का महात्म्य, कोरा रामनाम जप; (2) वे अपने प्रेम और सौन्दर्य को 'सेवक-सेव्य' के आधिकारिक भाव से बाँधे रहते हैं, और इनमें भी ज्ञान तथा वैराग्य का पुट बनाए रखते हैं; (3) उन्होंने विरति और विवेक की नींव पर ही रागात्मिका भक्ति को ग्रहण किया है, और नाम-रूप-भाव में से भावरूप भक्ति के अनुगामी रहे हैं; (4) उनके भक्तिमार्ग में केवल व्यष्टि-कल्याण पर ही बल नहीं है बल्कि उसमें लोकमत और साधुमत का भी मेल है; (5) उनकी मर्यादोपासना में वर्णाश्रम-धर्म तथा वेदोक्त मर्यादाएँ स्वीकृत हैं; (6) उन्हें नवधा भक्ति का आठवाँ साधन, सरल स्वभाव से आत्मसमर्पण, सर्वाधिक प्रिय है; तथा (7) उन्हें कलियुग में रामनाम-जप की कोरी परिपाटी पर ज़रूरत से ज़्यादा जादुई-चरणवाला आदिम विश्वास है।

भक्ति का भाव-साधना होने के कारण विभाव के प्रति प्रेम-सम्बन्धी दर्शन विकसित होना सम्भव एवं अनिवार्य है। यहाँ चन्द बातें ग़ौर करने लायक़ हैं : (1) भक्ति में प्रेम शृंगार रस के अन्तर्गत न आकर मधुर या उज्ज्वल-रस-रूप है, यद्यपि प्रेमोदय के अन्य स्वभाव—वात्सल्य, सख्य, दास्य और शान्त भी हैं। इनमें दास्यभाव में प्रीतिरति, सख्य में प्रेय, वात्सल्य में अनुकम्पा तथा मधुर में मधुरा-रति होती है; (2) तुलसी ने मधुरा-रति और शृंगार का भावन नहीं के बराबर किया है क्योंकि उनमें वैराग्य और विरति अधिक समर्थ रही है; (3) तुलसी ने एकांगी स्वामी-प्रेम की सभी यन्त्रणाओं और आदर्शों का यशोगान किया है और वे नारी-पुरुष प्रेम के सहज जीवन्त चित्र नहीं दे सके हैं। यह उनके अनुभव की सीमा, या किसी मनोवैज्ञानिक मनोव्यूह की ओर संकेत है। जहाँ कहीं वे शृंगार-वर्णन में थोड़ा आगे बढ़ते भी हैं वहाँ जैसे तुरन्त झटका खाकर सँभल जाते हैं। : उदार सीता की साड़ी का वर्णन करते ही तुरन्त उनके जगज्जननी रूप की वन्दना कर उठते हैं, बार-बार घोषित करते हैं कि जानकी की शोभा सरस्वती भी नहीं बखान सकती, शिव-पार्वती के विवाह के उपरान्त कह उठते हैं कि शिव पिता

हैं और पार्वती माता, अतः मैं उनका शृंगार-वर्णन नहीं करता। उनमें कोई ग्रन्थि अवश्य पड़ी है क्योंकि 'रामलला नहछू' का शृंगार-वर्णन तथा 'पार्वतीमंगल' का सौन्दर्य-वर्णन करने के बाद वे 'मानस' में पूर्णतः कामदहनवादी हो जाते हैं। परवर्ती जीवन में तो उन्हें यौन प्रेम तथा शृंगार के वर्णन को थोड़ा भी मौक़ा नहीं मिल पाता। इस तरह उनकी 'प्रेम सम्बन्धी दार्शनिकता' के विकास की दशाएँ हैं : (क) 'रामलला नहछू' व 'मंगल' काव्यों का प्रेम-शृंगार-सज्जापरक मांसल राग; (ख) 'मानस' की विरति-विवेकपूर्ण प्रीति-रति; (ग) 'गीतावली' का लोकमंगलपूर्ण प्रेय एवं प्रीति-रति; (घ) 'दोहावली' में प्रेम-दर्शन का अन्तिम स्पष्टीकरण; तथा (ङ) दार्शनिक और विनय-काव्यों में शान्ति-रति और विनय-भाववाला हरि-सम्बन्ध। ये चरण उनकी कृतियों में रचनाक्रम तथा वर्गीकरण को निर्धारित करने में अमूमन मददगार होंगे।

कालिदास के 'कुमारसम्भव' पर मन्त्रमुग्ध रहे आस्तिक कवि तुलसी ने 'पार्वतीमंगल' में तप के बाद **प्रेम** का पौराणिक आदर्श धारण किया है। वे तप में भक्ति या मधुरा-रति को ले आते हैं; और तप में प्रेम, प्रण, नियम और व्रत का भी योग करा देते हैं किन्तु समागम एवं कुमार जन्म को छोड़ देते हैं। तप में पार्वती भोगों और लोगों (अन्य सम्बन्धों) को त्यागती हैं, तो महादेव काम को भस्म करते हैं। तप के बाद परीक्षा होती है और परीक्षा के बाद विवाह। मधुर रस के इस अनुपम भाव को तुलसी ने दास्य भाव में रूपान्तरित कर दिया है। उनकी भक्ति में विरति और विवेक की नींव है तथा काम का दहन है। 'रामलला नहछू' में नारियों के हाव-भावों की चेष्टाएँ वर्णित हैं। तुलसी ने इन प्रेमाभिव्यक्तियों का उपयोग रामवृत्त की ग्रामवनिताओं की रूपासक्ति के प्रसंग (मानस, गीतावली, कवितावली, बरवै) में किया है। 'नहछू' के बाद लौकिक शृंगार को तो वे नहीं प्रस्तुत कर सके, किन्तु 'गीतावली' में ग्रामवनिताओं की प्रेमाभक्ति तथा 'कृष्णगीतावली' में गोपियों की प्रेमासक्ति की तुलना रोचक लगती है। दोनों में हाव-विभावों की भरमार है : एक में पूर्वराग है, दूसरे में विरह; एक में मुग्ध सहजता है, दूसरे में विदग्ध तड़प। केवल ग्रामवनिताएँ ही राम-सीता-लक्ष्मण को देवता-प्रभु आदि रूपों में नहीं जानतीं। इसी से उनमें सहजता है। वे राम की रूप-शोभा पर मुग्ध हो जाती हैं, उनके मनरूपी वस्त्र राम के रुचिर-रूपरंग में रँग जाते हैं (गीतावली, 2/17)। प्रेमाधीरा हो जाने के कारण उनकी अपने शरीर की सुधि चली जाती है, उन्हें अपना ज्ञान भी नहीं रहता और वे नेत्रों के मधुर दोने बनाकर छविरूप अमृत का पान करती हैं (गीतावली, 2/23)। तीनों के जाने पर वे प्रेम-विह्वल होकर राम-कथाएँ कहती हैं। 'उस समय को चित्त में लाने से प्रेम बढ़ता है।' अतः तुलसी ने उन ग्रामवधुओं की प्रीति को गाया है। इसी तरह 'कृष्णगीतावली' में गोपियाँ कृष्ण पर भावासक्त (रूपासक्त नहीं) हैं। वे कृष्ण के वियोग में दुखी हैं तथा पक्षी (चातक), मृग, मछली, पतंग, कमल की भाँति एकांगी प्रेम की स्थिति में प्राण त्याग देने का संकल्प करती हैं (कृष्णगीतावली, 45)। उनका विश्वास है कि प्रीति करने से किसी को सुख नहीं मिला (जबकि मुग्ध ग्रामवनिताएँ राम-रूप-पान करके सुख पाती हैं), उनका प्रेमी निर्मोही है। अतः प्रिय की

निष्ठुरता एवं प्रेमी के प्रेम की गति बड़ी ही दुर्गम है (55)। फिर भी वे कृष्ण की दी हुई व्यथा को विरह-सागर बताती हैं, तथा उद्धव के परमार्थ ज्ञान को फेन। इस विरह-भूमिका द्वारा तुलसी को प्रेम की विविध दशाओं को अभिव्यक्त करनेवाले कई प्रतीक मिल गए : भ्रमर (छलपूर्ण प्रेम), चातक (आत्मसम्मानपूर्ण प्रेम), मछली और हरिण (एकांगी प्रेम) आदि। कृष्णभक्ति में 'भ्रमर' प्रेम का प्रतीकात्मक कूट-प्रतिनिधि बना है, तो तुलसी ने रामभक्ति की मर्यादोपासना के लिए 'चातक' का प्रतीक दिया। चातक-मेघ रूपक में मानो असफल प्रेमी तुलसी तथा संन्यासी-भक्त तुलसी ही घुलमिल गए हैं। भ्रमर का नीतिकुशल, विवेकी, तार्किक, ज्ञानी और प्रीत का वध करनेवाला (कवितावली, 7/135) जैसे विशेषणों से भी अभिषेक हुआ है, और अन्योक्ति द्वारा निर्गुणियों की वृत्तियों पर छींटाकशी भी की गई है। इसकी तुलना में चातक और मीन को प्रेमासक्ति का प्रतीक माना गया : वह प्रतीक जिसके माध्यम से 'सचराचर रूपरासि भगवन्त' को अर्पित हो। तीन प्रकार के प्रेम में तुलसी ने चातक-मत की प्रतिष्ठा की है : आत्मसम्मान की रक्षा करना, माँगना, और प्रिय से नितनवीन प्रेम करना। चातक-रूप साक्षात् प्रेम-भाव न माँगता है, न संग्रह करता है, न शीश नवाता है; केवल अपने प्रिय मेघ का नाम रटता रहता है, प्रिय मेघ के ओले-बिजली बरसानेवाले जुल्म की शिकायत भी नहीं करता, केवल स्वाति-जल की एक बूँद-मात्र पीना चाहता है, इत्यादि। इस भाँति चातक का दिन-रात का प्रेम एकांगी है, वह तृप्ति नहीं चाहता अपितु प्रेम की प्यास धरे रहता है। प्रेम की एकांगिता तथा प्यास के इस आध्यात्मिकीकरण में तुलसी की अपनी आत्मकथा भी लुकी हुई है। एकांगी प्रेमोन्मत्तता के दाह में तपकर वे कामदग्ध प्रेम की गूढ़ता पहचान चुके थे। इसीलिए सर्प का मणि के प्रति प्रेम, मृग का व्याधरूपी राम के प्रति अनुराग, कमल का सूर्य से प्रेम, और मछली का जल से प्रेम भी एकांगी प्रेम के प्रतीककोष हो गए (दोहावली, 313, 315, 314, 317, 318, 278-312)। इसके विपरीत उन्होंने मलिन मन किन्तु मीठे मुखवाले प्रेम को कोकिल, मोर तथा चकोर के ब्याज से समझा-समझाया। इन विभिन्न प्रेमदशाओं में उन्होंने वैयक्तिक निष्कर्ष निकाले और स्वीकार कर लिया कि प्रेम अन्धा होता है। वह अपने प्रेमास्पद का दोष नहीं देखता। प्रेममार्ग के अधिकारी विरले ही होते हैं। इसके बाद वे प्रेम का आध्यात्मिक दृष्टिकोण अपना लेते हैं। कलियुग में तो हृदयकपट है। इसलिए मनुष्य बड़ाई तब पाता है जब वह देवता को अपना एकमात्र इष्टदेवता, प्रेमदेवता, बना लेता है। अन्ततः वे 'प्रेमयज्ञ' में अपने प्रेमदर्शन को परिणत कर देते हैं : देश-काल पूर्ण, अन्तर्यामी, करुणासागर इष्टदेवता राम केवल प्रेम चाहते हैं। उनका मन्त्र जपने के बाद प्रेमरूपी जल से तर्पण करना चाहिए, सहज स्नेह का घी बनाना चाहिए, सन्देहरूपी समिधा का क्षमारूपी अग्नि में हवन करना चाहिए, पापों का 'उच्चाटन', मन का 'वशीकरण' अहंकार का काम जनित 'मारण' तथा सन्तोष व ज्ञान का 'आकर्षण' करना चाहिए (विनयपत्रिका, 108)। रागात्मक भक्ति के मूल में उनकी मौलिक चेतना के आधार ये हैं। इस भाँति 'रामलला नहछू' के लोककवि तुलसी ने कालिदास की भाँति अपने

चहुँओर के लोकजीवन की सुन्दर-कामिनी रमणियों के मांसल उन्मत्त चित्रण से आरम्भ करके 'जानकीमंगल' तथा 'पार्वतीमंगल' में दोनों अभिनामिकाओं की उज्ज्वल रसात्मक रति का अंकन किया; 'मानस' में मंगल गानेवाली सुहागिनियों, चित्रकूट से आगे मिलनेवाली ग्रामवनिताओं के चित्रण में मात्र रूपासक्ति का अंकन किया। तदुपरान्त 'मानस' से ही शबरी, केवट आदि के माध्यम से प्रेम का पूर्ण आध्यात्मिकीकरण अर्थात् भक्ति-प्रीति में रूपायन कर डाला। इसके बाद तो वे जीवनान्त तक दास्य भाव से ही प्रेमोपासना करते रहे। स्पष्ट रूप से इस प्रेमदर्शन की विकासधारा में लोककवि युवक तुलसी, मर्यादावादी गम्भीर चिन्तक तुलसी तथा अन्ततः भक्त और संन्यासी तुलसी के अनुभवों-जीवनदर्शनों का प्रतिबिम्ब और मध्यकालीन आदर्शीकरण झिलमिलाता है।

जिस तरह ज्ञान-भक्ति-प्रेम त्रयी के परम्परागत निरूपण में तुलसी के अपने जीवन, विचार, जीवनदृष्टियों को भी प्राप्त किया गया है, उसी तरह **ईश्वर** सम्बन्धी प्रथा-भाष्य में उनके दृष्टिकोण हासिल हो सकते हैं। सुदीर्घ मध्यकालीन परम्परा में अन्तिम मूल्य परमात्मा के, तथा जीवन के अन्तिम लक्ष्य मोक्ष के विषय में कोई प्रश्नचिह्न नहीं था। प्रश्न यह था कि किस परमात्मा का सगुण-निर्गुण कौन-सा स्वरूप है ? यह परमात्मा मनुष्य की तरह कैसे चरित्र धारण कर सकता है ? परमात्मा को योगियों, सिद्धों और ज्ञानियों के अलावा साधारणजन तथा 'पापी' जन भी किस तरह पा सकते हैं ? क्या ज्ञान के अलावा भक्ति से भी सचमुच हरिभक्ति मिल सकती है ? तुलसी के समय में ये पोलेमिक्स के विवाद महान थे जिनमें भाग लेनेवाले नाथों-सिद्धों-निर्गुणसन्तों के रहस्यमय सिद्धान्त बनाम लोकचित्त की अशिक्षित सरलता, एक अनैतिक समाज बनाम परम्परागत वर्णाश्रम आदर्श, मायामय जगत् बनाम अवतारी ईश्वर के ऊहापोह कोई मार्ग खोज रहे थे। भरद्वाज याज्ञवल्क्य से पूछते हैं कि वे राम कौन हैं ? क्या दशरथकुमार हैं जिनमें स्त्री-विरह तथा रावण पर क्रोध है ? अर्थात् क्या परब्रह्म राम मनुष्य के प्रति क्रोध आदि भावों से ग्रस्त हो सकता है ? सती पुनः पूछती हैं कि जो व्यापक, विरज, अज, अकल, अनीह, अभेद है वह क्या मनुष्य हो सकता है ? क्या विष्णु एक अज्ञानी (सांसारिक जीव) की तरह स्त्री को खोजेंगे ? गरुड़ पूछते हैं कि ब्रह्म परमेश्वर वागीश को एक तुच्छ राक्षस ने नागपाश से कैसे बाँध लिया ? इस निर्गुण-सगुण की समस्या का पहला समाधान स्वयं हर (शिव) करते हैं, और दूसरा एक साधारण पापी (कौवा) काकभुशुंडि। पार्वती के रूप में श्रद्धा यह तो मंजूर कर लेती है कि निर्गुण ब्रह्म सगुण रूप धारण कर लेता है लेकिन वे इस रूपान्तर के कारण को जानना चाहती हैं। शिव कहते हैं कि निर्गुण-सगुण में कुछ भेद नहीं है, निर्गुण ही 'भक्तों के प्रेमवश' सगुण हो जाता है। अतः राम मनुष्य होकर भी मनुष्य नहीं हैं, ब्रह्म हैं। वह सगुण होकर भी निर्गुण, अजेय और अजन्मा हैं (मानस, 4/25/6)। राम का शरीर प्राकृत अर्थात् त्रिगुणात्मक न होकर इच्छामय और चिदानन्दमय है। वे मनुष्य-शरीर धारण भर करते हैं। इसलिए सगुण ब्रह्म को न माननेवाले को शंकर मोहरूपी पिशाच से ग्रस्त पाखंडी बताते हैं (मानस, 1/114)। तो फिर राम अज्ञानी की तरह स्त्रीविरह, रावण-क्रोध के शिकार क्यों

हुए अर्थात् राम में 'मानुष चरित्र' का भी आधार क्यों हुआ ? इसका उत्तर दिया गया : चूँकि भासमान संसार की सत्ता केवल मायामय है और शोक-हर्ष-क्रोध आदि केवल भ्रान्तिस्वरूप हैं अतः सच्चिदानन्द मायामय संसार में अवतार लेकर 'मोहहीन' नर-लीला करते हैं। 'चरित्र' का रूपान्तर 'लीला' में हो गया। ब्रह्म राम की यह नरलीला 'श्रेष्ठ' होगी और 'कौतुकी' होगी। वे एक अभिनेता या नट या जादूगर अर्थात् कौतुकनिधि की तरह मनुष्यों के अभिनय करेंगे। अतः राम एक साथ परब्रह्म-अवतार एवं अभिनेता के रूप में रहते हैं। हम दर्शक की उनकी लीलाओं से रस-निष्पत्ति करते हैं। इसीलिए तुलसी ने नए **'भक्तिरस'** की चर्चा की है। अवतार को भक्तिरस के वृत्त में लाने पर ज्ञान और समाधि स्वतः अनावश्यक हो जातीं हैं तथा भोक्ताभक्त की भावना ही प्रधान रह जाती है। इसलिए भक्तों के लिए वे रंजन और रसास्वादन के हेतु हैं। इसीलिए अर्थात् सरल स्वभाव और अकुटिल मनवाले किसी भी साधारण जन या पापी जन को भक्ति रस या हरिभक्ति प्राप्त हो जाती है। लेकिन राम के अवतार का रक्षाहेतु भी है, अर्थात् वे लोकमंगल के हेतु अवतार लेते हैं। गौ-हेतु, देवता-हेतु, भूमि-हेतु, धर्म-हेतु अवतार लेकर वे गौ के कष्टों को दूर करते हैं, देवशत्रुओं का संहार करते हैं, भूमि को पापों के भार से हलका करते हैं और वेद-मर्यादा की रक्षा करते हैं। तुलसी ने अपने जातिगत संस्कारों के कारण अपना ब्राह्मण-हेतु भी जोड़ दिया। इस भाँति सगुण राम मानुष-तन धारण करके जनरंजन खलसमूह-भंजन एवं वेदधर्म-रक्षण करते हैं। इसलिए सगुण ब्रह्म एक अनैतिक समाज को केवल दंडपरक न्याय से ही नहीं चलाता, बल्कि सुधारपरक न्यायविधान से उनको क्षमा भी करता है। वह वर्णाश्रम-धर्म की मर्यादा की भी रक्षा करता है। भावतत्त्व की साधना करनेवाले तुलसी ने दास्यभाव की प्रीति और रंजन-हेतु को प्रधानता दी। उनके इस संस्थापन से नाथों का हठयोगीतन्त्र जनसमूह में उखड़ गया और रामवृत्त धर्म, परिवार, ग्राम समाज के दैनिक आचार-व्यवहार का दृष्टान्त बन गया। हिन्दू जनसमूह में एक खोया हुआ विश्वास सर्वव्यापी विराट् विश्वास होकर पुनः लौट आया कि अनैतिक समाज का शुद्धिकरण वेद-मर्यादा पालन से हो सकता है; अत्याचारी शासकों-सम्राटों को पदच्युत करने में चाहे वे कितने ही असमर्थ हों लेकिन अवतार राम उनका भंजन कर देंगे। किसानों की दरिद्रता, पतन, ताप आदि का अन्त बड़े सरल-सुलभ भक्तिमार्ग से हो सकता है क्योंकि राम ने अपनी लीला में दुष्टों को दंड दिया है तथा साधारण जनों, पापियों, शूद्रों को क्षमा करके परमपद भी दिया है। सारांश में हिन्दू समाज का वर्णाश्रम-विधान, व्यक्ति के सोलह संस्कार, व्यक्ति की दरिद्रता और मुक्ति की समस्या, परिवार के कटु-मधु द्वन्द्व, ग्रामों का धर्म-अर्थ-काम, राज्य तथा राजा के आदर्श, सन्तों का चारित्रिक मानदंड आदि सभी राममय हो गए। सगुण अवतार राम को मध्यकालीन जनजीवन की मर्यादा का इतना सर्वव्यापी सर्वसाधारण मानदंड बना देना तुलसी की आर्केटाइपल भारतीयता का महत् उत्कर्ष है। तुलसी ने सन्देह को तो लुप्तप्राय कर दिया; शुभ-अशुभ, पाप-पुण्य तथा उचित-अनुचित कर्म के निर्णय के परम्परावादी-रूढ़िवादी मानदंड तय कर दिए; किन्तु इसके साथ-साथ

वैराग्य का घोर निवृत्तिमार्गी पराजित वातावरण भी फैला दिया। अपनी आचार-व्यवहार की समस्त रूढ़ियों समेत अनैतिक हिन्दू समाज एक कल्पित आध्यात्मिक पुनर्जागरण की प्रतीक्षा करता रहा–धार्मिक और मोक्षपरक पुनरुत्थान की। अर्थ और काम, प्रवृत्ति या प्रेय, फलतः पाप से जुड़ गए। समाज का ढाँचा विभाजित, एकांगी और परलोक-साधक हो गया। वे मध्यकालीन विचारधारात्मक अन्तर्विरोधों को भी पुंजीभूत कर गए। इस तरह तुलसी ने ईश्वर की धारणा में सगुण ब्रह्म राम, रामनाम, रामगुण तथा रामकथा– इन चारों को प्रकारान्तर से पर्यवसित किया। यह भी उनकी एक महत्तम देन है।

प्रत्यक्षज्ञानवादी जगत् के बाबत तुलसी की दूसरी धार्मिक दृष्टि (पहली का निरूपण पृ. 161 से शुरू हुआ था) यूतोपिया-प्रधान है। पहली दृष्टि में मुख्यतः 'धार्मिक' प्रतीकशास्त्र था और, फलस्वरूप उसमें 'पाप एवं मोक्ष' की समस्याएँ थीं। दूसरी दृष्टि में 'नैतिक' आचार-व्यवहार शास्त्र है और फलस्वरूप इसमें 'ग़लत कर्म' एवं 'सही कर्तव्य' की समस्याएँ हैं। इस दूसरी दृष्टि के अन्तर्गत 'स्वर्गलोक के धरती पर अवतार' की सामाजिक आकांक्षा है, जबकि पहली के अन्तर्गत मृत्युलोक के स्थान पर स्वर्गलोक की प्राप्ति की आध्यात्मिक चिन्ता थी। इस दृष्टि से आशावाद की, मानवीय अस्तित्व की कर्मकांड के सही पालन की 'सही' दिशाएँ हैं। यहाँ आस्था (फ़ेथ) को पहल मिली है किन्तु नैतिकता भी दोयम नहीं है। इस दृष्टि में वेद-रीति पुराण-मार्ग की नैतिकता की पुनः प्रतिष्ठा है। इसके दो पक्ष हैं : पहला है रामराज्य की यूतोपिया जिसकी चर्चा हम दूसरी गोष्ठी में कर चुके हैं, दूसरा है साधारणधर्म-वर्णाश्रमधर्म का विधान। **यूतोपिया** में दो सवाल अहम होते हैं। पहला सवाल 'आदर्श' (आइडियल) का है। स्वयंश्रेयस् आदर्श या तो वस्तुओं की अवधारणा की सर्वोत्तम दशा है; या, इस जगत् में वस्तुओं की सर्वोत्तम सम्भव अवस्था है; या फिर यह एक उच्च कोटि का स्वयंसिद्ध शुभ है।[1] आदर्श रचना की विधि यह है कि वर्तमान में अस्तित्वमान महान् पॉजिटिव दुर्गुणों (या 'पापों') को समाप्त कर दिया जाए। प्रधानतया 'मानस' के रामराज्य में यह कुछ हुआ है। यूतोपिया का दूसरा सवाल 'दुर्गुणों' (ईविल्स) का है। दुर्गुण अथवा पाप तो कुरूप या दुर्गुण के प्रति 'अनुराग' हैं; अथवा सुन्दर या शुभ के प्रति 'घृणा' हैं, अथवा पीड़ा की 'चेतना' हैं।[2] रामराज्य में दैहिक-दैविक-भौतिक पीड़ाएँ (ताप) लुप्त हो जाती हैं; रामराज्य समाज की सर्वोत्तम सम्भव अवस्था, तथा उच्चकोटि का स्वयंसिद्ध शुभं-शिवं हो जाता है; तथा जो भी कुरूप या दुर्गुण है उसके प्रति विरति व्याप्त हो जाती है। हम साधारणधर्म वर्णाश्रमधर्म के विधानों की ही मीमांसा करेंगे।

नैतिक जीवन की उच्चतर दशाओं के लिए भारतीय नीति 'चित्तशुद्धि' को अनिवार्य मानती है जिसके कि 'शुभ' कर्म और कर्तव्य मानव-धर्म की स्थापना कर सकें। इसके साथ-साथ भावशुद्धि (अनुपधा) और शरीरशुद्धि (स्नान, शुचि) का भी विधान है। हिन्दू 'सामाजिक नीतिशास्त्र' का निरूपण 'वर्णाश्रमधर्म' के अन्तर्गत हुआ जहाँ सामाजिक वर्ग

---

1. जी.ई. मूर : 'प्रिन्सिपिया एथिका'।
2. वही।

एवं विशिष्ट अवस्थाओं के अनुरूप कर्तव्यविधान है। इसके समानान्तर 'साधारणधर्म' के अन्तर्गत मनुष्य-मात्र के लिए कुछ सामान्य कर्तव्यों का विधान हुआ है। तुलसी के समय तक इन उभय धर्मों के अन्तर्विरोध प्रचंड हो चुके थे। उन्होंने स्पष्ट शब्दों में शूद्रों तथा नारियों का दरजा (इन कर्तव्य-व्यवस्थाओं की दृष्टि से भी) गिरा दिया है, और ब्राह्मणों के सामाजिक-धार्मिक प्रभुत्व की रक्षा का पक्षपातपूर्ण बीड़ा उठाया है। उनके समय में पापकर्म की परिभाषा का पूरा रूढ़ीकरण हो चुका था : 'वेदविरुद्ध और लोकविरुद्ध कर्म पाप' हैं। इसलिए उन्होंने कर्मक्षेत्र में वैदिक रीति और लौकिक रीति, दोनों के पालन का निर्देश किया है। यह एक पुनरुत्थानवादी एवं परम्परावादी सांस्कृतिक भूमिका है जो नई सामाजिक हलचलों के प्रति अनुदार है। यह भूमिका सांस्कृतिक पिछड़ेपन और सामाजिक संक्रान्ति के बीच एक आदर्शवादी दृष्टिकोण की उपज हुआ करती है। तुलसी में धर्म का विकास साधारणधर्म + वर्णाश्रमधर्म के पौराणिक एवं मध्यकालीन परिवेश का आयत्तीकरण करता हुआ देवताओं, ऋषियों, सन्तों, भक्तों आदि के प्रति भी नव्य कर्तव्यों के विधान में संकलित हो जाता है। तुलसी स्वयं भी 'काल' और 'देश' की अनुरूपता की चर्चा करते हैं; किन्तु शुरू में तो रूढ़ियों के औचित्य सिद्धि के लिए ! उन्होंने वर्णधर्म तथा आश्रमधर्म के स्वर्णयुगीन पुनरुत्थानवाद को 'आदर्श' (= इस जगत् में भूतहितत्व की सर्वोत्तम सम्भव अवस्था) के रूप में स्थापित किया है। इसके साथ-साथ कुलधर्म, देशधर्म, युगधर्म, राजधर्म और मानवधर्म के प्रतिरूपण में अपनी मानवतावादी आकांक्षाओं की गम्भीर झलक दी है। इनके प्रतिरूपण में ही वे समकालीन धड़कनों को छूते हुए और प्रखरतर सामाजिक आलोचिंतना करते हुए मिल जाया करते हैं। 'मानस'-रचना के समय उनका आदर्शवादी आवेश चरमोत्कर्ष पर था। 'कवितावली' और 'हनुमानबाहुक' तक आते-आते वे काफ़ी यथार्थवादी हो जाते हैं और देश, कुल, राज, मानव आदि के यथार्थ का प्रौढ़ परिष्कृत अनुभव कर चुके होते हैं। आश्चर्य है कि 'कवितावली' में पहुँचकर उनमें न तो ब्राह्मणों को सर्वोपरि बनाने का मसीहाई जोश बाक़ी है, न नारियों को अधम कहने का विश्वास है; और न ही दरिद्रता तथा पीड़ा को माया कहने का अज्ञान ! इसलिए हमें तुलसी की नीति-संरचना को उनके जीवन के आदर्शवादी-यथार्थवादी, 'दोनों' चरणों के परिप्रेक्ष्य में जाँचना चाहिए। 'मानस' और 'विनयपत्रिका' के बाद तुलसी वर्णाश्रमधर्म के प्रति भी पोंगापन्थी नहीं रह सके क्योंकि वे स्वयं भी जात-पाँत के घातक नतीजे झेल चुके थे। 'मानस' के अलावा उन्होंने बाद में नारी जाति की निन्दा कभी नहीं की, और न ही ब्राह्मणों की आलौकिक शक्ति से जनता को संत्रस्त किया। वे देख चुके थे कि अन्ततोगत्वा कलियुग और खल हावी होते जा रहे हैं। अतः कभी वे 'गीतावली' में बालराम की शिशु-मनोविज्ञानवाली दुनिया में बालसुलभ हो जाते हैं; कभी 'कृष्ण-गीतावली' में गोपियों के माध्यम से लौकिक प्रणय की गूढ़ता में किंचित् अपना हृदय भी उँड़ेल देते हैं; कभी 'कवितावली' में मात्र ग्रामीण भारतदेश की सामाजिक-आर्थिक-नैतिक आलोचना करने लगते हैं; कभी 'विनयपत्रिका' में व्यक्तिगत मोक्ष और शुद्धि की याचना करने लगते हैं और अन्ततः 'हनुमानबाहुक'

में अपनी शरीर-पीड़ा के निवारण के लिए समग्र भक्ति की 'शक्ति' की सचाई या झुठाई को परखने पर आमादा हो जाते हैं। 'मानस' के बाद वे समाज, परिवार और धर्म की एक सम्पूर्ण तथा समग्र यूतोपिया कभी नहीं दे पाए। सम्भवतः उनके जीवन में उपरिनिर्दिष्ट मोड़ और चौराहे इस क़दर आए कि वे शनैः-शनैः आदर्श के विभ्रम (इल्यूज़न) से बाहर निकलते चले आए। इससे यह भी सिद्ध होता है कि वे सामाजिकतया अत्यन्त सतर्क और संवेदनशील इंसान थे, केवल एक गोस्वामी सन्तभक्त ही नहीं थे। उन्हें मायामय जगत् की वास्तविकता ने वैकुंठ की माया की अपेक्षा अधिक आन्दोलित किया है।

मनु तथा प्रशस्तपाद-समेत साधारण धर्म की संक्षिप्त सूची यों है : धी, विद्या, सत्य (मनु); भवहितत्व, विशिष्ट-देवता-भक्ति (प्रशस्तपाद); क्रोधवर्जना (प्रशस्तपाद) या अक्रोध (मनु), चौर्याभाव (मनु) या अस्तेय (प्रशस्तपाद), इन्द्रियनिग्रह (मनु) या ब्रह्मचर्य और अनुपधा (प्रशस्तवाद), अहिंसा (प्रशस्तपाद) या क्षमा, शौच (मनु) या स्नान और शुचि और उपवास (प्रशस्तपाद), तथा धृति (मनु) या अप्रमाद। इनमें ही आत्मसंयम वाले 'यम-धर्म' (अहिंसा, अस्तेय, ब्रह्मचर्य, सत्य) और आत्मलाभ वाले 'नियम धर्म' (स्नान, शौच, ईश्वर-प्रणिधान, तप, सन्तोष, स्वाध्याय) अन्तर्निहित हैं। तुलसी ने इस कर्तव्य-संहिता में से कुछ को शूद्रों तथा नारियों के लिए वर्जनीय बताया है। भारतीय नीतिशास्त्र में अधिकारों की चर्चा की चिन्ता नहीं है। 'विभेदक न्याय-दृष्टि' के कारण अधिकार-संग्रहण और अपहरण के विधान ज़रूर हैं। उदाहरणार्थ, पापी और मूर्ख ब्राह्मण भी समाज में सम्मान और पूजा का अधिकारी है; शूद्र वेदपाठ का अधिकारी नहीं है; नारी को पतिसेवा में ही मुक्ति का अधिकार है; शूद्र को केवल भक्तिक्षेत्र में समानता का अधिकार है; स्वामी का सेवक पर पूरा अधिकार है; व्यक्तिगत सम्पत्ति पर अधिकारी का पूरा स्वायत्त है। ऐसे अधिकार सामन्तीय समाज की ग्राम्य कृषक-संस्कृति की अनुदारता की नैतिक स्वीकृतियाँ हैं। वर्णाश्रम-धर्म की मर्यादा का पालन करनेवाले राम और विधान करनेवाले तुलसी इस क्षेत्र में पूर्णतः कट्टर हैं। वे तत्कालीन समाज की बदलती हुई परिस्थितियों के अनुसार इस धर्म में तनिक भी संशोधन नहीं कर पाते बल्कि उनका विश्वास है कि वर्ण के टूटने, आश्रम के लुप्त होने एवं योग (गोरखपन्थ) के फैलने से ही एक अनैतिक समाज (कलिकाल-समाज) फैल गया है। अतः वर्णाश्रममर्यादा की पुनःप्रतिष्ठा और भक्तिमार्ग की साधना ही धर्मराज्य (रामराज्य) दुबारा क़ायम कर देगी। ब्राह्मणों के प्रमुख कर्तव्यों में उन्होंने प्रतिग्रह तथा संस्कारों पर बल दिया और उसमें अध्यापन तथा यज्ञ को गिनाया; क्षत्रियों के कर्तव्यों में प्रजापालन तथा असाधु-निग्रह पर बल दिया; वैश्य के कर्तव्यों में कृषि पर और दान पर बल दिया तथा क्रय-विक्रय को गिनाया। शूद्र के कर्तव्यों में पूर्ववर्ण-परतन्त्रता तथा अमान्त्रिक-क्रिया को ही मान्य ठहराया। कार्यों का उचित या सही (राइट) प्रतिपादन ही कर्तव्य है। सही कर्म की बाबत नीतिशास्त्र में दो दृष्टिकोण हैं : प्रथा-प्रचलन का सिद्धान्त और समूह-समर्थन का सिद्धान्त। तुलसी ने समूह के समर्थन के बजाय लोक (सभी वर्ण) की आस्था को मान्य

ठहराया है। वे प्रथा और आस्था के क़ायल हैं : वेदरीति तथा लोकरीति के। कर्तव्य या कर्म इसलिए सही हैं कि वे प्रथानुकूल होते हैं, इसलिए सही हैं कि एक वर्ण उनको समर्थित करता है, इसलिए सही हैं कि वे क़ानूनी हैं, इसलिए सही हैं कि वे समझौते के अनुसार हैं, इसलिए सही हैं कि वे सफल हैं, इसलिए सही हैं कि वे आत्मा से निर्देशित हैं, इसलिए सही हैं कि सत्ता उनका आदेश करती है, इसलिए सही हैं कि वे आत्मलाभ करते हैं, इसलिए सही हैं कि वे शुभ-परिणाम देते हैं, इसलिए सही हैं कि दूसरों के लिए शुभ-परिणामी हैं, इसलिए सही हैं कि वे स्वयं के लिए शुभ-परिणामी हैं, इसलिए सही हैं कि वे ईश्वर के लिए शुभ-परिणामी हैं, तथा इसलिए सही हैं कि वे उत्तम पुरुषों के लिए शुभ-परिणामी हैं। नीतिशास्त्र में कर्म-मीमांसा की इन चौदह दिशाओं में केवल स्वेच्छा से सम्पादित कार्य ही सर्वोत्तम माने जाते हैं। तुलसी की कर्म-मीमांसा में प्रथा-परिपाटी, शुभ-परिणाम (चारों दिशाओंवाले), आत्मनिर्देशन, हरिलाभ के हेतु मंजूर हैं। वे क़ानून, समझौता, सफलता, सत्ता, आदेश, वर्णों के हितों के द्वन्द्व आदि को नज़रअन्दाज़ कर जाते हैं। इसके अलावा उनकी समाज-संरचना में ब्राह्मण-जीवनशैली का संन्यास या विरति का चतुर्व्याप्त आच्छादन है (रामवृत्त भी संन्यासप्रवण है)। इसलिए 'उनकी समाज-रचना एक तापस की नैतिकता का भाष्य है जिसमें आत्मशुद्धि और संसार-परित्याग के प्रयोजन हैं।' इसमें अनुभवगम्य जगत् के प्रति निराशा और निषेध की वृत्ति है। कर्म के स्वेच्छतः सम्पादन के स्थान पर वे मध्यकालीन कर्म-सिद्धान्त में विश्वास के प्रवक्ता हैं जिसका सीधा व्यावहारिक अंजाम यह हुआ कि लोगों की दरिद्रता, अज्ञानता, यातना, व्यथा आदि, तथा समाज की घोर विडम्बना-विषमता का आध्यात्मिक समाधान पेश कर दिया गया। इस भाँति सामन्तीय समाज की व्यवस्था बरक़रार रही। तुलसी ने भी कहा कि कर्मप्रधान विश्व में जो जैसा करता है वैसा फल पाता है। किसी का कोई वश नहीं। केवल विधाता ही शुभ-अशुभ फल देता है। इस भाँति वे कर्मसिद्धान्तवाद के विश्वास-संस्थापक हैं। इस जन्म के कर्म ऐसे होने चाहिए कि संसार में पुनर्जन्म से तथा कर्मचक्र से ही छुटकारा मिल जाए। इस भाँति कर्मों का पुरस्कार और दंड दो लोकों में मिलता है : परलोक में और भौतिक जगत् में। इसलिए सामाजिक क़ानून से बड़ा भाग्य हो जाता है। सारांश में, तुलसी के नैतिक दृष्टिकोण में 'विरति' (वैराग्य), विवेक तथा 'भक्ति' के त्रित्व की प्रधानता है। और यह नैतिकता सेवा पर आश्रित है।

भक्ति के द्वारा व्यक्तित्व के उदात्तीकरण, वर्णव्यवस्था के निराकरण और सामाजिक सम्बन्धों के निर्धारण में तुलसी ने अपनी गम्भीर सामाजिक चिन्तना प्रकट की है। कर्मसिद्धान्त तथा वर्णाश्रमधर्म और अनैतिक समाज में फँसे हुए साधनहीन और पतित, हृदयकुंठ और अनाथ (कुपूत) लोगों को केवल हरिभक्ति ही आश्रय दे सकती है। यद्यपि रूढ़ समाज वर्णाश्रमधर्म से पतित होकर अराजक हो चुका है लेकिन ब्राह्मण-शूद्र में समानता नहीं आ सकी है। इसलिए केवल भक्तिक्षेत्र में ही ब्राह्मण-शूद्र, पापी-सन्त सम हो सकते हैं तथा समान भूमि पर प्रतिष्ठित हो सकते हैं। यह भक्ति

प्रेम और सेवा और विरति-प्रधान है। इस भाँति भक्ति द्वारा तुलसी एक समतावादी आध्यात्मिक नैतिकता का तो समर्थन करते हैं, किन्तु अपने अन्तर्विरोध के कारण वर्णाश्रम-व्यवस्था की असमानतावादी नैतिकता का संरक्षण भी करते हैं। कालान्तर में वे इस समस्या पर मतदान नहीं करते। भक्ति के आधार पर वे नए ईश्वर-मनुष्य तथा मानवीय सम्बन्धों के सूत्र देते हैं, जिनमें अपेक्षाकृत उदार मानवतावाद झलकता है। वे कहते हैं कि प्रभु की ऐसी रीति है कि पवित्र जीवों को छोड़कर पामरों पर प्रेम करते हैं और निकटस्थ से अधिक दूरस्थ के प्रति ममता रखते हैं। राम की पिता से अधिक जटायु पर प्रीति थी; वे सीता-विरह से अधिक सुग्रीव-विरह से विकल थे, उन्हें मूर्च्छित लक्ष्मण से अधिक विभीषण की चिन्ता थी, ससुराल के सुख से अधिक शबरी के बेर प्रिय थे, और मुनियों से अधिक बन्दरों के मित्र-भाई थे। उन्होंने राक्षस (विभीषण), गीध (जटायु), बहेलिया (वाल्मीकि) तथा वेश्या (पिंगला) को भी परमधाम दिया (विनयपत्रिका, 164)। इस तरह ईश्वर-कृपा के द्वारा एक परम्परावादी सामन्तीय समाज की अनैतिकता को भस्म करने का यह एक भव्य तुलसी-स्वप्न है जो 'विनयपत्रिका' के शोकार्त होने के बाद 'हनुमानबाहुक' में टूट-सा गया। ईश्वर-मनुष्य का यह नव्य मानवतावादी सम्बन्ध स्थापित करके वे एक समानान्तर नई सामाजिक सम्बन्धता की भी घोषणा करते हैं : जगत् में जहाँ तक पूजनीय और परमप्रिय लोग हैं वे सब राम के नाते से ही मानने योग्य हैं (पूजनीय प्रिय परम जहाँ ते। सब मानिअहिं राम के नाते ॥)। जिसे राम-वैदेही प्यारे नहीं, उसे करोड़ों वैरियों की तरह छोड़ देना चाहिए चाहे वह अपना अत्यन्त स्नेही क्यों न हो। उदाहरण के लिए प्रहलाद ने पिता को, विभीषण ने भाई को, भरत ने माँ को, राजा बलि ने गुरु को, और ब्रजवनिताओं ने पतियों को छोड़ दिया। इस नैतिक दृष्टिकोण ने उनके चरित्र-स्थापत्य को भी सर्वाधिक प्रभावित किया है। इस भाँति दोनों तरह के सम्बन्धों में ईश्वर अन्तिम निर्णेता हो जाता है। सामान्यतः वे लोक-श्रेयः की ही बात ध्यान में रखते हैं। वे रूढ़िध्वंस के बजाय रूढ़ि-परिष्कार के क़ायल हैं; पति और पिता के अधिकारों की दृढ़ता के क़ायल हैं। यह उनकी अनुदार किसानी नैतिकता की देन है जो पितृसत्ताक अधिकारों तथा वर्णाश्रमवाले कृषि-ढाँचे के परिवर्तन की कल्पना भी पाप समझती है। इन संस्कारों के दायरे में ही उन्होंने मानवतावादी नैतिकता का परमप्रिय सूत्र ढूँढ़ा है : 'परहित जैसा पुण्य, तथा परपीड़ा जैसा पाप कोई दूसरा नहीं है।' यही उनके सामाजिक सुधार के लौकिक अनुभव का सार है जहाँ ईश्वर के बजाय मनुष्य केन्द्र में प्रतिष्ठित हो गया है। अपने परवर्ती जीवन-चरण में वे ऐसा कुछ अनुभव कर चुके थे। द्विधा-विभक्त तुलसी ने प्रथम और अन्तिम बार राम की एक आलोचना भी की है कि उन्होंने अधम राक्षस तथा कलंकित विभीषण को अपनी शरण में ले लिया, लेकिन (न जाने कैसी सावधानी से ?) झूठे ही पाप के कारण सिया को त्याग दिया (दोहावली, 166)। अपने नैतिक विवेचन में वे दो जगह स्वयं का प्रक्षेपण करते प्रतीत होते हैं। पहला स्थल है पूर्वजन्म में विन्ध्याचलवासी माता-पिता-विहीन, अनपढ़ा, रामचरण-प्रेमी, रामकथा-जिज्ञासु ब्राह्मण

काकभुशुंडि की आत्मकथा : और दूसरा स्थल है सती-प्रसंग में जहाँ तुलसी शिव से तादात्मीकरण करके कहते हैं कि सती के इस शरीर से पत्नी-रूप में मेरी भेंट नहीं हो सकती, स्त्री स्वभाव से ही मूर्ख (जड़) और बेसमझ (अग्य) होती है। मनोविश्लेषणात्मक पूर्वदीप्ति से यह प्रसंग रत्नावली-कांड से जुड़ जाता है।

नैतिकता की इस दूसरी दृष्टि में 'अर्थ' और 'काम' सिद्धि को औचित्य-सीमा के साथ स्वीकार करते हैं। 'कवितावली' में कलिकाल में दरिद्रता, दुख, अकाल आदि अर्थ-सिद्धि के अभाव से ही फैले। 'मानस' में रामराज्य में तो प्रजा को नाना सुखों (काम) तथा सम्पत्ति (अर्थ) की उपलब्धि है। तुलसी काम की तो नहीं, किन्तु अर्थ की सिद्धि को धर्म तथा मोक्ष से अधिक महत्त्वपूर्ण और बुनियादी समझ गए थे। मध्ययुग में यह क्रान्तिकारी बोधत्व केवल उन्हें ही प्राप्त हुआ था। तत्कालीन सामन्तीय समाज में जो वर्ग उत्पादन कार्यों में जुटे थे (वैश्य तथा शूद्र) उन्हें नीचा दरजा प्राप्त था, और जो उपभोक्ता मात्र थे (ब्राह्मण व क्षत्रिय) उन्हें ऊँचा दरजा मिला था। किन्तु तब तक यह स्थिति वर्ग से अधिक स्पष्ट होती हुई वर्गीय समझौतावाद में भी रूपान्तरित हो गई थी। कुछ ब्राह्मण और क्षत्रिय भी सत्ता का दुरुपयोग करके विशाल धन-संग्रह करके भोगी तथा स्वार्थी हो गए थे। अतः तुलसी के सामने 'वैराग्य' और 'दान' के प्रतिपादन के अलावा कोई दूसरा रास्ता नहीं बचा था क्योंकि भोग की समाप्ति वैराग्य से, तथा तीर्थों और कर्मकांडों और पुरोहितों का पोषण-पालन दान से ही हो सकता है। इसी भाँति शोषण को रोकने की नैतिक ताक़त अस्तेय ही थी। अतः अर्थ (धन) ही दान, भोग, व्यवहार, पाप, पुण्य, अस्तेय, विभव आदि का साधन प्रमाणित हो गया था। काम-सिद्धि में तुलसी पातिव्रत तथा एकपत्नीव्रत, सतीत्व आदि के समर्थक हैं। वे शारीरिक सुख से अधिक मानसिक सुख या खुशहाली के प्रवक्ता हैं। कामदग्ध प्रेम के बजाय कामदाहक प्रेम को लक्ष्य बताते हैं। यहाँ भी उन्होंने ब्राह्मण-जाति के वैराग्यमूलक दृष्टिकोण से काम-व्याख्या की है। इस व्याख्या के मूल में तान्त्रिकों और विलासी सामन्तों के यौनाचार तथा भोग-विलास के भी प्रति प्रतिक्रिया है। इस भाँति तुलसी ने जीवन में अर्थसिद्धि, कर्मासिद्धि, और साधारणधर्म वर्णाश्रमधर्म-पालन प्रसंगों में परम्परा और मौलिक, रूढ़ि और सामाजिक आवश्यकता, दोनों प्रकार के दृष्टिकोणों का झिमझिमा संयोग किया है। इन तीनों प्रसंगों में आदर्शों की पुनर्मीमांसा तथा सामाजिक यथार्थता के धुँधले प्रतिबिम्ब साफ़-साफ़ उभर आए हैं।

वर्णाश्रम-व्यवस्था के अपने प्रादर्श (मॉडल) में तुलसी के ब्राह्मणों के पद; संस्कार, शक्ति और कर्म आदि की पुनःप्रतिष्ठा की है। भारतीय इतिहास के कई मौक़ों पर ब्राह्मण-क्षत्रिय संघर्ष हुआ है[1] और अन्ततोगत्वा पुरोहित और शासक वर्ग ने समझौता कर लिया है। तुलसी के समय में ब्राह्मणों को प्रमुख चुनौती या तो निर्गुण आन्दोलन से प्रभावित शूद्र बुद्धिजीवी दे रहे थे, या नाथ-सिद्धों की परम्परावाले योगी अथवा नास्तिक तान्त्रिक मत। नाना पुराणों में शूद्र-संस्कृति के विकास पर चिन्ता प्रकट की

1. देखिए : भगवतशरण उपाध्याय और कोशाम्बी की इतिहास-पुस्तकें।

गई है और उसमें तुलसीदास भी शामिल हैं। उन्होंने इस चिन्ता को पाप, पतन, भय और भ्रान्ति के रूप में अतिरंजित कर डाला है। उन्होंने शूद्रों पर सबसे कठोर, विवेकविरुद्ध धार्मिक प्रत्याक्रमण किए क्योंकि वे ब्राह्मणों के बराबर होने का, व्यासपीठ पर बैठकर पुराणवाचन करने का, जनेऊ पहनकर दान लेने का समान अधिकार इस्तेमाल करने लगे थे। मुग़ल शासन ने उन्हें यह स्वतन्त्रता बख़्शी थी। अन्य प्रकार के विरोधियों, साधारण-धर्म वर्णाश्रम-धर्म से च्युत लोगों, राम में प्रीति न रखनेवालों और परनिन्दक-परपीड़क-परदारामुग्ध-परसम्पत्तिहर्ता आदि लोगों को उन्होंने 'खल' की उपाधि दी। वस्तुतः खल के टिपिकल चरित्र में तत्कालीन सामाजिक दशा का प्रवृत्त्यात्मक आकलन हुआ है। उन्होंने **ब्राह्मणों** को भूदेव घोषित किया और वर्णाश्रम-धर्म, उपदेश तथा ज्ञान, कर्मकांड तथा तपस्या का एकमात्र अधिकारी माना। वस्तुतः पुरोहित-कर्म की जादुई शक्तियों के आदिम विश्वास ब्राह्मण में केन्द्रित हैं जिस तरह क्षत्रिय का सूर्य-चन्द्र के वंशज होने का आदिम नृतत्त्वशास्त्रीय कारण है। उनकी स्थापनाओं से प्रकट होता है कि शुद्ध आचरणों के कारण ब्राह्मण मंगल का कारक है, पुरोहित होने के कारण पूज्य और ईश्वर का प्रिय है, भू-सुर होने के कारण ईश्वर प्रतिनिधि है तथा देवताओं को वश में करने की भी शक्ति रखता है जिससे उसके शाप को इन्द्र, शिव, काल, विष्णु आदि की शक्तियाँ (कुलिश, त्रिशुल, दंड, चक्र) भी नहीं समाप्त कर सकतीं; तपस्वी होने के कारण बलवान् है और अपने रोष से द्रोही को कुल-समेत भस्म कर सकता है। इसलिए भगवान् को प्रसन्न करने के लिए, कुल-रक्षा के लिए, मंगल कार्यों के लिए, कौवे की योनि में जन्म न लेने के लिए ब्राह्मणों की सेवा करने का निदान और उसकी निन्दा न करने का विधान हुआ है। तुलसी ने ब्राहमृणों के क्रोध के लौकिक तथा आध्यात्मिक परिणामों पर ही ज़ोर दिया है, यह ध्यातव्य है। किन्तु 'मानस' के बाद उनका ब्राह्मणवादी जोश ठंडा पड़ जाता है। वे सामाजिक शक्तियों को रोक नहीं पाते। बाद में अक़्लमन्दी से ब्राह्मणों की दुर्दशा के लिए उनके भ्रष्ट आचरण को ही दोषी ठहराते हैं। अपनी पौराणिक ब्रह्मांड-रचना में उन्होंने वेद-मर्यादा की बात तो निरन्तर की है किन्तु वैदिक **देवमंडल** की अवमानना की है तथा पौराणिक ब्राह्मण-देवमंडल का अभिषेक। 'मानस' में ब्रह्मा-विष्णु-महेश ही अधिष्ठातृ देवता हैं; इनमें भी राम तथा शिव परस्पर एक-दूसरे के भक्त हैं और इनमें भी राम त्रिदेव से भी ऊँचे परब्रह्म हैं। इस भाँति तुलसी ने राम को त्रिमूर्ति के ऊपर भी परम चक्रवर्ती पद रखा है। राम-शिव तथा राम-ब्रह्मा-विष्णु-महेश के नए सम्बन्ध तुलसी के समय में सत्ता-पिरेमिड की आवश्यकता के अनुरूप हैं– साम्प्रदायिक एकता की आवश्यकता और एक महासम्राट् के व्यापक शासन का आश्चर्य ! वैदिक देवमंडल में-से सूर्य, सरस्वती, यम, अग्नि और इन्द्र आए हैं। इनमें इन्द्र को एक दयनीय मूर्ति में बदल दिया गया है। तुलसी के अनुसार देवता स्वार्थी हैं। वे लेवा अधिक हैं, देवा कम। वे कपट और व्यभिचार करते हैं। अतः उन्होंने देवताओं की भूमिकाएँ गिरा दीं। वे विमानों में बैठकर बस आकाश से देखते, फूल बरसाते, नाचते-गाते और दुन्दुभि बजाते हैं। इस भाँति वे केवल नैतिक सौन्दर्यवाले कर्मों के कर्ता

हैं। वे विकारों से ग्रस्त हैं। वे कायर भी हैं क्योंकि रावण के उत्पात से भयभीत होकर रोते-चिल्लाते, डरते-भागते नज़र आते हैं। वे दूसरों की मति भ्रष्ट कर सकते हैं (सरस्वती और कामदेव)। वे मनुष्यों की स्त्रियों पर मोहित होकर उनके साथ व्यभिचार भी करते हैं (अहल्या और वृन्दा प्रसंग)। वे अपने स्वार्थ की ही सिद्धि चाहते हैं। शायद यहीं तुलसी ने मर्यादा को सबसे अधिक तोड़ा है। इसके दो-तीन कारण प्रतीत होते हैं : एक तो नाथ-सिद्ध-तान्त्रिक आदि इन देवताओं के मायाजाल आदि का गूढ़ और भयानक इस्तेमाल कर रहे थे; दूसरे ये देवता उनकी विरति-विवेक-भक्तिपूर्ण नैतिकता के अनुकूल नहीं ठहरे, ये समाज में एक दूसरे प्रकार के उदाहरण तथा प्रमाण होकर आने लगे थे; तीसरे तुलसी के परब्रह्म राम की मर्यादा-पुरुषोत्तमता के आगे ये मात्र हास्य या दया या सज्जा के ही आलम्बन हो सकते थे। उनके परब्रह्म राम भी तो नए प्रतीक हैं : यदि वे दैवी पारमार्थिक सत्ता के प्रकट रूप हैं तो कला-कुशल अभिनेता की तरह लीला करनेवाले, अलौकिक नट, जादूगर भी हैं।

मनुष्यों में भी उन्होंने **'सन्त'** की अवधारणा का मध्यकालीन परिष्कार किया। जिस भाँति राम-रावण का अलौकिक द्वैत है उसी तरह सन्त-खल का एक लौकिक नैतिक सामाजिक द्वैत है। ये गुणात्मक विपरीत हैं। वैदिक ऋषियों की तुलना में तुलसी ने सन्तों के रूप में आदर्श मध्यकालीन हिन्दू दृष्टि का संन्यासपरक आदर्श उभारा है जिसमें भक्ति के केन्द्र के चारों ओर सभी शुभों का पुंजीभवन तथा पापों का निषेध है। सन्त शम, दम, नियम और नीति के पालनकर्ता हैं; लीला-गायक हैं; परहित करते हैं; विषयलिप्त नहीं हैं; छह विकारों को जीत लेते हैं, पवित्र हैं; पापरहित हैं; सुखधाम और दुखरहित हैं; वेद-पुराण-वैराग्य-विवेक-विनय-विज्ञान का ज्ञान रखते हैं; गुरु-गोविन्द-ब्राह्मण चरणों में प्रीति रखते हैं; आदि। सारांश में, ये सन्त ऋषि हैं, भक्त हैं, सिद्ध हैं, संन्यासी हैं, शुद्धचित्त हैं, दैवी सम्पद् हैं, स्थितप्रज्ञ हैं; किन्तु साथ-साथ लोकपुरुष एवं निष्काम कर्मकर्ता भी हैं। इनका सत्संग भक्ति जगानेवाला, सुख देनेवाला और ज्ञान बतानेवाला है। साधक और विषयी सन्तों द्वारा ही मार्ग पाते हैं। तुलसी ने सन्तों को वर्णाश्रम के दायरे से बाहर निकालकर उन्हें आध्यात्मिक मानवधर्म की पूर्णता में आसीन किया है, लेकिन अपने युग की दो व्याधियों–कंचन तथा कामिनी से भी उन्हें मुक्त किया है। वे 'चारित्रिक शुद्धता' के प्रतीक हैं जिसके शीतलता, अमलता और कामनाहीनता नामक तीन मूल्य हैं। सारांश में ये सन्त निर्मल, निष्कलंक और शान्तिपद-प्राप्त हैं (वैराग्य सन्दीपनी)।

'नारी' (जातिवाचक और भाववाचक संज्ञावाली) और नारी (व्यक्तिवाचक संज्ञावाली) के विषय में संन्यासी तुलसी तथा पुरुष तुलसी की दार्शनिक एवं अनुभवपूर्ण प्रतिक्रियाओं का विरोधी सामंजस्य है। दार्शनिक दृष्टिकोण से 'माया' और 'भक्ति', दोनों स्त्रीवर्ग की हैं और ईश्वर की सहचरी हैं। इनमें से भक्ति प्रिया है, रघुनाथ के अनुकूल है; लेकिन माया नटिनी है और भक्ति से डरती है। यह मध्यकालीन सौत-सम्बन्धों के आधार पर विकसित रूपक है। मध्यकालीन दृष्टान्त के अनुसार मायानारी जगत् को

विषयों में फँसाए रखती है। अतः उससे हटना ज़रूरी है। किन्तु माया का एक अंग काम है और काम का साधन स्त्री है। इसलिए स्त्री ही माया की साक्षात् मूर्ति हो गई। वह भी माया की तरह भयानक दुख देनेवाली हो गई। अतः माया और स्त्री दोनों का एक समीकरण (ईक्वेशन) बन गया। मनोवैज्ञानिक धरातल पर यह एक गूढ़ बात है कि एक नारी दूसरी नारी के रूप पर मोहित नहीं होती अर्थात् भक्ति और माया में मैत्री नहीं हो सकती। इसलिए जिनके हृदय में उपमारहित-उपाधिरहित भक्ति बसती है उनसे माया सकुचा जाती है। और क्योंकि माया तथा स्त्री पर्याय बना दी गई हैं, इसलिए स्त्री का त्याग भी वैध हुआ। सामाजिक तथा वैयक्तिक धरातल पर मध्यकालीन नारी को भोगी सामन्तों तथा कामाचारी तान्त्रिकों ने सचमुच कामयष्टि बना दिया था; सामाजिक कुंठाओं और बन्धनों की जंजीरों ने उसे अबला बना दिया था; व्यापक अनुभवों के अभाव तथा घर में केवल पुत्रपालन के पेशे की अधिकारिणी होने के नाते नारी सचमुच जड़ (मूर्ख) और अज्ञानी (अज्ञ) हो गई थी। इसलिए तुलसी ने नारी को एक साथ सहज अपावन, जड़, अग्य, माया, अबला, झगड़े की जड़, अबला (दोहावली, 268) आदि घोषित किया। अपने व्यक्तिगत जीवन में स्वयं उन्हें नारी की प्रेममोहिनी, सौन्दर्य-मधुरता, चरित्र की विविधता, जीवन की परवशता, माता-बहन-सखी-प्रियारूप की नवीनता आदि अनुभव नहीं था। इसलिए 'मानस' में माता-रूप नारियाँ, और 'पार्वतीमंगल' में माता मैना तथा कन्यारूप नारी के चित्रण के बाद आगे की कृतियों में वे नारी का विविध चरित्रांकन नहीं कर सके हैं। 'मानस' के पश्चात् नारी के विषय में उनके उग्र मत भी बिलकुल बन्द हो गए हैं। नारी के प्रेम और शृंगार से तुलसी लगभग अपरिचित या वंचित या अनजाने ही लगते हैं। रत्नावली-कांड का ज़बरदस्त झटका तो 'मानस' में ही पड़ा है जहाँ वे उग्र नारी-निन्दक नज़र आते हैं। उनके प्रेमी युवक की मस्ती तथा आदर्श का प्रतिबिम्ब 'रामलला नहछू' के नाइन के हाव-भाव, शोभा, शृंगार-वर्णन और 'पार्वती' की प्रेमलीला में मिलता है। बाद के वैरागी तुलसी के लिए नारी निन्दा का विषय नहीं रह जाती। प्रत्युत वे पुरुषों की विषयवासना की ही अधिक भर्त्सना करते हैं। वे विलासिनी परकीया नारियों एवं सरल-मुग्ध ग्रामवनिताओं, विनीत गृहस्थ-पत्नियों, अकाल में बिकती हुई कन्याओं आदि के बीच का फ़र्क समझ जाते हैं। इसलिए 'मानस' और 'दोहावली' के अलावा फिर कहीं भी नारी-निन्दा के प्रसंग नहीं हैं। इस भाँति वे नारी-निन्दा करने की सन्तों की एक प्रिय धार्मिक रूढ़ि को भी तोड़ देते हैं।

'शरीर' के विषय में भी उन्होंने आध्यात्मिक रूढ़ि तोड़ने की कोशिश की है क्योंकि मायावाद के अनुसार शरीर ब्रह्मज्ञान में बाधा है और जड़ है। इसके मूल में हिन्दू मध्यकालीन चिन्तन की शरीर, जीव, आत्मा और मनुष्य को पृथक्-पृथक् मानने की अवैज्ञानिकता है। तुलसी कहते-कहाते हैं कि मानव-शरीर बड़े भाग्य से मिलता है; मनुष्य शरीर के समान अन्य कोई शरीर नहीं है; शरीर ही स्वर्ग-नरक तथा मोक्ष की सीढ़ी है और कल्याणकारी ज्ञान, वैराग्य तथा भक्तिदायक है। जो मनुष्य शरीर धारण करके भी परपीड़ा पहुँचाते हैं, उनको जन्म-मृत्यु के महान् संकट (आवागमन) सहने पड़ते हैं।

चराचर जीवों में-से राम को मनुष्य सर्वाधिक प्रिय हैं; तथा मनुष्य में भी द्विज और द्विज में भी अपना दास सर्वाधिक प्रिय है। यहाँ हम देखते हैं कि किस तरह वे मानववादी भूमिका से वर्णाश्रम की विभेदक नीति तथा दास्य-भक्ति के प्रतिपादन में आहिस्ता से सरकते जाते हैं। किन्तु जब कालान्तर में उनकी सारी साधना का मूल्यांकन धूर्तता, खलता, दम्भ के रूप में होता है तब वे जातिमुक्त होने की घोषणा करते हैं; जब वे महामारी तथा बाहुपीड़ा से छटपटाते हैं तब उन्हें भी जैविक शरीर का 'सत्य' पूरी तरह समझ में आ जाता है। अपनी बाहुपीड़ा की वजह से ही वे ईश्वर के प्रति अपनी जीवनपर्यन्त श्रद्धा-विश्वास-भक्ति तक के प्रति पहला सन्देह करते हैं। इस क्षेत्र में उनमें परम्परा-मौलिकता का द्वन्द्व झलक उठता है।

नैतिक दृष्टि के सन्दर्भ में हमने साधारणधर्म-वर्णाश्रमधर्म, कर्म, त्रिवर्गसिद्धि की तुलसी सम्मत मीमांसा की; और उसकी पृष्ठभूमि में ब्राह्मण, देवता, सन्त, खल, नारी, मनुष्य आदि के सम्बन्ध में तुलसी के विचारों तथा जीवनदृष्टियों को जाँचा-परखा।

हम जो अब तक तुलसी की आत्मकथा, जीवनदृष्टियों तथा प्रेम के दर्शन की संरचना कर पाए हैं उसका पूरा स्वरूप यों है–

[क] आत्मकथा के आधार पर व्यक्तित्व के विकास-चरण–(1) अनाथ और अभागा और कंगाल बालक रामबोला; (2) आशावादी आदर्शवादी-यायावर संन्यासी तुलसी; एवं (3) निराशावादी-यथार्थवादी और एकाकी गोस्वामी तुलसीदास।

[ख] प्रेमदर्शन के आधार पर संवेगों के विकास-पक्ष–(1) प्रेमशृंगार-हाव-भावपरक मांसल रागबोध; (2) विरति-विवेकपूर्ण प्रीतिभक्ति-भाव; (3) लोकजीवनपूर्ण उत्सवों एवं प्रीति-रीति के व्यापक आधारों के अनुभव; (4) प्रेमदर्शन का प्रतीकीकरण; एवं (5) शान्तिरति और विनय भाववाला हरि-सम्बन्ध।

[ग] धार्मिक और नैतिक पक्षों के आधार पर जीवनदर्शन–(1) सहजप्रवृत्तिमूलक जीवन व सनातन धर्म के प्रति सहज विश्वास; (2) आदर्शवाद-अध्यात्मवाद-विरतिदर्शन की परम्परा का ग्रहण; (3) यथार्थोन्मुख आदर्शवादी दृष्टि; एवं (4) शान्तपद यथार्थता की जीवनदृष्टि।

अपनी इन विश्लेषणात्मक स्थापनाओं के आधार पर हम [क], [ख] और [ग] के बीच एक व्यवस्थित, मनोवैज्ञानिक, समाजशास्त्रीय तथा अनुपम समानान्तरता पाते हैं। इन तीनों के संयोग से तुलसीदास के समग्र व्यक्तित्व की शिल्पमूर्ति पूर्णतः तराश दी गई है। हमारे सामने तुलसीदास, क्रमशः तथा शनैः-शनैः, उल्लास से गाम्भीर्य की ओर, आदर्श से यथार्थ की ओर, श्रद्धा-विश्वास से सन्देह और कर्म की ओर, परब्रह्म राम से लोकमंगल के नायक रघुनायक राम की ओर इतिहास के कालअक्ष पर अपने क़दम बढ़ाते हुए चले आते हैं। यही उनकी 'आत्मा की कथा' का सारतत्त्व और प्रामाणिकता है। एक बात और ध्यान में रखने योग्य है कि तुलसीदास आद्योपान्त रामभक्त, सनातन हिन्दूधर्म के अनुयायी रहे हैं; सनातन धर्म और राम के प्रति उनमें विद्रोह नहीं जन्मा है।

इस भूमिका पर हम पहले उनकी कृतियों के कुलक (सेट्स) तदुपरान्त अनुक्रम

(ऑर्डर) का निर्धारण करेंगे। यही आधार निस्सन्देह अधिक ठोस है जबकि हमारे पास कवि की पूरी आत्मकथा और प्रामाणिक जीवनी नहीं है। हमें यह भी ध्यान रखना होगा कि [क], [ख] और [ग] के आन्तरिक आधार भी पत्थर की दीवार की तरह जुदा-जुदा नहीं हैं। इनमें आपस में संचरण-सन्तरण हुआ है : जैसे रामबोला के अनुभव गोस्वामी तुलसीदास ने याद किए हैं; 'रामाज्ञाप्रश्न' की वृत्ति कई मुक्तकों की रचना के बाद पुनः 'दोहावली', 'सतसई' आदि में प्रकट हुई है; लोकजीवन की सहजता काफ़ी बाद 'बरवै' में पुनः उद्घाटित हुई है।

मोटे तौर पर उनकी कृतियों के तीन वृत्त हैं। पहला महाकाव्यात्मक वृत्त है जिसके अन्तर्गत 'पार्वतीमंगल', 'जानकीमंगल' व 'मानस' आते हैं। दूसरा लिरिकल वृत्त है जिसके अन्तर्गत 'रामललानहछू', 'कृष्णगीतावली', 'गीतावली', 'विनयपत्रिका', 'कवितावली' और 'हनुमानबाहुक' आते हैं। तीसरा उपदेश वृत्त है जिसके अन्तर्गत एक ओर रामकथा से सम्बद्ध 'रामाज्ञाप्रश्न' का शकुनशास्त्र है तथा दूसरी ओर लौकिक अनुभवों से परिपूर्ण 'दोहावली', 'सतसई' और 'वैराग्य सन्दीपनी' हैं। महाकाव्यात्मक वृत्त में 'जानकीमंगल' तथा 'रामचरितमानस' पर 'अध्यात्म-रामायण' का प्रभाव है, प्रेमाख्यानक काव्य परम्परा की दोहा-चौपाई शैली भी है और लोकगीतों की पद्धति भी है। उपदेश वृत्त में दोहों का अधिक उपयोग हुआ है : लिरिकल वृत्त में एक ओर तो पद-शैली है, और दूसरी ओर 'कवितावली' में कवित्त-सवैया शैली भी।

अब हम उनके ग्रन्थों का क्रमनिर्धारण करेंगे।

इसके लिए निश्चित रूप से 'रामललानहछू' को आरम्भबिन्दु; 'मानस' को मध्यबिन्दु, तथा 'हनुमानबाहुक' को अन्तबिन्दु माना जा सकता है। इस वर्गीकरण का आधार [क], [ख] और [ग] धाराएँ ही होंगी। तो, उनकी कृतियों का यथासम्भव रचनाक्रम निम्नलिखित हो सकता है :

1. **'रामललानहछू'** में तुलसी एक लोककवि, युवा सौन्दर्यपायी तथा सामान्यतः राम के देवत्व पर यक़ीन करनेवाले के रूप में मिलते हैं। यहाँ वे अपने बचपन के दुखों को भूलकर, चित्रकूट के रामकथा-गायकों और सलोनी प्रकृति से प्रभावित होकर मात्र युवक कवि के रूप में हैं जिसमें प्रेम शृंगार हाव-भाव ही मांसलता की तड़ित् छुवन है। यहाँ मर्यादावाद और मायावाद दोनों का जाल नहीं है। यहाँ वे चित्रकूट के लोकगायकों की शैली पर 'नहछू' को स्वयं गाने तथा अन्य लोगों को गाकर सुनाने में मुग्ध है। यहाँ उन्हें राम से अधिक प्यारी मंगल गानेवाली युवतियाँ, मुस्कराती लोहारिन, उठते हुए जोबनवाली अहीरिन; कटाक्ष-चपल रूपसलोनी तम्बोलिन, गोरे गातवाली दरज़िन, बदन-संकोचनि मोचिन, मधुरभाषिणी और सुन्दर अँगना मालिन, सब-रसखानि और क्षीण कटिवाली बारिन तथा सोलहों शृंगार सजी, विशाल नैनों और भौंहों को चमकानेवाली नाउन लगती हैं। यहाँ लौकिक काम-शृंगार परम्परा और लोकजीवन का कोरमकोर प्रतिबिम्ब है।

2. **'पार्वतीमंगल'** दूसरी कृति है जिसमें पार्वती नायिका हैं, देवी नहीं। इसमें पहली

बार युवक तुलसी पर सहज मोहनेवाले विवाह संस्कार की लौकिक एवं वैदिक रीतियों का मादन जादू है; तथा बारात-वर्णन में ग्रामीण कौतुक और उन्मुक्त हास-परिहास अंकित है। एक ग्राम्य बारात पर ही झिलमिलाता रोमैंटिक मिथकीय अवगुंठन उढ़ा दिया गया है। यहाँ दूल्हा 'बावला' है और बारात 'कौतुकी' है। तुलसी का युवक स्पष्टतः झाँक उठता है। किन्तु यहाँ 'तपस्या' का पहला मिथक भी तेजोदीप्त किया गया है।

3. **'जानकीमंगल'** में लोकजीवन में घुले रहते हुए भी तुलसी आदर्श और गम्भीरता की ओर मुड़ते हैं क्योंकि उनके सामने 'अध्यात्म रामायण' के प्रभाव के फलस्वरूप देवता राम का और बड़ा चरित्र नज़र आने लगता है। यहाँ विवाह-विधि का संक्षेप हो जाता है। वह दो खंडों में बँट जाता है : स्वयंवर में पौरुषेयता तथा विवाह में कमनीयता। इसमें 'पार्वतीमंगल' की नाटकीयता तथा स्वाँग-बहुलता के स्थान पर अन्तर्वृत्तियों का सूक्ष्म उद्‌घाटन होता है; तथा नारियों की शोभा, लीला और अनुभाव 'मर्यादित' होने लगते हैं।

4. **'रामचरितमानस'** में राम परब्रह्म हो जाते हैं और रामकथा को दर्शन तथा धर्म तथा नीति का पूरा वातावरण मिल जाता है। 'मानस' में मिथकीयकरण तथा पौराणिकीकरण की प्रक्रिया पूरी हो जाती है, तथा रामचरित ग्राम्यीकरण की पारिवारिक, ग्रामीण, सामाजिक, राष्ट्रीय चेतना का सूर्य हो जाता है। इस कृति के पूर्व तुलसी के प्रेम-जीवन में कोई गहरा आघात अवश्य लगा है जिसने उन्हें संन्यासी बनाया, पूर्णतः आदर्शवादी-अध्यात्मवादी बनाया। इस कृति के पूर्व उन्होंने गुरुदीक्षा ले ली है तथा स्वाध्याय का सारा ब्रह्मरस पी लिया है। चित्रकूट के सन्तों और भक्तों के सम्पर्क-साहचर्य का तुलसी ने इस महाकाव्य में आदर्शीकरण कर डाला है। फलस्वरूप रामराज्य की यूतोपिया भी झिलमिला उठी है। इस कृति में बालकांड की प्रधानता से यह भी निष्कर्ष निकलता है कि सन्त तुलसी राम को अवतार, शैव-वैष्णव संस्कृति के समन्वयकर्ता, नरोत्तम और चक्रवर्ती, लोकमंगलकर्ता और धर्मविजयकर्ता, नर और नारायण होने की सारी सांस्कृतिक-सामाजिक प्रक्रिया को सुलझाते हैं। इस कृति से तुलसी एक आह्वानकर्ता हो जाते हैं।

5. **'रामाज्ञाप्रश्न'** तो 'मानस' के सात कांडों पर आधारित एक शकुनशास्त्र है जिसके द्वारा वे रामकथा की समस्त घटनाओं के सुफल-कुफल को अपने समय के समाज के सौभाग्य-दुर्भाग्य से जोड़ देने के पौराणिक-धार्मिक अन्धविश्वास को विज्ञापित करते हैं, यह साहित्यिक कृति नहीं है।

6. **'वैराग्य सन्दीपनी'** में तुलसी राम के बजाय आदर्श रामभक्त और निर्मल निष्कलांग शान्तिपद-प्राप्त सिद्धपुरुष अर्थात् 'सन्त' का निरूपण करते हैं। यहाँ लोक में विरति-विवेक-भक्ति पद-प्राप्त मनुष्य का आदर्श प्रस्तुत हुआ है। 'सन्त' में संन्यास-वृत्त अपने चरमोत्कर्ष पर है।

7 और 8. **'सतसई'** और **'दोहावली'** में वे नीतियों तथा आदर्शों को सहज लोकरीति में ढालते हैं। यहाँ उनमें वैराग्य की ऐकान्तिकता को काटने और लोकजीवन को नैतिक

सन्मार्ग बताने की चेतना है। 'दोहावली' में तुलसी अपने प्रेमदर्शन के चातक-भाव का पूरा स्पष्टीकरण कर देते हैं। यहाँ से उनका प्रेम अन्त तक आध्यात्मिक हो जाता है। अब वे तत्कालीन समाज में प्रचलित छल, कपट, पतन आदि पर (राम-कथा से स्वतन्त्र होकर) नैतिक निर्णय देते हैं। यहाँ खलों पर गहरे व्यंग्य हैं और लोकानुभव, लोकाचारण और लोकहित की धार्मिक-नैतिक सूक्तियाँ भी।

9. **'गीतावली'** में कवि ने अपने चातक-भाव का विस्तार राम के रूप-माधुर्य तथा करुण रस के आस्वादन में किया है। यहाँ एक ललित भाव भी है। यह कृति लिरिकल है और पद-शैली में होने के कारण इसमें रामकथा से प्राप्त कुछ झाँकियों पर अधिक रागारुणता है। इसमें बालकांड की प्रधानता है और सुन्दरकांड को दूसरा विस्ताराकार मिला है। इस कृति में तुलसी ने बाल राम की लीलाएँ और सीता की वियोगावस्था में मन रमाया है जो उनके लिए एक 'नए' आन्तर परिवर्तन का सूचक है। यहाँ आद्यन्त सौन्दर्य और पवित्रता की धाराओं का मेल है, किन्तु कवि राम के अलौकिक परब्रह्म रूप से चकित न होकर बालरूप पर मुग्ध है। इसके अलावा इस कृति में लोकोत्सवों की भीड़ है जो अयोध्या के रामोत्सवों की मदिर छाँह लिए है। राम का ऐश्वर्यपूर्ण राजहिंडोला, पावस में अयोध्या की प्रजा के लिए झूलना, होली और दीपावली के त्यौहारों का उल्लास आदि के चित्रण 'गीतावली' के तुलसी को लोकजीवन की खुशियों तथा सरल भीड़ों में भी घसीट ले आते हैं। इसमें लक्ष्मण-प्रिया उर्मिला के क्रीड़ा-भवन का भी इशारा है (1/107) और उत्तराकांड में लवकुश-जन्म तथा सीता-त्याग की भी घटनाएँ हैं। इस कृति में संन्यासी तुलसी धार्मिक लोकोत्सवों की शृंगार-सजी, प्रेममुग्ध भीड़ों में खो जाते हैं। एक मुद्दत बाद वे अपने हृदय की तरंग को पुनरुज्जीवित करते हैं तथा लोक के प्रेम, शृंगार, उल्लास, क्रीड़ा आदि को भी पवित्र मानना मंजूर कर लेते हैं।

10. **'कृष्णगीतावली'** भी पद-शैली में लिखी गई लिरिकल वृत्ति की कृति है। यहाँ भी वे कृष्ण के शिशु-मनोविज्ञान में पैठते हैं। ऐसा लगता है कि 'रामगीतावली' तथा 'कृष्णगीतावली' के माध्यम से तुलसी पुनः सहज शैशव, भोलेपन, सौन्दर्य और पवित्रता तथा सात्त्विक यौवन की दुनिया में ललककर लौट जाना चाहते हैं। इस कृति में प्रधानतः गोपियों की भावासक्ति का वर्णन हुआ है और भ्रमरगीत संवाद भी आया है। मर्यादोपासक तुलसी में मधुरोपासना की ओर झुकाव आया है। 'मानस' तथा 'वैराग्य सन्दीपनी' का वह तापस वातावरण लुप्त-सा हो गया है। उन्होंने सम्भवतः अनुभव किया होगा कि निर्गुण-साधना की नीरसता का पूरा उद्‌घाटन संन्यासीवृत्तवाली रामकथा न करके भोगवृत्तवाली कृष्णकथा ही कर सकती है। इस तरह इन दोनों गीतावलियों के द्वारा तुलसी ने अपने तथा लोकजीवन, दोनों में प्रीति-प्रीत की व्यापकता का सामरस्य ढूँढ़ लिया है। इन दोनों रचनाओं के द्वारा उन्होंने अपनी जिजीविषा और यौन की ग्रन्थियों को भी खोल लिया है।

11. **'बरवै रामायण'** सम्भवतः चित्रकूट में लिखी गई उनहत्तर बरवा छन्दों की स्फुट रचना है (छन्द 43)। इसे रचना-क्रम में निश्चित स्थान देने में कठिनाई है। किन्तु पूरे

महाकाव्य को दलित द्राक्षा की तरह निचोड़कर रस-पाक करने में जो सौन्दर्य बिम्बों का शिल्पन, तथा कथा का चुने हुए प्रसन्नपदों में प्रतीकभावन हो सकता है, उसका यह उदाहरण है। इसके कुछ छन्द तो प्रतीकों-बिम्बों-प्रयोजनों की नई संक्षिप्ततम सौन्दर्य-भाषा का सूत्रपात करते हैं।

12. **'विनयपत्रिका'** से कवि के जीवन का तीसरा चरण शुरू होता है जहाँ वह यथार्थवादी-निराशावादी-एकाकी सा हो जाता है और शान्तरति तथा विनयदैन्य के बीच लड़खड़ाता है। उसमें प्रशान्तपद यथार्थता स्थित हो जाती है। 'मंगलकाव्यों' की जीवन्त मधुरता, 'मानस' के आध्यात्मिक आदर्शवाद, 'गीतावलियों' के श्रेय-प्रेय के पवित्रतावादी सन्तुलन के स्थान पर अब कवि में चिन्ता और आध्यात्मिक 'अरक्षा' व्याप्त हो जाती है। वह शान्ति और दैन्य-विनय की द्वन्द्व-दशा में अभिभूत हो जाता है। यहाँ से निराशावाद के स्वर प्रबल हो उठते हैं और जीवन का उल्लास तथा लोकमंगल के प्रबल विश्वास अस्तमित-से होने लगते हैं। कवि अपनी आध्यात्मिक पीड़ा के निवारण के लिए रामदरबार में स्तुतियों-प्रार्थनाओं से भरी अर्ज़ी पेश करता है। यह कलिकाल, जगत् तथा माया तथा भक्ति सम्बन्धी एक दार्शनिक दस्तावेज़ से ज़्यादा मध्यकालीन समाज में परिव्याप्त निराशा-भग्नाशा का प्रज्वलित आलोचनाशील है। इसमें तीन समानान्तर धाराएँ हैं : भक्ति एवं दर्शन की, आत्मकथा की, और समाज की निराशावादी आलोचना की। कहाँ 'मानस' में गुप्तयुगीन समाज-स्वप्नों का छायामय आदर्शीकरण और कहाँ 'विनयपत्रिका' में तत्कालीन यथार्थ का दहकता हुआ निरूपण !

13. **'कवितावली'** में उत्तरकांड—और उसमें भी कलियुग और काशी की महामारी—का आधे से अधिक विस्तार है। यहाँ तुलसी ने पुनः रामकथा को लिया है किन्तु राम 'परब्रह्म' से अधिक कृपालु, शरणागत-वत्सल, दीनदयाल और रक्षक 'रघुनायक' के रूप में आए हैं। 'मानस' के परिपाटी-प्रवण कलिकाल-वर्णन की तुलना में 'कवितावली' के यन्त्रणा-भोग्य कलिकाल-वर्णन यह स्पष्ट कर देते हैं कि तुलसी का दुखपूर्ण बचपन कैसा था, उनके समय के किसानों की आर्थिक समस्याएँ कितनी भीषण थीं, समाज में कितना झूठ और फ़रेब फैल गया था, और तुलसी किस तरह धीरे-धीरे विभ्रमरहित होकर समाज की दैहिक, दैविक तथा भौतिक पीड़ाओं का निवारण ही पहली आवश्यकता स्वीकार कर चुके थे। यहाँ भक्ति और सन्तपद के दिलासे नहीं हैं। कला-शैली और समाजशास्त्र की दृष्टि से 'मानस' के बाद 'कवितावली' का ही महत्त्व है जहाँ वे पुनः पूरे कवि और पूरे जनचित्त के प्रतीक-रूप में मुखर हैं। यहाँ धार्मिक विरति और विवेकवाला दृष्टिकोण गौण पड़ गया है। यहाँ एकाकी तथा यथार्थवादी और दुखों में पले, तथा लोक में धूर्त और दम्भी और अज्ञात जाति के रूप में बदनाम तुलसी, शैवों के तथा चोरों के ज़ुल्मों से प्रताड़ित शिवभक्त परहितकर्ता तुलसी मिलते हैं। 'कवितावली', अब 'मानस' के वैपरीत्य में, एक महान् परिवर्तन की यन्त्रणा को पुकार-पुकार कर कहती है। इसके सुन्दरकांड में भी एक अजब-सी क्रूरता और भयानकता दिखती है जिसमें तुलसी की चित्तशुद्धि नहीं हो सकी है। उनमें एक अजीव सामाजिक तटस्थता और शान्त जुगुप्सा

छाती जाती है। यह कृति कवि के विभक्त मनस्तात्त्विक व्यक्तित्व (साइकिक पर्सनैलिटी) का अनुपम उदाहरण है : एक ओर बालकांड-अयोध्याकांड का चित्रात्मक रीति-शैलीवाला सजीव वर्णन है तो दूसरी ओर सुन्दरकांड-उत्तरकांड में आर्थिक-सामाजिक यथार्थता की करुणा का आतंक। इस कृति के उत्तरार्ध में घोर त्रासदी (ट्रैजेडी) है।

14. **'हनुमानबाहुक'** में भी 'विनयपत्रिका' और 'कवितावली' की तरह कवि अपनी आत्मकथा कहता है। वह बुढ़ापे में बाहुपीड़ा, पाँवपीड़ा, पेटपीड़ा, मुख-पीड़ा, पीलिया आदि से जर्जर हो जाता है और हनुमान् से 'मायामय' दैहिक पीड़ा दूर करने के लिए प्रार्थना करता है। अन्त में वह भक्ति, वैराग्य, ज्ञान आदि के अपने सभी श्रद्धा-विश्वास दाँव पर रख देता है क्योंकि उसे सन्देह होता है कि माया, जीव, काल, कर्म, आदि के बारे में जो वेद कहते आए हैं, या जो वह स्वयं ईश्वर की कृपा तथा शक्ति के बारे में आज तक विश्वास रखता चला आया है—क्या वे सच भी हैं ? यह तुलसी का यथार्थ जगत् में मानो 'पुनर्जन्म' है। इसके उपरान्त तुलसी के कृतित्व का अन्त हो जाता है।

इस भाँति तुलसी ने यौवन के सहज यथार्थ से अनुप्रेरित होकर 'रामललानहछू' लिखा और अपने कृतित्व का समापन भी 'हनुमानबाहुक' के प्रौढ़ व्यक्तिगत विभ्रमविहीनता (डिसइल्यूज़न) पूर्ण यथार्थ से ही किया। एक महान् जागरूक और स्वप्नदर्शी, आदर्शवादी और यथार्थवादी, तपस्वी और तापभोगी दीर्घ जीवन की द्वन्द्वात्मकता, विविधता और अन्तःसंघर्ष से ये चौदहों कृतियाँ भी प्रतिबिम्बित हैं। 'रामललानहछू' तथा दोनों मंगलकाव्यों में तेजस्वी वधुएँ, छबीले दूल्हे और युवती रमणियाँ हैं; 'मानस' और 'वैराग्य सन्दीपनी' में सन्तों-भक्तों और रामव्यूह की प्रधानता है; 'गीतावली' में परिवार का भोला उल्लास तथा लोकोत्सवों का पवित्र हर्ष है; 'विनयपत्रिका' में एक अनैतिक युग है; और अन्ततः 'कवितावली' एवं 'हनुमानबाहुक' में खल-समाज तथा नियति है।

अब सबसे आख़िर में हम तुलसी के सृजन-कार्य (क्रिएटिव ऐक्ट) का अनुशीलन करेंगे।

यूँ तो उनकी कृतियों का आत्मकथात्मक एवं समाजशास्त्रीय विकासज्ञान भी इसी में अन्तर्निहित कर लिया जाना चाहिए। इसलिए हम इस विकास के अध्ययन से प्राप्त सापेक्ष्य निष्कर्षों के आधार पर तुलसी के सृजन-कार्य की चर्चा करेंगे।

सृजन-प्रक्रिया (क्रिएटिव प्रोसेस) की तरह सिरजना-कार्य भी कलाकार की जीवन-शैली पर अतिशय आश्रित होता है; तदनुसार तुलसी ने एक ब्राह्मण-संन्यासी की जीवन-शैली को पूरी-की-पूरी तत्सामयिक मध्यकालीन हिन्दू सभ्यता पर प्रक्षेपित किया है। सृजन-कार्य कलाकार-मनुष्य के जीवन-दर्शन से विशिष्ट दिशाएँ पाता है; तदनुसार तुलसी में श्रद्धा-विश्वास एवं भक्ति के जो अन्तःसंस्कार थे उनकी वजह से उन्होंने सारे चराचर जगत् को राममय बना डालने का जीवनदर्शन उपलब्ध किया था। सृजन-कार्य कलाकार व्यक्ति की अनुभव-राशि की सौन्दर्यबोधात्मक (ऐस्थेटिक) अभिव्यंजना होता है; तदनुरूप तुलसी ने ग्रामीण समाज की रूढ़ परम्पराओं, शहरी ज़िन्दगी के सामाजिक

तनावों-खिंचावों तथा व्यक्तिगत 'अभाग्य' और 'अनाथता' के जीवनगत अनुभव संचित किए थे; और इन्हें लोक-मंगल के हेतु प्रसारित करने के लिए लोक-शैली (कीर्तन, पद, उपाख्यान की) अपनाई थी। सृजन-कार्य के निर्धारण में विषयवस्तु (काँटेंट), रचयिता, तथा सृजन का प्रयोजन ये तीन तत्त्व प्रधान होते हैं; तदनुकूल तुलसी को विषयवस्तु की दृष्टि से अवतार राम और वर्णाश्रमधर्म के रूप में क्रमशः एक निर्विकल्प पात्र और एक स्वर्णयुगीन समाज के विराट् विकल्प मिले थे। रचयिता के रूप में वे खुद एक संन्यासी, यायावर, ग्रामीण, पौराणिक-मिथकीय चेता, एकांकी तथा समाज-सुधारक सन्त के रूप में आध्यात्मिक तथा स्वार्थविहीन व्यक्तित्व पा चुके थे। इसलिए उनके सृजन-कार्य का प्रयोजन रसास्वाद न होकर भक्ति-प्राप्ति एवं प्रचार, चतुर्वर्ग-सिद्धि, परमार्थ ज्ञान और मंगल-विधान था। सृजन-कार्य अन्ततोगत्वा एक पूर्णजैविक प्रतीकवाद में घनीभूत हो जाया करता है; तदनुरूप तुलसी के सृजन-कार्य के तीन प्राणवन्त प्रतीक हैं : ब्राह्मण-देवता तथा कृपालु स्वामी 'राम'; परमवीर, ब्रह्मचारी और सेवक 'हनुमान्' तथा आत्मसम्मानी, एकांगी प्रेमी प्रिय-नाम रटनेवाला 'चातक'। इस प्रतीकत्रयी में तुलसी का समाज-भाव, सम्बन्ध-भाव और आत्म-भाव पुष्पित हो गया है। इस प्रकार उनके सृजन-कार्य के ये प्रमुख सूत्र हैं। यह होते हुए भी सृजन-कार्य सृजन-प्रक्रिया से भिन्न है जिसकी चर्चा यथास्थान होगी।

हम पहली गोष्ठी में ही कह चुके हैं कि तुलसी, तथा उनके इष्टदेव नायक और स्वामी राम दोनों ही–'वैराग्य-वृत्त' के हैं। इसलिए सगुण राम-कथा और तुलसी-सम्मत भक्ति-रस, दोनों ही विरति-विवेक-ज्ञानमूलक हैं। यह उनके सृजन कार्य का मूल भावछन्द है।

सृजन-कार्य की पहली पहेली है कि वैष्णव तुलसी ने कृष्ण, शिव और राम जैसे चरितनायकों में से श्रीरामचन्द्र को ही क्यों चुना ? यह ठीक है कि त्रिदेवों (लॉगोस) में से मध्यदेव विष्णु ही कलात्मक और लौकिक चरित-सृष्टि करते हैं। यूनानी, ईसाई और भारतीय धर्मों पर यही नियम लागू होता है। विष्णु के रामावतार तथा कृष्णावतार में से कृष्ण का बालगोपाल-रूप, गोपियों और राधा के साथवाला प्रेमविलासी रूप ही उत्तर-मध्यकाल में प्रधान हो उठा था जो मूलतः लिरिकल और वैयक्तिक अन्तर्लीलावाला है। परवर्ती मध्यकाल में कृष्ण का कूटनीतिज्ञ-रूप, (जैसा माघ में 'शिशुपाल वध' में अंकित है) या योगीश्वर सम्राट्-रूप (जो 'महाभारत' में प्रस्तुत है) छिप गया था। सूर और तुलसी दोनों ही कृष्ण तथा राम के सृजन में पूर्ण हैं–किन्तु एकांगी। जिस प्रकार हम कहते हैं कि सूर की दृष्टि सीमित थी उसी प्रकार व्यक्ति के रतिराग-पक्ष और प्रेम-गूढ़ता की दृष्टि से तुलसी की नज़र भी सीमित थी। तुलसी बहिर्लीला के गायक और क्लैसिकल हैं। अतः यह बात दृष्टि-विस्तार से अधिक व्यक्ति-प्रतिभा के मार्ग पर थमती है। सूर का 'सुकुमार मार्ग' और तुलसी का 'विचित्र मार्ग,' दोनों मध्यकालीन संस्कृति के द्विपर्ण हैं। इसके अलावा रामचरित आद्योपान्त पुहा हुआ है : राम का लक्ष्य बड़ा पैना एवं केन्द्रापसारी है। वह मध्यकालीन 'ग्राम-इकाई' और 'परिवार-इकाई' की

धुरी है। इसकी तुलना में कृष्णकथा विभक्त है : कृष्ण के लक्ष्य परिवर्तमान तथा केन्द्राभिसारी हैं। वह मध्यकालीन 'प्रेम अन्तर्व्यूहों' की आध्यात्मिक धुरी है। तुलसी ने रामचरित के द्वारा ग्राम-इकाई एवं परिवार-इकाई को यूतोपिया दी जहाँ लोकमर्यादा और वर्णव्यवस्था का पूर्ण ब्राह्मणवादी-वैराग्यमूलक संगठित ढाँचा है। इस तरह उत्तर-मध्यकाल में विष्णु की धारणाएँ तत्कालीन समाजशास्त्रीय प्रवृत्तियों का सही वहन कर रही थीं। शिव को आर्य-देवपरिवार में लानेवाले राम नहीं, कृष्ण हैं। दोनों नर्तक हैं : एक नटराज, दूसरा नटनागर। राम नर्तक नहीं हैं, परब्रह्म नटवत् (अभिनेता) हैं। वे धनुर्धर हैं। छलिया कृष्ण वंशीधर हैं। इस तरह आस्थासेतु राम का कलावतार द्वितीयक ही रहा। कृष्ण पुरुषोत्तम हैं, राम मर्यादा-पुरुषोत्तम। शिव अवतार नहीं लेते (यद्यपि तुलसी ने हनुमान् को रुद्रावतार माना है)। एक किसानी समाज, रूढ़ वर्णव्यवस्था, गर्व भरी कर्मकांडी ब्राह्मण जाति और घोर दरिद्रता-अनाथता के कीचड़ को रौंदकर आनेवाले तुलसी को राम ही खरे स्वामी, लोकमंगलकारी और कृपालु। संघर्षकारी राम का तापस वनवास, ब्राह्मणों की तपस्या, और तुलसी की विरति के सांगोपांग योग ने ही तुलसी और राम के बीच समीकरण क़ायम कर दिया जिसमें समान अंक वैराग्य तथा संघर्ष हुए। पूर्ववर्णित तुलसी की आत्मकथा भी इस तथ्य पर काफ़ी रोशनी डाल सकती है कि उनके लिए राम एक प्राक्आदिम बिम्ब (प्राइमोर्डियल इमेज) क्यों हो गए ? रामकथा के तीन अभिप्राय हैं : पुत्र का माता-पिता-गृह-राज से वंचित होकर भटकना, पत्नी का दीर्घ वियोग, तथा संघर्षों पर विजय पाकर एक आदर्श समाज की कल्पना जहाँ यह सब कुछ दुहराया न जा सके। तुलसी के स्वल्पज्ञात जीवन की दिशाएँ कुछ ऐसी ही थीं। एक अनाथ, अभागा और कंगाल रामबोला, पत्नी से वियुक्त वैरागी तुलसी, तथा काशी-अयोध्या-चित्रकूट के महान् लोककंठ तुलसीदास—इन तीनों में तीन राम-अभिप्रायों में समानान्तरता (समानता नहीं) है। दन्तकथाओं में उद्घाटित पत्नी रत्नावती की भर्त्सना ही उनके जीवन का महत्तम संवेगात्मक झटका (इमोशनल शॉक) रहा होगा जिसने उनमें वैराग्य और भक्ति (नए प्रेम) और मंगल की नई दिशाओं को प्रकट कर दिया होगा। सारांश में उन्हें 'राम' और 'चातक' दोनों ही तादात्मीकृत प्रतीक प्राप्त हो गए होंगे। इसी तरह जर्मन गोएटे के एक मित्र की मृत्यु के झटके से 'वर्देर' नामक कृति, और दाँते द्वारा किशोरावस्था में बीत्रिस नामक युवती के झटके को झेलने से 'डिवाइन कॉमेदिया' नामक महाकाव्य ही नहीं रचे गए, बल्कि गोएटे के जीवन का सृजन-कार्य तनाव-खिंचावमूलक, और दाँते का सृजन-कार्य ईसाई-उपासनापरक हो गया। एक शोषित किसान वर्ग (क्लास) किन्तु उच्च वर्ण (कास्ट) के अन्तर्विरोधों को साथ-साथ ओढ़नेवाला अनाथ रामबोला अकाल, अपमान, भीख, जातिभ्रष्टता आदि को झेलता हुआ तुलसी जैसा पवित्र, किसी मानुष की दासता से आज़ाद, और परब्रह्म राम का दास तुलसीदास बना। अतः उनमें वर्ग-संघर्ष और वर्ण-परिशुद्धि का अग्निसत्त्व है। इसीलिए तुलसी ने खलों की, रावण की, रामद्रोहियों की, ब्राह्मणों के गौरव वर्ण-समाज की खिल्ली उड़ानेवाले शूद्र निर्गुणियों की निन्दा की है। उनका आदर्श भी वतर्मान युग नहीं, भविष्य भी नहीं, किन्तु स्वर्ण युगवाला

रामराज्य है। इतना ताप झेलनेवाला, दुखभोगी, वेद तथा वर्ण की मर्यादा का सूर्यविश्वासी तुलसी शृंगार और सुखोल्लास में डूब ही नहीं सकता था। अतः उसने राम को चुना। कारण ऊपर बताए गए हैं। पत्नी की अवहेलना झेलकर ही तुलसी ने सीता और कौशल्या के सतीत्व और करुणापूर्ण चरित्र चुने-उभारे हैं; खलों की नीचताओं से दले जाकर ही सन्तों की पूजा की है; परशुराम के रूप में तत्कालीन क्रोधी शैवाचार्यों की झलक दी है; चित्रकूट के नौका-प्रसंग में खुद तापस बनकर मौजूद हो गए हैं (मानस); रत्नावली की झिड़क को मन्दोदरी की शिक्षापूर्ण झिड़क में रूपान्तरित किया है और राम के वियोग में स्वयं अपने मन को भी उँड़ेल दिया है। तो, इस तरह तुलसी ने राम को चुना। यह चुनाव हनुमान् के माध्यम से सम्पन्न हुआ अर्थात् ग्रामदेवता की चेतना प्राप्त करके। उनकी रामकथाओं में कहीं भी राजमहल का असली बोध नहीं है; राम राजा न होकर ग्रामीण भारत के धर्म-नेता हैं। उनके शिव भी कैलासवासी महेश्वर न होकर समाज के मुक्त, फक्कड़, आशुतोष, औढरदारी, उल्लासपूर्ण-कष्टपूर्ण-तपपूर्ण जीवन के प्रतिबिम्ब हैं ('पार्वतीमंगल', 'मानस', 'कवितावली' के शिव)। शिव में ग्रामीण संस्कृति की निर्बन्धता, राम में उसकी गम्भीर मर्यादा, तथा हनुमान् में उसकी बुनियादी सामाजिक सम्बन्धता है। इस भाँति तुलसी के सृजन-कार्य में ग्राम्यीकरण, पौराणिकीकरण और मध्यकालीनीकरण का अद्भुत संगम हुआ है। यह उनके सृजन-कार्य की मौलिकता है। सम्पूर्ण रामकथा के राजदरबारों, महलों, परिवारों, नगरों, वनों, सेनाओं आदि सभी में विरति, विवेक और भक्ति की गम्भीर प्रशान्त छायाओं की मन्थरता समाज के बजाय उनके ब्राह्मण-संन्यासी की जीवन-शैली का ही नतीजा है। यह उनके सृजन-कार्य की एक अन्य मौलिकता है।

चित्रकूट के सम्पर्क ने तुलसी के सृजन-कार्य तथा कवित्व को गढ़ा है। चित्रकूट के कई स्थल राम के मिथकीय इतिहास से अंकित थे। वहाँ के तीर्थ में मुनियों, साधुओं और कीर्तनियों की मंडली राम-'नायक' का भजन तथा राम-'लीलाओं' का गायन किया करती थी, पर्वत शिखरों पर हनुमान् के मन्दिर और पहलवानों के अखाड़े थे। चाँदनी में झिलमिलाती स्फटिक शिलाएँ, वर्षा में पयस्विनी नदी के ऊपर घहराते हुए श्याम मेघों के नीचे चातकों की रत्न, आस-पास की भोली वनबालाओं की साधु-सन्तों के प्रति श्रद्धा-प्रीति और वृक्षों पर वानरों की सेना आदि ने एक-एक करके तुलसी के अवचेतन में रामवृत्त का जातीय अवचेतन जागरित कर दिया। उनका बचपन का नाम रामबोला था। आरम्भ में वे हनुमान् के भक्त थे ही। चित्रकूट में राममय वातावरण तथा विवाह के बाद रत्नावली के द्वारा जगाए गए बोध ने उन्हें रामदास बना दिया। चित्रकूट रामोपासना में वृन्दावन है और अयोध्या मथुरा है। चित्रकूट राम की चरित-भूमि न होकर लीला-भूमि है। इसलिए यहाँ राम की 'लीलाओं' का गान होता है। तुलसी ने हनुमान्-भक्ति से दास्यभाव की रति की दीक्षा ली, नरहर्यानन्द से सम्प्रदाय की दीक्षा ली, और चित्रकूट के कीर्तनियों से कवित्व-शैली की दिशा हासिल की। इसलिए उनकी सम्पूर्ण कथा लीलाओं में विभाजित है, और प्रत्येक लीला स्वतन्त्र रूप से पूर्ण एवं फलित है। इन

लीलाओं व कथाओं का इतिहास-पुराण शैली में 'वर्णन' हुआ है। इसलिए इन्हें शिक्षा व आचरण के लिए 'समझा' जाता है। तुलसी की अभिव्यंजना-पद्धति चित्रकूट के परिवेश पर अवलम्बित रही है। इसलिए रामकथा का प्रयोजन कभी भी स्वान्तःसुखाय नहीं रहा है (यद्यपि तुलसी ने विनयपूर्वक यह कहा अवश्य है।) रामनाम और रामकथा और रामचरित का त्रित्व भक्ति देनेवाला; पापियों का भी उद्धारक, भवसागर से पार ले जानेवाला, मंगलकारी और भक्तरंजक रहा है। यह मम्मट की साहित्यशास्त्रीय षट्प्रयोजनी से पृथक् है। तुलसी ने नवरसों से एक बड़े तथा नवीन रस 'भक्ति-रस' की प्रतिष्ठा की है। 'कवितावली', 'हनुमानबाहुक', 'विनयपत्रिका' को छोड़कर तुलसी ने अपनी प्रत्येक रचना के विशिष्ट अवसरों पर माने समझने के नए-नए प्रयोजन गिनाए हैं। अतः उनके सृजन-कार्य के शिल्पन में चित्रकूट के योगदान और दिशादान का अनुमान लग जाता है। 'हनुमान्' (दास्य-भाव) और 'राम' (स्वामी) के क्रमशः सार्वभौम तथा निर्विकल्प प्रतीक उन्हें चित्रकूट से ही मिले थे जिनका उत्तरोत्तर विकास हुआ। 'चातक' का प्रतीक उनके यौवन का आदर्शीकरण-आध्यात्मिकीकरण है जिसने उन्हें माया (जगत्) और मोह-ममता (सम्बन्धी, पत्नी आदि) से छुड़ाकर राम के प्रेम अर्थात् 'भक्ति' में लीन कर दिया। इस प्रतीक को हम पीछे स्पष्ट कर चुके हैं। चातक का प्रतीक लगन और एकांगी प्रेम का भाष्य है। इस प्रतीक के कारण ही वे वाल्मीकि से जुदा हो जाते हैं। वाल्मीकि का सर्जक-प्रतीक 'क्रौंच' है। उनकी 'रामायण' में 'क्रौंच-भाव' की, वियुक्ति-वियोग की, त्रास-भय-करुणा एवं शौर्य-संघर्ष आदि में परिव्याप्ति हुई है। वाल्मीकि में चारों ओर जुदाई, चारों ओर वियोग, चारों ओर त्रास-भय-करुणा तथा राम में शौर्य-संघर्ष का नरत्व ही प्रधान है। तुलसी में 'चातक-भाव' की प्रीति, विरति, विवेक, भक्ति तथा राम का परब्रह्मत्व ही प्रधान है। तुलसी और वाल्मीकि में अन्य कई सर्जक भेद हैं। 'वाल्मीकि रामायण' पौरुषेय है, 'मानस' विचित्र। 'रामायण' लौकिक जीवन की सर्वांगीण स्वीकृति है, 'मानस' परलोक की साधना है। 'मानस' उत्तर-मध्यकालीन नैतिकता के व्यवहार तथा आदर्श दोनों के निमित्त है। यह अपने युग की नई सामाजिक आवश्यकताओं (कामिनी-कंचन परित्याग), राजनीतिक आवश्यकताओं (दंड और भेद नीति का परित्याग), आर्थिक आवश्यकताओं तथा आध्यात्मिक धार्मिक आवश्यकताओं भक्ति, उद्धार, भवसागर-मुक्ति, मंगल के प्रति निपट प्रवृत्त्यात्मक ढंग से जागरूक है। तुलसी ने वाल्मीकि की 'रामायण' का ढाँचा तो ग्रहण किया है; किन्तु चरित्र, आदर्श, घटना, वातावरण आदि की व्याख्या में 'अध्यात्म रामायण' का अनुसरण किया है। यह महाकाव्य मध्यकालीन परम्परा और पौराणिक चेतना का कमल है। 'मानस' पर 'अध्यात्म रामायण' का सर्वाधिक आध्यात्मिक प्रभाव है। उदाहरणार्थ, 'अध्यात्म रामायण' के उमामहेश्वर-संवाद से प्रेरित होकर तुलसी ने 'मानस' की संवाद-शैली और चार घाटों के चार वक्ताओं की विधि को विकसित किया है। भक्ति के अनेक प्रसंगों में भक्तों की स्तुतियों की भरमार 'अध्यात्म रामायण' से प्रभावित है; पंचवटी में राम का लक्ष्मण को आध्यात्मिक उपदेश भी 'अध्यात्म रामायण' के प्रभाव की देन है;

जटायु-स्तुति भी 'अध्यात्म रामायण' पर पूर्णतः आधारित है। इसकी तुलना में 'वाल्मीकि रामायण' ने 'मानस' की कथावृत्तियों को प्रभावित किया है। 'आदिवाल्मीकि रामायण' में राम के कौतुक और चमत्कार नहीं हैं। 'मानस' में रामचरणों के चमत्कार (अहल्या, मल्लाह, बालि-वध व अन्य राक्षसों के प्रसंग में) 'अध्यात्म रामायण' की देन हैं। 'रामायण' में फुलवारी-प्रसंग नहीं है जबकि 'मानस' में जनक की फुलवारी की मधुर-लीला वर्णित है। 'रामायण' के विपरीत 'मानस' में रामावतार, रावणावतार और मदन-दहन की कथाएँ हैं; सरस्वती द्वारा मन्थरा की बुद्धि भ्रष्ट कराई गई है; रावण के गृह तथा निशाचरियों के नृत्य, विहार, सौन्दर्य आदि का वर्णन नहीं है। 'रामायण' में ऋष्यमूक के नज़दीक हनुमान् भिक्षुक-रूप में राम से मिले हैं जबकि 'मानस' में वे ब्रह्मचारी रूप में मिलते हैं। 'रामायण' में जयन्त सीता के स्तन में चोंच मारता है, जबकि 'मानस' में वह चरण पर आघात करता है; 'रामायण' में रावण विभीषण को केवल कटु वाक्य कहता है, जबकि 'मानस' में वह लात मारता है; 'रामायण' में तपस्वी शूद्र के वध की कथा है जबकि 'मानस' में इसे ढाँका गया है। इस भाँति 'रामायण' में जहाँ कहीं लौकिक विलास-क्रीड़ा ने या तुलसी के युग की चेतना के अनुसार नैतिकता-विपरीत प्रसंग आए हैं, 'मानस' में उन्हें छोड़ दिया गया है। इसी तरह मूल रामकथा की आधिकारिक घटनाओं में भी जो तुलसी-युगनीति-विरुद्ध लगा है, उसको मोहहीन नर-लीला, कौतुक, माया, खेल आदि कहकर आध्यात्मिक बना दिया गया है। यहाँ तुलसी के युग की दुहरी नैतिकता की गहरी छानबीन हो जाती है। तुलसी के युग में अवतारवाद की स्वीकृति के कारण पात्रों के सभी मानवीय संवेग, मानवीय सीमाएँ अनुचित और मिथ्या सिद्ध की गईं और राम में उन्हें लीलारूप में ही स्थित किया गया। उस समय में अद्भुत रस की लोकप्रियता के कारण रामकथा की लगभग सभी घटनाओं पर अलौकिकता के आवरण डाल दिए गए। भक्ति की दृष्टि से तो यह चाहे जो हो, किन्तु सामाजिक जिज्ञासा तथा कलात्मकता की दृष्टि से निस्सन्देह कृत्रिमता का पुष्टक हुआ। मध्ययुग के दर्पण 'मानस' में इसी अलौकिकता का सहारा लेकर पापी, साधारण, खल आदि सभी प्रकार के मनुष्यों के 'हृदय-परिवर्तन', और फलतः समाज-परिवर्तन का एक भ्रामक सर्वव्यापी विश्वास अवतरित हुआ है। इस भाँति अलौकिकता ने तुलसी के सृजन-कार्य को विश्वदर्शन दिया है। अस्तु, उनका सृजन-कार्य ऐसा है।

अगली गोष्ठी में हम तुलसी के चरित्रों (पात्रों) तथा पात्र रचना-विधियों का विश्लेषण करेंगे।

चौथी गोष्ठी

"कोउ कहु नर नारायन हरि हर कोउ" : अर्थात् तुलसी के पात्र-रचना की तकनीक क्या है ? उनके चरित्रों की रचना कैसी है ? उनके शील-निरूपण में विचार एवं कार्य की रसवादी-शास्त्रवादी भूमिकाएँ क्या हैं ?

हमारे देश के जिस उत्तर-मध्यकाल में धर्मनेता तुलसी हुए थे, और जिस तरह उन्होंने एक प्राकृत् एवं ऐतिहासिक पात्र-मंडल के बजाय एक दैवी एवं मिथकीय पात्रमंडल का पुनर्मूल्यांकन किया है, उसे ध्यान में रखते हुए विशेषतः 'मानस' के चरित्रीकरण के सिद्धान्तों की खोज एक निहायत मुश्किल सृजन है। हम न तो चतुर्धीर नेता-चक्र पर, न ही चतुःशृंगारिक नायक-चक्र पर, और न ही अरस्तु-कृत नैतिक (ईथॉस) एवं वैचारिक (डायनोइआ) चरित्र के ढंग पर आश्रित रह सकते हैं। इसके लिए हमें मिथक और इतिहास, धर्म और जादू, विचार और प्रकार्य (आइडिया ऐंड ऐक्ट), इन तीन द्वन्द्वात्मक अन्तःश्रेणियों का बराबर इस्तेमाल करना होगा। तुलसी के शील-निरूपण का नज़रिया आध्यात्मिक-धार्मिक-नैतिक है। इसलिए हमें एक अलहदा ज़मीन पर खड़ा होना पड़ेगा क्योंकि उनके इस आध्यात्मिक इतिहासवाद (मेटाफ़िज़िकल हिस्टॉरिसिज़्म) में कारणवत्ताओं (कॉज़ेलिटीज़) अर्थात् सामान्य घटनापरक चरित्र-चित्रण के बजाय संस्कृति के सर्वोच्च आत्मिक मूल्यों (स्पिरिचुएल वैल्यूज़) का आह्वान है। मूल्यमीमांसाशास्त्र में सर्वोत्तम मूल्य-दंड 'राज्य' की प्राकृतिक तथा लौकिक यूतोपिया, 'दर्शन' की सार्वभौम धाराएँ (आइडियॉलॉजी), 'धर्म' का शुद्धतम रूप, 'कला' की सर्वतोपम अभिव्यंजना और 'विज्ञान' का तटस्थ प्रमापन आदि से बना है। इसमें तुलसी ने धर्म को परमपद दिया है, और कला एवं दर्शन को साधनमूल्य बनाया है। चरित्रीकरण पर तो इसका बेहद असर पड़ा है। लेकिन हम दुबारा आगाह करना चाहते हैं कि कालान्तर में तुलसी ने आत्मा की 'दिव्य रोशनी' के साथ-साथ आर्थिक-राजनीतिक विचारों के सूर्य-प्रकाश से उत्पन्न कामधेनु-धरती की सोंधी दुर्भुक्ष गन्ध भी फैलाई है। अतः तुलसी के सभी पहलुओं में हमें एकतरफ़ा हो जाने के ख़तरे से लगातार संघर्ष करना होगा।

हमारी शुरुआत **चरित्रीकरण** में मिथक तथा इतिहास की भूमिका से होती है। मिथकीयकरण पर हम एक अलग गोष्ठी में वह बातचीत करेंगे। यहाँ तो केवल

चरित्र-केन्द्रित मिथकचर्चा होगी। सबसे पहले **मिथक** और **'प्रतीक'** (सिम्बॅल) के अन्तरावलम्बन पर दो-चार बातें प्रस्तुत करना समीचीन होगा। आदिम मानव एक समूह-इकाई था और उसके लिए सत्ता के सर्वचेतन-सचेतन, यथार्थ-यथार्थेतर, मृत्यु-मृत्यूपरान्त, मानुष-अतिप्राकृतिक, दो समानान्तर अन्तःसम्बन्धवाले धरातल थे। आदिम समाज और आदिम मानवता के विशिष्ट कार्य, अनुभव, वस्तुएँ, आकृतियाँ आदि 'प्रतीक' में सचेतन-सर्वचेतन हुई हैं। उसमें जो आदिम तथा आर्केटाइपल गहराइयाँ थीं, उसके जो भौतिक एवं प्राकृतिक जगत् के अनिर्वचनीय अनुभव थे, और उसकी संस्कृति में मूल्यों तथा विचारों के रूप में अर्जित जो सामग्री थी वह सब मिलकर **संज्ञाचरण** (नाउन-फ़ेज़) में प्रतीक रूप में जन्मी। अतः प्रतीक में जन्मतः दो धरातल हुए; और धार्मिक प्रतीकों में तो यह दुहरापन रहस्यवादी तथा आध्यात्मिक होता गया। इन प्रतीकों को **क्रिया-चरण** में समानान्तर रचने का कार्य 'मिथक' ने किया। मिथक प्रतीकों को कथारूप में अर्थात् चरित्रघटनावृत्त में गूँथते हैं। इन मिथकों में सामूहिकतामूल आदिम इंसान के खुद को, जीवन को, जगत् को, प्रकृति को और समाज को देखने-समझने, उनसे रिश्ते क़ायम करने, और अन्ततोगत्वा उन्हें कहानियों में गढ़ देने की सृजनात्मक अतिकल्पनाएँ हैं। (मिथकों में वस्तुओं के उद्‌गम, देवताओं और दानवों के करतबों, उनकी जादुई ताक़तों के क़िस्से होते हैं); किन्तु इनमें अपरिमित गहराइयाँ हैं (जिन्हें हम मिथक गोष्ठी में उभारेंगे)। रामकथा में कृषिकर्म, नायक के जन्म और नारी के पवित्रीकरण (सीता, अहल्या, अग्निपरीक्षा) तथा आर्यों के सांस्कृतिक संघर्ष के तीन-चार 'मूल स्रष्टा विचार-बीज' दबे पड़े हैं जो काल-यात्रा में अनेक मिथक कथाओं, और परवर्ती ऐतिहासिक व्याख्याओं से जुड़ते-जुड़ते तुलसी के हाथों में एक मिथकीय इतिहास हो गए हैं। धार्मिक चेतना इन्हें 'प्रतीक' के रूप में मानने से इनकार करती है यद्यपि हर परवर्ती युग इन्हें प्रतीक मानकर ही इनकी पुनर्व्याख्या करता है। हम इन्हें 'मिथक प्रतीक' के मिथुन मानेंगे जिसके अन्तर्गत राम, रामवृत्त के पात्र, रामवृत्त की घटनाएँ तथा रामचरित्र का मेल है। मिथकीय प्रतीकीकरण की वजह से 'मानस' के पात्र व घटनाएँ अर्थगत दुहरेपन, इतिहास-मिथक के कालगत दुहरेपन तथा लौकिक-अलौकिक के स्थानगत दुहरेपन को लिए हैं। इसी वजह से रामव्यूह के पात्र अवतार और मनुष्य, लौकिक और अलौकिक, नट और दैवी, दोनों हैं (और कुछ व्याख्याओं में इनमें-से एक नहीं भी हैं); रावणवृत्त के पात्र शत्रु और मित्र, मायावी और मुक्तिप्रार्थी दोनों हैं। मिथकीय चरण में रामवृत्त से जुड़े 'मूल स्रष्टा विचार-बीज' पहले तो 'आर्केटाइपल पैटर्नों' में गुँथकर एक अनुस्यूत कथानक बने होंगे। बाद में पूर्णतः सुगठित हो जाने पर रामकथा का एक 'सांस्कृतिक पैटर्न' वाल्मीकि ने पूरा कर दिया होगा। संक्रान्त मध्यकाल में तुलसी ने इस पैटर्न या 'रूपाकार' को एक 'साम्प्रदायिक रूपाकार' (कल्टिक पैटर्न) में रूपान्तरित कर दिया जिसमें इतिहास और समाज, तथा चरित्र और वैष्णवोपासना की चतुरंग रेखाएँ अधिक बोल उठी हैं; दैवी शक्तियों के प्रभाव तथा उपासकों के पूजा-विधान एवं सम्प्रदाय की दार्शनिक व्याख्या पुरजोश हो उठी हैं। सारांश में, तुलसी

ने अपने पात्रों को वैदिक देवताओं की तरह प्रतीक नहीं रहने दिया, वाल्मीकि के पात्रों की तरह महाकाव्यात्मक नायकदल नहीं रहने दिया, बल्कि अधिभाषा (मेट लैंग्वेज) उनका भव्य वृत्तान्त रचकर उन्हें आध्यात्मिक इतिहास में गतिमान कर दिया। उन्होंने दो तरह की यथार्थता मंजूर की है: पहली सामाजिक क्रूर-कटु यथातथ्यता, दूसरी धर्म-सिद्धान्तों द्वारा प्रस्तावित यथार्थता (सत्य)। "आरम्भिक कालों में जब सारा जीवन साम्प्रदायिक या मिथकीय निर्देशन से संचालित होता है तब यथार्थता इतनी महानतापूर्वक सरल होती है, इतनी सरलतापूर्वक सर्वग्राह्य होती है, एक कली की तरह यूँ मुँदी हुई होती है, कि वह हमारे लिए अतिरिक्त अर्थों की छिपी राशि रखे रहती है। आदिम यथातथ्यता की भव्यता का हेतु भी यही है।"[1] तुलसी ने जिस आर्ष यथार्थता को स्वीकारा वह युग-युगपूर्व घटनाओं से पूर्व-निर्धारित थी और उसमें मानव के 'सही' कार्यों तथा 'पवित्र' संवेगों के धार्मिक मानदंड बने हुए थे। उन्होंने अपने युग में उपस्थित मानव एवं हिन्दू समाज को जीवन के चिरन्तन महामिथकीय स्रोत से जोड़ा, किन्तु अपने साम्प्रदायिक रूपाकार को अनुवर्ती मीमांसा के साथ। उन्हें और उनके युग के भारी बहुमत को यह यक़ीन था कि वे पात्र एवं घटनाएँ अस्तित्वमान थीं, और अस्तित्वमान हैं। अतएव उन्होंने अपने रामचरित-लेखन के 'वातावरण' को रँगने में तो अपने देश-काल के गाढ़े-ताज़े रंग भरे, तथा 'पात्रों-घटनाओं' की व्याख्या में अपने सम्प्रदाय एवं वेद-लोकरीति-समर्थित यथातथ्यता का इस्तेमाल किया। इसलिए मिथकीय रामवृत्त के चरित्र अलौकिक और लौकिक, दोनों शील धारण करते प्रतीत होते हैं। इसीलिए वे वाल्मीकि के नर-नरोत्तम राम न होकर नारायण ('सगुण परब्रह्म') हो जाते हैं। अतः जिस तरह वाल्मीकि ने 'रामायण' के पात्रों की वैदिक-अर्ध-पौराणिक व्याख्याएँ की हैं उसी तरह तुलसी ने राम के मिथक-प्रतीक (राम, रामवृत्त में पात्र, रामचरित) की एक 'तत्कालीन पूर्णरूपेण वैष्णव व्याख्या' पेश की है। इस व्याख्या में अलौकिकता, नरत्व की अवमानता, कार्यों के दुहरेपन को सम्प्रदायगत बनाने के लिए 'लीला' के धार्मिक प्रतीक का बहुमुखी प्रयोग हुआ है। तुलसी की इस साम्प्रदायिक वैष्णव-व्याख्या में तत्कालीनता के असर के कारण 'लीला' और 'प्रयोजन' को नए आयाम भी मिले हैं। जैसे–(1) राम निर्गुण-सगुण दोनों हैं, निर्गुण से सगुण हो जाते हैं, उनके अंश से नाना ब्रह्मा-विष्णु-महेश उत्पन्न होते हैं और वे इनका संचालन करते हैं, अतः वे अवतार से भी बड़े परब्रह्म हैं और इसके साथ ही वे आदर्श पुत्र, आदर्श पति, आदर्श मित्र और आदर्श राजा हैं–वैष्णव नीतिशास्त्र की मर्यादा; (2) विष्णु के अवतार राम तथा उपास्य अवतारी राम के मेल से प्रस्तुत इस संशोधित 'अवतारवाद' में भक्ति की सगुणोपासना का भी समन्वय हुआ है; (3) वैदिक रीति के असुर-संहार के हेतु के स्थान पर भक्तिपरक मध्यकालीन (लोकरीति के) असुर-उद्धार की प्रमुखता हो गई जिससे रावणवृत्त के सभी पात्र भी प्रकट-अप्रकट रामभक्त हो गए; (4) नृतात्त्विक दृष्टि से राम चरवाहायुग तथा

1. रोल्लो मे द्वारा सम्पादित 'सिम्बॉलिज़्म इन रिलीजन ऐंड लिटरेचर' में एरिक काल्हर का 'दि नेचर ऑव सिम्बॅल' शीर्षक लेख, पृष्ठ 64-65।

कृषियुग की सन्धि पर हैं लेकिन 'मानस' में वे कृषियुग की संस्कृति के प्रतीक हैं; (5) 'मानस' की उमा केवल शिवपत्नी न होकर शाक्तों की उपास्या भी है; (6) सारे तुलसी-कृतित्व में लीला और चरित, गाँव और नगर, प्रजा और राजा, सेवक और स्वामी, भक्त और भगवान्‌वाले 'द्विपर्ण विरुद्धों में सामंजस्य' के अनूठे उदाहरण हैं; और (7) सारा तुलसी-कृतित्व राज्य और कला के बजाय परिवार और धर्म के निमित्त है, इसीलिए अवतार के वैदिक हेतुओं के साथ भगत-हेतु, ब्राह्मण-हेतु तथा गौ-हेतु भी जुड़े हैं।

मिश्रित मिथकीय परिवेश से शुद्ध इतिहास-भूमिका पर उतरने पर तुलसी के **चरित्रीकरण के सिद्धान्त** और स्पष्ट होते हैं। यों तो वाल्मीकि ही महाकाव्यचरण में चरित्रीकरण को इतिहास-भूमिका पर ले आए थे, वीरचरितयुग (हीरोइक एज) भव्य होता है, पारलौकिक-पारमार्थिक नहीं। इस युग में आचरण की परम्पराएँ रूढ़ नहीं हो पातीं; लेकिन घोर मध्यकाल, और उसमें भी उस युग का पारलौकिक दृष्टिकोण, आचरण-व्यवहार की एक विस्तृत तथा सूक्ष्म संहिता का विधान करता है। तुलसी ने रामवृत्त के पात्रों के आचरण-व्यवहारों की लौकिक मर्यादाओं को ऐतद्‌देशीय आधार पर गढ़ा है। लेकिन पात्रों में अलौकिकता भी है। क्या इस अलौकिक चरित्रवत्ता का इतिहास से कोई नाता है ? यहाँ इतिहास की मध्यकालीन चेतना बौद्धिक न होकर रहस्यात्मक या आध्यात्मिक है। यह चेतना 'विकासवाद के विचारमत' को क़तई नामंजूर करके 'सृष्टि के विचारमत' पर विश्वास रखती है। यह चेतना मानव-चेतना की आन्तरिक एकता को मिथकीय ढंग से बाह्य जगत् पर आरोपित करती है तथा जीवन की पूर्णता एवं सार्थकता की अभिव्यक्ति परिपूर्ण तर्क के बजाय मिथकीय विश्वास द्वारा करती है। इस ऐतिहासिक चेतना में भी सृष्टि एक रहस्य बनी रहती है और मिथक से पूर्णतः अलग नहीं हो पाती। इस भाँति स्रष्टा **ईश्वर** प्रथम और अन्तिम हेतु बन जाता है। न तो वह पूर्णतः ऐतिहासिक जगत् में लीन हो पाता है, न ही पूर्णतः उससे विच्छिन्न। इस तरह के इतिहास में कारणवाद (कॉज़ेशन) की समस्या तर्क से छूट जाती है। प्रत्येक तथ्य एक पूर्ववर्ती कारण द्वारा सुलझा दिया जाता है तथा प्रत्येक कारण के पीछे किसी दूसरे लोक (पूर्वजन्म) का कारण निहित कर दिया जाता है। इस प्रकार का अन्तर्विरोध दैवी पात्रों की अलौकिकता, और लौकिक पात्रों के कर्मसिद्धान्त को संचालित करता है। दैवी पात्र नाना प्रकारों के अवतार लेकर कल्प-कल्प में अपनी लीला करते हैं, तो लौकिक पात्र पूर्वजन्म एवं वर्तमान जन्म, दोनों को मिलाकर अपने चरित्र की कार्य-कारण शृंखला कसते हैं। इस तरह ईश्वर राम, और कमोवेश उनके वृत्त के अन्य पात्र भी, 'स्रष्टा' होने के साथ-साथ ऐतिहासिक अस्तित्व के 'निर्णायक' भी हो जाते हैं। फलतः लौकिक पात्र आत्मा की चरम समरसता को प्राप्त करने के कार्यों में प्रकृति की समरसता को उपेक्षित या खंडित करते हैं। ऐतिहासिक निरीक्षण की दृष्टि से तीन तरह की कारणवत्ताएँ होती हैं; यान्त्रिकतावादी कारणवत्ता कारण तथा प्रभाव में पूरी समानता मानती है, जीवशास्त्रीय कारणवत्ता कारण से अधिक प्रभाव को महत्त्व देते हुए एक भ्रूण को पूरे विकसित जीवन के परिप्रेक्ष्य में देखती है, तथा आध्यात्मिक-नैतिक कारणवत्ता व्यक्तित्व के सहज आवेश और कार्य-प्रभाव

से परे के कारण को उभारती है। यह कार्य को दो विधेयों में बाँट देती है :[1] बाह्य विवरण के अनुसार किसी विशेष आवेश या शक्ति से संचालित विशिष्ट कार्य अवश्यम्भावी है; तथा आन्तरिक विवरण के अनुसार उस विशेष कार्य तथा एक उच्चतर सम्भावना के बीच चुनाव होना अवश्यम्भावी है। यह चुनाव पाप, अशुभ, अधर्म, जड़ता, माया को जानकर ही कार्य की उच्चतर सम्भावना के रूप में सम्पादित किया जा सकता है। पाप या बुरे कार्य इस जगत् में आने पर (माया के कारण) जीव पर हावी हो जाते हैं। ये भौतिकता, प्रकृति और शरीर-जगत् के भ्रान्त ऐतिहासिक द्वैत से उत्पन्न होते हैं। इस प्रकार इस जगत् में आना अर्थात् सृष्टि एक पतन या बन्धन हो जाती है; और नैसर्गिकता के आवेग पाप या बुरे कर्मों के स्रोत बन जाते हैं तथा 'विवेक' के निर्देशन शुभ कार्यों के स्रोत। तुलसी ने अपने चरित्रीकरण में जगत्, जीव, कार्य, विचार, आवेग (मनोविकार) आदि के लिए सक्रिय आध्यात्मिक नैतिक कारणवत्ता को हिन्दू धर्मशास्त्र के अखंड परिवेश में पेश किया है। इस परिवेश में तुलसी को कुछ परिवर्धन-संशोधन भी करना पड़ा है। चरित्रविधान कार्यकारण-शृंखला से संचालित होता है किन्तु यह शृंखला पूर्वजन्म से पूर्णतः जुड़ी है। अतः ऐतिहासिक कार्य स्वतन्त्र नहीं है। इस चरित्र-विधान का निर्णायक ईश्वरीय न्याय है जिसके अनुसार शुभ कार्य का फल पुण्य और अशुभ का पाप होता है; लेकिन निष्काम काम सर्वोत्तम है। अशुभ कार्य दंडनीय तथा शुभ पुरस्कार योग्य है। इस नैतिक क़ानून की कठोरता में मनुष्यों को जकड़कर तुलसी ने ईश्वर को पूर्णतः मुक्त निर्णायक बना दिया है। पापों से मनुष्य और राक्षस छुटकारा पा सकते हैं—भक्ति और मुक्ति द्वारा। पाप जीव के अंश न होकर माया की दुष्टता हैं। इसलिए इतिहास में ईश्वर के अवतार-प्रतीक की वह पूर्णता उद्घाटित हुई जो कर्मसिद्धान्त का अतिक्रमण करके दंड-पुरस्कारदान के अलावा 'क्षमा' भी प्रदान कर सके।[2] फलस्वरूप रामव्यूह के पात्र वैदिक और लौकिक रीति के अनुसार बालि, शम्बूक, शूर्पणखा का दंड देते हैं; विभीषण, सुग्रीव, परशुराम आदि को क्षमा करते हैं; जाम्बवन्त, हनुमान, भरत, अंगद, जटायु को पुरस्कार देते हैं; रावण, खर-दूषण, मेघनाद, कुम्भकर्ण आदि का वध करके भी मोक्ष देते हैं; तथा शबरी, अहल्या, निषाद, जयन्त आदि का उद्धार करते हैं। यही नहीं, रामभक्तों और सन्तों के विचारात्मक चरित्र को रंजन से समृद्ध करते हैं। इस तरह जीवन के स्रोत और अर्थ को इतिहास से परे प्रतिष्ठित करके तुलसी ने शील-निरूपण में एक ओर तो दैवी पात्रों में अलौकिकता की प्रतिष्ठा की है; दूसरी ओर मानवीय पात्रों में भक्ति के हेतु से 'प्रीति', 'उद्धार' और 'क्षमा' के नए आयाम दिए हैं; तीसरी ओर राक्षस और संघर्ष-पक्ष को भी राम की नैतिक करुणा से मंडित किया है; तथा चौथी ओर चरित्र का 'अर्थ' इस जीवन एवं इतिहास की सत्ता से परे व्यंजित किया है।

धर्म और **जादू** ने भी विशेषतया क्रमशः रामपक्ष और रावणपक्ष के चरित्रों का

1. देखिए : राइनहोल्ड नाइबूह्न-कृत 'द नेचर ऑव रिलिजस एक्सपीरियेंस' में 'द ट्रुथ इन मिथ्स' शीर्षक लेख।
2. उपर्युक्त।

काफ़ी संचालन किया है। धर्म और जादू के सम्बन्धों पर मेलिनोव्सकी, फ्रेजर, क्लुकहॉन, टाइलर, सुमनेर, रेडिन आदि नृतत्त्वशास्त्रियों ने गम्भीर कार्य किए हैं। दोनों तत्त्व ही अनानुभव-परक हैं, दोनों ही आस्था पर आश्रित हैं, दोनों ही नयों तथा भग्नाशाओं से संघर्ष करते हैं, दोनों ही प्रतीकात्मक हैं, दोनों ही एक कर्मकांड में जकड़े हैं। जादू की प्रकृति साधनवादी तथा व्यक्तिनिरपेक्ष होती है जिससे यह अच्छाई या बुराई के लिए प्रयुक्त हो सकता है। अतः यह वैयक्तिक लक्ष्यों पर बल देता है। धर्म समूह के लक्ष्यों पर बल देता है। जादू के संवेगों का नृतात्त्विक मनस्तत्त्व (ऐन्थ्रोपोसाइकी) नहीं होता जबकि धर्म में संवेग, श्रद्धा और प्रीति होती है। जादू में श्वेत-श्याम शक्ति–दैवीशक्ति–को क़ब्ज़े में किया जाता है, जबकि धर्म में उसके लिए प्रार्थना की जाती है। धर्म संस्थागत होकर सामाजिक समूहों का संगठन करता है जबकि जादू अपने विश्वासियों को संगठित नहीं करता। धर्म मानवीय अस्तित्व के बुनियादी प्रश्नों से जूझता है जबकि जादू विशेष और स्थूल समस्याओं में बझा होता है। नृतत्त्वशास्त्रियों के अनुसार धर्म का कोई ऐसा पक्ष कठिनाई से ही मिलेगा जिसमें कुछ जादू के पक्ष घुले-मिले न हों। हर्स्कोवित्स के शब्दों में, "वस्तुतः जादू धर्म का संश्लिष्ट अंग है।" बहुधा यह माना जाता है कि जादू कम-से-कम या तो समाज के, या उसके किसी समूह के, या किसी ईश्वर-भक्त प्रतिष्ठित मनुष्य के ख़िलाफ़ होता है। धार्मिक कर्मकांड समाज या किसी व्यक्ति कि ख़िलाफ़ नहीं होते हैं। धर्म और नीति (राजनीति) मिलकर एक जटिल निर्मिति को, तथा जादू और प्रौद्योगिकी (टैकनॉलॅजी) मिलकर दूसरी जटिल निर्मिति को प्रस्तुत करते हैं। दोनों में ही अतिप्राकृतिक के प्रति श्रद्धा है। जादू के अतिप्राकृतिक (सुपरनैचुरल) में कपट और भय होता है; धर्म के अतिप्राकृतिक में प्रार्थना और पावनता (होलिनेस)। इस पीठिका पर रामपक्ष और रावणपक्ष के चरित्रीकरण के नए पक्ष आलोकित हो उठते हैं, क्योंकि तुलसी के मध्यकालीन धर्म में भी रामवृत्त के मूल 'मिथकीय' और 'जादुई' अवशेष 'संस्कृतिकृत' हो चुके थे। 'मानस' में जादुई अवशेषों का सर्वाधिक उपयोग हुआ है। रावण में जादू (माया) तथा प्रौद्योगिकी ('शक्ति'-प्रयोग) का आधान है, तो राम में धर्म और राजनीति का। रावण एक मायावी की तरह अशोकवन की सीता और लंका के युद्ध, दोनों की जोड़-तोड़ करता है तथा उन पर वैयक्तिक स्वार्थ की दृष्टि से नियन्त्रण रखता है। राम तप और वैराग्य से त्याग करते हैं तथा शिवादि की उपासना करते हैं। रावण अपनी शक्ति का उपयोग वैयक्तिक लक्ष्यों के लिए करता है, जबकि राम समूह के आदर्शों के लिए। रावण माया एवं शक्ति के प्रयोग नर-समूह और अवतारी राम के ख़िलाफ़ करता है। यह बात ध्यान देने योग्य है कि नाना 'शक्तियों' और 'मायाओं' का उपयोग रावणपक्ष ही करता है, रामपक्ष नीति और कर्मकांड पर आस्था रखता है। रावण दैवमत के विरुद्ध है और कोई भी अपशकुन नहीं मानता। वह माया का रचयिता भी है। सारांशतः वह 'अधर्मी, दुष्ट, स्वार्थी' होने के साथ 'मायावी' या जादूगर भी है। इसी के साथ रावण का धार्मिक आधार भी है कि वह उत्तम कुल-जन्मा पुलस्त्य का नाती है और प्रभु राम के बाण से प्राण छोड़कर

भवसागर तरनेवाला एक भक्त भी हो जाता है जो बाह्य लीला के लिए शत्रु बनता है। वह सीता की भी मन-ही-मन स्तुति करता है। लेकिन उसका चरित्रीकरण उसके भक्त के आधार को सार्थक नहीं करता। वह एक खलनायक ही रहता है। राम में अतिप्राकृतिकता का समावेश सर्वाधिक है जो उन्हें परमपावन (होली) बनाती है। उनका जन्म नहीं होता है। वे प्रकट होते हैं : चारों भुजाओं में आयुध धारण किए हुए, दिव्य आभूषण और वनमाला पहने। वे अलौकिक बाललीलाएँ करते हैं और अपना अखंड अद्भुत रूप दिखाते हैं जो विराट्पुरुष (एन्थोपोसेंट्रिक) का प्रतीक है। उनके अलौकिक प्रभाव के कारण जो कोई उनके भक्त के प्रति अपराध करता है वह रामरोषरूपी अग्नि में जल जाता है। राम माया के नियन्ता भी हैं किन्तु यह माया एक दार्शनिक अवधारणा होकर उनसे संलग्न है। सती के सामने राम (बालकांड) तथा वानरों-रीछों के सामने रावण अनेक राम उत्पन्न कर देते हैं जो क्रमशः एक ही अतिप्राकृतिक शक्ति के 'लीला' एवं 'माया' रूप हैं। जादू के अन्य प्रयोग चरित्रीकरण को इतना अधिक नहीं प्रभावित करते हैं (जैसे—वेश बदलना, रूप बदलना, अग्निपरीक्षा, लक्ष्मण-रेखा आदि)। अतः उनकी चर्चा अन्यत्र यथास्थान होगी।

विचार और कार्य के परिप्रेक्ष्य में तुलसी के चरित्रीकरण की अनेकानेक पद्धतियाँ उभर पड़ती हैं। हम यह नृतात्त्विक तथ्य दोबारा दुहरा देना चाहते हैं कि इतिवृत्त (कथात्मकता) में पात्र प्रतीक (संज्ञा) के रूप में न होकर चरित्र (क्रिया) के रूप में होते हैं, किन्तु धार्मिक इतिवृत्त में वे अवधारणा (कॉन्सेप्ट) हो सकते हैं। वे विचार (आइडिया) के हरकारे हो जाते हैं। दर्शन, सामाजिक विज्ञानों तथा धर्म के समाजशास्त्र में एक महान् विवाद इस बात पर भी चलता है कि इतिहास में विचारों की भूमिका क्या होती है ? धार्मिक इतिवृत्त में नायकवर्ग तथा खलनायकवर्ग के विचार घटनाओं को स्वतः निर्धारित तथा बेहद संचालित करते हैं। शंकर, तुलसी, मार्क्स, नीत्शे, कार्ल मानहाइम, फ्राएड आदि के समानान्तर कृतित्वों में विचार बनाम इतिहास के सम्बन्ध साफ़ हो उठते हैं। यह एक प्रबल समाजशास्त्रीय स्थापना है कि "विचार हितों (इंटरेस्ट्स) के कार्यधर्म होते हैं। चेतना की जीवन पर तथा विचार की पूरे व्यक्तित्व और उसकी सामाजिक भूमिका पर पूरी छाप होती है और ये समाज तथा संस्कृति को विकसित करते हैं। टालकॉट पार्संस दो प्रकार के विचार मानते हैं : (क) 'अस्तित्ववादी विचार' जो यथातथ्य या यथानुमानित वस्तुओं का विवरण और विश्लेषण करते हैं; (ख) 'नॉर्मेटिव विचार' जो यह संकेत करते हैं कि वस्तुओं को कैसा होना चाहिए। काव्य, विशेषकर धार्मिक काव्य, में ये दोनों ही अतिशयोक्तिपूर्ण होते हैं तथा इन पर परम्परा का गहरा कवच पड़ा होता है। इसलिए विचार और कार्य के सम्बन्ध बड़े ही आन्दोलक होते हैं। किसी धार्मिक सम्प्रदाय के अन्तर्मुखी विस्तार से निस्सृत विचार सीधे ही सामाजिक सक्रियता और सामाजिक परिवर्तन के भागी नहीं हो जाते। जब विचार और हितों की मैत्री होती है, जब वे किसी वर्ग या समूह के चिन्तन को प्रभावित कर डालते हैं, तभी वे सामाजिक अन्तःप्रक्रिया में संचरणशील होते हैं। एक बात और भी ध्यान में रखने की है कि धार्मिक

विचार अपेक्षाकृत काफ़ी सुस्थिर और बहुधा अपरिवर्तनीय हुआ करते हैं। यदि वे एक बार विकसित तथा स्वीकार कर लिए जाते हैं तब वे 'कार्य' पर अपना पूरा दबाव डालते हैं। अतः वे सामाजिक परिवर्तन के बाधक भी हो जाते हैं। मध्यकाल में वर्णाश्रमधर्म, कर्मसिद्धान्त, भाग्य आदि के विचारों ने अपनी जीवन्तता खोकर सामाजिक परिवर्तन, आर्थिक दौलत, वैज्ञानिक (तार्किक) दृष्टिकोणों के प्रति दूसरे प्रकार का रुख अपनाया (क्योंकि आध्यात्मिक विचार केवल 'भौतिक परिस्थितियों' का ही प्रतिबिम्ब नहीं होते हैं)। तुलसी के समय में दीन-हीन कृषकवर्ग में सुगबुगाहट उठ रही थी। इसकी धार्मिक अशान्ति को कबीर ने पहचाना और सामाजिक विनाश को तुलसी ने। किन्तु तुलसी के अपने विचारधारात्मक अन्तर्विरोध (वर्ण बनाम वर्ग, वर्णाश्रम बनाम वर्णहीनता, रामराज बनाम कलिसमाज) थे। अतः मध्यकालीन इतिहास में विचार की नई भूमिका के प्रवक्ताओं में कबीर तथा अन्य सन्त और तुलसी तथा अन्य विचारक आते हैं। इन लोगों ने 'भक्ति' और 'माया' और 'जाति' के सम्बन्ध में नए विचार रचे एवं प्रस्तुत किए; किन्तु तत्कालीन नैतिक आवश्यकताओं तथा 'मोक्ष' या मुक्ति की ज़बरदस्त अवधारणा से उनके ये विचार पुनः एक परम्परावादी साँचे में ढल गए। मैक्स वेबर ने धार्मिक विश्वासों तथा आर्थिक विकास के आपसी सम्बन्धों की एक लम्बी अध्ययन-माला से यह नतीजा निकाला है कि 'मोक्ष' की विभिन्न धारणाओं ने आर्थिक व्यवहारों को अत्यन्त प्रभावित किया है। हिन्दू धार्मिकता ने कर्मसिद्धान्त पर विश्वास करके, 'अर्थ' और 'काम' पक्षों को पापरूप मानकर, मध्यकाल की सामाजिक चेतना को तो कुंठित किया ही, आर्थिक विकास और आर्थिक शोषण के ताप को भी रोक दिया। इस भाँति धर्म या तो बाधक बना या झेलक। तुलसी के पात्र-संयोजन से हमें विचारों एवं कार्यों के आपसी सम्बन्ध के कई पहलू मिलते हैं : रामपक्ष त्याग और नीति का आवेदक रहा है, रावणपक्ष भौतिकता और आर्यनीति का विरोधी। लंका का आर्थिक और तकनीकी स्तर काफ़ी ऊँचा था। किन्तु वहाँ 'अधर्म' और 'काम' का ही बोलबाला था। रामपक्ष में परम्पराव्रत है; वह नाना निगमागमपुराण ग्रन्थों से समर्थित चरित्रयोजना में बँधा है। वह आध्यात्मिक मूल्यों की ओर उन्मुख है। अतः वह भविष्य के बजाय अतीत की ओर प्रयाण करता है। परिवर्तन का दबाव केवल शूद्रों की ओर से उभर रहा है। अतः राम एक ओर निषाद और शबरी आदि को गले लगाते हैं, तो दूसरी ओर शूद्र शम्बूक का वध करते हैं या शूद्र को नीच ही बनाए रखते हैं। आध्यात्मिक मूल्यों की साधना की वजह से 'सन्त' और 'भक्त', ऋषि और पुरोहित, ब्राह्मण और गौ को शीर्ष स्थान दिया गया है। ये मात्र चिन्तन और भावना में तल्लीन रहनेवाले अन्तर्मुखी पात्राभास हैं : अमूर्त टाइप जैसे हैं। इसी के समानान्तर 'अवतारवाद' तथा 'भक्ति' ने मिलकर विचारों को परिवर्तनकारी भूमिका भी दी है : परब्रह्म राम भूमि के भार को हरने के लिए, असुरों का संहार करने के लिए, और एक धर्मराज्य-स्थापना के लिए अर्थात् एक निर्विकल्प सामाजिक परिवर्तन के लिए धरती पर स्वयं आते हैं; उनके साथ इन्द्र (बालि), ब्रह्मा (जामवन्त), सूर्य (सुग्रीव), विश्वकर्मा (नील), मारुत (हनुमान्) तथा सहस्र

देवता (वानर) भी सामूहिक अवतार लेकर इस परिवर्तन के सहकर्मी होते हैं; लक्ष्मण (शेष), भरत (शंख) और शत्रुघ्न (चक्र) का भी अंशावतार होता है। अवतार में 'भक्ति' के मिलने से समाज में सुधार और संवेगों का उदात्तीकरण भी होता है। किन्तु सब मिलाकर सामाजिक सक्रियता का यह परिगठन दो आधारों पर क़ायम है : वर्णाश्रम-व्यवस्था, तथा लोक-मर्यादा एवं वेद-मर्यादा की व्यवस्था। रामवृत्त के सारे पात्र इन्हीं दो व्यवस्थाओं के योगक्षेम हैं। दो विचारात्मक चरित्र-कोटियाँ उभरती हैं : वैराग्य कोटि (सन्त, भक्त, मुनि आदि), और भक्त कोटि (यह बहुत व्यापक है जिसमें शत्रु, पापी, राक्षस भी शामिल हो जाते हैं यदि वे रामभक्त हैं)। इसके मूल में अविनाशी जीव को ईश्वर का अंश मानने का विचार है। इसके मूल में दूसरा हेतु उद्धार का है। भारतीय आध्यात्मिक चिन्तन-स्वभाव की रचना में तीन गुणों (सत्त्व, रज, तम) और तदनुरूप तीन प्रकार के विचारशील को मानता है। इस विचार के अनुसार वैरागी सद्‌गुणी चरित्र हैं, साधक व गृहस्थ रजोगुणी, और पापी एवं राक्षस तमोगुणी। ये पात्र अपना आध्यात्मिक उद्धार करते हैं अर्थात् तमोगुणी-रजोगुणी वृत्ति को त्यागकर सत्त्वगुणी चरित्र के साधक होते हैं। इसके मूल में तीसरा विचार है : 'कर्म' की मीमांसा का। अवतारी और अंशावतार पात्रों के कार्य तो 'लीला' होते हैं, लेकिन प्राकृत जनों के कार्य पूर्वजन्म के 'कर्म' के परिणाम भी होते हैं; राक्षसों के कार्य तत्काल व्यवस्था के ध्वंसक होते हैं। तुलसी ने इस त्रिमुखी कार्य-मीमांसा में कर्मवाद का कर्म, परब्रह्म की लीला, तथा तत्कालीन वर्तमान की अराजकता, तीनों को समाहित किया है; प्राकृत जनों के वर्तमान कार्यों के निष्काम होने की शर्त रखी है। कार्यक्षेत्र में एक मानवतावादी परिवर्तन भी उन्होंने किया : 'कर्मसिद्धान्त' की वज्रादपि कठोरता और 'दैवी क्षमा-करुणा के तत्त्वों' का भक्ति द्वारा समन्वय। सारांश में 'गुण' और 'कर्म' के विचारों ने उन्हें चरित्रीकरण के सूत्र दिए हैं जिसके फलस्वरूप उन्होंने आदर्श (आइडियल) बनाम कुकर्म (ईविल) के दो ध्रुवान्त बना डाले हैं। आदर्श के अन्तर्गत उसका साधक आदर्श सन्त है और निर्विकल्प आदर्श परब्रह्म राम; कुकर्म के अन्तर्गत उसका माध्यम खल है और परिणति रावण। रामपक्ष में देवता, नर और भक्त शामिल हैं; रावणपक्ष में अप्रकट भक्त किन्तु प्रकट राक्षस और तत्कालीन समाज के दुष्ट लोग जुड़े हैं। ये राक्षस वस्तुतः खलों के अतिप्राकृतिक प्रतीक हैं : पराए धन व पराई स्त्री को चुरा ले जानेवाले, दुष्ट, चोर, जुआरी (मानस, 1/183/1); अनेक जातियों के (क़बीलाई टोटेम), मनमाना रूप धारण करनेवाले (गुरिल्ला), भयंकर-हिंसक-विवेकरहित (बर्बर)। वैदिक संस्कृति की विरोधी जातियाँ, तथा पौराणिक आचारों के भंजक (खल), दोनों मिलकर 'राक्षस' का धार्मिक-बिम्ब रचते हैं। धार्मिक काव्यों में इस विचारदिशा का भी ख़्याल रखना चाहिए कि उनमें देवता या ईश्वर के लिए, उसके चरित्रशिल्प और आदर्श-स्थापना के लिए, राक्षस या दुष्ट अनिवार्य भी हैं। एक ईश्वर बिना राक्षस की विरोधी मौजूदगी अस्तित्वमान ही नहीं हो सकती, उसमें अतिमानवता, देवत्व तथा अतिप्राकृतिकता का समावेश नामुमकिन हो जाएगा। इस भाँति राम सन्तनायक के शीर्ष तथा रावण

खलनायक के शीर्ष हो जाते हैं। रामकथा की **यात्राओं** में विचार बड़े ही सुविचारित ढंग से कार्य में रूपान्तरित होते चले जाते हैं। पहली श्रेणी में राजकुमार राम की मिथिला तथा अयोध्या (कोशल) के बीच की यात्राएँ हैं जिनमें प्रेम, विवाह, मंगल तथा राजकलह सभी घटता है। दूसरी यात्रा है वनवासी राम की पंचवटी तक की जहाँ राम वन्यजीवन की भीषणताओं से अभ्यस्त होकर कुशल दंडनीतिकार (धन्वा) होते हैं। तीसरी यात्रा है लंका तक की जहाँ राम प्रजातान्त्रिक सेनापति, धनुर्वेदसिद्ध और अवतार-पुरुष होते हैं तथा राक्षसों का संहार करते हैं। अन्तिम यात्रा है लंका से अयोध्या तक की जहाँ वे पुनः दिग्विजयी राम, राष्ट्रनेता राम, परब्रह्म राम के रूप में वापस आते हैं। ज़ाहिर है कि हिन्दू विचारों और अहिन्दू विचारों की टक्कर से चरित्र (कार्यों) के कई ऐसे पहलू भी खुले हैं जिनमें एक ओर रोमांस के तत्त्व (नायिका-हरण, नायक की जोखिम यात्रा, भय-त्रास-करुणादि) घुले-मिले हैं, तो दूसरी ओर मध्यकालीन कृषि-संस्कृति की मर्यादा व अलौकिक श्रद्धा अधिगृहीत है। इसके अलावा चरित्रीकरण पर कर्मसिद्धान्त का सहजता-घातक प्रभाव भी पड़ा है। तुलसी ने इसके मूल विचार—भाग्यवाद—का सहारा लेकर प्रत्येक छोटे-महीन अन्तर्द्वन्द्व या बाह्य संघर्ष को नैतिक न्याय से जोड़कर उसकी पूर्वजन्मान्वेषी व्याख्या कर डाली है। इस नैतिक न्याय ने चरित्रीकरण को काव्यात्मक न्याय से विच्छिन्न कर दिया है। प्रत्येक उपस्थित शुभ-अशुभ कार्य के कारण या औचित्य बताने के लिए कई मिथकें गूँथ दी गई हैं। अतः नैतिक संविधान की तो प्रत्येक धारा लागू हो गई है किन्तु चरित्रीकरण में संयोग-तत्त्व (चान्स फ़ैक्टर) का आधान गुम हो गया है। इससे कार्यक्षेत्र में एक हानि भी हुई कि कई पात्र एक तो अपने पूर्वजन्म की 'यादें' भी रखने लगे (अहल्या, काकभुशुंडि, पार्वती आदि) और अपने कार्यों के करने का पूरा 'विवेक' भी रखने लगे अर्थात् उन्हें भवितव्यता का पूरा पता था। इस कार्यविधि से केवल वे ही अनजान रहे जिनकी मति भ्रष्ट कर दी गई थी (कौशल्या, कैकयी, अयोध्या की जनतादि)। अतः ये चरित्र अपने कार्यों का नतीजा भी पहले से ही जानते हैं (हरिदर्शन या हरि के द्वारा वध होने से मुक्ति)। चरित्रीकरण के अन्तर्गत विचार और कार्य के ये कुछ अनुपम सिद्धान्त प्रकट हो उठते हैं। सारांश यह है कि अधिकांश पात्र मन में सोचते कुछ हैं और करते कुछ हैं तथा उनमें अपने कार्य तथा परिणाम का पूरा विवेक है। इन पात्रों की रचना रसवादी दृष्टि की अपेक्षा धर्मशास्त्रवादी दृष्टि से हुई है।

धार्मिक जीवन तथा महाकाव्यों में नृतत्त्वशास्त्रियों ने धार्मिक नेताओं की भूमिका का निरूपण किया है। समाज में वे 'ईश्वरदूत' (प्रॉफ़ेट) तथा काव्य में 'अवतार' रूप में आया करते हैं। ईश्वरदूतों के विचार चमत्कारपूर्ण (कैरिस्मैटिक) तथा अवतारों के विचार 'अलौकिक' होते हैं; और दोनों में अतिप्राकृतिक का संयोग होता है। यहाँ धर्म के जादुई अवशेष का रहस्यीकरण है जिसमें नेता या नायक सामान्य मनुष्यों की अपेक्षा विलक्षण, अतिप्राकृतिक, अतिमानवीय होता है। दोनों ही चरित्ररूपों में एक ही तरह का अलौकिक (व्यापक अर्थ में) नेतृत्व स्थापित होता है जिसमें यह विश्वास होता है कि ईश्वरदूत का

ईश्वर से सीधा सम्पर्क होता है और ईश्वर उसे अपनी कुछ आज्ञाएँ पूरी करने का 'मिशन' सौंपता है। अवतार के प्रसंग में स्वयं ईश्वर अवतारी, या अंश, या समूह, या व्यूह-रूप में धरती पर आकर सामाजिक विषमताओं को समाप्त करता है। इसके मूल में दो विचार हैं : शनैःशनैः परिवर्तन की अवश्यम्भावना या अवश्यम्भावी की क्रमिकता के प्रति उपेक्षा-भावना; तथा दैनिक कार्यक्रम की जड़ता से मुक्ति और उसके स्थान पर एक नए दृष्टिकोण का अभ्युदय। इस भाँति धार्मिक चरित्रीकरण में अलौकिकता का समावेश समाजचिन्ता में एक व्याप्त भग्नाशा, यातना, संघर्ष को झटके से (क्रमिकता के बजाय) बदल देने का भुगतान है। इसमें उत्साह की अतिशयता पावनता और श्रद्धा में रूपान्तरित हो जाती है–विशेषरूप से अवतारवाद के परिप्रेक्ष्य में। तुलसी ने 'भक्ति' का एक ऐसा ही मिशन बनाया है जो कर्मकांड, ज्ञानमार्ग और वैधी (भक्ति) से पर्याप्त मुक्त है। जब राजशक्ति के प्रभावों से धार्मिक संस्थाएँ असरदार ढंग से आज़ाद होती हैं तब यह 'अलौकिक नेतृत्व' सामाजिक परिवर्तनों में बड़ी पहल करता है। आरम्भ में तुलसी ने अलौकिक नेतृत्व का व्यावहारिक क्रियान्वयन 'अवतार-पुरोहित की धुरी' (प्राफ़ेट-प्रीस्ट ऐक्सिस) में ही संकुचित कर डाला है अर्थात् नारी और शूद्रवर्ण (वर्ग) को इससे छाँट-सा दिया गया है, और परब्रह्म राम तथा भूसुर ब्राह्मण को ही यह नेतृत्व दिया गया है। भक्तों को केवल भावना-क्षेत्र में समानता दी गई है। तुलसी ने राम की अलौकिकता को परब्रह्म की 'विशुद्ध' अलौकिकता बना दिया है जिससे अर्थ और काम सम्बन्धी समस्याएँ उपेक्षित हो गई हैं। बाद के कृतित्व में वे अर्थ के क्षेत्र की भी धार्मिक मीमांसा (तापपरक, शापपरक, पापपरक) कर सके हैं। इस अलौकिक नेतृत्व ने चरित्रीकरण को एक कालदेश-मुक्त कथानक-भूमि दी क्योंकि रामव्यूह के पात्र परब्रह्म और उसके अंशावतार हो गए, अयोध्या-चित्रकूट-वन आदि विश्व-रूप हो गए, तथा उनके प्रत्येक कार्य अलौकिक, आदर्श, पावन या मर्यादा बन गए। इस अलौकिक नेतृत्व की वजह से श्रद्धा और भक्ति चारित्रिक मूल्यांकन की अन्तिम कसौटी बने। इन चरित्रों में अतिमानवीय और अतिप्राकृतिक पावन तत्त्व मंडित हो गए। परिणामतः रामवृत्त के पात्रों के शील में कोई बारीक-सी भूल, या नैतिक संहिता के अनुसार हलकी-सी असंगति, या मानवीय दुर्बलता अथवा मानवीय राग को सहन नहीं किया जा सका और उसके लिए नैतिक-आध्यात्मिक मिथकीय स्पष्टीकरण दिए गए। ऐसे चरित्रीकरण में 'अध्यात्म-रामायण' से प्रभावित श्रद्धा और अलौकिकता की मनोवृत्तियाँ कालजयी हो गईं। राम-सिया-लखन की त्रयी के बाद यह अलौकिकता हनुमान् में अद्भुत में; एवं रावणपक्ष के अन्तर्गत रावण के मायाजाल (जादू) के बाद कुम्भकर्ण के किमाकार (ग्रोस्टक) में ऊर्जस्वित हुई है। रामव्यूह में यह 'क्षमा' और 'मोक्ष' का अतिमानवीय अनुदान करती है।

इस 'अलौकिकता' का एक चरित्रगत रूपायन प्रकृति तथा जड़ वस्तुओं में भी 'चेतना' एवं 'भक्ति' के समावेश में हुआ है। यों पशुकथाओं (फ़ेबिल्स) तथा निजंधर-कथाओं (लीजेंड्स) में सर्वचेतनावाद (पैंथीज़्म) एवं पाशववाद (ऐनिमिज़्म) के बोध में प्रकृति, पशुपुक्षी तथा जड़वस्तुएँ तक आत्मा एवं मानवीय चेतना से परिपूर्ण हो जाया

करती हैं; लेकिन तुलसी की इस अलौकिकता में वे 'चेतनात्मा' के साथ-साथ संस्कारतः 'भक्त' भी हैं। ख़ासतौर पर 'मानस' में गंगा, यमुना, समुद्र, जलचर, मेघ आदि ऐसे ही चारित्रिक अभिप्रेत हैं जिनमें यह नव्य 'आध्यात्मिक सर्वचेतनवाद' प्रकट हुआ है। वानर-भालू-खग आदि टोटेमीय जातियाँ ही हैं लेकिन तुलसी ने उन्हें पशुपक्षी–मानवचेतनापूर्ण भक्त पशुपक्षी–माना है। अतः परब्रह्म राम से सारा ब्रह्मांड प्रीति-नाते में अर्न्तलीन बनाया गया है।

सारांश में, दैवीचरित्रों में विराट् मनुष्यत्व (ऐन्थ्रोपोसेंट्रिज़्म)–सर्वांशपूर्ण मनुष्यत्व (ऐन्थ्रोपोमॉर्फ़िज़्म) है; प्रकृति व चराचर में सर्वचेतनवाद-पाशववाद है; तथा राक्षसपक्ष के चरित्रों में (आचार्य शुक्ल के शीलनिरूपण के सिद्धान्तों के मुताबिक़, जो उन्होंने मूलतः तुलसी-काव्य से ग्रहण किए हैं) 'व्यक्तिवैचित्र्यपूर्ण अवसादन' है।

उपर्युक्त बहुमुखी भूमिका तुलसी के पात्रों के प्रारूपविज्ञान (टाइपॉलॉजी) को मुमकिन बना सकती है। पहले कुछ मूल सिद्धान्तों को ध्यान में रख लिया जाए–

(1) पात्रमंडल के अन्तर्गत विश्व और परलोक, प्रकृति और चराचर, जड़ और चेतन, देवता और दानव, परब्रह्म और मनुष्य, अर्थात् समग्र ब्रह्मांड शामिल है; सभी आत्मायुक्त हैं; सभी प्रकट-अप्रकट हैं; सभी के चरित्रांकन का निर्णय शुभ-अशुभ पाप-पुण्य, अच्छा-बुरा, धार्मिक-अधार्मिक के आधार पर होता है; सभी लीलामय राम से ही नचाए जाते हैं और सभी कर्मफल के मुताबिक़ अथवा भक्तिपद या मोक्ष पाने के लिए अपने-अपने कार्य करते हैं। इनमें राम अन्तिम सत्य, सम्बन्ध और मर्यादा हैं।

(2) इन सभी पात्रों के आचार-व्यवहार, कार्य, सामाजिक-पारस्परिक सम्बन्धों के आधार 'मात्र राम के नाते से ही' उचित-अनुचित कहलाते हैं। जहाँ तक स्नेह और अन्य नाते हैं, जहाँ तक माता-पिता, भाई-बहन, सासु-ससुर, सुहृद्-गुरु, पुत्र आदि हैं, वे सब राम के नाते से ही प्रिय और हितैषी हैं। जिन्हें राम और वैदेही प्रिय नहीं हैं उन्हें कोटि बैरियों की तरह त्याग देना चाहिए। इसीलिए सुग्रीव भाई बलि को, अंगद पिता बालि को, विभीषण भाई को, वैद्य सुषेण राजा रावण को, मन्दोदरी पति रावण की अन्धभक्ति को राम के नाते त्यागती हैं। राम के नाते से ही ये लोकविरुद्ध आचरण करनेवाले होकर भी सच्चरित्र तथा प्रिय हैं (उदाहरण : कवितावली)।

(3) पात्रों में अचानक तीव्र चरित्रपरिवर्तन होता है। यदि चरित्रघटक '$\pm x$' है तो उसका '$- x$', या '$+ x$', या 'x^n' अथवा iex हो जाना मुमकिन है।

इस परिवर्तन के चार हेतु हैं : (अ) मतिभ्रम (सरस्वती द्वारा, देवों द्वारा); (आ) भाग्य (ब्रह्मा द्वारा); (इ) शाप (बहुधा ब्राह्मणों द्वारा); तथा (ई) वरदान (सन्तों-देवों या ब्राह्मणों द्वारा)। पहले तीन हेतु अवनति तथा चौथा उन्नति करता है। तुलसी के सारे चरित्रीकरण का तकनीकी भेद यही है।

(4) पात्र मन में सोचते कुछ और हैं तथा करते कुछ और हैं अर्थात् इनमें प्रतीक ज्ञानवत्ता (सिम्बॉलॉजी) के आर्केटाइपल अवशेष क़ायम हैं। यह नाटकीय स्वगतप्रकट-कथन जैसी हालत है।

अतः निम्नलिखित वर्गीकरण किया जा सकता है–

अ (क) दिव्य अलौकिक प्रसादन की धुरी पर–वैदिक मंडल के देवता, पौराणिक देवता, रामपंचायतन (राम-सीता, लक्ष्मण, भरत, शत्रुघ्न, हनुमान्), पंचदेव (शंकर, गणेश, विष्णु [राम] सूर्य, देवी) आदि।

(ख) अलौकिक अवसादन की धुरी पर–रावण, मेघनाद, प्रहस्त, कुम्भकर्ण; तथा सुरसा, लंकिनी जैसी प्रेतनियाँ आदि।

(ग) संन्यास-वृत्त पर–राम-लक्ष्मण-भरत, ऋषि-मुनि-सन्त आदि, चातक और मीन (प्रतीक)।

(घ) शौर्यवृत्त पर–लक्ष्मण, रावण, परशुराम, अंगद, हनुमान् आदि।

(ङ) धार्मिक नेतृत्व की धुरी पर–नारद, विश्वामित्र, याज्ञवल्क्य, पुरोहित, साधक, सन्त, ज्योतिषी, कथावाचक, मन्त्रोच्चारक, कर्मकांडी आदि।

ब (च) नायक-चक्र में–राम-लक्ष्मण, हनुमान्-अंगद, सुग्रीव-जामवन्त।

(छ) खलनायक-चक्र में–रावण-खरदूषण, वर्णाश्रमच्युत व्यक्ति, मन्थरा-कैकेयी, खल, कुचक्री देवता; बाद की रचनाओं में स्वयं तत्कालीन समाज (कलिकाल); सम्राट्, प्रशासक, शैव, कबीरादि; मोर और चकोर और कोयल (प्रतीक)।

(ज) विदूषक-ग्रामीण-मूर्ख-चक्र में–नारद, परशुराम, केवट, (अंशतः); अंगद-रावण प्रसंग में रावण; लंकादहन के पूर्व हनुमान्; रावण के चापलूस सभासद्, भगोड़े और कायर देवता; कुम्भकर्ण-शूर्पणखा, खर-दूषण (नामार्थक प्रतीक); परनिन्दक; कामी; लोभी ब्राह्मण; ज्ञानी शूद्र; राँड़; बगुलाध्यानी सन्त; सुरसा; राम-रावण युद्ध में रावण की माया से मूर्ख बनी वानर-भालू सेना; धूर्त जयन्त, धोखेबाज़ मारीच आदि।

(झ) मानवीय पात्र–भक्त और सन्त (धारणारूप); एवं
ग्राम्य वनिताएँ, मन्थरा, केवट, शबरी (लोकजीवन के सरल मांसल पात्र); दीनहीन भिखारी, कंगाल किसान (पूरे कृषक समाज के टाइप)।

हम परीक्षोपयोगी टीका के लिए इनका चरित्र-चित्रण नहीं करेंगे, बल्कि इनके मूल में सामाजिक प्रवृत्तियों की खोज करेंगे क्योंकि चरित्रांकन के आधार तो हम अब तक स्पष्ट कर चुके हैं जिन्हें लागू करने पर कुछ इच्छा-क्रिया-ज्ञानपरक गुण-दुर्गुण-समूह घट-बढ़कर नाना चरित्र-चित्रण के अनेक नमूनों से गठित हो जाते हैं। प्रारूपों (टाइप्स) की रचना विशिष्ट समाज-गठन को प्रतिबिम्बित करती है और कला एवं साहित्य में ये प्रारूप सामाजिक संगठन को उद्घाटित करते हैं। ये प्रारूप मानवीय व्यवहार, सामाजिक सम्बन्ध तथा लौकिक ज्ञान की शिक्षा देते हैं। जनचित्त जिस प्रकार अपने पात्रों को बाह्य रूपों में पाता है उन्हीं के अनुरूप उनका प्रारूप (कपोल-कल्पनाओं, देवकथाओं, पुराणकथाओं, पंचतन्त्र आदि के अनुसार) गढ़ देता है। इसके अलावा प्रारूप-रचना का दूसरा ढंग है कि समाज के मूल्यों तथा संस्कृति के प्रतीकों को पात्रों में पुंजीभूत कर दिया जाए। तुलसी के पौराणिक-ऐतिहासिक कृतित्व में भी इस भाँति इतिहास अनुसंग से समाज में प्रवेश कर जाता है क्योंकि नाना

स्थितियाँ दशाएँ घुल-मिलकर टाइप बनाती हैं (भगोड़े देवता, व्यासपीठ पर उपदेश देनेवाले शूद्र, अधम नारी, बकध्यानी सन्त चापलूसों के झुंड)। ओरिन क्लाप्प नायकों (हीरोज़), खलनायकों (विलेन्स) तथा मूर्खों (फूल्स) के माध्यम से कालगत सामाजिक चेतना के द्वन्द्वों का समाजशास्त्रीय मापन करते हैं जहाँ लोगों की रुचियाँ, भय तथा जुगुप्सा उदात्तीकृत होती हैं। नायकों की प्रशंसा होती है, उनका अनुकरण होता है और उन्हें मॉडल के रूप में पेश किया जाता है। खलनायक और मूर्ख शील की निषोधात्मक दशाएँ हैं जो दुर्गुण तथा मानवीय त्रुटियों से नफ़रत करने या बचने का बोध कराते हैं।[1] तुलसी ने विजयी नायकों की शृंखला दी है (राम, सुग्रीव, हनुमान्); अलौकिक कार्य करनेवाले नायक दिए हैं (राम, हनुमान्, अंगद, जटायु); सेवा करनेवाले नायक दिए हैं, (भरत, लक्ष्मण, विभीषण, हनुमान्)। खलनायकों के द्वारा उन्होंने अपने समाज को काफ़ी प्रक्षेपित किया है। यहाँ वर्णाश्रम-धर्म-व्यवस्था पर ख़तरा पैदा करनेवाले खलनायक (राक्षस, खल, नास्तिक, शूद्र, ईश्वरद्रोही); सामाजिक दृष्टि से अस्त-व्यस्तता फैलानेवाले खलनायक (शूर्पणखा, मन्थरा, कुचक्री देवता, वर्णाश्रमधर्म-च्युत व्यक्ति, निर्गुण, जोगी, निन्दक, स्वार्थी आदि) और बहुरुपिए खलनायक (धूर्त जयन्त, स्वर्णमृग-वेशी मारीच, ब्राह्मण-वेशधारी रावण, कैकेयी, सम्पाती आदि); रामद्रोही-शिवद्रोही-ब्राह्मणद्रोही आदि भरे पड़े हैं। मूर्खों और विदूषकों की रचना में तो तुलसी ने अपने समय को कमाल के साथ प्रतिबिम्बित किया है। इस कोटिकरण में हास्यप्रभूत दंड (कॉमिक पनिश्मेंट) का विधान होता है और पात्र की एकरसता या त्रुटि की खिल्ली अथवा धज्जी उड़ाई जाती है। इसके अन्तर्गत चतुर विदूषक (नारद, परशुराम, केवट), हास्य के आलम्बन (नारद, शिव, [अंशतः]); रावण के (मुग़लयुगीन) चापलूस सभासद्, बकध्यानी साधु, मूर्ख कौवा (जयन्त), परदारा-परधन-लोभी लोग, डींग मारनेवाले सामन्त (रावण), भयंकर और विद्रूप पात्र (कुम्भकर्ण, सुरसा, लंकिनी), मजबूर सेवक (मारीच), क्रोधी परशुराम और कथा-गायक एवं चुगलख़ोर नारद आदि आ सकते हैं।

इस तरह की पात्रवर्ग-त्रयी, पात्रवर्ग-धुरियों (अ), पात्रवर्ग-वृत्तों (=अ) तथा पात्रवर्ग-चक्रों (=ब) द्वारा तुलसी ने सामाजिक गठन का आदर्श और अलौकिक, यथार्थ और गर्हित दोनों तरह का 'बिम्ब' रचा है जिसमें उनके पौराणिक कथानक एवं वैचारिक अन्तर्विरोध भी बरक़रार हैं। यहाँ पशुकथा-तत्त्व (जटायु, जाम्बवान्, हनुमान्, जयन्त, मारीच) टोटेमिक जातियों के प्रतीक उद्घाटित करते हैं; लोकांचल (आदिवासी जातियाँ, गुह, शबरी, भील, किरात, कोल) कृषक जीवन का समाजशास्त्रीय आयाम देते हैं; राजसभाएँ और संवाद (अयोध्या, मिथिला, चित्रकूट, लंका) उसे राजनीतिक-सामाजिक आयाम देते हैं; विभिन्न सम्प्रदाय एवं मत (शैव, शाक्त, निर्गुण, नाथ-सिद्ध, तान्त्रिक भक्त, सन्त) मध्यकालीन धार्मिक दिशाओं का सूचक बनाते हैं; कलिकाल (खल, वर्णाश्रमधर्म पतन, त्रिताप, कामी-लोभी-पापी लोग, ग़रीब और अकालग्रस्त आबादी, अत्याचार और दासता) सामाजिक यथार्थ के बिल्कुल नज़दीक-नज़दीक तक ले आता है। इस तरह अलौकिक अवतारवाद और गार्हस्थिकि जीवन की परम्पराव्रती रूढ़ कृषि-संस्कृति

1. ओरिन ई., क्लाप्प : 'हीरोज़, विलेन्स एंड फूल्स', पृ. 13,17।

के आदर्श यहाँ संगतियों-असंगतियों की राशि बिखेर रहे हैं। 'मानस' के सात कांडों में **नायकों** तथा **नगरों** के चित्रफलक अनूठे ढंग से झिलमिलाए हैं। बालकांड में अवतारी परब्रह्म राम और मिथिला नगरी का चारित्र्य है; अयोध्याकांड में भरत का चरित्र और चित्रकूट की पावन प्रकृति तपोमय हो उठी है; अरण्यकांड में जटायु और कनकमृग का आश्चर्य है; किष्किन्धाकांड में सुग्रीव तथा यक्षअलका की तरह झिलमिलाती किष्किन्धानगरी का चरित्र है। यहाँ वानर टोटेमवाली आदिम जाति की दुनिया अपने नैतिक आचरण के लिए है जो अयोध्या की कृषि-प्रधान नैतिकता से मुख़्तलिफ़ है। सुन्दरकांड के नायक हनुमान् हैं जो अद्भुत तथा हास्य की निष्पत्ति कराते हैं। लंकाकांड में एक मुग़ल शहर की तरह समुन्नत लंका का एक भौतिक आर्थिक-कामुक सामन्तीय समाज परोक्षरूप से उभरा है जिसे संन्यासी कवि ने 'मायानगरी' कह दिया है। यहाँ सभी कुछ अयोध्या (एक आर्य नैतिकता की तपस्विनी और सम्मिलित कुटुम्ब के दुष्परिणामों से शापित नगरी) का ठीक उलटा है। इस कांड के नायक श्रीराम हैं। उत्तरकांड में दो राज्य-व्यवस्थाएँ या दो युग नायक-खलनायक हो गए हैं : रामराज्य तथा कलियुग। चरित्रांकन की दृष्टि से हम यह पूर्णतः स्पष्ट कर देना चाहते हैं कि महाकाव्य 'मानस' के अलावा तुलसी ने अपनी अन्य कथाकृतियों में पूरी चरित्र-योजना नहीं की है (कवितावली, गीतावली, बरवै रामायण, रामललानहछू)। वहाँ केवल लिरिकल झाँकियाँ हैं। अतः चरित्रीकरण का प्रधान आधार 'मानस' ही है।

इस भाँति राम-अयन में मिथकीय (नृतत्त्वशास्त्रीय), ऐतिहासिक (समाजशास्त्रीय) और आध्यात्मिक (धर्मशास्त्रीय) तत्त्वों का मेल है क्योंकि इस कथा के 'मूल सर्जक विचारबीज' बहुत पुराने तथा गहरे हैं। तुलसी में 'अध्यात्म-रामायणकार', 'आनन्दरामायणकार' और 'वाल्मीकि' की अनेकानेक व्याख्याओं के बावजूद ये तत्त्व हिफ़ाज़त से मौजूद हैं। तुलसी ने देवताओं का जो चरित्रांकन किया है वह वैदिक युग की प्राकृतिक शक्तियों के प्रतीक न रहकर नृतत्त्वशास्त्रीय पूर्व-पाषाणयुग के मनुष्य हो जाते हैं। वे धरती पर वानर-शरीर (बन्दर नहीं) धारण कर आते हैं; पर्वत, नख और वृक्ष उनके शस्त्र हैं; वे पर्वतों और जंगलों में अपनी सेना बनाकर छा जाते हैं तथा वे अपार बलवान् और प्रतापशाली हैं। वे धीरबुद्धिवाले हैं। यह आदिम मनुष्य (प्रिमिटिव मैन) का चित्र है। इसी के समानान्तर तुलसी ने देवताओं के उस चरित्र की निन्दा की है जो मनुष्यों के साथ उनके पापों में भागी होता है अर्थात् एक परब्रह्म देवता के मुक़ाबले में वे कृषिसमूहों (गोत्रों), यथों (गणों) के नेता देवताओं को बिल्कुल महत्त्वहीन बना देते हैं। वैष्णवधारा में तुलसी ने ही देवताओं को इतना पदच्युत किया है। वे स्वार्थी हैं, डरपोक तथा भगोड़े हैं, षड्यन्त्र रचानेवाले हैं, प्रजा पर भ्रम, अप्रीति तथा उच्चाटन फैलाते हैं, अपने हित की तनिक-सी बात पर दुन्दुभि बजाते तथा फूल बरसाते हैं। परशुराम एक शिकारी- मानव के प्रतीक हैं जिनमें शैवों के चरित्र की तत्कालीन उद्दंडता भी जोड़ दी गई है। उनके आयुध फरसा (कुल्हाड़ी) तथा धनुष-बाण हैं। उनकी नैतिकता प्रजातिपरक है। वे क्षत्रियों का विनाश तथा मातृवध, दोनों ही कार्य करते हैं और सगुण

राम की कृषि-संस्कृतिवाली शौर्य-मर्यादा को छोटा मानते हैं। तुलसी ने उनका अवतारत्व छीन लिया है। लक्ष्मण को तुलसी ने सामन्तीय शौर्य-रोमांस का प्रतिनिधि बनाया है। इस तरह परशुराम-राम-लक्ष्मण तीन सांस्कृतिक चरणों के द्वन्द्व प्रकट करते हैं। विश्वामित्र में एक वैदिक पुरोहित की छाया है। यों तो यज्ञ, कर्मकांड, विवाहसंस्कार करानेवाले विश्वामित्र भी रामभक्त बना दिए गए हैं। बालकांड के बाद उनकी भूमिका ख़त्म हो जाती है। हनुमान् शुरू में एक ग्रामदेवता यक्ष थे जो रक्षक, द्वारपाल, सन्तान देनेवाले तथा वृक्षों में निवास करनेवाले थे। 'यक्ष' ही 'वीर' हो गया और 15वीं शती में वे रुद्र के अवतार होने के बाद रामभक्त 'महावीर' हो गए। 'आनन्दरामायण' में सीता उन्हें आशीर्वाद देती हैं कि गाँव-गाँव में विघ्न-शान्ति के लिए तुम्हारी मूर्ति की पूजा की जाएगी। उनका सम्बन्ध विघ्न-शान्ति और जादू-टोने से हो गया। तुलसी ने उनका संकटमोचन वाला मध्यकालीन रूप रच दिया। वे ताप-पाप-मोचक हो गए। आदर्श रामसेवक के नाते वे उपास्य देव भी हो गए और 'विनयपत्रिका' तथा 'हनुमानबाहुक' में उनका भक्तिपरक महत्त्व सर्वप्रमुख हो गया। एक नृतात्त्विक तथ्य के मध्यकालीनीकरण की यह एक अनुपम मिसाल है। इस तरह देवता-वानर-परशुराम-श्रीराम और लक्ष्मण के मध्यकालीन चरित्रोन्मेष में एक परोक्ष नृतत्त्वशास्त्रीय तथ्यक्रम भी निहित है।

मध्यकालीन 'संन्यासवृत्त' तथा 'शौर्यवृत्त' की दृष्टि से भी कुछ पात्र कहीं-कहीं अपने युग के बोध के प्रवक्ता सिद्ध होते हैं। संन्यासवृत्त के वनवासी राम-लक्ष्मण तथा नन्दिग्रामवासी भरत के चरित्र एक तत्कालीन धार्मिक संघर्ष को भी प्रतिबिम्बित करते हैं। ये सभी पात्र तपस्वी तथा त्यागी हैं, लेकिन 'जोगी' और 'सिद्ध' नहीं। यह तुलसी के कृतित्व की महत्तम देन मानी जानी चाहिए कि उन्होंने हिन्दू समाज-चित्त पर नाथों-सिद्धों के भयानक, उच्छृंखल तथा नीरस प्रभाव को समूल उखाड़ फेंका। सूफ़ी कवि जायसी में रागोन्मद प्रेम के सूफ़ी-प्रतीक तो हैं, किन्तु उनके चरित्रीकरण पर नाथों-सिद्धों का प्रभाव ही सर्वप्रधान है। कबीर ने नाथों-सिद्धों को वेदान्त के अद्वैतवाद से और भक्ति की भावना से जोड़ने की चेष्टा की। तुलसी ने इन्हें पूर्णतः बहिष्कृत करके 'सन्तों' को धार्मिक नेतृत्व दे दिया और भरत के तप को भक्ति (ज्ञान से नहीं) के रस में डुबा दिया। संन्यासवृत्त की दूसरी प्रवृत्ति विवाह में प्रेम तथा 'सेक्स' की भूमिका है। सूफ़ियों की हिन्दू प्रेम-कथाएँ कन्या-प्रेम और फलागम से मंडित हैं : सूफ़ियों की प्रेमकथाएँ परपत्नी तथा परकीया प्रेम की पीर में तड़फती हैं। उधर सारे मध्यकाल में हिन्दू रजवाड़ों के अन्तःपुर काम के अखाड़े हो गए थे और इधर पत्नी से संन्यास का मन्त्र पानेवाले तुलसी दग्धकाम हो चुके थे। ये सभी तत्त्व उनकी परिवार-रचना को संचालित करते हैं। सन्त और भक्त दोनों के मुताबिक विवाह के 'अन्तर्गत' तथा 'बहिर्गत' यौनाचरण मनुष्य के श्रेय के विपरीत ही नहीं, पाप भी है। धर्म विवाह के यौन सम्बन्ध का या तो अतिप्राकृतिक अन्वेषण करता है या तिरस्कार। इसलिए 'तापस प्रेम' या 'मधुर रस' की उद्‌भावना हुई है। राम-जानकी-लक्ष्मण-मंडल में तुलसी ने राम और सीता के प्रेम की तो कहीं-कहीं झाँकी दी है जो पूर्णतः मधुर रसपूर्ण है (जनकवाटिका

प्रसंग और चित्रकूट में राम द्वारा प्रेमरस-प्यासी सीता के अंग-प्रत्यंग पर धातुओं से पत्र-रचना करना, तिलक-रचना करना, एवं फूलों के आभूषण बनाना–गीतावली, 2/44)। वे लक्ष्मण-उर्मिला के प्रेम पर अकाव्यात्मक और असंवेदनशील चुप्पी लगा गए हैं। दशरथ, बालि, रावण सभी के परिवारों को उन्होंने खंडित चित्रित किया है जहाँ बहुपत्नीव्रत की कलह, बहुपतिव्रत के द्वन्द्व और विरोधी विचारोंवाले दम्पति की आपदाएँ मुखर हैं। सामान्यतः उन्होंने नारी को माया और काम का पर्याय बनाकर ब्राह्मण-जीवनशैली के एक संन्यासी-समाज के लिए उसे त्याज्य ठहराया है। यही नहीं, उन्होंने परिवार-संस्था के प्रति भी कोई आस्था नहीं प्रकट की है। इसके अन्तर्गत वे माता-पिता, भाई-बहन, पुत्र-पिता, भाई-भाई आदि के किसानी सम्बन्धों की रूढ़ियों को ज़रूर मज़बूत करते हैं। गृहस्थी का त्याग ही संन्यासी तुलसी ने सामाजिक आदर्श मान लिया है। यह आदर्श सम्प्रदाय-प्रभावित, कुंठायुक्त और प्रतिगामी है। राम के रूप में उन्होंने अपने एक महान् स्वप्न अर्थात् आदर्श तपपूर्ण प्रेम और एक-पत्नीव्रत को प्रेयसश्रेय माना है क्योंकि तत्कालीन समाज के सामन्तवर्ग में इन दोनों का ठीक उल्टा था। भक्तों-सन्तों की परम्परा में ही सिखगुरु थे जो गृहस्थ थे और नारियों की उचित प्रतिष्ठा करते थे। उन्होंने गृहस्थी परित्याग के बजाय उससे उदासीन होने को आदर्श माना है। फिर भी, तुलसी की परिवार-रचना में सामाजिक-तनाव के अलावा वैयक्तिक कुंठा तथा वैयक्तिक प्रेमादर्श भी झाँक रहे हैं। अयोध्या तक का सारा परिवारतन्त्र घोर सामन्तीय आदर्शों व यथार्थताओं वाला है (बहु पत्नी, अन्तःपुर के कोपभवन, सौतियाडाह, षड्यन्त्र, भाई द्वारा भाई की गुलामी-चाकरी या उससे युद्ध की आशंका)। किन्तु ज्यों ही वन का वातावरण उपस्थित होता है राम का परिवार 'सम्मिलित कुटुम्ब' न होकर एक 'दम्पति-परिवार' हो जाता है जिसमें ललिता सीता को प्रेम, शृंगार, कामना (मृगछालाप्राप्ति) आदि की भी स्वतन्त्रता है। यहाँ वन के नए वैयक्तिक तथा रोमैंटिक (कौटुम्बिक कम) सम्बन्ध क़ायम हो जाते हैं जहाँ वनदेवियाँ सीता की सासुएँ तथा वनदेवता ससुर हैं; जहाँ के पहाड़ ही अयोध्या हैं, पशुपक्षी कुटुम्बी हैं; वृक्षछाल निर्मल दुकूल हैं तथा प्राणनाथ और देवर 'साथ' हैं (सम्बन्ध की नवलता)। इस रोमैंटिक परिवार में 'कोमल' तथा 'भोली' तथा 'भीरु' सीता कष्टसहिष्णु, विवेकपूर्ण और साहसी हो जाती है। इस नवल सम्बन्धता में क्विंटलों बोझ भरे पारिवारिक कर्त्तव्यों पर एक लड़ीवाला दाम्पत्य अधिकार क्रान्तिकारी विजय पा लेता है। बालि-सुग्रीव-परिवार एक आदिम समाज की यौन-स्वतन्त्रता का अवशेष है जहाँ की विवाह-प्रथाओं को राम भी नहीं बदलते। रावण-परिवार में पुनः हम पुरुष के एकाधिकार, एकमात्र ज्ञानाधिकार वाले सामन्तीय सम्बन्ध की उच्छृंखलता पाते हैं जहाँ पत्नी न तो सखी है, न सचिव। तुलसी राम का विरह नहीं अंकित कर सके क्योंकि राम को एक प्राकृत मनुष्य कैसे बनाया जाए ! तिस पर भी खग, मृग, मधुकर श्रेणी के सम्बोधनों में, तथा सीता के नखशिखानुवर्ती उपमानों की परिगणना में प्रेमाख्यानक परम्परा की लावण्यछाया तैरती हुई दौड़ जाती है। ये सब मध्यकालीन सामाजिक आकांक्षा-कुंठा, यथार्थता-नैतिकता, रूढ़ि-परम्परा आदि की भी देन हैं।

चरित्रीकरण में शौर्यवृत्त (देखिए पहली गोष्ठी की परिचर्चा) के रोमांच तथा रोमांस, आदर्श तथा बलिदान पर संन्यासवृत्त की काषायछाया और नीतिशास्त्र की रूढ़ मर्यादाएँ पूरा नियन्त्रण किए हैं किन्तु **लक्ष्मण** तथा रावण के चरित्र के माध्यम से इसे भी काफ़ी हिस्सेदारी नसीब हो गई। तुलसी ने भी यथासम्भव लक्ष्मण के अंशावतार-पक्ष को कथा में केन्द्रीभूत करने की कोशिश नहीं की है। उन्हें प्रिय भ्राता, तपस्वी ब्रह्मचारी और जोशीले शूरवीर के रूप में पुष्पित किया है। जैन-परम्परा के 'पउमचरिउ' में एक ओर तो लक्ष्मण नायक हो गए हैं तथा उन्हें हरि, वासुदेव, कृष्ण, गोविन्द आदि नामों से अभिहित किया गया है, तो दूसरी और उन्हें शौर्यवृत्त में ही विकसित किया गया है। विमलसूरिकृत 'पउमचरिय' में लक्ष्मण कई राजाओं को हराते हैं और कई प्रसंगों में विवाह में दी गई कन्याओं को स्वीकार करते हैं जिनमें वनमाला, रतिमाला तथा जिनपद्मा प्रमुख हैं। तुलसी में लक्ष्मण का शौर्यपरक चरित्र उभर ही आया है यद्यपि राम के माध्यम से उन पर कठोर मर्यादा-नियन्त्रण किया गया, स्वयं कवि द्वारा लक्ष्मण की दो-टूक बातें कहने की आदत को बार-बार ढाँका गया है। किन्तु हमें समाजशास्त्रीय विश्लेषण के कई सूत्र मिल ही जाते हैं। लक्ष्मण 'मानस' के अर्जुन हैं जिन्हें विजय या फल की कोई आकांक्षा न होकर केवल संघर्ष और जकड़ी हुई ब्राह्मण-मर्यादाओं की कठोरता तोड़ने का रोमांच प्रिय है। वे एक चिरन्तन जिज्ञासु, युवा विद्रोही और पुरुषार्थ के सहनायक हैं। जनक की स्वयंवर-सभा में वे अपने विद्रोही शौर्य का परिचय देते हैं जो रूढ़शील को झटक देता है। तपस्वी परशुराम को राजकुलों की मर्यादाओं के बीच निपट अनाड़ी, क्रोधी परशुराम को एक विदूषक, क्षत्रियहन्ता परशुराम को एक दर्पोक्ति कहनेवाला अवध्य ब्राह्मण तथा शैव परशुराम को एक रामभक्त जताने-बनाने का कार्य लक्ष्मण ही करते हैं। जनक की राजसभा में लक्ष्मण ही यह बोध कराते हैं कि सामन्तीय शूरवीरों के बीच एक क्रोधी तपस्वी वनवासी ब्राह्मण कितना अनुपयुक्त है। परशुराम-लक्ष्मण संवाद की भंगीभणिति की ओजस्विता के साथ-साथ एक क्षत्रिय राजकुमार के कुलगर्व की टकराहट भी देखने को मिलती है। इस अभिव्यक्ति में लक्ष्मण ब्राह्मण-क्षत्रिय सम्बन्ध की मर्यादा का भंजन करते हैं। शिव-धनुष टूटने पर उनकी कैफियत है कि यह भी एक पुरानी धनुहिया (छोटी धनुषी) है और सभी धनुषों के समान यह भी एक है। परशुराम के क्रोध को वे उत्तेजित करते-करते उपहास्य की सीमा तक ले आते हैं। क्रोध में तपते हुए परशुराम को पुनः उत्तर देते हैं कि हम कोई कुम्हड़े की बतिया नहीं हैं जो तर्जनी दिखाते ही मर जाती है। मैं तो भृगुवंशी व यज्ञोपवीतधारी समझकर ही सह रहा हूँ, क्योंकि इनको मारने से 'पाप' लगता है। परशुराम की सारी स्वगर्वोक्तियों को वे थोथी डींग में प्रतिच्छायित कर देते हैं। किन्तु राम मर्यादा-रक्षण करने को प्रस्तुत हैं। जब विषयासक्त सुग्रीव पर क्रुद्ध होकर राम लीलामय क्रोध करते हैं और बालिवधकर्ता तीर से उसे भी मारने की बात कहते हैं तो लक्ष्मण 'आज' और 'अभी' हाथ में बाण लेकर तैयार हो जाते हैं। किन्तु राम साम-नीति-पालन तथा मर्यादा-रक्षण को प्रस्तुत हैं। सेतुबन्ध के मौक़े पर जब विभीषण राम को पहले सिन्धुपूजा की नीति बताते हैं तो

असहमत लक्ष्मण तुरत कहते हैं : दैव का कौन भरोसा ? मन में रोष ले आइए और सिन्धु को सुखा डालिए। उनका यक़ीन है कि दैव कायर मन का एक आधार है, शूरों का नहीं (मानस, 5/50/2)। वहाँ भी राम मर्यादा-रक्षण को प्रस्तुत हैं। राम के वन जाने के अवसर पर वे गुरु, माता, पिता किसी के सम्बन्ध को भी न मानकर वैयक्तिक सम्बन्ध को अन्तिम घोषित करते हैं और सुमन्त्र के वापस लौटने पर अपने पिता के मिथ्या चरित्र की कटुवाणी में निन्दा करते हैं। शूर्पणखा को भी उनका उत्तर साफ़ है कि तुम्हें निर्लज्ज ही वरेगा। आदिम समाज में अपेक्षाकृत अधिक स्वच्छन्द प्रेम-निवेदन करनेवाली शूर्पणखा को वे एक तापस की ग़ैर मर्दाना सज़ा दे डालते हैं। सारांश में लक्ष्मण वैयक्तिक सम्बन्धों के विश्वासी, अशूर बनानेवाली नैतिक मर्यादाओं के प्रति विद्रोही, और दंड तथा भय नीति के माननेवाले हैं। राम की साम तथा कृपा नीति पर आस्था है; वे मर्यादारक्षक हैं। फलस्वरूप राम सभी अवसरों पर लक्ष्मण की पहल या तो छीन लेते हैं, या नियन्त्रित कर देते हैं, या उसे अपनी मर्यादावादी दिशा दे देते हैं। शौर्य-केन्द्र पर तापसशील की परिधि छा जाती है।

रावण मध्यकालीन सामन्तवाद के दर्पपूर्ण शौर्य का पाखंड जैसा हो गया है जो एक अतिशयोक्तिपूर्ण यथार्थता है। वह जहाँगीर की तरह शराब पीता है और दिनभर सोता रहता है। उसके केवल दो आदर्श हैं : प्रतिशोधात्मक न्याय, तथा मन्त्री और सेवकों की अन्धी वफ़ादारी की अपेक्षा। यह एक 'सही शौर्यात्मक' नैतिक संहिता है। वह कहता भी है कि बहन के अपमान का बदला उनसे लूँगा और उन मनुष्य (राजसत्ताहीन) राजकुमारों को रण में जीतकर उनकी स्त्री को हर लूँगा (मानस, अरण्यकांड)। किन्तु पहले ही हरण करके वह शौर्य-नैतिकता से गिर जाता है। वह दूत के अवध्य होने की नीति का पूरा पालन करता है। यद्यपि अंगद इस अन्तर्राष्ट्रीय विशेषाधिकार का विदूषक की भाँति काव्यात्मक दुरुपयोग करते हैं। वह सीता से एक शृंगारिक नायक की तरह व्यवहार भी करता है। वस्तुतः वह पूर्णरूपेण सामन्तीय दर्प, अभिमान और अदूरदर्शिता का ही परिचय देता है। उसका दरबार लोकनयन से देखा गया एक क्षयी मध्ययुगीन लालबुझक्कड़ी चापलूसीवाला दरबार है। उसका अखाड़ा किसी हिन्दू या मुसलमान का तत्कालीन रंगमहल है जहाँ नाचगान होता है, अप्सराएँ नाचती हैं, ताल, पखावज, वीणा बजती है और वह भोग-विलास करता है। उस युग में 'कुल' की नैतिक चेतना कितनी प्रचंड थी इसका प्रमाण आदर्शपूर्ण रघुकुल-रीति से अधिक रावण की सभा में मिलता है। रावण अंगद को 'कुलनाशक' कह देता है और अंगद के आधे तर्क इस लांछन को धोने में केन्द्रित हो जाते हैं; और जब वे रावण को भी 'कुलनाशक' सिद्ध कर देते हैं तभी उन्हें चैन मिलता है। रावण विभीषण को भी 'कुलघातक', तथा कुम्भकर्ण को 'कुलभूषण' कहता है। रामपक्ष में रघुकुल-रीति प्राण देकर भी वचन पूरा करने की रही है। रावण-अंगद संवाद की दूसरी अवधारणा राम के 'परब्रह्मत्व' पर केन्द्रित है। रावण राम को एक तपस्वी, साधारण नर, एक मनुष्य समझता है, जबकि अंगद के शेष तर्क राम को परब्रह्म सिद्ध करने में इस्तेमाल हो जाते हैं। तुलसी के रावण के कई अन्तर्विरोध

हैं जो कमोबेश मध्यकालीन समाज के भी सापेक्ष आईने हैं : (1) रावण केवल खलनायक ही नहीं, मूर्ख (एवं परोक्ष भक्त) भी अंकित किया गया है; (2) वह तपस्वी नहीं, शूर तथा भोगी है; (3) वह उत्तम कुल का भी है और राक्षस भी है; (4) वह प्रत्येक या किसी भी अपशकुन तथा अमंगल को नहीं मानता लेकिन स्वयं 'यज्ञ', 'माया' आदि को संयोजित करता है; (5) वह पूर्णतः निडर और अपनी विजयों को बारम्बार बखाननेवाला घमंडी है तथा पुत्र, और भाई आदि के वध से भी हार नहीं मानता; किन्तु अंगद और हनुमान् के द्वारा किए गए अपमानों के प्रति भी प्रबुद्ध नहीं है; (6) वह युद्ध में राम का केवल नरशत्रु-रूप ही ध्यान में रखता है जबकि उसके पक्ष के शेष पात्र उन्हें विश्वरूप मानते हैं। यह तत्त्व उसके खलनायकत्व को बेहद संघर्षी और प्रबल बना देता है; (7) वह अपनी शूरदृष्टि से युद्ध में शत्रु राम की शक्ति का ग़लत अन्दाज़ लगाता है कि राम तो स्त्रीवियोग में बलहीन हैं, लक्ष्मण दुखी हैं, मन्त्री जामवन्त बूढ़ा है, सुग्रीव-अंगद कूलद्रुम हैं, विभीषण डरपोक है, नल-नील केवल शिल्पिकर्म-ज्ञाता हैं। इसी की तुलना में वह अपनी शक्ति की अलौकिकता पर अटूट विश्वास रखता है कि मेरी भुजाओं पर शिवसहित कैलास हंस के समान शोभा को प्राप्त हुआ था (मानस, 6/22/1-3)। सारांश में कह कहते हैं कि रावण मात्र स्वार्थ में लिप्त शूर व मूर्ख है तो राम समाजमंगल के साधक त्यागी और शरणागत-वत्सल हैं। रावण का दृष्टिकोण एकमात्र प्रतिशोध है। वह मिथकीय आधार पर दशों दिशाओं में व्याप्त अँधेरा है जिसे सूर्य (सूर्यवंशी राम) विच्छिन्न करता है। तत्कालीन आधार पर वह सामन्तीय राज के पतन का प्रतीक है। इसके अलावा धार्मिक आधार पर तुलसी ने उसमें एक तत्कालीन रामविमुख शैव की छाया भी डाली है। अन्य रामायणों (कृत्तिवास, आनन्द रामायण) में तो शक्ति रावण की सहायता भी करती है किन्तु 'मानस' में शिव राम-रावण युद्ध देखते हुए अपनी भक्ति प्रकट करते हैं। एक रामविमुख-शैवरूप रावण तथा मध्यकालीन सामन्त-संस्कृति का पतनरूप रावण तुलसी की अपनी चरित्र-रचना है। रावण आद्यन्त एक सशक्त तथा अकेला खलनायक बना रहता है, यह उसकी एक बड़ी शौर्यविजय है। इस विचित्र चरित्रांकन के कुछ परिणाम हुए। युद्ध के पश्चात् शेष रहते हैं : अजेय परब्रह्म 'नायक', विजित 'नारियाँ' तथा विलुप्त 'खलनायक-समूह'। इस विरेचन (कैथार्सिस) के बाद उदात्तीकरण का क्रम शुरू होता है : राम जानकी की सुधि लेते हैं, और विभीषण का राजतिलक तथा मन्दोदरी से उसका पुनर्विवाह होता है।

रामसेवक तपस्वी हनुमान का जो लंकादाहक, पर्वतवाहक, समुद्रोल्लंघनकारी वीर योद्धा-रूप रहा है, जिसमें वे वीर रस के 'सार' हैं। वहाँ शौर्यवृत्त भी अनुस्यूत है। इसी तरह अंगद का दूत-चरित्र शौर्यपरक है। मेघनाद भी शौर्यवृत्त में आएगा। दोनों पक्षों में 'अलौकिकता' और 'जादू' के योगदानों को निथारना भी पड़ेगा।

इस सन्दर्भ में अलौकिक **राम** के उन्हीं प्रसंगों को लिया जा सकता है जो मध्यकाल की सम्मिलित कुटुम्बवाली कृषक-नैतिकता के द्वन्द्व को स्पष्ट करें। ऐसे द्वन्द्व तीन हैं : वैभव बनाम भाई, भाई बनाम पत्नी और माता बनाम पुत्र। राम कहते हैं कि पुत्र, स्त्री,

भवन और परिवार ये जगत् में बार-बार होते व मिल जाते हैं किन्तु सहोदर भ्राता नहीं मिलता। लक्ष्मण-मूर्च्छा प्रसंग में वे विलाप करते हैं कि स्त्री के लिए प्यारे भाई को खोकर मैं कौन-सा मुँह लेकर जाऊँगा। मैं स्त्री खोने की जगत् में बदनामी भले ही सह लेता क्योंकि नारी-हानि से विशेष क्षति नहीं होती। इसी क्रम में वे मूर्च्छित लक्ष्मण से आगे कहते हैं कि तुम अपनी माता के लिए एक ही पुत्र और प्राणाधार हो। मैं अब जाकर क्या उत्तर दूँगा। स्पष्ट रूप से ये तीनों द्वन्द्व तत्कालीन ज़र-ज़मीन के बँटवारेवाले परिप्रेक्ष्य में भाई को स्त्री से अधिक महत्त्व देते हैं। किन्तु क्या ये तुलसी के मर्यादा-पुरुषोत्तम के अलीलात्मक चरित्र को उठाते हैं ? अन्ततः राम में एक तथ्य और भी ध्यातव्य है कि उनमें संन्यासवृत्त तो प्रधान है किन्तु संन्यासवृत्त की नैतिकता से अभिषेकित शौर्यवृत्त भी सहकारी रहा है। शौर्यवृत्त की वजह से ही उनके 'स्वामी', 'कृपालु', 'असुरसंहारक', 'शरणागतवत्सल', 'दीनाश्रय' पक्ष और अधिक मनोरथिक हो सके हैं।

संन्यासवृत्त-शौर्यवृत्त के परिवेश में क्लैसिकल सीता-चरित्र की एक नई मीमांसा उद्घाटित होती है और हम उसे 'संस्कृति की रोमैंटिक अभिव्यंजना' मानें। इसके ठोस आधार हैं जिसके फलस्वरूप **सीता** अपने अलौकिक चरित्र के अवगुंठन को उतारकर समाजशास्त्रीय अक्षों पर मन्थर-मन्थर चलकर आ जाती है।

एक बात ग़ौर करने की है कि कवि और पात्र शिव ने चाहे जितनी बार सीता को परब्रह्म की शक्ति माना हो, लेकिन राम ने केवल एक बार उन्हें यह रूप दिया है जब लीलार्थ स्वर्णमृग की तलाश में जाते हुए वे उनसे अग्नि में निवास करने की आज्ञा दे जाते हैं।

धार्मिक आस्था के साथ-साथ तुलसी की साहित्याशंसा में भी सीता सम्मिलित कुटुम्ब के सारे कर्तव्यों का पालन करनेवाली पुत्री, वधूबाला, भावज, पत्नी के रूप में स्वीकार की गई है। सम्भवतः वह राम की तरह ही एक पूर्ण मर्यादामयी और सेविका-समर्पिता के रूप में छाई है। एक सती, एक वधू और एक पति-सेविका का वह उत्कर्ष बताई गई है। उसमें 'चिरन्तन' नारीत्व की प्रीति (ऐमोर) और चिति (साइकि) का अस्तित्व ही नहीं ढूँढ़ा गया। हम सीता को परम्परागत विधियों के ऊपर एक रोमैंटिक (दर्शन के अर्थ में) विजय का प्रतीक मानते हैं। वह लक्ष्मण की तरह उग्र तो नहीं है किन्तु एक वैसी ही विद्रोहिणी है। वह लक्ष्मण से अधिक तर्कशील है। यह तीन-चार दृष्टान्तों से सिद्ध होता है। राम जब सीता को वधूधर्म की शिक्षा देते हैं तो आदरपूर्वक सासु-ससुर की सेवा को ही विवाहित नारी का धर्म घोषित करते हैं। सीता स्वीकार करते हुए कहती हैं : यह शिक्षा परम 'हित' देनेवाली है लेकिन मैंने 'मन में' समझ लिया है कि पतिवियोग के समान जगत् में कोई दुख नहीं है; पति के बिना सासु-ससुर, परिवार, गुरु आदि भी शोक का समाज है, भोग रोग सम है, तथा संसार यमयातना सदृश है। भारतीय नारीत्व के विस्तृत होते हुए क्षितिज में सीता सासु-ससुर के प्रति नैतिक हितोंवाले कर्तव्यों से अधिक पति-साहचर्य की अन्तर्मुखी प्रीति को ऊँचा स्थान देती है। वह मध्यकालीन वधू के वधू-कर्तव्यमंडल में सासु-ससुर-सेवा से अधिक पति के

प्रियतम-साहचर्य को श्रेय मानती है। पुनः राम सासु-ससुर-सेवा तथा गृह की सुरक्षा के मुक़ाबले में वन की कठिनता, भयानकता, बीहड़ता और पशु-हिंसकता आदि का वातावरण बताते हैं। इस पृष्ठभूमि में राम सीता को 'कोमल', 'भोली' और 'स्वभाव से भीरु' मानते हैं, और सीता से भी यही मनवाते हैं। सीता नारी-सम्बन्धी इन तीनों सामन्तीय धारणाओं का खंडन करती है। वह वन को ही एक रोमैंटिक परिवार में रूपान्तरित कर देती है जहाँ वनदेवी-वनदेवता सासु-ससुर होंगे, वन ही नगर होंगे, पर्णकुटी ही स्वर्ग के समान सुखों का मूल होगी, कुश और पत्रों की सुन्दर साथरी ही प्रभु के साथ मनोहर तोषक के समान होगी; तथा वन के बहुत से दुख, भय और विषाद-सन्ताप प्राणनाथ और देवर के साथ से मिट जाएँगे। इससे न मुझे रास्ते की थकावट है, न भ्रम है, न मेरे मन में कोई दुख है—यह सीता का तर्क है। राम उसे स्वभाव से भीरु कहते हैं तो वह सिद्ध करती है कि 'मैं वन में स्वभाव से सुखी हूँ।' राम उसे कोमल (सुकुमारी) कहते हैं तो वह उत्तर देती है कि यदि मैं सुकुमारी हूँ तो क्या नाथ वन के योग्य हैं। राम उसे पुनः कुटुम्ब-सेवा के लिए वापस भेजना चाहते हैं तो सीता का उत्तर है : "शरीर को छोड़कर छाया अलग कैसे रह सकती है ? सूर्य को सूर्यप्रभा तथा चन्द्र को चन्द्रिका त्यागकर कहाँ जा सकती है ?" इस तरह तर्कमयी सीता वैयक्तिक सम्बन्धता के अधिकार को सुरक्षित कर लेती है। उसमें चिन्मय नारी (साइकिक वोमन) पुकार उठती है। अतः पारिवारिक कर्तव्यों पर दाम्पत्य-भाव विजय पा जाता है। उसका पत्नी-कर्तव्य राम की—पूरे विग्रह के साथ—प्रीत-सेवा है (मानस, 2/66/1-4) जो उसे 'सती-पद' देता है। अग्निपरीक्षा के अवसर पर तपस्विनी सीता दूसरी चुनौती का सामना करके लोक-भीरु तथा विकारी पुरुष के सन्देह पर दया करती है : "यदि मन-वचन-कर्म से मेरे हृदय में रघुवीर को छोड़कर किसी दूसरे का आश्रय नहीं है तो यह अग्नि मेरे लिए चन्दन के समान शीतल हो जाए।" (6/108/4)। वह हमेशा प्रश्न पूछनेवाली नारी है। हनुमान् से पहली भेंट होने पर राम के लिए महान् प्रश्न है कि "जब मैं मन-वचन-कर्म से आपकी अनुरागिनी हूँ तो फिर स्वामी ने किस अपराध से मुझे त्याग दिया है ?" वह प्रेमविरह-यज्ञ में अग्निदीक्षा लेने की तैयारी करती है, जयन्त-प्रसंग की याद दिलाकर राम के पौरुष को उन्मेषित करती है, और एक माह में राम के न आने पर शरीर त्याग देने का प्रण कर लेती है। एक आश्चर्यजनक बात यह है कि सीता-विरह में प्रेमाख्यानों का बारहमासा नहीं है। यहाँ एक जीवन्त 'मानवीय स्थिति' है : 'सीता की विपत्ति अति विशाल है अतः बिना कही हुई ही अच्छी है।'

ग्राम्यवनिताओं के बीच घूमनेवाली सीता राजवधू नहीं है, देवी नहीं है, ब्रह्म की स्वरूपभूता माया नहीं है; अपितु क्रमशः कान्ता है और मुग्धसलोनी ग्राम्य-वधूटी है ('मानस', 'कवितावली', 'गीतावली' के वनमार्ग प्रसंग)। यहाँ सीता का सर्वाधिक सहज और एक सामयिका ग्राम्यवधू का बिम्ब जगमगाया है।

बहिर्मुखी महाकाव्य, और 'गुण-कर्म' आश्रित चरित्र-विधान में प्रयत्न से नियताप्ति की अवस्था में संघर्ष उभर सकते हैं, लेकिन अलौकिकता के परिवेश में ये संघर्ष

लीला-छल और मर्यादा-स्थापन के लिए ही होते हैं। इस अवस्था में अन्तर्द्वन्द्व भी उभर सकते हैं लेकिन इनका स्वरूप 'धर्मसंकट' वाला अधिक होता है, नैसर्गिक वृत्तियोंवाला कम। इनमें मूलतः 'उद्धार' की सक्रियता, तथा अन्ततोगत्वा विजय की सिद्धि होती है। इन पात्रों के **अन्तर्द्वन्द्व** या तो त्रुटि, या प्रतिकूल परिणाम को दैवदंड के रूप में अथवा अपराध-पश्चात्ताप के रूप में स्वीकार करते हैं। अतः वे क्षणिक 'लौकिक कर्मफल' भोगते हैं। अन्ततः 'कर्मसिद्धान्त' की ही जय होती है। दशरथ इधर पुत्रस्नेह और उधर वचन (प्रतिज्ञा) के बीच झूलते हुए धर्मसंकट में फँसते हैं। राम वनवास के मौक़े पर कौशल्या की बुद्धि को धर्म और स्नेह की दुविधा घेर लेती है। राम को रोकने पर धर्म जाता है और जाने देने पर हानि होती है। अतः वे राम तथा भरत दोनों पुत्रों को समान मानकर निराकरण कर लेती हैं। सीता के प्रति भी उनके सासुधर्म में संकट है कि कल्पलता एवं आँखों की पुतली की तरह कोमल सीता को वे कैसे कठोर जीवन को भोगने को कहें। वे पति से अधिक सासु को वधू की रक्षिका समझती हैं। कैकेयी के सारे द्वन्द्व का निराकरण सरस्वती द्वारा किए गए मतिभ्रम से हो जाता है और वह दोषमुक्त कर दी जाती है। निर्द्वन्द्व लक्ष्मण को भी सीता-परित्याग के अवसर पर द्वन्द्व का सामना करना पड़ता है। वे विश्वास कर लेते हैं कि मैं ही सीताहरण का कारण था और अब मैं ही उनके वनवास का हेतु हूँ। वह विधि-हठ का परिणाम है (गीतावली, 7/31)। इधर उन्हें सीय-सनेह का संकट है और उधर राम की आज्ञा का विचार है। अतः अन्त में उन्होंने आज्ञा का पालन किया और यह विश्वास कर लिया कि पिता को अघाकर कठोरवचन कहने के पाप के कारण ही यह परिताप हुआ है (गीतावली, 7/30)। सीता को पश्चात्ताप है कि मैंने लक्ष्मण को कटुवचन कहे, रेखा लाँघी, इसीलिए मुझे यह भोगना पड़ा। वे विलाप में लक्ष्मण से 'क्षमा माँगते हुए' बधिक रावण से राजहंसी की तरह छूट आने की पुकार करती हैं (गीतावली, 3/7)। उनका दूसरा पश्चात्ताप है कि मुझे मोहवश जो 'भ्रम' (स्वर्णमृग का) हुआ तथा भेदबुद्धि (लक्ष्मण के प्रति) हुई, उसे प्रभु कब भूल पाएँगे (गीतावली, 5/10)। भरत को सबसे गहरा पश्चात्ताप है और वे माता के कार्यों के विवश परिणामी हो गए हैं। उनमें अपराध-ग्रन्थि पड़ जाती है : "यद्यपि हौं अति 'अधम', कुटिलमति 'अपराधिनि' को जायौ" (गीतावली, 2/74)। भरत के अपराध भाव के भ्रम का निराकरण राम और भरद्वाज करते हैं। दूसरे, वे स्वयं भी तप-त्याग से आत्मशुद्ध होते हैं। नन्दिग्राम में एक तपस्वी की तरह रहकर वे कठिन ऋषिधर्म और गम्भीर राजधर्म का निर्वाह करते हैं। वे अयोध्या में चम्पक बाग़ में भौंरे की तरह बसते हैं। अपनी निर्दोषता तथा रामप्रीति को सार्थक करने के लिए वे अनुपम विकल्प पेश करते हैं। वे राम से कहते हैं कि आप राजतिलक कीजिए; या तो छोटे भाई शत्रुघ्न समेत मुझे वन में भेज दीजिए, अथवा लक्ष्मण और शत्रुघ्न दोनों भाइयों को लौटाकर मुझे साथ ले चलिए, अथवा हम तीनों भाई वन चले जाएँ और आप सीता-सहित अयोध्या लौट जाइए। यहाँ विश्व-मनुष्य के मानवतावाद की विरल अभिव्यक्ति है। भरत में भक्ति और तप का पूर्णावतार हुआ

है। वे 'भक्ति' के भी पर्याय बना दिए गए हैं। भरद्वाज भरत से कहते भी हैं कि तुम तो मानो शरीरधारी राम के प्रेम ही हो। वे भरत के यज्ञरूपी चन्द्रमा के प्रतीक का आकल्पन करते हुए उसके सदा उदित रहने, जग में नभ में दिन-दिन दूने होने, और पृथ्वी पर अमृत सुलभ करनेवाले परिणामों को रेखांकित करते हैं। दूसरे पक्ष में विभीषण के द्वन्द्व भरत की तरह सर्व-प्रबल हैं। वह धर्मरक्षा (रामशरण) तथा लोकरक्षा रावण से अपमानित होकर भी उसके पास रहने के गहरे अन्तर्द्वन्द्व में उलझता है (गीतावली, 5/27)। तुलसी ने उसे 'गीतावली' में रावणपक्ष का सबसे बड़ा रामभक्त चित्रित किया है। वह आदर्श शरणागतियोग का प्रतीक है। मन्दोदरी भी विचित्र स्थिति में है। वह रामभक्त है और रावण-पत्नी। एक ग्राम्यनारी की तरह वह अपने पति को 'नीच' (मानस), 'मन्दमति' (कवितावली) कहती है। एक लौकिक चरित्र के रूप में वह पतिद्रोहिणी है और रावण उसे हमेशा क्षमा ही करता रहता है। वह मन-वचन से राम की भक्त है। उसके लिए एक दूसरी नैतिकता लागू हुई है। बालि भी विचित्र द्वन्द्व में फँसा है : मैं क्यों बैरी हुआ, और सुग्रीव क्यों प्यारा हुआ, मुझे किस दोष से मारा और व्याध की तरह छिपकर क्यों मारा, किन्तु यहाँ तुलसी एक ओर आर्य यौन-नैतिकता के तापस-मानदंड लागू करवा देते हैं (अनुजपत्नी, बहन व कन्या को कुदृष्टि से देखनेवाला वध्य है) तथा दूसरी ओर शौर्य-नैतिकता भी जोड़ते हैं (मेरे भुजबल पर आश्रित सुग्रीव को भी मारना चाहा—राम)।

काफ़ी विकसित मनोवैज्ञानिक चरित्रों में मन्थरा (मानस), मैना (पार्वतीमंगल), कौशल्या और केवट हैं। मन्थरा और केवट साधारण जीवन के पात्र हैं तथा मैना और कौशल्या राजमाताएँ। तुलसी की मन्थरा एक सर्वाधिक जटिल चरित्र है। देवता-षड्यन्त्र से प्रेरित होना तो एक आध्यात्मिक व्याख्या है। वह कैकेयी के अवचेतन में दबे सौतिया-डाह को पूर्णतः उभारकर रख देती है और उसके पुत्र भरत के प्रति स्वाभाविक प्रेम को माध्यम बनाती है। वह कैकेयी के मन में पति के प्रति भी सन्देह पैदा कर देती है। इस तरह कौशल्या को माध्यम बनाकर वह कैकेयी से कहती है कि राम को राज्याभिषेक होने पर तुम दूध की मक्खी हो जाओगी तथा पुत्र सहित कौशल्या की चाकरी बजाओगी। और, वह सौतों की सैकड़ों कपट-कथाएँ कहकर विरोध जगा देती है। भरत को माध्यम बनाकर वह कहती है कि राजा राम भरत को कारागार में डाल देंगे और लक्ष्मण 'नायब' होंगे। दशरथ को माध्यम बनाकर वह कैकेयी के मन में यह बात जमा देती है कि दशरथ ने कौशल्या की सलाह से ही भरत को ननिहाल भेज दिया है और वे तुम्हें नहीं चाहते। तुम्हें तो अपने सुहाग के झूठे बल पर ग़लत घमंड है। इस तरह मन्थरा कैकेयी के '+ x' चरित्र को पूर्णतः '-x' में परिवर्तित कर देती है। वह एक महान् षड्यन्त्रकारी चरित्र के रूप में सशक्त हो उठती है। रामवृत्त में वह खलनायिका है। इसके साथ-साथ वह तत्कालीन महलों के षड्यन्त्रों तथा दासियों की परामर्शक भूमिका को भी प्रतिबिम्बित करती है। उसके लिए 'कुजाति', 'कुबुद्धि', 'पापिनी', 'अवध साढ़साती', 'पातकिनी', 'घरफोड़ी' आदि अनेक विशेषण प्रयुक्त हुए

हैं जो उसके खलनायिकात्व की पुष्टि करते हैं। मैना एक ग्राम्यमाता है जो अपनी कन्या के विवाह की पृष्ठभूमि में मध्यकालीन गृहस्थ-दशा का भी संकेत करती है। कुँवरि पार्वती को सयानी विलोककर वह चिन्तित हो जाती है कि गिरिजा के योग्य वर जुड़ जाए (पार्वतीमंगल, 9); बारात में 'बावले' वर की बातें सुनकर वह चिन्तित हो जाती है कि कन्या का क्या होगा; विदा के समय वह 'बियायी हुई गाय' की हुँकार भर-भरकर दौड़ती है तथा पार्वती को पुनि-पुनि विदा देती है। सखियाँ कहती हैं : 'संसार में स्त्रीजन्म ही व्यथा है।' कौशल्या पुत्रवियोगिनी माता है : बेहद करुणामयी। लेकिन उनके धर्म और स्नेह के द्वन्द्व के बीच पतिधर्म की जीत होती है। केवट एक सीधा-सादा, अलौकिक क़रिश्मे में विश्वास करनेवाला तथा स्वामी का गँवार चाकर मल्लाह है जिसकी समस्याएँ मात्र पत्नी तथा बच्चों का पेट पालने की हैं। यह 'मानस' का सर्वाधिक यथार्थ पात्र है। इसी कोटि में चित्रकूट मार्ग में ग्राम्यवनिताओं का सामूहिक रूपमुग्ध, कुतूहलपूर्ण समूह-चरित्र आता है।

नर राम के चरित्र को 'अलौकिकता' (लीला, कौतुक, मोहहीन नरलीला) से पूर्णतः ढाँक दिया है। जहाँ कहीं भी नर राम की झाँकी मिली भी है, वहाँ तुरत ही कवि ने खबरदार कर दिया है। फिर भी कुछ प्रसंग कवि तुलसी रच सके हैं जिनका पूरा विकास भक्त तुलसी ने सह लिया। अरण्यकांड में एक बार, राम सुन्दर फूल चुनकर अपने हाथों से उनके गहने बनाते हैं और स्फटिक शिला पर बैठकर उन्हें सादर सीता को पहनाते हैं (मानस, 3/1/2)। एक अवसर पर वे सुवेल पर्वत पर मृगछाला-शय्या पर सुग्रीव की गोद में अपना सिर रखकर लेटे-लेटे चन्द्रोदय देखते हुए कहते हैं कि चन्द्रमा अपने विषयुक्त किरण-समूह फैलाकर वियोगी नर-नारियों को जलाता रहता है (मानस, 6/11/5)। सीताहरण के अवसर पर वे खग-मृग-मधुकर श्रेणी से सीता का पता तो पूछते हैं किन्तु सीता को भूलकर नख-सिख उपमानों को कोसने लगते हैं। कवि उनकी यक्ष-पीर को प्रकट नहीं कर पाता; केवल संकेत दे देता है कि राम इस तरह विलाप करते हैं मानो कोई 'महाविरही' और 'अत्यन्तकामी' 'पुरुष' हो। इस तरह रामकथा का सर्वोदात्त प्रसंग केवल पाँच चौपाइयों में वर्णित हुआ है। इसकी टक्कर में हनुमान्‌मुख से वर्णित रामविरह अधिक सजीव, सहज और मानुषी है (मानस, 5/14/1-4)। तुलसी राम को साधारण मनुष्य की भाँति प्रस्तुत करने में झिझक जाया करते हैं। लक्ष्मण-मूर्च्छा-प्रसंग में पुनः उनका प्राकृत तथा सामन्तीय सम्बन्धता के प्रतिबिम्ब के रूप में अकस्मात् उद्घाटन हो जाता है। वे 'अलौकिक' से 'प्राकृत' तो (कहीं-कहीं) हो गए हैं, किन्तु 'प्रकृत' बहुत कम मौक़ों पर हो सके हैं।

इस भाँति तुलसी के पात्रों में कुछ मर्यादा क़ायम करते हैं, कुछ मर्यादा तोड़ते हैं (रावण), कुछ मिथ्याचारी मर्यादाओं के प्रति विद्रोह करते हैं (लक्ष्मण, सीता); और कुछ मर्यादा मनवाते हैं (अंगद, मन्दोदरी, हनुमान्)। अनेक स्थलों पर ये पात्र आध्यात्मिकता के साथ-साथ मध्यकालीनता का परोक्ष दिग्दर्शन भी करा देते हैं। इनमें से लक्ष्मण का विद्रोही रूप, सीता का रोमैंटिक अधिकार-संस्थापिका रूप, रावण का खलनायकत्व, भरत

का तपस्वी रूप, राम का अलौकिक एवं मर्यादा रूप, मन्थरा का षड्यन्त्रकारिणी रूप, केवट का ग्रामीणजन रूप, कौशल्या का माँ तथा सासु रूप, कैकेयी का सौत रूप, दशरथ का वृद्ध रूप, हनुमान् का सेवक रूप, अनसूया का ऋषि-पत्नी रूप, अंगद का विधिवेत्ता रूप, मानो दृष्टान्त ही हैं।

मनोविज्ञान-धुरी पर केवल व्यक्ति ही अन्तर्मुखी (इंट्रोवर्ट) या बहिर्मुखी (एक्स्ट्रावर्ट) नहीं होते, अपितु पूरा-का-पूरा समाज भी अन्तर्मुखता प्रधान हो जाया करता है। तुलसीवृत्त में सन्त, मुनि, ऋषि अन्तर्मुखी तथा राक्षस, खल और टोटेमीय पात्र बहिर्मुखी हैं। भरत अन्तर्मुखता के चरमोत्कर्ष हैं तथा लक्ष्मण बहिर्मुखता-प्रधान हैं। रावण बहिर्मुखता का चरमोत्कर्ष है। राम केन्द्र हैं जहाँ अन्तर्मुखता-बहिर्मुखता का समतोलन है। अन्य पात्र इन तीन बिन्दुओं के बीच में टंकित हो सकते हैं।

संघर्षशील सामाजिक सम्बन्धता की दृष्टि से तुलसी ने देवता-ब्राह्मण-शूद्र की त्रयी को लिया है। अपने जीवन के आदर्शवादी चरण में उन्होंने देवताओं को पदच्युत किया है, शूद्रों के दमन की स्वीकृति दी है तथा ब्राह्मणों का उद्धार किया है। उनके मध्यवर्ती यथार्थोन्मुख चरण में देवताओं और राजाओं को एक ही दर्जा दिया गया है तथा शूद्रों के दमन और ब्राह्मणों के उत्थान का जोश ठंडा हो गया है। और अन्तिम यथार्थवादी चरण में तुलसी ने वर्णव्यवस्था, भाग्य, कर्म, माया आदि के प्रति भी अपना संशय प्रकट किया है।

हमने चरित्रीकरण के सिद्धान्त मूलतः महाकाव्यात्मक कृतियों—मूल रूप से 'रामचरितमानस'—के आधार पर ही निरूपित किए हैं क्योंकि अन्य कृतियों में शील-निरूपण की व्यापक विविधता नहीं मिलती। तुलसी ने चरित्र-चित्रण में विवरण तथा इतिवृत्त का ज़्यादा सहारा लिया है, कार्यव्यापार का कम। उनमें कार्य से अधिक शब्द सक्रिय हैं। विवरण एवं इतिवृत्त के द्वारा चरित्रचित्रण करने की विधा धार्मिक काव्यों में प्रयुक्त होती है क्योंकि कवि तुरत और पूरी स्पष्टता देना चाहता है; तथा चरित्र-चित्रण में मात्र अपनी धारणा को ही प्रेषित कराना चाहता है अन्यथा दर्शन और नीति की व्याख्याओं में 'अराजकता' आ सकती है। इसीलिए तुलसी रामकथा में प्रत्येक स्थिति, घटना, पात्र आदि की स्वयमेव धार्मिक टीका-टिप्पणी करते चलते हैं।

अगली गोष्ठी में हम तुलसी के कृतित्व में शिल्पविधानों (तकनीकों) का पर्यालोचन करेंगे।

पाँचवीं गोष्ठी

"देखत तब रचना विचित्र नव समुझि मनहि मन रहिए" : अर्थात् तुलसी के कथारूप क्या हैं ? उसका शिल्प-विधान क्या है ? उनमें किन-किन तकनीकी कौशलों का इस्तेमाल हुआ है ? उनमें 'प्रार्थना' और 'प्रकृति' के तत्त्वों की चर्याएँ कैसी हैं ?

तुलसीदास ने दो लघु आख्यानक काव्य रचे हैं, एक आध्यात्मिक महाकाव्य का प्रणयन किया है, पद और गीत और कविता की अवलियाँ रची हैं, स्तुतियों के ऋचारूप दिए हैं, दरबारी अर्ज़ी पेश करने के क़ानूनी ढंग पर एक विनयपत्रिका का अन्वेषण किया है, एक शोकगीति जैसी रचना (हनुमानबाहुक) भी पेश की है। उन्होंने कई विधाओं का प्रयोग किया है। एक ओर वे 'कृष्णगीतावली' में चरवाही प्रगीतात्मकता को ग्रहण करते हैं, दूसरी ओर 'गीतावली' में प्राकृत-अपभ्रंश के गीत लालित्य को, तीसरी ओर 'कवितावली' में रासो-काव्य के वीरवृत को, तथा 'मानस' में आद्यन्त भक्ति की दार्शनिक प्रतिपत्तियों को पेश करते हैं। उनमें कई कलात्मक परम्पराओं का सन्धान है। एक, अपभ्रंश और सूफ़ी आख्यान काव्यों की दूहा-चौपाई परम्परा है; दो, 'हनुमन्नाटक', 'प्रसन्नराघव' की नाट्य-जटिलता है; तीन, 'वाल्मीकि रामायण', 'आनन्द रामायण', 'भुशुंडि रामायण', 'अध्यात्म-रामायण' की शैली में आध्यात्मिक प्रतीक-रूपायन है; चार, लोकतात्त्विक परम्परा के अभिप्राय-प्रयोजन-रूढ़ियाँ आदि हैं; पाँच, लीलागानों के गीतिनाट्य हैं; छह, ब्राह्मण कथावाचकों की उपदेश वृत्ति है; और, अन्त में, प्रकृत गीत-गान परम्परा का समावेश है। उनकी सृष्टि का सहस्रदल है–'रामचरितमानस'। यहाँ उनके 'राम' में परब्रह्मत्व है, 'चरित' में ऐतिहासिक परम्परा का पौराणिकीकरण है, तथा 'मानस' में नदी-सिन्धु-तालाब के आध्यात्मिक प्रतीकमंडल का पूर्ण दार्शनिक पैटर्न है। इस तरह वे अपने 'मानस' में (1) इतिहास-साहित्यशास्त्र, (2) अध्यात्म, तथा (3) लोकतत्त्व इन तीनों धाराओं का संगम लोकचित्त की भूमि पर कराते हैं। उनके नाना रूपविधानों (फ़ॉर्म-कॉन्फ़िगरेशन्स) में इन्हीं तीनों का योगायोग हुआ है। अतः उनका कोई एक शिल्प-विधान नहीं है।

आख़िर रूप (फ़ॉर्म) तथा शिल्प (टेक्नीक) क्या हैं ? यह एक सौन्दर्यबोधशास्त्रीय

महान् विवाद का विषय है। हम विवादों में न पड़कर कुछ प्रासंगिक सूत्र देकर आगे बढ़ेंगे। काव्य कालसापेक्ष्य (टेम्पोरल) कला है जिसमें अनुवर्ती (सक्सेसिव) तथा बहुकालिक (डायाक्रॉनिक) विधान होता है अर्थात् यहाँ पात्र, या अनुभव, या घटना, वर्णन 'क्रमशः' आने के कारण 'कार्य-कारण' की अथवा 'क्रम' की शृंखला से बँधे होते हैं। यदि हम पात्रों, वस्तुओं, अनुभवों, घटनाओं, वर्णनों आदि को प्रस्तुत मान लें, तो उन्हें पुनः प्रस्तुत करने में इतिहास और संस्कृति के गठन, कलाकार के व्यक्तित्व आदि का भी प्रभाव पड़ता है। फलस्वरूप एक ही पात्र श्रीराम विभिन्न ऐतिहासिक युगों में, या एक ही ऐतिहासिक युग में विभिन्न कलाकारों द्वारा पुनः प्रस्तुत किए जाने पर एक दूसरे ढंग से ही अपना रूपान्तर करेंगे। विषयवस्तु (कॉंटेंट) का यह अनुकूल मूर्त आयतन ही 'रूप' है जिसके अन्तर्गत 'पद्धति' या 'विधि' की भूमिका होती है। यह रूपान्तर हमेशा वैयक्तिक या विशिष्ट होता है। अतः प्रस्तुत का इतिहास के पैटर्न और कलाकार के व्यक्तित्व के 'माध्यम', दोनों के रूपान्तरित होकर पुनः प्रस्तुत होना 'रूप' है। **रूपविधान** में वस्तुओं का स्थानगत (इन स्पेस) विन्यास होता है जबकि वे वस्तुएँ कालगत भी होती हैं। अतः कालसापेक्ष्य को एक स्थानसापेक्ष्य तन्त्र में कुछ उपायों (शिल्प-विधियों) के द्वारा रूपान्तरित करना ही 'रूप' का विधान है। यह विन्यास यान्त्रिक ढंग से नहीं होता; यह हमेशा 'विशिष्ट' होता है। जब एक कलात्मक धारा इसका अनुकरण करती है तब यह रूपायन रूढ़िगत या परम्परागत होता है। जब व्यक्ति कलाकार इसका अनुसन्धान करता है तब यह काफ़ी मौलिक होता है। कालसापेक्ष्य का स्थानसापेक्ष्य **व्यवस्थापन** (एरेंजमेंट) मनुष्य की विलक्षण सृजानात्मकता या सिसृक्षा है जो सोद्देश्य, उपयोगी और काम्य होती है। उदाहरणार्थ, काव्य में चरित्र, वर्णन, घटनाएँ, कार्य, अनुभव आदि का व्यवस्थापन इस तरह होगा कि वे अलग-अलग होकर भी एक-दूसरे के लिए अनिवार्य होंगे और उनमें वैपरीत्यमूलक (द्वन्द्वात्मक) 'एकता' भी क़ायम रहेगी। अतः व्यवस्थापन में **सन्तुलन** (वैलेंस); **समरूपता** (सिमेट्री), **व्यवस्था** (ऑर्डर) आदि की ज़रूरत पड़ती है। ये ज़रूरतें रूप के 'तत्त्व' (एलिमेंट) हैं। तत्त्वों की आपसी पूरकता और अनिवार्यता ही 'एकता' का अभिनिवेश करती है। इस भाँति सभी वस्तुओं को एक साथ किसी विलक्षण ढंग से अन्वित करने में रूप और शिल्प का सहयोग है जहाँ 'सभी' वस्तुएँ तत्त्वों द्वारा व्यवस्थापित होने लगती हैं; तथा तत्त्व शिल्प द्वारा अभियोजित होने लगते हैं। इस तरह वस्तु-तत्त्व-शिल्प की त्रयी विधात्मक रूप (जेनेटिक फ़ॉर्म) का निर्माण करती है। काव्य एवं साहित्य में यह रूपगठन विधात्मक होता है (जैसे महाकाव्य, आख्यान, चम्पू के रूप), विशिष्ट विषय वस्तुगत होता है ('वाल्मीकि रामायण', 'अध्यात्म रामायण', 'रामचरितमानस', महाकाव्यों के व्यक्तिगत रूप), शिल्पगत होता है (इतिवृत्तात्मक, वर्णनात्मक, अवधारणात्मक) तथा मनोवृत्तिमूलक होता है (प्रगीतात्मक, शास्त्रीय)। ये विधियाँ विषयवस्तु (कॉंटेंट) की तरह रूपविधान को भी एक लक्ष्य प्रदान करती है। सारांश में, रूपगठन कार्य (ऐक्शन) तथा कामगरी (वर्क) से सम्बन्धित है जिसमें मानव ऊर्जा का उपयोग होता है। अनेक मानव-कार्य और कामगरी मिलकर इतिहास में 'सभ्यता'

तथा 'संस्कृति' के ढाँचे रचते हैं जिनके कुछ स्वीकृत मर्यादामान (नॉर्म) होते हैं। वस्तुतः संस्कृति के ढाँचे मर्यादामानों के पुंज होते हैं जो परम्परा और परिपाटी (ट्रेडिशन ऐंड कॅन्वेन्शन) में झिलमिलाया करते हैं, जहाँ मानव की सामूहिक संस्थाएँ तथा व्यक्तिगत सृजनात्मकताएँ सक्रिय रहती हैं। संस्कृति के पैटर्न या रूपाकार ऐतिहासिक महत्त्व के युगों में अधिक परिवर्तन-प्रवर्तनकारी होते हैं। मानव की सृजनात्मकता के प्रमुख क्षेत्र हैं : अर्थतन्त्र, राज्य, धर्म, विज्ञान, दर्शन और सौन्दर्यतत्त्व आदि। मानव-ऊर्जा यहाँ इस्तेमाल होती है। अतः कला और साहित्य के रूपविधान व्यापक रूप में इतिहास-चरण के सांस्कृतिक पैटर्न के एक 'तत्त्व' मात्र, एक वामन-अंश हैं। इस तरह साहित्यिक विधात्मक रूपों पर विशिष्ट ऐतिहासिक युग के 'सांस्कृतिक रूपाकार' का भी सौन्दर्य-तात्त्विक प्रक्षेपण होता है।

इस भूमिका के साथ हम **महाकाव्य** के रूपाकार को लेंगे। महाकाव्य की दो परम्पराएँ हैं : एक, आदिम या विकसनशील महाकाव्य की; दूसरी, साहित्यिक या व्यक्तिगत महाकाव्य की। पहली परम्परा के आधार पर ही महाकाव्य के तत्त्वों का विधान हुआ है, और दूसरी परम्परा में व्यक्तिगत सैद्धान्तिक मीमांसाएँ हुई हैं। पहली परम्परा सामूहिक सृजन की देन है; और दूसरी व्यक्तिगत सृजन की। **आदिम महाकाव्य** में अतिमानवीय और अतिप्राकृतिक 'मिथकीय संस्कृति' होती है जिसमें कथात्मकता ही चरम लक्ष्य होती है। **साहित्यिक महाकाव्य** में अतिमानवीय तथा अतिप्राकृतिक 'संस्कृति को ऐतिहासिक परिवेश' अर्थात् मानवीय मर्यादामानों से ढककर दिया जाता है। इसमें कथा किसी महान लक्ष्य की निमित्तमात्र होती है। आदिम महाकाव्य गाकर समूह को सुनाया जाता है तथा साहित्यिक महाकाव्य व्यक्ति द्वारा पढ़ा जाता है। आदिम महाकाव्य वाचन के लिए सम्पादित होता है, साहित्यिक महाकाव्य पढ़ने के लिए लिखा जाता है। आदिम महाकाव्य में कथा की तीव्र गति का ख़्याल रखा जाता है। इसलिए इतिवृत्त में मनोहर वर्णन, वर्णनों में सौन्दर्यमूलक अलंकार, पात्रों के संघर्ष, घटनाओं के नाटकीय बिन्दुओं को इस तरह सन्तुलित किया जाता है कि इतिवृत्त में बेहद तालयुक्त आरोह-अवरोह होता है जिससे एक 'एकता क़ायम' हो जाती है। आदिम महाकाव्य का आख्यानवाचक (कवि) श्रोताओं को 'मन्त्रमुग्ध' करके ही अपने विश्वास जमा सकता है। इसके लिए या तो स्तुतियाँ-निन्दाएँ करता है अथवा अपने काव्य के अन्य प्रयोजनों के लोभ देता है। वह इतिवृत्त की गति को मनोहर वर्णनों से इच्छानुसार स्तम्भित करके शोभा का वशीकरण फैलाता है तथा छन्द के जादू से संगीत और गति दोनों का विभ्रम उत्पन्न करता है। 'चित्रात्मक विवरण', 'तीव्र गति' और 'कुतूहल' आदिम महाकाव्य के कथानक में ये तीन प्रधान होते हैं। साहित्यिक महाकाव्यों में कथानक केवल साधन हो जाता है। व्यक्ति-कवि इतिहास-चेतना से आलोकित होकर कथानक में धार्मिक या नैतिक, दार्शनिक या समसामयिक, वैयक्तिक या राष्ट्रीय विश्व-दृष्टि को साध्य रूप में स्थापित करता है। हमारे सन्दर्भ में वाल्मीकि-कृत 'आदिरामायण' आदिम महाकाव्य की, तथा तुलसी-कृत 'रामचरितमानस' साहित्यिक महाकाव्य की परम्परा में आता है। तुलसी

ने आदिम महाकाव्य परम्परा से कई तत्त्व ले लिए हैं। कुछ घटनाओं के स्थानान्तरण या विलोप के अलावा तुलसी ने वाल्मीकि का ही गठन उधार लिया है किन्तु उस पर 'अध्यात्मरामायणवृत्त' की दार्शनिक पद्धति, तथा मध्यकालीन चेतना की निष्पत्ति से पात्र, वर्णन, कार्य, प्रयोजन आदि सभी रूपान्तरित कर दिए हैं। तुलसी ने भी अपने महाकाव्य को मुख्यतः गाकर सुना जानेवाला ही बनाया है, उन्होंने अतिप्राकृतिक-अतिमानवीय मिथकीय संस्कृति पर मध्यकालीन वैष्णव आध्यात्मिक संस्कृति को आच्छादित किया है, कुतूहल को प्रधानता देकर भी तीव्र गति (कथानक-प्रधानता) पर बल नहीं दिया है। इसी तरह विवरणों की चित्रात्मकता की अपेक्षा नैतिक-आध्यात्मिक व्याख्याओं को प्रधानता दी है। मिथकीय चेतना के वृत्त में श्रोता कार्य-व्यापारों का भावुक द्रष्टा ही नहीं होता, बल्कि कथानक की हरेक बारीकी का ज्ञाता होने के कारण तथा एक विशिष्ट विश्व-दृष्टिकोण रखने के कारण उनमें लोक-कार्य जैसा हिस्सा भी बँटाता है। इसी वजह से वाल्मीकि के आदिम महाकाव्य में जो देवतादि हैं वे हमारी मध्यकालीन पौराणिक आस्था के ज़्यादा अनुकूल नहीं हैं। वे दैवी की अपेक्षा मानवीय भी हैं। इस तुलना में तुलसी के देवतादि वास्तविक अस्तित्वपूर्ण न होकर 'आध्यात्मिक प्रतीक' हैं। वे दैवी-मानवीय से परे एक परिपाटी हैं। मध्यकालीन ब्रह्मांड-अविकल्पन के प्रतिबिम्बन से तुलसी ने नायक को ही परम परब्रह्म बना दिया है। आदिम महाकाव्य की ही तरह साहित्यिक महाकाव्य 'मानस' में हम आख्यानवाचक तुलसी की आस्था से निर्देशित होते हैं। उसमें 'अविश्वास का श्रद्धामूलक उच्छेदन' होता है, न कि 'इच्छामूलक निलम्बन' (नॉट विलिंग सस्पेन्शन ऑव डिसबिलीफ़, बट डिवोशनल एलिमिनेशन ऑव डिसबिलीफ़)। इस तरह तुलसी ने विश्वास (बिलीफ़) के मिथकीय युग के तत्त्व को ऐतिहासिक युग के कार्यकारण-तर्क पर लागू करके एक धार्मिक महाकाव्य की सबसे बड़ी शर्त पूरी कर दी है। उन्होंने ऐतिहासिक युग के तीन तर्कों (रीज़न्स) का खंडन कर दिया है : (1) परब्रह्म राम सगुण मनुष्य कैसे हो सकते हैं; (2) वे मनुष्य न होकर मनुष्य की तरह आचरण कैसे कर सकते हैं; (3) एक कौवे तक को परमभक्ति कैसे प्राप्त हो सकती है ? इनका उत्तर उन्होंने तीन धार्मिक प्रतीकों में दिया : अवतारवाद, नरलीला, तथा भक्तिप्रीति। फलस्वरूप 'मानस' में चरितनायक अवतार, घटनाएँ नरलीला, तथा संवेग धार्मिक मनोविज्ञान की गूढ़ता से परिपक्व हो जाते हैं। इससे **धार्मिक महाकाव्य** के लिए एक दूसरा समानान्तर अन्यापदेशिक (ऐलिगॉरिकल) धरातल भी मिल जाता है। पहले धरातल में इतिवृत्तात्मक (नैरिटिव) चरण में नायक, घटनाएँ और रस हैं; तथा दूसरे धरातल में अवधारणात्मक (कॉन्सेप्टचुअल) चरण में अवतार, लीलाएँ और भक्तिपरक संवेग हैं। इस भाँति तुलसी ने आदिम महाकाव्य के गठन पर साहित्यिक महाकाव्य को धार्मिक कवित्व प्रदान किया है। अतः 'मानस' का ढाँचा 'इतिवृत्तात्मक' है जिस पर 'अवधारणात्मक रूप' आरोपित है। इसके लिए तुलसी ने सत्य-मिथ्या (ब्रह्म-माया) के सूत्र को तकनीकी-सिद्धान्त में रूपायित कर दिया है। उसकी इस साहित्यिक विधा का उद्गम यही है।

इतिवृत्तात्मक रूप तथा अवधारणात्मक रूप के सहसम्बन्ध से अन्यापदेशिक

अभिव्यंजना की क्षमताएँ बढ़ी हैं जिसकी वजह से काव्यात्मक विभ्रम (पोएटिक इल्यूज़न) की कई समस्याएँ उठ खड़ी हुई हैं। सबसे पहली समस्या आख्यानवाचक कवि की भूमिका की है। तुलसी हमेशा महाकाव्य की पृष्ठभूमि में एक भाष्यकार के रूप में मौजूद हैं जो प्रत्येक घटना तथा कार्य की नैतिक और आध्यात्मिक व्याख्याएँ एवं टिप्पणियाँ करते रहते हैं। इससे इनमें दुहरापन आ जाता है और कवि कार्य-व्यापार को चुनने, किसी विशेष अंश पर बल देने, किसी पताका को छोड़ देने आदि पर 'अपनी' मनोवृत्तियों तथा दृष्टिकोणों को आरोपित करता चलता है। वह एक ही समय में अग्रभूमि में चल रहे प्लॉट की कई घटनाओं तथा वृत्तान्तों को भी दे सकता है। कवि की आख्यान-रीति के अनुरूप ही लगभग सभी पात्रों की कथन-शैलियाँ ढलती चली जाती हैं। अतः संवादों में पात्रगत वैचित्र्य काफ़ी कम हो जाता है। एक बात और ध्यातव्य है कि कवि चारण न होकर एक ब्राह्मण-कथावाचक है जिसकी शैली पौराणिक है। वह रामकथा 'गाकर कहता है' और सुजन लोगों से प्रत्याशा करता है कि वे 'सादर' तथा मन लगाकर अर्थात् श्रद्धा और 'भावविभोरता' से सुनेंगे (मानस, 1/34/7)। वह हमेशा मौजूद रहता है। एक कथासूत्र को छोड़कर 'आगे जो चरित्र किस प्रकार हुआ' उसे सुनाता है। एक ही कथांश के दो पात्रों अथवा दो घटनाओं की विभक्ति की सूचना वह स्पष्ट दे दिया करता है : 'याज्ञवल्क्य भरद्वाज से बोले कि मैंने उमा का सुन्दर 'चरित्र गाया'; 'अब शम्भू का सुहावना चरित्र सुनो' (मानस, 1/75/3)। अपने चुनाव के अनुसार वह पताकाओं का संक्षेप में भी बखान करता है; बीच में छोड़े गए चरित्र को किसी दूसरे कथांश के बाद पुनः शुरू कर सकता है ('अब सो सुनहु जो बीचहिं राखा'); व्यतीत कथा की पुनरावृत्ति भी करता है (दशरथ के दूत द्वारा शिवधनुभंग की घटना सुनाना, हनुमान् द्वारा राम के विरह का वर्णन करना आदि); तथा कभी-कभी मूल प्लॉट से असम्बद्ध किसी पताका को किसी धार्मिक प्रयोजन की सिद्धि के लिए भी जोड़ सकता है। व्यक्ति-कवि धार्मिक होने के नाते बहुधा अलौकिक पात्र व घटना के प्रसंग में 'अनिर्वचनीयता' की बाँह थाम लेता है (जिस नगर में स्वयं जगदम्बा पार्वती ने अवतार लिया है उसका क्या वर्णन हो सकता है ? जिस नगर में स्वयं माता भवानी रहती हो वहाँ की ज्योनार का वर्णन कैसे हो सकता है ?)। इस भाँति इतिवृत्तात्मक रूप में वर्णन की ये कुछ शैलियाँ प्राप्त होती हैं। 'मानस' में आख्यानवाचक कवि के अलावा अन्य भी हैं। ब्राह्मण वक्ता तुलसी के श्रोता तो सुजनवृन्द हैं। लेकिन शिव की श्रोता पार्वती, याज्ञवल्क्य के श्रोता भरद्वाज, काकभुशुंडि के श्रोता गरुड़ भी हैं। ये चार **वक्ता-श्रोता युगल** हैं जो सारी कथा को स्वयंपूर्ण किन्तु अनुस्यूत खंडों में बाँटने के साथ-साथ एक ओर तो आध्यात्मिक व्याख्याएँ करते हैं, तो दूसरी ओर इतिवृत्तात्मक रूप को प्रश्नोत्तरवाली पद्धति का भी बना देते हैं। अतः उपदेशवृत्ति प्रधान हो जाती है, कथानक गौण। प्रश्नावली-पद्धति का कारण तत्कालीन पुनर्जन्म-सिद्धान्त है जिसकी वजह से वक्ता पात्रों के पूर्वजन्म की भी कथाएँ कहकर कथाभूमि को लोक और परलोक का विस्तारी रंगमंच दे देते हैं। तीनों वक्ता-श्रोता युगल के उपदेशों में भी आख्यानवाचक तुलसी के ही विचार

प्रतिपादित हुए हैं जिनका सम्बन्ध या तो राम के ब्रह्मस्वरूप अथवा रामभक्ति से। जब ब्राह्मण कवि सुजनों को उपदेश देता है तब वह वर्णाश्रमधर्म, लोकनीति, कलियुग के त्रिताप आदि को भी शामिल करता है। ये संवाद कई स्थलों पर चलते हैं : तीर्थों में, सभाओं में, राजसभाओं में, धर्म-समाजों में, पात्रों के वार्तालापों में और कवि के वक्तव्यों में। इन संवाद-शैलियों में ज्ञान तथा भक्तिपरक शब्दावली की बहुतायत है। ध्यान रहे कि संवाद-स्थलों तथा वक्ता-श्रोता युगलों का ऐसा चुनाव 'मानस' के गठन को कैलास, प्रयाग, चित्रकूट, ऋषि-आश्रम, धर्मसभाओं, राजसभाओं में फैलाकर एक धार्मिक भास्कर्य (रिलिज़स आर्किटेक्चर) जैसा स्वरूप प्रदान करता है। इन संवादों ने कथांशों को अनेक स्वावलम्बी लीलाओं में वितरित कर दिया है जिनमें से प्रत्येक के अपने धार्मिक प्रयोजन हैं। जाहिर है कि इसके रूपगठन की एकता शिथिल हुई है।

'मानस' के कथानक में आधिकारिक तथा प्रासंगिक कथाओं (पताकाओं, प्रकरियों) की 'एकता' के लिए कई तत्त्वों का इस्तेमाल हुआ है। इनके आपसी सम्बन्धों से कार्य-व्यापार की गतिकी (डाइनैमिक्स) का अनूठा इज़हार होता है। कथाओं के गठन में घटनाएँ (ईवेन्ट्स) केन्द्र में होती हैं जिनके सूत्र में कार्य-कारण पिरोए हुए होते हैं। तब ये गठन नन्ही इकाइयाँ बनते हैं। 'मानस' में ताड़का, वाल्मीकि, अहल्या, केवट, निषाद, जटायु, सम्पाती, सुमन्त्र आदि नन्ही कथा-इकाइयाँ हैं। इन इकाइयों में कम-से-कम एक नायक होता है जो मूल महाकाव्य के चरितनायक के विराट् कार्य-व्यापार में समाहित हो जाया करता है। लेकिन इकाई के गोले में वह अपने चरित्र का आंशिक बिम्ब भी आलोकित कर देता है। 'मानस' में ये प्रकरी-नायक-नायिकाएँ आदिम महाकाव्य के संवर्धन (ग्रोथ) परक कथानकवाली परिपाटी को ही नहीं ढोतीं बल्कि कवि की भक्ति मीमांसा, या तत्कालीन नई सामाजिक सम्बन्धता, अथवा किसी नैतिक आचार-व्यवहार का उद्घाटन भी करती हैं। ये सब घटक कथानक को मध्यकालीन बोध देनेवाले सहयोगी हैं। आधिकारिक कथा का वेग इनके बिन्दुओं को छूता हुआ निकलता है। अतः ये एक समाज-रचना भी करते हैं। 'मानस' में बालकांड में राजसभाओं के कई पात्रों, अरण्यकांड में ऋषि-मुनियों के समुदाय, किष्किन्धा में मित्रों की खोज आदि ने मिलकर काव्य में मानवीय तत्त्वों की अनिवार्यता की पूर्ति की है तथा कथानक के फलक को एक सामाजिक दुनिया में जीवित कर दिया है जहाँ राजसभाएँ हैं, पुरोहित-ब्राह्मण-ऋषि हैं, सेवक और मित्र हैं, शत्रु-योद्धा और सूरमा हैं, विविध चरित्रों वाली नारियाँ (कौशल्या, मन्थरा, कैकेयी, अनसूया, शूर्पणखा, अहल्या, शबरी, तारा आदि) हैं। इस भाँति ये नन्ही कथा-इकाइयाँ मूलतः समाज तथा उसके समूहों की विविधता का आधान करने की निमित्त हैं। किन्तु 'मानस' में कवि ने घटनाओं तक को विवरणात्मक (डेस्क्रिप्टिव) पद्धति से चित्रित किया है। इसलिए इतिवृत्तात्मक (नैरेटिव) रुचि तब तक के लिए स्थगित हो जाती है जब तक कि कवि स्वयं अगली घटना का बखान नहीं करता। सारांश में, कवि 'गति' के बजाय 'ध्यान' में लीन हो जाने का आदी है। इसीलिए 'चरित' में 'मानस' की गहराई भी है। ऐसे ही दूर तक चलनेवाली पताका-कथाओं (लक्ष्मण, हनुमान्,

विभीषण, सीता, रावण) में 'एकता' प्राप्त करने में उद्देश्य का कई भागों में वितरण हो जाया करता है। ये पताका-कथाएँ आधिकारिक कथा के प्रयोजनों को परस्पर बाँट लेती हैं और अन्ततोगत्वा महोद्देश्य में तिरोभूत हो जाती हैं। उदाहरण : लक्ष्मण-कथा राम-मर्यादा और राम-वैराग्य के वृत्त में रोमैंटिक विद्रोह और दंडनीति के शौर्य की पूर्ति करती है; हनुमान्-कथा राम-कार्यों की गति को अत्यन्त वफ़ादारी के साथ अतिप्राकृतिक उपायों के द्वारा भी तेज़ गति से आगे भगा ले जाती है; विभीषण-कथा राम के सम्राट् पक्ष को गौण होने से बचाती है; सीता-कथा यात्रा और खोज को एक न्यायपूर्ण सार्थकता देती है; तथा रावण-कथा राम के असुरसंहार नामक प्रमुख अवतार हेतु को सिद्ध करती है। तुलसी ने इन कथाओं में भक्तिभाव का इतना अधिक समुपरंजन कर दिया है कि अन्य मनोराग या तो भक्ति-उन्मुख हो गए हैं अथवा कमज़ोर पड़ गए हैं। अतः इतिवृत्त एवं अवधारणा के दोहरेपन का नतीजा मूल कथानक पर भी पड़ा है : एक ओर राम की वास्तविक यात्रा का कथानक है, तो दूसरी ओर राम की अन्यापदेशिक (ऐलिगरिकल) यात्रा का भी अवबोध है। अतः राम के सभी कार्य-व्यापार लीलाएँ हो जाते हैं; तथा स्वर्णमृग-आखेट से पूर्व सीता के अग्निवास से लेकर लंका-विजय के पश्चात् अग्निपरीक्षा तक सीता की यात्रा भी अन्यापदेशिक तथा रहस्यगूढ़ हो जाती है।

आधिकारिक, पताका, और प्रकरी-कथाओं के नियोजन पर ग़ौर करने के पहले हम वाचकप्रधान इतिवृत्तात्मक गठन की तत्सम्बन्धी विशेषता बताना चाहेंगे कि आख्यानवाचक कैसे एक ही काल में कई घटनाओं का वृत्तान्त दे सकता है–चित्रपटल का परिवर्तन, विपर्यय, या निलम्बन करके। इसके अलावा धार्मिक महाकाव्य में कार्यों पर दैव या प्रारब्ध का नियमन होने की वजह से सामान्य कार्य-कारण की परम्परा भी भंग हो जाया करती है और बहुधा घटना-परिवर्तन में 'आकस्मिकता' परिव्याप्त हो जाती है। 'मानस' में कथाप्रभेदों के नियोजन में इन दोनों प्रवृत्तियों की चहल-पहल है। ऐसे विचित्र नियोजन के लिए वाचक कवि ने कथाओं के उपसर्ग-प्रत्यय रूप में कुछ क्रिया-विशेषण प्रयुक्त किए हैं; यथा : इधर (यह कथा हुई) और उधर (वह चरित चल रहा है), पीछे (यह लीला हो चुकी) और आगे (इस लीला का वर्णन होगा), यहाँ (राम स्वर्णमृग के पीछे चले गए) और वहाँ (सीता का वृत्तान्त सुनो), इत्यादि। कथाप्रभेदों को दाखिल करने का दूसरा हेतु नाना आध्यात्मिक-दार्शनिक प्रतीकों की मिथकीय व्याख्या करना होता है; यथा : मुक्ति के लिए सम्पाति, शाप-निवारण के लिए अहल्या, पापोद्धार के लिए जयन्त, अवतार-हेतुओं के लिए हरि की अनेक पूर्वकथाएँ, आदि। कथाप्रभेदों का तीसरा नियोजन प्रश्न अर्थात् शंका के उत्तर, अर्थात् समाधान-रूप में एक मिथकीय कथा को प्रस्तुत करने से होता है; यथा : सती को राम के सगुणत्व पर सन्देह होने की वजह से सती-मोह की कथा जोड़ी गई, पार्वती को काकभुशुंडि जैसे कौवे द्वारा हरिपद पाने की शंका के निवारण के लिए काकभुशुंडि के पूर्वजन्म की कथा जोड़ दी गई, इत्यादि। नियोजन की इन तकनीकों के कुछ परिणाम हुए : (1) कथा की कार्यकारण-श्रृंखला पात्र के पूर्वजन्म में भी जुड़ जाती है जो मूल कथानक की एकता के लिए विघटनकारी है; (2) कथा के

स्वाभाविक मनोरंजन की अपेक्षा उसके धार्मिक या नैतिक दृष्टान्त की महानता प्रमुख हो जाती है जिससे कथांश एक धार्मिक प्रतीक का भाष्य होकर स्वयं में मोहहीन हो जाता है; तथा (3) मूल प्रकट-कथानक-पटल के साथ 'पृष्ठभूमि' में पूर्वजन्म की मिथकीय कथाओं का अन्तःपटल भी खुलता है। ये धार्मिक खूबियाँ महाकाव्यगत सौन्दर्यतात्त्विक त्रुटियाँ बन जाती हैं। बालकांड में पृष्ठभूमिस्थ पटल-कथाओं में शिव-चरित, नारद-शाप, मनु-शतरूपा, प्रतापभानु-कपटीमुनि, जलन्धर-वृन्दा, रावण-चरित आदि प्रधान हैं; अन्य कांडों में सम्पाती की आत्मकथा, लंकिनी राक्षसी की आत्मकथा, काकभुशुंडि की आत्मकथा प्रमुख है। वस्तुतः महाकाव्य-चरित की दृष्टि से 'मानस' में राम-चरित के साथ-साथ शिव-चरित एवं रावण-चरित का भी आख्यान है (बालकांड)। यह तुलसी पर क्रमशः कालिदास के 'कुमारसम्भव' और 'अध्यात्म रामायण' के उमा-शिव संवाद, तथा जैन रामायणों के प्रभाव की देन है। इनसे निस्सन्देह प्रबन्ध-सौष्ठव शिथिल हुआ है।

'मानस' में कथाओं के व्यवस्थापन की कुछ पद्धतियाँ तो बार-बार दुहराई गई हैं। पहली पद्धति है पुरानी कथा की आवृत्ति की। इस पद्धति द्वारा सम्बद्ध चरित्र (मुख्यतः पताका-वृत्तवाले) उन घटनाओं से परिचित हो जाते हैं जो उनकी अनुपस्थिति में आधिकारिक चरित्र सम्पादित कर चुके होते हैं। यहाँ एक प्रकार का काल-विपर्यय होता है। उदाहरण : दशरथ की सभा में दूत आकर राम द्वारा धनुर्भंग की सारी कथा दुहरा जाता है, मारीच रावण से राम के विश्वामित्र के साथ जाने की पूरी कथा दुहरा जाता है; भरत-बाण से आहत हनुमान् संक्षेप में पिछली कथा बता देते हैं। विवाह रचाकर लौटे राम से माताएँ ताड़का-वध आदि की कथाएँ जान लेती हैं। दूसरी पद्धति है कथा पर कथा आरूढ़ कर देने की। इस पद्धति द्वारा 'एक ही प्रासंगिक कथा को दो आत्मनिर्भर कथाओं में विभक्त कर दिया जाता है। उदाहरण : रति को वरदान देने की कथा के बाद कवि पार्वती-विवाह की कथा कहता है, शिव पार्वती से 'रामचरितमानस' की वह मंगलमयी कथा कहते हैं जिसे काकभुशुंडि ने विस्तार से कहा तथा पक्षिराज गरुड़ से सुना। तीसरी कविप्रिय पद्धति है कथा को लौटाने की। यहाँ एक प्रकार का स्थान-सम्बन्ध (स्पेशल कोरिलेशन) होता है। उदाहरण : राम को सुखपूर्वक चित्रकूट में निवास कराकर अर्थात् वनगमन का पूरा सुहावना वृत्तान्त कहकर कवि सुमन्त्र के साथ पुनः अयोध्या लौट आता है और राम-गमन के बाद अयोध्या की दशाओं का चित्रण करता है (इस तरह कथा का अगला कालगत प्रवाह स्थगित हो जाता है); अरण्यकांड में कवि राम का जो विरह-वर्णन उनके नर-चरित्र करने के भय से नहीं कर पाता, उसे हनुमान् द्वारा सुन्दरकांड में पूरा कर देता है (यहाँ अधूरी घटना की पूर्ति की गई है); उधर पर्णकुटी से हर लाई गई सीता के साथ कवि अशोकवन तक चला जाता है राम-लक्ष्मण को छोड़कर। तब पुनः वह सीता को वहाँ छोड़कर इधर राम-लक्ष्मण के पास आता है और सीताहरण के बाद का वृत्तान्त कहता है (यहाँ एक ही कालखंड की दो दशाओं का बारी-बारी से वर्णन है); सीताहरण प्रसंग में युद्ध करता हुआ जटायु पुनः राम को उसी

स्थल पर घायल अवस्था में मिलता है और राम-लक्ष्मण को सारी बीती कथा बता देता है; सुग्रीव बन में रहने के कारणों को बताते हुए बालि-सुग्रीव-कथा कहते हैं; सुग्रीव की तरह सम्पाती भी अपनी पिछली कथा कहने के बाद भविष्य की सूचनाएँ भी दे देता है। चौथी पद्धति है एक कथा की घटना से पूर्वजन्म की कोई एक कथा जोड़ देने की : जामवन्त को बहुत पहले ही राम के वामनावतार तक की कथा मालूम है; दशरथ के पुत्र-वियोग के पीछे श्रवणकुमार की कथा है, इत्यादि।

कथाओं में मुख्यतः धार्मिक रंगत की कथानक-रूढ़ियाँ प्रयुक्त हुई हैं। चरित्र के लिए मतिभ्रम, विधिलेख, शाप और वरदान का प्रयोग हुआ है; घटनाओं के लिए कर्मफल, रूपवेश-परिवर्तन आदि प्रयुक्त हुए हैं; एवं परिणाम के लिए स्वप्न तथा भविष्य-सूचनाएँ, प्रयुक्त हुई हैं। भरत के आगमन से पूर्व सीता का दुःस्वप्न तथा राम के लंका-गमन से पहले त्रिजटा का स्वप्न भविष्य की घटनाओं के सूचक हैं। भविष्य-सूचना के लिए, या किसी कथांश को पूरा करने के लिए दैवी पात्रों का प्रकट एवं अन्तर्धान होना भी इस्तेमाल हुआ है। शुद्ध काव्यगत रूढ़ियों में-से नायिका-अपहरण केन्द्र में है। इन अभिप्रायों के अलावा अन्य पात्रों में भी कथानक का संचालन किया है। शील-शिल्पन की दृष्टि से चरित्र मनोरागों (पैशन्स) को वश में किए हैं और कुछ विशिष्ट 'स्वभावगत गुणों' (हैविट्यूअल वरच्यूज़) की वजह से रूढ़ हो गए हैं। उनके चरित्र-परिवर्तन की दिशाएँ भक्त होने की ओर संलक्षित हैं। उनके सारे कार्य भी अनिवार्य गुणों से संचालित होते हैं, मनोरागों से कम। राम मोहहीन नरलीला करनेवाले हैं और उनका स्वभावगुण है नैतिक मर्यादा। लक्ष्मण और, कुछ अंशों में, सीता में भी मनोराग मिलते हैं जिससे उनके चरित्रों में परिवर्तनशीलता तथा किंचित् रोमैंटिकता दृष्टिगोचर होती है। नैतिकता के स्वभावगुण की प्रधानता की वजह से 'मानस' के सौन्दर्य का अधिकांश उसकी नैतिकता है। इसलिए अनेक प्रकरी-पात्र (शरभंग, सुतीक्ष्ण, अहल्या, अनसूया, शबरी, तापस, केवट अयोध्या और जनकपुरी प्रजा, आदि) केवल भक्त होकर चुक जाते हैं और कथा-शिल्प में कोई भूमिका नहीं अदा कर पाते। उनकी मात्र आध्यात्मिक सत्ता रह जाती है। कथानक को मोड़ देनेवाले पताका-प्रकरी के पात्रों में-से खास विश्वासमित्र, मन्थरा, शूर्पणखा, सुग्रीव तथा विभीषण हैं। विश्वामित्र राम-लक्ष्मण को ताड़का-वध कराने ले जाते हैं और रामविवाह, परशुराम-दर्पभंग आदि तक का संचालन कर देते हैं; मन्थरा राम के राज्याभिषेक को राम-वनगमन में विपरीत गति से प्रत्यावित कर देती है; शूर्पणखा राम-सीता-लक्ष्मण के शान्त वनवासी जीवन को भग्न करके खर-दूषण-संघर्ष और सीता-हरण की भूमिका रचती है; सुग्रीव राम के चक्रवर्तित्व तथा सीता की खोज के हेतु सहायक बनते हैं तथा विभीषण युद्ध के सभी सूत्रों का परोक्ष संचालन करता हुआ रावण वध और राम की वापसी के फलागम को पूरा करता है। ये पात्र मूल कथानक को कई ध्रुवान्तों में बाँट देते हैं जिससे 'नाटकीय द्वन्द्व' (बहिर्द्वन्द्व ही) की स्थितियाँ उपजती हैं। राम और परशुराम, रामविवाह और राम-वनवास, सीताविवाह और सीताहरण, अवतार राम और असुर राक्षसगण, ब्रह्मचारी लक्ष्मण और

कामिनी शूर्पणखा, खलनायक रावण और रामभक्त मन्दोदरी, कुलभूषण कुम्भकर्ण और कुलनाशक विभीषण, अन्वेषी राम और वन्दिनी सीता, नर राम और अलौकिक हनुमान आदि ऐसे ही द्विवर्ण-विरोध (बाइनरी अपोजीशंस) हैं जहाँ इतिवृत्त के रोमांचक उतार-चढ़ाव मिलते हैं। यूँ सम्पूर्ण कथानक की प्रमुख घटनाएँ चार हैं : रामसीता-विवाह, रामसीता-वनवास, सीताहरण और रावणवध।

नाटकीय द्वन्द्वों के विधान में तीन बातें मुस्तकिल हैं : (क) 'शाप' तथा 'वर' नाटकीय सूचक हैं, और देवताओं या ऋषियों के 'साक्ष्य' सुखान्त मोड़ के निमित्त हैं; (ख) नाटकीय द्वन्द्वों के बीच, पहले या बाद में बहुधा कामद आवेश (कॉमिक एक्साइटमेंट) अथवा त्रासदीय विश्रान्ति (ट्रैजिक रिलीफ़) के द्वारा इतिवृत्त में 'कुतूहल' को केन्द्रित किया गया है या फिर विरेचन किया गया है; तथा (ग) ये द्वन्द्व अकस्मात् उपस्थित हो जाते हैं। विश्रान्तियों की वजह से महाकाव्य में हास्य (कॉमिक), भयानक (टेरर) तथा किमाकार (ग्रोटस्क) के विधान हुए हैं। कुछ प्रतिनिधि उदाहरण लेकर हम नाटकीय द्वन्द्वों में प्रयुक्त इन कौशलों का उद्‌घाटन करेंगे। पार्वती-विवाह के प्रसंग में एक ओर नारद में विदूषकत्व (ठगी) का सन्धान है तो दूसरी ओर पार्वती में हठ का। ठगी और हठी के स्वाभावगुणों के नाटकीय द्वन्द्व की गम्भीरता में सप्तर्षि और नारद, दोनों ही परीक्षा के लिए छल का उपयोग करते हैं। फलस्वरूप हास्य में कई छींटे इस गम्भीरता को कम कर देते हैं। हास्य के आलम्बन कपटी नारद, और बावले-भिखारी-जोगी-नग्न-अमंगलवेषधारी शिव हैं। इस भाँति वरसाक्ष्य और कामद विश्रान्ति का मेल नाटकीय द्वन्द्व को तीव्र कर देता है। दूसरा उदाहरण धनुर्भंग-प्रसंग का है। शिवधनु तोड़ने की बात क्या, बड़े-बड़े बाहुबली नृपति उसे टस-से-मस तक नहीं कर पाते। जानकीपक्ष में लोग चिन्तित हो जाते हैं कि ब्रह्मा ने सीता का विवाह ही नहीं लिखा है। सामने राम हैं। एक अजूबा कंट्रास्ट है : एक बालक राम बनाम रावण-बाणमदमर्दक धनुष का, एक हंस के बच्चे की तरह राम बनाम मन्दराचल पर्वत की तरह धनुष का; एक कोमल मृदुगात राम बनाम वज्र-से कठोर धनुष का तोड़ दिया जाना। एक सनसनी (सस्पेन्स) की मृत्यु हो जाती है। चारों ओर वीररस का समां छा जाता है। दूसरा चरण शुरू होता है और रौद्ररस की तरह किमाकार-रूप परशुराम आ धमकते हैं। दुर्भाग्य (नेमेसिस) का चक्र चल पड़ता है। अब परशुराम और लक्ष्मण का वाक्‌युद्ध यों संयोजित होता है कि क्रोध और हास्य का समतोलन क़ायम हो जाता है। धीरे-धीरे परशुराम तेजहीन होते जाते हैं और अन्ततः राम-भक्त हो जाते हैं। कैथार्सिस भी होता है और इस अन्तिम सुखान्त के पूर्व त्रासदिक विश्रान्ति भी संयोजित हो जाती है। तीसरा उदाहरण अयोध्याकांड में राम के वनवास के पूर्व राज्याभिषेक का महोल्लास है जो त्रासदिक विश्रान्ति के कौशल का सर्वोत्तम दृष्टान्त है। रामवनवास एक महान त्रासदी है जिसके फलस्वरूप दशरथ की मृत्यु होती है, भरत तपस्वी जीवन बिताते हैं, अयोध्या शोक में निमग्न हो जाती है, लक्ष्मण और सीता भी वनवासी बनते हैं। इस त्रासद श्रृंखला को राज्याभिषेक तथा वनवास के सुखान्त जीवन के मध्य बाँधकर कवि ने इसके द्वारा ही दोनों विश्रान्तियों का भावन

किया है। एक और उदाहरण है, सुन्दरकांड में हनुमान के अभिज्ञान का। पतिविरह और रावण-त्रासों से विक्रान्त सीता अग्निचिता जलाकर स्वयं को समाप्त कर देने का निश्चय करती हैं। वह आकाश से एक तारे के रूप में अग्नि की याचना करती हैं, अशोक के नव अग्निवर्णकिसलय से अग्नि की याचना करती हैं कि हनुमान अचानक अशोक-वृक्ष के ऊपर से राममुद्रिका डाल देते हैं। सीता को सुप्रिय भ्रम होता है कि अशोक ने अंगार दे दिया। सीता हर्षित होकर मुद्रिका को हाथ में उठाती हैं और आश्चर्यचकित होकर उसे रामनामांकित पाती हैं। सारा वातावरण बदल जाता है। मुद्रिकानिपात और सीता की अशोक से याचना का सूचीभेद्य संयोग हो जाता है। कैथार्सिस की भूमिका सम्पन्न हो जाती है। गुप्त हनुमान प्रकट हो जाते हैं। इस अनुक्रम में पिछली गोष्ठी में चर्चित चरित्रों का अन्तर्द्वन्द्व सम्बन्धी विधान भी शामिल हो सकता है।

इतिवृत्त-परिगठन में **वर्णनों** या विवरणों (डेस्क्रिप्शन्स) का प्रकार्य 'रूप' का विस्फार करना होता है, ज्यों-ज्यों घटनाओं का कार्यगति में उतार-चढ़ाव लाना होता है। इतिवृत्तात्मक महाकाव्य में वर्णन विशाल दृश्य-फलक प्रस्तुत करते हैं और कथानक को देश-काल के ऐतिहासिक रंगों से भर देते हैं। यों इतिवृत्त का फलक-व्यापक होता है जिसमें गति (मूवमेंट) कहीं विश्राम करने नहीं देती, इसलिए वर्णन घटना के वेग से बचकर देश-कालगत काव्यात्मक विभ्रम में श्रोताओं को तल्लीन कर देते हैं। वर्णन कार्य, मुद्रा, प्रसंग, वेश-भूषा, नख-शिख, वस्तु आदि को इतने विस्तार तथा सूक्ष्मता से अर्थात् 'विम्ब' के रूप में प्रस्तुत करते हैं कि उनमें मनोरागों को सीधे संस्पर्श करने की क्षमता जा जाती है। वर्णन इतिवृत्त में कल्पना में विशुद्ध ऐन्द्रिक आनन्द के हेतु हैं अन्यथा धार्मिक काव्यों में तो प्रत्येक चरित्र, घटना या प्रसंग दृष्टान्त जैसा (पैरेबिल लाइफ) हुआ करता है। 'वर्णनात्मक कौशल' इतिहास की एक गति को थाम लेता है, जबकि दूसरी प्रवाहित होती रहती है। यह पृष्ठभूमि में कार्यव्यापारों तथा अस्तित्वों की प्रतीति को उत्पन्न करता है; यह उन घटनाओं की प्रतीति पैदा करता है जिनका अनुसरण नहीं हो रहा होता है लेकिन जो किसी भी समय पूर्णतः केन्द्रीभूत होकर उभर सकती हैं।"[1] अतः वर्णन प्रत्येक कार्य में देर तथा दूर तक रमण कर सकते हैं। ये इतिवृत्त को रोककर घटना को उसे एक तीसरे अप्रत्यक्ष आयाम में फैला देते हैं। इनकी वजह से घटना जल्दी परिणाम की ओर अग्रसर नहीं हो पाती। सारांश "वर्णन कथानक की गति को धीमी बनाते हैं, कुछ अंशों को विस्तारों तथा बिम्बतन्त्र (इमेजरी) से व्यापक बना देते हैं"[2] तथा विचार के बजाय मनोराग की भाव-दशा का उद्रेक करते हैं। तुलसी ने शिव-बारात, धनुषभंग, सीतास्यंवर, सीता-राम-विवाह, रामविदा, पंचवटी, वर्षा, शरद्, लंकादहन, कुम्भकर्ण व मेघनाद के युद्ध, राम-रावण युद्ध आदि के वर्णन किए हैं जो विभिन्न रसों का विधान करते हैं। इसके अलावा कई पात्रों के संक्षिप्त और दिव्य सौन्दर्यवर्णन हुए हैं। इनके प्रयोजन उपर्युक्त ही हैं। किन्तु उनके धार्मिक

1. सुशान्ने के. लैंजर : फ़ीलिंग एंड फ़ार्म, पृ. 285
2. वही।

महाकाव्य में 'वर्णन' की कुछ निजी खूबियाँ हैं : इनमें शोभा-सौन्दर्य और आचरण की मर्यादा है, ये मनोरागों को उभारने के बजाय उन्हें सात्त्विक या उदात्त करते हैं, इनमें शृंगारिकता और 'जड़ता' नहीं है; इनके सभी प्रकार के रसात्मक विधानों में 'अलौकिकता' का घोल है जिससे सभी रस अद्‌भुत के परिवेश में घिरे हैं, ये उपमाओं और रूपकों की लड़ियों से बँधे हैं तथा इनमें कई अवसरों पर मात्र परिगणना कर दी गई है, खासतौर पर जहाँ या तो कवि का मन नहीं रमा है या उसका अनुभव कम है। उपमाओं-रूपकों का आश्रय लेकर तुलसी ने अपने वर्णनों को तीन धाराओं से जोड़ा है : भागवत का आध्यात्मिक वर्णन, संस्कृत काव्यों का रसात्मक वर्णन तथा लोकानुभवों का विशाल खज़ाना। उनकी उपमाएँ चौपाई की नकबेसर अर्धाली की तरह छोटी तथा रूपक पूरे नख-शिख की तरह बड़े हैं। ये उपमाएँ-रूपक कविता की सजावट के लिए कम इस्तेमाल हुए हैं (जैसाकि साहित्यिक महाकाव्यों में होता है) बल्कि कथा को अधिक दृश्यात्मक बनाते हैं (यह आदिम महाकाव्यों की प्रवृत्ति है)। तुलसी ने इन उपमा-रूपकों के ज़रिए घटना में बहते हुए श्रोता-मन को अचानक चौंकाकर लोकजीवन या परम्परा के नवल या चिरपरिचित क्षेत्रों के प्रति जागरूक कर दिया है, श्रोताओं को आत्मरति की तन्द्रा से छुड़ाकर कथानक के प्रति चौकन्ना बनाया, उपमेय और उपमान के दो समानान्तर चित्रों के द्वारा दो क्षेत्रों के जीवन की तुलना कराकर भावगुम्फन कराया है, किसी वस्तु या स्थिति का सर्वांगीण अनुभव कराया है (क्योंकि उपमान हमेशा उपमेय से अधिक व्यंजक होते हैं), तथा आगामी घटना के अभ्युदय तक के लिए श्रोता का थोड़ा समय अपने लिए हासिल कर लिया है। सांग-रूपकों के विन्यास करने में तुलसी कालिदास की तरह एक कुशल शिल्पी सिद्ध होते हैं तथा उपमाओं के गूँथने में वे लोकचित्त की अन्यापदेशिक (ऐलिगॅरिकल) चेतना का पूरा अविकल्पन करते हैं। उन्होंने उपमाओं का ग्रामजीवनवाला एक नया स्रोत खोजा है। एक प्रकार से उममा-रूपक में तो दो समानान्तर क्षेत्रों का जीवन काव्यात्मक विभ्रम (पोएटिक इल्यूज़न) की प्रतीति कराता है। इस धार्मिक महाकाव्य में वास्तविक कथानक (चरित) और अवधारणात्मक कथानक (लीला) ने मिलकर इसके 'रूप'(फ़ार्म) को ही एक दोहरापन प्रदान कर दिया है। इन वर्णनों में कवि इस विश्वास के प्रति बेहद होशियार रहा है कि 'मानस' में विषय-रस की नाना कथाएँ न हों (मानस, 1/37/2)। वस्तुतः यह सूफी प्रेमाख्यान काव्यों तथा धार्मिक महाकाव्य की मूलवृत्ति का अन्तर स्पष्ट कर देती है। 'मानस' में सैक्स और शृंगार के सभी 'लौकिक' वर्णन बहिष्कृत हो गए हैं, केवल अलौकिक शृंगार की झाँकियाँ दी गई हैं।

इन पहलुओं के अलावा 'मानस' के प्रत्येक कांड के तकनीकी कौशल पर संक्षेप में विचार किया जा सकता है।

बालकांड में कथाभूमि में इहलोक और देवलोक, दो विश्वों का समावेश कराने के कारण देवताओं, मनुष्यों तथा अवतारों के चरित्रों को आपस में गूँथ दिया गया है। एक ओर विष्णु, ब्रह्मा और शिव की अनेक कथाएँ हैं जो राम से सम्बद्ध हैं; दूसरी ओर परब्रह्म

राम और अयोध्या-जनकपुर से सम्बद्ध पात्रों के निवेश हैं। इसलिए देवलोक की कथा में 'कुमारसम्भव' से अनुप्राणित शिव-पार्वती-विवाह की कथा तथा राम अवतार से सम्बन्धित कई 'हेतु-कथाएँ' हैं जिनमें 'शाप' और 'वर' की दक्षता का प्रयोग हुआ है। इतिवृत्त का ढाँचा 'अध्यात्म रामायण' के आधार पर शिव-पार्वती संवाद के रूप में है। रामजन्म से कथा क्रमशः दो राजधानियों में छिटकती है : अयोध्या और मिथिला। अयोध्या-धुरी में विश्वामित्र तथा मिथिला-धुरी में परशुराम के चरित्र गुँथे हैं। अयोध्या में बाललीलाओं की लिरिकल झाँकियाँ हैं, मिथिला में शौर्यवृत्त का क्लैसिकीय रोमांच है। सबसे प्रधान घटना धनुर्भंग तथा सीता-विवाह की है। इस घटना के साथ विवाहोत्सव का महोल्लास वर्णित है। यह कांड प्रबन्धगठन की दृष्टि से शिथिल है क्योंकि लगभग तीन-चौथाई भाग में दार्शनिक नैतिक तत्त्वों तथा राम के अवतार-हेतुओं का ही निदर्शन हुआ है। अयोध्याकांड की प्रधान घटना है राम का निर्वासन। यह कथा भी दो खंडों में बँट जाती है : एक ओर अयोध्या का शोकान्धकार है, तो दूसरी ओर चित्रकूट के वन्य जीवन की रोमैंटिकता। अयोध्या में भय है तो चित्रकूट में मधुरता। इस कांड में दो विपरीत मानवीय स्थितियाँ हैं जिनके मिलाप से कथा का यात्रावृत्त शुरू हो जाता है। कैकेयी के दोष और मन्थरा की दुष्टता ने घटना को चक्रवात की तरह घुमाकर दुर्भाग्य-अंक में फेंक दिया है। सीता का तेजस्वी पत्नीत्व तथा भरत का तपस्वी त्याग सारी करुणा और त्रास का 'शुद्धीकरण' (पर्गेशन) कर देता है। वनगमन-प्रसंग में पूर्ववर्ती सामन्तीय वातावरण की जगह केवट, ग्रामवासियों तथा ग्रामवधुओं के समूह एक 'मुग्ध कुतूहल' का जादू फैला देते हैं। यह तुलसी का अपना नूतन वर्णन है। विवाह-प्रसंग के बाद पुनः राम के सौन्दर्य का अलौकिक प्रभाव छा जाता है। इस भाँति चित्रकूट में 'आनन्द' की सिद्धावस्था का अन्तिम उत्कर्ष होता है। वनगमन-प्रसंग में परब्रह्म राम के बजाय प्रधानता है और उनको भक्तों के सहज सम्पर्क प्राप्त होने लगते हैं। यह अंश घटनावेग को विश्राम देकर वर्णन के द्वारा वातावरण का निर्माण करता है। अरण्यकांड के पूर्वार्ध में चित्रकूट के भक्तिप्रधान वातावरण का वैराग्यमूलक प्रसार होता है जहाँ अत्रि, शरभंग, सुतीक्ष्ण, शबरी आदि ऋषि भी भक्त हो जाते हैं। ये पात्र कथानक को विशेष गति नहीं दे पाते। उत्तरार्ध में राक्षसों की प्रधानता है जहाँ शूर्पणखा, खर-दूषण, रावण, कबन्ध, मारीच आदि हैं। यहाँ राक्षस भी रामभक्त ही हैं। फलस्वरूप खलनायकत्व वाला 'संघर्ष' भी हलका पड़ गया है। वेश बदलनेवाली कथानक-रूढ़ि (जयन्त, मारीच, शूर्पणखा) का प्रयोग करके जादू-वृत्त का भी समावेश हुआ है। किन्तु घटना के मुख्य 'हेतु' दो हैं : कनकमृग और जटायु। कनकमृग प्लॉट में छद्म-तत्त्व द्वारा घटना को पुनः चक्रवात की तरह घुमा देता है। शूर्पणखा का विरूपण सीताहरण का मूल कारण हो गया है। अतः पूरा कनकमृग-प्रसंग तथा खर-दूषण-वध 'प्रतिशोध' से संचालित होकर घटते हैं। जटायु-प्रसंग कथानक के प्रसार को निश्चित दिशा अर्थात् 'लक्ष्य' (प्रयोजन) देता है। 'अध्यात्म रामायण' से प्रेरित होकर तुलसी ने सीताहरण को भी रूपकात्मक बना दिया है। सो, हरण मायासीता का होता है, वास्तविक सीता

अग्निवास कर लेती है। यह नैतिक शुद्धीकरण (मॉरल पर्गेशन) की भावना कथानक में काव्यात्मक 'विभ्रम' उत्पन्न कर देती है क्योंकि भक्त-मन सीता को रावण के स्पर्श से बचाने के लिए अलौकिकता का साधन अपनाता है। इस कांड से सीता की खोज का कथानक-अभिप्राय प्रमुख हो जाता है। किष्किन्धाकांड प्रयत्न-भूमिक है। इस कांड से ऋषियों के बजाय सेवक वानरों और भालुओं के समूह राम से सम्बन्धित हो जाते हैं। अतः पशुकथा-चरण (फ़ेबिल फ़ेज़) भी जुड़ आता है। इस कांड में सुग्रीव-हनुमान् की पताका-कथाएँ भी जुड़ जाती हैं। बालिवध कथा-दिशा की बाधा को समाप्त कर देता है और सुग्रीव, अंगद तथा हनुमान् जैसे चरित्रों की प्रकरी-कथाओं को संचित कर देता है। वानरों द्वारा सीता की 'खोज' कुतूहल को बढ़ाती जाती है। यहाँ पुराणों की शैली में वर्षा तथा शरद् ऋतु के वर्णन भी हैं जो महाकाव्य की उपदेशात्मक प्रवृत्ति को ही सन्तुष्ट करते हैं। सुन्दरकांड में हनुमान् का अतिप्राकृतिक नायकत्व है। हनुमान् का मशकरूप, समुद्रलंघन, लंकिनी प्रतिरोध, लंकादहन आदि प्रसंग हनुमान् से ही सम्बद्ध हैं और ये मिलकर 'अद्भुत' तथा 'हास्य' रस की निष्पत्ति करते हैं। सीता-हनुमान्-संवाद इसकी एक मार्मिक स्थली है। इसी कांड में विभीषण से परिचय होता है जो खलनायकपक्ष के प्लॉट को कमज़ोर बनाकर रामवृत्त की नियताप्ति को मज़बूत करता है। हनुमान् और विभीषण लंका के वियुक्त संघर्षी प्लॉट को नायक की यात्रा-घटनाओं से जोड़ देते हैं। इस भाँति सीता एक-दूसरे प्लॉट-चक्र में केन्द्रबन्दिनी है; राम का यात्रा-कथानक तीर की तरह उस केन्द्र को छू लेना चाहता है। राम और सीता की विभक्ति भय, क्रोध, करुणा आदि को संचालित करती है। हनुमान् राम के यात्रा-कथानक को उस केन्द्र से परिचित कराके 'खोज' को सिद्ध कर देते हैं। अब 'प्राप्ति' का प्रयोजन शुरू होता है और विभीषण के द्वारा लंका के प्लॉट में-से ही एक अप्रकट प्लॉट की उद्भावना कराई जाती है। 'भक्ति' और 'मोक्ष' के आध्यात्मिक मूल्यों के कारण चारित्रिक परिवर्तनों में विविधता नहीं आ पाती। अतएव बाधा-तत्त्व भी एक छल-छलावरण जैसा ही लगता है। लंकाकांड में 'वीर' और 'रौद्र' का विनियोग है। यहाँ खलनायकवृत्त में रावण, मेघनाद और कुम्भकर्ण जैसे 'रुद्र' योद्धा हैं; तथा नायकवृत्त में राम-लक्ष्मण जैसे 'वीर' योद्धा एवं हनुमान्-सुग्रीव जैसे अतिप्राकृतिक योद्धा भी हैं। सीता-प्राप्ति में रावण बाधक है। किन्तु रावण के ही प्लॉट में विभीषण के अप्रकट प्लॉट को गतिमय करने में मन्दोदरी का चरित्र भी सहायक हो जाता है। इस तरह खलनायक का कथानकवृत्त विघटित और विशृंखल होता जाता है। इस कांड में रामपक्ष में 'अतिमानवीय' तत्त्वों और रावणपक्ष में 'अतिप्राकृतिक' तत्त्वों का सन्तुलन है। अतः धर्म और जादू, दोनों के चक्रों का परिचालन हुआ है। विकसित घटनाएँ चार हैं : अंगद का दूत-कार्य ('महानाटक' से प्रभावित), लक्ष्मण-मूर्छा, रावणवध और सीता की अग्निपरीक्षा। अंगद का दूतकार्य कथा में 'शौर्यवृत्त' का सर्वोच्च उभार लाता है जिसके फलस्वरूप अंगद-रावण संवाद का विधान हुआ है। यहाँ हास्य और व्यंग्य की बौछार है। युद्ध की त्रासदी के पूर्व यहाँ 'कामद विश्रान्ति' की अवस्था है। युद्ध-प्रसंग में मेघनाद, कुम्भकर्ण

आदि के माध्यम से किमाकार (ग्रोटस्क) का सन्निवेश भी हो गया है। लक्ष्मण-मूर्च्छा में नायकपक्ष के 'प्लॉट का प्रत्यावर्तन' (रिवर्सल) होता है किन्तु हनुमान् की हिमालय-यात्रा इसे पुनः अनुकूल दिशोन्मुख कर देती है। लक्ष्मण-मूर्च्छा रौद्र में भयानक के बजाय 'करुण' का संचार करके विचित्रता लाती है। कुम्भकर्ण-वध के किमाकार का तथा मेघनाद-वध से 'जादू' का अन्त हो जाता है। शेष रह जाती है रामपक्ष की अलौकिकता, और रावण की मायाशक्ति। यात्रा-कथानक को सीता के केन्द्र पर पहुँचाने के लिए रावणवध सम्पन्न होता है। इसके लिए विभीषण का अप्रकट प्लॉट खलनायकपक्ष से टूटकर पूर्णतः रामपक्ष में संश्लिष्ट हो जाता है। रावणवध से कथानक का संघर्ष ख़त्म हो जाता है। सीता की अग्निपरीक्षा द्वारा सीता की अन्यापदेशिक यात्रा समाप्त हो जाती है और वास्तविक सीता प्रकट हो जाती है। अब राम की वापसी यात्रा शुरू होती है। उत्तरकांड में राम का राज्याभिषेक होता है। यह कांड काकभुशुंडि-चरित्र का आधान करता हुआ पुनः अवधारणाओं, आध्यात्मिक आदर्शों (भक्ति, मोक्ष), आदर्श राज्य तथा कलियुग आदि की दार्शनिक-सामयिक व्याख्याएँ प्रस्तुत करता है। यह 'प्रबन्ध-कौशल की दृष्टि से' अनापेक्षित है। 'भुशुंडि-रामायण' के आधार पर इसमें गरुड़-भुशुंडि संवाद की योजना हुई है।

सारांश में, तुलसी ने वाल्मीकि से ढाँचा लेकर उसके पैटर्न को 'मानस' में पुनर्गठित किया है जिसमें पूर्ववर्ती रामायणों, लोकानुभवों तथा तत्कालीन मध्यकालीन चेतना के मेल से शिल्प-विधान गढ़ा है। यह पुनर्गठन एक धार्मिक महाकाव्य के इतिवृत्तात्मक एवं अवधारणात्मक रूपों के दुहरेपन को धारण करता है। इसका मूल गठन इतिवृत्तात्मक ही है जो घटना तथा चरित्र-प्रधान है। इसके इतिवृत्तात्मक रूप में वर्णन, संवाद, स्तुतियाँ, नैतिक उपदेश तथा आध्यात्मिक व्याख्याएँ, ये पाँचों अन्तर्ग्रन्थि हैं। पूरा महाकाव्य दोहा-चौपाई छन्दों में लिखा गया है जो अपभ्रंश तथा सूफ़ी प्रेमाख्यानक काव्यों की परम्परा की देन है।

स्वयं तुलसी भी अपने धार्मिक महाकाव्य के 'दुहरे' गठन के नए तकनीकी सिद्धान्त के प्रति जागरूक हैं। उन्होंने इस सिद्धान्त को 'तालाब' तथा 'नदी' के पूर्णस्वरूप-प्रतीकों द्वारा स्पष्ट किया है। **नदी-रूपक** का व्याख्यान करते हुए उन्होंने अपनी 'कविता' को सरयू तथा 'भक्ति' को गंगा माना है। इस कविता में–सरयू का निर्मल जल राम-यश है, किनारे लोकमत-वेदमत हैं; किनारों पर बसे गाँव-पुरवे तथा नगर तीन प्रकार के श्रोता हैं। यह काव्य-सरयू भक्तिरूपी गंगा में मिल जाती है। बाद में इसमें लक्ष्मण सहित रामसमर का यशरूपी शोणभ्रद भी मिल जाता है। इस भाँति युद्धरसरूपी शोण, काव्यरूपी सरयू तथा भक्तिरूपी गंगा का संगम होता है जो महागंगा होकर रामस्वरूपरूपी समुद्र की ओर जा रही है। कवि अपनी नदी-तट के आसपास के वन व बाग़ को बीच-बीच में भिन्न-भिन्न प्रकार की 'विचित्र' कथाएँ बताता है। इस महागंगा के कमल चारों भाइयों के बालचरित हैं; नदी में सुहावनी छवि सीता-स्वयंवर की कथा है; नदी की नावें अनेक विचारपूर्ण प्रश्न हैं; नदी-तट पर किया जानेवाला जपयज्ञ भरतचरित है। इस नदी

की छहों सुन्दर ऋतुओं में हेमन्त शिव-पार्वती-विवाह है, शिशिर रामजन्मोत्सव है, वसन्त रामविवाह के समाज का वर्णन है, ग्रीष्म रामवनगमन है, कड़ी धूप व लू मार्गकथा है, वर्षा राक्षसों के साथ घोर युद्ध है, तथा शरद् राम का राज्य है। उसकी कविता-सरयू का मूल 'मानस' (हृदय) है। यह सांगरूपक महाकाव्य के इतिवृत्तात्मक (नैरेटिव) रूप तथा कौशल का पूरा सारांशीकरण कर देता है। इसी के समानान्तर तालाब का सांगरूपक महाकाव्य के अवधारणात्मक रूप और प्रतीकों का संश्लेषण कर देता है। मानस (हृदय)-रूपी श्रेष्ठ गहरे स्थान में रामसुयश की वर्षा का सगुण लीलावर्णन रूपी पुराना जल इकट्ठा हो गया है। यह मानो एक तालाब है। इसके चारों ओर चार पवित्र और सुन्दर घाट बने, चार संवादों के। इस तालाब में सात सुभग सोपान 'मानस' के सात कांड हैं। इन घाटों पर रामचरित का गायन होता है। इस तालाब के हंस ज्ञान, वैराग्य एवं विचार हैं; जलपक्षी पुण्यात्मा, साधुओं व रामनाम गुणों का गान है; अमराई सन्तों की सभा है, वसन्तऋतु श्रद्धा है; फूल नियम हैं; फल ज्ञान है; फल-रस श्री हरिचरण-प्रीति है। इस तालाब के चारों ओर की वाटिका और बाग़ कथानकपुलक हैं; पक्षियों का विहार कथानक-सुख है; माली निर्मल मन है। इस तरह यह रूपक महाकाव्य के 'धार्मिक' स्वरूपगठन को उद्घाटित कर देता है जिसमें तालाब, घाट, लीला, तीर्थ, सभा, स्तुति, सत्संग आदि के उपमेय-उपमानों द्वारा अवधारणात्मक (कॉन्सेंप्ट्युअल) तथा अभिव्यंजनात्मक (एक्स्प्रेसिव) रूपगठन का स्पष्टीकरण हुआ है।

'मानस' महाकाव्य के बाद हम दोनों **'मंगल' काव्यों** को लेंगे जो इसके पूर्व रचे गए हैं। हम पहले यह स्थापित कर चुके हैं कि 'पार्वतीमंगल' पहले तथा 'जानकीमंगल' बाद में लिखा गया है किन्तु इनकी विधा (जेन्रे) तथा विचारवस्तु (थीम) एक जैसी हैं। **'पार्वतीमंगल'** का मुख्य रूप नाटकीय है किन्तु आरम्भ में आख्यानवाचक कवि सूत्रधार के रूप में भी आता है। यह 'कालिदास' के 'कुमारसम्भव' से प्रेरित कृति है जिसमें लोकतत्त्वों की भरमार है। इस लघु कथाकाव्य के दो खंड हैं : पहले में शिव को वररूप में पाने के लिए पार्वती की तपस्या है, और दूसरे में पार्वती को ब्याहने के लिए वैवाहिक रीतियाँ हैं। पहले खंड में इतिवृत्त की प्रधानता है, दूसरे में विवरण की। पहले खंड के कथानक में नारद की भूमिका कथानक को लक्ष्य दे देती है। नारद ज्योतिष के लक्षणों के आधार पर कहते हैं कि पार्वती का वर बावला तो है किन्तु देववन्दित भी है। अतः प्रेमव्याकुल पार्वती तप करके शिव को प्राप्त करने का अनुष्ठान करती हैं। इधर पार्वती 'भक्ति' के द्वारा अपने मन को सरस बनाती हैं और उधर शिव 'योग' के द्वारा अपने शरीर को कठोर बनाते हैं। यह कार्य-वैपरीत्य (कंट्रास्ट) है। काम द्वारा शिव के तपभंग का प्रसंग पार्वती के अनुकूल तथा शिव के प्रतिकूल पड़ता है। इसके बाद पार्वती के तप का वर्णन और प्रभाव दिया गया है जिसकी वजह से स्वयं शिव के द्वारा पार्वती की परीक्षा की कथानकरूढ़ि का प्रयोग हुआ है। शिव द्वारा वेश बदलकर आना दूसरी रूढ़ि है। छद्मवेशी शिव द्वारा ही स्वयं की अर्थात् योगी शिव की निन्दा की गई है। सारा व्यंय और व्यंग्य बावले, विषम तथा योगी शिव (की वेशभूषा, स्वभाव आदि) के

चारों ओर केन्द्रित है। एक ओर कामदहन जोगी, जटाधारी, क्रोधी, अमंगलवेशधारी शिव का वृत्तान्त है तो दूसरी ओर सुमुखि सुलोचना, सुहावनी पार्वती का। यह दूसरा चारित्र्य-वैपरीत्य है। एक ओर शिव पार्वती की प्रेम-विह्वलता का रसपान करते हैं तो दूसरी ओर पार्वती को अशिष्ट योगी के वचन कर्णकटु लगते हैं। इस वैपरीत्य का निराकरण अलौकिकता के द्वारा होता है : शिव शशिशेखर-रूप में प्रकट हो जाते हैं। तप के बाद प्रेमपद-प्राप्ति का कथानक-लक्ष्य पूरा हो जाता है। अब कथा विवाह के लक्ष्य की ओर बढ़ती है। यहाँ तीसरा वर्णन-वैपरीत्य प्रस्तुत होता है। शिव की बारात औघड़ और अवधूत की है जिसमें भूतगण हैं; सूकर, महिष, श्वान, खर आदि के वाहन हैं; तथा विष्णु और इन्द्र भी बाराती हैं। बाराती शिव गजछाल-व्याल-कपालमाल से सज्जित और वृषभारूढ़ हैं। पार्वती की बारात में सारी प्रकृति को निमन्त्रण है। वहाँ गिरि, वन, नदी, समुद्र, सरोवर आदि मानवीयकृत होकर शरीक होते हैं। शिव-बारात के अतिप्राकृतिक-अतिमानवीय परिवेश से विस्मित भय (ऑव) का वातावरण छा जाता है। आश्चर्य और भय का यह अनूठा खेल ग्रामजीवन के परिवेश में ढल गया है। पुनः अलौकिक चमत्कार घटता है और वे करोड़ों मनोहर मनोजों से भी सुन्दर हो जाते हैं। इस भाँति यह शिव-चरित एक नाटकीय वृत्तवाला है जहाँ मुखौटों (मास्क्स) और छलावरणों का रोमांचपूर्ण व्यवहार हुआ है। इसके बाद विवाह की प्रथाओं का आद्यन्त ललित-ललाम वर्णन है जो लोक- मनोरंजनकारी है।

'जानकीमंगल' में छद्‌म-अभिनय तथा चमत्कार लगभग विलुप्त हो गया है। यहाँ तपस्या-रचित विवाह के बजाय स्वयंवर-रचित विवाह है। यहाँ नाटकीय वैपरीत्यों की विविधता तथा अनेकता नहीं है। विश्वामित्र राम-लक्ष्मण को जनक की राजसभा में ले आते हैं। यहाँ राम के कोटि मनोजों के लजानेवाले सौन्दर्य के प्रभाव से सारे वातावरण को राम के अनुकूल बनाकर घटाने के लक्ष्य (स्वयंवर की शर्त के फलागम) को निर्दिष्ट कर दिया है। सभी स्त्रियाँ शिव से मनाती हैं कि सिया को यही साँवला वर मिले। मूलतः राम के सौन्दर्य का प्रभाव सारे इतिवृत्त तक को स्तम्भित कर देता है। अब राम तथा धनुष की तुलनाओं को लेकर कवि विषम परिस्थिति-वैपरीत्यों को उभारता है। जानकीपक्ष राम का शुभाकांक्षी हो जाता है किन्तु अब धनुष ही इस आकांक्षापूर्ति (राम-सीता-विवाह) में ज़बरदस्त बाधा का कारक हो जाता है। यह स्थिति विधाता की विपरीत गति जैसी मालूम पड़ने लगती है : कहाँ धनुष और कहाँ ये कुमार ? कहाँ ये किशोर कुँवर और कहाँ यह कुलिश कठोर शिवधनुष ? कहाँ मरालबाल और कहाँ मन्दराचल ? इस भाँति इस कृति में उपस्थित सारे अनुकूल समाज के सामूहिक अन्तर्द्वन्द्वों का अनूठा अवरेखन हुआ है। कई विशेषणों द्वारा कर्ता राम तथा वस्तुधनुष के विरोधी गुण उभारे गए हैं जिससे यह अन्तर्द्वन्द्व गहराता जाता है। इस द्वन्द्व का निराकरण राम द्वारा अद्‌भुत ढंग से धनुर्भंग में हो जाता है। इस तरह वैदिक रीति से स्वयंवर-विवाह सम्पन्न हो जाता है। बाद के कथांश में लौकिक रीति से विवाह की सभी प्रथाओं का उल्लासपूर्ण आद्यन्त वर्णनमात्र है जो लोकतत्त्वों से समृद्ध है। गठन की दृष्टि से

यह 'पार्वतीमंगल' की अपेक्षा शिथिल और वर्णनप्रधान अधिक है।

'रामललानहछू', 'बरवैरामायण' आदि कथाशिल्प की दृष्टि से महत्त्वपूर्ण नहीं हैं। 'नहछू' में नहछू का वृत्तान्त है और कर्मकांड में हाथ बँटानेवाली नाना रमणियों के यौवन, नखशिख, वेशभूषा तथा उपादानों की मांसल और रागोन्मत्त परिगणना है। 'बरवै' में कथा को कुछ वृत्तिमूलक बिन्दुओं (थिमैटिक पॉएंट्स) में केन्द्रित करके कुछ छन्दों में भाषा-संक्षेपण की निपुणता प्रदर्शित की गई है। 'नहछू' में संस्कृत की काव्यशृंगार-परम्परा का निर्वाह हुआ है और चपल सुन्दर रमणियों की इस मांसल चित्रशाला में राजस्थानी क़लम के चित्रों जैसी बारीकी है। रचना में नाउन की प्रधानता है। नहछू 'चित्र' के सौन्दर्यबोधशास्त्र को 'काव्य' के सौन्दर्यबोधशास्त्र में अर्थात् स्थानक-कला को कालपरक-कला में तब्दील करने का अनुपम उदाहरण है।

'गीतावली' में कथानक-क्रम की अपेक्षा नहीं है। यहाँ मुख्यतः राम, और कृष्णभक्ति-धारा से प्रभावित होकर बाल राम, की ललित और रूपमधुर गीत-झाँकियाँ रचाई गई हैं। करुण गीतियों की भी काफ़ी संख्या है। यहाँ मधुर और करुण भावनाओं को केन्द्र बनाकर अन्तर्मुखी रसास्वादन की प्रधानता है। रौद्र, भयानक, अद्भुत आदि रसों से सम्बद्ध वृत्तियों की ओर कवि ने ध्यान नहीं दिया है। इस रचना में लोकोत्सवों और लोकोल्लास का भी वर्णन हुआ है किन्तु प्रमुख मनोवृत्ति अन्तर्मुखी रही है और कोमल मनोरागों को ही उभारती है। यहाँ दो छन्दों में कथा कहने के लिए शुक-सारिका संवाद की लोकशैली भी अपनाई गई है (2/66, 67)। **'कवितावली'** में कवित्त-सवैया छन्दों के उपयोग हैं। यह गीत-परम्परा में आकर कथागीत (बैलेड) परम्परा में आ सकती है। इसमें काव्यशास्त्रीय रस-निरूपण का भी पालन हुआ है। इस रचना में कवि तीन प्रसंगों में रम गया है : 'लंकादहन के अद्भुत रस में, लंकाकांड के वीर और रौद्ररस में तथा उत्तरकांड में करुणरस में। सुन्दरकांड तथा लंकाकांड में अलौकिकता की पृष्ठभूमि ने घटनाओं तथा चरित्रों को अतिमानवीय तत्त्वों से मंडित कर दिया है। उत्तरकांड में कवि ने एक ओर तो प्रगीतात्मक (लिरिकल) वृत्ति में अपनी आत्मकथा कही है, दूसरी ओर प्रबन्धात्मक वृत्ति से तत्कालीन समाज का यथार्थ इतिहास लिपिबद्ध करके काव्य के वर्ण्यविषयों से सम्बन्धित एक नई सूची को सम्मिलित किया है जिसमें धर्म, अर्थ, राजनीति, शासन, क़ानून आदि के क्षेत्र भी शामिल हो गए हैं; तथा तीसरी ओर इतिवृत्त (कथा) और वर्णन की वृत्तियों के घुलाने-मिलाने के प्रयोग करके एक नई लोकमुखी भाषा का सन्धान किया है। 'कृष्णगीतावली' में प्रधानतः कृष्ण की बाललीला तथा उद्धव-गोपी संवाद को ही पदों में प्रस्तुत किया गया है। प्रगीतात्मकता की दृष्टि से दोनों गीतावलियाँ एक ही मनोदशा की उपज हैं किन्तु रामगीतावली तुलसी का लघुत्तम 'तुलसी-सागर' है। बाद के कथात्मक काव्य में पूर्वजन्म की अन्तर्कथाएँ लुप्त हो जाती हैं तथा केवल संज्ञाएँ बच रहती हैं।

'विनयपत्रिका' तथा **'हनुमानबाहुक'** विनयकाव्य हैं जिनमें भावों की दृष्टि से बहिर्जगत् से त्रास (टेरर) और आत्मोद्धार की करुणा (पिटी) का वातावरण है। ये दोनों

रचनाएँ भी मुक्तक शैली में रची गई हैं। 'विनयपत्रिका' में पद, स्तुतियाँ और वन्दनाएँ हैं तथा 'बाहुक' में कवित्त और कुछ सवैए। दोनों ही अन्तर्मुखी मनोदशाओं की प्रकाशिका हैं। 'पत्रिका' में आध्यात्मिक पीड़ा है, और 'बाहुक' में भौतिक। दोनों में कवि की आत्मकथा भी गुँथी है। दोनों रचनाओं में एक प्रकार से चुनौती के दोनों पक्ष आपस में घुलमिल गए हैं। 'पत्रिका' में कलिकाल से पीड़ित अतिपातकी तुलसी अपने उद्धार के लिए परब्रह्म, दीनबन्धु, शरणागत-वत्सल राम से प्रार्थना करते हैं। इस याचना में भी एक-दो चरित्रों का वैपरीत्य है। इसी तरह 'हनुमानबाहुक' की चुनौती है। एक ओर वृद्धावस्था में जर्जरित, बाहुपीर से तड़पते तुलसी हैं; दूसरी ओर संकटमोचन, महावीर रामदुलारे हनुमान् हैं। ऐसे दुर्बल तुलसी ऐसे अलौकिक बली हनुमान् को अपनी पीर के निवारण के लिए ललकारते हैं। इस भाँति दोनों रचनाओं में एकपक्षीय द्वन्द्व उभारा गया है और, परिणाम में चुनौतीवाला वैपरीत्य (कंट्रास्ट) परिपुष्ट हो गया है। रूपगठन की दृष्टि से 'विनयपत्रिका' का महत्त्व 'रामललानहछू', 'पार्वतीमंगल', 'बरवै' और 'रामचरितमानस' के समकक्ष है। 'मानस' के बाद 'विनयपत्रिका' में कवि ने एक 'मौलिक संरूप' का अन्वेषण किया है।

'विनयपत्रिका' का संरूप अर्ज़ी-शैली का है। इसमें एक क़ानूनी रूप (लीगल फ़ॉर्म) को काव्यात्मक निवेदन में क़दम-ब-क़दम ढाला गया है। क़ानूनी अर्ज़ी में मुख्य पेंच अपनी समस्या पेश करने का होता है, उसके लिए सबूत इकट्ठे किए जाते हैं, मुज़रिम पर इल्ज़ाम लगाए जाते हैं। मुग़लकाल में यह अर्ज़ी बादशाह सलामत को पेश की जाती थी। इस अर्ज़ी के आगे-पीछे इस्तग़ासे (ऐफ़िडैविट) होते थे और एक साधारण आदमी को तो अपनी अर्ज़ी बादशाह तक पहुँचाना भी मुश्किल था। इसके लिए वह सिफ़ारिशें करवाता था और जब ख़ुद बादशाह सही कर देते थे तब उसे चैन मिलता था क्योंकि बीच में अफ़सर गड़बड़-घोटाला कर देते थे। 'विनयपत्रिका' का संरूप ऐसा ही है। तुलसी अपने सारे समाज के धार्मिक प्रतिनिधि के रूप में त्रिलोकेश्वर राम के दरबार में अपनी पत्रिका भेजते हैं। इस पत्रिका में अपराधी कलिकाल है जो दीन, दुर्बल, असमर्थ, लघु और 'पापी-विलासी' (?) तुलसी को दबोचे है। तुलसी भयभीत हैं। अतः वे भक्तिरसपूर्ण 'प्रेम' तथा 'दैन्य' भाव से पुरुषार्थी स्वामी से अपनी फ़रियाद करते हैं। इस मूल पत्रिका में दास तुलसी गीध, अहल्या, गजराज, व्याध, शबरी, अजामिल जैसे भक्तों की याद दिलाकर राम से तारने की प्रार्थना करते हैं। इसके पहले वे गणेश, सूर्य, शंकर, पार्वती, गंगा, यमुना आदि राम के मुसाहिबों से विनती करते हैं और पंचदेवोपासना का इस्तग़ासा जोड़ देते हैं। सिफ़ारिश के लिए वे हनुमान्, शत्रुघ्न, लक्ष्मण और भरत से प्रार्थना करते हैं। अन्त में क़ानूनी वकील लक्ष्मण यह पत्रिका राम को पेश करते हैं और राजा राम इस पर सही कर देते हैं। इस तरह यह पत्रिका भी दो अनुक्रमिक (सक्सेसिव) खंडों को मिलाकर एक संघटन (स्ट्रक्चर) बनाती है। पहले खंड में 'स्तुतियाँ' हैं तथा दूसरे में 'मूल अर्ज़ी' एवं अर्ज़ी के अन्त में सम्राट् की सही। इस अर्ज़ी में पेश करने की भी सारी तरकीबों के हलफ़नामे दर्ज हैं। इसकी दूसरी गठनात्मक

विशेषता यह भी है कि यह एक अ-कथा होते हुए भी कथाभास देती है क्योंकि कवि की आत्मकथा मध्यकालीन कृषकों और सामन्तों के समाज की विषमताएँ-विडम्बनाएँ, दार्शनिक प्रतीकों की व्याख्याएँ (जो 'मानस' के बाद पुनः इसमें जोश के साथ प्रकट हुई हैं)–ये तीनों मिलकर इसे अन्तर्कथा का क्रम दे देते हैं। अतएव 'गठन' की दृष्टि से 'विनयपत्रिका' तुलसी की एक अधिक अप्रतिम सूझ और धरोहर है।

'धार्मिक काव्य' में 'मिथक' की पहल की तरह **'प्रार्थना'** की महत्ता भी होती है। यदि मिथक कथाएँ धर्म के सिद्धान्तों, रहस्यवादी विश्वासों, आदिम अनुभवों, जटिल समस्याओं आदि को कथातन्त्र-विधान (प्लॉट) द्वारा व्याख्येय बनाती हैं तो प्रार्थनाएँ–'स्तुतियाँ' धर्म के सारतत्त्व और धर्म के मनोविज्ञान (एसेंस एंड साइकॉलॉजी ऑव रिलिजन) को उद्घाटित करती हैं। मिथक में विश्वास की अपेक्षा होती है, प्रार्थना में आस्था और भक्ति की; मिथक के नाना तत्त्व और नाना पात्र हो सकते हैं, स्तुति में एक इष्टदेव या विराट्देव की आराधना होती है; मिथक धर्म का काव्य है, स्तुति धर्म का दर्शनशास्त्र होती है; तथा मिथक मनुष्य के आदिम इतिहास की चेतना होते हैं एवं स्तुतियाँ मनुष्य का मनस्तात्त्विक या चितिमय (साइकिक) इतिहास। फ्यूयेरबाख़ के अनुसार "धर्म का अन्तरतम सारतत्त्व धर्म के सरलतम कार्य प्रार्थना के द्वारा उद्घाटित होता है।" प्रार्थना या स्तुति करना एक मनस्तात्त्विक आवश्यकता की पूर्ति है। दोनों के उद्गम आदिम (प्रिमिटिव) हैं और दोनों ही कर्मकांडों (रिट्युअल्स), इल्हामों (प्रॉफ़ेटिक विज़न) तथा सामूहिक चेतना से पूरित हैं।

तुलसी की अन्य कृतियाँ तथा 'मानस' की प्रार्थनाएँ-स्तुतियाँ-गीताएँ एक विलक्षण धार्मिक रूप (रिलिज़स फ़ॉर्म) देती हैं। वास्तव में तुलसी का 'मानस' तो दो अन्तर्ग्रथित व्यूह-गठनों का रूपाकार है : 'कथा' का और स्तुतियों का, 'मिथक' का और 'दर्शन' का। इसीलिए तुलसी या अन्य धार्मिक कवियों की रचनाओं में ये दो पृथक् और अनुस्यूत धाराएँ होती हैं जो समाज और संस्कृति के निवेश के साथ-साथ धर्म के दर्शन और धर्म के (विशिष्ट) मनोविज्ञान का भी संयोजन करती हैं। 'मानस' में यह संयोजन अपने चरमोत्कर्ष पर है। उसमें कथा की धाराओं-उपधाराओं (सरयू, गंगा और शोण) को सात कांडों, चार संवादों, सात दर्शन-विभागों को रूपक से सात सीढ़ियों और चार घाटों में गठित करके मानो एक पवित्र सरोवर के प्रतीक को ही सर्वत्र वातावरणीकृत किया है। ऐसे वातावरण में स्तुतियाँ और प्रार्थनाएँ सामूहिक कीर्तन तथा भक्ति-परक वन्दनात्मक गान (कोरस) का प्रभाव उत्पन्न करती हैं। 'मानस' का सारा दर्शनशास्त्र इन्हीं स्तुतियों में भरा है। इन्हें छोड़ने पर 'मानस' भी मुख्यतः एक सुगठित ललित लौकिक घटनात्मक महाकाव्य रह जाएगा। अतः ये सहगान (कोरस) धर्मा स्तुतियाँ-प्रार्थनाएँ रूपगठन का ऐसा संयोजन करती हैं जहाँ–(1) कथानक के पात्र, स्वयं आख्यानवाचक कवि, और श्रोतागण, तीनों ही धार्मिक अनुष्ठान में मिलकर भाग लेने लगते हैं; (2) धार्मिक दुर्बलता का उपचार हो जाता है; (3) धर्म का दर्शन भाष्यरूप में उपस्थित हो जाता है; (4) विभिन्न युगों और मध्यकालीन सम्प्रदायों में ईश्वर और अवतार सम्बन्धी विभिन्न धारणाओं का

इतिहास जुट जाता है; (5) मनुष्य के मनस्तात्त्विक इतिहास (साइकिक हिस्ट्री ऑव मैन) का अतिरंजित प्रतिबिम्बन हो जाता है; (6) श्रेष्ठतर धार्मिक जीवन जीने तथा ईश्वर-अनुकम्पा प्राप्त करके कल्याणकारी आनन्द प्राप्त करने की शक्ति मिल जाती है (अर्थात् अन्तःकरण की एक ज़रूरत पूरी होती है); और (7) काव्य के इतिवृत्त में श्रोतागण पूरी तरह से प्रत्येक घटना में सहगान द्वारा खुद भी हिस्सा बँटाने लगते हैं।

आदिम मनुष्य की प्रकृत प्रार्थना वैयक्तिक तथा आवेदनात्मक (पेटीशनरी) थी; पुरोहितों की प्रार्थना कर्मकांड के लिए सामूहिक हो गई; धार्मिक कवियों की प्रार्थनाएँ कलात्मक, आत्मचरितात्मक तथा आत्मस्वीकारात्मक (कॅन्फ़ेशनल) हुईं; तथा औसत आदमियों की प्रार्थनाएँ स्वास्थ्य, सुख, लाभ आदि लोकोपार्जनों के निर्मित्त हुईं। इन सभी में एक तो मानस आवश्यकता की पूर्ति का तथा एक अधिक धार्मिक, अधिक प्रचुर और अधिक गहरी ज़िन्दगी जीने का मनोरथ होता है। इनमें ईश्वर या इष्टदेव की उपस्थिति को (रहस्यवादी या कर्मकांडी ढंग से) स्वीकार किया जाता है तथा उसके साथ मानवीय-समाज के जैसे सम्बन्ध (भाई, सखा, पति, स्वामी, प्रिय, पिता आदि) क़ायम किए जाते हैं। इसीलिए धार्मिक काव्य में प्रार्थनाएँ कथांश भी हो जाती हैं। तुलसी ने प्रार्थना के दो आधारप्रभेदों को लिया है : सामूहिक प्रार्थना के अन्तर्गत 'मानस' में गौरूप पृथ्वी के साथ ब्रह्मा की प्रार्थना, वेदों द्वारा (उत्तरकांड) रामस्तुति, वाल्मीकिवन्दना, ब्राह्मण द्वारा रुद्राष्टक (उत्तरकांड) आदि सामूहिक कीर्तन और स्तोत्रों के रूप हैं जिनमें किसी प्रादर्श (मॉडल) या 'फ़ॉर्मूले' का उच्चार है और ये 'अध्यात्म रामायण' के ढंग पर साम्प्रदायिक हैं। वैयक्तिक प्रार्थना के अन्तर्गत उन्होंने प्रत्येक काव्यकृति के आरम्भ में कवि-परिपाटी-निबद्ध-मंगलाचरण, 'कवितावली' में आत्मचरितात्मक प्रार्थनाएँ, 'विनयपत्रिका' में आत्मस्वीकारात्मक वन्दनाएँ आदि की हैं। एक बात और स्पष्ट होती है कि 'मानस', और कहीं-कहीं अन्य कृतियों में उन्होंने पात्रों के मुख से प्रार्थनाएँ कराई हैं किन्तु बाद में आद्यन्त स्वयं ही प्रार्थी बने रहे हैं। काव्यात्मक होने के नाते ये सभी प्रार्थनाएँ अतिरंजना तथा सौन्दर्य से भी आवेष्टित हैं। कई पात्रगत प्रार्थनाएँ सामूहिक होकर भी वैयक्तिक होने का छद्म पैदा करती हैं; और मुक्ति के चार भेदों तथा भक्ति के नौ रूपों को भी उद्घाटित करती हैं। पात्रगत प्रार्थनाओं में कवि को पात्रों के हृदय के नितान्त मसृण और गूढ़ गतिविधियों का ख़्याल रखना लाज़िमी होता है तभी वह तदनुकूल प्रार्थनाएँ रच सकता है। इन प्रार्थनाओं में संस्कृति और आधिभौतिक दशा, सामाजिक शक्ति के रूप में करुणा (पाइटी) की भूमिका, और धार्मिक सम्बन्धता का गहरा मनोलोक होता है। पात्रों तथा कवि की प्रार्थनाएँ मनोवैज्ञानिक दृष्टि से अतिरंजित होती हैं लेकिन उनमें धार्मिक मनोविज्ञान का गूढ़ पर्यवसान होता है। जो प्रार्थनाएँ किसी गहरी मनोवैज्ञानिक व्यथा या यातना से निःसृत होती हैं वे ईश्वर के प्रति आर्त पुकार का रूप लेकर उभरती हैं; जो कविताएँ कवि के पापभाव और कमज़ोरियों के बोध से उपजती हैं उनकी अभिव्यंजना भक्तिआवेशपूर्ण (अर्थात् लिरिकल) होती है; जो कविताएँ रहस्यानुभूति से उपजती हैं उनमें हमेशा रूपकों (मेटाफ़र्स) और अनिर्वचनीय अनुभव की

आकुलता होती है; जो कविताएँ कर्मकांडों के लिए होती हैं उनमें सामूहिक मनोविज्ञान के अनुरूप आस्था, जादू क्रिया आदि का संयोग होता है। ये प्रार्थनाएँ प्रधानतः चेतनावस्था में रची जाती हैं तथा काफ़ी यान्त्रिक होती हैं। वैयक्तिक प्रार्थनाएँ स्वजात ऊर्जा से 'फूट' पड़ती हैं और 'एक विशुद्ध मनस्तात्त्विक तथ्य' की दस्तावेज़ होती हैं। वे चेतना–अवचेतन–के मौलिक अनुभव हुआ करती हैं। इनके मुक़ाबले में सामूहिक प्रार्थनाएँ निर्वैयक्तिक होती हैं और उनमें अनुकरण तथा मौलिक अनुभव की कमी होती है। फ्रीडरिख़ हाइलर के अनुसार 'ईश्वर के व्यक्तित्व के प्रति विश्वास तथा उसकी उपस्थिति के प्रति आस्था ही प्रार्थना की दो पूर्वपीठिकाएँ हैं।'...प्रार्थना के अनुभव के आन्तरिक ढाँचे का निर्माण तीन तत्त्व करते हैं; एक जीवन्त इष्टदेवता में आस्था, उसकी वास्तविक तथा तात्कालिक उपस्थिति में आस्था, तथा उसके साथ एक यथार्थवादी सम्बन्धता।...वैयक्तिक याप्राथमिक प्रार्थना के आदर्श प्रारूप में तीन बातें होती हैं : शक्ति, गहराई और स्फूर्ति।[1] सामूहिक प्रार्थना में दार्शनिक धारणाओं की बौद्धिकता भी आ जाती है तथा शनैः-शनैः आधिभौतिक एवं नैतिक मूल्यों से वे जकड़ती जाती हैं और अन्ततः संज्ञाओं एवं क्रियाओं का मात्र मानदंड रह जाती हैं। कवियों और रहस्यवादियों के अनुभव में इष्टदेवता का ध्यान या भक्ति निर्विकल्प शुद्धता और पूर्णता के साथ मिलती है जहाँ आत्मसमर्पण की अदेहावस्था आ जाती है। इस भाँति प्रार्थनाएँ धर्म के विशिष्ट मनोविज्ञान को धारण करती हैं।

'मानस' में पात्रों का रामदर्शन या पताका-प्रकरी का फलागम **स्तुतियों** से गुँथा होता है जिससे 'मानस' का कथागायन कीर्तन और सहगानों की शैली को ओढ़ लेता है। बालकांड में ब्रह्मा, शंकर, इन्द्र, जयन्त, देवतादि, वेद राम की स्तुतियाँ करते हैं; अरण्यकांड में अत्रि, सुतीक्ष्ण, सनकादि, शबरी आदि रामस्तुतियाँ करती हैं। महाकाव्य में वाल्मीकि, कौशल्या, अहल्या, मन्दोदरी, जटायु, भुशुंडि आदि भी स्तुतियाँ करते हैं तथा प्रत्येक कांड के आरम्भ में स्वयं कवि तत्त्व-सिद्धान्त-निरूपक स्तुति करता है। ये स्तुतियाँ महाकाव्य के इतिवृत्तात्मक रूप में घटना को स्थिर करके श्रोताओं को आवेशरूप बना देती हैं। 'विनयपत्रिका' की देवोपासनाओं में आकर पुनः यह रूप प्रकट होता है; अन्यथा बाद में कवि अपने तथा वर्णाश्रमधर्मवाले समाज के लिए अनुकम्पापूर्ण जीवन की ही 'याचना' करता है। सम्पूर्ण तुलसी-वाङ्मय में सामूहिक तथा वैयक्तिक प्रार्थनाएँ धार्मिक-मनोविज्ञान की व्यापक भूमिका देती हैं। धार्मिक अनुभव की तात्कालिक सहजाभिव्यक्ति के रूप में वाल्मीकि के द्वारा राम के बसने के लिए चौदह स्थानों का निर्देश (मानस), मन्दोदरी द्वारा राम के विश्वरूप की वन्दना, कौशल्या की राम-प्रकट-अवसर की वन्दना मानी जा सकती है। यान्त्रिक फ़ॉर्मूलों के उद्घाटन के रूप में वाल्मीकि **वन्दना** का उत्तरांश, वेदों द्वारा स्तुति, रुद्राष्टक, 'हनुमानबाहुक' के आरम्भ के छन्द लिए जा सकते हैं। हृदय के आनन्द और उन्मेष के रूप में ग्राम्यवनिताओं का राम-सीता-लक्ष्मण रूप-दर्शन, सीता द्वारा गौरी की वन्दना ली जा सकती है। धार्मिक

1. फ्रीडरिख़ हाइलर : 'प्रेयर', पृ. 354-57।

वस्तुओं में भी सिद्धि के विश्वास के रूप में तीर्थराज प्रयाग की स्तुति (मानस), चित्रकूट वन्दना (गीतावली), मूर्तिवन्दना ('विनयपत्रिका' में बेनीमाधव की पूजा) ली जा सकती है। आत्मविस्मृति के रूप में अत्रिवन्दना सर्वोत्तम है। कलात्मक काव्य के रूप में मुनियों द्वारा रावणविजयी राम की वन्दना (मानस), 'मानस' का रामगुण कथन, अयोध्याकांड की शिव-वन्दना (मानस), राम का रूपवर्णन ('गीतावली' का उत्तरकांड) सुन्दर उदाहरण हैं। परब्रह्म की उपस्थिति में आत्मा के महोल्लास के रूप में जटायु-वन्दना तथा काकभुशुंडि-वन्दना ली जा सकती है। हृदयवेदना की आर्त पुकार के रूप में सीता द्वारा हनुमान् को सन्देश-रूप में कही गई वन्दना है। उल्लासपूर्ण कृतज्ञताज्ञापन के रूप में परशुराम की रामवन्दना (मानस) है। क्षमा और उद्धार के रूप में अहल्या की वन्दना है। एक शिशु की तरह सुख और खुशी की कामना के रूप में 'हनुमानबाहुक' तथा 'कवितावली' में काशी के रोग-निवारण-प्रसंग की प्रार्थनाएँ मुख्य हैं। नैतिक आदर्शों के स्थापन के रूप में वशिष्ठ द्वारा भरत के राम-प्रयोजनकथन (मानस) हैं। स्वार्थपूर्ण प्रार्थनाओं के रूप में नारद और देवताओं की प्रार्थनाएँ हैं। **कृपा-याचना** के रूप में 'विनयपत्रिका' का मूल निवेदन-खंड है। ईश्वरेच्छा को भी बदलने के रूप में पार्वती की वन्दना (पार्वतीमंगल) है। पूर्ण आत्मसमर्पण और आत्मविस्मृति के रूप में सुतीक्ष्ण की रामवन्दना (मानस) है। न्यायाधीश ईश्वर के सामने अपनी कथा कहने के रूप में बालि, सम्पाति तथा जयन्त की वन्दनाओं के उदाहरण हैं। परब्रह्म की प्रशंसात्मक स्तुतियों के रूप में तो सारा तुलसी-कृतित्व ही भरा है, किन्तु विभीषण द्वारा रामस्तुति, शिव द्वारा रामस्तुति ('मानस', उत्तरकांड), रामनाम महिमा (कवितावली, 7/89-95, 111-114) है। दास्यभाव की प्रार्थनाओं की भी ऐसी ही बहुतायत है किन्तु 'गीतावली' के सुन्दरकांड में विभीषण द्वारा शरणागति तथा 'कवितावली' और 'विनयपत्रिका' में आत्मस्वीकारात्मक प्रार्थनाएँ ध्यान देने योग्य हैं। मधुरभाव की प्रार्थनाओं का तुलसीकृतित्व में अभाव है : 'कृष्णगीतावली' में परोक्ष रूप से तथा 'मानस' में हनुमान् द्वारा राम से सीता-सन्देश-कथन इसके क्षीण दृष्टान्त हैं। इस भाँति प्रार्थनाओं के विषयवस्तुपरक रूपों के आधार पर मध्यकालीन धार्मिक मनोविज्ञान का व्यापक प्रकाशन हो सकता है जिसकी बौद्धिक, नैतिक, सौन्दर्यबोधात्मक तथा धार्मिक अन्वेषण-दिशाएँ हैं।

'मानस' में स्तुतियों के अलावा **'गीताओं'** की भी भूमिका है। गठन की दृष्टि से प्रार्थनाएँ या स्तुतियाँ गाहे-ब-गाहे कथानक में अनुस्यूत हो भी गई हैं लेकिन गीताएँ तो नैतिक 'स्मृतियों' तथा धार्मिक 'आगम' बनकर रूपगठन में विप्रलम्भ की हालत में मौजूद हैं। इनसे 'मानस' के धार्मिक-काव्यत्व में ही गहराई आ सकी है। कुछ प्रधान 'गीताओं' की गिनती कराने से धार्मिक भूमि के प्रसार का अन्दाजा लग सकता है : शिवगीता रामाद्वैत पर (पार्वती के प्रति) तथा सत्संगमहिमा पर (गरुड़ के प्रति), लक्ष्मणगीता (निषाद के प्रति), वाल्मीकिगीता राम के प्रति, अनसूयागीता नारीधर्म पर (सीता के प्रति), विभीषणगीता (रावण के प्रति), मन्दोदरीगीता (रावण के प्रति), भुशुंडिगीता कलिधर्म, भक्तिमणि, ज्ञान दीप पर (गरुड़ के प्रति), इत्यादि। इसी तरह स्वयं राम की तेरह गीताएँ। पहली राजधर्म

के सम्बन्ध में भरत के प्रति कही गई है, दूसरी लक्ष्मण के प्रति कही गई है जिसमें तत्त्वरहस्य और भक्तियोग अच्छी तरह समझाया गया है; तीसरी शबरी के प्रति जिसमें नवधा भक्ति की चर्चा है; चौथी सन्तरहस्य के सम्बन्ध में नारद के प्रति कही गई है; पाँचवीं अनन्यता के सम्बन्ध में हनुमान के प्रति कही गई है; छठी मित्रमहिमा के सम्बन्ध में सुग्रीव के प्रति कही गई है; सातवीं प्रवर्षण गिरि में वर्षा और शरद्वर्णन की आड़ से धर्मनीति के सम्बन्ध में लक्ष्मण के प्रति कही गई है; आठवीं शरण्यता के सम्बन्ध में विभीषण के लिए सुग्रीव से तथा फिर विभीषण के प्रति कही गई है; नवीं धर्मरथ के सम्बन्ध में विभीषण के प्रति कही गई है; दसवीं सत्संग और सन्त-असन्त के सम्बन्ध में भरत के प्रति कही गई है; ग्यारहवीं भक्तिरहस्य के सम्बन्ध मं पुरजनों के प्रति कही गई, बारहवीं भजन के सम्बन्ध में सुग्रीवादि वानरों के प्रति कही गई है; और तेरहवीं भक्तिमहिमा के सम्बन्ध में भुशुंडि के प्रति कही गई है।'[1] ये गीताएँ संवादों को ही धर्मशास्त्र की भाषा में रूपान्तरित करके इतिवृत्त की अनिवार्य मनोरंजकता को गौण बना देती हैं। इनमें बौद्धिक, आध्यात्मिक और नैतिक मूल्यों का केन्दीकरण हुआ है। वस्तुतः गीताएँ भी स्तुतियों की (मध्यकालीन धर्माचरण के अनुरूप) व्याख्याएँ तथा भाष्य हैं।

मनुष्य और ईश्वर के सम्बन्ध के क्षेत्रों को लेने के बाद अब हम मनुष्य-ईश्वर और प्रकृति के आपसी सम्बन्धों को लेकर रूपगठन में **'प्रकृति'** (नेचर) के शिल्पदान का निरूपण करेंगे।

विवेच्य भारतीय मध्यकालीन धार्मिक धारा के हमारे कवि के दृष्टिकोण में प्रकृति कुछ नई तकनीकी भूमियाँ भी बनाती है जो लौकिक काव्य की परम्परा में गौण हैं। इसकी वजह है। लौकिक काव्य में ईश्वर साध्यमूल नहीं होता। अतः नरक्षेत्र और प्रकृति-क्षेत्र की कान्त मैत्री होती है। धार्मिक काव्यों में ईश्वर-केन्द्रित (थोयोसेंट्रिक) मानवतावाद होता है। अतः नरक्षेत्र और परलोक (वैकुंठ) की समरसता क़ायम होती है। इस नए सम्बन्ध के अन्तगर्त प्रकृति ईश्वर की लीला अथवा माया अथवा आदिशक्ति हो जाया करती है। फलतः प्रकृति या 'अलौकिकीकरण' एवं 'नैतिकीकरण' हुआ है। यहाँ प्रकृति, कृष्ण-काव्य के विपरीत, सौन्दर्य का आधान करने के बजाय शिवत्व का आधान करती है। दूसरी बात यह है कि तुलसी एक ग्रामीण नींव के कवि हैं। मध्यकाल में प्रकृति की शक्तियों पर वैज्ञानिक विजय के स्थान पर तान्त्रिक और शकुनमूलक विषय पर यक़ीन था। इसलिए मनुष्य और प्रकृति के रिश्ते रागात्मक और संघर्षमूलक नहीं हो सके। फलस्वरूप प्रकृति का चेतना के नाना स्तरों पर आकल्पन मात्र हुआ। ग्रामीण नींववाले कवि तुलसी ने प्रकृति के ग्रामीण पक्षों को दृष्टान्तरूप में लिया है। इसलिए रामकथा के मिथकीय परिवेश में प्रकृति ने 'मानस' की रामकथा को तत्कालीन सांस्कृतिक पर्यावरण भी प्रदान किया है जिसमें कल्पना की उड़ानों के बजाय लोकानुभवों की साधारणता है, मादक शृंगारिकता के बजाय अलौकिकता व नैतिकता है। तीसरी बात यह है कि प्रकृति का उद्दीपन-धर्म अप्रधान होकर रूपक-धर्म प्रधान हो गया है।

1. बलदेव प्रसाद मिश्र : 'तुलसी-दर्शन', पृ. 33-34

धार्मिक काव्य में प्रकृति नर(अवतार) से कम श्रेष्ठ तथा सुन्दर होती है। अक्सर उपमेय से उपमान श्रेष्ठतर और चारुतर होते हैं। किन्तु दिव्यपात्रों की तुलना मे कम श्रेष्ठ-सुन्दर प्रकृति श्रेष्ठतर नरक्षेत्र को उपमान बनाती है (उदाहरण : 'सीता के शरीर से अरुण कमल और सुवर्ण ने भी कान्ति पाई है'–'गीतावली')। इसलिए प्रकृति की पात्रों की शोभा निर्देशों से मंडित और संचालित होती है। चौथी बात यह है कि 'नहछू' तथा 'मंगलकाव्यों' के बाद प्रकृति काम तथा स्थायी भाव रति से अलहदा हो गई है। इसलिए यह अद्‌भुतरस और भक्तिरस में ही मुख्यतः इस्तेमाल हुई है। तुलसी के रामकाव्य की चन्द खूबियों का जिक्र करने के बाद हम उनके कृतित्व में प्रकृति के शिल्पगत पहलुओं का मुआयना करेंगे।

माया, लीला, अथवा शक्ति बनी हुई प्रकृति मध्यकालीन अध्यात्मवाद में आत्मा से युक्त हुई है क्योंकि इसे परब्रह्म राम का दर्शन प्राप्त है। एक ओर समुद्र, गंगा, पशु (हरिणी हरिण से व्यंग्यपूर्वक कहती है कि भागो मत! ये तो स्वर्णमृग को मारेंगे), जन्तु (समुद्र जीव), राम पर छाया करते मेघ आत्मीकृत होकर राम की स्तुति करते हैं; तो दूसरी ओर शरद्‌ऋतु की काँस वर्षा का बुढ़ापा प्रकट करके मानवीयकृत (परसॉनिफाएड) हो गई है। आत्मीकृत प्रकृति ने पशुकथातत्त्व भी ग्रहण किए हैं। अतः मानवीयकृत एवं आत्मीकृत प्रकृति पात्रों तथा राम के साथ कथा को पूरे ब्रह्मांड का मंच प्रदान करती है। प्रकृति दैवी संकेत के रूप में **शकुन** तथा **लक्षणों** के रूप में कथानक के भावी विस्तार या प्लॉट-परिवर्तन का भी विधान करती है। उदाहरण : राम के जनकपुर पहुँचने पर मंगल शकुन होते हैं तथा रावणवध के पूर्व नाना अपशुकन होते हैं–कुत्तों का रोना, पुच्छल तारों का प्रकट होना, पर्व के बिना ही सूर्यग्रहण होना, मेघों से रक्त-वर्षा होना आदि। शकुन और लक्षण कुछ क्षण के लिए प्रकट होकर भावी घटनाओं के शुभ-अशुभ संकेत देकर पुनः लुप्त हो जाते हैं। मध्यकालीन चेतना में ये प्रकृति की विशिष्ट दशाओं के पूर्वसूचक एवं पूर्व-निर्देशक माने जाते हैं। शकुन पशुओं के, पक्षियों के, मानव शरीर के होते हैं। कथानकरूढ़ियों और अभिप्रायों में शकुनों-लक्षणों का महत्त्वपूर्ण दाय रहा है। मानवीयकृत, आत्मीकृत तथा शकुनपरक प्रकृति की तरह धार्मिक काव्य में **मिथकीय प्रकृति** का भी प्रयोग होता है जहाँ कथारूप-प्राकृतिक घटनाएँ (शेष, कच्छप, मन्दराचल, वृत्र आदि) महाकाव्य की घटनाओं को अलौकिकता से मंडित कर देती हैं; जैसे 'मानस' के सुन्दरकांड में रामसेना-प्रयाण के मौक़े पर दिशाओं के हाथी डगमगा उठते हैं, पृथ्वी डोलने लगती है, पर्वत चंचल हो जाते हैं, सर्पराज शेष भी सेना का बोझ सह न सकने की वजह से पुनः-पुनः कच्छप की पीठ दाँतों से पकड़ते हैं। धार्मिक काव्यों में प्रकृति के **तान्त्रिक प्रयोग** की (बीभत्सरस में) भी एक ऐसी परम्परा रही है कि लौकिक काव्यों में भी उसे ग्रहण किया गया है। यहाँ प्रकृति एक मायावरण (हैल्यूसिनेशन) फैलाती है जिसमें अपशकुनों और अतिप्राकृतिक का मेल हो जाता है। उदाहरण : राम-खरदूषण युद्ध के मौक़े पर चील, काक, शृगाल आदि कठोर तथा भयंकर कट्-कट् शब्द करते (अपशकुन); भूत-प्रेत और पिशाच खोपड़ियाँ बटोरते हैं (अतिप्राकृतिक), तथा वीरवैताल

खोपड़ियों पर ताल देते हैं और योगिनियाँ नाचती हैं (तान्त्रिक)। बीभत्स में तुलसी ने रक्तनदी के लम्बे सांगरूपक का भी सहारा लिया है (6/86, 87/1-5) मायावरणीय प्रकृति का उपयोग रावण ने भी युद्ध में किया है जिससे किसी एक केन्द्रीभूत कार्य (युद्ध) में चारों ओर दिग्भ्रान्ति फैल जाती है और संघर्ष क्षीण हो जाता है। मायावरणीकृत प्रकृति का उपयोग सीता को धोखा देने के लिए भी किया गया है जिसकी चर्चा हम अगली गोष्ठी में करेंगे। **इस भाँति तुलसी ने अपने धार्मिक काव्य में प्रकृति के लघु प्रयोगों के अन्तर्गत आत्मीकृत प्रकृति, मानवीयकृत प्रकृति, शकुनपरक प्रकृति, मिथकीय प्रकृति, अतिप्राकृतिक प्रकृति, तान्त्रिक प्रकृति, रूपक प्रकृति, मायावरणीकृत प्रकृति आदि का नया तकनीकी इस्तेमाल किया है।**

आलम्बन रूप में प्रकृति का प्रयोग तुलसी ने बेहद कम किया है। धार्मिक काव्यों में बहुधा आलम्बन-रूप प्रकृति दिव्य होती है, अथवा दिव्य स्थलों या वस्तुओं की पवित्र प्रकृति होती है। तुलसी ने 'गीतावली' में चित्रकूट, 'मानस' में तीर्थराज प्रयाग तथा 'कवितावली' में काशी की पवित्र प्रकृति का वर्णन किया है। इन वर्णनों में कमल, मोर, हंस, कोयल मुख्यतः आए हैं। तुलसी की धार्मिक या पवित्र प्रकृति के चित्रण के चार दृष्टिकोण हैं : सम्पत्ति, महिमा, प्रसन्नता, और सबसे बाद में मनोहरता (गीतावली, 2/46)। ये वर्णन 'धार्मिक स्वच्छन्दतावाद' के अन्तर्गत आ सकते हैं। लौकिक आलम्बन रूप में भी प्रकृति के कुछ चित्र उन्होंने दिए हैं जो मिथकीय और आध्यात्मिक वातावरण में तत्कालीनता का समावेश करने के ज़बरदस्त साधन हैं। उनके कुछ ग्रामचित्र, वनचित्र, ग्रामपोखर-चित्र बड़े ही जीवन्त हैं। अरण्यकांड (मानस) का पम्पासर एक ओर तो संस्कृत की ललित परिपाटी के अनुसार वर्णित है तो दूसरी ओर ग्राम्य जीवन से प्रतिबिम्बित है। एक ओर चक्रवाक, बगुले, सघन पुरइन हैं तो दूसरी ओर जलमुर्गों और पक्षियों की ध्वनियाँ हैं जो रास्ते में जाते हुए पथिकों को बुला लेती हैं। शुद्ध ग्रामताल में तो कौवे, गीध-बगुले और सुअर रहते हैं (वहाँ हंस नहीं आते) तथा अमृत-सा जल सूकरी गहडोरि देती है (विनयपत्रिका, 185, 258)। 'कवितावली' तो ग्राम्य भूचित्रों (रूरल लैंडस्केप्स) से जगरमगर होती है जिसमें लोकजीवन पिरो दिया गया है। 'मानस' के एक ग्राम्य भूचित्र में रास्ते में गाँव तथा पुरवे बसे हुए दीखते हैं। मार्ग में बटोही आ बसते हैं। सीता को थकी जानकर राम समीप ही एक बरगद का वृक्ष और ठंडा पानी देखकर ठहर जाते हैं। सुन्दर वन और तालाब ग्राम्य भूचित्र की ज़रूरी रचना है। तुलसी के धार्मिक काव्य में किस तरह चारु प्रकृति दिव्य प्रकृति में रूपान्तरित हो जाती है, इसे स्पष्ट करने के लिए हम दो मिसालें लेंगे। राम वन का भयानक चित्रण करते हुए स्वभावभीरु सीता के साथ चलने के निश्चय को दुर्बल करने के लिए कहते हैं कि वन बड़ा 'कठिन' और भयानक है। रास्ते में कुश, काँटे और नाना कंकड़ हैं। उन पर बिना पनहियों के पैदल चलना होगा। कन्दराएँ, खोहें, नदी, नाले, नद इतने अगम्य और गहरे हैं कि उनकी ओर देखा तक नहीं जाता। भालू, बाघ, भेड़िए, सिंह और हाथी ऐसे भयानक नाद करते हैं कि सुनकर धीरज भाग जाता है। पहाड़ का वज़नी पानी बहुत

लगता है। भीषण सर्प, भयानक पक्षी, स्त्री-पुरुष चुरानेवाले राक्षसों के झुंड-के-झुंड रहते हैं। हे मृगलोचनि, तुम तो स्वभाव से ही भीरु हो ! ('मानस', अयोध्याकांड)। इस वर्णन में भीषण, भयानक, अगम्य, गहरे, विराट्, विशाल आदि विशेषणों के द्वारा कार्यव्यापार को नायिका का मनोबल क्षीण करके मोड़ने की कोशिश है। यह एक नितान्त यथार्थ वनचित्रण है। यही ललित यथार्थ किस तरह दिव्य हो जाता है इसका एक प्रतिनिधि उदाहरण लें : "जिन तालाबों और सरिताओं में राम स्नान करते हैं उनकी बड़ाई देवसरोवर और देवसरिताएँ तक करती हैं। जिस वृक्ष के नीचे प्रभु जा बैठते हैं उसकी बड़ाई कल्पवृक्ष करते हैं। जहाँ-जहाँ राम चलते हैं वहाँ-वहाँ मेघ उनकी छाया करते हैं। राम पर्वत, वन, पशु-पक्षियों को देखते हुए चले जा रहे हैं। उन्हें बिना पनही का देखकर पृथ्वी कोमल हो गई और कुश, काँटों, कंकड़ी, दरारों आदि कड़वी-कठोर वस्तुओं को छिपा लिया। वृक्ष फल-फूल उठे हैं। पर्वत, वन, नदी शोभा से छा गए हैं और दिनोंदिन अधिक सुहावने लगने लगे हैं। पक्षी और पशुओं के समूह आनन्दित रहते हैं।" यह दूसरा वर्णन कुल तत्त्वों को उद्घाटित करता है : (1) दैवीनायक के सम्पर्क से साधारण प्रकृति इतनी भव्य और दिव्य हो गई है कि स्वर्ग की प्रकृति (कल्पवृक्ष, देवनदी, देवसरोवर) भी उसकी प्रशंसा करती है; (2) दैवी नायक के प्रति प्रकृति का सेवा तथा आत्मसमर्पण का धार्मिक भाव है; (3) दैवी पात्रों के सम्पर्क से प्रकृति अपने वैज्ञानिक नियमों को त्यागकर चिरन्तन उल्लास, चिरन्तन वसन्त में शाश्वत हो जाती है; तथा (4) इस वातावरण में एक श्रेष्ठतर जीवन, आनन्द और सुख उमड़ता है। 'मानस' में दिव्य प्रकृति कमोवेश तौर पर इन चार तत्त्वों से ही मंडित हुई है। यह दिव्य प्रकृति का सालोक्य गुण है। दूसरे गुण के अन्तर्गत वह सारूप्य-धर्मा हो जाती है। सारूप्य गुणवती प्रकृति नरक्षेत्र को शोभित करने के बजाय दैवी जगत् से स्वयं श्री-शोभित होने लगती है। दैवी पात्रों के सौन्दर्य-युग के आगे उसके उपमानों की क्षीणता तथा साधारणता लजाने लगती है। उदाहरण : बालमृगनयनी सीता जहाँ-जहाँ देखती है वहाँ मानो श्वेत कमलों की क़तार बरस जाती है; तीनों के कोमल एवं लाल चरणों को छूते ही पृथ्वी वैसे ही सकुचा जाती है जैसे हमारे हृदय; सीता के शरीर से अरुण कमल और सुवर्ण ने भी कान्ति पाई है, इत्यादि। वीररस में यह दिव्य प्रकृति शूरवीर के सम्पर्क में अलौकिक क़रिश्मे भी दिखाती है। हनुमान्-प्रसंग आश्चर्यपूर्ण वीररस का उदाहरण है जहाँ विराट् और भीषण प्रकृति सहायता करने के लिए अथवा बाधा उत्पन्न करने के लिए (सुरसा, मकरी आदि) पहले तो और अधिक विराट् तथा भीषण होती है, लेकिन सहायता करने के बाद या बाधा देने में नाकामयाब होने पर लघु और वशपूर्ण हो जाती है। यह प्रकृति की अतिप्राकृतिकता का तीसरा तकनीकी गुण है।

तुलसी ने भागवत की परिपाटी के अनुसार भी अपने प्रकृति-वर्णन में सौन्दर्य की सिद्धि के बजाय नैतिकता की साधना को प्रधानता दी है। इस तरह का प्रकृति-वर्णन दो भागों में विभक्त है : पहले में ऋतु अथवा वस्तु का वर्णन है और यह उपमेय अंग है; दूसरे में ऋतु के तत्त्वों अथवा वस्तु के खंडों के लिए धार्मिक, नैतिक, आध्यात्मिक

भाष्य हैं और ये उपमान अंग हैं, तथा उत्प्रेक्षा-विधि से आए हैं। इस तरह ऐसा प्रकृति वर्णन भक्तिरस में उत्प्रेक्षांश का नैतिक-धार्मिक-आध्यात्मिक विधान करता है। इसमें उपमेय-उपमान दोनों में अलौकिकता नहीं होती, शृंगारिकता नहीं होती, तथा उपमान ऊहा जैसे हो जाते हैं। 'मानस' में वर्षा और शरद् वर्णन (किष्किन्धाकांड) तथा पम्पासर-वर्णन (अरण्यकांड) इसी तरह के हैं। अपने कथन को संपुष्ट करने के लिए हम इनमें से कुछ उदाहरण देंगे : पृथ्वी पर पड़ते ही पानी गँदला हो गया है जैसे शुद्ध जीव से माया लिपट गई हो; भारी वर्षा से खेतों की क्यारियाँ फूट चलीं जैसे स्वतन्त्र होने पर नारियाँ बिगड़ जाती हैं; चारों दिशाओं में मेढकों की ध्वनि ऐसी लगती है, मानो बटुक-समुदाय वेद पढ़ रहे हों; मोरों के झुंड बादलों को देखकर नाच रहे हैं जैसे वैराग्य में अनुरक्त गृहस्थ किसी विष्णु-भक्त को देखकर अनुरक्त होते हैं; शरद्-ऋतु में खंजन पक्षी आ गए हैं जैसे समय पाकर सुकृत (पुण्य) सुहावने लगते हैं; जल के कम होने से मछलियाँ व्याकुल हो रही हैं जैसे अबुध गृहस्थ धन के बिना व्याकुल हो जाता है; कमल फूलने से तालाब कैसी शोभा दे रहा है जैसे निर्गुण ब्रह्म सगुण होने पर शोभित होता है; मच्छर और डाँस जाड़े के डर से इस प्रकार नष्ट हो गए हैं जैसे ब्राह्मणद्रोही कुल का नाश हो जाता है; घनी पुरइनों की आड़ में जल का जल्दी पता नहीं मिलता जैसे ढँके रहने के कारण निर्गुण ब्रह्म नहीं दीखता इत्यादि। ऐसे वर्णन कलात्मक दृष्टि से रसभंग करनेवाले होकर भी प्रकृति को वैष्णव-सम्प्रदाय की प्रतिपत्तियों से जोड़ने के साथ-साथ तत्कालीन सामाजिक और कृषक-जीवन से भी जोड़ देते हैं। 'गीतावली' में भी इस तरह का इतस्ततः प्रयोग हुआ है।

जब तुलसी ने प्रकृति को उपमान-कोष के रूप में बटोरा है तब उसे संस्कृत की परिपाटी के अनुसार भी प्रयुक्त किया है, लेकिन इससे अधिक प्रयोग किसानी आधारों पर (दृष्टान्त रूप में) इस्तेमाल करने के लिए किया है। इस तरह प्रकृति कृषक-जीवन का 'अमरकोश' भी बनी है। हम इस देन को ग्राम्यीकरण के अन्तर्गत ले चुके हैं। संस्कृत-परिपाटी के दो-तीन उदाहरण हैं : सीता इस तरह चकित है मानो डरी हुई मृगछौनी सकल दिशाओं में देख रही हो; जयमाला डालती हुई सीता ऐसे लगती है मानो दो सनाल कमल चन्द्रमा को डरते हुए जयमाला दे रहे हों; घायल वीर कैसे शोभित हो रहे हैं जैसे फूले हुए पलाश के पेड़; दोनों भाई शिरीष के फूल के समान सुकुमार हैं; भरत भरद्वाज के आश्रम की ओर चले मानो किसी तृषातुर गज ने दारुण घाम लगने पर किसी तड़ाग को देख लिया हो, इत्यादि। कृषक-जीवन से सम्बद्ध उपमान लोकज्ञानकोश भी बढ़ाते हैं। इस क्षेत्र में हम अन्योक्तियों को भी शामिल करेंगे। कुछ चुने हुए उदाहरण हैं : कौओं को बड़े प्रेम से पालो पर क्या वे कभी मांसत्यागी हो सकते हैं ? मानसरोवर के जल में पली हुई हंसिनी कहीं खारे समुद्र में जी सकती है ? कहीं पोखरे का क्षुद्र कछुवा भी मन्दराचल उठा सकता है ? जगत् में जो भी कामी और लोभी होते हैं वे कुटिल कौवे की तरह सबसे डरते हैं; दशरथ अत्यन्त बुरी हालत में पड़े हैं मानो सिंहनी को देखकर कोई बूढ़ा गजराज सहमकर गिर पड़ा हो; प्रेमपियासे ग्राम के

नर-नारी ऐसे चकित रह गए जैसे मृगतृष्णा को देखकर हिरनी और हिरन; राजा तड़पने लगे मानो मछली को माँजा (पहली वर्षा का जल) व्याप गया हो; कौशल्यादि माताएँ ऐसे दौड़ीं मानो नई ब्यायी हुई गौएँ हुँकार करके थन से दूध चुआती हुई अपने बछड़ों को देखकर दौड़ी हों; राम की शीतलवाणी को सुनकर कौशल्या वैसे ही सहमकर सूख गई जैसे बरसात का पानी पड़ने पर जवास सूख जाता है, राजा के वचनों को कैकेयी टेढ़ा करके जान रही है जैसे समान जल में जोंक टेढ़ी चाल से ही चलती है; नगर के लोग ऐसे व्याकुल हैं जैसे शहद छीन लिए जाने पर मधुमक्खियाँ; एक कैकेयी ही इस तरह हर्षित दीखती है मानो जंगल में आग लगाकर आनन्दित हो; रावण ऐसा अभिमानी था जैसे टिटिहरी पक्षी पैर ऊपर करके सोता है (मानो आकाश थाम रहा हो); रामकृपा से वानर सेना का बल उसी प्रकार बढ़ गया जैसे घास पाकर अग्नि बहुत बढ़ जाती है; दुष्ट बिना किसी स्वार्थ के साँप और चूहे के समान अकारण ही दूसरों का अपकार करते हैं; सीता पतिवियोग में तो दुखी है किन्तु पुत्रसुख पाकर प्रसन्न भी है; जिस प्रकार अग्नि पर रखा हुआ दूध उफनने लगता है परन्तु सलिल से सींचने पर फिर सकुचा जाता है; इत्यादि। इन उपमानों में तुलसी के व्यापक, गहरे तथा सूक्ष्म किसानी ज्ञान की दुनिया का पता चलता है। इनकी वजह से भी तुलसीकृतित्व ग्राम्यजीवन के ज्ञान का सन्दर्भकोश हो गया है। यहाँ वे संस्कृत के शूद्रक की तरह मौलिक हैं।

वेश-भूषा, नख-शिख, भावदशा, मुद्रा, वस्तु आदि के स्पष्टीकरण, गुम्फन और मर्मभेदन में भी उन्होंने प्रकृति से उपमान लिए हैं जिनमें काव्यशास्त्र की परम्परा की प्रधानता है। शायद इस सन्त कवि की कल्पना को पूरी आज़ादी इसी क्षेत्र में मुमकिन हो सकी है। इसलिए उसने उपमाओं की अपेक्षा उत्प्रेक्षाओं की धुआँधार वर्षा की है। प्रत्येक चौपाई 'जनु', 'जिमि', 'कैसे-जैसे', 'मनहु', 'ज्यों' आदि के प्रयोगों से बराबर-बराबर बँट गई है : एक खंड में सरल कथन है तो दूसरे में उसकी काव्यात्मक अभिव्यंजना। इन्हें हम अगली गोष्ठी में बिम्ब, रूपक और प्रतीक-चर्चा में शामिल करेंगे। परम्परा के आधार पर, विरक्त तुलसी को भी, वसन्त-सेना के सांगरूपक बाँधने पड़े हैं जिन पर गहरा मुग़ल प्रभाव है (देखिए, 'मानस', 3/37, 38; 'कृष्णगीतावली', 32, तथा 'गीतावली', 2/49)। जिस तरह भागवत के आधार पर प्रकृति-वर्णन का महत्त्व है उसी तरह तुलसी के कृतित्व में वसन्त-सेना के ये तीन सांगरूपक प्रकृति तो तत्कालीन सामन्तीय फ़ौज-संगठन से जोड़ देते हैं। इनमें से 'कृष्णगीतावली' के पद में कामदेव की मिल्कियत पर मुग़ल-प्रशासन की पूरी व्यवस्था लागू हुई है।

इस तरह हम तुलसी के कृतित्व के शिल्प-विधान के निरूपण का समापन करते हैं।

अब अगली गोष्ठी में हम यह वार्ता करेंगे कि तुलसी की रचनाओं में सौन्दर्यबोधशास्त्र (एस्थेटिक्स) के कौन-से सिद्धान्त और समस्याएँ अन्तर्निहित हैं, क्या उनके सौन्दर्यतत्त्व में मध्यकालीन सौन्दर्यबोधशास्त्र की विलक्षणता है ?

छठी गोष्ठी

"श्याम गौर किमि कहौं बखानी, गिरा अनयन नयन बिनु बानी" : अर्थात् तुलसी में सौन्दर्यबोधशास्त्र (एस्थेटिक्स) का कैसा अधिष्ठान है ? कवि और सहृदय के सम्बन्ध में कौन-सी अवधारणाएँ हैं ? सौन्दर्य-शोभा के रूप-गुण-धर्म क्या हैं ? अनिर्वचनीयता एवं सौन्दर्यतात्विक प्रतिबोध की समस्याएँ क्या हैं ? हास्य एवं किमाकार के क्या सिद्धान्त हैं ? कौतुक और जादू के क्या रिश्ते हैं ? टोटेम की क्या पहल है ? अलौकिक एवं अतिप्राकृतिक के क्या दाय हैं ? बीभत्स एवं भयानक से कैसी त्रासदिक दशाएँ उत्पन्न की गई हैं ? एक धार्मिक भाषा की संरचना की कौन-सी विशेषताएँ हैं ? रूपक एवं बिम्ब-विधान कैसे हैं ? क्या इन सबके द्वारा एक विशिष्ट मध्यकालीन सौन्दर्यबोधशास्त्र की पीठिका भी निवेदित हुई है ?

सन्त तथा कवि तुलसी का सौन्दर्यबोध शास्त्रीय रस-परम्परा से अधिक धार्मिक भक्ति-परम्परा से जुड़ा है। उसमें कला के आनन्द को ब्रह्मानन्द में भावान्तरित करने की हरचन्द कोशिश हुई है। इसलिए तुलसी ने मध्यकालीन सौन्दर्यबोधशास्त्र की पीठिका भी प्रस्तुत की है जिसकी कई विशिष्टताएँ हैं। कबीर, सूर, तुलसी और मीरा, जायसी ने मिलकर मध्यकालीन सौन्दर्यबोधशास्त्र की जो रूपरेखा बनाई है, उस पर विचार करते ही पश्चिम के आगस्ताइन सन्त थॉमस, जोन आफ़ आर्क तथा दान्ते जैसे तुलनीय मध्यकालीन ईसाई सन्त और कवि याद आ जाते हैं। तुलसी ने 'काव्य' और 'भक्ति' का संयोग कराके सौन्दर्यबोधशास्त्र में एक मध्यकालीन समीकरण (ईक्वेशन) ढूँढ़ा। इस समीकरण में 'सुन्दर' और 'पावन' का साध्यवसान हो गया। फलतः नैतिक और आध्यात्मिक 'सौन्दर्य' के अधिष्ठान पर 'सत्य' की प्रतिष्ठा हुई, वातावरण में अलौकिकता छा गई, चरित्रकरणों में वैचित्र्य (लीला, विराट् रूप, अवतार) जुड़ गया, 'माया' और 'भक्ति' की अवधारणाओं के द्वारा मनोवेगों के विशिष्ट रूपायन हुए, तथा अनिर्वचनीयता एवं साधारणीकरण के नए अन्वेषण हुए। सारांश में कलात्मक सौन्दर्य के बजाय नैतिक सौन्दर्य और आध्यात्मिक सौन्दर्य की तत्कालीन रुचि का प्रतिमान हुआ। 'सौन्दर्य' में

दैवी तथा **दिव्य** धर्म जुड़ गए। इसलिए सुख बहुत ही सीमित दूरी तक संवेदनशील आनन्द से सम्बद्ध हुआ। यही नहीं, सौन्दर्य का सम्बन्ध मानवत्व और प्रकृति के साथ-साथ देवत्व से भी हुआ। देवत्व में सत्य की परिणति होती है। इसलिए 'सौन्दर्य' दैवी सत्य की ओर उन्मुख हुआ, तथा मात्र ईश्वर या इष्टदेवता में अन्तर्भूत होकर 'नाम' और 'रूप' में केन्द्रित हो गया। सौन्दर्य सत्य हो गया, तथा सत्य शुभ। दैवी होने के कारण सत्य विशुद्ध आत्मा और स्थूल जगत् के बीच प्रतीक रूप में अवतार-हेतु से संचरणशील हुआ। इस भाँति आध्यात्मिक प्रतीकों के 'द्वारा' इस जगत् की 'यर्थाथता' का मूल्यांकन हुआ। माया, मोह, भवबन्धन, मिथ्यात्व आदि ने जगत् के विषय में आध्यात्मिक तर्कशील भ्रान्तियों का उपदेश किया। सृष्टिकर्ता केन्द्रीभूत सत्य हुआ, तथा कृति (सृष्टि) बहिरंग 'आवरण' बनी। मध्यकालीन सौन्दर्यबोधात्मक चेतना के अनुसार यह सृष्टि दैवी सत्य को ढाँक लेती है (माया)। अतः सौन्दर्यतात्विक भ्रान्तियों ने काव्य के साधारणीकरण में **चमत्कृति** को मिला दिया। अब यह सृष्टि 'दर्पण' न होकर 'आवरण' बन गई। इसलिए नाम-रूप, शब्द-अर्थ, चरित्र-लीला के बीच द्वैत-सा क़ायम हो गया। सारा-का-सारा मध्यकालीन धार्मिक काव्य मनुष्य के प्रकृति-गुणों को जगाने की अपेक्षा उसके अतिप्राकृतिक संकायों के प्रति ही अभिभूत हुआ अर्थात् संवेगों के बजाय 'आत्मा' के प्रकाश और आनन्द की भूमिका प्रस्तुत हुई। इसलिए "सुख (प्लेज़र) और विलास, उपयोगिता और अलंकार आदि को वस्तुओं को असुन्दर बनानेवाला माना गया क्योंकि मनुष्य की आत्मा की सर्वोच्च क्षमता अर्थात् सुमति (रीज़न), निरन्तर विवेक के संयम में, दैवी उपाधियों से सहकार करती है।"[1] भारतीय मध्यकालीन चेतना में जगत् की वस्तुएँ ईश्वर-रचित होकर भी ईश्वर-प्रतिबिम्बित नहीं हैं, बल्कि जड़ और मिथ्या हैं। उनमें अन्तर्निहित आत्मा ही ईश्वर-अंश है (ईश्वर-रूप नहीं)। सन्त ऑगस्ताइन आदि इस करुणापूर्ण जगत् को भी सुन्दर मानते हैं क्योंकि वह ईश्वर का सन्देश या प्रतिबिम्ब है। दोनों ही ईश्वर को एक तथा सर्वकर्ता मानते हैं। किन्तु सन्त थॉमस ब्रह्मांड को ईश्वर का दोषयुक्त प्रतिबिम्ब मानते हैं। फलतः ब्रह्मांड के जीव ईश्वर की सरलता और सरलपूर्णता का एकता, सामंजस्य, सन्तुलन आदि के द्वारा अनुकरण करते हैं। समानान्तर भारतीय धार्मिक चिन्ता में 'उद्धार' और 'मोक्ष' की प्रधानता है और इन दोनों तत्त्वों ने क्रमशः चरित्र तथा काव्य-प्रयोजनों पर भी अपना अटल प्रभाव जमा दिया है। सम्पूर्ण मध्यकालीन धार्मिक सौन्दर्यतत्त्व में 'क्रूर' और 'वासनापूर्ण' संवेगों या मनोरागों के वर्जन या दमन का विधान है। शुभ लक्ष्यों के द्वारा इनका शुद्धीकरण भी किया गया है। बीभत्स, भयानक और शृंगार का उदात्तीकरण तथा शुद्धीकरण करके तुलसी ने इनमें शिवत्व का आधान किया है। तुलसी ने मध्यकालीन धार्मिक सौन्दर्यबोधशास्त्र से प्राकृत जनों तथा लोकरसोंवाले काव्य को निष्कासित कर दिया क्योंकि उसमें वासना, काम, मनोविकार और अमर्यादादि होते हैं। दूसरे, उन्होंने सौन्दर्य और ईश्वर को, सौन्दर्य और सत्य को पारसरूप कर दिया। तथा, तीसरे, उन्होंने यथार्थता का भी आध्यात्मिकीकरण कर दिया

1. गिलबर्ट और कुह्न : 'अ हिस्ट्री ऑव इस्थेटिक्स', पृ. 159, 1954 संस्करण।

क्योंकि (उनके अनुसार) इसकी माया का उच्छेदन ही यथार्थ सत्य है; तथा इसके परिवेश में ही तो निर्गुण परब्रह्म सगुण होकर 'अवतरित' होता है। मध्यकालीन धार्मिक कवियों के निजी प्रबल अन्तर्मुखी द्वन्द्व थे; जैसे चरित्र और लीला के बीच, पाप और पुण्य के बीच, देवत्व और दानवत्व के बीच, आत्मा और शरीर के बीच, लोक और परलोक के बीच। उन्होंने इनका निराकरण आध्यात्मिक और रहस्यवादी सामंजस्य के द्वारा किया। यूरोप तथा भारत, दोनों के मध्यकालों में सुदीर्घ ऐकस्थिरता के कारण सन्तुलन (बैलेन्स) और समरूपता (सिमेट्री) के विचार सर्वोपरि रहे, यद्यपि मध्यकालीन निर्मितियों में अनेकता तथा तत्स्फूर्ति की भी प्रचुरता है।[1] त्रिमूर्ति के सृष्टि-स्थिति-संहार कार्य, प्रकृति के सत्त्व-रज-तम-गुण, समाज के चार वर्ण तथा आश्रम, जीवों की समानता, ईश्वर की समानता, ईश्वर की समान कृपा आदि की धारणाएँ परम्परागत मध्यकालीन सन्तुलन तथा समरूपता के विचारों का ही प्रतिफलन हैं। तुलसी में ये तत्त्व विरोधों के समतोलन (साइनेसथीसिस), नाटकीय द्वन्द्वों के सन्तुलन (बैलेन्स) तथा नर-नरोत्तम के समन्वय (सिन्थिसिस) में प्रकट हुए हैं। सारांश में, मध्यकालीन धार्मिक चेतना और आस्था की ये कुछ मूल दिशाएँ हैं जो तुलसी के सौन्दर्य-तत्त्वों को विविधता और सन्तुलन प्रदान करती हैं।

सौन्दर्यतात्त्विक दृष्टि से खुद तुलसी ने महाकाव्य के मूल तत्त्वों और अपने काव्य के व्यावहारिक तत्त्वों को क्रमशः सरोवर और नदी के रूपकों के ज़रिए स्पष्ट किया है। सरोवर के रूपक में रामचरित की महिमा है तो नदी के रूपकों में 'रामचरितमानस' नामक कृति की मीमांसा। दोनों मिलकर धर्म और कला, काव्य और भक्ति के अन्तःसम्बन्धों का इज़हार करते हैं (मानस, 1/34-42)। महाकाव्य के बुनियादी तत्त्वों की स्थापना से यह साफ़ हो जाता है कि रामचरित हृदय के शुद्धीकरण तथा ईश्वर के महिमागान के निमित्त है। रूपक में हृदय को मानस बताया गया है। जहाँ रामयश-रूपी जल इकट्ठा हो गया है। राम की निर्गुण एवं निर्बाध महिमा इसकी गहराई है। इस भाँति अन्तर्वस्तु की रोचकता के स्थान पर उसकी अलौकिक महिमा की प्रतिष्ठा हुई है। रूप (फ़ार्म) को विषयवस्तु (कांटेंट) नेतृत्व देती है; और विषयवस्तु को दैवी आदर्श संचालित करते हैं। गहरे आध्यात्मिक तात्पर्योंवाली ऐसी विषयवस्तु से रूप का जन्म होता है। रामचरित्र के हृदय-मानस में उपमाएँ तरंग-विलास हैं; सुन्दर चौपाइयाँ पुरइन हैं, युक्तियाँ मंजु मणि-सीपियाँ हैं; सुन्दर छन्द-सोरठे-दोहे बहुरंगी कमलों के समूह हैं; अनुपम अर्थ, ऊँचे भाव एवं सुन्दर भाषा क्रमशः परागरज, मकरन्दरस और सुगन्ध हैं; एवं ध्वनि, वक्रोक्ति, गुण आदि बहुभाँति की मनोहर मछलियाँ हैं। विषय-वस्तु से ही रूप के उद्भव का सिद्धान्त स्वीकृत हुआ है, और यह रूप भाषाकाव्यों (प्रेमाख्यानक महाकाव्यों) की परम्परा का भी दर्पण है। रूप विषयवस्तु-रूपी जल का शोभाकर होकर अंगीकार हुआ है। धार्मिक महाकाव्य के निर्णय में भावना की अपेक्षा कर्मकांड और 'विवेक' प्रधान होते हैं। रामचरित्र के मानस के जल में ज्ञान-वैराग्य तथा विचार ही हंस हैं; एवं जप, योग

1. गिलबर्ट और कुह्न : 'अ हिस्ट्री ऑव एस्थेटिक्स', पृ. 159, 1857 संस्करण।

तथा वैराग्य जलचर जीव हैं। धार्मिक महाकाव्य का आनन्द (कौवे तथा बगुलेरूपी) विषयी लोग नहीं ले सकते। इसके ग्रहण के लिए राग के बजाय 'आदर', रति के बजाय 'हरिपद--रति' चाहिए। ऐसे महाकाव्य में नवरस तो हैं ही; धर्म, अर्थ, काम और मोक्ष भी हैं। यही नहीं, ज्ञान-विज्ञान का विचारपूर्ण कथन भी है। सारांश में, धार्मिक महाकाव्य में 'नवरस' के साथ-साथ कर्ममूलक 'चतुर्वर्ग' और ज्ञानमूलक 'साधनावस्थाओं' का त्रित्व क़ायम हुआ है। फलस्वरूप महाकाव्य का प्रभाव 'शान्ति' और रागविहीन 'सुख' तथा आध्यात्मिक 'आनन्दपरक' हो गया है। कला धर्म की अनुगामिनी हो गई है। इसी के समानान्तर नदी-रूपक द्वारा 'रामचरितमानस' शीर्षक कलाकृति का विवेचन करके कवि ने काव्य और भक्ति के भावन का तादात्मीकरण किया है। यह नदी राम के निर्मल यशरूपी जल से परिपूरित है जो हृदय-रूपी मानसरोवर में इकट्ठा था। अतः कवि की कविता-रूपी सरयू नदी मानस-सरोवर की पवित्र कन्या है अर्थात् कवि की कविता का मूल पवित्र रामयश-लीलाएँ हैं। यह सरोवर की तरह इकट्ठी न होकर प्रवाहित है अर्थात् इसमें विकास और कथानक-गति भी है। कवि की काव्य-नदी में इतिवृत्त को अनुशासित करनेवाले लोकमत एवं वेदमत दो किनारे हैं अर्थात् एक ओर तो कवि ने आर्षपरम्परा से आते हुए रामचरित की शास्त्रसम्मति ग्रहण की है तो दूसरी ओर अपने युग की सांस्कृतिक-नैतिक धारणाओं के अनुसार उसकी पुनर्रचना भी की है। यह काव्यनदी रामयश गान करने के कारण कीर्ति-प्रधान कही गई है। यह नदी सुहावनी है। दूसरे चरण में यह रामभक्ति-रूपी गंगा में मिल जाती है अर्थात् कवि के रामयश-गाथा के सौन्दर्य का रामभक्ति के अध्यात्म में पर्यवसान किया है। भक्तिरूपी गंगा ज्ञान एवं वैराग्य-सहित शोभित है। तीसरे चरण में इसमें राम-लक्ष्मण एवं रावण-युद्ध का महानद शोणभद्र भी आ मिलता है। इस तरह काव्य-सरयू, भक्ति-गंगा और असुरसंहार-हेतु शोण से मिलकर 'रामचरितमानस' (सरोवर से नदी होकर) कृति-रूप में रचा गया (बह निकला)। अतः काव्य का सौन्दर्य एवं कीर्ति भक्ति के ज्ञान और वैराग्य में तिरोभूत हो गए। किन्तु सभी में 'सौन्दर्य' (सुहावन) अर्थात् कलात्मक बोधत्व विन्यस्त है। यह सौन्दर्य भक्ति-रंग में रँगा और ज्ञान और वैराग्य से उद्भूत है। यह पवित्र सौन्दर्य, **आध्यात्मिक सौन्दर्य** है। सारांश में, तुलसी अपने काव्य के धार्मिक रूपायन को सरयू, शोण तथा गंगा के रूपकों द्वारा मुखर करते हैं। जिस तरह उन्होंने महाकाव्य के मूलतत्त्वों को सरोवर-रूपक में तरंग विलास, पुरइन, मणिसीप, कमल-समूह, जलचर जीव आदि के द्वारा प्रतीकीकृत किया था, उसी तरह अपनी महाकाव्य-कृति की भी व्याख्या की है। उनके काव्य की पवित्र सरयू में शिवपार्वती-विवाह के बाराती जलचर जीव हैं (सरोवर में जप-तप, योग-वैराग्य हैं), चारों भाइयों के बाल-चरित्र कमल हैं (सरोवर में सुन्दर छन्द-सोरठे-दोहे हैं), सीता-स्वयंवर की कथा नदी में सुहावनी 'छवि' है, विचारपूर्ण प्रश्न नावें हैं (सरोवर में ज्ञान, वैराग्य, विचार हंस हैं), परशुराम-क्रोध भयानक धारा है, राम के श्रेष्ठ वचन सुन्दर बँधे घाट हैं, भरतचरित्र नदी-तट का जपयज्ञ है, दुष्टों के अवगुण कौवे-बगुले हैं (सरोवर में संसार के दुष्ट एवं विषयी लोग कौवे-बगुले हैं); इत्यादि। इस रूपक में कवि ने अपने

कृतित्व में राम-यश, ज्ञान, वैराग्य, वीर-शृंगार आदि के स्थलों का निर्देश किया है जिस पर विचारों और श्रेष्ठ वचनों का अनुशासन है। अन्ततः अपने काव्य के छह श्रेष्ठ प्रसंगों को चुनकर कवि ने ऋतुचक्र रूपक पूरा किया है : शिवपार्वती-विवाह वर्णन हेमन्त है, रामजन्मोत्सव शिशिर है, रामविवाह-समाजवर्णन वसन्त है। वनगमन ग्रीष्म है, राक्षसों से घोर युद्ध वर्षा है, तथा रामराज्य शरद् है। स्पष्ट है कि कवि ने अरण्य, किष्किन्धा एवं सुन्दरकांडों को कम महत्त्व दिया है। यह भी स्पष्ट है कि कवि ने 'अपने काव्य' में साहित्यशास्त्र की प्रकट उपेक्षा व्यक्त की है (यद्यपि 'महाकाव्य' के तत्त्वान्वेषण में कवि ने इसे शामिल किया है); और कीर्ति (कथानक) तथा भक्ति (दर्शनशास्त्र) पर ही नज़र गड़ाई है।

धार्मिक काव्य में ज्ञान, वैराग्य तथा विचार के नियन्त्रण की वजह है। अद्वैतवादी होने के कारण सन्तकवि ने जगत् को माया अर्थात् आवरण माना है, न कि ईश्वर का दर्पण। इस माया को भ्रम तथा भवबन्धन माना गया है जो मोहक और छली है। इसलिए पुनश्च एक दृष्टान्त द्वारा कवि ने माया को नर्तकी तथा भक्ति को ईश्वर की सुप्रिया माना है। फलस्वरूप रस के आयाम में व्यापकता आई है। नौ प्रकार की वासनाओं के स्थायीभाव से रस में परिपाक के स्थान पर तुलसी ने राम की 'पदरति' के स्थायी के परिपाक को ही नया 'रस' माना है, एक नया **'भक्तिरस'**। इस भक्तिरस में सभी स्थायी रतियों (शान्ति, प्रीति, प्रेय, अनुकम्पा, कान्ता या मधुरा) में इष्टदेव, आलम्बन विभाव है तथा दर्शन और उपासनाएँ उद्दीपन। स्तम्भ, वेपथु, स्वरभंग, अश्रु, रोमांच, मूर्च्छा आदि इसके अनुभाव हैं। तुलसी ने दास्य भाव से भक्तिरस की सिद्धि की है जिसमें प्रीति-रति की प्रधानता है अर्थात् रामरूप में भक्त की चित्तवृत्ति पूर्णतः ढल जाती है, और आश्रय की दीनता एवं आलम्बन की महत्ता का बोध क़ायम रहता है। दास्य भक्ति के उदाहरणरूप भरत हैं जिनकी ग्लानि एवं दीनता आदर्श हैं। इसमें कवि निबद्ध प्रौढ़ोक्तियों में दैन्यता की करुणा छाई रहती है। इस तरह दास्यभक्ति एक ऐसा सौन्दर्यबोधात्मक वातावरण ढालती है जहाँ प्रकृति और मानवजगत् और पशुपक्षी-चराचर आदि सभी पर करुणा तथा दया का आच्छादन रहता है। मध्यकालीन सौन्दर्यबोधशास्त्र में नवरसों तथा भक्तिरस का एक 'विचित्र' संयोग है। तुलसी ने इसमें मर्यादावाद का परिपाक भी किया है। यह विचित्रता ही चरित्र को 'लीला' में, निर्गुण और सगुण में, सौन्दर्य को शिवत्व में भी रूपान्तरित करती है। इष्टदेव की धारणा में यह विचित्रता लक्षित हुई है; अद्वैत के निर्गुण ब्रह्म और भक्तिमार्ग के सगुण ब्रह्म में अभिन्नता है। इसीलिए राम मिथ्या नहीं हैं; सगुण मिथ्या नहीं हैं; लेकिन परब्रह्म-सगुण-राम के लौकिक कार्य अर्थात् उनका नायकत्व, मोहहीन नरलीला, नटवत् क्रीड़ा, मानो कपटचरित हैं। इस धारणा पर नाट्यशास्त्र की 'नट'-धारणा का प्रबल प्रभाव है क्योंकि नट अपने पात्र का छद्म अभिनय करता है, वह स्वयं पात्र नहीं होता। सन्त ऑगस्ताइन ने भी कला को धार्मिक संरक्षण देते हुए इसी तरह कहा है कि अपने विशिष्ट मिथ्यात्व की वजह से ही कलाकृति सच्ची है। नाटक में जो 'झूठा' हेक्टर (यूनानी नायक) नहीं है, वह 'सच्चा'

त्रासद अभिनेता नहीं हो सकता; एक घोड़े का बिम्ब सच्चा नहीं हो सकता, यदि वह झूठा घोड़ा नहीं है (श्री शंकुक); दर्पण में मनुष्य का प्रतिबिम्ब झूठा मनुष्य होगा यदि वह सच्चा बिम्ब बनना चाहता है। दोनों समानान्तर दृष्टान्त भ्रम एवं वास्तविकता के विचित्र संयोग को नाटकीय शब्दावली में उद्घाटित करते हैं। तुलसी के मोहहीन नरलीला-कर्ता परब्रह्म राम की अन्य विचित्रताएँ भी हैं : वे निषाद एवं कपटी रीछ-बन्दरों और राक्षसों तक से भाईचारा क़ायम कर लेते हैं, ग़रीबों का आदर करते हैं, बिना कारण पर-उपकारी हैं, प्रेम के अधीन होकर अधम तथा असाधुओं को इकट्ठा करते हैं, दोनों का उद्धार करते हैं (विनयपत्रिका, 165,180), इत्यादि। परब्रह्म राम का शीलवैचित्र्य 'लीला' है। लीला एक निहायत खूबसूरत सौन्दयतात्त्विक तकनीक है जो महाकाव्य को 'नायक' के संग-संग उसमें अन्तर्भूत 'अभिनेता' भी प्रदान करती है। राम की लीलाएँ नटवत् हैं और राम का चरित्र नाटकवत्। यहाँ काव्यात्मक साधारणीकरण और नाटकीय भ्रान्ति का मेल हो जाता है। काव्यकथा के साथ हम साधारणीकरण करते हैं, किन्तु लीला के साथ हम एकदम एक मनोतात्त्विक दूरी (साइकिकल डिस्टेन्ट) पर भी खड़े हो जाते हैं। इस भाँति यथार्थता का आध्यात्मिकीकरण हो जाता है। यही नहीं, लीला पूरे कथानक को स्वतन्त्र किन्तु अनुस्यूत खंड-प्रखंडों में बाँट देती है। फलतः महाकाव्य की प्रत्येक घटना को नाटकीय पूर्णता भी मुकम्मिल करनी पड़ती है। इस विधि से कवि महाकाव्य के कलात्मक माध्यम से भी राम के नायकत्व से अधिक उनके परब्रह्मत्व का बोध बरक़रार रखता है। तात्पर्य यह है कि राम काव्यात्मक पात्र और आध्यात्मिक प्रतीक, दोनों स्वरूपों में सहअस्तित्वशाली हैं। रामलीला और कृष्णलीला के बीच भी कलात्मक अन्तर है। कृष्णलीलाओं का सम्बन्ध अन्तर्वृत्तियों से है। अतः वे प्रगीतात्मक हैं और मणिपुरी, कथकली, कत्थक नृत्यों में भी ढल गई हैं। ये अजीब कौशल से नृत्य और संगीत को मिलाए हैं, जिसकी परिणति रासलीला है। इसके मुक़ाबले में रामलीलाएँ नृत्य-संगीत-प्रधान होने की अपेक्षा नाटकप्रधान हैं। अतः ये बहिर्वृत्तिप्रधान हैं। इसीलिए रामलीला कृष्णलीला की भाँति मन्दिरों के गर्भगृह में न होकर गाँव या शहर के 'खुली हवा वाले रंगमंचों' पर खेली जाती है। यही इसकी व्यापक सामाजिकता का कुतुबनुमा है। इसलिए रामलीला में लोकतत्त्वों का बहुत ज़्यादा आधान हुआ है। लीलाविधि के कारण से धार्मिक काव्य में सर्वत्र अलौकिकता विद्यमान है। इसलिए मध्यकालीन सौन्दर्यबोध धार्मिक काव्य में नवरस तथा भक्तिरस, चरित्र तथा लीला, मर्यादा तथा शीलवैचित्र्य का संयोग करता है। इसके सौन्दर्यबोधानुभव के भी समानान्तर दुहरे स्तर गतिमान हो उठते हैं, और यथार्थता-भ्रान्ति की समस्या भी जटिल हो जाती है।

शब्द और अर्थ के सम्बन्ध में भी मध्यकालीन सौन्दर्यबोध की दार्शनिक दृष्टियाँ हैं जिनकी चर्चा हम 'धार्मिक भाषा' के प्रसंग में करेंगे। मामूली तौर पर कवि शब्द या वाणी (गिरा) तथा अर्थ को जल और वीचि के समान अभिन्न मानता है, लेकिन साथ-साथ शब्दार्थों के साहित्य को अपूर्ण भी मानता है, क्योंकि शब्द के नेत्र नहीं होते, तथा नेत्रों के वाणी नहीं होती। स्पष्ट है कि कवि शब्दों की भाषा के अधूरेपन को

चित्रकला की अनिवर्चनीय भाषा से पूरा करना चाहता है। यह पहली बात है जो कालपरक कला (काव्य) तथा स्थानपरक कला (चित्र) को एकरूप करके ऐसी देहभाषा रचना चाहता है जिसमें गिरा के साथ-साथ नेत्र (रूप) की इन्द्रिय भी भागी हो अर्थात् जो अर्थों से परे संदर्शन–अन्तर्दर्शन–वाली भी हो। दूसरी बात यह है कि मध्यकाल में नाम की शक्ति की अलौकिकता पर विश्वास था। नाम अर्थात् संज्ञाएँ मिथक-चेतना से संयुक्त होने के कारण मन्त्र थे। इसी वजह से तुलसी ने भी नाम और **रूप** में से नाम को अधिक महत्त्व दिया है। नाम और रूप दोनों ही अनादि सुन्दर तथा ईश्वर उपाधि हैं, किन्तु राम अपने नाम का अनुगमन करते हैं। नाम जान जाने पर रूप-विशेष प्रेम के साथ हृदय में आ जाता है। तुलसी ने नाम को निर्गुण-सगुण के बीच यथार्थ ज्ञान करानेवाला चतुरभाषिया, तथा इन दोनों से भी बड़ा माना है। भाषा में संज्ञा-चरण की महत्ता ने क्रिया-चरण की जो उपेक्षा की, उसका परिणाम काव्य में समाधि या अन्तर्धान की प्रधानता हुआ। अतः काव्य का रस साधन बन गया, भक्तियोग के लिए। एक-एक लीला भी एक 'नामरूप' हो गई तथा उसकी व्याख्या में वैष्णव-शास्त्रों का पूरा व्यास-पीठ सन्नद्ध हो गया।

इन कारणों से तुलसी ने धार्मिक काव्य का अपना भाष्य दिया। धार्मिक काव्य 'मानस' में पात्र राम की अमित प्रभुता को समझकर यह भक्त-कवि पात्र की रचना नहीं करता है क्योंकि कथा रचने में उसका मन हिचकता है। वह परब्रह्म की लीलाओं का गान करता है क्योंकि उसका पात्र तो दिव्यशरीरी है। यही नहीं, वह रचयिता होने का दावा नहीं करता। वह तो मात्र एक माध्यम (देवदूत) है। पवित्र 'मानस' की रचना तो शिव ने की है और इसे रचकर अपने मन में रख लिया। शिव-कृपा से यह कवि-हृदय में विकसित हुई है और उसने केवल लिपिबद्ध कर लिया है। इस भाँति रचना का दैवीकरण तथा सृजनात्मक क्रिया को देवकृपा से अनुकरण मात्र मानना भक्त-कवियों का शील रहा है। ऐसा काव्य 'सुन्दर' तो है ही, 'पावन' भी है; क्योंकि यह हरियश वर्णन है। इस तरह धार्मिक दृष्टि से कवि घोषणा करता है कि बिना 'विमलमति' के ऐसी कविता नहीं होती। ऐसी कविता में वाग्देवी शारदा स्वयं सहायिका होती हैं; ऐसी कविता में अक्षर, अर्थ, अलंकार, छन्द, प्रबन्ध, भावों व रसों के भेद के बजाय रघुनाथ का उदार नाम होता है जो पवित्र है, श्रुति-पुराण का सार है, कल्याण-भवन है तथा अमंगलकारी है। यहाँ काव्य के **प्रयोजनों** का पूर्णतः परिवर्तन हो गया है। इसी जीवनदृष्टि के आधार पर तुलसी कविता के स्वरूप को निरूपित करते हैं : कविता वही उत्तम है जो सुरसरि गंगा की तरह सबका हित करनेवाली हो, वही कविता आदर-योग्य है जो सरल हो तथा जिसमें निर्मल चरित्र का वर्णन हो, कविता विमल मति के द्वारा ही हो सकती है, रामनाम के बिना सुकवि की विचित्र भणिति भी शोभा नहीं पाती, कविता में रूप उतना महत्त्वपूर्ण नहीं है जितनी विषयवस्तु तथा रूप की उपेक्षा करनेवाली (भदेस) कविता भी यदि लोकमंगल करनेवाली हो तो कीर्ति तथा सम्पत्ति की तरह उत्तम है। ज़ाहिर है कि तुलसी शिल्प के बजाय 'श्रेष्ठ विचार' की श्रेष्ठता प्रतिपादित करते हैं। उनके अनुसार हृदय

सिन्धु है, बुद्धि सीप है, सरस्वती स्वाति-नक्षत्र है। यदि इसमें श्रेष्ठ विचार-रूपी जल बरसता है तो मुक्तामणि के समान चारु कविता होती है। इस तरह तुलसी ने भावनापूर्ण काव्य की चारुता श्रेष्ठ-विचाराश्रित मानी है। विचारों की श्रेष्ठता देवमत तथा लोकमत निर्धारित करते हैं। ऐसे धार्मिक काव्य के प्रयोजन हैं—वाणी को पवित्र करना, उत्तम फल (मोक्ष एवं भगवत्प्रेम) देना, गंगा की तरह सबका 'समान' हित करना, कलिमल (त्रिदोष, पाप, त्रिताप) का हरण करना तथा, सुमंगलकारी होना। धार्मिक काव्य स्वान्तःसुखाय बिल्कुल नहीं होता। तुलसी ने एक बार यह कहा तो ज़रूर है लेकिन क़दम-क़दम पर स्वयं इसका प्रतिवाद किया है कि रामकथा समाज में गायन, वाचन, पाठन और समझने के निमित्त है। उनके काव्य के प्रयोजन भी इस वैयक्तिक कथन को ग़लत साबित कर देते हैं। प्राकृत जन के गुणगान को तिलांजलि देकर भी तो स्वान्तःसुखाय मत का प्रतिवाद किया गया है। जब कवि शिव की कृपा और शारदा के सहयोग से अभिभूत है, जब वह दैवी प्रेरणा के वशीभूत स्वयं को कर्ता भी नहीं मानता, तब काव्य कवि के लिए स्वान्तःसुखाय किस तरह हो सकता है ? धार्मिक काव्य में कवि दैवी कृपा और दैवी सहयोग के बोध में आस्थानिबद्ध रहता है। काव्य का आरम्भ मंगल से तथा समाप्ति लोकमंगल में होती है। अलबत्ता यह लोकमंगल साम्प्रदायिक अभिमत से अन्वित होता है।

काव्यप्रयोजनों की तरह **'सहृदय'** की धारणा भी बदली है। नवरस और भक्तिरस के संयोग के कारण अब विशिष्ट काव्य रसिक के बजाय सरल, अशिक्षित, भोले और निर्मल जन 'भी' धार्मिक काव्य के नए 'भक्त-सहृदय' हो गए। 'भक्त' वे हैं जो निर्मल 'मति' तथा निर्मल 'मन' वाले हैं और दुष्ट नहीं हैं। 'सहृदय' वे हैं जो रामपद-रति रखते हैं। **'भक्त-रसिक'** की यह संरचना तत्कालीन धार्मिक रुचि की दिशा का बोध भी कराती है। इस भाँति उन्होंने भक्त, कवि और पंडित के त्रियोग से 'भक्त-सहृदय' की अवधारणा की रचना की है। ऐसा सहृदय 'साधु-विवेकी' है क्योंकि उसके समाज में ही धार्मिक काव्य सम्मानित होता है; क्योंकि वह काव्य का रसास्वादन ही नहीं, आदर भी करता है। वह भावुक ही नहीं, बुद्धिमान् भी है। ऐसे सहृदय की विशेषता है विवेक, क्योंकि वह रामचरित-रूपी मानसरोवर का 'हंस' है। यह सहृदय सत्संग-प्रिय सहृदय है। अतः ऐसे 'साधु-विवेकी-भक्त-सहृय' की पंचेन्द्रियों के धर्म भी विशिष्ट होंगे : उसकी 'जीभ' हंस-सी राम के गुणसमूह-रूपी मोती चुगती है, उसकी 'नासिका' राम के सुन्दर पवित्र प्रसाद को ग्रहण करती है, उसकी 'त्वचा' राम से सौन्दर्यरूपी मेघ की एक बूँद से सुखी हो जाती है, उसके 'नेत्र' चातक की तरह राम के दर्शन-मेघ को सदा लालायित रहते हैं, तथा उसके 'कान' समुद्र की भाँति राम की सुन्दर कथारूपी अनेक नदियों से निरन्तर भरते रहते हैं। ऐसे सहृदय की रामचरणों में प्रीति ही 'वासना' है जो अभिव्यक्ति होकर उज्ज्वल 'आनन्दरूपा' हो जाती है ('मानस', वाल्मीकि द्वारा राम-वन्दना)।

ऐसे विशिष्ट काव्य के कवि तथा सहृदय **'सौन्दर्य'** का आधान भी विलक्षण ढंग से करते हैं। धार्मिक काव्य में—मध्यकालीन वैष्णव सौन्दर्यबोध में—ईश्वर या परब्रह्म या

इष्टदेवता का सौन्दर्य एक निर्विकल्प सौन्दर्य है। रामवृत्त में इस 'सौन्दर्य' के साथ शक्ति और शील का भी त्रित्व बनाया गया है। यह सौन्दर्य बहिर्मुख है और हम इसे वातावरण में घनीभूत पाते हैं। दैवी सौन्दर्य होने के कारण यह अनुपम, अद्वितीय, अतुलनीय, अनन्त और अमृतमय है जिसमें मनोरागों का मेल नहीं है। यह निर्विकल्प तथा पवित्र है। यह अलौकिक भी है। प्रकृति तथा नरलोक इस सौन्दर्य की अनन्त रमणीयता के अनुग्रह में तल्लीन हैं। यह सौन्दर्य मोहनरूप होकर उज्ज्वल रसपूर्ण तथा निर्मल ज्ञान-धर्मा भी है जो शृंगार और काम से वियुक्त है। इस सौन्दर्य का कथन कार्यकारण न्याय (लक्षणा) अथवा तुलना-न्याय (रूपक) द्वारा नहीं हो सकता। इसलिए इसके अविकल्पन के लिए कवि शुद्ध और निर्विकल्प धारणाओं का सहारा लेता है। जैसे : राम-शोभा कोटि मनोजों को लजानेवाली है, इस शोभा का वर्णन शेष और ब्रह्मा तथा सरस्वती भी नहीं कर सकती, इसका वर्णन करने में अच्छे-अच्छे कवि भी संकोचित हो जाते हैं, यह उपमान की भी छवि हरनेवाला है, आदि। सौन्दर्य के प्रत्ययों (आइडिया) के रूप में तुलसी ने लक्ष्मी, रति और मनोज के 'कोटि' संख्यावाचक विशेषण-युक्त मिथक-प्रतीकों को प्रतिमान बनाया है जो स्वयं राम या सीता की शोभा के सम्मुख लजा जाते हैं। सौन्दर्य-वर्णन में तुलसी की यह बेहतरीन तकनीक है। जब वे निर्विकल्प धारणाओं से उतरते हैं तब सौन्दर्य का प्रभाव वर्णित करके उसका अनुमान कराते हैं; बहुधा 'दिव्य सौन्दर्य' चित्त चुरानेवाला होता है, रूप-रस पान करनेवाले भोक्ता (ग्राम युवतियाँ, वृद्ध, बाल, भक्त, मुनि आदि) वृन्द 'अनिर्वचनीयता' में डूब जाते हैं, उनके 'शरीर पुलकित' हो जाते हैं तथा उनके 'नेत्रों से जल' बहने लगता है। यह धार्मिक मधुरोपासना वाली रूपासक्ति है। सौन्दर्यप्रभाव की दूसरी तरकीब है प्रकृति का मानवीयकरण तथा सशक्तिकरण। एक ओर तो प्रकृति भी मनुष्यों की तरह मनोरागमयी होकर राम-सेविका तथा भक्तिन हो जाती है, तो दूसरी ओर ईश्वर की शक्ति होकर प्राकृतिक नियमों की परवाह न करके (ऋतुक्रम को भूलकर) राम के सम्पर्क से पूर्ण वसन्त-प्रसारिका या तापशमनिका हो जाती है। सौन्दर्यप्रभाव की तीसरी विधि है शब्दार्थों की भाषा को अपूर्ण घोषित करके साक्षात् दर्शन या प्रत्यक्ष अनुभव को अधिक समर्थ बताना। सारांश में, अनिर्वचनीयता, निर्विकल्पता तथा अलौकिकता, इन तीनों सौन्दर्यबोधात्मक मनोवृत्तियों (ऐटिट्यूड्स) के द्वारा तुलसी ने दैवी शोभा के आनन्द-सन्दोह का अनुमापन किया है। वचनीय स्तर पर उन्होंने रूपवर्णन की परिधि में नखशिख तथा वस्त्राभरणों को एक साथ लिया है; और मुख, चरण तथा बाँहों को प्रधानता दी है। इस तरह उन्होंने नखशिख और वस्त्राभरण वर्णन की समग्रता को नामंजूर किया है। दूसरे, उन्होंने राम-लक्ष्मण, राम-सीता तथा राम-सीता एवं लक्ष्मण के गात-रंगों और व्यूह-अवतार को लेकर मिथक-प्रतीकों तथा प्रकृति के अमूर्त बिम्बों की ललित रचना की है। बहुधा राम-लक्ष्मण की जोड़ी मधु-माधव, नारायण-नरऋषि, हरि-हर, वसन्त-कामदेव के द्वित्व के रूप में व्यंजित की गई है। राम और लक्ष्मण के बीच सीता के इस त्रित्व के लिए कई उत्प्रेक्षाओं की झड़ी लगाई गई है—मानो चन्द्रमा और श्रीहरि के मध्य साक्षात् लक्ष्मी हो; मानो मेघ और चन्द्रमा के मध्य में

अति ललित विद्युत अपनी चंचलता छोड़कर विराज रही हो; मानो रति और वसन्त के साथ साक्षात् कामदेव ही मुनिवेश धारण किए हों; मानो पृथ्वी इन्द्रनील, सुवर्ण और मुक्तामणि का हार पहने हुए हो, इत्यादि। राम के श्यामनील (घनश्याम) वर्ण और सीता के स्वर्णगौर वर्ण के इस संयोग ने तुलसी की रंग-चेतना को मोहक रंग-प्रभाव में वशीभूत रखा है। ये दोनों वर्ण कंट्रास्ट के हैं और परस्पर एक-दूसरे की दीप्ति को तेज़ करते हैं। राम और सीता के कान्त साहचर्य को मेघ-बिजली, कामदेव-रति, तथा सच्चिदानन्द शरीर-भक्ति, इन अप्रस्तुतों के द्वारा तदेकात्मरूप बनाया गया है। अतः त्रित्व की समरूपता (सिमेट्री) तथा द्वित्व का सन्तुलन (बैलेन्स) इन सौन्दर्य-सिद्धान्तों के द्वारा कवि ने रमणीयता का आनयन किया है जिसमें 'चित्रकला' के गुणों का भी समुपरंजन हुआ है। प्रकरणबद्धता के आधार पर भी तुलसी ने पात्र और सारे परिवेश के चारुत्व को रस-विग्रहों द्वारा मूर्तिमान किया है : धनुषयज्ञ प्रसंग में मानो वीररस ही मुनि परशुराम का शरीर धारण कर आ जाता है, 'पार्वतीमंगल' में मानो शान्तरस ही कैलासवासी शिव का शरीर धारण कर लेता है, सीता के शोभा-विधान में मानो शृंगार रस ही परम अनुपम मूर्ति धारण किए हो। तुलसी इस शैली में 'शिल्पकला' के गुणों का भी अंगीकार करते हैं। यह भी उनके सौन्दर्य-कथन का एक कौशल है। इसके अलावा उन्होंने परम्परागत रीति से भी रूढ़ उपमानों तथा उपमाओं द्वारा राम का नखशिख वर्णन किया है (देखिए 'गीतावली' के उत्तरकांड के आरम्भिक सोलह गीतों में राम का नखशिख वर्णन)। इस भाँति उनके सौन्दर्यानुभव तथा सौन्दर्याभिव्यंजना के कुछ सूत्रों का उद्घाटन हो जाता है; अनिर्वचनीय के लिए दूसरी विधियाँ हैं, तथा वचनीय के लिए दूसरी रीतियाँ।

सौन्दर्य-वर्णनों के विवेचन में सुन्दरता के आयत्तीकरण पर कुछ और प्रकाश पड़ता है। बाल राम के रूप-वर्णन में दैवी शिशु और मानव-शिशु का मेल है। बाल राम के नखशिख के अन्तर्गत चरणों में ध्वजा, वज्र, कमल और अंकुश के चिह्नों का वर्णन हुआ है तो पाँवों में नूपुरों का भी; छाती पर बाघनख का भी अंकन है तो भृगुचरण–चिह्नों का भी। यदि काकभुशुंडि के साथ बाल राम अपनी अनन्त भुजा फैलाकर तथा कौशल्या के सामने अपनी चारों भुजाओं में आयुध-आभूषण पहने हुए प्रकट लीलाएँ करते हैं तो दशरथ-गृह में अपनी परछाँही देखकर नाचते हैं, कौवे के निकट आने पर हँसते तथा उसके भाग जाने पर रोते हैं, अपना प्रतिबिम्ब देखकर डरते हैं। माताएँ उबटन लगाकर स्नान कराने के बाद गोरोचन तिलक, नेत्रकाजल, भृकुटि-बिन्दी आदि लगाती हैं। कवि ने बाल राम के घुँघराले बालों, नीलकमल लोचनों, दो-दो दँतुलियों, लाल होठों, चिह्नांकित चरणों तथा नूपुर-करधनी, पीली और महीन झंगुली, सौरमंडल जैसी लटकन आदि का उत्प्रेक्षाओं से जगरमगर चित्रण किया है। बाल-शोभा में मुख पर ज़्यादा बल है तथा अरुण वर्ण की नाना सुषमा-छायाएँ (कान, कपोल, अधर आदि के लिए) उभारी गई हैं। किशोर राम में भी कोमलता और शिशु का भोलापन मौजूद है। वे कर-कमलों में छोटा-सा धनुष, तन में पीताम्बर तथा चरणों में मनोहर जूतियाँ भी धारण कर लेते हैं। किशोर राम युवक राम के वामनीकरण मात्र हुए हैं। लक्ष्मण भी इसी तरह के हैं : बस

श्याम शरीर के स्थान पर गौर शरीर का इशारा कर दिया गया है। दूलह राम के रूपवर्णन में पीत और स्वर्ण रंगों की दमक-चमक है : पीत पुनीत मनोहर धोती, पीला जनेऊ, कमर में स्वर्णिम कटिसूत्र, पीला दुपट्टा। यहाँ दामिनी और रति और कामदेव की छवियाँ भी अपहृत हो गई हैं। वनवासी राम के सिर पर जटाजूट का मुकुट तथा तन पर मुनियों के वल्कलादि वस्त्र वर्णित किए गए हैं। तपस्वी वेश में भी राम वीर हैं : कमर में तरकश कसे तथा हाथों में धनुष-बाण लिए। शृंगार और शौर्य घुलमिल गए हैं। वीर राम भी कोटि मनोज-लजावनहारे हैं और कोमल हैं। युद्धरत राम में ओज, शरीर की कठोरता और वीरता की अलौकिकता का अन्योन्याश्रय हो गया है। लाल नेत्रोंवाले राम कमर में फेंटा तथा तरकश कसकर हाथ में कठोर शार्ङ्गधर धनुष ले लेते हैं; उनके भुजदंड पुष्ट हैं, मनोहर छाती चौड़ी है और ज्यों ही वे धनुष-बाण लेकर हाथ से गिराने लगे त्यों ही ब्रह्मांड, दिग्गज, कच्छप, शेष, पृथ्वी, समुद्र, पर्वत सभी डगमगा उठे। राम का रौद्र रूप भी है। उनके बाण रावण के अस्थिपंजर को फोड़कर निकल जाते हैं; उनके शरीर पर रुधिर-छीटों की छटा है, मुख पर पसीने की बूँदें हैं, कमल के समान नेत्र कुछ लाल हो रहे हैं; शरीर पर रक्त-कण ऐसे लगते हैं मानो मरकत के 'विशाल पर्वत' पर सुन्दर बीरबहूटियाँ फैली हों। वीर राम तथा रौद्र राम के शोभांकन में अतिमानवीयता विद्यमान है : वे मनोहर और कठोर, शान्त और उत्साही, घायल और ब्रह्मांड को डगमगानेवाले, दोनों प्रकार की विचित्रताओं के सामंजस्य हैं। अतिप्राकृतिक एवं अति-मानवीय का समतोलन हुआ है। सारांश में, राम के अंग-लक्षण उनके विष्णु-रूप का, उनका नखशिख उनके निर्विकल्प सौन्दर्यसाध्य का तथा वेशभूषा उनके सामाजिक एवं भावात्मक परिवेश का विधान करती है। तुलना के लिए 'शत' तथा 'कोटि' संख्यावाचक विशेषणों (शत शेष, कोटि मनोज) का, और वर्णन के लिए बखान में असमर्थ शेष, शारदा एवं ब्रह्मा का सन्धान कवि का एक तकनीकी करिश्मा हो गया है। 'मानस' में आध्यात्मिक सौन्दर्य की प्रभुता है, 'गीतावली' में शास्त्रीय शृंगार की रीति, तथा 'कवितावली' में लोकतात्त्विक सौन्दर्य का यथार्थ। इनके सौन्दर्यविधान में प्रधानरूप से क्रमशः अध्यात्म, लालित्य और यथार्थ का प्रतिबोध हुआ है। एक तथ्य और भी ग़ौर करने लायक है कि राम अथवा राम-सीता के सौन्दर्य-वर्णन को एक 'प्रार्थनाविधा' भी बनाया गया है जिसमें दिव्य-सौन्दर्य के सम्मुख मनुष्य मांसल मनोरागों से परिशुद्ध होता है। एक प्रकार से वह शृंगारिकता के शुद्धीकरण (पर्गेशन) की शोधक विधि भी है। फलस्वरूप सौन्दर्यबोध की एक दिशा प्रार्थना-रूप में भी प्राप्य है जहाँ पूर्णरूपेण निर्मल मन से आत्मसमर्पण पर आग्रह है। यह प्रार्थना-रूप सौन्दर्यबोध लोक से वैकुंठ की ओर ले जानेवाला है। धार्मिक शोभा-वर्णन में यह सिद्धान्त सर्वमान्य होता है।

नारी-सौन्दर्य के सम्बन्ध में वैष्णव सौन्दर्यशास्त्र की दो पूरक दृष्टियाँ हैं : कृष्णकाव्यधारा में लोकमर्यादा को तोड़कर नारी-सौन्दर्य का विधान हुआ है, और रामकाव्यधारा में लोकमर्यादा में बाँधकर सौन्दर्य का संकेत हुआ है। रामवृत्त में मर्यादा के प्रबल आग्रह के कारण नारी की नखशिख शोभा और राग-परिवृत्त (षड्ऋतु,

बारहमास) का चित्रण नहीं हो सका है। कृष्णभक्ति-काव्य में राधा और नारियाँ—अधिक रूप-लावण्य-शोभा तथा राग-मोह युक्त हैं, किन्तु रामकाव्य में—संन्यासवृत्ति के कारण—पुरुष अधिक पूर्ण हैं। उनमें शक्ति-शील-सौन्दर्य का त्रित्व है। रामकाव्य में स्वकीया प्रीति तथा कृष्णकाव्य में परकीया प्रीति भी एक कारण है। रामकाव्य में नारी या तो अपावन है, अथवा आद्यन्त दिव्य। उसे दीपशिखा के प्रतीक से रमणीय बनाया गया है। उसके प्रति तन्मयीभवन में पवित्रता और मातृत्व की प्राथमिकता है। सौन्दर्यतात्त्विक दृष्टि से इन बातों का ध्यान रखना बेहद लाज़िमी है। तुलसी के रामकाव्य में सीता की सुन्दरता सुन्दर को भी अतिसुन्दर करनेवाली है। सीता सुन्दरता की सीमा हैं। सीता की शोभा अनुपमेय है क्योंकि वे लौकिक नारी न होकर जगज्जननी हैं। पार्वती भी ऐसी ही हैं (यों 'पार्वतीमंगल' में उमा की शोभा का गुन्थनमात्र भी हुआ है)। सीता की सुन्दरता का वर्णन नहीं हो सकता क्योंकि कवि की बुद्धि थोड़ी है और मनोहरता अधिक है। इस प्रकार के कलात्मक तर्कों में हम वर्णन का निरास तथा तन्मयीभवन का निरन्तर विकास पाते हैं। इसलिए सीता की शोभा 'उपमानों द्वारा वर्णित' न होकर 'प्रतीकों द्वारा अभिप्रायपूर्ण' हुई है। कवि ने दिव्य नारी-शोभा के लिए एकमात्र कविकल्पित उपमान गढ़ा है : मानो छवि-गृह में दीपशिखा जल रही हो। एक दूसरा अन-सौन्दर्यात्मक अर्थात् नैतिक कारण भी है। कवि सीता और पार्वती को जगज्जननी मानता है। अतः वह क्रमशः उनके शृंगार या भोगविलास का वर्णन करना पाप समझता है। तीसरा कारण है : उपमान (जो अतिशयतापूर्ण होते हैं) उपमेय (जो यथातथ्य होते हैं) से क्षीण लगने लगते हैं; किंवा उपमेय अतिशयगुणवान और, तुलना में, उपमान तुच्छ हो गए हैं। इसलिए कवि में वर्णन या चित्रण की पद्धति के बजाय एक नए माध्यम की खोज की छटपटाहट भरी है। अतः अपने पर्युत्सुकीभाव के अन्वेषण में उसने प्रतीकीकरण की विधि को पा ही लिया। एक ओर तो उसने छविगृह, दीपशिखा, कोटि लज्जित रतियों, नवीन लक्ष्मी आदि के सौन्दर्यात्मक तथा मिथकीय प्रतीक 'आलोकित' किए, तो दूसरी ओर प्रकृति को सीता के सौन्दर्य से अभिभूत कर दिया। सीता प्रकृति की स्वामिनी (आद्यशक्ति) हो गई जिनके प्रत्येक संचालन से सारी प्रकृति स्वयं अपना शोभा-शृंगार कर उठती है, या फिर अपने गर्व को ख़त्म कर देती है। उदाहरण : जिस ओर सीता देखती है उसी ओर कामदेव नील कमलों की झड़ी लगा देता है (जानकीमंगल); सीता के रंग के साथ समता करते हुए चित्त में अत्यन्त निराश केतकी ने अपना हृदय विदीर्ण कर दिया (बरवै रामायण); उनके अंग में सुनहले रंगवाला चम्पकहार छिप जाता है; स्वर्णकान्ति वाली सीता के अंग कोमल हैं पर स्वर्ण कठोर; सीता का मुख-कमल रातदिन प्रफुल्लित रहता है जबकि कमल रात में मुँद जाते हैं (उपमान की क्षीणता—'बरवै'); इत्यादि। दिव्य सौन्दर्य के अनुभव की अभिव्यक्ति की एक शैली और है। जब धार्मिक काव्य में दोनों ही पात्र दैवी होते हैं और एक कवि दर्शक की आसनी अख़्तियार कर लेता है तब सीता और राम, या सीता और नितान्त भोले ग्राम्यजन, अथवा सीता और हनुमान् के सौन्दर्य-सम्भार में सलोने मानवीय-संस्पर्श भी झमक-महक उठते हैं। ऐसे

स्थलों पर कवि और श्रोता की नेपथ्य-उपस्थिति हो जाती है; और पात्रों का एकान्त संवाद जैसा वातावरण मुखर हो जाता है। 'कवितावली' में वनगामिनी सीता, और 'मानस' तथा 'कवितावली' की अशोक वनवासिनी वियोगिनी सीता की छवियाँ ऐसी ही हैं। वनमार्ग में वे धैर्य धारण करके दो डग भर चलीं कि, इतने में ही उनके ललाट पर जल के कण भरपूर झलकने लगे तथा दोनों मधुर अधरपुट सूख गए; वियोगिनी सीता के हाथ-पाँव 'गढ़े-से', कर्ण 'मढ़े-से' (स्थापत्य गुण) हैं; और वे पुकारने पर भी नहीं सुनतीं; नववधू सीता एक किसानवधू की तरह मुनिवेशी राम की सेवा करती है; इत्यादि। एक बात है और : जब कभी तुलसी ने मानो भूलकर सीता का शोभांकन किया है तब अक्सर एक अतिप्रिय रूपक की ओर मुखातिब हुए हैं। उदाहरण : राम नील कमल एवं मेघ के समान सुन्दर हैं तथा सीता बिजली के समान गोरे शरीर वाली। सारांश में, उन्होंने तीन पक्षों से शोभाभिव्यंजना की है : विराट्-रूप और मनुष्य-रूप से।

इस प्रसंग में हमें यह नहीं भूल जाना चाहिए कि सौन्दर्यात्मक शोभा का वर्णन ही नहीं किया गया। ऐसा वर्णन 'नहछू' तथा दोनों 'मंगलकाव्यों' में हुआ है और बाद में लुप्त हो गया है। 'नहछू' में उत्सव में भाग लेनेवाली सुन्दर और कामिनी रमणियों की एक मांसल चित्रशाला है जो संस्कृत काव्यों की कामप्रवीणा नारियों की भी याद दिला देती है। यहाँ मनोजन्मा सौन्दर्य झिलमिला उठा है। 'जानकीमंगल' में सुहागिनी नारियाँ मंगल लक्षणों के रूप में भी भीड़ बाँधकर आती हैं : वे सोने के कमल की कलियों की तरह हैं, पिकबैनी और गजगामिनी हैं, वे अपने तन-भार को सँभाल न पानेवाली प्रमदाएँ हैं। 'मानस' में भी वे मात्र सुआसिनियों के रूप में इकट्ठी हैं। लोकोल्लास के चित्रों में कवि ने खेल और सुखभोग के तत्त्वों को सामाजिक घटनाओं के दर्पण के रूप में अंकित किया है। 'जानकीमंगल' का बारात वर्णन, 'गीतावली' का नगरोल्लास वर्णन (बालकांड) तो उत्सव, आमोद-प्रमोद, कर्मकांड तथा दावतों के निमित्त है। 'गीतावली' के हिंडोल-उत्सव में मधुरोपासना की मदिर झाँकी है। यूँ तो 'गीतावली' में 'आनन्द की सिद्धावस्था' ही परिव्याप्त है, किन्तु इस प्रसंग में प्रेम और भोग परमप्रेयान् हैं। हिंडोला में शृंगार और उज्ज्वल रस अन्तर्लीन हो गए हैं। झूलने के लिए सोलह शृंगार किए हुए युवतियों के झुंड चल पड़ते हैं; कुसुम्भी साड़ी और आभूषणों से सजी मृगनयनी बालाएँ सुन्दर स्वर में सारंग और गौड़ राग में 'रामसुयश' गाती हैं। झूलनेवाली रमणियों की घुँघराली अलकें बिखर जाती हैं, हवा लगने से वस्त्र उड़ने लगते हैं, आभूषण बिखर जाते हैं (गीतावली, 7/19, 18)। यहाँ प्रशमित प्रमद रागों तथा उदात्त सौन्दर्य का अनूठा सन्तुलन हुआ है। ऐसे सौन्दर्यबोधात्मक सन्तुलन के उदाहरण परशुराम तथा हनुमान् के रूप में भी हैं। परशुराम के शोभायन में सौन्दर्य और रौद्र (क्रोध) का समतोलन हुआ है (देखिए : 'मानस')।

कवि ने सौन्दर्य के दो विपरीत (विरुद्ध नहीं) पक्षों को सहवर्ती क्रम या अनुक्रम से पेश करके भी आवेशों का समतोलन (साइनेस्थीसिस) क़ायम किया है। हम पिछली गोष्ठी में इसके तकनीकी पहलुओं पर प्रकाश डाल चुके हैं। धार्मिक सौन्दर्यबोधात्मक

दृष्टि से शिव को इस सिद्धान्त का प्रतीक बनाया गया है। अशुभवेशी शिव भी कल्याणधाम कृपालु होते हैं, इस सूत्र के भाष्य के लिए तुलसी ने 'मानस' में उनका एक चित्र विवाह-अवसर का दिया है (साँपों के कुंडलहार, जनेऊ, विभूति का लेप, बाघम्बर का वसन, नरमुंड का हार, त्रिनेत्र); तथा दूसरा चित्र शान्त कैलासवास का (कुन्द-इन्दु-कम्बु-सा गौर शरीर, प्रलम्ब भुजाएँ, मुनिचीर, तरुण अरुण अम्बुज से चरण, शरच्चन्द्र-सा मुख नीलकंठ)। दैवी मंगल की महिमा के अलावा उन्होंने समतोलन के तकनीक द्वारा उदात्त (सब्लाइम) और किमाकार (ग्रोटस्क) का विभेद भी उभारा है। 'पार्वतीमंगल' में शिव पहले तो अपनी बारात में गजचर्म, सर्प और मुंडमाल से विभूषित हैं; भूत-प्रेम-पिशाचों से घिरे हैं; सुअरों, कुत्तों, भैंसों,, गदहों के वाहन उनके साथ हैं; तथा बकरे, उल्लू और भेड़िए शब्द करते हैं। भयानक और अपशकुन एकत्र हो गए हैं। शिव के लिए यह 'विनोद' है किन्तु लौकिक गति के लिए 'भय'। अतः वे तुरन्त अपने इस किमाकार रूप-परिवेश को उदात्त मंडल में रूपान्तरित कर देते हैं। अब शिव सौ करोड़ कामदेवों से भी अधिक सुन्दर हैं, गजचर्म नीलाम्बर हो गया, सर्प मणिमय आभूषण हो गए तथा भूत-प्रेत-पिशाच मंगलवेश मदनमोहन हो गए। समतोलन का तीसरा उपयोग सौन्दर्य और कुरूपता के द्वन्द्व को प्रकट करने में हुआ है। शिव नाटक करके अर्थात् तापस वेश बनाकर पार्वती के सामने इधर स्वयं शिव की निन्दा करते हैं कि शिव क्षार लपटानेवाले, जटाधारी जोगी, पंचमुख, तीन आँखोंवाले तथा काममद-मोचन हैं। उधर पार्वती का रूप है : सुमुखि, सुलोचनि पार्वती; एकमुख और एकलोचना ! पार्वती प्रकट सौन्दर्यमूर्ति है, और शिव छद्म कुरूपता। शोभा के समतोलन के अतिरिक्त सौन्दर्य-बोधात्मक (एस्थेटिक) समतोलन के कुछ और उदाहरण हैं जो दो विपरीत या विरोधी आवेशों का सहअस्तित्व स्थापित कर देते हैं। उदाहरण : जनक की स्वयंवर सभा में एक सखी कहती है कि कहाँ शंकर का कठोर धनुष और कहाँ ये मृदुगात श्यामल किशोर, वहीं परशुराम लक्ष्मण से कहते हैं कि शिव का यह महाधनुष क्या नन्ही 'धनुही' के समान है, और लक्ष्मण हाजिर-जवाब देते हैं कि हमारे जाने तो सभी धनुष एक-से हैं; रावण राम को मात्र नररूप (विरही, मानुष, तापस, निर्वासित) बताता है और मन्दोदरी उनके विश्वरूप को बताती है (मानस, 6/14/1-15); लक्ष्मण-मूर्च्छा पर विलाप-आतुर राम के सामने अचानक संजीवनी बूटी लेकर हनुमान् आ जाते हैं, जैसे करुणरस में वीररस आ गया हो; 'पार्वतीमंगल' में एक ओर शिव की किमाकार बारात है तो दूसरी ओर पार्वतीपक्ष में नदी, सिन्धु, शैलगणों की बारात; कहाँ सुमुखि सुलोचनि गिरिजा और कहाँ पंचमुख विषमवेश जोगी शंकर; इत्यादि।

तुलसी के धार्मिक काव्य में चरित्र का एक साथ ही दिव्य, नट और पात्र (त्रिमूर्त) होने के कारण सौन्दर्यात्मक प्रतिबोध (एस्थेटिक ऐटिट्यूड) की अनुपम अवस्थाएँ उत्पन्न होती हैं। फलतः एक ही वस्तु, स्थिति, दशा के घेरे में विभिन्न कोटि के पात्रों की प्रतिक्रियाओं के अन्तर कलात्मक प्रतिरोधों की विभिन्नता को निखार देते हैं। इतिवृत्तात्मक धार्मिक काव्यों में तो नाना प्रकार के परस्पर विरोधी पात्र होते हैं, तथा

श्रोतागण और कवि भी कथा में हिस्सा बँटानेवाले होते हैं। अतः उनमें एक परिवेश के दायरे में विभिन्न व्यक्तिगत कलात्मक प्रतिबोध अनूठा सौन्दर्यात्मक विक्षोभ प्रस्तुत करते हैं जिसमें 'अनेकता में एकता' अनुस्यूत होती है। सौन्दर्यात्मक प्रतिबोध की एकता विविधता में ही गौरवान्वित होती है। पात्रों के प्रतिबोधों के निरूपण में कवि ने कुछ धार्मिक जीवनदृष्टियाँ स्थापित कर ली हैं जिससे इनकी एकता की सर्वांगीणता सीमित हुई है। कवि मानता है कि मैं देवतादि का शृंगार वर्णन नहीं कर सकता क्योंकि वे जगत् के माता-पिता हैं (जगत मातुपितु सम्भु भवानी, तेहि सिंगारु न कहउँ बखानी)। वह लौकिक शृंगार को अपवित्र मानता है (ऐसा कौन कवि है जो राम की तुलना कामदेव से करके इस अपराध के कारण आवागमन-रूपी भवकूप में पड़ेगा। 'बरवै', 6)। वह इस वर्णन में भक्त के व्यक्तिगत सम्बन्धों को सर्वप्रधान मानता है क्योंकि राम-लक्ष्मण को कोई नर और नारायण ऋषि बताता है, कोई विष्णु और शिव, कोई वन में विचरण करते हुए वसन्त तथा मनसिज (बरवै 22)। वह दिव्य शोभा के वर्णन में लौकिक उपमानों को जूठा तथा तुच्छ मानता है क्योंकि वे लौकिक स्त्रियों के अंगों के अनुरागी हैं (मानस, 1/246/1)। सो, इन चार दृष्टियों ने सौन्दर्यात्मक प्रतिबोध को प्रवृत्त्यात्मक (टेंडेंशियस) बना दिया है। तिस पर भी हमें सौन्दर्यतत्त्व के अध्ययन के लिए विपुल सामग्री मिल जाती है। सामूहिक स्थिति में पात्रों के वैयक्तिक प्रतिबोधों की वैजयन्तीमाला स्वयंवर-प्रसंग में पिरोई गई है (मानस)। एक चलचित्र की भाँति यह स्थिति चार बार विभिन्न मनोराग-दशाओं से गुज़रती है : राम-लक्ष्मण का स्वयंवर-सभा में आना, धनुष तोड़ने से पूर्व राजाओं का समूह, धनुष टूटने का नतीजा और राम-विवाह। इन चारों सामूहिक दशाओं में वैयक्तिक प्रतिबोधों की गहरी चारित्रिक तथा मनोवैज्ञानिक सूक्ष्मता निदर्शित हुई है। राम-लक्ष्मण के स्वयंवर-सभा में आने पर राक्षसों ने उन्हें प्रत्यक्ष काल के समान देखा; नगरवासियों ने नरभूषण एवं लोचन-सुखदायक के रूप में देखा; स्त्रियों ने अपनी-अपनी रुचि के अनुसार देखा मानो शृंगार रस ही परम अनुपम मूर्ति धारण किए हो; विद्वानों ने विराट् रूप में देखा; जनक ने सगे-सम्बन्धी के रूप में देखा; रानियों ने बच्चों के समान देखा; योगियों ने शान्त, शुद्ध, सम और स्वतः प्रकाश परमतत्त्व के रूप में देखा; हरिभक्तों ने इष्टदेव के समान देखा तथा सीता ने जिस भाव से देखा वह स्नेह व सुख अनिर्वचनीय है। ये प्रतिक्रियाएँ 'सम्बन्धन्याय' से हुई हैं और इनमें राम के पात्र, परब्रह्म तथा नट (छद्म), तीनों रूप सम्बन्धता के आधार पर प्रकट हुए हैं। धनुष तोड़ने से पूर्व भी समूहगत प्रतिबोध प्रस्तुत हुए हैं : अविवेकी अन्ध राजा लोग विवाह न होने देने का फ़ैसला करते हैं तथा धर्मात्मा हरिभक्त सीता के जगज्जननी रूप का अभिज्ञान कर लेते हैं। यह साम्प्रदायिक अभिव्यंजना है। धनुष टूटने पर अनुकूल तथा प्रतिकूल भावदशाओं का दिग्दर्शन है : अभिमानी राजा रूपी कुमुद संकुचित हो गए, कपटी राजा रूपी उल्लू छिप गए तथा मुनि एवं देवता-रूपी चकवे शोकरहित हो गए। विवाहावसर पर धार्मिक कर्मकांड तथा सामाजिक उल्लास की विभावना हुई है। इस तरह चतुरंग स्वयंवर-प्रसंग प्रत्येक दशा में सौन्दर्यबोधात्मक,

मनोवैज्ञानिक तथा सामाजिक दृष्टियों के अनुसार प्रतिबोधों को उकेरते हैं। इस प्रसंग में प्रतिक्रियाएँ, तथा तज्जन्य सौन्दर्यबोधात्मक प्रतिबोध अभिव्यक्त हो गए हैं क्योंकि यहाँ नाना कोटि के समूह या वैयक्तिक सम्बन्धों के पात्र मिल-जुलकर मौजूद हैं। किन्तु राम के वनगमन पर अयोध्या में जिस लोकमत का संग्रह हुआ है उसमें एक समवाय प्रतिपक्ष प्रतिबोध है जिसमें मतभेद नहीं है बल्कि मत में विभिन्न गहराइयाँ हैं सामूहिक संवेग (कलेक्टिव इमोशन) के प्रतिबोध का एकामात्र उदाहरण वनमार्ग पर राम-सीता-लक्ष्मण का ग्रामीणों पर रूप-प्रभाव है। ग्रामीण लोग (वृद्ध, बाल, युवतियाँ, पुरुष) सभी के सौन्दर्यात्मक प्रतिबोध में एकधर्मिता है—कालिदास-सम्मत 'पर्युत्सुकीभाव' की ! सब अपने कामकाज को भूलकर उन्हें देखने चल देते हैं। नेत्रों का परमफल पाकर वे सुखी होते हैं; प्रेमानन्द में मग्न हो जाते हैं। उनके नेत्रों में जल भर आता है और शरीर पुलकित हो जाता है। इस भाव का सौन्दर्यौदात्य उस वेला में आता है जब ग्राम्यनारियाँ तीनों के पास जाती हैं किन्तु अत्यन्त स्नेह के कारण पूछते सकुचाती हैं, : "सुमुखि ! अपनी सुन्दरता से करोड़ों कामदेवों को लजानेवाले वे तुम्हारे कौन हैं ?" सीता का अनुभावपूर्ण उत्तर इसी भाव की देहभाषिक पूरकता है। अन्त में विशुद्ध सुन्दरता के प्रति सौन्दर्यात्मक प्रतिबोध का एकमात्र कलात्मक उदाहरण लंकाकांड में चन्द्रोदय के प्रति पात्रों के वैयक्तिक प्रतिबोध हैं जो उनकी मनोदशाओं का रहस्योद्‌घाटन करते हैं। पूर्व में उदित चन्द्रमा को देखकर राम कहते हैं कि कैसा 'सिंह' के समान निडर है जो अन्धकाररूपी मतवाले हाथी के मस्तक को विदीर्ण करके आकाशवन में निर्भय विचर रहा है ! पुनः वे पूछते हैं : "चन्द्रमा में जो कालापन है वह क्या है ?" सुग्रीव का उत्तर है कि चन्द्रमा में पृथ्वी की छाया दिखाई दे रही है। एक अज्ञात पात्र का उत्तर है कि चन्द्रमा को राहु ने मारा था जिससे वही चोटवाला दाग़ हृदय पर पड़ा हुआ है। कोई कहता है कि ब्रह्मा ने रति का मुख बनाने के लिए चन्द्रमा का सारभाग निकाल लिया जिससे यह छिद्र उसके उर में मौजूद है और जिसकी राह से आकाश की काली छाया उसमें दिखाई पड़ रही है। राम भी उत्तर देते हैं कि विष चन्द्रमा का बहुत प्रिय बन्धु है। अतिप्रिय विष को उसने अपने हृदय में बसेरा दिया है। विषयुक्त किरणें फैलाकर वह वियोगी नर-नारियों को जलाता है। 'युद्धवीर राम' को पहले चन्द्रमा सिंह के समान लगा था; और थोड़ी देर बाद वह विष किरणें फैलाकर 'वियोगी राम' को जलानेवाला लगने लगा। इस कोमल अन्तर से यह स्पष्ट होता है कि एक परिस्थिति में भी भावदशा के बदलते ही किसी वस्तु के प्रति हमारी भाव-प्रक्रिया भी तदनुकूल बदल जाती है। अन्त में हनुमान् का उत्तर है कि चन्द्रमा आपका प्रिय 'दास' है। आपकी सुन्दर श्याम मूर्ति उसके उर में बसती है, वही श्यामता की झलक चन्द्रमा में है। अतः अन्ततोगत्वा इस भावदशा की परिणति भी आध्यात्मिक हो जाती है। सौन्दर्यबोधशास्त्रीय दृष्टि से ये ऊहात्मक प्रतिबोध-प्रसंग बेजोड़ हैं जिनमें कविसमयों, मिथकों तथा उत्प्रेक्षाओं का संयोग है।

इस प्रसंग की तुलना 'हनुमन्नाटक' से की जा सकती है। उसमें दूसरे अंक में युवक-युवतियों के चित्त के कामोद्वेग बढ़ानेवाले चन्द्रोदय की पृष्ठभूमि में राम और

जानकी का सुरतिवर्णन है लेकिन चौथे अंक में वियोगी राम उदित चन्द्रमा के कलंक को देखते हुए कहते हैं कि इसे कविजन समुद्रपंक बताते हैं, कोई चन्द्रवाहन कुरंग बताता है, कोई भूमंडल का प्रतिबिम्ब बताता है किन्तु मैं मानता हूँ कि यह मेरे वियोग से जन्मी प्रिया सीता की विरहाग्नि का धुआँ है [5.21] लेकिन तुलसी यहाँ बाज़ी मार ले गए। उन्होंने इस प्रसंग को एक दूसरे व्यापक तथा प्रशमित वेला में ढालकर कई पात्रों के मुख से विभिन्न प्रतिबोधों (रेस्पांसेज़) का प्रगटावा करके नाटकीयता और संविश्चमत्कार का कान्त संयोग किया है।

दैवी पात्रों के प्रति मानव-क्षेत्र के अलावा 'प्रकृति-क्षेत्र' में ही यह प्रतिबोध साक्षात् हुआ है। प्रकृति अवतार-राम की भक्ति में तन्मय हो जाती है और उनकी सेवा तथा सहायता करती है। वह उनके सुख से सुखी और उनके दुख से दुखी भी होती है। सारांश में, प्रकृति राम-रूपी दीपक का चेतन-दर्पण हो जाती है। जब राम वन जाते हैं तब पशु-पक्षी और हिरनों तक ने कुछ आहार नहीं किया; जहाँ-जहाँ रघुनाथ जाते हैं वहाँ-वहाँ बादल शीतल छाया करते हैं; जब से राम ने पर्णकुटी में वास किया पर्वत, वन, नदी और तालाब शोभा से छा गए तथा पशु और पक्षियों के समूह आनन्दित रहने लगे। भरत को राम के प्यारे जानकर उनके साथ भी प्रकृति यही सम्बन्ध जोड़ लेती है। प्रकृति का सर्वचेतनवाद भी मुखर हो उठा है : जब राम सेतुबन्ध के तट पर चढ़कर समुद्र-विस्तार देखने लगे तब करुणाकन्द के दर्शन के लिए सब जलचर वृन्द (सौ-सौ योजन विशाल शरीरोंवाले नाना मगर, नाक अर्थात् घड़ियाल, मच्छ और सर्प) प्रकट होकर प्रभु का दर्शन करने लगे और हटाने से भी नहीं हटे। प्रकृति की वस्तुओं का मानवीयकरण भी हुआ है; जब सीता को खोजने के लिए हनुमान जिस पर्वत पर पैर रखकर चले तो वह धँस गया तब समुद्र मैनाकपर्वत को रघुपतिदूत का श्रमहारा होने का आदेश देता है।

प्रकृति का दूसरा सौन्दर्यबोधात्मक उपयोग पशु-मनोविज्ञान के सूक्ष्म एवं मार्मिक अंकन से हुआ है। तुलसी-काव्य में बन्दरों की उछल-कूद, दाँतों का किटकिटाना, पूँछ से लपेटना, हू हू-ध्वनि करना, शाखों को तोड़कर मारना, उपवन का विध्वंस करना, नखों से घायल करना, झुंड-के-झुंड रहना आदि का वर्णन सबसे ज़्यादा हुआ है। घोड़ों का मनोविज्ञान मार्मिक दृष्टि से अंकित हुआ है। वे दक्षिण दिशा की ओर (जिस ओर राम गए थे) देख-देखकर 'हिनहिनाते' हैं; न तो घास चरते हैं न पानी पीते हैं, केवल आँखों से जल बहाते हैं। वियोगी घोड़े रथ में जुतने पर ठोकर खाकर गिर पड़ते हैं, कभी घूमकर पीछे की ओर देखने लगते हैं; और जब कोई राम, लक्ष्मण या जानकी का नाम लेता है तब 'हिंकर-हिंकर' की आवाज़ करके उसकी तरफ़ प्यार से ताकने लगते हैं (इस वर्णन में मानवत्व भी संयुक्त हो गया है)। इसी तरह सुअर प्रतापभानु के घोड़े की आहट पाकर 'घुरघुराता' हुआ 'कान उठाए' चौकन्ना होकर देखता रहता है तथा कभी प्रकट होता, कभी छिप जाता है; सुनहला हरिण कभी नजदीक आता, कभी दूर भाग जाता, कभी प्रकट होता, कभी छिप जाता है; भेड़िए के कूदने से भेड़ों के 'झुंड' भयानक 'रव' करते

हुए भागते हैं। प्रकृति का तीसरा सौन्दर्यतात्त्विक प्रयोग काव्यात्मक सत्यों अर्थात् 'कविसमयों' के कल्पित विश्वासों के रूप में हुआ है। कविसमय कल्पना-कृत्रिम उपमानों के रूप में आए हैं। ये प्रत्येक संस्कृति में होते हैं तथा वस्तुओं को गोपनता तथा कुतूहल प्रदान करते हैं। तुलसी ने कमल, कुमुदिनी, चकोर, हंस, साँप, अशोक, चम्पक, भ्रमर आदि के कविसमयों का, और शेष, मन्दराचल, सुमेरु, दिग्गज, कच्छप आदि के 'मिथकसमयों' का भरपूर उपयोग किया है। कवि ने प्रकृति में सौन्दर्य के आधान में चार हेतु माने हैं : सम्पत्ति, प्रमोद, महिमा और मनोहरता, अर्थात क्रमशः उपयोग, आनन्द, अध्यात्म और सौन्दर्य (गीतावली, 2/46)।

तुलसी ने चित्रात्मक शोभापान के ग्राहक नेत्र माने हैं। नेत्रों के धर्म हैं : सम्बन्धता (मिलन-वियोग, प्रिय-अप्रिय), लालच और रूपरसिकता (कृष्णगीतावली, 24)। सौन्दर्य का अलौकिक प्रभाव है तीनों तापों का हरण (कृष्णगीतावली, 21)। इस शोभापान की विधि को कवि ने मन और शरीर के प्रतीकों द्वारा स्पष्ट किया है। गोपियों का मन तो श्यामसुन्दर में तन्मय हो चुका लेकिन शरीर वियोग से दुखी है अर्थात् दोनों की पृथक सत्ता और गुणधर्म हैं। मन ने शरीर को परस्पर दूध-पानी की तरह मिलना नहीं सिखाया। मन शरीर को त्याग देता है और ख़ाली शरीर शेष रह जाता है। यह सौन्दर्यानुभव का एक महत्तम गूढ़ रहस्योद्घाटन है (कृष्णगीतावली, 25)। चित्रछवि के प्रभावों को कवि ने मूर्तिकला के धर्मों से प्रकट किया है। यहाँ चित्रकला और मूर्तिकला के संयोग से शब्द को बिन्दु-लम्बाई-चौड़ाई-ऊँचाई के चारों आयाम देने की कलात्मक कोशिश है। 'कवितावली' में ऐसी कोशिशों का इज़ाफा है। पुर से निकलती हुई दो डगमगाते क़दमों को रखते ही श्रमकण में नहाई रघुवीर-वधु एक चतुःआयामी विग्रह हो गई है; वनमार्ग में तीनों को जाते हुए देखकर नर-नारी चित्रशाला के चित्रों की तरह स्तब्ध हो जाते हैं; तीनों की मूर्तियाँ विलोकने से मन अपहृत हो जाता है; तीनों की मूर्ति हृदय में बस जाती है; इत्यादि। अन्ततः एकसूत्र और देना बाक़ी है। कवि केवल राग में ही सौन्दर्य का अधिष्ठान नहीं मानता, बल्कि योग, यज्ञ और वैराग्य के लिए पवित्र वस्तु में भी सौन्दर्य का अधिवास मानता है; क्योंकि उनमें मिथकीय अथवा धार्मिक महिमा निहित होती है ('कवितावली' का सीता-वट-स्थल का प्रसंग)। इसके अलावा कवि ब्रह्मानन्द-सहोदर आनन्द अर्थात् रसानन्द से अधिक ब्रह्मानन्द अर्थात् भक्तिरस के आनन्द को श्रेष्ठ मानता है ("यदि मुझे राम ही मीठे लगें, तो साहित्य के नवरस तथा भोजन के षड्रस नीरस व फीके पड़ जाते हैं। विनयपत्रिका, 169")। यहाँ कोरमकोर सौन्दर्य-प्रबोध के बजाय योग-यज्ञ वैराग्य दृष्टि की पावनता की प्राथमिकता है। सारांश में, कवि शोभा का औचित्य लौकिक क्षेत्र के बजाय दैवी क्षेत्र में स्थित करता है। यद्यपि सुन्दरता का जन्म लौकिक है, किन्तु उसका औचित्य अलौकिकता में है। एक काव्य-समय के द्वारा कवि इसका स्पष्टीकरण करते हुए कहता है कि मणि, माणिक और मोती क्रमशः साँप, पर्वत और हाथी के मस्तक पर (उत्पन्न होकर भी) वैसी शोभा नहीं पाते जैसी राजा के मुकुट तथा नवयुवती के शरीर पर। वैसे ही 'सुकविता' उत्पन्न कहीं

और होती है, शोभा कहीं अन्यत्र पाती है (मानस)।

इतने उपायों के बावजूद सौन्दर्यबोधानुभव और सौन्दर्याभिव्यक्ति के बीच कहीं दूरी बनी रहती है। इसलिए **'अनुभव की अनिर्वचनीयता'** की सौन्दर्यबोधात्मक पहेली उत्पन्न हो जाती है। तुलसी-कृतित्व, और विशेष रूप से 'मानस', अनिर्वचनीयता की सौन्दर्यबोधशास्त्रीय खदान है जिसमें अनेक कलात्मक रत्न भरे हैं। वास्तव में धार्मिक काव्यों में रहस्यानुभूति और अभिनव स्वयंप्रकाश्यज्ञान (इंट्यूइशन) अनिर्वचनीयता की पहेली से सर्वाधिक आक्रान्त रहते हैं। हमें पहले यह मानना पड़ेगा कि अनुभूति और अभिव्यक्ति के बीच निर्विकल्प एकतानता कभी नहीं हो सकती क्योंकि एक अमूर्त वैयक्तित्क अनुभव कला-माध्यम द्वारा मूर्त तथा निर्वैयक्तिक होकर अभिव्यक्त होता है और माध्यम (शब्द, रंग, प्रस्तर, स्वर आदि)। के स्वभाव में रूपान्तरित होकर ही वहिर्गत हो जाता है। हाँ, वह वचनीय अवश्य होता है। किन्तु वह अतिवचनीय अथवा अनिर्वचित् भी हो सकता है। वचनीय क्या है ? जब हमारी सतर्क संकल्पवृत्ति (विल) बेहद द्रुत गति से आगे 'सक्रिय' होकर (माध्यम को वश में करके) सृजन में रूपान्तरित हो जाती है (किन्तु इस रूपान्यन के 'पहले' एक दीर्घ तथा श्रमसाध्य विवेक (तकनीक) का होना अपेक्षित है) ऐसी दशा में 'वचनीयता' का आधान होता है। जब माध्यम क्षीण पड़ जाता है और संकल्प प्रबल तब अतिवचनीयता का आधान होता है। जब संकल्प और माध्यम में पूर्ण मैत्री हो जाती है तब वचनीयता का आधान होता है, और जब संकल्प तथा माध्यम में असंगतियाँ होती हैं तब अनिर्वचित् का उन्मेष होता है। अनिर्वचनीयता में वर्णन या इतिवृत्त-कौशल अनुपयुक्त या अपूर्ण हो जाता है, तब संकेतों और प्रतीकों से उसका अवबोध हो पाता है। धार्मिक काव्य में बहुधा स्वयंप्रकाश्यज्ञान की ही प्रचुरता रहती है। दैवी पात्र, या रहस्यवादी अनुभव, या आकस्मिक सम्पर्क, या नितान्त वैयक्तिक मनोराग, या अपरिचित अनुभूति से पूर्णतः अभिभूत होकर कवि अन्तर्मुखी सौन्दर्यानुभव में या मन को हरनेवाली मनोहरता में डूब जाता है। वह इस अनुभव का शब्दों द्वारा मूर्तिकरण नहीं कर पाता अर्थात् एक विलक्षण प्राक्कल्पित क्रियात्मकता को व्यावहारिक क्रियात्मकता के अनुशासन में नहीं ढाल पाता। ऐसी दशा में वह 'वर्णन' या 'इतिवृत्त' में असमर्थ होकर भाषा की अपूर्णता, शब्दार्थों की सीमा की बारम्बार घोषणा करता है। तब वह चक्रचिह्नों, संकेतों (उपमानों), मिथकों, आत्मरत घोषणाओं द्वारा नई अभिव्यंजना-शक्ति की खोज में अग्रसर होता है। तुलसी के लिए राम का नाम तथा रूप, दोनों ही ईश्वर की उपाधि होने के कारण 'अकथनीय' (अनिर्वचनीय) हैं। उनके अनुसार मानव-कवि के पूर्वापर सबसे बड़े दैवी वर्णनकर्ता वेद, ब्रह्मा तथा शेष हैं। किन्तु ये भी परब्रह्म राम की निर्विकल्प शोभा में अपना मन हार जाते हैं। अतः ये भी वर्णन नहीं कर सकते। यह केवल गूढ़ अनुभव है, अभिज्ञान है। जिन्होंने कभी 'स्वप्न' में देखा है वही इष्टदेवता की शोभा को 'जानता' है। अतः धार्मिक नींव पर यहाँ एक 'नए' अनुभव की विपुलता है। जो 'स्वप्नदर्शन' और 'स्वयंप्रकाश्यज्ञान' में तो उपलब्ध है किन्तु व्यावहारिक क्रियात्मकता के द्वारा अनिर्वचनीय है। यह अनिर्वचित नहीं, अनिर्वचनीय है।

अतिवचनीय भी हो सकता है। अनिर्वचित तो कवि के घटियापन का सबूत है। वस्तुतः धार्मिक रहस्यवाद में अनिर्वचनीय अक्सर वर्णनातीत हो जाया करता है। भक्तों व सन्तों के लिए तो अनिर्वचनीयता की समस्या इसलिए भी प्रबल हो जाती है कि वे पवित्र मनोरागों, शुद्ध उपमानों, योग-दशाओं और श्रद्धाभाव से अपने पात्र में साधारणीकृत ही नहीं, आसक्त भी रहते हैं। इनमें-से कई तत्त्व (योग, जप आदि) पात्र के साथ सौन्दर्यात्मक के बजाय आध्यात्मिक सम्बन्ध आदि मूलतः सौन्दर्य क्षेत्र के भी नहीं हैं, और काफ़ी बाधक हैं। इसीलिए सीता की सुन्दरता का बखान करने में कवि अमूर्त भाववाचक प्रतीकों (रति, शृंगार, रस, विग्रह) का ही सहारा ले पाता है। वह यह स्वीकार करता है कि मुझे काव्य की सभी उपमाएँ 'तुच्छ' लगती हैं। क्योंकि वे लौकिक स्त्रियों (के लिए प्रयुक्त होने के कारण) की अनुरागिनी हैं। अलौकिक जगदम्बिका-रूप सीता तो अन्य देवियों से भी भिन्न है। यह दुहरी पहेली है जिसे काव्य-भाषा की विधियाँ नहीं सुलझा सकतीं। कवि को न लौकिक स्त्रियों की अनुरागिनी उपमाएँ भाती हैं, न अपेक्षाकृत अपूर्ण अलौकिक स्त्रियों में सम्पूर्णता मिलती है (मानस, 1/246/3)। अतः वह मिथकीय और अमूर्त प्रतीकों द्वारा आत्मानुभूति की एक नई भाषा गढ़ने की कोशिश करता है : "यदि छवि-रूपी अमृतसिन्धु हो, परम रूपमय कच्छप हो, शोभा रज्जु हो, शृंगाररूप मन्दराचल हो, और स्वयं कामदेव अपने हाथों से मथे तब ऐसी 'नई लक्ष्मी' ही सीता के समान होगी।" भक्त की अनिर्वचनीयता का मूल मर्म यही है। यह उपमाओं की अनिर्वचनीयता है। कभी-कभी कवि अपनी अभिव्यंजना की मौलिकता की खोज में भी परम्परागत भाषा का त्याग कर देता है ("सारी उपमाओं को कवियों ने जूठा कर दिया है। मैं विदेहकुमारी की उपमा कैसे दूँ ?"); कभी-कभी दैवी प्रेरणा से उपमाएँ मिल भी जाएँ तो वे उपमेय से अत्यन्त क्षीण प्रतीत होती हैं ("चारों मनोहर जोड़ियों को देखकर सरस्वती ने सारी उपमाओं को खोज डाला पर कोई उपमा नहीं मिली क्योंकि उन्हें सभी बिल्कुल तुच्छ जान पड़ीं") और हमेशा वह यही घोषणा करता हुआ मिलता है कि दैवी रूप शब्दार्थ एवं वर्णन इतिवृत्त से परे है, क्योंकि वह सुन्दरता की सीमा है ("जिस वर्णन को 'सैकड़ों' शारदा, शेष, वेद, ब्रह्मा और गणेश भी नहीं कह सकते उसे भला मैं किस प्रकार से बखानकर कहूँ ?")। सूत्ररूप में कवि ने दैवी रूप को सुन्दरता तथा मनोहरता की सीमा तथा अति माना है, एवं मानव-कवि की मति (बुद्धि) को लघु। अनुभूति विपुल है, अभिव्यक्ति विरल।

अनिर्वचनीयता का एक अन्य प्रबल कारण है नाना भाँति की अनुभूतियों तथा स्वयंप्रकाश्य ज्ञानों को केवल शब्द (काव्य) के माध्यम से बाँधने की भगीरथ आकांक्षा। कई कलात्मक रूपों के सौन्दर्यानुभवों को केवल काव्यरूप में बाँधना असम्भव है। अतः कवि उनका वर्णन नहीं कर पाता। वह चित्रकला को काव्य भाषा नहीं दे सकता, न ही काव्यकला को चित्रदर्शन दे सकता है (गिरा अनयन, नयन बिनु बानी)। कवि में केवल कवि का ही नहीं; चित्रकार, संगीतकार, मूर्तिकार आदि का भी निवास है। तुलसी में तो कवि, भक्त तथा लोकनेता का भी निवास है। तुलसी ने स्वयं को काव्य-विधा

के माध्यम से मुखर किया है। अतः उनमें चित्रकला, शिल्प, संगीत आदि के सौन्दर्यात्मक स्वयंप्रकाश-पर्युत्सुक हो उठते हैं। उन्हें शब्द-माध्यम में पूरा विरेचन-उदात्तीकरण का द्वार नहीं मिल पाता। अतः वे स्वप्न, प्रत्यक्ष, ज्ञान, आदि की भाववाचक संज्ञा होकर अभिव्यक्ति-कुंठित हो जाते हैं। वे संवेदनाओं, अनुभूतियों, मनोरागों, मनोवृत्तियों आदि के रूप में मचलते हुए काव्यभाषा की अनिर्वचनीयता को उघार देते हैं। "गिरा अनयन, नयन बिनु बानी" के अलावा कवि ने इस प्रकार की कई दशाएँ बताई हैं। वह कहता है कि राम के दहेज की अनेक वस्तुओं को जिन्होंने 'देखा' है वही जानते हैं, उनका वर्णन नहीं किया जा सकता; अनेक प्रकार के मेवा, पकवान और भोजन की सुस्वादु सामग्री है जो बखानी नहीं जा सकती; सुन्दर चँदोवे की शोभा कहते नहीं बनती, जिन्होंने 'देखा' है वही जान सकते हैं; चित्रकूट की जैसी शोभा है उसको हज़ार मुखवाले जो लाख शेष हों वे भी नहीं कह सकते; राम की सेवा का 'वर्णन' तो करोड़ मुखों से भी नहीं हो सकता, इत्यादि। इस सन्दर्भ में दो बातें उभरती हैं। एक यह कि कवि प्रत्यक्ष को अभिव्यक्ति से अधिक समर्थ मानता है क्योंकि धार्मिक अनुभवों का अल्तःप्रत्यक्ष एक महान मायावरण (हैल्यूसिनेश) या विभ्रान्ति (इल्यूज़न) होती है जिसमें इलहाम और रहस्यवाद विचित्र परा व अवचेतन स्तर पर उद्‌बुद्ध रहते हैं। दूसरी बात यह है कि कवि ने अपने वैयक्तिक स्वयंप्रकाश्य ज्ञान की गहराई और अनिर्वचनीयता की सतह की तुलना करने में गणित के अंकों का अद्‌भुत जोड़ लगाया है : जैसे कोटि मनोज, सैकड़ों शारदाएँ, अरबों इन्द्र, लाखों शेष, हज़ार मुखवाले लाख शेष, इत्यादि। उसने अनन्त, अपार, परम, विपुल, सुहावन जैसे विशेषणों द्वारा भी अनिर्वचनीयता की उद्विग्नता का अन्दाज़ा दिया है।

यह तो मुख्य रूप से सुन्दरता की अनिर्वचनीयता है। मनोहरता की अनिर्वचनीयता की भी कुछ समस्याएँ हैं, क्योंकि इसका सम्बन्ध भाव-दशाओं से है। इसके कई भेद हैं। जब लघु अनुभव की गझिन विपुलता हो जाती है कि वह विराट् और महान होता चला जाता है क्योंकि उसमें कवि समाधिस्थ होता जाता है, तब वर्णन विराट् और महान् को पूरा धारण नहीं कर पाता। कवि ने उदाहरणार्थ स्वयं कहा है कि जीभ एक है और विवाह-मंगल महान है, फिर भला वर्णन करके उसे किस प्रकार समाप्त किया जा सकता है; राम-रावण युद्ध का चरित्र यदि सैकड़ों शेष, सरस्वती, ब्रह्मा, वेद और कवि 'अनेक कल्पों' तक गाते रहें तो भी उसका 'पार' नहीं पा सकते; यह अकथनीय कहानी है। जब किसी अनुभव से अचानक सम्बन्ध स्थापित हो जाता है तब चकित और चमत्कृत दशा कुछ कहते न बनने की अनिर्वचनीयता का सन्धान करती है। राम के विराट् रूप के प्रसंग ऐसे ही हैं। ऐसे अवसरों पर रहस्यात्मक प्रार्थना के चक्रचिह्न ही प्रकट हो पाते हैं। जब अनुभव अपरिचित हों, तब भी अनिर्वचनीयता का सन्धान होता है। तुलसी ने नारी-मन और नारी-सौन्दर्य में जो अत्यधिक अनिर्वचनीयता का सन्निवेश किया है उसमें एक कारण यह भी है। जब अनुभव हमें पूरी तरह से आवृत करके हमारा मन हर लेता है तब भी उसकी अभिव्यक्ति मुश्किल हो जाती है। उदाहरणार्थ, कवि कहता है कि

लक्ष्मण और शत्रुघ्न मन को बड़े 'मनोहर' लगते हैं, किन्तु त्रिभुवन में भी उनकी कोई उपमा नहीं है।

अनिर्वचनीयता का वास्तविक संकट माध्यम को लेकर मौजूद होता है। कवि किसी अनुभूत मनोरथ या अभिलषित अनुभव की अभिव्यंजना खोजना चाहता है। वह कई उपाय करता है : मन, वचन और कर्म से। किन्तु अभिलषित अभिव्यंजना साकार नहीं हो पाती क्योंकि उसकी स्वयंप्रकाश्य प्रतीति, बेहद अन्तर्मुखी होने के कारण, शब्द के माध्यम में अँट नहीं पाती। उसका विश्वास है कि अभिव्यंजना का अस्तित्व तो है लेकिन वह उसे उपलब्ध नहीं है। उसे समुचित रूप (फ़ॉर्म) नहीं मिल पाता। यदि वह मिलता भी है तो सृजन के क्षण काफी सीमित हैं। इसलिए कवि ने कहा है कि भरत-मिलाप के समय भरत का जैसा प्रेम था वह कवि के लिए तो अगम है, शेष भी नहीं कह सकते; भरत के मिलन की प्रीति कैसे बखानी जाए ? वह तो कवि-कुल के लिए कर्म-मन-वाणी तीनों से अगम है। उस श्रेष्ठ प्रेम को कौन प्रकट करे ? कवि की बुद्धि किसकी छाया का अनुसरण करे ? कवि को तो अक्षर और अर्थ का ही सच्चा बल है।

और यह मनोहर अनिर्वचनीयता शब्दार्थ से परे है। यही अनिर्वचनीयता का मूलभूत संकट है : वर्णन कैसे प्रत्यक्ष हो जाए ? कैसे काव्यजगत् तथा दिव्यजगत् के माध्यम तिरोभूत हो जाएँ ? कैसे काव्य के ध्यान से लोग धर्म के कर्म को एकतान कर दें ? कैसे दैवी पात्रों का मानुषवत् चित्रण हो पाए ?

सारांश में, अनिर्वचनीयता में शब्दार्थों की भाषा वाणीविहीन होकर चुक जाती है, और आत्मानुभूति की एक नई प्रतीक-भाषा संकेत करने लगती है। अभिव्यंजना-विधियों की अपूर्णता का एहसास कवि में आद्यन्त चित्रात्मक तथा नाटकीय चाप (पिक्टोरियल एंड ड्रैमैटिक स्ट्रेन) उत्पन्न करता है। अन्ततः अनुपम, आश्चर्य, अलौकिक, तथा दैवी के सम्पर्क से कवि के धार्मिक काव्य में अनिर्वचनीयता एवं वर्णनातीत्य की पर्युत्सुकता छा गई है।

इस पृष्ठभूमि में **'अलौकिकता'** की सौन्दर्य-तात्त्विक मीमांसा समीचीन होगी। जो लोक की परिधि के बाहर हो, या लौकिक कार्यकारणन्याय से संचालित न हो, वह अ-लौकिक (रस की 'अलौकिकता' से भिन्न) है। इस तरह अलौकिकता के दायरे में नियति का भाग्य, जादू, अतिप्राकृतिक तथा अतिमानवीय आ जाते हैं। जिस क्षण अलौकिकता में ऐतिहासिक चेतना या तर्कपूर्ण व्याख्या का समावेश हो जाता है उसी क्षण वह क्षीण होने लगती है। वस्तुतः अलौकिकता किसी काल में किसी समाज की सामाजिक यथार्थता का आश्चर्यपूर्ण प्रतिबिम्ब भी है। तुलसी या शेक्सपियर के युग में लोकजन क्रमशः दैवी करिश्मों या भूतों-प्रेतों-प्रेतनियों पर विश्वास भी करते थे। अतः वे उनके आचरणों तथा चरित्रों को प्रभावित करते थे। धार्मिक काव्य में अलौकिकता का समावेश संस्कारतः विश्वास के कारण, तथा रसात्मक काव्यों में कथानक-रूढ़ि या अभिप्राय की कलात्मक-विधि के कारण, होता आया है। अलौकिकता में अथवा अलौकिक शक्तियों में विश्वास करना एक आदिम संस्कार अथवा प्रवृत्ति है जो आदिम धर्मों में

सर्वाधिक होती है। दुर्खीम तथा टाइलर, फ्रेजर तथा पॉल रेडिन आदि ने नृतत्त्वशास्त्रीय अध्ययनों में इसे समाज के एक जीवन्त बिम्ब के रूप में सिद्ध किया है। अलौकिकता असामान्य, विचित्र और चमत्कारपूर्ण होती है। यह अव्याख्येय है। धार्मिक काव्यों में जब यह देवताओं की शक्ति होती है तब ब्रह्मांड-शुभ (कॉस्मिक गुड) का निमित्त होती है; तथा जब राक्षसों, प्रेतों, ऐन्द्रजालिकों के पास होती है तब ब्रह्मांड-अशुभ करनेवाली होती है। दोनों ही पक्षों में अलौकिकता में रहस्यात्मकता निहित हुआ करती है। यह आश्चर्य, आतंक तथा रोमांच, इन तीन दशाओं का आवरण फैलाती है। इसका प्रभाव बहुधा अनिश्चियता पर आश्रित है क्योंकि यह नैसर्गिक कारण को ढाँक लेती है और तर्कज्ञान की उपेक्षा करती है। भाग्य के रूप में अलौकिकता वह रहस्यात्मक, अनिश्चित तथा आकस्मिक विधान है जो संसार तथा मनुष्य, दोनों पर शासन करता है; जादू के रूप में यह वह संकल्प है जिसमें नियन्त्रण का घोर स्वार्थ होता है; और धर्म के रूप में यह वह धारणा है जिसमें अलौकिक इष्टदेवता के सम्मुख पूर्ण समर्पण कर दिया जाता है। सारांश में अलौकिक शक्ति एवं लौकिक आवश्यकता के बीच के अन्तर्विरोध में अलौकिकता ही पहली अधिनायिका होती है। तुलसी में अलौकिकता के उपयोग की कई धार्मिक, सौन्दर्यतात्त्विक तथा जादुई उपच्छायाएँ (शेड्स) हैं। धार्मिक उपच्छाया के अन्तर्गत उन्होंने अलौकिकता का आधान ब्रह्मांड-शुभ (कॉस्मिक गुड) के लिए किया है। परब्रह्म राम की अवतार-गाथा में देव-देवियाँ भी सीधे, अथवा वेश बदलकर अथवा अवतार लेकर, प्रतिभाग लेते हैं : राम की विवाह-लग्न का शोध स्वयं ब्रह्मा करते हैं; राम-विवाह पर देव-पत्नियाँ वेश बदलकर आनन्द मनाती हैं; सरस्वती मन्थरा की मति फेरकर चली जाती है; अग्निपरीक्षा के समय अग्नि-देवता वास्तविक सीता का हाथ पकड़कर राम को समर्पित करते हैं; जब सीता गंगा की पूजा करती है तब विमल जल से आशीषवाणी होती है, इत्यादि। **आकाशवाणियों** के कई प्रसंग कार्य-व्यापार के भविष्य तथा कार्य के औचित्य का निर्देशन करते हैं। राम-व्यूह के पात्रों की लीलाएँ भी अलौकिकता से 'विचित्र' हो गई हैं। इसीलिए कवि ने भी हमेशा विचित्र कथा, विचित्र चरित्र, विचित्र लीला की बारम्बार दुहाई दी है। वास्तव में 'मोहहीन नरलीला' की धारणा और 'परब्रह्म के विराट् रूप' का दिग्दर्शन, दोनों दो लोकों (जगत् व परलोक) का एक सम्बन्ध करनेवाले अलौकिक तत्त्व ही हैं। लेकिन परलोक की अलौकिकता ही इहलोक की लौकिकता में अन्विवत होती है जिससे रहस्य, आश्चर्य और फलस्वरूप श्रद्धा-विश्वास की वृद्धि होती है। कुछ विलक्षण उदाहरण लें : जितनी सासुएँ थीं, सीता ने उतने ही वेश बनाकर उनकी एक-सी सेवा की; सुतीक्ष्ण मुनि के न जगने पर राम ने अपने राजरूप को छिपा लिया और उनके हृदय में अपना चतुर्भुज रूप प्रकट किया; जटायु ने गृद्ध्र-देह त्यागकर हरि-रूप धारण किया और बहुत से दिव्य आभूषण तथा पीताम्बर पहने; सुग्रीव-दूत हनुमान् राम को पहचानते हुए भी पहले उनका परिचय पूछते हैं क्योंकि वह परिस्थिति के अनुकूल है; बालि-सुग्रीव-युद्ध के समय राम ने सुग्रीव के शरीर को हाथ से छुआ जिससे वह वज्र के समान कठोर हो गया और सारी पीड़ा जाती रही; राम इन्द्र

से युद्ध में मरे हुए वानरों को जिलाने को कहते हैं और इन्द्र अमृत बरसाकर उन्हें जिला देते हैं; इत्यादि। यहाँ लीलाओंवाले उदाहरण में अलौकिकता लौकिकता का छद्म भी रचाती है तथा दो प्रकार के पात्रत्व को पृथक कर देती है (गृद्ध-सारूप्य मुक्ति, राजरूप-चतुर्भुजरूप, एक सीता-अनेक सीताएँ)। दैवी स्पर्श से अप्राप्य शक्ति प्राप्त हो जाती है, तथा दैवी कृपा से लौकिक कार्यकारणन्याय के अनुसार घटता हुआ कार्यव्यापार अपना परिणाम बदल देता है। यह दूसरी विशेषता है। इस प्रकार ब्रह्मांड-मंगलकारी अलौकिकता में आश्चर्य और रोमांच की अधिकता होती है; लेकिन आतंक नहीं होता। लेकिन चरित्रपरक अलौकिकता को जिस रूप में तुलसी ने पेश किया है वह साहित्यशास्त्रीय साधारणीकरण में जटिलता उत्पन्न करती है क्योंकि यहाँ तन्मयीभवन के दो धरातल हैं : लीला एवं चरित्र के, कौतुक एवं कार्य के, मोहहीनता एवं रागलीनता के ! वस्तुतः तुलसी ने साधारणीकरण के दो समानान्तर धरातल रचे हैं। वे चाहते हैं कि अवतार राम तथा नायक राम का साधारणीकरण सहृदय तथा भक्त, व्यक्ति तथा समष्टि, दोनों ही एक साथ करें। किन्तु वे बड़ी जल्दी में धरातल बदलते हैं। जब सहृदय राम को नर समझने लगता है तब वे तुरत उसे राम के देवत्व के प्रति जागरूक करके भक्त बना देते हैं; जब भक्त परब्रह्म राम की लीला में लीन होने लगता है तो वे चुपचाप राम को नायक बनाकर नवरस के घेरे में गतिमान कर देते हैं। इस तरह के अदल-बदल से रसपरक साधारणीकरण तथा भक्तिपरक साधारणीकरण का भावन हुआ है जिससे 'रस' और 'भक्ति' दोनों का अन्तर्भावन भी हो गया है। कवि ने अँगुली पकड़कर दोनों तरह के पार्थक्य को क़ायम रखा है तथा दोनों दशाओं का साधारणीकरण कराया है।

रावणपक्ष में अलौकिकता का विधान ब्रह्मांड-अशुभ के रूप में हुआ है। रावण राम की अलौकिकता के शुभ से अभिभूत होकर आत्मसमर्पण नहीं करता; बल्कि अपने स्वार्थ के लिए अलौकिकता का अधिकार पाता है। इस तरह वह अलौकिकता को **काले जादू** या 'माया' की तरह इस्तेमाल करता है। वह प्राकृतिक शक्तियों पर क़ाबू पा लेता है। युद्ध में वह राम को अपनी माया दिखलाता है। आकाश में चढ़कर बहुत से अंगारे, पीप, खून और हड्डियाँ बरसाता है। पुनः वह बहुत से हनुमान् प्रकट करता है जो पत्थर लेकर दौड़ते हुए चारों ओर से राम को घेर लेते हैं। पुनः वह माया प्रकट करता है : राम सेना में जितने रीछ-वानर थे उतने ही रावण जहाँ-तहाँ प्रकट हो जाते हैं। जब राम रावण के सिर और भुजाएँ काटते जाते हैं तो काटते ही वे फिर नए हो जाते हैं। वस्तुतः एक ही पात्र का अपने असंख्य रूपों में प्रकट होना आदिम अनुकरणमूलक जादू (होमियोपैथिक मैजिक) का परिष्कृत रूप है; और तुलसी ने जादू के इसी मायारूप का सबसे अधिक इस्तेमाल किया है। ब्रह्मांड-अशुभपरक अलौकिकता में रोमांच तथा आतंक की प्रबलता होती है। 'मानस' में जादू के अन्य प्रकार भी आए हैं; जैसे हनुमान् को पृथ्वी के अन्दर एक गुफा में कौतुक दिखाई देना; हनुमान् द्वारा एक राक्षसी का मारा जाना जो आकाश में उड़ते हुए जीव-जन्तुओं की परछाई पकड़कर उन्हें बाँध लेती और खा जाती है (संक्रामक स्पर्शी जादू—कॅन्टेजियस मैजिक—का उदाहरण); हनुमान् द्वारा एक ओर तो सर्पों

की माता सुरसा को चकमा देने के लिए उसके शरीर से दुगुना शरीर बढ़ाना और अन्त में अतिलघुरूप करके बाहर निकल आना, तथा दूसरी ओर जाम्बवान के द्वारा अपने पवन के समान बल की याद दिलाए जाने पर पर्वताकार हो जाना (संकल्पशाली जादू का उदाहरण)। जादू के सभी तत्त्व हनुमान् से सम्बद्ध हैं और ये सभी शक्तिबल पर केन्द्रित हैं। निषेधमूलक जादू (टैबू मैजिक) पर आदिम विश्वास का एक अकेला सलोना उदाहरण है : राम रावण के हृदय में बाण इसलिए नहीं मारते कि उसके हृदय में वैदेही बसती हैं (मानस, 6/98/7)।

अलौकिकता को कलात्मक कौशल के रूप में भी व्यवहार करने के कुछ उदाहरण शिव-बारात प्रसंग (पार्वतीमंगल), शिवधनुष प्रसंग (मानस), परशुराम और लक्ष्मण संवाद के कुछ अंश, किसी बाहुबलवाली घटना से ब्रह्मांड की वस्तुओं का डगमगा जाना, आदि हैं। अद्भुतरस के अन्तर्गत इस विधि का सर्वाधिक ग्रहण हुआ है।

निष्कर्ष रूप में कहा जा सकता है कि 'अलौकिकता' या तो अन्धविश्वासों पर आश्रित है या आध्यात्मिक विश्वासों पर। इसमें आश्चर्य (वंडर), रोमांच (ऑ) तथा आतंक (टेरर) की मनोदशाएँ उत्पन्न होती हैं। यह रहस्यात्मकता की प्रवृत्तिवाली होती हैं जो विवेकीतर्क (रैशनैलिटी) से वियुक्त रहती है। इसका उपयोग कलित-कल्पना के मनोरंजक पलायन में भी होता है तथा स्तम्भन (सस्पेन्स) उत्पन्न करने में कलाकौशल के रूप में भी यह ग्रहण की जाती है। कलात्मक प्रयोजनों के सन्दर्भों में अलौकिकता का पात्रगत या घटनागत विधान **'मनस्तात्त्विक दूरी'** (साइकियल डिस्टेन्स) के सिद्धान्त को धारण करता है। केवल 'मानस' में, अन्य कृतियों में नहीं, एक ओर 'भक्त-सहृदय' अपने वैयक्तिक संस्पर्शों से असम्पृक्त होता है और दूसरी ओर राम-व्यूह के समूहावतारी पात्र एवं रावण-व्यूह के राक्षस-पात्र भी अपने मानवत्व से असम्पृक्त होते हैं (मोहहीन नरलीला, 'माया' कर्म)। इनके तथा सहृदय के बीच एक मनस्तात्त्विक दूरी क़ायम हो जाती है जो 'विशिष्ट प्रेषणीयता' का सूक्ष्म अधिष्ठान करती है। इस दूरी की वजह से रहस्य-कुतूहल और अलौकिक वातावरण छाया रहता है। मानो यह वातावरण ही दोनों पक्षों के पात्रों को अधिक तीव्र रूप में उभार देता है। अतः सहृदय और पात्रों के बीच यह मनस्तात्त्विक दूरी वैयक्तिक और मानवीय दोनों प्रकार के सम्बन्धों को निथार-छान देती है। कलापरक स्थानगत दूरी (स्पेशल डिस्टेन्स) चित्रकला में होती है और दर्शन के कोणों (पर्सपेक्टिव्ज़) की आकृतियों में प्रकट होती है; कलापरक कालगत दूरी (टेम्पोरल डिस्टेन्स) कालबिन्दु से नापी जाती है और युग-रुचियों के सन्दर्भ में हमारी आशंसा को गतिमान करती है। मनस्तात्त्विक दूरी पर दोनों दूरियों के संयोगों से उत्पन्न मनस्तात्त्विक एवं सौन्दर्यात्मक प्रभाव हैं।

अलौकिकता की ही एक विशिष्ट लघुविधा **'कौतुक'** है जो शनैः-शनैः अपने भेद को खोलता चला जाता है। कौतुक में भेद या रहस्य को कुछ लोग जानते हैं और कुछ लोग नहीं। कौतुक के निर्माण की यही विशिष्टता है। अलौकिकता में रहस्य सर्वव्याप्त रहता है, कौतुक में आधा पक्ष रहस्य का; तथा आधा उद्घाटन का होता है।

अलौकिकता में रहस्य और रोमांच की दशाएँ होती हैं तो कौतुक में रोमांच तथा 'खेल' प्रधान हो जाता है। इस भाँति कौतुक में रहस्य-ज्ञान-सामंजस्य, छद्म और खेल के तत्त्व होते हैं। कौतुक की कई झाँइयाँ (शेडस) हैं। इनमें-से वेश बदलना या रूप-परिवर्तन का उपयोग मध्यकालीन धार्मिक एवं लौकिक काव्यों में इतना अधिक हुआ है कि ये कथानक-रूढ़ि (लीजेंडेरी मोटिब्ज़) तक हो गए हैं। वेश तथा रूप-परिवर्तन में तीन अधिष्ठान हैं : जादू (मैजिक), मुखौटा लगानेवाले अभिनय (मास्क ऐक्टिंग) तथा टोटेम। मूल रूप में यह टोटेमीय श्रद्धा और टोटेमीय प्रतीकीकरण से उद्भूत हैं। इसके द्वारा दूसरे पक्ष को कपटता, या विचित्रता, या मनोहरता अथवा अनुकूलता के भुलावे में फँसाकर घटना के स्वाभाविक परिणाम तथा कार्यव्यापार की दिशा को मोड़ा या रोका जाता है। 'मानस' में मुनिवेश और ब्रह्मचारी-वेश का बहुत उपयोग किया गया है (प्रतापभानु और मुनिवेशी कपटी राजा का मिलन, रावण का इसी वेश में सीता के समीप आना; हनुमान् का ब्रह्मचारीवेश में राम का पता लगाना, हनुमान् से मिलनेवाले राक्षस का मुनिवेशी होना, आदि); क्योंकि नैतिक ढाँचे में ये पूर्णतः अभयदान पाए हुए हैं। रूपधारण का उपयोग पशु-पक्षी के साथ भी हुआ है। इन्द्रपुत्र जयन्त कौवे का रूप धारण करके छल करता है, मारीच विचित्र कपट-मृग बनकर छल करता है, नागिन के समान भयानक शूर्पणखा सुन्दर रूप धरकर राम के पास आती है। इस भाँति राक्षस और देवता ही मनुष्य या पक्षी हो सकते हैं। किन्तु इस गाथा के केन्द्र में परब्रह्म राम हैं। इसलिए यह वेश-रूप-परिवर्तनवाला कौतुक अवश्य ही उद्घाटित कर दिया जाता है और तदुपरान्त वह मात्र भ्रान्ति (नाटकीय भ्रान्ति) के रूप में मौजूद रह जाता है। उद्घाटन की दो विधियाँ हैं : मरते समय (मुक्ति पाने पर) छद्मपात्र अपना असली रूप प्रकट करते हैं, तथा कार्य पूर्ण होने पर अपने सहज रूप में आ जाते हैं। कौतुक का 'दूसरा' उपयोग खेल के रूप में हुआ है। 'मानस' के बालकांड में कौतुक लाक्षणिक-विधान द्वारा पेश किया गया है और इसमें यौन प्रतीकों तथा यौन कार्यों का पंचप्रभाव है; शिव-बारात का कौतुक भी खेल है जिसमें भय और किमाकार के तत्त्व हैं। कौतुक का 'तीसरा' प्रयोग जादुई तमाशे के रूप में हुआ है : सिन्धुसेतु पर राम सेना के प्रयाण, तथा हनुमान् द्वारा लंकादहन ('मानस' एवं 'कवितावली', दोनों में) मौक़ों पर। सेतुबन्ध पर भारी भीड़ के कारण वानर आकाशमार्ग में उड़ने लगे और दूसरे कितने ही जलचर जीवों पर चढ़-चढ़कर पार जाने लगे। दोनों भाई भी ऐसा कौतुक देखकर हँसते हुए चले। हनुमान् की पूँछ में आग लगाना एक वानर के भयानक कौतुकी खेल को फैला देता है जिसका परिणाम प्रकृत्या सुखद न होकर दुखद होता है। 'कवितावली' में लंकादहन का कौतुक अनुपम है। अंगद द्वारा रावण के दरबार में अपने पाँव की स्थापना भी ऐसा ही कौतुक है जिसमें क्षीण अद्भुत का चमत्कार है। अन्ततः कौतुक का 'चौथा' प्रयोग भोले-भाले पात्रों की मनोदशा को अंकित करने में हुआ है : वनवासी राम के आने पर सब अपना-अपना काम भूलकर दौड़े; उनके मन में बहुत लालसाएँ भरी हैं पर वे उनसे नाम-गाँव पूछते सकुचाते हैं। इस तरह वेशरूप बदलना, खेल, तमाशा आदि के कौतुक

नाटकीय भ्रान्तियों (ड्रैमेटिक इल्यूज़न्स) के निमित्त हैं।

काव्यात्मक भ्रान्ति (पोएटिक इल्यूज़न) के रूप में कौतुक का सर्वप्रमुख उपयोग सौन्दर्यबोधात्मक है। इसमें भी एक पक्ष या एक व्यक्ति 'भ्रान्ति' का शिकार होता है, और दूसरा व्यक्ति या दूसरा पक्ष 'यथार्थ का' ज्ञाता। इस प्रकार 'एक' ही परिवेश दो पक्षों में बँटकर दो दृष्टियों से अन्वीक्षित होकर, भ्रान्ति और यथार्थ का द्वैत रचता है। 'मानस' के लंकाकांड के सौन्दर्यात्मक प्रतिबोधवाले प्रसंग में उसी उदित होते हुए चन्द्रमा को देखने के पश्चात् राम विभीषण को दक्षिण दिशा की ओर दिखाकर कहते हैं कि देखो, काला बादल कैसा घुमड़ रहा है और बिजली चमक रही है, भयानक बादल मधुर-मधुर ध्वनि से गरज रहा है कि कहीं कठोर ओलों की वर्षा न हो। राम की इस भ्रान्ति का निराकरण करते हुए विभीषण कहते हैं कि यह न तो बादलों की छटा है न बिजली। वस्तुतः लंका की चोटी पर स्थित एक महल में दशग्रीव सिर पर मेघाडम्बर-छत्र (बादल की काली छटा) धारण करके नाचगान का अखाड़ा देख रहा है जिसमें अनुपम ताल और मृदंग बज रहे हैं (भयानक बादल मधुर-मधुर ध्वनि से गरज रहा है) तथा मन्दोदरी के कानों में जो कर्णफूल हिल रहे हैं वही मानो दामिनी की चमक है। यह प्रसंग चित्रकलात्मक स्थानगत दूरी का तो अनुपम उदाहरण है ही, जहाँ लम्बी दूरी पर के बिम्ब (यथार्थ) मृगछल (भ्रान्ति) उत्पन्न करते हैं अर्थात् रावण का मेघाडम्बर-छत्र बादल और मन्दोदरी के कर्णफूलों की चमक बिजली बन जाती है। सौन्दर्यतात्त्विक दृष्टि से यह अंश यथार्थ को फन्तासी में रूपान्तरित करने की प्रक्रिया का 'एकमात्र' बहुमूल्य उदाहरण है। यह अंश उत्प्रेक्षाविधान के रहस्य को भी खोल देता है। जहाँ 'प्रत्यक्ष' साम्य न होकर मात्र कल्पनात्मक या 'धुँधली' तुलनाएँ होती हैं, जहाँ भ्रम (जनु) या आकांक्षा (जैसे) दोनों का संयोग होता है, जहाँ लोकसिद्ध उपमानों का परित्याग करके कवि-कल्पित उपमानों की उद्भावना की जाती है, और जहाँ बिम्ब की रचना में साहचर्य-नियम (लॉज़ ऑव ऐसोसियेशन) दिवास्वप्न में मुक्त हो जाते हैं। काव्यात्मक भ्रान्ति का एक बेहद सलोना और लुभावना उदाहरण 'मानस' में ही सीता-विवाह के मौक़े पर मिलता है : राम और सीता की सुन्दर परछाइयाँ प्रांगण के 'अनेक' खम्भों में जगमगा रही हैं मानो कामदेव और रति 'बहुत से' रूप धारण करके विवाह देख रहे हैं। यहाँ भ्रान्तित्व ही कवि की उत्प्रेक्षा-सृष्टि में रूपान्तरित हो गया है। अतः उत्प्रेक्षा भ्रान्ति को कल्पना में रूपान्तरित कर देती है। तीसरी मिसाल सती-मोह प्रसंग की है : राम के परब्रह्मत्व के प्रति सन्देह रखनेवाली सती जब सीता का वेश धारण करके राम के सामने आती हैं तब वे आगे-पीछे, इधर-उधर जिधर भी देखती हैं वहीं राम सीता और लक्ष्मण के साथ दिखाई देते हैं। एक पात्र का अनेक तद्रूप पात्रों में गुणन का उपयोग अलौकिकता या माया के स्पष्टीकरण में किया गया है।

हास्य (लॉफ़्टर) तथा **किमाकार (ग्रोटस्क)** हमें 'आरोही' कौतुक से निकालकर क्रमशः 'अवरोही' सामान्य एवं अ-सामान्य दशाओं में ले आते हैं। जब हम लौकिक या अलौकिक भ्रान्ति में फँसे पात्र की अज्ञानता से उत्पन्न ग़लतियों का अथवा स्वाँग बनाए

हुए पात्र की भी असफलताओं का प्रत्यक्षीकरण करते हैं, तब **हास्य** उत्पन्न होता है। जब भ्रान्ति फैलानेवाले या उसमें फँसे हुए पात्र के सफल या उद्घाटक क्रिया-कलापों का प्रत्यक्षीकरण किया जाता है तब आश्चर्यमिश्रित हास्य होता है जिसमें मनुष्य की मूर्खताओं या गल्तियों के प्रति अपेक्षित जागरूकता शेष नहीं रहती। इसी तरह जब कौतुक के आश्चर्य में विरूपीकरण (डीफ़ॉर्मिटी) तथा अन्यथाकरण (डिस्टॉर्शन) की वजह से 'अन्तस्सन्तुलन' तथा 'बाह्यसमरूपता' भंग होती है, तब भय अथवा जुगुप्सा मिश्रित किमाकारत्व का बोध उद्भूत होता है। नारद का मोह, हनुमान् का सुरसा से मुक़ाबला, तथा कुम्भकर्ण की आकृति-आकार—ये क्रमशः हास्य, अद्भुत, हास्य और किमाकार की बेहतरीन मिसालें हैं।

हास्य के सिद्धान्तों में अनेक 'मनस्तात्त्विक गहराइयाँ (साइकियल डेप्थ्स) हैं। हास्य की ही दशा एक ऐसी दशा है जहाँ सौन्दर्यबोधात्मक एवं लौकिक प्रतिक्रिया एक समान होती है अर्थात् हँसी की 'मनोःशारीरिक' अनुभूति भी होती है। हास्य मूल-प्रवृत्ति से सम्बन्धित है और स्वीकारात्मक है। यह एक मनोनुकूल अनुभूति है, और कलात्मक सौन्दर्य का एक प्रतिरूप जो क्रियाशक्ति में रूपान्तरित हो जाने पर भी सौन्दर्यबोधात्मक बना रहता है। अतः हास्य सुन्दर और मनोनुकूल है। भरत ने इसका स्थायी भाव हास माना है जिससे हास से हास्य तक एकैक व्यापार संक्रमित होता है। हास्य का सौन्दर्यबोधात्मक गुण बहिर्वस्तु की अपेक्षा भोक्ता की अन्तर्दशा में ही है क्योंकि हास्य का आलम्बन स्वयं हास में भाग नहीं लेता। हास्य में कौतुक या खेल के तत्त्व अनुस्यूत रहते हैं। अतः हास्य में गम्भीरता नहीं होती। गम्भीरता आने पर हास्य क्षीण होता चलता है और व्यंग्य (सैटायर) उभरता आता है। अतः हास्य पीड़ाविहीन और हानिविहीन होता है, और इसमें गम्भीरता के बजाय भोलेपन या भोंदूपन का परिवेश मौजूद रहता है। हास्य का सम्बन्ध मूलतः हृदय से होता है, किन्तु व्यंग्य का मस्तिष्क से भी। हास्य में पात्र के प्रति सहानुभूति बनी रहती है, किन्तु व्यंग्य में पात्र के प्रति घृणा या क्षोभ या खीज या उदासीनता भी शामिल हो जाती है। व्यंग्य में मनुष्य की मूर्खताओं से मनोरंजन होता है, उसके दुर्गुणों पर नैतिक अप्रसन्नता का इज़हार होता है एवं सुधार की प्रवृत्ति अन्तर्निहित होती है। यहाँ आदर्श पात्र और आलोच्य आलम्बन की तुलना करके विरोधों को उभारा जाता है। अतः सौन्दर्यबोध में हास्य एवं व्यंग्य का साहचर्य रहता है। कामद दशाओं में जो हास्य-विधान होता है उसमें सरल हास्य में व्यंग्य अर्थात् बौद्धिक तुलना का भी मेल होता है। बिना व्यंग्य के हास्य सामाजिक आयामों तथा सामाजिक आलोचना को धारण नहीं कर पाता जो कामदी के लिए अनिवार्य है।

हास्य का उद्भव तब होता है जब मनुष्य स्वयं की अपने से 'निचले' स्तर के विषयों (ऑब्जेक्ट्स) से तुलना करता है। जब इस तुलना में कोई भद्दापन, कोई विरूपता, कोई अ-समरूपता पर ध्यान जाता है तब बहुधा अकस्मात् हास्य उत्तेजित होता है। भरत के अनुसार विकृत वेशालंकार, बहानेबाज़ी, प्रलाप, अस्थिरता, दर्शन-दोषादि के कारण हास्य उत्पन्न होता है। (सच विकृतवेषालंकारधाष्ट्र्य

लौल्यकलहासतूप्रलापव्यंगदर्शनदोषोदाहरणादिभिर्विभावैः समुत्पद्यते (40)। विश्वनाथ के अनुसार तुलना में 'श्रेष्ठता' की अनुभूति से मानस में जो उन्नयन होता है वही हास्य का उत्पाद्य है। हास्य में तत्काल हर्ष की अभिव्यक्ति होती है। यह अपने शुद्ध रूप में एक सुखात्मक आश्चर्य से अभ्युदित होता है जहाँ आलम्बन किंचित् असमंजस की हालत में होता है। इसका अधम स्वरूप पशुवत् तुष्टि में होता है जहाँ यह ध्वंसात्मकता द्वारा शक्ति-सम्पन्न होकर घृणा या उदासीनता की सुरक्षित धाराओं में बह जाता है। इस अधम स्वरूप की परिणति शत्रु या खलनायक के पतन में होती है। अतएव सुखात्मक आश्चर्य एवं पशुवत् तुष्टि हास्य के दो ध्रुवान्त ठहरते हैं। दूसरे ध्रुवान्त में एक पक्ष को पीड़ा तथा दूसरे को सुख मिलता है। 'मानस' का परशुराम-प्रसंग तथा लंकादहन- प्रसंग इसके सामान्य उदाहरण हैं।

हास्य-विधान के कई हेतु होते हैं। पहला सरलतम हेतु है स्वयं वस्तु में उपहास्य पक्षों का सन्निवेश। किमाकार हास्य के भी कारण होते हैं। बारात में 'बावले' वर शिव; गधों, कुत्तों, भैंसों, सुअरों आदि के वाहन; विकृतवेशालंकार आदि लक्ष्य-वस्तुओं में ही उपहासास्पद बातें मौजूद हैं। शब्द-श्लेष के द्वारा असम्भाव्य घटनाओं का एक खेल उत्पन्न करके **कामद कपट** (कॉमिक इंट्रीग) की रचना की है। एक स्थिति में त्रुटि सरल न होकर संयोगिक हो जाती है। 'मानस' की नारदमोह-कथा में श्रीहरि द्वारा नारद को हरि (बन्दर) रूप प्रदान करने का वरदान एक गोपनीय स्थिति उत्पन्न करता है। इसी तरह पार्वती-प्रसंग में मैना का यह कथन कि यदि पार्वती के योग्य वर न मिला तो सब लोग कहेंगे कि पर्वत (हिमवान) स्वभाव से ही जड़ (पर्वत) होते हैं। इस सम्भावना में बौद्धिक निराशा है जो विराट् सम्भावना और क्षुद्र उपलब्धि की तुलना करने पर हाथ लगती है। अतः कपट का विपरीतों (काँट्रैरीज़) की अन्तरक्रीड़ा के द्वारा विस्तार किया जाता है। हास्य में शब्द-श्लेष के अलावा वाक्चातुर्य की भी विशिष्टता होती है। जब असम्भव सम्बद्धताएँ जुड़ जाती हैं तब उनको ख़ारिज करने के बाद (त्रुटि या मूढ़ता के उद्घाटन के कारण) भी हास्य उत्पन्न होता है। 'कवितावली' में केवट द्वारा राम के चरण धोकर नौका पर चढ़ने की प्रार्थना करना, सीता द्वारा अहल्या की याद करके राम के चरण छूने में भयभीत होना आदि ऐसी ही असम्भव सम्बद्धताओं के पर्दाफ़ाश होने से उत्पन्न हास्य के उदाहरण हैं। विपरीतों की अन्तरक्रीड़ा की मिसालें शिव के चरित, तथा परशुराम-लक्ष्मण-संवाद में मिलती हैं। योगी और भोगी के द्वन्द्व में शिव विभक्त हैं। इसीलिए हास्य की स्थिति मौजूद हुई है कि स्वभाव से अकेले रहनेवाले योगी शिव, कामदहन शिव, के घर में भी भला क्या कभी स्त्रियाँ टिक सकती हैं ! ऐसी स्थितियों में व्यंग्य भी संयुक्त हो जाया करता है।

त्रासद विपर्यय चिन्ता और भय पूर्ण होते हैं; किन्तु कामद-विपर्यय (कॉमिक रिवर्सेज़) साहसिक तथा चकित दशाओं की वृद्धि करते हैं। कामद-विपर्यय में ही हास्य के रहस्यों की बुनियादें छिपी हैं। इन विपर्ययों के अकस्मात् घटने पर हास्य की वृद्धि होती है। इन आकस्मिक घटनाओं की पकड़ में बुद्धि का इम्तहान होता है। जब

आकस्मिक घटनाओं की आकस्मिक सम्बद्धताएँ पकड़ में आ जाती हैं तभी हास्योदय हो सकता है। दूसरी ओर यह भी ज़रूरी है कि हास्य में वर्जित आवेशों को हम सहन कर सकें। परशुराम-लक्ष्मण-संवाद में हम लक्ष्मण के कारण ही साहसिक दशा को, तथा परशुराम के कारण चमत्कृत दशा को पाते हैं। लक्ष्मण द्वारा मर्यादा-अतिक्रमण सहन करने पर ही हम हास्य की सहजता को पाते हैं; तथा संवाद में सेवक-स्वामी, द्विज-क्षत्रिय, दुधमुँहा-विषमुख, धनुष-धनुही, गर्वोक्ति-व्यंग्योक्ति, बालक-बुजुर्ग आदि की विपरीत स्थितियों की बौद्धिक पकड़ के द्वारा हास्य और व्यंग्य की छटा में मुग्ध होते हैं। इसी तरह अंगद-रावण-संवाद में अंगद द्वारा रावण की गर्वोक्तियों के छूँछेपन को उद्‌घाटित करने पर हास्य मुखर हो उठता है। अंगद के चरण हटाने की शर्त तथा मुकुट फेंकने की घटनाएँ आकस्मिक हैं; और यह रावणपक्ष की मूर्खताओं के फलस्वरूप मनोरंजनकारी खेल भी हो जाता है। कामद-विपर्यय के अन्तर्गत वेशरूप-परिवर्तन के द्वारा कपट (इंट्रीग) को गतिवान किया जाता है और अन्त में इसका परदाफ़ाश। यहाँ कुतूहल की अधिकता होती है क्योंकि 'किसी भी' कोने से रहस्य के उद्‌घाटन की आशंका क़ायम रहती है। रहस्य के मुखौटे के खुलते ही हास्य फूट पड़ता है। 'पार्वतीमंगल' में शहर के निकट आते ही विष्णु देवताओं से अपने-अपने समाजों को अलग करने को कहते हैं; राम जयन्त का भेद जानकर उसे एक आँख का काना करके छोड़ देते हैं; नारद की सज्जनता के उद्‌घाटित होते ही उनका कपटी मन खुल पड़ता है और वे एक चुग़लख़ोर, घर मिटानेवाले, बहकानेवाले हास्य-व्यंग्य के आलम्बन हो जाते हैं। त्रासदी में वेशरूप-परिवर्तन से रहस्य का अन्वेषण (डिस्कवरी) होता है तो कामदी में इससे मूर्खता अथवा ठगी का उद्‌घाटन। ये कामद कपट के साधन हैं। सारांश में, जब कपट (इंट्रीग) का विपर्यय हो जाता है और कपटी के इरादे नहीं के बराबर हो जाते हैं तब एक मखौल की स्थिति बन जाती है। लंकाकांड में रावण के माया-खेल भी इसी कारण अन्ततोगत्वा मखौल बन जाते हैं। कभी-कभी मूर्खता अथवा ठगी का उद्‌घाटन त्रासद हास्य अर्थात् विध्वंसता-प्रकाशक हास्य में रूपान्तरित हो जाता है और यह खलनायक-पक्ष के प्रति तीव्र घृणा का विरेचक होता है : लक्ष्मण द्वारा शूर्पणखा के नाक-कान काटना, भरत द्वारा कुबड़ी मन्थरा की मरम्मत करना, इसकी मिसालें हैं।

कामद नाटकीय **कटाक्ष** (आइरॅनी) हास-उपहास होता है। ये सभी दिशाओं पर धावा बोलकर प्रयोजन की स्फीति को तन्वंगी बना देते हैं। ये तीर भी हैं और नश्तर भी। उपरिवर्णित संवादों में इसका वैभव देखते ही बनता है। दो-तीन उदाहरण लें : लक्ष्मण (परशुराम से)–"आप जो वचन बोल रहे हैं मानो फूल झड़ रहे हैं" "खड़े-खड़े पैर दुखने लगे होंगे, बैठ जाइए।" कैकेयी (दशरथ से)–"राम साधु हैं, आप सयाने साधु हैं।"

मानवीय स्थितियों में शुद्ध क्रीड़ा रूप में भी हास्य पैदा होता है जब दो श्रेष्ठतर-निम्नतर साहचर्य जुड़ जाएँ। सुन्दरकांड में महज़ कौतुक के लिए अपनी पूँछ पर ममता रखनेवाले बन्दर की पूँछ में आग लगाकर उसे पूँछहीन करने के खेल में सारी भीड़

मशगूल हो जाती है (कवितावली, मानस)। हास्य के लिए भीड़ की महत्त्वपूर्ण भूमिका होती है क्योंकि ज्ञात भीड़ (सीता-स्वयंवर की, या लंका नगरी की) सक्रिय और उद्दाम होती है। त्रासदी में यह भीड़ एकरूप होती है किन्तु कामदी में बहुरूप (शिव-बारात, लंका-समाज)। क्रीड़ा का दूसरा मौक़ा युद्ध में है जहाँ अद्भुत हास्य है : सुग्रीव ने कुम्भकर्ण के नाक-कान दाँतों से काट लिए; रावण ने पूँछ पकड़ ली तो हनुमान् उसको साथ लिए हुए ऊपर उड़े; वानर मणियों को मुँह में लेकर फिर उन्हें अखाद्य समझकर उगल देते हैं; नल-नील के खेल में तैयार सेतु पर हू-हू ध्वनि करते हुए वानर-भालू चलते हैं; इत्यादि।

कवि ने 'हास्य-बिम्बों' की रचना कम की है। कुछ यों हैं : यह बूढ़ा जटायु मेरे हाथ-रूपी तीर्थ में शरीर छोड़ेगा (रावण); रावण के सभी मूर्ख मन्त्री ठकुरसोहाती करते हैं तथा गाल फुला-फुलाकर वचन कह रहे हैं; गाल क्यों बजाता है (अंगद के प्रति); यदि रघुनाथ पैदल चलेंगे तो अवनी पर शिलाएँ नहीं रहने पावेंगी (गीतावली, 1/58); इत्यादि।

निष्कर्ष रूप में तुलसी ने केवट, नारद और शिव को प्रधान रूप से; तथा शूर्पणखा, मन्थरा और कुम्भकर्ण को द्वितीय रूप से हास्य का आलम्बन माना है।

इसके बाद **किमाकार** (ग्रोटस्क) के सौन्दर्यतत्त्व की पहेली पेश होती है। आदिम तथा मध्यकालीन समाजों में क्रमशः दैत्यों की लोमहर्षक कल्पनाओं, तथा दरबारों में शत्रुओं के भड़ौआ-नामरूपों (कैरिकेचर्स) को गढ़ने में ही किमाकार के उद्गम हुए हैं। मध्यकाल में राजसभाओं के विदूषक (बफून्स ऑर जेस्टर्स) तथा धार्मिक क्षेत्र की नरक-सम्बन्धी धारणाओं ने दैत्य तथा भड़ौआ तत्त्वों का मेल कर दिया। इसी के साथ-साथ प्रकारान्तर से मनुष्य के शरीर में पशु-शरीरों का संयोग, और पशु-शरीरों में मनुष्य-शरीर का संयोग, एक ही अंग की आवृत्ति (दशशीश), या अंगों का ग़लत जगहों में प्रस्थापन (भूत-प्रेतादि), अथवा अंगों के सही प्रस्थापन में भी उनके अनुपात का विराट् या लघु हो जाना, आदि ने भी विचित्र किमाकार रूप गढ़े हैं। किमाकार सौन्दर्यतात्त्विक कुरूपता (एस्थेटिक अगलीनेस) के विधायक हैं। भारतीय किमाकार-संविधान में यक्ष, किन्नर, गन्धर्व, कुबेर आदि की सूरतें अथवा मुखौटे भी किमाकार का बोध प्रदान करते हैं। आकृति के किसी विशेष अंग को बढ़ा-चढ़ा देना या किसी विशेष दुर्बलता को प्रतीक रूप में जोड़ देना (मूर्खता को सिर पर गधे के सिर से अभिव्यक्त करना, वैभव को कुबेर के मटके जैसे पेट से प्रकट करना, आदि) **भड़ौआ** (कैरिकेचर) के उदाहरण हैं।

वस्तुतः किमाकार का पहला नैसर्गिक विधान मनुष्यों और पशु-पक्षियों की तुलना में हुआ है। गधे की तरह मूर्ख, लोमड़ी की तरह चालाक, बगुले की तरह धूर्त, कुत्ते की तरह गुलाम आदि विशेषताओं ने लक्षणाधर्म धारण किया और बाद में यह तुलना ही अन्यापदेश (ऐलिगॅरी) हो गई; तथा विशिष्ट चरित्रवाले मनुष्य का अंकन ही पशु-रूप में होने लगा। दो चारित्रिक खूबियों के मेल ने किमाकार को अधिक असलियत दी; जैसे—

मनुष्य शरीर और सिंह-मुख या वराह-मुख का मेल (नृसिंह, वाराह) अथवा हाथी के मुख और सिंह-शरीर का मेल (गजसिंह), अथवा ईहामृग। इसी बिन्दु से मध्यकालीन व्यंग्य और पशु-कथाओं, दोनों का व्यापक विकास हुआ है।

किमाकार का दूसरा विधान **मुखौटों** (मास्क्स) से हुआ है। मन्दिरों के द्वारों, नालियों, खम्भों में जो किमाकार-अलंकरण है वह दैत्याकार मुखौटों की देन है। वस्तुतः दैत्याकार और किमाकार (मॉन्स्ट्रस एंड द ग्रोटस्क) की सौन्दर्यात्मक कुरूपता के क्षेत्र में वैसी ही अद्भुत दोस्ती है जिस तरह सौन्दर्यात्मक शोभा के क्षेत्र में प्रकृति और नारी की कान्त मैत्री। यह सौन्दर्यशास्त्र का एक महत्त्वपूर्ण सिद्धान्त है। मानवेतर किमाकार दैत्याकार अथवा विषम अनुपाती होता है, मनुष्य के कार्यों का अनुकरण करनेवाला किमाकार (मिथिक ग्रोटस्क) भड़ौआ होता है; जैसे—बौने, कुबड़े, क्लीव विदूषक, नपुंसक आदि। शिव-विवाह और शिव-तांडव में भारतीय किमाकार के तत्त्वों का बहुमूल्य अनुसन्धान हो सकता है जिसमें पशु-पक्षी, भूत-प्रेत, सर्प-बाघ आदि सभी का 'गड्डमड्ड' हो जाता है। यूनान के आदिम जीवन में डियोनीसस की दावतों में किंपुरुष- वेशादि किमाकार के उद्गम हैं। अतः इस विधान में किमाकार गोपनवेशभूषा (डिस्गाइज़) से विकसित हुआ है जहाँ गोपनीयता का लोप करके दोनों वस्तुओं को एक कर दिया गया। किमाकार मुखौटों का उपयोग कामद हास्य तथा विशिष्ट पात्र के भड़ौआ, दोनों के लिए हुआ है। मध्यकालीन काव्य में मुखौटा लुप्त हो गया और उसके स्थान पर वेशरूप-परिवर्तन ही कथानक-रूढ़ि बन गया।

किमाकार का तीसरा विधान निशाचरों को **दैत्यरूप तथा दैत्याकार** प्रदान करने में मिलता है। उनकी रचना में परम कुरूपता, अन्धविश्वास, और त्रास, इन तीनों का संयोग हुआ। मध्यकाल में राक्षस तत्कालीन अन्धविश्वास होने के साथ-साथ ज़बरदस्त खलनायक या प्राप्याशा नामक कार्यव्यापार के संचालक होते थे। 'मानस' में प्रधानतः हनुमान् को कई विरूप, विषम निशाचरों-भूतों का सामना करना पड़ता है। दैत्यों के रूपों (फ़ॉर्म्स) के सम्बन्ध में मनुष्य की अजीब या विचित्र वृत्तियों का उद्घाटन होता है। बीभत्स में ये जोगिनियों, पिशाचों, प्रेतों, भूतों की किमाकार सेना होकर भयपूर्ण जुगुप्सा और नरक के वातावरण की व्याप्ति कर देते हैं जिससे बाद में 'शान्तविश्रान्ति' (पीसफुल रिलीफ़) मिले। भारतीय सौन्दर्यबोध में बीभत्स के पश्चात् शान्त का विधान होना एक रूढ़ि है। अतः हास्य 'त्रासदिक विश्रान्ति' (ट्रैजिक रिलीफ़) के निमित्त होता है, और बीभत्सपरक किमाकार 'शान्तविश्रान्ति' के। बीभत्स के अलावा दैत्यरूप किमाकार में नामों का प्रतीकीकरण बहुतायत से होता है; 'मानस' में कुछ राक्षसों के नाम कुम्भकर्ण, मेघनाद, खर-दूषण, दुर्मुख, अकम्पन, बज्रदन्त, धूमकेतु, अतिकाय, शूर्पणखा आदि हैं। दैत्यों की विराट् दुनिया एक मिथकीय वातावरण में ही मुमकिन हो सकती है। राजसभाओं के वातावरण में लोमड़ी, भेड़िए, मृग, शृंगाल आदि के गुणात्मक माध्यम से तो शत्रुओं की खिल्ली उड़ाई गई है अथवा तत्कालीन समाज की कुरीतियों का पर्दाफ़ाश किया गया है। तुलसी ने झूठे साधुओं के लिए बगुला, कामुक पुरुषों के लिए कुत्ता,

धूर्तों के लिए कौवा का उपयोग समाजालोचनार्थ किया है, किन्तु कभी-कभी उपमानों के दोषों के कारण उनसे 'किमाकार-बिम्बों' की रचना हो गई है : यथा–रामकथा भ्रमरूपी मेढकों को खाने के लिए सर्पिणी है, बड़ा भारी मोह विशाल महिषासुर और रामकथा भयंकर कालिका है, रामनाम के दो अक्षर जीभरूपी यशोदा के लिए हरि और हलधर (कृष्ण और बलराम) के समान हैं, इत्यादि। दैत्यरूप किमाकार का अनुपम उदाहरण कुम्भकर्ण है। भारतीय साहित्य में कुम्भकर्ण किमाकार के तत्त्वों का चरमोत्कर्ष है। कुम्भकर्ण भूधराकार शरीर है : मानो स्वयं काल ही शरीर धारण कर बैठा हो। उसने रावण से 'करोड़ों' घड़े शराब और 'अनेक' भैंसे मँगाए। वह वानर राजा सुग्रीव को काँख में दबाकर चला। सुग्रीव ने उसके नाक-कान दाँतों से काट लिए। बिना नाक-कान के भयंकर कुम्भकर्ण और भी भयानक हो गया। वह मुँह खोले करोड़ों वानरों को एक साथ पकड़कर खाने लगा : मानो पर्वत की गुफा में टिड्डियाँ समा रही हों। भालू और वानरों के ठट्ट-के-ठट्ट उसके मुख, नाक और कानों की राह से निकल-निकलकर भाग रहे हैं। वह क्रोध करके पर्वत उखाड़ लेता है। यह राक्षस दुर्भिक्ष के समान है। भुजाओं के कट जाने से वह बिना पंख के मन्दराचल जैसा हो गया। रावण का किमाकारत्व भी पर्वत की विराट्ता के इर्दगिर्द ही बुना गया है, किन्तु उसमें अंग की अनेकता है (दशशीश) और चरित्र का प्रतीकीकरण (सिर पर गधे का मुख)। रावण प्राणयुक्त कज्जलगिरि के समान है। उसकी भुजाएँ वृक्षों के तथा सिर पर्वत-शिखरों के समान हैं; रोमावलि मानो बहुत सी लताएँ हैं और मुख-नाक-नेत्र-कान पर्वत की कन्दराओं तथा खोहों के बराबर हैं। नाक-कान-विहीन शूर्पणखा भयानक किमाकार की मिसाल है। इसी तरह रौद्ररस-रूप हनुमान् भयानक किमाकार रूप और सुन्दर किमाकार रूप, दोनों के योग हैं : उदयकालीन सूर्य के समान शरीरवर्ण, आजानुबाहु, डरावनी सूरतवाले मानो काल के भी काल हों, सुवर्णपर्वत के समान शरीरवाले, वज्र-तुल्य नख, पीले नेत्र, विकराल भौंहें, जीभ-दाँत व मुख, भूरे रंग के बाल तथा कठोर पूँछ (हनुमानबाहुक, 1, 2)। ज़ाहिर है कि तुलसी ने दैत्यरूप किमाकार के लिए 'पर्वत' का उपमान चुना है और 'भय' तथा आतंक, 'बीभत्स' तथा आश्चर्य का उद्रेक कराया है। अंगों का गुणन, या शरीर-रचना में उनके लोप द्वारा भी तुलसी ने किमाकार का विधान किया है : शिव-समाज में कोई बिना मुख का है तो किसी के बहुत-से मुख हैं, कोई बिना हाथ-पैर का है तो किसी के कई हाथ-पैर हैं, किसी के बहुत-सी आँखें हैं तो किसी के एक भी नहीं है, कोई बहुत मोटा है तो कोई बहुत ही क्षीणतन है, और कोई पवित्र तथा कोई-कोई अपवित्र वेश धारण किए हैं। यहाँ विरोधों (ऑपोज़िट्स) की तुलना है। शिव-बारात में विरोधों का सामंजस्य भी किमाकार का विधान करता है जहाँ एक ओर देवतादि हैं तो दूसरी ओर बहुत प्रकार के प्रेत, पिशाच और योगियों की जमातें हैं। एक ओर देवरथ आदि हैं तो दूसरी ओर सुअरों, भैंसों, गदहों, कुत्तों आदि की वाहिनी है। शिव का रूप भी किमाकार है। वे पंचमुख और त्रिनेत्र हैं। उनकी वेशभूषा में विषमता-औचित्य है, वे भयंकर गहने पहने तथा हाथ में कपाल लिए हैं। इस तरह कुम्भकर्ण और शिव को

तुलसी ने क्रमशः भयंकर दैत्यरूप किमाकार, एवं विषय मंगल-देवरूप किमाकार के प्रादर्शों (मॉडल्स) के रूप में अनूठी पूर्णता के साथ तराशा है। यहाँ किमाकार-रूपत्व है। किमाकार-स्थिति (ग्रोटस्क सिट्युएशन) का उदाहरण शिव-बारात है जिसका सूत्र है : 'मूल वस्तु के अनुरूप सारे साहचर्य भी ढल जाते हैं' ('जस दूलह तसि बनी बराता', और दूलह 'वामदेव' तथा 'बावला' जो है)।

निष्कर्ष रूप में कहा जा सकता है कि मध्यकाल में किमाकार का उपयोग सौन्दर्यतात्त्विक कुरूपता के विधान; चारित्रिक प्रतीकीकरणः और अवचेतन के भयपूर्ण, आतंकपूर्ण, बीभत्सपूर्ण एवं आश्चर्यपूर्ण 'मुक्त साहचर्यों' के निर्माण में हुआ है जिसमें दैत्यों से लेकर पशु-पक्षियों और दरबारों के विदूषकों तक का योगदान रहा है। किमाकार के प्रति रुचि का होना मनुष्यता तथा प्रकृति की दुर्बलताओं की (हास्य से भी अधिक सशक्त) आलोचना है। मनुष्यों तथा पशुओं, मनुष्यों तथा पक्षियों, पशुओं तथा पशुओं, पशुओं तथा किम्पुरुषों आदि के मिश्रण के द्वारा विचित्र सूरतों, विचित्र अंगरचनाओं तथा विचित्र अनुपातों की रचना करके मध्यकालीन समाज ने कुरूपता और किमाकार के प्रति अपनी दुविधाओं तथा पहेलियों को प्रदर्शित किया है। मन्दिरों, प्रासादों और तोरणों में तो अमंगल-निवारक किमाकार शिरों और मुखों की इफ़रात है। "मध्यकालीन कलाकारों की प्रीति भयंकर वस्तुओं तथा उपहासपूर्ण वस्तुओं के निर्माण पर थी, यद्यपि अपने आतंकों में वे निरन्तर किमाकार की ओर भागते चले जाते थे। इन शिल्पाकृतियों की बग़ल में हम पीड़ा के माध्यमों को भी पाते हैं जिन्हें पीड़ितों की आकृतियों पर प्रतिभाचातुर्य के साथ प्रदर्शित किया गया है। मध्यकाल की साम्प्रदायिक चेतना ने इस अभिरुचि में विलास करने की बेहद गुंजाइश बख़्शी क्योंकि इसमें 'नरक' और 'यमलोक' के अनन्त विविधता वाले आतंक सन्निहित थे।[1]

टोटेम किमाकार के पूर्वरूप हैं जिनमें कुरूपता के बजाय आदिमधर्म की श्रद्धा और प्रतीकीकरण का मेल है, किन्तु दो शत्रु-टोटेमिक क़बीलों के लिए एक-दूसरे के पवित्र प्रतीक किमाकार-बोध प्रदान करते रहे होंगे। 'मानस' में जो टोटेमीय तत्त्व आए हैं वे तुलसी के युग के न होकर रामकथा की यात्रा के किसी प्राचीन चरण के अवशेष हैं। अलबत्ता तुलसी ने तो उनमें 'अलौकिकता' का विधान कर डाला है। ऋक्षराज जामवन्त तथा गृद्धराज वृद्ध जटायु क़बीले के कुलज्येष्ठ (पैट्रियार्क) रहे होंगे। इसी तरह वानरराज सुग्रीव, कन्दरावासी सम्पाति टोटेमवाली जाति, अनेक जातियों के वानर (टोटेम), काकभुशुंडि आदि में टोटेम, जादू, और कौतुक का ऐसा मिश्रण हुआ है कि तुलसी के युग में इन्हें मानवेतर बना दिया गया।

'बीभत्स' और **'भयानक'** की समस्या को हम कई प्रसंगों में उठाते चले और उनके तत्त्वों का छिटपुट निरूपण करते आए हैं। धार्मिक काव्य में हमने बीभत्स और भयानक को सहचर रूप में इसलिए रखा है कि दोनों में ही अतिप्राकृतिक और अलौकिक, रहस्य और रोमांच का मेल है। सौन्दर्यतात्त्विक दृष्टिकोण से तो भयानक के भय की सृष्टि

1. थॉमस राइट : 'अ हिस्ट्री ऑव कैरीकेचर एंड ग्रोटस्क', पृ. 148; प्रकाशकः चैटों एंड विंडस, 1875।

तब होती है जब प्रधान कथातन्त्र (रामपक्ष) का विरुद्ध कथातन्त्र (रावणपक्ष) विध्वंस करनेवाला होता है; अथवा उस पर हावी हो जाता है, किन्तु पूरा विध्वंस नहीं कर पाता अन्यथा 'शोक' का उद्रेक होगा। तुलसी ने स्त्रियों को स्वभाव से भीरु माना है। ('मृगलोचनि तुम्ह भीरु सुभाएँ') जो एक सामन्तीय काव्यशास्त्रीय धारणा है (स्त्रीनीचप्रकृति–विश्वनाथ)। भय में आश्रय निस्सहास और कमज़ोर पड़ जाता है तथा आलम्बन प्रचंड और विकृताकाररूप होता है (व्याघ्र, हिंसक जीव, भयानक वन, शत्रुआदि) तुलसी ने अयोध्याकांड में वन की भीषणता का (मानस, 2/61, 62/1-2), लंकाकांड में युद्ध की भयानकता का विशेष रूप से वर्णन किया है। क्योंकि तुलसी-कृतित्व में राम परब्रह्म हैं, अतः शत्रु रावणपक्ष में भयानकता के बजाय मायामय अलौकिकता का विन्यास हुआ है। 'विनयपत्रिका' तथा 'कवितावली' में कलिकाल की संहारकता का धार्मिक संचारियों के द्वारा मौलिक उपस्थापन हुआ है। बीभत्स के अन्तर्गत उन्होंने शास्त्रीय आलम्बन ही प्रयुक्त किए हैं, किन्तु यौगिक-तान्त्रिक आलम्बनों की अलौकिकता का जाल भी डाला है। बीभत्स का सौन्दर्यतात्त्विक अनुभव दो स्थलों पर कराया गया है : खर-दूषण-युद्ध, तथा राम-रावण युद्ध के मौक़े पर। पहले में योद्धाओं के अंगों का क्षत-विक्षत होकर गिरना; चील, कौवों, गृद्धों, शृगालों आदि के भयंकर शोरों का उठना; भूत-प्रेत-पिशाचों, वीरवैतालों तथा योगिनियों के जुगुप्सापूर्ण नृत्य के आयोजन आदि के द्वारा भय और जुगुप्सा का संयोग हुआ है (मानस, 3/19-छन्द)। रामयुद्ध के अवसर पर अपवित्र रक्त-नदी के एक सांगरूपक के द्वारा मरण का आयोजन हुआ है। बीभत्स का घिनौनापन धार्मिक काव्यों में विरति की ओर अग्रसर करनेवाला होता है। यह युद्ध की भयानकता और मृत्यु की क्रूरता का निदर्शन करता है।

अन्त में **'धार्मिक भाषा की संरचना'** की मीमांसा शेष रहती है। भाषा की अर्थमीमांसा (सिमैंटिक्स) पर कार्य करनेवालों में कॉज़िबस्की, हायाकावा, चेज़, विटगेंस्टाइन, न्यूराथ, कार्नाप, फ्रैंक; व्हाइटहेड, रसेल, ऑग्डेन, रिचार्ड्स, आयर तथा साइबर्नेटिक्स एवं 'सिम्बॉलिक लॉजिक' के अनुकर्ता आदि हैं। लेकिन भाषा के धार्मिक उपयोग पर कार्य करनेवालों में सन्त ऑगस्ताइन, टिल्लिच, रेंडॉल, ब्रेथवेट आदि का भी खासा योगदान रहा है। अतः हम यहाँ अप्रासंगिक बातों में नहीं उलझेंगे। धार्मिक भाषा, और उसमें भी रहस्यवाद की भाषा की अर्थगत एवं प्रतीकगत विशिष्टताएँ हैं। यह काव्यभाषा और वैज्ञानिक भाषा से कई दृष्टियों से भिन्न है। इस पर तो संकेतों (सीमियोटिक) का सिद्धान्त लागू होता है। इसकी प्रेषणीयता अभिधा-लक्षणा-व्यंजना नामक शब्द-शक्तियों से परे, तथा अतिरिक्त है। व्हाइटहैड, रसेल और विटगेंस्टाइन ने 'लॉजिकल पॉज़िटिविज़्म' की धारा के अनुसार इस बात को सिद्ध किया कि कुछ वक्तव्य ऐसे होते हैं जिनका प्रमापन (वेरिफ़िकेशन) असम्भव है। अतः उन पर बहस निरर्थक है। वक्तव्यों की एक कोटि ऐसी है जो विश्लेषण करने पर यथार्थ के बाबत न होकर भाषा के बाबत होते हैं। अर्नेस्ट कैसिरर (1874-1945) के अनुसार अर्थमीमांसक अध्येता तथ्यात्मक ज्ञान तथा तर्कात्मक ज्ञान के क्षेत्रों में उलझे रहे और प्रतीकनिर्मात्री क्रिया के प्रति कम

जागरूक रहे जिससे मिथकों की सृष्टि होती है। उनके अनुसार भाषा उस अनुभव का अवधारण (कॉन्सेप्ट्यूएलाइज़) तथा प्रतीकांकन (सिम्बॅलाइज) इसके बहुत पहले ही कर डालती है जब वह बहस और तर्क का साधन बनता है। अवधारण एक बीज-कर्म है तथा प्रतीकांकन अवधारणा का स्थैर्यकर्ता ! आल्फ्रेड कॉर्जीबस्की (1879-1950) ने भाषा और यथार्थता के सम्बन्धों की तुलना करके अपने 'सामान्य अर्थमीमांसाशास्त्र' के अनुसार सिद्ध किया कि शब्द वे वस्तुएँ 'नहीं हैं' जिनका प्रतिनिधित्व करते हैं, शब्द किसी वस्तु के बाबत 'सब-कुछ नहीं' कह सकते, तथा शब्द के बाबत शब्द, और शब्द का तात्पर्य कथन अनन्ततः सम्भव है क्योंकि शब्द 'आत्म-प्रकाशक' हैं। जब हम कहते हैं कि 'कमल लाल है' तो यहाँ 'कमल' और 'लाल' दोनों स्थिरांक नहीं हैं। कमल किस देश का ? किस ऋतु का ? लाल कैसा ? क्योंकि लाली तो उषा के रंग से लेकर आलक्तक के रूप के बीच नाना वर्ण की होती है। अतः 'कमल लाल है' यह वक्तव्य पूर्णतः सत्य नहीं है। यह 'केवल' सीमाओं के भीतर ही सत्य हो सकता है। अब एक दूसरी तरह का कथन लें : "भगवान् राम स्वामी हैं।" यहाँ न तो 'रामस्वामी' का यथातथ्य सम्बन्ध है, न ही अनेकार्थक शब्दवाला विपरीत या असम्बद्ध अर्थोंवाला सम्बन्ध है, बल्कि एक समदृश्य (ऐनेलॉजिकल) सम्बन्ध है। अर्थात् हमें ईश्वर-रूप से नीचे के मानुष-रूप में इसके सम्बन्ध-सादृश्य को ढूँढ़ना पड़ेगा। जिस तरह मनुष्य-रूप में स्वामी-सेवक का सम्बन्ध होता है उसी तरह ईश्वर और मनुष्य के बीच बहुत कुछ सम्बन्ध हैं, यद्यपि मानवीय और ईश्वरीय स्वामित्व में अन्तर भी है। अतः इस वक्तृत्व में भेद में सादृश्य, एवं सादृश्य में भेद है। यह वक्तृत्व ईश्वर की पूर्णता का मूर्त-कथन न करके इंगित-कथन करता है और 'स्वामी' शब्द के अर्थ का स्वयंप्रकाशन (इंट्यूइट) भी करता है। यह धार्मिक अर्थों की बड़ी जटिल समस्या है। 'ईश्वर राम' के द्वारा हमने अर्थ की व्यंजना को थोड़ा-सा नियत प्रकरण भी दिया है। निर्गुण तो अनन्त, अनादि, अनीह आदि है; किन्तु सगुण राम में मानवीय गुण भी है (स्वामित्व, प्रीति, मर्यादा, लोकमंगल आदि)। अवतार-धारणा के कारण निर्गुण ब्रह्म में मानवीय गुण निहित हो गए। इसलिए यह प्रदर्शन मुमकिन हो गया कि जिस तरह अवतार राम ने स्वामित्व का प्रकाशन किया वही ईश्वर के स्वामित्व का अभिज्ञान है। धार्मिक भाषा की मूलभूत समस्या है कि उसमें कथानक तथा कथोपकथन अन्ततोगत्वा दृष्टान्त (पैरेबिल्स) तथा प्रतीक (सिम्बॅल्स) में रूपान्तरित हो जाते हैं, अर्थात् चरित्र 'लीला' में एवं संवाद 'गीता' में रूपान्तरित हो जाते हैं। इसलिए हमें "ईश्वर को दृष्टान्त-रूप में समझना पड़ता है" (आयन क्रॉम्बी)। अतएव जब अवतार राम दृष्टान्तों में बात करते हैं तब कवि भी ईश्वर से दृष्टान्तों में ही बात करता है, यद्यपि 'सत्य' उन दृष्टान्तों में प्रस्तुत भाषित सत्य जैसा नहीं होता। अतः क्या दृष्टान्तों, प्रतीकों, मिथकों और आत्मप्रकाशक शब्दों की धार्मिक भाषा का तार्किक चरित्र होता है ? आज धार्मिक भाषा के कई सिद्धान्त उसे अ-ज्ञानात्मक सिद्ध करते हैं (मनोवैज्ञानिक अर्थ में)। पॉल टिलिच ने धार्मिक भाषा की प्रतीकात्मक प्रकृति का, तथा चार्ल्स मॉरिस ने धार्मिक भाषा की रहस्यवादी प्रकृति का

अन्वेषण किया है। "'धार्मिक' भाषा के प्रतीक हमारे सम्मुख उस यथार्थता का उद्घाटन करते हैं जो अन्य तरीक़ों से हमारे लिए अगम्य हैं" (–टिलिच)। यही काम कलात्मक भाषा के भी प्रतीक करते हैं, किन्तु दोनों में ही उद्घाटित यथार्थता क़तई 'सम्पूर्ण' नहीं होती। धार्मिक भाषा के प्रतीकों को बल देने में मिथकों का महत् योगदान होता है, और ये अ-प्रतिवस्तुपरक (नॉन रेप्रेज़ेंटेशनल) एवं अ-ज्ञानक्रियात्मक (नॉन-कॉग्निटिव) होते हैं, और ये किसी अन्य वस्तु का सम्प्रेषण न करके स्वयं को ही सक्रिय बना उठते हैं (देखिए–रेंडॉल : 'की-रोल ऑव नॉलेज इन वेस्टर्न रिलीजन', पृ. 114) इसके अलावा धार्मिक कथन किसी नैतिक कार्य का भी निर्देश करते हैं। अतः उनमें कार्य या कर्मकांड का आह्वान होता है और उन कामों के प्रति श्रद्धाभाव। इस वजह से हम धार्मिक भाषा को आचरणों तक क्रियान्वित करके ले जाते हैं। 'ईश्वर राम स्वामी हैं' के कथन में कथक का यह उद्देश्य है कि हम दास्य सम्बन्धों पर आधारित धार्मिक जीवन का पालन करें। इस तरह धार्मिक कथाओं एवं धार्मिक जीवनविधि के बीच सौन्दर्यबोधात्मक से अधिक नैतिक एवं मनोवैज्ञानिक सम्बन्ध क़ायम हो जाता है; और धार्मिक कथाएँ आचरण-नीतियों की व्यावहारिक व्याख्याएँ बन जाती हैं। इसलिए धार्मिक भाषा में दृष्टान्तों (पैरेबिल्स) और पुराणों (मिथकाभासों) के द्वारा एक ही आचरण के प्रति मनोवृत्तियों में अन्तर उत्पन्न हो जाता है; मसलन, सगुणधारा और निर्गुणधारा के एक ही साध्य होने के बावजूद मिथकों और दृष्टान्तों के द्वारा उनकी आचारों, नीतियों, जीवनदर्शन में फ़र्क़ हो जाता है। सारांश में, "धार्मिक कथन का लक्ष्य किसी आचरणनीति को क्रियान्वित करना होता है" (ब्रेथवेट : 'ऐन इम्पिरिसिस्ट व्यू ऑव द नेचर ऑव रिलिजस बिलीफ़', पृ. 32।) तुलसी ने धार्मिक भाषा और काव्य-भाषा के अन्तर को दूसरे ढंग से समझा है जब कहते हैं कि देश-काल और अवसर के अनुकूल वचन बोलना चाहिए। उनके द्वारा रची गई प्रार्थनाएँ और संवाद एक ओर तो क्रमशः मनोवैज्ञानिक सम्बन्धों और नैतिक सम्बन्धों को कर्म में सम्पादित करने का आह्वान हैं, तो दूसरी ओर धार्मिक प्रतीकों एवं दृष्टान्तों के प्रकाशक हैं। लीलाओं की परिणति दृष्टान्तकथाओं जैसी हो गई है, और हर लीला एक सक्रिय आचरणनीति का प्रतिमान होकर प्रतिष्ठित हो जाती है। दृष्टान्तों द्वारा कथक तुलसी ने असंख्य धार्मिक वक्तव्य दिए हैं। एक उदाहरण धनुर्भंग के मौक़े का है जब सखियाँ कहती हैं : "तेजवान को (देखने में छोटा होने पर भी) छोटा नहीं गिनना चाहिए। कहाँ घड़े से उत्पन्न होनेवाले मुनि अगस्त्य और कहाँ अपार समुद्र ! कहाँ छोटा लगनेवाला सूर्य और कहाँ त्रैलोक्य का अन्धकार ! महान् गजराज को छोटा-सा अंकुश वश में कर लेता है ! कामदेव ने फूलों का ही धनुष-बाण लेकर समस्त लोकों को अपने वश में कर रखा है।" इसी तरह उन्होंने मणि, दीपशिखा, गंगा, कल्पतरु, कामधेनु, चातक, हंस आदि के प्रतीकों द्वारा अनुभव की नई विलक्षणताओं को अभिव्यक्त करने की कोशिश की है। उन्होंने इन प्रतीकों द्वारा मनुष्य को कर्मप्रेरित भी किया है जैसा कि धार्मिक प्रतीकों का स्वाधिष्ठान हुआ करता है। यदि दृष्टान्त को व्यापक रूप में ग्रहण कर लें तो हम सम्पूर्ण तुलसी-कृतित्व में अन्योक्तियों

की भरमार पाते हैं जो येन-केन प्रकारेण नैतिक क्रियात्मकता को सबल और विश्वासपूर्ण बनाने की कोशिश में संपृक्त हैं। तुलसी का भी बहुत कुछ ऐसा ही विश्वास था कि लौकिक काव्यात्मक वाग्विलास में गल्प (फ़िक्शन) होता है, किन्तु अलौकिक काव्यात्मक कथनों में तथ्य (फ़ैक्ट्स) एवं 'भक्ति' की विलक्षण अनुभूति। ग्रन्थिक तुलसी की इतिवृत्तात्मक शैली में सभी पात्र राम से बात करते समय "हे स्वामी !...हे प्रभु !...हे नाथ !" आदि सम्बोधनों का उपयोग करते हैं और उनके गुण तथा चरित्र का बखान करते हैं। वे सभी 'अत्युक्ति' में बातें करते हैं। फलस्वरूप राम और ईश्वर का मेल होकर 'ईश्वर राम' एक पदांशशब्द हो जाता है और तुरत एक आचरणनीति सारी भाषा द्वारा आन्दोलित-आमन्त्रित हो उठती है कि ईश्वर राम से एक विशिष्ट सम्बन्ध होना चाहिए, तथा हमें तदनुरूप वैसा ही जीवन जीना चाहिए। धार्मिक भाषा में मिथक का उपयोग वक्तव्यों की 'सत्यता' तथा विशिष्ट आचरण-पालन के 'प्रमाण' के रूप में होता है। बिना मिथकों और प्रतीकों और दृष्टान्तों के काव्यात्मक धार्मिक भाषा का अस्तित्व असम्भव और बेबुनियाद है।

धार्मिक भाषा में 'क है क' जैसा अर्थ नहीं हो सकता। उसमें 'क है अ-क' तथा 'क है ख' जैसा अनुभव भी हो सकता है। इसीलिए रहस्यवादी धार्मिक-भाषा विरोधाभासों (पैरेडॉक्सेज़) और अन्तर्विरोधों (कॉण्ट्रैडिक्शन्स) वाली होती है। कबीर के अनुसार जल के बीच मछली प्यासी है (अन्तर्विरोध), घट के भीतर नौ लाख तारे हैं, तथा नदी नहीं बहती, पुल बहता है (अन्तर्विपरीत)। ऐसे विशेष अनुभवों में अन्तर्विपरीतों तथा अन्तर्विरोधों वाली भाषा स्वाभाविक होती है। क्यों ? ऐसी भाषा में भाषापूर्व (प्री-लैंग्वेज) संकेत भाषोत्तर (पोस्टलैंग्वेज) संकेतों में (उदाहरण : गोदी के शिशुओं की चीख़वाले भाषापूर्व संकेतों, आकाश में एक तारे की तरह चमकनेवाले बिन्दु का भाषोत्तर 'स्पुतनिक' के रूप में प्रत्यक्षीकरण) प्रकट होना चाहते हैं जिससे मूल भाषा-संकेत नगण्य हो जाया करते हैं (—चार्ल्स मॉरिस की प्रस्थापना)। ऐसे अनुभवों का भोक्ता स्वयं को उन व्यक्तियों और वस्तुओं के रूप में विभिन्न समयों और स्थानों में 'चिह्नि' कर सकता है। वह 'प्रतीकरूप' में यहाँ और अभी स्थित, स्वयं से पृथक् पर विषय हो जाता है; वह प्रतीक रूप में पर्वत को लाँघ सकता है, एक सूर्य हो सकता है, एक चन्द्रमा हो सकता है, कमल हो सकता है, बहुरिया हो सकता है; और तिस पर भी 'अस्तित्वरूप' में वह स्वयं रह सकता है—यहाँ, और अभी स्थित स्वयं ! अतः वह यहाँ भी होता है और यहाँ नहीं भी; वह नदी को बहते देख सकता है और पुल को भी बहते हुए अनुभव कर सकता है। उसका यह प्रत्यक्षीकरण गूढ़ और जटिल है। यह प्रत्यक्षीकरण भाषोत्तर संकेतों में प्रकट होता है। मिथक, धर्म, जादू, टोटेम आदि में यही गूढ़ भाषोत्तर एवं भाषेतर प्रत्यक्षीकरण होता है। धार्मिक भाषा में कवि या रहस्यवादी प्रतीकों से अनुशासित न होकर खुद प्रतीकों पर अनुशासन करता है। अतः उसके वैयक्तिक गूढ़ अनुभव (भाषापूर्व संकेत) बहुधा 'अनिर्वचनीय' हो जाया करते हैं। तुलसी में रूप-दर्शन और मनोहरता के प्रभाव की अनिर्वचनीयता की बारम्बार गुहार मिलती है।

धार्मिक भाषा में पहले तो अन्तर्विरोध तथा अन्त में विरोधाभास मिलता है और बाद में निषेधात्मकता। उदाहरण : 'इन बातों का बखान नहीं हो सकता,' 'इनका अनुभव नहीं भोगा तथा कहा जा सकता' इत्यादि। इसकी वजह यही है कि धार्मिक कवि या रहस्यवादी अस्तित्व-रूप में तो यहाँ और अभी है, किन्तु प्रतीकरूप में न यहाँ है, न अभी है। इसीलिए अन्तर्विरोधों की सृष्टि होती है, या फिर अतिशयोक्तियों के अनुमान ! यह वस्तुओं से प्रतीकात्मक तादात्मीकरण कर लेता है। अतः उसे वस्तु का बदला हुआ रूप-दर्शन होता है : मेघ अपनी वृत्ति बदलकर राम की छाया करनेवाले हो जाते हैं, बाण ब्रह्मास्त्र हो जाते हैं, समुद्र का ज्वार-भाटा सुरसा हो जाता है, प्राइमेट वानर दैवी हो जाते हैं, इत्यादि। सूत्ररूप में, 'अब वस्तुएँ प्रतीकात्मक नयनों' से देखी जाती हैं जो ब्रह्मांड यात्राओं से विस्फारित हो चुकी होती हैं' (चार्ल्स मॉरिस : 'कमेंट्स ऑन मिस्टिसिज़्म एंड इट्स लैंग्वेज़')। तुलसी ने 'मानस' में प्रधानतया धार्मिक भाषा की जटिलताओं का सामना किया है, किन्तु उनके पास काव्यात्मक भाषा की विशाल विरासत तथा संस्कार थे। अतः उन्होंने दोनों का जमकर घालमेल किया। कबीर ने स्वयं को काव्यभाषा परम्परा से उतना नहीं जोड़ा। अतः उन्हें भाषोत्तर प्रतीकोंवाली रहस्यवादी भाषा का काव्यात्मक विस्फोट करने में अनेक कलात्मक, भाषातात्त्विक, ध्वनिविज्ञानपरक समस्याओं से जूझना पड़ा है। फिर भी उन्होंने एक बेहद मौलिक और तेज/धारदार भाषा गढ़ डाली है। तुलसी ने काव्यात्मक भाषा का जो उपयोग किया है उसकी धार्मिक भाषा से सन्धि की अनुपम मिसाल 'मानस' का वर्षा तथा शरद-वर्णन है। काव्यभाषा के भेदों में उन्होंने अतिशयोक्ति, व्यंग्योक्ति ('कुलघालक', 'धनुही', 'नर नाम' को लेकर उठाए गए प्रसंग), शब्दश्लेष (नारद मोह में 'हरि', तथा 'पार्वतीमंगल' में 'जड़' को लेकर रचे गए घटना-विधान), वक्रोक्ति (अंगद-रावण-संवाद के हनुमान्- प्रसंग में अंगद द्वारा हनुमान् के 'हरकारेपन' की महत्ता का बखान) आदि का सबसे ज़्यादा सहारा लिया है। 'मानस' में इतिवृत्तात्मक भाषा के विधान की वजह से कथक तुलसी को नाना प्रकार की कथन-शैलियों के प्रयोग के बेहतरीन मौक़े मिले हैं। संवादों में तर्क-संयोजन के लिए उन्होंने चार प्रकार की तर्क-शैलियाँ विकसित की हैं : (1) प्रश्नोत्तर रूप में लोकानुभवी तर्क-शैली। इसमें निषेधात्मकता होती है और अन्त में अज्ञान प्रदर्शित कर दिया जाता है। उदाहरण : 'क्या कभी जल के बिना नाव चल सकती है ? तप के बिना क्या तेज फैल सकता है ? जल-तत्त्व के बिना संसार में क्या रस हो सकता है ? इसी प्रकार, हरिभजन बिना जन्म-मृत्यु के भय का नाश नहीं होता।' (2) पौराणिक शैली में प्रश्न व प्रश्न में ही उत्तर का विधान। इसमें स्वीकारात्मकता होती है और अनन्त में मूढ़ता उद्घाटित की जाती है। उदाहरणः "अरे अभागे दशशीश, राम मनुष्य क्यों कर हैं ? कामदेव भी क्या धनुर्धारी हैं ? गंगा क्या नदी है ? कल्पवृक्ष क्या पेड़ है ? सहस्रफण क्या सर्प है ? वैकुंठ भी क्या लोक है ? रघुनाथ की अखंड भक्ति भी क्या लाभ है ? अतः राम नर होकर भी परब्रह्म हैं।" (3) तुलनात्मक शैली। इसके द्वारा अतिशयोक्ति की व्यंजना होती है। उदाहरण : "राम का अरबों कामदेव के समान सुन्दर शरीर है,

अरबों आकाशों के समान उनमें अनन्त अवकाश हैं, अरबों सूर्यों के समान प्रकाश है।" (4) असम्भव सम्भाव्यों तथा चिरन्तन क़ानूनों के बीच तुलना करके किसी धार्मिक सिद्धान्त को इनसे भी बड़ा और नियमातीत सिद्ध करना। उदाहरण : 'कछुवे की पीठ पर भले ही बाल उग आएँ, बाँझ का पुत्र भले ही किसी को मार डाले, किन्तु रामविमुख जीव सुख नहीं पा सकता। बर्फ़ से भले ही अग्नि प्रकट हो जाए, खरगोश के सिर पर भले ही सींग निकल आएँ, अन्धकार भले ही सूर्य का नाश कर दे, किन्तु रामविमुख होकर कोई सुख नहीं पाता।' (ये चारों उदाहरण 'मानस' से लिए गए हैं)।

निष्कर्ष रूप में कहा जा सकता है कि इतिवृत्तात्मक काव्यभाषा का इस्तेमाल करने के कारण तुलसी ने 'मानस' में अनेक प्रकार की वक्रोक्तियों तथा तार्किक-विधियों का व्यवहार किया है; तथा उन्होंने धार्मिक भाषा तथा काव्यात्मक भाषा, इन दोनों का भी विचित्र संयोग किया है एवं धार्मिक भाषा का अनुपम सरलीकरण किया है।

इसी भाषा-विधान-प्रसंग में तुलसी के **रूपकों** (मेटेफ़र्स) तथा **बिम्बों** (इमेजेज़) के विधानों पर मुख़्तसिर ग़ौर हो सकता है। आधुनिक व्याख्यानों में रूपक तथा बिम्ब को संस्कृति का दर्पण भी सिद्ध किया गया है।

'रूपक' में दो तरह की सम्बन्धता होती है : (क) यह सादृश्य या साधर्म्य का कथन न होकर तादात्म्य-कथन है जहाँ समाज के दृष्टिकोण का प्रकाशन होता है; जैसे श्रद्धा-गौ, धर्म-रथ। अतः रूपक तथ्य का वक्तव्य होता है। रूपक 'कालान्तर' में 'रूपी', 'जिमि', 'जनु' आदि के द्वारा उपमा बन जाता है, और यह एक सामाजिक घटना है। (ख) रूपक का तादात्म्य-कथन अपने विशेष देश और काल अर्थात् इतिहास और भूगोल से अपनी सम्बन्धता प्रतिबिम्बित करता है। अतः रूपक में तुलसी की मौलिकता के बजाय उनकी इस देश-काल सम्भूत सम्बन्धता का ज़्यादा महत्त्व है। इसीलिए रूपक एक पूरे समाज और सभ्यता का अन्तर्भावन करते हैं। तुलसी ने बड़े अनूठे सांगरूपकों की रचना की है। जिस तरह होमर की होमरीय उपमाएँ, दान्ते के संदर्शन, कालिदास की उपमाएँ, कबीर के प्रतीक अपनी मौलिक और सांस्कृतिक छाप रखते हैं, उसी तरह तुलसी के 'सांगरूपक' उनके समय और समाज की समग्रता, हिन्दू जाति की धार्मिक चेतना तथा वेद-लोकसम्मत सामाजिक व्यवहार का प्रकाशन करते हैं। जिस तरह आज के युग में हम जिन रूपकों का इस्तेमाल करते हैं वे या तो मनुष्य और मशीन का तादात्मीकरण करते हैं, अथवा मिथक ('सिसिफ़स'; ओडीपस, प्रोमेथ्यूस, त्रिशंकु, बृहन्नला, कुन्ती, अभिमन्यु आदि) कथाओं और वर्तमान संस्कृति का तथ्यीकरण करते हैं। वास्तव में विचार एवं आचरण के नियामक घटक या तो सामाजिक-सांस्कृतिक हैं, या मनोयौनपरक, अथवा स्नायु-अर्थपरक (सोश्योकल्चरल, साइको-सेक्सयुअल, न्यूरो-सिमैंटिक)। भाषा और संस्कृति को ये रूपगठन देते हैं। तुलसी के सांगरूपकों में से श्रद्धा-गौ का रूपक तथा सम्पूर्ण कृषकभारत से सम्बन्ध रखता है, भक्ति-गंगा रूपक पवित्र नदी के किनारे के धार्मिक जीवन से सम्बन्ध रखता है, धर्म-रथ रूपक (महाभारत से प्रभावित होकर) आध्यात्मिक मूल्य-चक्र की रचना करता है, रामचरितमानस रूपक

धार्मिक स्नान के माहात्म्य से जुड़ा है, मणिदीप रूपक मन्दिरों के उपचारों से सम्बद्ध है, तथा रक्तनदी रूपक कुम्भीपाकनद की याद दिलाता है।

'बिम्ब-विधान' की दृष्टि से तुलसी ने संस्कृत की क्लैसिकल परम्पराओं से आगे बढ़कर उनमें ग्राम्यीकरण का ज़बरदस्त समावेश किया है। यह उनकी 'ग्रामीण सौन्दर्यबोधशास्त्र' को महत्तम देन मानी जाएगी। संक्षेप में, उनके बिम्ब-विधान की निम्नलिखित कोटियाँ हैं :

(1) पम्पासर, वर्षा, शरद् वर्णन में 'धार्मिक-नैतिक बिम्ब' (इनका निरूपण हो चुका है) :

(2) 'लोकानुभवी बिम्ब' (इनका भी निरूपण हो चुका है);

(3) 'मिथकीय बिम्ब' (इनका निरूपण आगे होगा);

(4) 'ब्रह्मांडपरक बिम्ब' (इनका भी निरूपण आगे होगा);

(5) 'अन्योक्ति, सूक्ति, दृष्टान्तपरक बिम्ब'; जैसे : कहीं पोखरे का क्षुद्र कछुआ भी मन्दराचल उठा सकता है, नवरसालवन में विहरणशील कोकिला क्या करील के जंगल में शोभा पाती है, कौवों को बड़े प्रेम से पालो पर क्या वे कभी मांसत्यागी हो सकते हैं, सन्त-असन्त एक साथ जगत् में पैदा होते हैं किन्तु उनके गुण कमल व जोंक की तरह अलग-अलग हैं, साधु का चरित्र कपास के फल की तरह होता है, जैसे बगुले हंस पर तथा मेंढक पपीहे पर हँसते हैं वैसे ही मलिन मन निर्मलवाणी पर हँसते हैं, इत्यादि;

(6) 'कवि-समयपरक बिम्ब'; सर्पमणि, सूर्य-कमल, मोती-सीप, गज-मुक्ता आदि से सम्बन्धित;

(7) 'शकुन-अपशकुन सूचक बिम्ब'; जैसे : मंगल बधावे बजने लगे, कलश सजा दिए गए, देवता फूल बरसाने लगे, सुआसिनियाँ मंगल गाती हैं, बहुत से स्यार, गदहे और कुत्ते रोते हैं, आकाश में जहाँ-तहाँ पुच्छल तारे प्रकट हो गए, पृथ्वी हिलने लगी, आकाश से वज्रपात होने लगा, इत्यादि;

(8) 'मुद्रात्मक बिम्ब'; जैसे : जयमाला डालती हुई सीता मानो दो सनाल कमल चन्द्रमा को डरते हुए जयमाला दे रहे हों, राम से मिलते हुए मुनि ऐसे शोभित हो रहे हैं जैसे सोने के वृक्ष से तमाल का वृक्ष भेंट रहा हो, हनुमान् ऐसे निःशंक खड़े रहे जैसे सर्पों के समूह में गरुड़, अंगद सिंह की-सी ऐंड़ से इधर-उधर देखने लगे, कुम्भकर्ण ऐसा अचल रहा जैसे मन्दार के फलों के भार से हाथी पर कुछ असर नहीं होता, वानरों की बहुत-सी पूँछें आकाश में छाई हुई हैं मानो सुन्दर इन्द्रधनुष उदय हुए हों, चारु चरन नख लेखति धरनी, आदि;

(9) 'भाव एवं विचार बिम्ब'; जैसे : सीता इस तरह चकित हैं मानो डरी हुई मृगछौनी सकल दिशाओं में देख रही हो, प्रेमप्रफुल्लित रानियाँ ऐसी सुशोभित हो रही हैं जैसे मोरनी बादलों की गरज सुनकर प्रसन्न होती है, कैकेयी ऐसे देखती है मानो भूखी बाघिनी हरिणियों को देख रही हो, भरत की दशा कैसी है जैसी जलप्रवाह में जल-अलि की गति होती है, सब अतुलनीय बलवान् तीर ऐसे चले मानो काजल की आँधी हो, लंका

के लोग हनुमान् को याद कर डर से सूख गए और छिपने लगे जैसे बाज़ के झपटने पर लवा पक्षी छिप जाता है, अन्य व्याकुल व्यक्ति भी भरत के साथ हो गए जैसे वन को भयंकर दावानल से जलता देखकर पक्षी और मृग उससे निकल भागने लगते हैं, भरत भरद्वाज के आश्रम की ओर चले मानो किसी तृषातुर गजराज ने दारुण घाम लगने पर किसी तड़ाग को देख लिया हो, धूलि-धूसरित वियोगिनी सीता ऐसी लगती थी मानो कामदेव भूल से अपनी मोहिनी मणि को भूल गया हो, 'बहुरि बदनु बिधु अंचल ढाँकी, पिय तन चितइ भौंह करि बाँकी,' कैकेयी का हृदय कुम्हार के आँवे के समान जलने लगा, सासुओं की बुरी दशा देखकर सीता को ऐसा लगा मानो राज-हंसिनियाँ बधिक के वश में पड़ गई हों, कैकेयी तू अन्त में पछताएगी जो नहारू (ताँत) के लिए गाय को मार रही है, विधाता की बुद्धि बड़ी टेढ़ी है जो दूधफेन जैसी कोमल वस्तु को वज्र की टाँकी से फोड़ रहा है, भरत अयोध्या में इस प्रकार अनासक्त होकर बस रहे हैं जैसे चम्पा के बाग़ में भौंरा, रोमांच से मुनि का शरीर कटहल के फल के समान हो गया, इत्यादि;

(10) 'ऐन्द्रियिक बिम्ब' (पंचेन्द्रियों तथा उनके संयोगों से सम्बन्धित); जैसे : युवती स्त्रियों का शरीर दीपक की लौ के समान है, राम-लक्ष्मण बालहंसों का सुन्दर जोड़ा है, बालमृगनयनी सीता जहाँ-जहाँ देखती है वहाँ मानो श्वेत कमलों की क़तार 'बरस' जाती है, सखियों के बीच सीता इस प्रकार शोभित हो रही है मानो बहुत-सी छवियों के मध्य-महाछवि हो, मतवाले गज घंटों से सुशोभित होकर चले मानो सुन्दर बादलों के समूह गरजते हुए जा रहे हों, अटारियों पर सुन्दर व चपल स्त्रियाँ प्रकट होती व छिप जाती हैं मानो चारु चपल दामिनियाँ दमक रही हों, तीनों के कोमल और लाल चरणों को छूते ही पृथ्वी वैसे ही सकुचा जाती है जैसे हमारे हृदय, राम का मोर के कंठ की-सी कान्तिवाला श्याम शरीर है, राम का नवीन तमाल के वृक्ष के रंग का शरीर शोभा दे रहा है, बिना नाक-कान के शूर्पणखा विकराल हो गई मानो पर्वत से गेरु की धारा बह रही हो, सीता कुररी पक्षी की तरह विलाप कर रही है, हनुमान्-मेघनाद लड़ने लगे मानो दो गजराज भिड़ गए हों, घायल वीर कैसे शोभित हो रहे हैं जैसे फूले हुए पलाश के पेड़, निशाचरों की सेनारूपी तीतरों के समूह का नाश करने के लिए हनुमान् बाज हैं, प्रभु के अरुणवर्ण होंठ-हाथ और चरण ऐसे जान पड़ते हैं मानो शृंगार-सरोवर में उत्पन्न सोने के कमल हों, दोनों भाई शिरीष के फूल के समान सुकुमार हैं, सीता के शरीर से अरुण कमल और सुवर्ण ने भी कान्ति पाई है, युद्धविजयी राम के श्याम शरीर पर पसीने की बूँदों तथा उनके बीच-बीच में रुधिरकण ऐसे लगते हैं मानो मरकत शैल-शिखर पर जुगनुओं के समूह में बीर-बहूटियाँ शोभा पा रही हों, राम को देखता हुआ मुनियों का समुदाय ऐसा सुशोभित है मानो चकोरों का समुदाय शरच्चन्द्र को देख रहा हो, इत्यादि;

(11) 'शुद्ध प्रकृति बिम्ब'; जैसे : तालाब के ऊपर चकवे-बगुले और हंस उड़ रहे हैं, बहुत से गदहे स्यार और कुत्ते रोने लगे, पर्वत चंचल हो गए और समुद्र खलबला उठे, नदियाँ झिंग-झिंग-झिंग करती हुई जलतरंगिणियाँ झरती हैं, बट के पत्ते नीले व सघन

हैं और उसमें लाल फल लगे हैं, वर्षाकाल में गगन में छाए हुए गरजते मेघ परम सुहावने लगते हैं, धातुओं से रँगे हुए गिरिशिखरों पर मधुर-मधुर शोर करते हुए मेघ शोभायमान होते हैं, घन घमंड नभ गरजत घोरा, इत्यादि...।

इन कोटियों में से भेदपरक सं. (10), (9) तथा (8) को छोड़कर शेष क्षेत्रपरक हैं। यहाँ 'बिम्ब' का विश्लेषण करने में काफी विषयान्तर हो जाएगा किन्तु कुछ दिशाएँ इंगित कर सकती हैं–

एक–बहुधा उन्होंने तुलनात्मक बिम्ब लिए हैं और तुलना के लिए विभिन्न पशु, पक्षी, फूल इत्यादि के अनेक रूपात्मक पक्षों को लिया है। दो–उन्होंने एक ही तुलनीय को विभिन्न रूपों में इस्तेमाल किया है; जैसे (हंस) : नीरक्षीर-विवेकी हंस से भरत, मानसरोवर पर तैरनेवाले भक्तरूपी हंस, सीता सखियों के साथ राज-हंसिनी-सी चली, दोनों भाई राजहंस का सुन्दर जोड़ा है, तुम हंसगामिनी वनयोग्य नहीं हो, इत्यादि [इसके लिए वारान्निकोवकृत 'मानस की (रूसी) भूमिका' पृ. 92-103 देखें]। तीन–तुलना में रूपक, उत्प्रेक्षा, उपमा आदि का ढाँचा रखा है। चार–बहुधा एक बिम्ब के दो भाग हैं जिनमें पहले में वक्तव्य है और दूसरे में बहुधा दो लोकसिद्ध उपमानों को जोड़कर बनाया गया कविकल्पित उपमान अर्थात् उत्प्रेक्षा है। पाँच–यदि पहले वक्तव्य खंड में भी कोई बिम्ब है तब दूसरे बिम्ब-खंड में 'संयोगिक' बिम्ब आ गया है (उदाहरण : भोर के अरुण आकाश में तारागण ऐसे जान पड़ते हैं मानो सूर्यरूप बालमृगराज ने अन्धकाररूप गजराज को दलित कर उसके अत्यन्त सुन्दर मुक्ताफल बिखेर दिए हों। छह–इन बिम्बों की शैली में वक्तव्य-बिम्ब का समवाय तो है ही, इसके अलावा इनमें सौन्दर्यात्मक प्रतिबोध भी है; बहुधा कवि ने पहले वक्तव्य देने के बाद 'बीच' में 'ऐसा लग रहा है' या 'ऐसा सुशोभित हो रहा है' इत्यादि वाक्यों को जोड़कर 'अन्त' में उत्प्रेक्षात्मक; रूपकात्मक या उपमात्मक बिम्ब गढ़ा है। सात–'शोभन' और 'मोहन' को ही बिम्ब अभिव्यक्त करने की ऊहात्मक चेष्टाएँ हुई हैं; ओर वक्तव्य तथा बिम्ब-खंडों का अन्तर ज़ाहिर करने के लिए 'कैसे-जैसे', 'जनु' 'जिमि', 'मनहु', 'ज्यों' आदि सम्बन्धसूचक अव्यय इस्तेमाल हुए हैं। तुलसी के बिम्ब-अवबोध की ये विशेषताएँ हैं।

अब अगली एवं अन्तिम गोष्ठी में हम मिथक, मिथकीयकरण तथा प्रतीकीकरण के प्रकाश में तुलसी के व्यक्तित्व तथा कृतित्व का अनुशीलन करेंगे।

सातवीं गोष्ठी

“प्रति अवतार कथा प्रभु केरी, सुनु मुनि बरनी कविन्ह घनेरी” : अर्थात् मिथक (मिथ), मिथक-रचना, मिथकीयकरण तथा प्रतीकीकरण के आलोक में तुलसी का व्यक्तित्व कैसा है, और कृतित्व की कौन-कौन-सी भूमिकाएँ हैं ?

मिथक की मीमांसा संस्कृति और कला को एक बिल्कुल ‘नए’ आयाम की मंज़रकशी करा देती है। लौकिकबोध, सौन्दर्यबोध एवं वैज्ञानिकबोध की तरह, मिथकीयबोध का भी अपना अलग सुहावना प्रभामंडल है जिसके घेरे में कवि, पात्र, जगत्, समाज, घटना आदि नया स्वयंप्रकाश्य ज्ञान प्राप्त कर लेते हैं। खूबसूरत मिथक-लोक में आद्यादि एवं सर्वाधिक सार्वभौम (यूनिवर्सल) सौन्दर्यबोधात्मक अतिशयकल्पना (फ़ैंटेसी) का प्रतिवस्तुस्थापन होता है। मिथक केवल बोधात्मक ही नहीं, क्रियात्मक (फ़ंक्शनल) भी हैं। विज्ञान का चरम मूल्य सत्य है, मिथक का सम्भावना, इतिहास का तथ्य तथा धर्म का शुभ। किन्तु मिथक में इन सभी मूल्यों का प्रकारान्तर से ‘चमत्कारी’ सामंजस्य हुआ है। गियाम बैटिस्टा विको मिथकशास्त्र के जनक माने जाते हैं। उनके अनुसार मानवीय संस्कृति की सच्ची एकता का प्रतिनिधित्व भाषा, कला एवं मिथक के त्रित्व में होता है। उसेनेर के अनुसार मिथकशास्त्र धार्मिक प्रतिवस्तुस्थापनों (रेप्रेज़ेंटेशंस) का रूपविज्ञान (मॉरफ़ॉलजी) है जो देवताओं का सारतत्त्व उनके ‘नामों’ एवं उनके नामों के ‘इतिहास’ में पढ़ लेता है। अन्स्र्ट कैसीरर (1874-1945) के अनुसार “जब चेतना के लिए यह जगत् अनुभववादी वस्तुओं की सम्पूर्णता तथा अनुभववादी तत्त्वों की जटिलता जैसा प्रतीत हुआ, तब इसके बहुत-बहुत पहले वह मिथकीय शक्तियों और प्रभावों के एक औसत के रूप में भासमान हो चुका था।”[1] कैसीरर सारे मिथकशास्त्र का स्रोत तथा उद्भव भाषा का द्वैत (दो अन्तर्विरोधी गुणों में से एक का, या दोनों का धुँधला आयतन, (अर्थात् ऐम्बिवैलेंस) मानते हैं। यह उनके ‘प्रतीकात्मक रूपों के दर्शन’ का निचोड़ है। मर्सिया ऐलियादे मिथक को “घटनाओं का वह वृत्तान्त मानते हैं जो आदि में एक आदिम (प्राइमॉर्डियल) और कालातीत वेला में पवित्र काल (सेक्रेड टाइम) की वेला में–घटा

1. कैसीरर : ‘द फ़िलॉसफ़ी ऑब सिम्बॉलिक फ़ॉर्म्स’, भाग 2, पृ. 1।

था।"[1] यह पुनीत काल (सेक्रेड टाइम) क्या है ? मिथक के दर्शनशास्त्र में पुनीत काल, स्वप्न-समय (ड्रीम टाइम) और धर्मनिरपेक्ष काल (प्रोफ़ेन टाइम) ये तीन धारणाएँ हैं। मिथकीय इतिहास पुनीत काल में घटता है, तथा कार्यकारण की श्रृंखला से संचालित अनुभवगम्य इतिहास धर्मनिरपेक्ष काल में घटता है। इनसे भी सबसे पहले पुरा पुरावानस्पतिक स्वप्न-समय रहा था। मिथकीय इतिहास में यथार्थता अनिवार्य रूप से पुनीत भी है अर्थात् जो यथार्थता है वह पावनता भी है। यथार्थ और पुनीत समीकरणबद्ध हैं। मिथकीय काल कालातीत (नॉन-टेम्पोरल) है जो बिना क्रम और चक्र के घटने के कारण प्रत्यावर्तित (रिवर्ट) भी हो जाता है। इसलिए मिथक में 'प्रतीकात्मक शाश्वतता' होती है। मिथक इसलिए सत्य है क्योंकि वह पुनीत है। हिन्दी की बौद्धिक परम्परा (हिन्दी इंटेलेक्ट्युअल ट्रैडीशन) से परिचय कराने के लिए हम विषयान्तर करके भी मिथक की थोड़ी लम्बी भूमिका देना चाहेंगे।

मिथक में 'यर्थाथता' और 'काल' का बोध कई मायनों में पृथक है। मिथकीय काल का कोई निश्चित स्वरूपगठन (स्ट्रक्चर) नहीं होता। उसमें अतीत-वर्तमान-भविष्य, तीनों के व्यूह घुले व गुँथे रहते हैं; भूत कभी व्यतीत नहीं होता। वह हमेशा 'यहाँ' और 'अभी' इस 'क्षण' स्वप्न में मौजूद रहता है। तिस पर भी मिथकीय चिन्तन कार्य एवं कारण के बीच एक प्रकार की 'निरन्तरता' की सृष्टि करता है जिसकी वजह से मध्यम सन्धियों की एक क़तार रची जाती है जो आरम्भिक तथा अन्तधर्मी अत्यन्तिम अवस्थाओं को जोड़ती है। यह निरन्तरता कार्य-कारण के ऐकान्तिक नियम के अनुसार नहीं होती; बल्कि तर्कपूर्व चिन्तन (प्री-लॉजिकल थॉट) के अनुसार क़ायम होती है। तर्कपूर्ण विश्लेषण में कार्य को अलग-अलग एवं सरल किन्तु क्रमानुसार 'प्रक्रियाओं' में खंडित किया जाता है, जबकि तर्कपूर्व मिथकीय चिन्तन के अन्तर्गत प्रक्रिया में एक मूर्त या इदम् वस्तु दूसरी वस्तु में विशेष ढंग से रूपान्तरित (परिवर्तित नहीं) हो जाती है। यह विशिष्ट परिवर्तन 'कायाकल्प' या अन्तररूपान्तर (मेटेमॅरफ़ोसिस) के नियम से अभिहित किया जाता है। अतः मिथकीय चिन्तन तर्कपूर्व चिन्तन होता है जिसमें चिन्तन की अपेक्षा अनुभूति का सत्त्व होता है, और जिस पर अन्तररूपान्तर का नियम लागू होता है। "मिथकीय अन्तररूपान्तर हमेशा एक वैयक्तिक घटना का आलेख होता है : एक वैयक्तिक तथा मूर्त पदार्थ रूप में दूसरे में परिवर्तन। ब्रह्मांड समुद्र की गहराइयों से मथकर निकाल लिया जाता है या एक कछुवे से ढाल लिया जाता है, धरती एक महाकार शरीर से अथवा जल में तैरते हुए एक खिले कमल से गढ़ ली जाती है, सूर्य पत्थर से निर्मित कर लिया जाता है, और मनुष्य वृक्षों तथा शिलाओं से। अपनी 'मामूली' विषयवस्तु में अराजक तथा नियमहीन लगनेवाली ये मिथकीय व्याख्याएँ जगत् के प्रति एक और एकसमान 'आबोध' का उद्घाटन करती हैं (मिथकीय चिन्तन में)। शुद्ध कार्य-कारण-सिद्धान्त का स्थानान्तर प्रयोजन-सिद्धान्त द्वारा हो जाता है।...(यहाँ) सम्पूर्ण या अंगी के अंश या अंग नहीं होते, और न ही वह उनमें विभक्त होता है; बल्कि अंश

1. मर्सिया ऐलियादे : 'इमेजेज़ एंड सिम्बॅल्स', पृ. 57।

या अंग ही तुरत सम्पूर्ण 'हो जाता' है, और उसी रूप में सक्रिय रहता है।...यह सिद्धान्त आदिम तर्क की नींव है।...यह सम्बन्धता न तो बौद्धिक है न प्रतीकात्मक, बल्कि 'वास्तविक' और भौतिक है। मिथकीय धारा में अंश या अंग वैसी ही वस्तु है जैसा सम्पूर्ण या अंगी।[1] मिथक के तत्त्व सभी देशों में लागू होते हैं : तुलसी ने राम की मिथक-कथा में ऐतिहासिक चेतना के मेल भी कराए हैं। किन्तु उनमें भी मिथकीयकरण के सभी बुनियादी तत्त्व मौजूद हैं। उनके लिए, और उस युग के हिन्दू समाज के लिए, राम यथार्थ हैं, राम की सभी यथार्थता अनिवार्य रूप से पावनता भी है। राम कालातीत हैं, वे प्रति कल्प में अवतार लेते हैं। अतः राम का काल कभी व्यतीत नहीं होता। (त्रेतायुग में अवतार का पुराण ऐतिहासिक चेतना की देन है)। रामकथा सभी कालों में प्रवाहित है। वे शिव के भक्त रावण से जुड़े हैं, वे पूर्वावतार परशुराम के भी साथ हैं, उनके वामनावतार के समय में जामवन्त युवक थे, वे कुषाणकालीन वाल्मीकि से मिलते हैं तथा मुग़लकालीन 'तापस' तुलसी को भी दर्शन देते हैं। वे सर्वव्याप्त हैं। इस चेतना में धर्म के प्रतीकों का जो योगदान हुआ है उसकी चर्चा यथास्थान होगी। राम सम्पूर्ण हैं और उनके अंश, समूह, व्यूह रूप भी उसी तरह रूपान्तरित (अवतार लेकर : अन्तररूपान्तर) होकर सम्पूर्ण होते हैं। रामकथा में रूप से भी बड़ा है नाम, और नाम का इतिहास अर्थात् रामकथा अनेक धार्मिक प्रतीकों से जगमगा उठी है। रामकथा में मध्यम सन्धियाँ सभी वस्तुओं और घटनाओं को ईश्वर-अंश या प्रभुमहिमा में रूपान्तरित कर देती हैं। रामकथा के अंश अलग न होकर सम्पूर्ण कथा के समान पूर्ण हैं। इसीलिए प्रत्येक 'लीला' स्वयंपूर्ण है। हमने सूत्ररूप में इन तत्त्वों को बताया है। तुलसी के मिथकीयकरण की मौलिक चेतना यही है। मिथकीय चिन्तन में पुनीत काल की भावना इसलिए होती है कि उसमें काल के माध्यम में निर्गुण अवतार लेता है और मिथकीय इतिहास की रचना करता है। इसलिए कलिकाल अर्थात् ऐतिहासिक काल अर्थात् प्राकृतजनों का काल अपवित्र और अयथार्थ (माया, भ्रम) हो जाता है। इसलिए अवतार मिथकीय इतिहास हैं; मिथकीय इतिहास में यथार्थता तर्कपूर्व है, और पावनता से सन्निहित है। सारांश में, मिथक का नाम और काम मनुष्य को पुनीत से तभी साधारणीकृत कर सकता है जब वह अपने ऐतिहासिक अस्तित्व की यथातथ्यता (कलिकाल) और मूर्तता (=वर्णाश्रमधर्म तथा लोकरीति का लोप आदि) से दूर पलायन कर जाए। तुलसी यह पूरी तरह नहीं कर पाए, और 'मानस' के पवित्र काल से विदा लेकर 'कवितावली' के ऐतिहासिक काल में तार्किक विश्लेषण भी करने लगे। उनमें मिथकीय बोध से ऐतिहासिक बोध की ओर प्रयाण के संदर्शन होते हैं। ऑल्टीज़र के मुताबिक़ मिथक प्रारम्भ के आद्य-आदिम (प्राइमॉर्डियल) काल को केवल तभी यथाकृत कर सकता है, जब मूर्त स्थान एवं काल के अनुभव तथा अन्तःश्रेणियाँ विलीन हो जाएँ। कथक तुलसी इसी विलयन के लिए पार्वती और गरुड़ की शंकाओं को ले आते हैं। श्रोताओं को बार-बार आगाह करते हैं कि रामकथा तो पूर्वजन्मों से लेकर मृत्युपर्यन्त तक

1. अर्न्स्ट कैसीरर : 'दि फ़िलॉसॅफ़ी ऑव सिम्बॉलिक फॉर्म्स', भाग दो, पृ. 47, 49, 50।

कालातीत अर्थात् एकतान है, तथा मिथकीय राम (परब्रह्म) ऐतिहासिक राम (नर) नहीं हैं। अपने युग की ऐतिहासिक चेतना के विश्वास-अविश्वास के तनाव के बीच उन्हें बारम्बार यह कहना पड़ा कि इतिहास तो मात्र भ्रम (मोहहीन नरलीला) है। यहाँ पुनः धार्मिक प्रतीकों ने भी दखलन्दाज़ी की है। हक़ीक़त में मिथक 'स्थान' और 'काल' की धर्मनिरपेक्ष दुनिया का निषेध करता है। मिथक जिस यथार्थता का उद्बोधन करता है वह अपने प्रभाव में इतनी पुनीत होती है कि कम-से-कम कुछ समय के लिए वह सभी निर्मल चेतन अनुभवों को छिन्न-विच्छिन्न कर डालती है (ऑल्टीज़र)। 'मानस' के धार्मिक-मिथकीय वृत्त में श्रद्धा और विश्वास तथा भक्ति की प्रगाढ़ तन्मयता के मूल में इसी विशिष्ट यथार्थता का उद्बोधन हुआ है। बाद में तो ऐतिहासिक यथार्थता के संघात से 'हनुमानबाहुक' में पवित्र यथार्थता के प्रति कवि का किंचित् मोहभंग भी हुआ है। इतिहास अर्थात् काल में कार्य-कारण-परम्परा से मिथकीय चेतना अनभिज्ञ है। वह कालातीत चेतना है। ऐतिहासिक काल में 'मोक्ष', 'निर्वाण' की जो धारणाएँ प्रधान हो गईं उनमें काल का विपर्यय (रिवर्सिबिलिटी) है, जन्म-मृत्यु के भौतिक तथ्य से मुक्ति है तथा आदिम अहं की आत्मा के प्रतीक-रूप में प्रतिष्ठा है। मिथकीय काल हमेशा 'यहाँ' और 'अभी' होता है।

ऐतिहासिक काल घटनाओं तथा तथ्यों से प्रारम्भ होता है। ऐतिहासिक चेतना के आने पर अनुभववादी (इम्पीरिकल) यथार्थता (पवित्र यथार्थता के स्थान पर) का अधिष्ठान होता है। ऐतिहासिक बोध कार्य-कारण की पुरोगामी श्रृंखला का अनुसरण करता है। ऐतिहासिकबोध-सम्पन्न कवि, दर्शनिक और सर्जक अतीत द्वारा छोड़े गए भौतिक तथा सांस्कृतिक अवशेषों का वर्तमान में अनुशीलन करता है। इस तरह ऐतिहासिक बोध स्मरण पर आश्रित है। ऐतिहासिक वस्तुओं का सच्चा अस्तित्व तब तक रहता है जब तक वे याद किए जाते हैं। उनके स्मरण में ही संस्कृति की दुनिया की विरासत या परम्परा, या उपलब्धि होती है। अतः कवि का ऐतिहासिक बोध अतीत का ब्राह्य निर्माण नहीं कर सकता, वह अन्तर्मुखी चेतना से उसका पुनर्निर्माण करता है। संस्कृति का यह ऐतिहासिक पुनर्निर्माण कवि की अन्तर्मुखता और बहिर्गत समाज की दशा के मिलन द्वारा ही होता है। अतः कवि या सर्जक अतीत की व्याख्या करता है। इस तरह इतिहास-चेतना की निरन्तरता में एक ही अतीत की कई व्याख्याएँ संचित होती रहती हैं। इसीलिए कभी-कभी एक मिथक के देवता या इतिहास के वीरनायक के विषय में कई 'प्रतीकात्मक पुनर्निर्माण' संचित हो जाते हैं। रामकथा के कई पुनर्निर्माण हुए हैं। तुलसी ने उस पुनर्निर्माण में 'अवतारवाद' और 'भक्ति' का समन्वय किया है। यह मिथकीय चेतना पर उनकी विशिष्ट ऐतिहासिक और सांस्कृतिक चेतना का आरोपण है। अतः अवतारवाद और भक्ति के द्वारा तुलसी ने मिथक को वैष्णव सम्प्रदायपरक ऐतिहासिक बोध प्रदान किया है। स्वयं तुलसी भी मिथकीय व्याख्याओं के अन्तर से वाक़िफ़ थे। इसीलिए उन्होंने कहा है कि "हरि अनन्त हैं और हरिकथा अनन्त हैं", ...कवियों ने राम के प्रति-अवतार की कथा का वर्णन किया है तथा मेरी कथा भी विचित्र

है, यह 'विचित्रता' उनकी ऐतिहासिक चेतना की अन्तर्मुखता है। यह विचित्रता मिथक के संस्कार रूप-द्वैत की भी है। पवित्रता सम्बन्धी मूल मिथकीय धारणा का नैतिक पावनता सम्बन्धी धारणा से इतना कम मेल है (देखिए : आरम्भिक जातकों, जैन रामायणों व वाल्मीकि में इनके अवशेष) कि दोनों के बीच चारित्रिक तनाव, एक ध्यातव्य विरोध भी उभर सकता है जो मिथकीय बोध के अनुसार चिरंतन एवं पवित्र है, जो धार्मिक बोध के अनुसार चिरन्तन एवं वर्जनीय और अपावन भी हो सकता है। तुलसी को भी इस समस्या का ज़बरदस्त सामना करना पड़ा और उन्होंने इसका समाधान कार्य के द्वैत के द्वारा किया। सीताहरण का जीवन्त प्रसंग मायासीता के अपहरण में बदल गया, जयन्त द्वारा सीता के स्तनों में आघात की बात चरणों में आघात की बात हो गई, लक्ष्मण का पिताद्रोह कटुवाणी द्वारा मात्र ध्वनित कर दिया गया, इत्यादि। इससे एक रहस्य खुलता है : ऐतिहासिक चेतना मिथकीय चेतना की जो व्याख्याएँ करती है उनके लिए वह पुनः एक नई नैतिक पावनता की भूमि तैयार करती है, नए कारण बताने में नई पताका और प्रकरी कथाएँ जोड़ती है, तथा अनुभववादी बहिर्मुखी दुनिया के विकास को भी शामिल कर लेती है। इस तरह हम मिथकीय बहिर्गत जगत् के विकास तथा अनुभववादी बहिर्गत जगत् के विकास के बीच एक निश्चित समदृश्य (ऐनैलेजी) पाते हैं। मिथकीय चेतना में 'पुनीत' और 'धर्मनिरपेक्ष' के बीच का यह मूल विभाजन सभी आदिम सृष्टियों में मिलता है, और मिथक की सर्वोच्च रूप-रचना में भी।[1] इस कारण से मिथक-निर्माण के दो स्वरूप हो जाते हैं : (क) आदिम मनुष्य (आर्केक मैन) के मिथक, तथा (ख) विकसित ऐतिहासिक मनुष्य (हिस्टॉरिक मैन) के मिथक। इस तरह मिथक पुनीतकाल से धर्मनिरपेक्ष काल में भी सदा-सर्वदा जीवित रहते हैं। एक ओर तो वे इन दो विरोधों की 'एकता' क़ायम करते हैं, दूसरी ओर सातत्यका भी धारण करते हैं। ऐतिहासिक बोध के कारण उनकी वैश्विकता (यूनिवर्सैलिटी) में विशिष्टता (पर्टीक्युलैरिटी) का भी मेल हो जाता है। ऐतिहासिक बोध वास्तव में स्थान एवं काल की धर्मनिरपेक्ष दुनिया में उनकी मात्र व्याख्या करता है। यद्यपि मिथक 'गल्पात्मक' (फ़िक्टीशस) होते हैं, लेकिन वे चेतन के बजाय 'अवचेतन प्रजातीय गल्प' होते हैं। ऐतिहासिक बोध उनमें तर्क (रीज़न) और चेतना (कॉन्शस) का स्पर्श भी करा देता है। तुलसी ने मिथक-निर्माण के दोनों स्वरूपों का योगायोग किया है–एक साम्प्रदायिक दर्शनदृष्टि से। इसी वजह से उनके 'मानस' का प्रत्यक्षीकृत ढाँचा उनके ज़माने के ग्रामीण हिन्दुस्तान का है। दोनों स्वरूपों के इस मेल को हम 'मिथकीयकरण' तथा 'ग्राम्यीकरण' नामक पारिभाषिक नाममाला दे चुके हैं। तुलसी की महानता की कुंजी ये दो 'करण' ही हैं। एक बात और ध्यान में रखने लायक़ है कि तुलसी ने 'ब्रह्म', 'आत्मा', 'माया', 'मोक्ष' आदि आधार-प्रतीकों की सहायता से मिथक में ऐतिहासिक निर्णयों (हिस्टॉरिक जजमेंट्स) का आधान किया है। क्या आधार-प्रतीकों की इस अन्तःश्रेणी (कैटिगरी) ने स्वयं को अपनी 'मिथकीय' जड़ों से पूर्णतः वियुक्त कर डाला है ? ये आधार-प्रतीक मिथकीय चेतना के

1. अन्र्स्ट कैसीरर : 'द फ़िलॉसफ़ी ऑव सिम्बॉलिक फ़ार्म्स', भाग दो, पृष्ठ 79।

बजाय रहस्यवादी 'ज्ञान' की अभिव्यंजना करते हैं। ये चेतना के विलयन पर आश्रित हैं। मिथकीय चेतना अवचेतन-प्रसूत होती है। ''मिथक प्रादिम मनुष्य की दुनिया के होते हैं और हमारे चिन्तन की मूलभूत अन्तःश्रेणियों को चुनौती देते तथा उनकी अवज्ञा करते हैं। उनके तर्क–यदि कोई तर्क हैं तो–हमारे अनुभववादी एवं वैज्ञानिक सत्यों की धारणाओं से अमापनीय हैं।''[1] 'मानस' में तुलसी की मिथकीय चेतना अपने सांगोपांग चरमोत्कर्ष पर है। इसके बाद उनमें इसके कहीं-कहीं, कभी-कभी आवेश-क्षण ही मिलते हैं (गीतावली, कवितावली, विनयपत्रिका), अन्यथा ('मानस' के बाद) उन्होंने शनैः शनैः ऐतिहासिक बोध का ही आयत्तीकरण किया है। 'मानस' में मानो पुरातन तुलसी ने, नूतन जॉएस तथा काफ़्का की तरह, उनसे विराट् एक 'मिथकीय संदर्शन' (विज़न) की रचना की है। किन्तु इन दोनों में पुनीत काल और दैवी, अध्यात्म, नहीं है, जबकि उन तुलसी और सूर में ये दोनो प्रादिम मिथकीय तत्त्व विद्यमान हैं। मिथकीय संदर्शन (मिथिकल विज़न) में जीवन और मृत्यु के भौतिक तथ्य महत्त्व नहीं रखते। लेकिन इतिहास में मृत्यु-बोध और परिवर्तन का संज्ञान छाया रहता है। इसलिए ऐतिहासिक पुनर्निर्माण में मृत्यु के प्रति मदिर रागात्मक विरोध मिलता है। इसीलिए इतिहास में अमरता तथा परिवर्तन की पुनर्व्याख्याएँ की जाती हैं। यहाँ धर्म निर्विकल्प प्रतीकों से गलबाँही के साथ शामिल होता है। अमरता की व्याख्या मे जगत् मिथया और ब्रह्म सत्य, फलतः आत्मा अमर सिद्ध की जाती है; और परिवर्तन की व्याख्या 'कर्मसिद्धान्त' एवं 'मोक्ष' के द्वारा की जाती है। इस तरह से इतिहास और कालकृत मृत्यु और परिवर्तन पर मनुष्य की आदि-अन्तहीन प्रादिम अवस्था की विजय स्थापित होती है।

मिथक और **धर्म**, तथा मिथक और **जादू** के सम्बन्ध संश्लिष्ट हैं। नृतत्त्वशास्त्र और धर्म का आधुनिक इतिहास कर्मकांड को धर्मरूढ़ि के पहले मानते हैं। (रिट्यूअल इज़ प्रायर टु अ डॉग्मा)। धर्म का सम्पूर्ण इतिहास मिथकीय तत्त्वों से सराबोर है। यह तय करना भी नामुमकिन है कि कब मिथक की समाप्ति और धर्म की शुरुआत होती है। वस्तुतः स्वयं मिथक ही शक्ति-निष्पन्द धर्म है इसीलिए मिथक के 'पुनीत काल' में घटने की धारणा सबको मंजूर है। धर्म मिथक को गत्यात्मक ऊर्जा में तबदील कर देता है। मिथक और जादू के सम्बन्धों में दोनों में देश तथा काल में उसके अंश के ही सम्पूर्ण होने का अन्धविश्वास है। रावण के हृदय में सीता के प्रतिबिम्ब के होने की वजह से राम ने वहाँ बाण नहीं मारा क्योंकि सीता घायल होती (कालपरक जादू), और लक्ष्मण पर्णकुटी के चारों ओर रेखा खींच गए क्योंकि वह स्थान मिथकीय भूमि-केन्द्र हो गया है (देशपरक जादू)। मिथकीय महाकाव्यों में बहुधा शत्रु का आर्केटापल बिम्ब होता है। दुर्गुणों के अवतार-रूप में, तथा दैत्य-दानव या राक्षस-रूप में। ऐसे में नगर की रक्षा जादूमय रक्षा में, एवं शत्रु का फ़ौजी हमला राक्षसी हमले में कायाकल्पित (मेटेमॅरफ़ोज़्ड) होता है।[2] इस भाँति शत्रु के साथ माया (जादू), और नायक के साथ धर्म बँध जाता है।

1. अर्न्स्ट कैसीरर : 'ऐन एसे ऑन मैन', पृ. 73।
2. मर्सिया एल्यादे : 'इमेजेज़ ऐंड सिम्बॅल्स', पृ. 39।

द्वैत की गहराई उभर पड़ती है। एक ओर अन्धविश्वास की जादुई ताक़तें इकट्ठा होती हैं तो दूसरी ओर औचित्य की शक्ति एवं धर्म के साध्यमूल्य। मिथकीयकरण करनेवाले कवि तुलसी में यह द्वैत खुलकर उभरा है, किन्तु भक्त तुलसी ने सभी शत्रुओं को अप्रकट रूप में रामभक्त तथा मुक्तिकामी बनाया है। तुलसी इन दोनों स्थितियों में सन्तुलन नहीं रख सके क्योंकि उनको मिथकीय पवित्रता के मुक़ाबले में इतिहासप्रसूत नैतिक पावनता अधिक प्यारी है जिस पर वेदरीति और लोकरीति की मर्यादा का आच्छादन है। हाँ, उन्होंने शत्रु के आर्केटाइपल बिम्ब को परम्परा से प्राप्त 'राक्षस' के रूप में, तथा उसकी शक्ति को 'माया' के रूप में ही विश्वासा है। समाजों में श्रम के विभाजन ने भी मिथक-रचना के धार्मिक विचारों को प्रभावित किया है। श्रमविभाजन के फलस्वरूप सक्रिय देवतागणों के बाद वैयक्तिक या इष्टदेवताओं का, तथा आदिम साम्यवाद के बाद वर्गों का अधिष्ठान हुआ; और जादू के घटने पर धर्म के औचित्य की शक्ति पर अधिक विश्वास बँधा। सारी वैष्णव-चिन्तनधारा और भक्ति-भावना का आधार कृषि समाज है जिसमें रामभक्ति की केन्द्रापसारी और कृष्णभक्ति की केन्द्राभिसारी शक्तियों का सम्यक् सन्तुलन हुआ है और इष्टदेवताओं से भक्त के नए रिश्ते क़ायम किए गए हैं। तुलसी ने राम के साथ हनुमान् जैसे ग्रामदेवता की भी क्रान्तिकारी प्रतिष्ठापना की है जिससे पूर्ववर्ती नाथों-सिद्धों द्वारा फैलाए गए अलौकिक अन्धविश्वासी करिश्मों का काफ़ी उच्छेदन हो गया।

मिथक के प्रादर्श (मॉडल) पर दुर्खीम और कैसीरर ने काफ़ी विचार किया है। दुर्खीम के अनुसार "मिथक का प्रारूप प्रकृति न होकर समाज है। उसमें प्रकृति सामाजिक दुनिया का बिम्ब हो गई है।" कैसीरर ने इसका विस्तार करते हुए बताया है कि मिथकीय तथा धार्मिक अनुभूति के लिए प्रकृति एक जैविक महासमाज हो गई है—जीवन का समाज। इस समाज में मनुष्य और पशु, पशु और वृक्ष आदि सभी एक ही धरातल पर क़ायम हैं : बालिवध के समय राम जब शेषावतार लक्ष्मण के पाँव का अँगूठा दबाते हैं तो कुंडलाकार सर्प के शरीर पर उगे सातों ताड़ के पेड़ एक रेखा में चलकर आ जाते हैं और राम उन सातों वृक्षों को तीर से बेधने की शर्त पूरी करते हुए बालि का वध कर देते हैं ('अग्निवेश रामायण'), सेतुबन्ध-निर्माण के समय गिलहरी भी सहायता करती है ('कृत्तिवास रामायण'), राम जटायु को गले लगाकर उसे स्नेह देते हैं (मानस), गंगा सीता को आशीष देती हैं (मानस), इत्यादि। इस अवस्था में हम प्रकृति का मानवीयकरण, सर्वचेतनावाद, पशुकथाचरण आदि सभी प्राप्त कर लेते हैं। प्रकृतिचर्चा के अन्तर्गत हम इन बातों पर रोशनी डाल चुके हैं।

मिथकीय 'स्थान' (मिथिकल स्पेस) भी मिथकीय 'भूगोल' के अनूठे अक्षांश-देशान्तरों का जगत् देता है जहाँ स्वप्न तथा बहिर्गत यथार्थता की दुनियाओं के बीच अन्तरावलम्बन है। हर संस्कृति अपने मिथकों को सौरमंडल और नक्षत्रों तथा धरती पर बिखरा देती है। मिथक में 'पुनीत काल' की तरह 'पुनीत स्थान या देश' भी होता है। मिथकीय भूगोल में यही पुनीत स्थान यथार्थ है, शेष या तो अपवित्र हैं या अयथार्थ हैं, अथवा कोई खास अस्तित्व नहीं रखते। मिथकीय इतिहास-चरण में जिन-जिन स्थानों का दैवी

घटनाओं तथा पात्रों से सम्बन्ध अथवा सम्पर्क रहा है वे हमेशा के लिए पुनीत, अलौकिक क्षमताओं से पूर्ण, सुहावनी और स्वयं भी दिव्य (खंड का सम्पूर्ण में अन्तर-रूपान्तर) हो जाती है। मिथक में पुनीत स्थान मूलतः यथार्थ स्थान भी है। मिथकीय काल में ईश्वर अवतार लेता है तथा मिथकीय देश में वह कार्य अथवा लीलाएँ करता है। इस तरह से मिथक में ईश्वर और पृथ्वी के दो प्रतीक सार्वभौम हो उठते हैं। तुलसी ने पृथ्वी को मनुष्यत्व दिया है। वह पर्वतों, नदियों और समुद्रों का बोझ धारण किए हुए है और धर्माचरण की वजह से स्थिर है। लेकिन धर्म-विपरीत आचरणों और राक्षसों की नृशंसता से वह अत्यन्त भयभीत और व्याकुल भी हो जाती है। अतएव वह 'गौरूप' धारण करके मुनियों और देवताओं को अपना दुख सुनाती है, तथा ब्रह्मा से बातचीत भी करती है (मानस, 1/183/2-4)। मिथकीय चेतना ने मनुष्य, पृथ्वी और गौ को एक ही धरातल पर प्रतिष्ठापित किया है। तुलसी ने इसी तरह शेषनाग, मन्दारचल, सुमेरु, कल्पवृक्ष, कच्छप, दिग्गज, दिक्पाल आदि के द्वारा मिथकीय भूगोल का अधिष्ठान किया है। तीर्थों में अयोध्या, काशी, चित्रकूट, सीतावट, प्रयाग, भरतकुंड आदि के बाबत दो समानान्तर दृष्टियाँ दी हैं, इनमें से प्रत्येक का एक रूप मिथकीय है और दूसरा रूप ऐतिहासिक। 'मानस' का चित्रकूट तथा 'कवितावली' एवं गीतावली का चित्रकूट क्रमशः मिथकीय और ऐतिहासिक हैं; 'कवितावली' में काशी का पूर्व-रूप मिथकीय तथा उत्तर-रूप ऐतिहासिक है। **मिथकीय भूगोल** की यह खूबी होती है कि कोई भी गाँव, कोई भी नदी, तालाब, शिखर चाहे वह कितना भी असम्बद्ध हो मिथकीय भूगोल के नक़्शे में 'पुनीत स्थान' बन जाता है। शिमला का जाखू-शिखर भी पुनीत स्थान है क्योंकि पर्वत लाते समय हनुमान् यहाँ रुके थे, नैनीताल भी पुनीत है क्योंकि भीम के पाँव के धँस जाने से वह उत्पन्न हुआ था (आकृति-साम्य), और आपके किसी शहर-गाँव के किनारे पर बटवृक्ष पुनीत है क्योंकि वनगामिनी सीता ने वहाँ विश्राम किया था। इस तरह केवल दिशा-साम्य या वस्तु-साम्य के आधार पर ही मध्यकालीन समाज ने अपने चारों ओर की भौगोलिक प्रकृति का मिथकीयकरण कर डाला है। प्रमुख मिथकीय स्थान बहुधा 'पृथ्वी का केन्द्र' हो जाया करते हैं। सारी सृष्टि वहीं घटी हुई होती है। उन्हें दैवी संस्पर्श का सौभाग्य प्राप्त होता है। इस भाँति पुनीत स्थानों को पृथ्वी-केन्द्र मानकर मिथकीय भूगोल का नक़्शा विकसित हुआ। ऐसे कई केन्द्र मिलकर एक द्वीप बने जिस तरह एक हज़ार महायुग मिलकर एक कल्प (ब्रह्मा के जीवन के एक दिन के बराबर)हुए। ज्यामिति का 'कहीं' मिथक का 'मात्र यहीं' हो जाता है। अर्न्स्ट कैसीरर के मुताबिक़ मिथकीय 'स्थान' प्रत्यक्षीकरण के 'स्थान' से नज़दीकी सम्बन्ध रखता है और ज्यामिति के तार्किक 'स्थान' के नितान्त विरुद्ध है। मिथकीय स्थान में बिन्दुपद (पोज़ीशन) और दिशा का दृढ़ एकत्व नहीं है। मिथकीय स्थान में 'यहाँ' और 'वहाँ' मामूली यहाँ और वहाँ [सार्वभौम सम्बन्ध की सामान्य शब्दावली] हो जाता है। शारीरिक स्थान मेट्रिक प्रणालीवाले स्थान से भिन्न है क्योंकि इसमें दाएँ और बाएँ, आगे और पीछे, ऊपर और नीचे, आपस में परिवर्तित नहीं हो सकते। इनमें से किसी भी दिशा में गति किसी

विशिष्ट ऐन्द्रिक संवेदना से जुड़ी होती है। शुद्ध गणितशास्त्र का 'स्थान' कार्यधर्मपरक (फ़ंक्शनल) होता है, जबकि मिथक का 'स्थान' संरचनापरक या स्वरूपगठनात्मक (स्ट्रक्चरल) होता है। सारी स्थानक दुनिया, और इसके साथ ब्रह्मांड, एक सुनिर्धारित प्रादर्श (मॉडल) के अनुकरण पर बना प्रतीक होता है जिसका कि विराट् रूप हो सकता है तथा वामन रूप भी। लेकिन रूप, चाहे छोटा हो या विशाल, वह रहता एकसमान है। शेषनाग, कच्छप, सुमेरु, सप्तसिन्धु आदि को लेकर भारतीय मिथकीय स्थान का स्वरूपगठन अविकल्पित हुआ है।[1] मिथकीय भूगोल में दसों दिशाओं के देवता तथा दिग्गज (आठ) होते हैं जो विशिष्ट शक्तियों के अधिष्ठाता हैं। भारतीय मिथकीय भूगोल में दस दिक्पाल हैं : इन्द्र, अग्नि, यम, निऋति, वरुण, वायु, कुबेर, ईशान, ब्रह्मा और अनन्त। इनके दस आयुध हैं : वज्र, शक्ति, दंड, खड्ग, पाश, अंकुश, गदा, शूल, पद्म तथा चक्र। ये सब रामयन्त्र में पूजित होते हैं किन्तु ये सब धार्मिक प्रतीक हैं। इन दिशाओं के आधार पर भूतों (अग्नि, जल, वायु, आकाश आदि) तथा ऋतुओं का आधान हुआ है। इन दिक्पालों तथा उनके आयुधों के आधार पर दिशाओं के चरित्र का भी मिथकीय आख्यान हुआ है।

सारांश में उद्यमकर्म और उद्यमकर्ता क्रमशः **आयुध** और दिक्पाल प्रतीक से गुँथ गए। हुआ यह कि प्रत्येक आयुध और प्रत्येक कर्म के लिए भी मिथक-कथा जोड़नी पड़ी जिससे आयुध भी दिव्य पुरुष हो गए। गुप्तकालीन प्रतिमाओं में विष्णु के विग्रह के साथ-साथ उनके आयुधों की भी अवतारी प्रतिमाएँ बनने लगीं। आयुध (धनुष, परशु, गदा, वज्र, शक्ति—रामवृत्त में इनको प्रधानता मिली है) तथा इनके साथ **लांछन**, वास्तव में प्राकृतिक एवं ऐतिहासिक वस्तुएँ हैं जो 'पुनीत वस्तु' होकर धर्मक्षेत्र में प्रविष्ट हो जाते हैं और विषयगत धार्मिक प्रतीक बन जाते हैं। आयुध एक ओर कार्यों के प्रतीक हैं तो दूसरी ओर किसी धार्मिक मनोवृत्ति को प्रतीक-बोध देनेवाली वस्तुओं के प्रतीक। परशु और धनुष प्रागैतिहासिक आखेटक तथा कृषि समाज के योद्धा के कार्यों का, गदा और शक्ति अतिमानवीय तथा अलौकिक शक्तियों का संकेत करती हैं। अतः इनमें जादुई और दंडविधायक शक्ति निहित है। ये धार्मिक प्रतीक पुनीत शक्ति से सन्निहित हो गए हैं, और धार्मिक कार्य उनकी ओर अभिमुख रहता है। राम के द्वारा मारे जाकर मुक्ति पाने की इच्छा राक्षसों में भी बलवती हो गई है और यह वध एक धार्मिक कार्य हो गया है। इस धार्मिक कार्य को देवी तथा दानवी के बीच संघर्ष द्वारा प्रखरतर बना दिया गया है। "धार्मिक चेतना अपने विषयों को प्रतीक-रूप में स्वीकार करने की हमेशा विरोधिनी रही है। क्योंकि जब भी वैज्ञानिक आलोचना प्रभावपूर्ण हो जाती है तब पुनीत प्रतीक धर्मनिरपेक्ष प्रतीक बन जाया करते हैं। यह उनकी अवनति है क्योंकि तब वे प्रतीक न रहकर मात्र लक्षण या चिह्न हो जाते हैं और उनके प्रतीकात्मक चरित्र का परदाफ़ाश होता है।[2] इसीलिए तुलसी वास्तविक सीताहरण को अस्वीकार करके मायासीता के हरण

1. फ़िलॉसॅफ़ी ऑव सिम्बॉलिक फ़ार्म्स, भाग दो, पृ. 84-85, 88-89।
2. पॉल टिलिच : 'रिलीजस सिम्बल' शीर्षक लेख; रोलों में द्वारा सम्पादित सिम्बालिज़्म इन रिलीज़न एंड लिटरेचर से उद्धृत, पृ. 95।

को ही स्वीकार करते हैं, इसीलिए राम के उस हरेक कार्य को 'मोहहीन नरलीला' कह देते हैं जिसमें मानवीय भावनाओं की सबलता-दुर्बलता, आकस्मिक कार्यों के प्रति अज्ञानता होती है।

इस तरह मिथक आधिभौतिक जीवन का मूलभूत सार हैं। ये कभी रूप व नाम बदलकर, कभी उदात्त होकर, कभी खंडित होकर, और कभी अनवत होकर प्रवाहित होते रहते हैं। हेनरी जे. मरे के अनुसार मिथक की रूपात्मक या गुणात्मक परिभाषाएँ यों हैं : मिथक किसी अनुमान की गई विलक्षण अथवा आवृत्त घटना का बोधात्मक तथा नाटकीय प्रतिवस्तु-स्थापन है (घटना अतीत, वर्तमान या भविष्य, इनमें कहीं घट सकती है); यह घटना किसी महत्त्वपूर्ण विचारवस्तु (थीम) को धारण करती है जो प्रथमतः मस्तिष्क में प्रतिनिधित्व पाती है (बिम्बात्मक मिथक) और द्वितीयतः शब्दों में (इतिवृत्तात्मक मिथक), अर्धकार्यों में (अभिनीत मिथक), या किसी कलात्मक रूप में (चित्रांकित मिथक)।[1]

अब हम इतमीनान के साथ मिथक-निर्वचनों (एक्सप्लनेशन्स) और व्याख्या-विधियों की चर्चा छेड़ सकते हैं। मिथकों का पुनरुद्धार अन्यापदेश (ऐलीगॅरी), दृष्टान्त (पैरेबिल), समदृश्य (ऐनैलॅजी), पूर्वरूपायन (प्रिफ़िगरेशन) अथवा व्याख्या की अन्य पद्धतियों के ज़रिए होता है। किन्तु हम कभी भी पूरी सत्यता या तत्त्व नहीं पा सकते। ये व्याख्याएँ आर्केटाइपल बिम्बों को थोड़ा-बहुत ढूँढ़ लाती हैं।

मध्यकालीन वैष्णव-सम्प्रदायों ने मिथक की व्याख्या के लिए अपने धार्मिक प्रतीकों को साधन बनाया–(1) मिथक का नया नामकरणसंस्कार 'लीला' हुआ, मिथक-व्याख्या के लिए जिस दृष्टिकोण का धारण हुआ वह भक्तों का 'रंजन' कहलाया एवं मिथकीय चेतना दैवीपात्र की आनन्द निमित्त 'नटवत् क्रीड़ा' हो गई।

(2) 'अंश' का ही 'सम्पूर्ण' के समान हो जाने की मिथकीय चेतना के कारण मुख्यतः अंश तथा आवेश अवतार ग्रहण किए गए, और पूर्वावतार या आध्यात्मिकीकरण हो गया;

(3) कथात्मक उपादानों की नई सृष्टि नहीं की गई बल्कि उन्हें पुराणों से ही ले लिया गया। इसलिए वाल्मीकि तक मिथक लीला में रूपायित नहीं हो पाए हैं, वह नरचरित्र ही हैं; तथा

(4) नैतिक पावनता से मेल न खानेवाली मिथकीय पवित्रता को संशोधित कर डाला गया है–या तो उसका संकेत कथन है या नटद्वैत जैसी कोई उद्‌भावना है।

तुलसी की मिथकीय व्याख्याओं में भी ये चार विधियाँ ही मिलती हैं। इन चार तुलसीवादी मार्मिक भरतसूत्रों के आधार पर ही हम मिथकीय-व्याख्याओं का महाभाष्य रच सकते हैं। ये सर्वाधिक महत्त्व वाले हैं।

तुलसी ने मिथक-व्याख्या में 'मोक्ष' या 'मुक्ति' तथा 'कर्मसिद्धान्त' का सर्वाधिक उपयोग किया है। अब मिथक या लीला भक्तों का रंजन करती है, तथा असुर-संहार के बजाय असुर-उद्धार का हेतु अंगीकार कर लेती है। अतः राक्षस भी हरिभक्त हो जाते

1. 'डेडालस' स्प्रिंग, 1958 अंक, पृ. 215

हैं। इस 'लीला' में मिथकीय काल तथा ऐतिहासिक काल का भी संयोग क्रमशः राम के अवतार-रूप और परब्रह्म-रूप के सहअस्तित्वपूर्ण प्रतीकों द्वारा हुआ है। तुलसी ने यह संयोग सर्वाधिक किया है। इसी कड़ी में हर मिथक या लीला को खंडों में बाँटकर प्रत्येक को पूर्ण भी बना दिया गया है और उसे 'दृष्टान्त-धर्म' प्रदान किया गया है। धनुर्भंग, विभीषण-शरणागति, जटायु-मोक्ष, बालिवध आदि दृष्टान्त-धर्मा लीलाएँ भी हैं। तुलसी ने रामकथा के मिथक की वैष्णव व्याख्या की है। उनसे पहले 'अध्यात्म-रामायण' में वेदान्ती व्याख्या, 'आनन्दरामायण' में रसवादी व्याख्या, जैन रामायणों में स्याद्‌वादी व्याख्या, और बौद्धजातकों में बौद्ध व्याख्याएँ हो चुकी थीं। सारांश में, मध्यकाल में मिथक-व्याख्या में साम्प्रदायिक प्रतीकों का आच्छादन हुआ है।

मध्यकालीन मिथक-व्याख्या में पूर्वतार्किक चिन्तन न होकर रहस्यवादी और साम्प्रदायिक चिन्तन मिलता है। आवेशरूप मिथकीय राम का विराट् परब्रह्म रूप भी देख लेते हैं; शेष पात्र राम की पहचान कर भी लोकरीति (इतिहास के इतिवृत्तात्मक कथानक अर्थात् क्लैसिकल मिथक) के पालन के हितार्थ मूल मिथक के निहित कथानक के अनुसार कार्य करते हैं। इस भाँति मिथक के दोनों मूल पक्ष–प्रथम प्रत्यक्षीकृत पक्ष और दूसरा धारणात्मक पक्ष–घुल-मिलकर न चलते हुए समानान्तर एवं अन्तरावलम्बित होकर चलते हैं। फलतः आदिम मिथकीय द्वैत (ऐम्बिवैलेन्स) अवचेतन स्तर के बजाय चेतन स्तर पर आ जाता है तथा चरित्र का दुहरापन मिथक को धर्म-अनुशासन में जकड़ देता है। राम (परब्रह्म-नर), सीता (मायासीता-वास्तविक सीता), रावण (हरिभक्त-हरिशत्रु) आदि सभी नटवत् क्रीड़ा करनेवाले हो जाते हैं।

मध्ययुगीन मिथक-व्याख्या के अन्तर्गत किसी भी घटना या कार्य को स्पष्ट करने के लिए कारणरूप में पूर्वजन्म की कोई एक कथा जोड़ दी जाती है। इस तरह इस जन्म के किसी कार्य का कारण अतीत में, तथा परिणाम वर्तमान अथवा भविष्य में गूँथ दिया जाता है। फलस्वरूप तीनों कालों का मेल हो जाता है। और ईश्वर एकमेव कालातीत इकाई हो जाता है। कारण को मिथक-कथा के द्वारा कहने की यह पद्धति 'मानस' में सर्वाधिक है, यद्यपि पूर्ववर्ती रामायणों में भी यही परम्परा बरक़रार है। इसे स्पष्ट करने के लिए हम कुछ उदाहरण लेंगे : जय और विजय क्रमशः हिरण्याक्ष और हिरण्यकशिपु बने तथा वाराह और नृसिंह द्वारा मारे गए, वे ही पुनः कुम्भकर्ण और रावण के रूप में अवतीर्ण हुए और राम द्वारा मारे गए; जलन्धर-पत्नी के 'शाप' के कारण विष्णु ने रामावतार धारण किया और जलन्धर रावण के रूप में अवतीर्ण हुआ; ब्रह्मा द्वारा शोधित विवाह-लग्न के बावजूद राम-सीता वियोग इसलिए हुआ कि चन्द्रमा ने नर्तकी-रूप धारण करके लोगों को ऐसा मन्त्रमुग्ध किया कि मुहूर्त ही निकल गया ('कृत्तिवास रामायण'); सीता को विरह इसलिए झेलना पड़ा कि उन्हें उनके द्वारा पिंजड़े में क़ैद चकोरों ने शाप दिया था; सीता-हरण इसलिए हुआ कि विष्णु-अवतार राम को वृन्दा, भृगु और नारद के शापों का फल झेलने के लिए पत्नी वियोग सहना पड़ा; बालिवध सर्प के प्रतिशाप के कारण हुआ ('आनन्द रामायण'), राम का ताम्बूल-रस एक दासी पी जाती है इसलिए उसे राधा होने का वरदान मिलता है

('आनन्द रामायण' रसकांड, 21वाँ सर्ग); राम दंडकारण्यवासी कामातुर ऋषियों को वरदान देते हैं कि वे उनके कृष्णावतार के समय गोपियाँ बनेंगे (पद्मपुराण); रामाश्वमेध के समय राम द्वारा ब्राह्मणों को 1,600 सुवर्ण-मूर्तियाँ प्रदान करने के पुरस्कारस्वरूप कृष्णावतार में उन्हें 16,000 गोप-पत्नियाँ मिलीं (आनन्द रामायण)। अतएव हम यह पाते हैं कि मध्यकाल में प्रादिम मिथक पर पौराणिक कथाएँ और आध्यात्मिक प्रतीक आरोपित कर दिए गए हैं जिससे उनका स्वरूप छद्मवेशी तथा उदात्त तथा शुद्धीकृत, तीनों ही हो गया है। सारांश में, मिथक की व्याख्या में स्पष्टीकरण के बजाय आध्यात्मिकीकरण और रसात्मकीकरण होता गया, तथा शनैः-शनैः उनमें अनेक कथाओं के गुँथने की वजह से उनका भागवत-आकार होता गया।

सारांश में, मिथक का मध्यकाल में व्यापक रूप में 'लीला' शीर्षक नामकरण हो गया। लीलाएँ मिथक की (प्रादिम आर्केक) मनस्तात्त्विक साइकिक दुनिया को तो छू भी लेती हैं, किन्तु वे उनका आध्यात्मिकीकरण भी कर डालती हैं जिससे जटिलता और भी बढ़ जाती है। मध्यकाल में मिथक और धर्म के सम्मिश्रण में से धर्म अगुआई करने लगता है और मिथकीय भाषा का दर्जा धार्मिक भाषा ले लेती है जिसमें प्रतीकों (मिथकों की अपेक्षा) की व्याख्या प्रधान हो जाती है।

इसलिए प्रादिम मनस्तात्त्विक दुनिया के आर्केटाइपल बिम्बों की खोज की दृष्टि रखकर हम रामकथा की मिथकीय व्याख्या (विश्लेषण आसान नहीं है) करने की कोशिश करेंगे–

तुलसीकृतित्व में मिथक 'लीला' में रूपायित हो गए हैं और कला के द्वारा उनकी अभिव्यंजना हुई है। अतः हम एक नए पारिभाषिक शब्द **'लीला-मिथक'** को गढ़ सकते हैं। लीला-मिथक में धार्मिक और परम्परागत दोनों प्रकार का प्रतिनिधित्व होता है। ये मिथकीय स्रोतों से भी बँधे रहते हैं। इस प्रकार कला में लीला-मिथक का प्रतिवस्तु-स्थापन (रेप्रेज़ेंटेशन) इतिहास और मिथक, दोनों कालों में अन्तररूपान्तरित (मेटेमॅर्फ़ोज़्ड) होकर प्रस्तुत होता है। अतः यह पूर्णतः यथार्थ नहीं होता। इसमें मिथकीय यथार्थ (पुनीत) भी शामिल होता है। कवि या दार्शनिक इनमें अपने अवचेतन तथा जातीय अवचेतन, दोनों का समावेश करता है। नाना प्रकार के आर्केटाइपल रूपाकार अवचेतन से चेतन कलाकृतियों में खिलकर क्लैसिकल महाकाव्य का ढाँचा रच देते हैं। इन धार्मिक लीला-मिथकों में भक्त और पुरोहित देवताओं तथा अर्द्धदेवताओं (अंश तथा आवेश-अवतारों) से हृदयसंवाद करते हैं। आर्केटाइपल बिम्बों से गर्भित ये लीला-मिथक केवल गल्प ही नहीं होते। ये ऐतिहासिक संस्मरण द्वारा प्रमाणित घटनाओं अथवा मिथकीय चेतना द्वारा निवेदित आस्था से परिपूर्ण होने के कारण यथार्थ-प्रतीति भी होते हैं। इनके रचनेवाले इन्हें कदापि मिथक या प्रतीक नहीं मानते। इनके प्रतीकात्मक अर्थों को ढूँढ़नेवाले तो आधुनिक लोग हैं। सुग्रीव, सम्पाति, खरदूषण, जटायु, जाम्बवान, रावण आदि क़बीलों के पूर्वजमुखी प्रक्षेपण हैं। अतः मिथक और प्रतीक एक प्रकार से अनुसन्धान के साधन या और औज़ार हैं। एरिक कोहलर प्रतीकों को औज़ार (टूल्स) मानते हैं। जिस तरह

औज़ार प्रकृति के साथ सम्प्रेषण क़ायम करते हैं उसी तरह प्रतीक वास्तविकता तथा यथार्थता के उन गहरे पक्षों का उद्‌घाटन करते हैं जो ज्ञान के अन्य किसी साधन के बस में नहीं हैं। "मिथक और प्रतीक दोनों की शक्ति एक ओर तो दमित, अवचेतन, आदिम कामनाओं, भयों और अन्य मनस्तात्त्विक विषयों को सचेतन करती है, और दूसरी ओर नए लक्ष्यों, नई नैतिक अन्तर्दृष्टियों एवं सम्भावनाओं का उद्‌घाटन भी करती है।...इस तरह मिथक और प्रतीक संश्लेषण के उच्चतर धरातलों पर समस्या का समाधान करनेवाले साधन हैं।...वे अन्वेषण (डिस्कवरी) के हेतु हैं। वे हमारे और 'प्रकृति' के, तथा हमारे अपने 'अस्तित्व' के सम्बन्धों के स्वरूपगठनों को प्रगत्यात्मक ढंग से उद्‌घाटित करते हैं, नए नैतिक रूपों को उद्‌घाटित करते हैं।"[1] इस तरह ये मिथक और प्रतीक जिस यथार्थता का अनुसन्धान करते हैं वह 'बहिर्गत' भी होती है। इसी वजह से शायद पृथ्वी गौरूप होकर भयाकुल हो जाती है; मेघ पर सूर्य की किरणों का पड़ना जलन्धर (आकाश) की पत्नी (मेघावली) से विष्णु (सूर्य) का सम्भोग करना हो जाता है; चन्द्रमा, बृहस्पति और रोहिणी तारा का एक राशि में आ जाना चन्द्रमा का बृहस्पति-स्त्री तारा के साथ जार-कर्म हो जाता है; समुद्र के ज्वार-भाटों और पवन की आरोही-अवरोही क्रीड़ा हनुमान्-सुरसा का कौतुक बन जाती है; अहल्या-शिला (जिस कठोर भूमि पर हल न चलाया गया हो) का मेघ-राम द्वारा उद्धार हो जाता है; इत्यादि।

तुलसी की रामकथा के लीला-मिथक के विकास की भी एक रोचक व्याख्या है। इसमें एक ओर तो मिथकीय ढाँचा है, दूसरी ओर ऐतिहासिक बोध, तीसरी ओर वैष्णव सम्प्रदाय के धार्मिक प्रतीकों के अन्यापदेश, चौथी ओर टोटेमीय जातियों के समाज; पाँचवी ओर वैदिक युग की बहुत पुरानी घटनाएँ; छठी ओर गुप्तों के स्वर्णयुग की पौराणिक संस्कृति; सातवीं ओर कवि की अन्तर्मुखता; आठवीं ओर काव्यशास्त्रीय रसदृष्टि; नवीं ओर लौकिक काव्यों की साहित्यिक परम्पराएँ तथा दसवीं ओर उनके युग के दारुण कृषक-जीवन का भी संत्रास एवं समन्वय हो गया है। रामकथा की मिथक-रचना पर याकोबी, वेबर, वॉन नेगैलैन, फ़ादर कामिल बुल्के आदि ने अपने दृष्टिकोण पेश किए हैं। "हनुमान् के सम्बन्ध में याकोबी का अनुमान है कि वे कोई कृषि-सम्बन्धी देवता थे, सम्भवतः वर्षाकाल के अधिष्ठातृ देवता। वह तो वायु का पुत्र (मारुति) है। वह दक्षिण दिशा की ओर, जहाँ से वर्षा आती है, सीता अर्थात् कृषि के सम्बन्ध में शुभसमाचार लाने के लिए राम के पास पहुँचता है।...डॉ. वॉन नेगैलैन के अनुसार सीता पृथ्वी के मानवीकरण का परिणाम है।...डॉ. याकोबी ने प्राचीन यक्षपूजा के साथ भी हनुमान् का सम्बन्ध स्थापित किया है। मैक्स वेबर के अनुसार 'रामायण' का समस्त काव्य एक रूपकमात्र है जिसके द्वारा दक्षिण की ओर आर्यों की सभ्यता और कृषि का प्रचार दिखाया जाता है। प्रधान पात्र सीता, जिसका हरण और पुनः प्राप्ति, काव्य की कथावस्तु है, कोई ऐतिहासिक वस्तु न होकर खेत की सीता (लांगल पद्धति) का मानवीकरण-मात्र है जिसे आर्यकृषि का प्रतीक मानना चाहिए।...उसकी बहन

1. 'सिम्बलिज़्म इन रिलीज़न एंड लिटरेचर' में रोलोभे-कृत लेख 'प्रतीकों का महत्त्व', पृ. 45।

उर्मिला के नाम का अर्थ लहराता हुआ खेत समझना चाहिए।...याकोबी के अनुसार 'रामायण' की कथावस्तु के स्पष्टतया दो स्वतन्त्र भाग हैं : प्रथम भाग अयोध्या से सम्बन्ध रखता है और ऐतिहासिक घटनाओं पर निर्भर है, द्वितीय भाग की आधिकारिक कथावस्तु (सीताहरण तथा रावणवध) का मूलरूप वैदिक साहित्य में विद्यमान है। सीता, राम तथा रावण का व्यक्तित्व क्रमशः वैदिक सीता (कृषि की अधिष्ठात्री देवी) इन्द्र तथा वृत्रासुर से विकसित हुआ है। सीताहरण का मूल स्रोत पणियों द्वारा गायों का अपहरण है, तथा रावणवध वृत्रासुर का विकसित रूप है।"[1] इन शीर्षस्थ विद्वानों के अनुमानों के बीच की नाना असहमतियों में-से यह एक सहमति-सूत्र अवश्य मिलता है कि सीता का सम्बन्ध कृषि से है और कृषि-कर्म को लेकर ही एक सम्पूर्ण आर्केटापल पैटर्न 'आकृति बेध' रचा गया होगा जिसमें राम, हनुमान्, लक्ष्मण, रावण, मेघनाद आदि अन्तररूपान्तरित मिथकीय यथार्थता होंगे। आर्यों ने जो महत्त्व गायों को दिया था वही महत्त्व कृषकों ने खेतों को दिया। अतः गौहरण का सीताहरण में अन्तर-रूपान्तर हुआ होगा—यह दूसरा सूत्र है। तीसरा सूत्र यह भी मिलता है कि रावण के पक्ष के योद्धाओं के नामों में से अधिकांश नाम वर्णनात्मक हैं : कुम्भकर्ण, मेघनाद, विभीषण, महोदर (घाटी), अकम्पित (पर्वत), प्रहस्त (वृक्ष) आदि। जैन रामायणों में रावण के दस शिर नहीं हैं। वह दस दर्पणों से जड़ी एक माला पहनता है जिसमें प्रतिबिम्बित होकर वह दशशीश दिखता है। इन तीनों सूत्रों की पकड़ से हम इस लीला-मिथक की अधिक व्यापक और सारयुक्त व्याख्या कर सकते हैं। हमें इसमें तीन स्रोत मिलते हैं : दसों दिशाओं में फैले हुए अन्धकार का दसों दिशाओं में रश्मि-रथ ले जानेवाले सूर्य द्वारा विनाश, खेत को बोए जाने से लेकर अन्न इकट्ठा करने तक की प्रक्रिया; और किसी इक्ष्वाकु-वंशीय निर्वासित राजकुमार की ऐतिहासिक घटना। अदिति का पुनर्नाम दशरथ हुआ क्योंकि उनका रथ दसों दिशाओं में जाता है। उनके पुत्र राम हैं जो सूर्यवंशी हैं। 'खंड के ही सम्पूर्ण हो जाने' वाले मिथकीय पूर्वतर्क के मुताबिक़ राम सूर्य हैं जिनका रश्मिरथ दसों दिशाओं में जाता है। दूसरी ओर दशरथ के समान दशशीश भी है : काला घोर अन्धकार, दसों दिशाओं में व्याप्त तमोगुण ! इस तरह दशरथ-दशशीश का एक चक्र प्रवर्तित हो जाता है। दशरथ कालरथ हो जाते हैं (कालनेमि)। दशरथ नियति है और दशशीश संहारोपरान्त सृष्टि। धार्मिक प्रतीक ने दशरथ को सत् और दशशीश को असत् में रूपान्तरित कर दिया है। राम वर्ण और प्रेम और कृपा, तीनों दृष्टियों में मेघधर्मा हो गए हैं। दूसरे स्रोत में सीता केन्द्र में आती है : सीता अर्थात् खेत या कृषि की अधिष्ठात देवी। वरुण और मित्र में विरोध है। दक्षिण में सिन्धु है, उत्तर में सूर्य। इसलिए राम को सिन्धु बाधा देता है; और हनुमान् को सुरसा। अँधेरे में घिरी हुई कृषि मानो रावण द्वारा हरण की गई सीता है। हनुमान् सीता अर्थात् कृषि के सम्बन्ध में शुभ सूचना लाने के लिए दक्षिण की ओर जाते हैं। हनुमान् पवन और मेघ के मिथकीय प्रतीक हैं। हनुमान् श्रीराम अर्थात् सूर्य के अनुचर हैं। इस भाँति सूर्य, पवन, मेघ आदि का संयोग अन्धकार में बन्दिनी कृषि

1. फ़ादर कामिल बुल्के : 'राम-कथा (उत्पत्ति और विकास)' द्वितीय संस्करण 1963, पृ. 109।

को मुक्त कराता है। राम-रावण-युद्ध वर्षा और सूर्यतेज (ब्रह्मास्त्र तथा माया : 'बरषा घोर निसाचर रारी') का प्रचंड रूप है। राम अर्थात् सूर्य के साथ लक्ष्मण अर्थात् शुभ लक्षण भी हैं। अन्त में दसों दिशाओं में व्याप्त अन्धकार नष्ट होता है और सीता का उद्धार होता है। अग्निपरीक्षा के कई अर्थ हैं : (क) अग्निदेव पापों को भस्म करते हैं (धार्मिक प्रतीक); (ख) अग्नि खेतों की फ़सलों को पकाती या जोती गई धरती को उर्वर बनाती है (धर्मनिरपेक्ष प्रतीक); (ग) अग्नि रजस्वला नारी का शुद्धीकरण करती है (कर्मकांडी प्रतीक)। इस कथा में अग्निपरीक्षा या तो कृषि को उर्वर बनाती है या रजस्वलाधर्म के शुद्धीकरण का प्रतीक-कथन करती है। बाद में सीता से लव (जव) और कुश उत्पन्न होते हैं और सीता पुनः अपने मिथकीय छद्म को उतारकर धरती में समा जाती है : अर्थात् "सीता = धरती" का मानवीयकरण प्रकट हो जाता है। इस तरह अदिति से लेकर सीता के पाताल-प्रवेश तक, दशरथ से लेकर दशमुख तक, राम से लेकर रामराज्य तक एक भौगोलिक क्रमविकासी घटना को मिथकीय रंगों में रँगा गया है जहाँ क्रम का गड्डमगड्ड हुआ है। तीसरे स्रोत में राम की राजनीति, राम के मित्र-शत्रु, राम के विष्णु अवतारवादी हेतु, राम के प्रति भक्ति, राम की नैतिक मर्यादाएँ और अयोध्या, चित्रकूट, किष्किन्धा, सुवेल, लंका आदि में घटनात्मक चरित्र भी जुड़ गए हैं। हम यह स्वीकार करते हैं कि इस तीसरे स्रोत को भी अनुस्यूत करने पर ही यह व्याख्या पूर्ण हो सकती है, किन्तु मिथक-आलेख-कारी (माइथोग्रैफ़ी) के द्वारा हमें इतनी ही कामयाबी हासिल हो सकी है।

मिथकों के साथ-साथ **'प्रतीकों'** की चर्चा बिना यह प्रसंग अधूरा-सा रह जाएगा। यहाँ शुरू में ही स्पष्ट कर देना चाहेंगे कि प्रतीक तुलसी ने नहीं गढ़े, बल्कि 'हमने' उनका (प्रतीकों का) अनुसन्धान किया है। धार्मिक चेतना प्रतीक को माध्यम नहीं मानती, उसके लिए दैवी और मानवीय सम्बन्ध तथा अनुभव यथार्थ हैं, श्रद्धा है, और भक्ति है। अतः ऐसे में प्रतीक-बोध असम्भव होता है। पॉल टिलिच ने प्रतीक के तीन उपलक्षण गिनाए हैं : (1) प्रतीक में अलंकार-गुण होता है; (2) प्रतीक में प्रत्यक्षीकरण होता है अर्थात् जो प्रकृत्या अदृश्य, आदर्श, या अनुभवातीत है वह प्रतीक में प्रत्यक्षीकृत होकर बहिर्मुखता धारण करता है, और (3) प्रतीक में संस्कारतः शक्ति होती है जो इसे चिह्न (साइन) से पृथक कर देती है। व्यक्ति एक साथ तीन धरातलों से प्रतीक का अनुभव करता है : व्यक्ति में अन्तर्निहित प्रादिम और आर्केटाइपल गहराइयाँ व्यक्ति के जैविक तथा मनोवैज्ञानिक अनुभवों से उभरनेवाले प्रतीक-बोध, तथा व्यक्ति की संस्कृति में परिव्याप्त मूल्य और प्रतीक (देखिए–रोलो मे)। प्रतीकों में हमारी अन्तर्निहित भावनाएँ और आवेश कमल, चातक, सिंह, रथ, नौका, नदी आदि की आकृतियों में प्रकट होकर प्रतीक हो जाते हैं। तुलसी की स्वामी के प्रति भावना दास्यभाव की प्रीति होकर, तथा राम के प्रति सम्बन्ध अवतार-प्रतीक होकर पूर्ण हुए हैं। इस तरह प्रतीक अन्तर्वृत्ति तथा बहिर्जगत् के बीच सेतु जैसे हैं। इन प्रतीकों को कथानक के आवरण पहनाने पर मिथक-निर्माण होता है। इस तरह प्रतीक और मिथक मिलकर अनुभव और अर्थ का

एक सम्पूर्ण सम्प्रेषण करते हैं। मनुष्य प्रतीकों का निर्माता और भोक्ता होता है। प्रतीक-रूप में उसके अनुभव अधिक प्रखर, अधिक गहरे और अधिक अनुसन्धेय हो जाते हैं। प्रतीकों के भोग के फलस्वरूप ही मनुष्य इच्छाओं को कर्म में परिवर्तित तथा परिणत करता है। धार्मिक काव्यों में प्रतीकों का प्रयोजन रसास्वादन न होकर लोक-साधना हुआ करता है। इसीलिए तुलसी ने मध्यकालीन समाज को भक्ति, माया, अवतार, नाम, रामराज्य, कलिकाल आदि के रूप में ऐसे आन्दोलनकारी प्रतीक दिए जो सारे सामाजिक जीवन को सदियों तक प्रभावित करते रहेंगे। उनके प्रतीक मात्र कला-प्रतीक नहीं, वे समाज-कर्म के जीवन्त प्रतीक हैं। प्रतीक अन्तर्गत-अवचेतन की बहिर्गत अभिव्यक्ति होने के कारण नाना अर्थों को धारण कर सकते हैं। उनका आधार प्रादिम और आर्केटाइपल स्रोत होते हैं, तथा उनके स्थापत्य चेतन जगत् की वास्तविकताएँ होती हैं। धार्मिक प्रतीकों की भूमिका तो और भी विशिष्ट हो जाया करती है। वे सामूहिक कार्य के लिए प्रेरित करके समाज को एकताबद्ध करते हैं; वे आध्यात्मिक अनुभवों का सम्प्रेषण करते हैं जिनके प्रति सम्प्रदाय में श्रद्धा होती है; वे इस जगत् को दैवी वरदान या शाप के अनुरूप रूपाकार देते हैं; वे मनुष्यों में ऐसे संवेगों को उद्दीप्त करते हैं जो उन्हें कर्मक्षेत्र में ले जाते हैं तथा वे समाज के साम्प्रदायिक पुनर्निर्माण के पुरोहित-जैसे होते हैं। प्रतीक हमेशा अभिप्रेत से 'कुछ अन्य का भी' उद्घाटन करते हैं। धार्मिक प्रतीक मिथकीय माया से उद्भूत होते हैं। अतः उनमें जादुई सम्मोहन निहित रहता है। (मिथकीय भाषा बिम्बों एवं रूपको एवं प्रतीकों का प्रचुर इस्तेमाल करती है)। इस पृष्ठभूमि में यह बात ध्यान देने की है कि तुलसी ने 'मानस' के अयोध्याकांड में ही प्रतीकों का सांग प्रयोग किया है क्योंकि वह ऐतिहासिक चरण और काव्य-भाषा प्रधान है। बाद के कांडों में तो उन्होंने बिम्बों और मिथकों से झमाझम धार्मिक भाषा तथा मिथकीय भाषा का प्रयोग किया है। अतः प्रतीकों की छटा छूट गई है। 'गीतावली', 'नहछू', दोनों 'मंगलकाव्य' बिम्ब-प्रधान हैं। 'विनयपत्रिका' में आध्यात्मिक प्रतीकों की इतनी व्याख्या हो गई है कि वे दीर्घ उपमा और रूपक जैसे होकर ही बच सके हैं। अयोध्याकांड में त्रासदिक अनुभवों की गहराई को बहिर्गत करने के लिए मंगलाचरण-श्लोक में शिव के मंगल-अमंगल, दोनों पक्षों की वन्दना हुई है। उसमें राम के अभिषेक का क्षणिक उत्सव बालचन्द्र है, मन्थरा सर्परूप है, रामवियोग कंठ-हलाहल है, भयानक वन जटाएँ हैं, और गंगा (शृंगवेरपुर में) उदात्त पावनता है। इसी तरह हनुमान् द्वारा अशोकवाटिका का विध्वंस तूफ़ान है क्योंकि हनुमान् मारुतनन्दन भी तो हैं और राम का इन्द्ररथ धर्मविजय का प्रतीक है। तुलसी की बाद की कृतियों में रामभक्त, हरिशत्रु आदि चारित्रिक प्रतीक होकर गिनाए गए हैं जो 'नाम-प्रतीकों' के दृष्टान्त हैं। सारांश में, तुलसी में प्रतीक-बोध नहीं है क्योंकि उन्होंने रहस्यानुभवों का तो आद्यन्त विरोध किया है। इसीलिए मिथक लीलाएँ हो गए हैं और प्रतीक सांगरूपक, उत्प्रेक्षा तथा रूपक। पूरी रामकथा के महत् प्रतीकीकरण की दृष्टि से उसमें 'क्रौंच-वियोगभाव' है। सारी रामकथा दशरथ-राम, राम-सीता, लक्ष्मण-उर्मिला, तारा-बालि, रावण-मन्दोदरी के वियोगों

में करुणा-भींगी है। तुलसी ने अपने सृजनात्मक कार्य (क्रियेटिव ऐक्ट) का प्रतीकीकरण 'यायावरीय यात्रा-भाव' के द्वारा किया है। उनमें इतिहास के मिथक तक की, कृषक समाज से शहरी समाज तक की, ग़रीबी से लोक-सुखसम्पत्ति-प्राप्ति तक की, लोक-साधना से लोकसिद्धि तक की, राजापुर से काशी तक की यायावरीय यात्राओं की मार्मिक संवेदनाएँ हैं।

सबसे अन्त में हम तुलसी द्वारा व्यवहृत बहुविध **मिथकीय बिम्बों** का निरूपण करेंगे।

तुलसी ने जिस तरह से बिम्बों का इस्तेमाल किया है उसमें गठन की विविधताएँ नहीं हैं, बल्कि कल्पना की प्रचुरता है। बिम्ब यथार्थ का प्रतिबिम्ब होकर उतने मोहक नहीं रह पाते। वे यथार्थ का अलंकरण करते हैं और एक अलंकृत यथार्थ की सृष्टि कर डालते हैं। 'मिथकीय बिम्ब' तो 'अलंकरण-बिम्ब' से भी आगे मूल वस्तुरूप अर्थात् तदेकात्मक रूप हो जाते हैं। उनमें जादू (मैजिक) से उत्पन्न सम्मोहन (इ-मैजिक) छाया रहता है। मिथकीय बिम्ब हमेशा ज्ञानपक्ष और विवेकपक्ष को ढाँके रहते हैं, वे मूलतः मन्त्र (शब्द-जादू) या बिम्ब-जादू (इमेज-मैजिक) होते हैं। इसके उपरूप 'धार्मिक-बिम्बों' में देवता से कल्पित साक्षात्कार का बोध निरन्तर विद्यमान रहता है जिसकी वजह से इनमें तात्कालिकता का बोध प्रबल होता है। धार्मिक बिम्ब धार्मिक प्रतीकों को उपमानों के रूप में भी इस्तेमाल करते हैं। ये आर्केटाइपल रूपाकारों के कवि-प्रकृति-मार्गवाले साम्प्रदायिक बिम्ब होते हैं। इसी तरह से 'ब्रह्मांड-बिम्बों' (कॉस्मिक इमेजेज़) में मिथकीय भूगोल और इतिहास को उपजीव्य बनाकर निर्विकल्प (ऐब्सोल्यूट) वस्तुओं को उपस्थित किया जाता है। तुलसी ने इन तीनों प्रकार के सम्मूर्त्तन-विधानों में बहुधा उत्प्रेक्षा-न्याय ही लागू किया है। अलबत्ता कहीं-कहीं रूपकात्मक विधा भी नज़र आ जाती है। हम तीनों तरह के बिम्ब-विधानों के कुछ उदाहरण देंगे :

(क) मिथकीय बिम्ब : कोटि मनोजों को लजानेवाले राम; जनक का मन मानो प्रयाग हो गया और वात्सल्य-सिन्धु के अन्दर उन्होंने सीता के स्नेहरूपी अक्षयवट को बढ़ते देखा (उत्प्रेक्षा-रूपक-उपमा-योग); भरत ने अपने प्रेम को सँभाला जैसे बढ़ते विन्ध्याचल को अगस्त्य ने रोका था; राक्षस दौड़े जैसे बालसूर्य को अकेला देखकर मन्देह नामक दैत्य घेर लेता है; आकाशरूपी तालाब में रावण की भुजाओंरूपी कमलों पर बस कर शिवसहित कैलास हंस के समान शोभित था, (उपमा); रावण की भुजाएँ लोकपालों के विशाल बलरूपी चन्द्रमा को ग्रसने के लिए राहु है; हनुमान् और अंगद लंकादुर्ग में घुस गए मानो दो मन्दराचल समुद्र को मथ रहे हों; मेघनाद बाणों के समूह को छोड़ने लगा मानो बहुत से पंखवाले साँप दौड़े जा रहे हों; आकाश में रावण के सिर और बाहु ऐसे छा गए मानो असंख्य केतु और राहु हों; दशरथ की ऐसी विकल दशा है मानो पंखों के जल जाने पर सम्पाति गिर पड़ा हो; राम और लक्ष्मण के बीच एक परम लावण्यमयी और सुन्दर सुकुमारी नारी है मानो चन्द्रका और श्रीहरि के बीच साक्षात् लक्ष्मी हो; बगुलों की पंक्ति शिखर को स्पर्श करके श्याम घटाओं से मिलती है मानो आदिवराह समुद्र में क्रीड़ा कर दाँतों पर पृथ्वी धारण कर उससे बाहर निकले हैं (गीतावली); राम के सिर

पर जटाओं का मुकुट है और उसके बीच में फूलों की माला गुँथी है जैसे शिवशिर गंगा हो; सशरीर अग्नि ने सीता का हाथ पकड़कर उन्हें राम को वैसे ही अर्पित किया जैसे क्षीरसागर ने विष्णु को लक्ष्मी समर्पित की थी; इत्यादि। यहाँ दो बातें ध्यान रखने लायक़ हैं : एक, तुलसी ने संख्या के द्वारा विराट् मिथकीय बोध उत्पन्न किया है (करोड़ों कामदेव, असंख्य राहु-केतु); और दो, रामकथा और मिथकीय कथा के काल-बोध को भी प्रकट किया है क्योंकि मिथकीय कथा के काल में अतीत चेतना है, और रामकथा के काल में ऐतिहासिक काल से आगे की वर्तमान चेतना।

(ख) धार्मिक बिम्ब : सब सुन्दरी दुल्हनें सुन्दर दूल्हों के साथ एक ही मंडप में ऐसी शोभा पा रही हैं मानो जीव के हृदय में चारों अवस्थाएँ (जागृति, स्वप्न, सुषुप्ति, तुरीय) अपने चारों स्वामियों (विश्व, तेजस, प्राज्ञ, ब्रह्म) सहित विराजमान हों; राम-लक्ष्मण के बीच सीता कैसी सुशोभित हो रही हैं जैसे ब्रह्म और जीव के बीच माया; जनक ने सीता से कहा कि तेरी कीर्ति-रूपी देवनदी गंगा को भी जीतकर करोड़ों ब्रह्मांडों में बह चली है; आपकी माया गूलर के वृक्ष के समान है जिसके अन्दर चर-अचर जीव-जन्तु बसते हैं; सीता अपहरण के समय विलाप करती है कि पुरोडाश (यज्ञ का अन्न) को गदहा खाना चाहता है; रामनाम पापरूपी पक्षियों के समूह के लिए बधिक के समान है; जैसे रघुपति का अमोघ बाण चलता है उसी तरह हनुमान् चले; तीनों पर्णकुटी में ऐसे सुशोभित हो रहे हैं मानो वैराग्य (लक्ष्मण), भक्ति (सीता) और ज्ञान (राम) शरीर धारण करके सुशोभित हों; इत्यादि। यहाँ अमूर्त उपमानों का धारणा रूप में प्रयोग हुआ है। इसी तरह रसों को मानव-रूप देनेवाले, तथा प्रकृति शोभा को नैतिक उत्प्रेक्षांश से सन्तुलित करनेवाले बिम्ब भी भरे पड़े हैं (पिछली गोष्ठी में इनका निरूपण हो चुका है)।

(ग) ब्रह्मांड-बिम्ब : सीता की कीर्तिरूपी देवनदी गंगा को भी जीतकर ब्रह्मांडों में बह चली है; कठिन को दंड चढ़ाकर सिर पर जटा का जूड़ा बाँधते हुए राम कैसे शोभित हो रहे हैं जैसे मरकतमणि के पर्वत पर करोड़ों बिजलियों से दो साँप लड़ रहे हों; लव, निमेष, परमाणु, वर्ष, युग और कल्प राम के प्रचंड बाण हैं तथा काल धनुष है; आकाश में दशों दिशाओं में बाण छा गए मानो मघा नक्षत्र के बादलों ने झड़ी लगा दी हो; सात समुद्रों की मेखलावाली पृथ्वी के एकमात्र राजा राम हैं जिनके एक-एक राम में अनेक ब्रह्मांड हैं; कुम्भकर्ण करोड़-करोड़ वानरों को पकड़कर एक साथ खाने लगा मानो पर्वत की गुफा में टिड्डियाँ समा रही हों; विराट् रूप के अंग-प्रत्यंग में संसार की विचित्र रचना प्रतिफलित हो रही है; इत्यादि। यहाँ विराट्ता, विशाल और व्यापकता का उदात्तगुण हावी है।

इस गोष्ठी का तमामशुद करने के पहले अब हम मिथकों की महान शक्ति का अन्दाजा लगा सकते हैं क्योंकि वे कार्यधर्मवाही और कर्मप्रवर्तक हैं; और आर्केटाइपल बिम्बों के रूप में मानव की विरासत भी। अतः कुछ बिम्ब समाज के स्वास्थ्य को बढ़ाते हैं और कुछ उसे अन्धविश्वासों तथा निकम्मेपन के गर्त में डाले रहते हैं। मध्यकाल में राम का लीला-मिथक समाज-स्वास्थ्य के लिए अमृत था, और रीतिकाल में कृष्णा-मिथक

मादक शराब। वास्तव में मिथक मात्र कथा बनकर नहीं ही रह पाते। वे विचारधारा बनकर पूरी संस्कृति के दर्पण, समाज के अधिनायक, रिनैसाओं के जनक तथा क्रान्तिकारी आन्दोलनों के वाहक भी हो जाया करते हैं। कोई भी समाज तथा संस्कृति अपने वाहक मिथकों के बिना गाफ़िल पिछड़ेपन में सो जाती है। रामकथा, और स्वयं सन्तभक्त कवि तुलसीदास भी, एक वाहक मिथक होकर, कृषक भारत और संघर्ष राष्ट्र को क्रियाशील किए रहे हैं। लेकिन अब देवधाम वैकुंठ से शुरू होकर मुग़लकाल में होती हुई यह यात्रा फ़ौलाद मिल के शहर भिलाई तथा आवणिक रिऐक्टर के नए ट्रॉम्बे तक तय हो चुकी है। अब आगे रामकथा और तुलसी की नई-नई मिथकीय एवं ऐतिहासिक, आधुनिक एवं सांस्कृतिक, मनोवैज्ञानिक एवं ऐतिहासिक-भौतिकवादी व्याख्याओं की बेहद व्याकुल प्रतीक्षा जारी रहेगी। सलाम ! नमस्ते !!

परिशिष्ट

[अ] लोकगायन और सामूहिक श्रवण की प्रवृत्ति का शैलीकरण : 'मानस' का अभिनव महाकाव्यत्व

विकासगामी, संवर्धनपरक महाकाव्य (ईपिक आफ ग्रोथ) सारी जाति और एक पूरे युग के कलात्मक इतिहास होते हैं जिनमें केवल सौन्दर्य ही नहीं, विशिष्ट संस्कृति के अन्य प्रकृत मूल्य भी चरित्रों, घटनाओं और परिणामों के रूपायन में अनुस्यूत होते हैं। ऐसे महाकाव्यों में मिथक और इतिहास का अनूठा महाभारत तथा भागवत जुड़ जाता है; भाषा और अभिव्यंजना की नई शैलियाँ अपने उन्मेष को प्राप्त होती हैं तथा क्लासिकी चरित्र और विचार युग के दर्पण में नए-नए मूल्यांकन पेश करते रहते हैं। इसलिए महाकाव्य देश और काल के अक्ष में आबद्ध होकर भी शनैः-शनैः सर्वकालधर होता जाता है; और प्रत्येक देश के भावकल्प के अनुसार तदनुरूप संस्कृति की पुनर्रचना करता रहता है। इसीलिए एक युग के जीवन, तथा एक जाति के कार्यों का आयत्तीकरण करनेवाला महाकाव्य एक व्यापक तथा सम्पूर्ण कार्य-व्यापार की शृंखला का निर्माण करता है जहाँ नायक एक चरित्र से अधिक संस्कृति की पूंजीभूत शक्ति, और कथावस्तु घटनाओं से अधिक राष्ट्र के प्रारब्ध का प्रश्न बन जाती है। एक बीज-मिथक पर आश्रित होने के कारण संवर्धनशील महाकाव्य की वस्तु पहले से ही जनसाधारण के सम्मुख बहुजनीन साधारणीकरण किए ही रहती है। इसलिए इन राष्ट्रीय-सांस्कृतिक महाकाव्यों का फलागम पूर्वविदित होता है। हाँ, चरित्र-शिल्प और घटना-रोमांच के लिए, उन्हें अधिक तीव्र और युगानुकूल बनाने के लिए, उन्हें कवि एवं युग के आदर्शों का व्याख्यामूलक भाष्य बनाने के लिए नातिदीर्घ नाटकीय और दार्शनिक अन्वेषण अवश्य जोड़े जाते रहे हैं। इन्हीं संयोगों के कारण कथा की आत्मा और व्यंजना बदलती रही है। वाल्मीकि के पौरुषेय नर राम, भवभूति के करुणाविगलित राम तथा तुसलीदास के मर्यादापुरुषोत्तम अवतारी राम ने एक ही मिथक-कथा के प्रदायों में, अपने-अपने आदर्शों तथा युग के अनुसार, मिथक में इतिहास का मेल किया है। तुलसी में आकर चरित्र-शिल्प का आन्तरिक तनाव, तथा घटना-रोमांच का मानवीय विस्फार इतना बदल गया है कि 'रामचरितमानस' में राम और राम-मंडल के पात्र पूर्णतः अवतार हो गए हैं, तथा सभी घटनाएँ पूर्वजन्म का परिणाम या राम की 'कौतुक लीलाएँ' हो गई हैं। अतः निरपेक्ष दृष्टि से हम मानस को मात्र साहित्यिक कृति भी नहीं मान पाते। वह एक धार्मिक और नैतिक ग्रन्थ का दर्जा भी प्राप्त कर लेती है। इन कारणों से भी भामह, दंडी, हेमचन्द्र और विश्वनाथ-सम्मत महाकाव्य के लक्षण 'मानस' को बाँध नहीं पाते।

महाकाव्य के मिथकायन में सामूहिक अवचेतन की मौजूदगी हुआ करती है। मानस में यह सामूहिक अवचेतन परिपक्व होकर कुछ प्रतीकों के द्वारा एक कृषि-वृत्त को उद्घाटित कर देता है। दस दिशाओं में व्याप्त अन्धकार (दशानन) में कृषि की अधिष्ठात्री शक्ति (सीता) बन्दिनी है। पवन और उसके सहचर (हनुमान्) सिन्धु तैरते हुए पहुँचते हैं। शुभ लक्षण (लक्ष्मण) अनुकूल हैं। इसलिए सूर्यवंशी राम अन्धकाररूपी दशानन का वध करके सीता को मुक्त करते हैं। रामायण की कथा के इस मिथकीय प्रतीक का संकेत वेद में मिलता है जहाँ तब तक सीता के इर्द-गिर्द चरित्र नहीं बुन सका था। कालान्तर में राम, लक्ष्मण, रावण, सीता, हनुमान् तथा अन्य प्रतीकार्थक पात्रों ने रामायण का अपना मिथकायन रच डाला। विश्व के सभी महाकाव्यों के मूल में ऐसा ही कोई महामिथक हुआ करता है। ऐसे मिथक के पात्र आर्केटाइप या आदिम प्रारूप हो जाया करते हैं। प्रत्येक युग में इन आदिम प्रारूपवाले चरित्रों में सारा समाज-गठन और संस्कृति आच्छादित कर दी जाती है। नायक या तो उपस्थित समाज का संरक्षक हो जाता है अथवा उसका सुधारक। खलनायक मौजूदा समाज का भंजक हो जाता है जो समाज के अन्तर्गत विद्रोह या परिवर्तन की धमकी देता है। नायक समाज की एकता और रूढ़ि का, तथा खलनायक स्वतन्त्रेच्छा और दृढ़ता (हठधर्मिता) का प्रतिनिधित्व करने लगते हैं। इस भाँति ऐसे महाकाव्यों में नायक-खलनायक का द्वन्द्व क्रमशः समाज की एकता और समाज के विघटन का प्रतिनिधित्व करने लगता है। अतः महाकाव्य के पात्र अपने जीवन के साथ-साथ अपने युग और देश की बौद्धिक चिन्ता का भी वहन करते हैं। मानस के महाकाव्यत्व का अन्वेषण करने के लिए इन भूमिकाओं का लेखा-जोखा करना वांछनीय हो जाता है।

महाकाव्य के महाकाव्यत्व के निर्धारण में केवल कृति की नहीं, महाकवि और उसका युग भी भूमिका अदा करते हैं। इन दोनों का तालमेल न बैठाने के कारण ही कई महाकाव्य लक्षणों में सटीक उतरने के बावजूद साधारण काव्य बने रह गए हैं। 'मानस' की उत्प्रेरक और उत्पादक शक्तियाँ कौन थीं, हम इनकी छानबीन से अपनी स्थापनाएँ शुरू करेंगे।

तुलसी का विकास एक ग्रामीण ब्राह्मण-पंडित के रूप में शुरू हुआ। अतः वे रमते जोगी होकर भी भाषा के सधुक्कड़ी-वृत्त से अलग-थलग रहे। वे चौपालों तथा चौराहों के आम आदमियों के बीच लोकगायकों, नटों, नर्तकों, क़िस्सागो सूफ़ियों का सामना किया करते रहे होंगे। चित्रकूट-आवास तक वे कस्बाई रहे। लेकिन काशी-अयोध्या की ओर प्रयाण करने के दौर में उन्हें लोककवियों तथा लोकगायकों की जनसंस्कृति तथा लोकशक्ति का अनुमान लगा। उन्हें कवित्त और सवैए (कवितावली) वाली ग्राम्य गोष्ठियों, पदोंवाली ('गीतावली', 'विनयपत्रिका') मन्दिर आरतियाँ तथा दोहा-चौपाईवाले चौराहों के जलसे ('रामचरितमानस') सुनने-देखने को मिले होंगे। ग़रीब तथा निराश्रित होने के नाते चौराहों से उगे हुए लोककंठ की मन्त्रशक्ति ने ही उन्हें सर्वाधिक वशीभूत कर लिया। जायसी के 'पद्मावत' की रचना का लोकरूप भी दोहा चौपाईवाला था। अतः बुन्देलखंडी संस्कारों के ग्राही तुलसीदास ने अवधी भाषा में दोहा-चौपई में कथा

के कांड और लीलाओंवाले सोपानों का एक वास्तुशिल्पवाला ढाँचा गढ़ लिया : 'रामचरित के मानसरोवर के तीर्थ के सात सोपान !' इस तरह उन्होंने अपने महाकाव्य के 'रूप' की समस्या को सुलझाया।

'मानस' के महाकवि तुलसी एक भक्त और संन्यासी भी थे। वे भौतिक जीवन और सामाजिक न्याय की चेतना की अपेक्षा आध्यात्मिक जीवन और पौराणिक न्याय के अनुगामी थे। उनका युग हिन्दुओं के लिए भी अपेक्षाकृत शान्ति, सुव्यवस्था, उदारता और सामाजिक चुनौतियों एवं सांस्कृतिक समन्वय का युग था। मुगल सम्राट् अकबर भारत के एक दूरदर्शी सामन्तेश्वर थे जिन्होंने हिन्दू-मुसलामन सामन्तपतियों की एकता क़ायम की, भूमि-सुधार कराए और एक मिली-जुली उदार संस्कृति के पुनर्जागरण की भूमिका प्रोत्साहित की। उनके पहले तक हिन्दू क्या मुसलमान जनता भी, लूटपाट, अकाल, युद्ध और भ्रष्टाचार का शिकार थी। तुलसी का आविर्भाव ऐसे समय में हुआ। वे वर्ण से ब्राह्मण थे लेकिन वर्ग से एक बेखेतिहर, बेरोज़गार किसान। उन्होंने ग़रीबी को दैहिक ताप के रूप में, तथा दुख को भौतिक ताप के रूप में भोगा। वे नख से शिख तक ग्रामीण भारत की मूक यातना को समझते थे। उन्होंने सभी जगह क्रूर और स्वार्थी स्वामियों को पाया था और ग्रामीण व्यवस्था को जर्जर होते हुए देखा था जिसके फलस्वरूप पूरा पंचायती ढाँचा और वर्णाश्रम-व्यवस्था लड़खड़ा गई थी। एक भक्त का ब्राह्मण होने के नाते उनकी भारतीय बौद्धिक परम्परा एकता और रूढ़ि की रही। उन्होंने केवल हिन्दू समाज, विशेष रूप से ग्रामीण समाज और परिवार को ही धुरी बनाया, और उसके सुधार तथा पुनरुत्थान के पौराणिक आदर्श रखे। लेकिन खलनिन्दा, कलिकाल-वर्णन, रावण-चरित्र के समावेश के द्वारा वे अपने वर्तमान से मुक्त भी नहीं हो सके। इस भाँति 'मानस' में तुलसी ने हिन्दू दर्शन की तत्कालीन बौद्धिक चुनौतियों को झेला है और सगुण अवतारवाद के द्वारा उन्होंने शैवों, शाक्तों, नास्तिकों और खलनायक समय को भी जवाब दिया है। उन्होंने 'मानस' के द्वारा भारतीय ग्रामों की वर्णाश्रम-व्यवस्था तथा सम्मिलित कुटुम्बवाली 'इकाई' दोनों की पूरी सुदृढ़ता और पुनरुत्थान की हिमायत की है और इस आदर्श के लिए ही उन्होंने राम जैसे क्षत्रिय सम्राट्, शिव जैसे योगी, विश्वामित्र जैसे ब्राह्मण, केवट जैसे लोकजन को एक साथ प्रस्तुत किया है। 'मानस' के द्वारा उन्होंने अन्ततोगत्वा रामकथा का आद्योपान्त **सुललित ग्राम्यीकरण** कर डाला है। यह तुलसी की महत्तम उपलब्धि है। वस्तुतः किसान-समाजी तुलसी का अनुभव-क्षेत्र भी तो ग्राम और ग्रामवत् कुछ तीर्थ रहे हैं। इसलिए सभी राजवंशों के वृत्त कृषक-वृत्त जैसे हो गए हैं, कृषक जीवन का प्रकृति और लोक जीवन में प्रसार हो गया है, तथा ग्राम्य समाज के जात्यभिमान, कुल-नैतिकता, सामाजिक भेद जैसे अन्तर्विरोध भी आ गए हैं। तुलसी ने सम्पूर्ण कलासौन्दर्यबोध को संस्कृत की कुलीनता, नागरिकता और राजसभाओं की बारीकियों से निकालकर लोकभाषा के सहज जादू, ग्रामीण अनुभवों और ग्रामीण इकाइयों के सामूहिक और नैतिक आचरणों में बदल दिया है। जिस तरह कालिदास ने पूरी गुप्तकालीन कुलीन संस्कृति का बिम्ब-सौन्दर्य दिया है, उसी भाँति तुलसी ने

मुग़लक़ालीन ग्राम्ससंस्कृति का अनुभव–शिवत्व ! मानस के महाकाव्य की उपर्युक्त तीन भूमिकाओं का ख़्याल रखा जाना चाहिए। स्वयं तुलसी ने भी कुछ ऐसा ही जीवन भोगा था जिसके फलस्वरूप उन्होंने राम को नायक चुना। राम राज्य त्यागकर वनवासी होते हैं, पत्नी से वियुक्त होते हैं, परिवार के लांछनों और धोबी की निन्दा को झेलते हैं तथा अन्त में विजयी होकर लौटते हैं। तुलसी भी गृहत्याग कर भिखारी होते हैं। अपमान, ग़रीबी तथा धार्मिक अन्याय सहते हैं, पत्नी से विरक्त होते हैं, और लांछनों को झेलते हुए 'गोस्वामी' पद प्राप्त करते हैं। तुलसी ने परशुराम के रूप में तत्कालीन शैवाचार्यों की झाँकी दी है; चित्रकूट के नौका-प्रसंग में स्वयं तापस बनकर पहुँचे हैं, रत्नावली की झिड़क को मन्दोदरी की झिड़क में रूपान्तरित किया है तथा राम के वियोग में स्वयं अपने मन को उँड़ेला है। इस तरह तुलसी ने स्वभावतः राम को चुना–हनुमान् के माध्यम से अर्थात् ग्राम्यदेवता की प्राणप्रतिष्ठा कराकर ! राम जैसे स्वामी और राम जैसे पुरुषोत्तम उनके तथा मध्यकालीन ग्रामीण हिन्दू समाज के आदर्श हो गए !

उपर्युक्त कारणों से 'मानस' में महाकाव्य के एक लोकरूप का भी आविर्भाव हुआ–एक गेय कथा और वार्ताशैली वाले स्वरूप का। इसके अलावा इस महाकाव्य में सहृदय **सामाजिक** सम्बन्धी धारणा का आमूलचूल रूपान्तर हो गया है। महाकाव्य का सामाजिक मात्र संस्कारी सहृदय न होकर भक्त गृहस्थ या साधारण जन हो गया है जिसमें श्रद्धा और विश्वास का होना लाज़िमी है। भक्तिपरक मानस का यह नया सहृदय अकेला ही रसास्वादन नहीं करता, बल्कि लोकमंगल का धर्म भी सीखता है और मोक्ष के तत्त्व को समझता है। यह भक्त सहृदय समूहरूप है। इसकी गोष्ठी न तो राजसभाओं में है न कलाविनोदों वाली सभाओं में। यह मन्दिरों, तीर्थों, घाटों और गाँवों की चौपालों में एकत्र होनेवाला, शुभ अवसरों पर कीर्तन करानेवाला, लोकजन है। मानस में रसनिष्पत्ति की चर्चा करते समय इस लोकजन के सहज संस्कारी चित्त और चमत्कारप्रियता का ख़्याल भी रखना होगा। इसी वजह से मानस के महाकाव्यत्व में अद्भुत और चमत्कार परिव्याप्त हो गया है जो सभी रसों की पृष्ठभूमि में अवतारी रामत्रिकोण की पृष्ठभूमि बनता है। भक्तिपरक महाकाव्य होने के नाते मानस में षट्प्रयोजनी में भी रद्दोबदल हुआ है। रामविवाह-प्रसंग का फल सदा उछाह है, भरत-चरित का फल भवरस से विरति है, रामलीला का गुणगान सभी मंगलों को देनेवाला है, इत्यादि–ये प्रयोजन मानस के अंग हो गए हैं। स्वयं मानस का अंगी प्रयोजन पापहरण और पुण्यप्राप्ति है। इस भाँति हम मानस में महाकाव्य के प्रयोजनों में ये भक्तिपरक और लोक श्रद्धावाले रूपायन पाते हैं। जहाँ तक शैली का सम्बन्ध है इसमें दोहा-चौपाईवाला लोकप्रिय छन्दयुगल प्रयुक्त हुआ है। स्वयं कवि ने कहा है कि मैंने प्रबन्ध में 'विचित्र' कथा की रचना की है और यह कथा 'सुहावनी' है। इससे यह ज़ाहिर होता है कि इसमें चमत्कार और चारुत्व का समुपरंजन हुआ है। कवि ने सम्पूर्ण महाकाव्य में इसके एक प्रकार के कथावाचन-शैली में निबद्ध होने का इशारा बारम्बार किया है। यह 'कथा' है–जो गाकर कही गई है तथा विश्वास मानकर निरन्तर सुनी गई है। गाना और सुनना, कहना और

समझना, मनन करना और हरिभक्ति पाना इसी गायन तथा श्रवण के परिणाम हैं। इसीलिए सात कांडों में परम्परा से विभक्त होने पर भी इस महाकाव्य में कवि ने शिवमुख या काकभुशुंडि-मुख से बार-बार सारी कथा को इतिवृत्तात्मक शैली में कहलाया है। सारी कथा को मानो घटना-खंडों में बाँट डाला गया है और प्रत्येक खंड एक 'लीला' हो गया है जिसका मुक्तक जैसा ओहदा है और एक विलक्षण पूर्णता है। प्रत्येक घटना के कारण-कार्य-परिणाम का 'लीला' में उन्नयन चरित्र और घटना, दोनों का स्वरूप तथा धर्म बदल देता है। लीला चरित्र और घटना को लौकिक धरातल से हटाकर अवतारी पात्रों की अलौकिक क्रीड़ा में बदल देती है। उसमें आश्चर्य के कई तत्त्व जुड़ जाते हैं, रामवृत्त के पात्रों के प्रत्येक सबल-दुर्बल कार्य की औचित्य-सिद्धि के लिए पूर्व जन्म की कथाओं में उनके कारण खोजे जाते हैं। पात्रों के कुछ प्रकट कार्य और अप्रकट कार्य में एक नैतिक अन्तर्विरोध तथा दोहरापन आ जाता है। प्रत्येक बात जो श्रद्धाविश्वास रूप भक्त-सहृदय को अनुचित या अप्रिय लगी है, उसकी कोई-न-कोई आध्यात्मिक अर्थात् लीलापरक व्याख्या हो गई है। फलस्वरूप इस महाकाव्य के चरित्रों एवं घटनाओं से घोर लौकिक और मानवीय मर्मस्थितियों को तिरोभूत-सा कर दिया गया है। इससे मानस का **मध्यकालीनीकरण** तो अखंडरूप से हो गया है लेकिन कलानुभव तथा सामाजिक यथार्थ को बेहद क्षति उठानी पड़ी है। यूँ लगता है कि तुलसी ने सारी घटनाओं का लीलाओं में जो रूपान्तर किया है, उसके मूल में निर्गुणधारा की मान्यताओं और नाथों-सिद्धों के गुह्यतन्त्रोंवाले वातावरण के उच्छेदन की भावना रही है। खलनायक-पक्ष में भी इसी भावना की परिव्याप्ति हुई है जहाँ रावण, कुम्भकर्ण, विभीषण, माल्यवान, मन्दोदरी, त्रिजटा आदि सभी अप्रकट रूप में रामभक्त हो गए हैं। अतः रामपक्ष और रावणपक्ष, दोनों के पात्रों को मुक्ति मिलती है। इस वजह से खलनायकत्व में दुर्बलता आई है। यह शील-निरूपण तुलसी के युग का ही प्रतिबिम्ब लगता है। ऐकल राम ही मर्यादापुरुषोत्तम चक्रवर्ती, परब्रह्म अवतार, समाज-संस्थापक और विराट् स्वामी के रूप में अंकित किए गए हैं जिनके सभी विरोधी एक विदूषक जैसे और हल्के मायावी नट-से हो गए हैं। जहाँ-जहाँ राम का प्रभाव है वहाँ की प्रकृति और मानव-समाज, नरपति (सुग्रीव, निषादराज) और दार्शनिक (मुनि, ऋषि आदि), लोकजन (ग्राम नर-नारी) और देवतागण, सभी उनकी स्तुति-वन्दना करने लगते हैं। रावणपक्ष के सभी पात्र रामभक्त हो जाते हैं। केवल रावण ही बच रहता है (प्रकट रूप में)। वह भी सामन्तीय दर्प तथा अदूरदर्शिता में बदहोश है, वह एक मूर्ख प्रतीत होता है जो निडर होने के साथ-साथ घमंडी है। जनचित्त में, विशेष रूप में तत्कालीन बुद्धिजीवियों के बीच उस युग के सामन्तों के सम्बन्ध में जो वास्तविक धारणाएँ घर कर गई थीं उसका पूरा प्रस्फुटन रावण-चरित्र में हुआ है। राम में मानो परमभावगत गुप्त सम्राट् समुद्रगुप्त के युग और हिन्दूसमाज का जातीय अतीत आलोकित हो उठा है। उस काल के इन दोनों चारित्रिक ध्रुवान्तों को प्रस्तुत करने के कारण 'मानस' में चरित्र द्वारा हिन्दू जाति के प्रारब्ध का सवाल भी उठाया गया है। रावण ब्राह्मणवंशी और शिवभक्त होकर भी

वर्णाश्रम-धर्म और आर्यों की राजनीतिक शक्ति को चुनौती देता है। राम वर्णाश्रम-व्यवस्थावाली ग्राम-इकाइयों तथा सम्मिलित कुटुम्बवाले परिवारों के मेल से बने क़दीम हिन्दू समाज का, उसकी सम्बन्धताओं और नैतिक आचरणों का एक मॉडल प्रस्तुत करते हैं। राम चरितनायक हैं और रावण प्रतिपक्षी समाज-व्यवस्था का विघटक। किन्तु मुग़ल-साम्राज्य की उदार सुदृढ़ता और भारतीय रिनैसां में उसके आत्मरंजित हो जाने की प्रवृत्ति के कारण रावण एक विदूषकत्व के स्थान पर अवनत हो जाता है। अन्य महत् पात्र इन दो ध्रुवान्तों के बीच अन्विषित होकर भी तत्कालीन समय और समाज की प्रवृत्तियों तथा चुनौतियों के नुमाइन्दे हो गए हैं और वाल्मीकि की निर्मितियों की अपेक्षा बदले हुए नज़र आते हैं। तुलसी के लक्ष्मण में ही वाल्मीकि कृत चरित्र-दृष्टि बकाया रह गई है। वे मानो रामायण के अर्जुन हैं। रामसखा, रामअनुज, रामभक्त और आर्य समाजवृत्त की जबदी रूढ़ियों के भंजक। वे ब्राह्मण परशुराम से जा टकराते हैं, राम के नए सम्राट् मित्र सुग्रीव को दंडनीति से राजनीतिक सन्धि की शर्तों को पूरा करने को आगाह करते हैं। भरत के चित्रकूट-आगमन पर राजकुमार की तरह चौंकन्ने हो जाते है। मेघनाद के यज्ञ को विध्वस्त करने को तत्पर रहते हैं। हनुमान एक आदर्श सेवक और प्रचंड सेनापति हैं। भरत एक आदर्श त्यागी तथा राजधर्मपालक हैं। सीता का चरित्र बहुधा राम की आद्याशक्ति के रूप में तथा रामपत्नी के रूप में स्वीकृत होने के कारण उचित दृष्टि कम पा सका है। वस्तुतः सीता में पतिव्रतधर्म के समानाधिकार और सम्मिलित कुटुम्ब की दमघोंटू कर्तव्य-गठरी को ढोने के बीच प्रबल अन्तर्द्वन्द्व है। राम के साथ वनयात्रा का विनयपूर्ण अनुरोध करनेवाली सीता में आत्मनिर्णय के अधिकार का अनूठा तेज दमक उठा है। हनुमान् से मिलते समय वन्दिनी सीता में राम द्वारा प्रिया भुला देने पर हल्की चुटकी ली गई है तथा अग्निपरीक्षा देती हुई सीता (तुलसी की माया सीता वास्तविक सीता के चमत्कार के बावजूद) अपने नारीत्व को तपपूर्ण बना देती है। तुलसी द्वारा सीता को नितान्त कोमल बनाने की, राजबाला का गौरव प्रदान करने की चेष्टा परवान नहीं हो सकी। वह मानस में जगज्जननी से अधिक एक उत्तरदायित्वपूर्ण पत्नी और राजबाला से अधिक एक ग्रामबाला हो गई है। इसी भाँति रावण सम्पूर्ण आर्य समाजवृत्त की रचना को ही खंडित करना चाहता है। वह प्रतिशोध के धर्म का माननेवाला एक शत्रु है। राम की कूटनीति और रावणपक्ष के मन्त्रियों की राजनीति रावण के उद्देश्यों और योजनाओं को खंडित कर देती है। अकेला मेघनाद ही उसका है और मन्त्री-परिषद् के प्रमुख राजनेता उसके विरुद्ध हैं। इस राजनीतिक भूमिका पर तुलसी ने 'मानस' में सम्राट् हर्ष के बाद के भारतीय द्विसांस्कृतिक सामन्तयुग की दरबारी दशाओं को प्रतिबिम्बित किया है। यह सच है कि उन्हें कालिदास या केशवदास की तरह राजसभाओं का निजी अनुभव नहीं था। इसलिए रामसभा और रामपक्ष के समाज मन्दिरों तथा चौपालों के सत्संग-जैसे हो गए हैं, तथा रावण-सभाएँ या और सभाओं की राजपरम्पराएँ तत्कालीन लोकधर्मी नाट्य स्वाँग जैसी लगने लगी हैं। सन्त तुलसी कोरमकोर ग्राम्य चेतना में–ग्राम्य चेतना की रूढ़ि, परम्परा और पुनरुत्थानवादी

आदर्शवाद में–पगे हैं। 'मानस' के राजकीय कथापटल को ग्रामीण परिवेश देने के कारण ही उनकी यह कृति मध्यकाल की हिन्दू जनता की सामाजिक यथार्थता के समग्र श्याम-शुक्लपक्ष को प्रस्तुत करती है। इसी वजह से 'मानस' का महाकाव्यत्व दंडी, भामह, विश्वनाथ के परिगणनावाले लक्षणों से कहीं बहुत व्यापक और गहरा है। जब स्वयं तुलसी ही उन लक्षणों के क़ायल नहीं रहे, तब हम ही उन्हें क्यों थोपें !

'मानस' का रूप-विधान दो तत्त्वों के संयोग से बना है–(1) दोहा-चौपाई शैली में लिखी जानेवाली लोककथाओं के बृहद् काव्यरूप जिनमें एक ओर तो अनावश्यक वर्णन तथा वस्तुपरिगणना आदि होती है तथा दूसरी ओर लौकिक नायकों (प्राकृत जन) में वीर-शृंगार का परिपाक; एवं (2) पौराणिक शैली जिसमें श्रोता शंका उठाता है और कथा-वाचक उसका समाधान करता है। यह समाधान या तो सहकारी कथाओं को जोड़कर दृष्टान्त रूप में किया जाता है, या फिर दार्शनिक कथनों अथवा व्यावहारिक आचरणों को प्रस्तुत करके किया जाता है। तुलसी ने एक ओर दोहा-चौपाईवाली इतिवृत्तात्मक शैली अपनाई है तो दूसरी ओर पौराणिक शैली में शिव-पार्वती, शिव-सती, काकभुशुंडि-गरुड़, याज्ञवल्क्य-भरद्वाज, तुलसीदास-सज्जनवृन्द को क्रमशः वक्ता एवं श्रोता के कुछ युगलों के रूप में प्रस्तुत करके सम्पूर्ण मानस के ढाँचे को एक संवादपरक गति प्रदान की है। इसलिए कथा कभी पूर्व जन्म में नेपथ्य से कई प्रकरियाँ संग्रह कर लेती है, कभी स्थगित होकर पिछली कथा की कड़ी को आगे बढ़ाने लगती है, कभी किसी दार्शनिक एवं भक्तिपरक जिज्ञासा का समाधान करने लगती है, कभी चरितकाव्यों की परम्परा में स्तुतियों एवं माहात्म्यों का कीर्तन रचाने लगती है। कथानक के प्रवाह की अपेक्षा 'मानस' में रामभक्ति एवं रामभक्त की महत्ता निर्वचित करना मूल उद्देश्य हो गया है। सारा महाकाव्य मानो एक ही प्रश्न का उत्तर देता है–राम लौकिक नरनायक न होकर परब्रह्म अवतार हैं जो लीलाएँ कर रहे हैं। मानस के श्रोता (=सहृदय) को आद्यन्त तथा बारम्बार आगाह किया गया है कि वह इन लीलाओं से भ्रमित न हो जाए। सौन्दर्यानुभूति की दृष्टि से यह प्रवृत्ति कृति से साधारणीकरण के 'सर्वसाधारण्य' का लोप करा देती है और पात्र तथा ग्रहीता सामाजिक के बीच निर्बाध भावन-व्यापार होने में बाधा पहुँचाती है। आद्योपान्त राम को नररूप में अंकित किया जाकर भी प्रत्येक घटना के निष्कर्ष कथन में उन्हें परब्रह्म बखान दिया गया है। वस्तुतः कवि तुलसी की अपेक्षा सन्त तुलसी का लक्ष्य चरित्रशिल्पन न होकर भक्ति-निरूपण रहा है। इसमें उन्होंने 'अध्यात्म रामायण' की पद्धति को ग्रहण करके काव्यतत्त्व को पदच्युत करके अभिनव 'भक्तिरस' की प्रतिष्ठा की है। इसी दृष्टि के कारण त्रासद संवेगों (भयानक, रौद्र) और सुखद संवेगों (शृंगार, वीर) को मर्यादा तथा अलौकिकता से इतना ढाँका गया है कि यही स्पष्ट होने लगता है कि यह महाकाव्य सहृदय पाठकों के लिए कम होकर साम्प्रदायिक सन्तों और मात्र भक्तों के ही निमित्त है। 'मानस' एक सौन्दर्यतात्त्विक प्रश्न उठाता है–क्या दैवी अद्भुत में सफल साधारणीकरण हो सकता है ? भट्टनायक-प्रणीत यह सवाल इसलिए और भी जटिल हो जाता है कि यहाँ चरित्र-परिवर्तन अथवा

चरित्र-स्थैर्य विलक्षण है। चरित्र-परिवर्तन में यदा-कदा पूरी 180 डिग्रियों का घुमाव आ जाता है। इन घुमावों के वाहक काव्य-प्रयोजन तो कम ही हैं, दैवी हेतु अधिक हैं; जैसे मतिभ्रम (सरस्वती द्वारा), भाग्य-खेल (ब्रह्मा द्वारा) और शाप (ब्राह्मण द्वारा)। पात्र मन में सोचते कुछ हैं और करते कुछ हैं। नाटकीय मायावरण (ड्रेमेटिक इल्यूज़न) की दृष्टि से यह एक अनूठी क्षमताओं का निष्कासन कर सकता था किन्तु सन्त तुलसी की दृष्टि के कारण यहाँ पात्र और पाठक के बीच लोक-परलोक, तथा जीव और ब्रह्म के सम्बन्ध को अधिक सुदृढ़ करने की इच्छा प्रकट हुई है। हाँ, 'मानस' में लोकजन में सहज कुतूहल और श्रद्धा को बाँध लेने का अजब इन्द्रजाल है क्योंकि वह उनकी रूढ़ियों और स्वप्नों, परिवारों और षोडश कर्मों, ग्राम और सामाजिक आचरणों के वांछनीय पक्षों का संग्रह करता है, उनकी लौकिक-अलौकिक चिन्ताओं को सगुण-साकार बनाता है। 'मानस' में क्रान्ति से अधिक मध्यकालीन ठहराव विद्रोह से अधिक पुनरुत्थान, परिवर्तन से अधिक सुधार की चेतना है। इसीलिए यह भारत के मध्यकाल के दीर्घसरल जन-जीवन की सामाजिक और बौद्धिक चेतना का एक घूमता हुआ आइना है जहाँ नारियों के सम्बन्ध में बेहद अमानवतावादी निर्णय, शूद्रों के उचित उत्थान के प्रति तिरस्कार, टूटते हुए वर्णाश्रम-धर्म का आदर्शीकरण करने की ब्राह्मणवादी ग़लत कोशिशें मिलेंगी (जिन्हें समय नाकमयाब कर देता है) और समानान्तर ही भाई-भाई के मर्यादित आपसी सम्बन्ध, राजा-प्रजा के प्यारे धर्म, परिवार और ग्राम की खुशहाली के लिए अनिवार्य नागरिक कर्तव्यों और प्रशासनिक सुधारों के संकेत भी मिलेंगे। 'मानस' में गहराई में डूबने पर सम्पूर्ण मध्यकाल अपने यथातथ्य और पुनरुत्थानवादी दोनों स्वरूपों को उद्‌घाटित कर देता है। मध्यकाल की हिन्दू जनता की चेतना पौराणिक तथा परम्परावादी थी और यह पौराणिक चेतना 'मानस' में छककर परिव्याप्त है। पुराणों के पंचलक्षण या दशलक्षण 'मानस' में घुल-मिल गए हैं : वृत्ति रक्षा (अवतार), मुक्ति, हेतु (जीव), अपाश्रय (ब्रह्म) के साथ-साथ दान, व्रत तीर्थ, श्राद्ध आदि भी शामिल हुए हैं; धर्म और मोक्ष का भी समावेश हुआ है (लेकिन अर्थ और काम को भुलाया गया है)। इस भाँति 'मानस' हिन्दू-जीवन की एक आचरणसंहिता बन गया है। यह तत्त्व भी इसके महाकाव्यत्व की अजस्र अनुकूल-प्रतिकूल शक्ति का नियामक है। इसके सात कांड तथा इनमें-से प्रत्येक कांड का नैतिक नामकरण भी इसका प्रमाण है : बालकांड विमल सन्तोष का, अयोध्याकांड विमल विज्ञान वैराग्य का, अरण्यकांड विमल वैराग्य का, किष्किन्धाकांड विशुद्ध सन्तोष का, सुन्दरकांड विमल ज्ञान का, लंकाकांड विमल विज्ञान का तथा उत्तरकांड अविरल हरिभक्ति का प्रतिपादन करता है। यह प्रतिपादन पात्रों के शील के आधार पर हुआ है। इसलिए 'मानस' में मधुरोपासना के स्थान पर मर्यादोपासना का प्रचार हुआ है। अतएव 'मानस' काव्य तथा धर्म, दोनों के 'कोसेंट्रिक' वृत्तों में घिरकर राम को केन्द्रबिन्दु बनाता है। कलियुग-वर्णन तथा खलवन्दना तुलसी के युग के अतिशयोक्तिपूर्ण चित्र होने के साथ राम, राम-समुदाय तथा रामराज्य का कंट्रास्ट भी पेश करते हैं।

महाकाव्य का भावन कई स्तरों और कई प्रकार के श्रोतागणों को परितुष्ट करता है। यह एक आश्चर्य ही है कि गृहस्थ-जीवन तथा कृषि-संस्कृति के इस काव्य की रचना करनेवाला महाकवि एक संन्यासी और पर्यटक था। इससे ज्यादा आश्चर्य यह है कि औसत ग्राम की वर्णव्यवस्था और सम्मिलित कुटुम्ब में जो भी सामाजिक सम्बन्ध, वैयक्तिक शंकाएँ, नैतिक मानदंड, धार्मिक कर्मकांड, संस्कारगत मनोरंजन, संगठनात्मक कठिनाइयाँ और प्रकृति-निरीक्षण-सम्बन्धी अनुभव हो सकते हैं, वे सब 'मानस' में गायन तथा वाचन होकर काव्यांग भी हो गए हैं। इतना व्यापक और गहरा लोकानुभव भक्ति तथा मर्यादा की ओर उन्मुख कर दिया गया है जिसने जनचित्त पर गहरा सहिष्णु प्रभाव डाला। बालकांड में रामविवाह का सम्पूर्ण कर्मकांड; अयोध्याकांड में पिता-पुत्र, पुत्र-माँ, सासु-वधू, अग्रज-अनुज के सम्बन्धों का गृहसूत्र; अरण्यकांड में पतिव्रत धर्म की गीता; लंकाकांड में शत्रु-मित्र के बीच भी एक मानवीय नीतिसार तथा उत्तरकांड में एक आदर्श नरपद (हरिभक्त) और एक आदर्श राज्य (रामराज्य) की यूतोपिया ने एक महाकाव्य के लिए लाज़िमी, जाति तथा राष्ट्र के प्रारब्ध की, व्यापकता प्रदान की है। संन्यास और नैतिकता की अधिकता ने श्रृंगार, हास्य, लौकिक, प्रपंचों की स्वाभाविक जटिलता के पक्षों की काफ़ी काट-छाँटकर के इस व्यापकता को संकीर्ण भी किया है। किन्तु लोक जीवन की अपार व्यापकता के ग्रहण ने, उस ग्रहण में लोकमंगल की साधना की प्रवृत्त्यात्मकता ने मानस को अन्ततोगत्वा तत्कालीन जन की समाजशास्त्रीय संहिता बना दिया है। शैवों और वैष्णवों के परस्पर संघर्षों से उत्पन्न जातीय झगड़े, शंकर के मायावाद और नाथों-सिद्धों की रहस्य साधनाओं से उत्पन्न जनता में भयभावना, वर्णाश्रम-व्यवस्था के जर्जर होने से ग्राम्य व्यवस्था की अराजकता, निर्गुण-मार्गियों की ज्ञानदीप्त चेतना आदि के निराकरण में सगुणमार्गी तुलसी ने एक **समन्वय-मार्ग** दिखाया। इसलिए सारे-के-सारे मानस में शूद्र तथा नारी-विरोध के अलावा सभी जगह सामाजिक समझौते तथा धार्मिक पुनरुथान के स्वर मिलते हैं जिसका नेतृत्व भूसुर (ब्राह्मण) ही कर सकेंगे। सारांश में; अपने युग तथा समाज को समझने तथा सुलझाने के लिए तुलसी की विचारधारा (आइडियोलॉजी) ऐसी ही थी। उन्होंने लौकिक सम्राटों तथा सामन्तों अर्थात् प्राकृत आश्रयदाताओं के प्रति अथाह विरक्ति और जुगुप्सा का इज़हार किया है; अपने समय को अकालों से भरा कलिकाल घोषित करके सम्पन्नता तथा सुख को मानव-जीवन की आवश्यकता भी बूझी है। किन्तु इसके साथ-साथ वे परलोक के स्वप्नों के ज़रिए इस 'मायापूर्ण' जगत् के संघर्षों और समाज को नजरअन्दाज़ भी करते रहे हैं। 'मानस' के उत्तरकांड के बाद उनकी रचनात्मकता में निवृत्ति की अधिकाई शुरू हो जाती है जो 'विनयपत्रिका' तथा 'वैराग्य सन्दीपनी' में चरमोत्कर्ष पर है।

'मानस' में अपने इस विशाल, व्यापक और सूक्ष्म लोकानुभव को उन्होंने चरित्रों में उतना नहीं छिटकाया, जितना कि लोकानुभवी बिम्बों में, नैतिक और सामाजिक सूक्तियों में, तथा उपमाओं-उत्प्रेक्षाओं में। इसकी वजह यह है कि रामायण-परम्परा चरित्र-शिल्परूढ़ियों का मानक गढ़ चुकी थी; विषयवस्तु भी तय थी। अतः मर्म के

तन्तुओं को बुनते समय अर्थात् पात्रों के अनुभावों और संचारी भावों को अवरेखित करते समय तुलसी ने उन प्रारूपित अर्थात् टिपिकल पात्रों को भी वैयक्तिकता के रंगों से भरा है। इन्हीं स्थलों पर वे पात्र अपने अलौकिक और असाधारण मुखौटों को उतारकर सामान्य मानवता में पूर्णतया रूपान्तरित हो जाते हैं। 'मानस' के ऐसे कुछ प्रसंगों का परिगणन किया जा सकता है (जो अपेक्षाकृत कम हैं)–पार्वती के विवाह के लिए वर खोजने की माँ की चिन्ता, पुष्पवाटिका तथा स्वयंवर में सीता की क्षण-क्षण परिवर्तित मनोदशाएँ, कैकेयी द्वारा मन्थरा को झिड़कना, भरत का प्रायश्चित, कैकेयी का पश्चात्ताप, राम का वियोग, लक्ष्मण को शक्ति लगना, सीता की विरहावस्था, राम के युद्ध-संशय आदि। इस सन्दर्भ में अनेक छोटे-छोटे प्रसंग भी हैं जिनमें केवट, अयोध्या की प्रजा, शबरी, त्रिजटा आदि की भावछवियाँ प्रमुख हैं। कवि के लोकानुभवों की बहुत बड़ी राशि महाकाव्य की सूक्तियों में बिखरी है जिसका संकलन एक स्वतन्त्र विषय की सामग्री है। इन सूक्तियों में परम्परागत नैतिक आदर्श, कवि के व्यक्तिगत अनुभव और सामाजिक चेतना के धरातल, तीनों का संगम हुआ है।...उपमाएँ-उत्प्रेक्षाएँ सन्त तुलसी के लोकानुभव की विलक्षण दृष्टियाँ उद्घाटित करती हैं। ये उनके कवि और किसान के व्यक्तित्व के दुहरे आयामों को दृष्टिगोचर करती हैं, उपमान के चयन के सम्बन्ध में संस्कृत की ललित रूढ़ियों को तिलांजलि-सी दे देती हैं, मामूली और बेहद साधारण अनुभवों को भी रमणीय उपमानों का पद दे देती हैं, आभिजात्य अलंकार-परिपाटियों की जगह लोक साहित्य की सौन्दर्य-पद्धतियों का भी उन्मेष करती हैं तथा समाज एवं जीवन के सभी रसात्मक अथवा उपयोगी पहलुओं को रसवृत्त में सन्निहित कर लेती हैं। जिस प्रकार कालिदास की उपमाओं की अपनी विचक्षणता है, उसी तरह 'तुलसीदासीय उपमाओं' की लोकधर्मी अन्वितियाँ हैं। इस क्षेत्र में तो तुलसी ने सौन्दर्य-दृष्टि में एक युगान्तरकारी प्रवर्तन किया है। इन उपमाओं-उत्प्रेक्षाओं से यह बखूबी ज़ाहिर हो जाता है कि मनोहर प्रकृति में रमने की अपेक्षा तुलसी ग्रामीण जीवन और रामायण के मिथकीय संसार को एकतान करना अधिक उपयोगी मानते थे। रामायण में वे आकाश-कुसुमों के पीछे नहीं भागे, उन्हें आक, जवास, गूलर, ढाक, पलाश, गाँव के तालाब आदि घेरे रहे। सन्त होने के नाते तुलसी ने 'मानस' में श्रृंगार और नखशिख का बयान इशारों में अधिक किया है। कोटि मनोज, रति और दीपशिखा–ये तीन उनकी मदद के लिए हमेशा हाथ जोड़कर दौड़े आते हैं। इसके अलावा चारु, सुन्दर, ललित आदि विशेषण भी रूप-विधान सजा देते हैं। कवि की मर्यादावादी सौन्दर्य-दृष्टि ने पात्रों–विशेषरूप से नारी-पात्रों–का संश्लिष्ट रूपवर्णन नहीं होने दिया है। वर्णनों के अन्तर्गत बारात-वर्णन तथा नगर-वर्णन की पूर्णता है। युद्ध-वर्णन तथा सिन्धु-वर्णन में तो कवि के प्रत्यक्ष दर्शन के अभाव का उद्घाटन हो जाता है। प्रकृति की कान्तशोभा को पहले कवि तुलसी ने निरखा है; तदुपरान्त सन्त तुलसी ने भागवत की पद्धति पर उसका पूरक उपमान जोड़ दिया है। किष्किन्धाकांड का वर्षा-वर्णन तथा शरद-वर्णन इसी पद्धति पर हुआ है। कवि ने पम्पा सरोवर तथा चित्रकूट का वर्णन कुछ उसी तरह रमकर किया

है, जिस भाँति उसने बालकांड में विवाह-वर्णन किया है। इन रागपूर्ण रोमांटिक वर्णनों में भी जहाँ कहीं अवसर मिला है, कवि ने उपदेश देने का मक़सद पूरा कर लिया है। इससे भावोच्छ्वास में झटके लगे हैं। वर्णनों का जितना अभाव 'मानस' में है, उतना किसी प्रख्यात महाकाव्य में नहीं होना चाहिए। इसमें वर्णनों का स्थान स्तुतियों और धार्मिक सिद्धान्त-निरूपण ने ले लिया है। इसका काव्य के **लालित्य** पर तदनुसार असर तो पड़ा ही है।

'मानस' की प्रतीकसंहिता वैदिक न होकर पौराणिक है, यद्यपि यहाँ वैदिक देवमंडल भी भले-बुरे रूप में आया है। ब्रह्मा और शिव, सरस्वती और इन्द्र उपस्थित रहकर विचारवस्तु (थीम) को प्रभावित करते हैं। इसका परिणाम कई दिशाओं में दृष्टिगोचर होता है–(1) अतिप्राकृतिक पात्रों के प्रवेश के कारण महाकाव्य का विस्तार जीवन से अधिक विशाल हो जाता है; (2) अतिप्राकृतिक घटनाओं का समावेश कौतुक तथा अद्भुत, विद्रूप तथा भयानक का सन्धान भी करता है (सुन्दरकांड और लंकाकांड में द्रष्टव्य); (3) महाकाव्य में स्वर्ग, पृथ्वी, पूर्वजन्म, आगामी जन्म, भाग्य और दैवी कार्यों का समावेश भी हो जाता है तथा (4) महाकाव्य देश एवं काल के अक्षों में पीछे, अधिक पीछे, की ओर प्रवहमान हो जाता है। इनका सम्मिलित प्रभाव उदात्त होता है और मंचीय सज्जा (सेटिंग) एक समग्र राष्ट्रीय संस्कृति को अर्पित करती है। 'मानस' में मिथक-काल, ऐतिहासिक काल तथा तत्काल, तीनों का संयोग हुआ है। यही संयोग रामअयन को एक सभ्यता तथा एक जाति के समग्र जीवन में गुम्फित कर देता है। इसे ही 'महाकाव्य का महाकाव्यात्मक प्रभाव' (ऐपिकल इफ़ेक्ट) कहा जाता है; और यह प्रभाव 'मानस' की भाषणकलावाली पद्यलय में मानो एक जादू को बाँध देता है। यही नहीं, रामायण-परम्परा के 'मानस' में केवल नायक ही चरितनायक नहीं है, लक्ष्मण, भरत, हनुमान् और सीता तथा रावण, कुम्भकर्ण और मेघनाद की भी उतनी ही पायदानी है जिससे कि वे राम और रामपक्ष से टक्कर ले सकें। अलबत्ता, अपने धार्मिक दृष्टिकोण की वजह से तुलसी ने उनके खलनायकत्व का तेज हरण कर उनमें-से दो को तो दुर्बल विदूषकों जैसा बना दिया है।

अन्य महाकाव्यों की तरह 'मानस' की विषय-वस्तु का क्षेत्र भी एक मध्यकालीन विश्वकोष (एन्साइक्लोपीडिया) जैसा है जिसमें जन्म लेकर विवाह और मृत्यु और पूर्वजन्म-पुनर्जन्म तक का जीवन है, साम्राज्यों का उत्थान-पतन है, शहरों का विध्वंस-निर्माण है, संस्कृतियों का प्रसार और रूपान्तर है तथा, अन्ततः, एक सम्पूर्ण मध्यकालीन हिन्दू संस्कृति की पुंजीभूत शक्ति एवं राष्ट्र के प्रारब्ध के मुद्दे हैं। इनकी खोज को सन्त-भक्त कवि तुलसीदास ने युगीन कलात्मक परम्परा तथा अपनी बौद्धिक चेतना के अनुसार 'मानस' में प्रस्तुत करने, सुलझाने और पुनरुत्थानवादी बनाने की महाकाव्यात्मक दिशाएँ दी हैं।

[आ] मध्यकालीन कवि के आत्म-संघर्ष की एक फन्तासी : 'विनयपत्रिका'

हम तुलसी को मुख्यरूपेण अवतारी, सन्त, भक्त और दार्शनिक रूपों में उभारने के प्रयासों से साभिप्राय कतराते रहे हैं। उन चेष्टाओं में हमें निरर्थकता और एकांगिकता ही दृष्टिगोचर हुई है। इसके अलावा तुलसी के उपयुक्त स्वरूपों की आरती उतारनेवाले असंख्य 'माँ भारती के सपूत' तो हैं ही, जो तुलसी के 'मानस'-पाठ को यज्ञ और तुलसी-नामोच्चारण को पुण्य मानते रहे हैं। हमें यही लगता रहा है कि ऐसी दृष्टियों के द्वारा 'कवि और व्यक्ति' तुलसी पर गाढ़ा आवरण डाल दिया गया है; तथा मध्यकालीन सामाजिक तुलसी के यथार्थ अनुभव-जगत् के उद्घाटन को और 'कसकते-दुखते मूलों' के आत्म-संघर्ष को मंद-कुंद कर दिया गया है। हमें ये अनजाने और शुद्ध प्रयोग यथार्थ-विरोधी और जीवन-विरोधी लगे हैं।

इस सन्दर्भ में हम 'मानस' के बजाय 'विनयपत्रिका' का उदाहरण लेते हैं। कहा जाता है कि 'मानस' के साथ 'विनयपत्रिका' का स्थान सर्वदोयम है। क्यों ? भक्ति की दृष्टि से इसका स्थान बहुत ऊँचा है तथा यह तुलसी के दार्शनिक विचारों का स्पष्टीकरण करती है ! कभी उसे सफल गीतिकाव्य का उदाहरण भी बता दिया जाता है तथापि इसके केन्द्रीय बोध को बहुधा नहीं उभारा जाता है कि 'विनयपत्रिका' का विषय रामचरितगायन न होकर स्वयं तुलसी का आत्मसंघर्ष, आत्म-निवेदन और आत्म-निर्वासन है। अपने बाह्य रूप में 'विनयपत्रिका' एक मध्यकालीन दरबार में पहुँचाई जानेवाली सिफ़ारिशी अर्ज़ी है। किन्तु यह एक दीन-हीन प्रजा का, तथा एक सम्मानी और मर्यादित मनुष्य का डरावना आभ्यन्तर संसार भी है जो सामन्तवाद के दानवी रूप को, 'फन्तासी' के द्वारा नंगा करके देखता है। इस हाशिए पर 'विनयपत्रिका' एक ओर तो कवि के आत्मसंघर्ष को प्रस्तुत करती है तथा दूसरी ओर फन्तासी के सन्दर्भ में यथार्थ अनुभव-जगत् का उद्घाटन करती है। इस उद्घाटन में सामन्तीय ढाँचे की विकृतियाँ खुल पड़ती हैं। कवि के समकालीन परिवेश का 'भय' और 'त्रास', जो भयावह संसार रचता है—वह इसमें ('आनन्द' और 'प्रकाश' रूप न होकर) वस्तु-जगत् का उद्देश्यपूर्ण प्रतिबिम्ब होता चला गया है। 'अभ्यन्तरीकरण' की यह एक विचित्र तुलसीगाथा है।

कहाँ 'रामलला-नहछू' का कामिनी सुन्दरियों के सौन्दर्य और विलास से छलकता

1. इस लेख में दी गई पद संख्याएँ गीताप्रेस, गोरखपुर से छपी 'विनयपत्रिका' के मुताबिक़ हैं।

हुआ आलम और कहाँ 'विनयपत्रिका' का 'त्रास' और पीड़ा से छटपटाता हुआ बन्दी मध्यकाल ! इस कृति में महाकाल विद्रूप होकर 'कलिकाल' हो गया है तथा मध्ययुगीन सामन्तीय ढाँचा अज्ञान, अरक्षा, त्रिविध ताप, पीड़ा और आतंक पैदा कर रहा है। कवि ने 'माया' और 'विकार' के आदिम प्रतीकों के माध्यम से 'विनयपत्रिका' में इस सामन्तीय 'दानवीकरण' और 'भ्रान्तिकरण' की यातना को भोगा है। अतएव स्वामी-सेवक के, शरीर और मन के, बलवान और निर्बल के क्लासिकल सम्बन्धों में व्यवहारधर्मा भयानकता आ गई है। अब संस्कृति-पंडित गुसाई तुलसी को भूत-प्रेत-पिशाच और राक्षस, मगर और शृगाल, कुत्ते और चूहे के उपमान पेश करने पड़ रहे हैं। स्पष्ट है कि अब जब तुलसी ग़रीब (दीन), पीड़ित (क्षीण), उत्पीड़ित (हीन) प्रजा से पूर्णरूपेण एकरूप हो गए हैं, अब उन्हें मानवीय सम्बन्ध पशुओं की तरह डरावने लगने लगे हैं तथा इतिहास अपने सृष्टि-चक्र की धुरी में छिटककर 'टूट' गिरा है।

मध्यकाल में एक मर्यादावादी वैष्णव पंडित-संन्यासी कवि के द्वारा 'समकालीन बोध' की ऐसी अभिव्यक्ति एक निरन्तर जूझते-टूटते आत्म-संघर्ष का परिणाम है। इसलिए 'नहछू' और 'पत्रिका' की दो विपरीत दुनिया हैं।

तुलसी की जीवनी का यह तथ्य है कि वे परब्रह्म एवं मर्यादा पुरुषोत्तम की भव्यता, उच्चता, श्रेष्ठता की दुनिया से चलकर बुढ़ापे में कलिकाल अर्थात् मध्ययुग अर्थात् अपने सामन्तीय समसमय में आ गए थे। एक ओर स्वामी (राम हों अथवा क्षत्रिय सम्राट्) परम गौरव एवं परम ऐश्वर्य से मंडित थे, तो दूसरी ओर सेवक या दास (भक्त हों अथवा प्रजा) दीनता, हीनता, पतितता में जकड़े थे। यह तय है कि सामन्तीय सम्बन्धों का केन्द्रीय रूप तो स्वामी-दासवाला ही है और उनका केन्द्रीय भाव विनय तथा दैन्य है। समाज में परिव्याप्त दीनता ही भक्ति के उज्ज्वल 'दैन्य भाव' में आदर्शीकृत है। स्वामी की सर्व-समर्थता और अपनी (सेवक की) सर्वसाधारणता के अन्तर्विरोध के बीच समन्वय के आधार स्वामी की कृपा, दया तथा वत्सलता और सेवक की सेवा और श्रद्धा ही हो सकती थी। अतः 'विनयपत्रिका' में इष्टदेव राम और दास तुलसी के दो समानान्तर संसार हैं। ऐश्वर्य और दीनता के, ब्रह्म और माया के, आनन्द और त्रास के, भुवन और भय के ! सारी 'पत्रिका' इन दो संसारों की तुलना या विपर्यय की सम्भावनाओं को रचती है। अतः इस कृति में बाह्य जगत् की दशा और आन्तरिक चेतना के द्वन्द्व दार्शनिक रूपकों और मिथकीय बिम्बों के द्वारा अभिव्यक्त हुए हैं। और, अभिव्यक्ति में फन्तसी का संयोजन है। राम के दरबार की एक दुनिया है जो यूतोपिया है, तुलसी के कलिकाल की एक दुनिया है जो एक खौफ़नाक फन्तासी है। इस फन्तासी में वस्तु-जगत् का प्रतिबिम्ब-लोक तुरत खुल पड़ता है यदि हम दार्शनिक तुलसी के आध्यात्मिक रूपकों के सम्बन्ध निथार लें; और श्रीराम के दरबार में कवि तुलसी की यूतोपियाई महत्त्वाकांक्षाओं के दिवास्वप्नों के मूल में उनकी आत्मकथा की कसक तथा दुख को पढ़ डालें।

तुलसी ने 'पत्रिका' में इष्टदेव के रूप के ध्यान में लालित्य, लावण्य और माधुर्य

की व्यंजना की है लेकिन शिव-स्मृतियों में कामारि या कामरिपु शिव की अर्चना की है (पद 3, 10)। इष्टदेव के वर्णन में उन्होंने सबसे अधिक स्थान कृपालुता को दिया है तथा इसके बाद दयालुता को। किन्तु अपनी आत्मव्यथा में अहंकार और स्वार्थ की भर्त्सना की है। इष्टदेव की कृपालुता के साथ शील जोड़ा है। किन्तु स्वयं को पतित माना है। इष्टदेव का स्वभाव पतितपावन माना है तो स्वयं को त्रितापों से जलता हुआ कहा है। तुलसी के इस अनुभव में भक्ति की साम्प्रदायिक, कर्मकांडी तथा रूढ़िवादी शैली भी अवश्य गुँथी है किन्तु उस पर विजयी हुआ है उनका विषपायी जीवन तथा आत्मसंघर्ष से दमदमाती उनकी आत्मानुभूति; वह आत्मानुभूति जो संक्रान्त-शक्ति के सामाजिक चेतना के वट-पीपल के मूल से उभरी है। अतः वह आत्मसंघर्ष की दीप्ति और दमक है कि उन्होंने शिव तथा हनुमान् की सर्वाधिक स्तुति की है। शिव-विरोधों के सामंजस्य हैं। वे अशुभ रूप प्रतीक होने पर भी कल्याणखानि हैं (पद 10); वे व्याघ्र और गज चर्म के परिधान धारण करनेवाले मसान-निवासी होने पर भी गिरिजा के मनरूपी मानसरोवर में विहार करनेवाले मरालहंस भी हैं; वे शितिकंठ ओर नीलकंठ हैं; वे कामरिपु हैं। अतः तुलसी ने अपने आत्म-संघर्ष के द्वन्द्व के लिए शिव को चुना क्योंकि वे मूलतः कामारि और रामभक्त हैं। इसी कड़ी में उन्हें एक आत्मसम्मानी, सेवक किन्तु अतुलित बलशाली तथा भय से विमुक्त करानेवाले अन्तर्मुखी सत्य के प्रतीक की भी तलाश रही। इसके लिए उन्होंने शुरू से हनुमान् को चुना और अपनी कृतिपरक-जीवनी का समापन भी 'हनुमानबाहुक' से किया। आत्मसंघर्ष की द्वन्द्वात्मक (शिव) तथा आत्मशोध की दिशा (हनुमान्) को मिलाते हुए ही उन्होंने हनुमान् को बन्दर के आकार में साक्षात् शिवस्वरूप माना है ('बानराकारविग्रह पुरारी', पद 27)। हनुमान् एक ओर दास (तुलसी) के 'त्रास' का शमन करनेवाले हैं तो दूसरी ओर सीतारमण श्रीराम के साथ शोभित रहते हैं।

त्रास और शोभा का, कामारि शिव और कामनिन्दित राम का, अशुभ और शिवत्व का यह द्वन्द्व ही तुलसी की जीवनी-शैली है जो दार्शनिक रूपकों तथा मिथकीय चरित्रों द्वारा परिलक्षित हुई है। 'विनयपत्रिका' में अलबत्ता एक और नया हाशिया खुल पड़ा है : 'मानस' के रामराज्य की दिव्य यूतोपिया के स्थान पर तुलसी के समकाल (कलियुग के चरण का कलिकाल) की भयानक यथार्थता ! अतः उनकी पूर्ववर्ती रचनाओं का बीज 'शील' या 'सौन्दर्य', या 'शक्ति' होता था। परवर्ती 'पत्रिका' का बीज-भाव 'त्रास' (भय) है।

यह भी एक ताज्जुब है कि अब भक्त तुलसी को अपनी सौन्दर्य-सामाजिक अन्वीक्षा की शुरुआत त्रास से करनी पड़ी, और अपने अकेलेपन की पीड़ा को त्रिविध तापों द्वारा तथा अपने समाज की क्रूरता को माया के द्वारा अमूर्तीकृत करना पड़ा। ऐसी मनोवैज्ञानिक पेंच में हम देखते हैं कि ज्यों-ज्यों तुलसी का विश्वास क्षीण होता जाता है त्यों-त्यों उनके रचना-संसार में से श्रीराम का चरित्र-गायन स्तब्ध होता जाता है और कलिकाल का भय जागता जाता है। 'विनयपत्रिका' के पदों के माध्यम से वे बारम्बार

अपने पहले के आत्म-विश्वास को दुबारा पाने की कोशिश करते हैं; भय और पाप पर क़ाबू पाने के लिए क्रमशः शिव, हनुमान, कालिका, शत्रुघ्नादि एवं देवी, गंगा आदि की स्तुतियाँ करते हैं; और हर बार अपने चहुँओर के जगत् को अधिकाधिक मायामय, अज्ञानपूर्ण, भयानक और स्वार्थोन्मत्त पाते हैं। लगता है कि वे त्रास और शोभा के द्वन्द्वात्मक अस्तित्व से एक साथ संघर्ष कर रहे हैं; कभी शोभा फिसलती है तो त्रास थमता है, कभी त्रास मिटता है तो शोभा भासित होती है। अतः पत्रिका के पदों में कवि की उलझी हुई मनोदशाएँ, द्वन्द्वों की एकता, निषेध का नेतिकरण आदि मिलता है; बीच में श्रद्धा और भय (अनास्थाजन्य) के समानान्तर पद मिलते हैं; तथा अन्त में पुनः मानो हठात् ढंग से, रामभक्ति-पद मिल जाता है और उनकी 'पत्रिका' में सही कर दी जाती है।

'पत्रिका' से एक बात और उजागर होती है कि कवि की मूल आदर्शवादी जीवन-दृष्टि 'रामवृत्त' के इर्दगिर्द ही घूमी है अर्थात् उसके अधिकांश सांगरूपक रामवृत्त से गृहीत हैं। एक अन्य तथ्य भी उन्मीलित होता है कि कवि तुलना को सर्वांगीण तथा संयुज रूप में अन्वित करता है और लम्बे-लम्बे सांगरूपकों के माध्यम से अपने वस्तु-जगत् के प्रतिबिम्ब का शोध करता है। तीसरी बात यह भी प्रकट होती है कि वह सांगरूपकों में जो उपमान जुटाता है वे रामवृत्त के अथवा पौराणिक वृत्त के हैं। जहाँ-जहाँ, और जब तक कवि सांगरूपकों की क्रमशृंखला से बँधा होता है तब तक और वहाँ-वहाँ उसमें एक व्यवस्था और सन्तुलन, विश्लेषण का विवेक है। 'पत्रिका' में ऐसे कुछ परिष्कृत सांगरूपक हैं : जैसे, काशी का कामधेनु के रूप में (पद 22), चित्रकूट का कल्पवृक्ष के रूप में (पद 23), फागुन में चन्द्रमा की सोलह कलाओं का भक्ति के सोलह सोपानों के रूप में (पद 203), माया का नाच के रूप में (पद 91), शरीर का लंका के रूप में (पद 58) चित्रण है। कवि के इन रूपकों में अधिकार और यथार्थ का ज्ञान मौजूद है।

लेकिन, यह 'दृष्टि' संयुज नहीं रह पाती। सांगरूपक विच्छिन्न, विघटित, खंडित या कारण-कार्यक्रम से विस्थापित होने लगता है अर्थात् रामवृत्त से सन्तुलित यथार्थता और समाज का तुलनात्मक प्रतिबिम्ब शनैः-शनैः चकनाचूर होने लगता है और यथार्थता के भय का पलड़ा भारी पड़ने लगता है। तब एवं तभी फन्तासी का महाजन्म होता है। यह स्वप्नद्रष्टा तुलसी के मोहभंग का भी **असौन्दर्य** का **सौन्दर्यशास्त्र** है। इसमें चुपके से अनजाने ही फूहड़ता (एब्सर्डिटी) तथा विवेकहीनता (इर्रेशनलिटी) का अभ्युदय हो जाता है (दे. पद 8, 32, 111 आदि)। कवि कई बार कोशिश करता है कि भय दूर हो और श्रद्धा, विश्वास दृढ़ रहे। किन्तु यह नहीं होता। भय की काँख से विद्रूप समाज नंगाधडंग होकर नाचता है तथा विश्वासहीनता में 'असौन्दर्य' उभरता है।

इसकी बड़ी मामूली-सी शुरुआत है। पहले कवि 'भीषणाकार, भैरव, भयंकर, भूत-प्रेत एवं प्रमथाधिपति शिव' की स्तुति करता है जिनका डाकिनी, शाकिनी, खेचर, भूचर भजन करते हैं; जो काल के लिए भी अतिकाल, कलिकाल रूपी सर्प के लिए गरुड़ पक्षी हैं; जो मोहरूपी चूहे को मारने के लिए बिलाव हैं। इसी तरह कवि हमेशा दो प्रसिद्ध

रूपकों के द्वारा भय को जीतना चाहता है : शत्रुरूपी हाथी को मारने के लिए वनराज सिंह का रूपक (शत्रु-करि केसरी); तथा सर्पों के भक्षण के लिए गरुड़-रूपक। इसके लिए वह हाथी और केसरी के लिए नानाविध उपमेय जुटाता है (विशेषतः भय, काम, मोह, अज्ञान आदि के हाथियों या सर्पों को लाता है।) अतः 'भय' के जनमते ही 'पत्रिका' में फन्तासी का अभियान शुरू होता है। यह अभियान समाज, जगत् और संसार के नए रूप धारण कराता है जिसमें कवि का गहरा जीवनबोध तथा सामन्ती समाज का पाखंड अधिक सशक्त, तीव्र और साक्षात् हो उठता है। इस जीवनबोध और समाजपाखंड को प्रतिनिवेदित करनेवाला कवि भक्त, वैरागी और सन्त है। अतः इस प्रतिनिवेदन में वह जगत्, माया, संसार, कलिकाल के आध्यात्मिक प्रतीकों का इस्तेमाल करने को लाचार है। अतः उभय प्रतिनिवेदनों की वास्तविकता छूने के लिए हमें रूपकों को निथारना और प्रतीकों को उड़ेधना पड़ेगा।

'कवितावली' के उत्तरकांड में भी 'वर्तमान को इतिहास-रूप' में पेश किया गया है लेकिन वहाँ भय न होकर 'धैर्य' और 'सहिष्णुता' है। 'पत्रिका' में 'भय' का संचार है। बचपन के 'अभागे' और 'अनाथ' रामबोला के बुढ़ापे में तुलसीदास हो जाने पर भी सामाजिक कल्याण ('रामराज्य') का लक्ष्य नहीं मिला, कहीं भी आदर्श साकार नहीं हुए (असहायता, अरक्षा); और आत्म-निवेदन श्रद्धा को क़ायम नहीं रख सके। अतः आत्म-छल और आत्म-संघर्ष, तथा ध्रुवान्तीय ज्वालामुखियों का विस्फोट करने के लिए कवि ने उन्हीं आदिम प्रतीकों तथा मिथकीय बिम्बों को कलिकाल के वृत्त में फेंक दिया।

बहरहाल 'विनयपत्रिका' में फन्तासी के जन्म की भी प्रक्रिया ढूँढ़ी जा सकती है। जब जातिमन और लोककवि-कंठ 'घबराए हुए' हों; जब अतिपीड़ित, अतिदीन, अतिस्वार्थी और अतिदुखी लोग बोलें, तो उनके कहे का बुरा नहीं मानना चाहिए क्योंकि वे भले-बुरे का विचार करके नहीं बोलते (पद 34)। अतः भय की आरम्भिक अवस्था (घबराहट) की अविचारित अभिव्यक्ति में फन्तासी का अंकुर उगता है। यह घबराहट भी बलवान और समर्थ के मुक़ाबले उन दीन-हीन-पतित की स्थिति है जो ईमानदार सच्चा, नेक और त्यागी है। यह स्थिति 'किमाकार' (ग्रोटस्क) के व्यूह की है : 'तेरे देखत सिंह के सिसु मेंढक लीले' अर्थात् अतुलित बलशाली हनुमान् को देखते-देखते सिंह के बच्चे को मेंढक निगले लेता है। अतः कवि को लगता है कि इस कलियुग में हनुमान् की भक्तवत्सलता, शरणागत की रक्षा के लिए हठ, उदारता आदि गुणों पर कील लगा दी (पद 32)। अतः यदि कलिकाल ही अधिक बलवान् होता और हरि की आज्ञा न मानता, तो हम (हरि का भरोसा और गुणगान छोड़कर) उस पर क्रोध करने तथा दोष लगाने का झंझट छोड़कर उसको ही भजते (पद 94)। कवि यह भी अनुभव करता है कि ज्ञान, वैराग्य, जोग, ताप और जप आदि सारी प्रजा के लिए नहीं हैं क्योंकि इनमें लोकचित्त और मानुषी रहने पर काम, क्रोध, लोभ, मोह आदि का भय लगा रहता है (पद 115)। अतः भय और अश्रद्धा के साहचर्य में एक संवेदनशील भक्त अकेला, अजनबी, दिग्भ्रान्त-सा होता जा रहा है।

तुलसी भग्नमनोरथ होते हैं अर्थात् जीवन पर्यन्त साधित उनके सभी आदर्श धुँधले और दूरगत सिद्ध होते हैं। कवि भग्नमनोरथ है क्योंकि सांसारिक सुख उसके भाग्य में लिखा ही नहीं (जद्यपि भग्नमनोरथ बिधिबस, सुख इच्छत दुख पावै।)। अब वह कहीं नहीं जा सकता, किसी से कुछ नहीं कह सकता, क्योंकि उसे कोई और ठौर ही नहीं है। उस ग़ुलाम ने तो तेरे दरवाज़े पर जिन्दगी काट दी (पद 149)। अतः घबराहट से तुलसी का हृदय जलने लगता है और असह्य दुख भोगने के कारण वह मनमानी बातें कह बैठता है (पद 256; यह तुलनीय है पद 34 से)। यहाँ श्रद्धा में सन्देह की स्थिति है। अतः कवि के अभिज्ञान में दुहरापन आता है और परम भक्त एवं परम भागवत होने के कारण ईश्वर को दोष न देकर स्वयं की भर्त्सना करता है : मेरी करनी हाथी के दिखावटी दाँतों के समान है (असली दाँतों से तो कुछ और करता हूँ।) जिस तरह शुभ वाणीवाला चारु मयूर सुधा सने वचन तो बोलता है किन्तु विषयुक्त सर्प का आहार करता है (पद 118)। जिस तरह मूर्ख तोता सेमल के फूल की आशा करता है किन्तु निष्फल-कर्म होता है (पद 197); उसी तरह तुलसी अपनी अन्तर्मुखी समझ को दोष देते हैं कि उन्होंने उम्र भर 'सच्ची भक्ति' नहीं की। यह उनका केवल भक्त-संस्कार है। इसी आध्यात्मिक संस्कार की कुंडली के नीचे जकड़े हुए वे कहते हैं कि यदि मेरा निजी मन विकारों को छोड़ दे तो फिर द्वैतभाव से उत्पन्न संसारी–दुख, संशय, भ्रम और अपार शोक क्यों हो (पद 124)। कवि को यह भी अनुभव होता है कि मन में ही अनेक प्रकार के शरीर उसी प्रकार लीन रहते हैं जिस तरह सूत में वस्त्र (वही)। अतः सद्यःवृद्ध कवि तुलसी अपने मन के माध्यम से स्वाभाविक मानव-स्थिति तथा सामाजिक परिस्थिति के बीच दुहरेपन को स्वीकार करते हैं क्योंकि वे अपने मन की मनोवैज्ञानिक दुनिया का दमन करने को उद्यत रहे जबकि आवश्यकता उसके उन्नयन और शोधन की थी। उन्हें मन की निषेधात्मक शक्तियों का ही विशिष्ट ध्यान-ज्ञान होता है। अब वे मन को 'सहृदयकमल' के रूप में देखने के बजाय अपनी कदीम बूढ़ी निगाहों से–'मय दानव' के रूप में देखते हैं जिसने शरीर रूपी लंका को बनाया है; जिसमें कामना के अनेक घड़ियाल भरे हैं; जिसमें मोहरूपी रावण, अहंकार रूपी कुम्भकर्ण, कामरूपी मेघनाद जैसे छह राक्षसों के साथ-साथ इन्द्रियरूपी छह राक्षसियाँ भी हैं। इस तरह सांख्यदर्शन की प्रकृति-पुरुष-अभिव्यक्ति-लीला भयानक और प्रेतानक बन जाती है। भय और अश्रद्धा के ध्रुवों में संलग्न हो जाने के कारण प्रौढ़तर तुलसी मानव के आदिम बर्बर पशु की सामन्तीय शक्ति का लोहा मान लेते हैं। इस शरीर से ईश्वर अंश (जीव) कहाँ गया ? निषेधात्मक चिन्तन की अगली कड़ी 'संसार' से जुड़ी। संसार में सृष्टि और लीला के स्थान पर उन्हें नाश और आतंक मिला। संसार रूपी वन बड़ा भयानक और घोर है। इसमें वासना रूपी लताएँ लिपटी हैं, इसमें चित्तवृत्तियों के मांसाहारी पक्षियों का समूह है; इसमें क्रोधरूपी मत्त हाथी, कामरूपी सिंह, मदरूपी भेड़िया, गर्वरूपी रीछ, मत्सररूपी भैंसा, लोभरूपी शूकर, छलरूपी गीदड़, दम्भरूपी बिलाव आदि तथा अहंकाररूपी विशाल पर्वत हैं (पद 59)। शरीर और संसार को इस भयानक और त्रासद स्थिति से देखने पर

यथार्थता का शुक्लपक्ष बिल्कुल मिट गया तथा सामाजिक संक्रान्तिशीलता विभ्रम हो गई। जगत् धुएँ के महलों की भाँति क्षण-क्षण में दीखने और मिटनेवाला प्रतीत हुआ। अतः अब जगत=माया का समीकरण भय के हाशिए से सिद्ध किया गया। अतः मध्यकालीन समाज की यथार्थता की भ्रान्तियों को उद्घाटित करने के बजाय सामन्तीय समाज में पीड़ित-दुखी, दीन-हीन तुलसी ने यथार्थता को ही भ्रान्ति बना दिया। फन्तासी के उनके अभिधान का एक महत्त्वपूर्ण हाशिया है। अतः सारे मानवीय कर्म स्वाँग या मायानाच हो गए (पद 91)। यही नहीं; अवतार के लोकरक्षण तथा लोकरंजनवाले लौकिक प्रयोजन भी विलुप्त-से हुए और संसारचित्र बिना रंग के ही शून्य या माया की दीवार पर बना हुआ लगा। इस संसाररूपी भयानक चित्र को देखने से दुख होता है, इसके मृगजल में कलिकालरूपी मगर रहता है। अतः यह संसार भ्रम और मिथ्या है (पद 111)। इस तरह कवि 'यथार्थता की भीषणता' से भागता हुआ 'यथार्थता को ही भ्रान्ति' में बदल देता है जिसकी अभिव्यक्ति के लिए मध्यकालीन चेतना के हथियारखाने से वह माया, मृगजल, मनोविकार आदि के रूढ़ अस्त्र-शस्त्र बटोर लाता है। अतः कवि की सृजनात्मक चेतना-भूमि पर सन्तुलन और साभिप्रायता का लोप होता है; सांगरूपक के बिखरने, उलटने, निषेधपरक होने आदि में इसका सबूत इकट्ठा होता है। ज़ाहिर है कि कवि तुलसी के सामने यह तथ्य प्रत्यक्ष और सिद्ध हो जाता है कि उनके समय में पौराणिक और आध्यात्मिक आचरणवाले वैराग्य, जोग, यज्ञ, तप आदि नहीं चल सकेंगे; और न ही रामवृत्त के मर्यादा-चरित्र, रामराज्य, लोकमंगल ही सामन्ती समाज पर लागू हो सकेंगे। 'विनयपत्रिका' में गहरी त्रासदी हावी है क्योंकि श्रीराम के दरबार के बाहर ही चारों ओर कलिकाल का चक्रवर्ती साम्राज्य है। 'विनयपत्रिका' में मिथकीय चेतना तथा समकालीन चेतना का पार्थक्य तो है किन्तु वे सहवर्ती भी हो गई हैं। इनकी अब तक की रचनाओं में केवल विश्वास अभिव्यक्त हुआ है।

कवि ने अपने मन के माध्यम से हिन्दुओं के जातिमन का संकट और भ्रम का प्रतिरूप बताया है। पहले मन राक्षस था। अब वह एक ओर तो संसार के त्रिविध तापों से जल रहा है तथा दूसरी ओर उसे त्रिदोष ज्वर (काम-क्रोध-लोभ रूपी) हो गया है। इसी से वह पागल की तरह बकता फिरता है (पद 81)। वह योगाभ्यासी और भोगी, वियोगी और मोही, कभी कंगाल और कभी राजा, कभी मूर्ख और कभी पंडित हो जाता है (पद 81)। यह द्वन्द्व केवल तुलसी का ही नहीं, बल्कि एक सामाजिक यथार्थता के सम्पूर्ण प्रकटावे का है। यही हाल इन्द्रियों का है। परस्त्रियों को देखने से नेत्र, विषयों का संग करने से मन, अहंकार तथा गर्व से हृदय, स्व-स्वरूप के त्याग से जीव, परनिन्दा सुनते कान तथा परदोष कहती वाणी, सभी मलिन हो गए हें। इस तरह तुलसी ने पहले वाले दुर्लभ मानव-शरीर, मन, इन्द्रियों आदि के सभी स्वाभाविक धर्मों को नकारा, फिर सामाजिक परिवेश की नितान्त उपेक्षा करके सम्पूर्ण मानवीय मनोविज्ञान तथा सामाजिक क्रियात्मकता को ही मिथ्या एवं भ्रम बताया और अन्त में मनुष्य तथा समाज का केवल नेतिकरण किया। यह सब एकपक्षीय रहा। अतः यहाँ आत्मसंघर्ष का निषेधात्मक पक्ष

आत्महनन की ओर अग्रसर होता है। अतः 'विनयपत्रिका' की फन्तासी की दिशा डरावने नेतिकरण की है जिससे भयानकता के साथ-सथ निरर्थकता और असमर्थता का चिन्तादंश चुभता चला जाता है। यह केवल भक्तिभावना की रूढ़ि नहीं है। त्याग और वैराग्य के इस सम्पूर्ण महाभियोजन के मूल में हमें एक ग़रीब (दीन), दुर्बल, (हीन), अनाथ और अभागे शिशु के उत्तरोत्तर संवर्द्धित और संशोधित होते हुए इदं-धर्मी अनुभव मिलते हैं जो हमेशा भरोसा, सुख, सुरक्षा, ऐश्वर्य और प्रीति के लिए ललचाते हैं। 'विनयपत्रिका' तुलसी की यह जीवन-शैली (लाइफ़-स्टाइल) मानो उनके अवचेतन के मत्त कामरूपी हाथियों तथा अभावरूपी सर्पों की मुक्तामणियाँ अलग फेंक देती है। घबराए हुए बूढ़े कवि का मोहभंग होता है और वह आत्म-संघर्ष तथा आत्म-निषेध के दोनों ज्वालामुखियों की भयानकता को फूँककर धधका देता है। इसीलिए कवि ने 'पत्रिका' में आत्मकथा, आत्म-संघर्ष और आत्म-भर्त्सना की अन्तर्धाराओं का संगम करते हुए यही कहा है कि वहाँ लहराते हुए आनन्दसागर तक न पहुँच पाने की यन्त्रणा की मेरी अभिव्यक्ति मृगजल की सांसारिक भयानकता में हुई है। 'पत्रिका' से लगता है कि वे कामवासना और अभावों (मनोविकारों) का असहज दमन करने के लिए एक अनवरत आत्म-संघर्ष से जूझते चले आ रहे हैं और अन्त में उनकी रामभक्ति के भरोसे और भजन की एकान्तिक आस्था दरक कर अन्दर ही अन्दर टूटती जा रही है। वे भ्रमवश मृगतृष्णा के जल में डूबे जा रहे हैं। उन्हें रस्सी का सर्प डँस रहा है। अतः उनकी जीवन-दृष्टि में—अब तक दबाया या छलाया हुआ—भ्रम टूट रहा है। 'पत्रिका' में यही टूटन, यही चिन्ता भयानक फन्तासी बनी है। मोहभंग होने के बाद की भयानक प्रतिक्रियाएँ !

परम मर्यादावादी तुलसी के मोहभंग की यह अभिव्यक्ति भी बड़ी निर्मम और फूहड़ है। इसके साथ एक भय और व्यंग्य सना है। कवि कहता है कि लोभ (जिजीविषा) मेरे मन को आशारूपी डोरी से बाँधकर इस तरह नचा रहा है जैसे बाजीगर बन्दर को नचाता है। फिर भी मैं एक बड़े बुध पंडित की तरह वैराग्य की बातें बनाकर बतियाता हूँ। एक अन्य पद में (92) कवि कहता है—मैं बहुत भूखे कुत्ते की तरह पुरानी सूखी हड्डी को मुँह में चूसते हुए अपना ही खून पीता रहा हूँ, अथवा मैं गाड़ी के पीछे लगे हुए कुत्ते की तरह क्षण-क्षण भागता और आ मिलता हूँ अर्थात् मैं एकाग्र, एकरूप, एकसमान 'भक्ति' नहीं कर पाया। मैं तो सुधा-सरोवर को भी सूअर की तरह गँदला कर डालूँगा अन्यथा मुझे द्वार से भगा दीजिए (पद 258)। स्पष्ट है कि तुलसी बाबा ने अपने अन्तर्विरोधों में सामन्ती समाज की विद्रूपता का ही सधनीकरण किया है। इसके लिए उन्होंने हंस, चकोर, कामधेनु, हरिण आदि के उपमान न लेकर 'पत्रिका' के पदों को चूहे, बिलाव, शूकर, श्वान, बाज, गदहे, रीछ, बन्दर, उल्लू, राक्षस, मगर आदि के उपमानों से नत्थी किया है। अतः उनके जीवन-बोध और तत्समकालीन बोध में यह कितना विचित्र, विरुद्ध और भयानक परिवर्तन हुआ है ! अब वे मिथकीय यूतोपियाओं का बायकॉट करके फन्तासीय यथार्थता में अकेले, घबराए हुए प्रलाप करते हैं।

कभी-कभार जब शोभा और आस्था के क्षण आते हैं तो वे बीच में ही सश्रद्ध भक्ति-गायन या श्रीरामार्चन कर लेते हैं, किन्तु प्रमुख अनुभव तो फूहड़ता और भयानकता का ही है और वह 'विनयपत्रिका' में है।

बुजुर्ग भक्त तुलसी की फन्तासी के हुनर में दार्शनिक रूपक और मिथकीय प्रतीक ही इस्तेमाल हुए हैं। यह उनके युग की चेतना वृत्ति थी। इस पर्यावरण में एक भक्त की नज़र से उन्होंने सामन्तीय समाज की क्रूर एवं भयानक यथार्थता भोगी है। अतः 'भ्रम' और 'मिथ्या' की निरर्थक धारणाओं से वह उसी तरह चिपके हुए रहे जिस तरह सेमल के फूल से तोता (बाबा तुलसी के ही मुताबिक़)। उनके दीनता के पदों में जो प्रलाप हुआ है वह उनका प्रतीत होने के अलावा तत्कालीन भ्रष्ट समाज का प्रतिबिम्ब भी हो गया है। वे अपने समय में जप और यज्ञ को अनुपयुक्त मानते हैं (पद 173)। वे यह भी मानते हैं कि संन्यास लेने की अस्वाभाविक क्रिया से मन ऐसा बिगड़ जाता है जैसे पानी डालने से कच्चा घड़ा गल जाए (बिगरत मन संन्यास लेत नावत आम घरो सो)। वे यह भी देख चुके हैं कि जो रामनाम का पाठ करते हैं अर्थात् जो 'भक्त' कहलाने लगते हैं वे सामन्तों (संसार) की बेगार से छूट जाते हैं। अतः संन्यासी बनना उस समय एक झूठ और फ़रेब भी था। अतः जब वे अपनी आँखों के सामने ही वर्ण और आश्रम और भक्ति के आदर्शों को ठुकराया हुआ देखते हैं तब उनमें आत्म-हीनता छा जाती है और वे स्वयं को भी निर्लज्ज, नीच, कंगाल, झूठा, गुणहीन आदि कहते हैं। ऐसे कथनों में रूढ़ि भी है और सामाजिक पतन से विद्रोह भी। अतः सामाजिक संवेदना की महँगी क़ीमत पर तुलसी ने आदिम प्रतीकवाद के परवर्ती रूपों (रूपकों, बिम्बों, मिथकों, धारणाओं) का जो व्यवहार किया है वह आत्म-पीड़ा के साथ-साथ आत्मछल की ओर भी मुड़ता गया है।

सारांश यह है कि तुलसी की 'विनयपत्रिका' में आत्मकथा, आत्म-पीड़ा, आत्म-संघर्ष, आत्म-निर्वासन आदि के सर्वाधिक हाशिए मिलते हैं। 'पत्रिका' में उनके जीवनबोध की भयानक अनुभूति, सामाजिक यथार्थता की निषेधात्मक फन्तासी तथा यूतोपियाई चेतना की भ्रान्ति, सभी एकत्र हो गई हैं। इस तरह 'पत्रिका' कवि और उनके युग का ऐसा यथार्थ प्रतिबिम्ब है जो सुन्दर न होकर विद्रूप है; मनोहर न होकर भयानक है; दिव्य न होकर दैत्यात्मक है। 'विनयपत्रिका' में कवि ने भय और अविश्वास का पहला तजुर्बा किया है जो बाद में 'हनुमानबाहुक' में यातना और अनास्था की ओर ढुलक-सा गया है।

[इ] मध्यकालीन क्लासिक 'रामचरितमानस' की समाजशास्त्रीय परिकल्पना भी नित-नवीन है

इतिहास से समाजशास्त्र में प्रस्थान तथा अनुप्रवेश की खास प्रक्रिया है क्योंकि यह दो दिशाओंवाली है—ऐतिहासिक तथा समकालीन। दोनों में ही **पैटर्नों** की निर्मिति होती है तथा **संरचनाओं** की शिनाख़्त।

क्लासिकों के अध्ययन में हमारी अटल धुरी **पाठ** (टैक्स्ट) होती है। पाठपरक विश्लेषण भी दो दिशाओं में गतिशील होता है। **पाठ्य-क्लासिकता** के अन्तर्गत सांस्कृतिक विरासत की अवधारणा प्रमुख होती है जो ज्ञान की कई दिशाओं में संचरण करती है। **पाठ्य-समकालीनता** के अन्तर्गत हम वर्तमान एवं आधुनिक का आच्छादन करते हैं—सृजन-प्रक्रिया के कालपरक पक्षों की रोशनी में। **अतएव वास्तविकताओं (एकचुअलिटीज़) के सन्दर्भ में हम सामाजिक यथार्थताओं (रियलिटीज़) का उद्घाटन करते हैं** जो लोक, तथा क्लासिक के रचनाकार, कृति के पात्रों, वर्णनों एवं घटनाओं के मेल द्वारा कई ढंग से प्रकट होती है :—जैसे, हम कैसे जीते हैं, प्रेषणीयता करते हैं, सम्बन्ध क़ायम करते हैं, नैतिक-धार्मिक एवं सौन्दर्यबोधात्मक प्रतिमानों की अनुपालना करते हैं; तथा मनुष्यों-संघटनाओं-वस्तुओं को संगठित एवं अर्थापित करते हैं।

अब उदाहरण लें। नाटककार शूद्र के समय में, मौर्यों के क्षय व पतन के उपरान्त, शुंग राजे उभर रहे थे। थोड़ा-सा मतान्तरीय खुलापन आया। सो, उन्होंने 'मृच्छकटिक' में कलाविलासिनी वेश्या वसन्तसेना तथा ब्राह्मण चारुदत्त के प्रणय-व्यापार को धुरी बनाया। उस समय 'कामसूत्र' के प्रणेता वात्स्यायन मुनि भी कामकला की संहिता रच रहे थे। बाद में कालिदास ने शुंग-सम्राट अग्निमित्र तथा मालविका की प्रेम-गाथा सामन्तीय धर्म-नैतिकता के खुले घेरे में लिखी। तदापि उन पर युग की पाठ्य-समकालीनता का इतना सन्त्रासी दबाव आच्छादित हुआ कि बाद की सभी रचनाओं में उन्होंने सामाजिक यथार्थता-चक्रवाले मानवलोक को पूरी तरह से तिलांजलि दे दी और अप्सराओं, देवियों-देवताओं, यक्षों, रघुवंशियों के दिव्य या अर्द्धदैवी संसारों के माध्यम से अपने पैटर्नों तथा संरचनाओं को गढ़ने लगे। **ये विभेदी क्षेत्रों में संज्ञानात्मक निर्मितियाँ हैं।**

शायद, बहुत कुछ इसी तरह तुलसीदास के साथ घटा। 'रामललानहछू' के खुलेपन के बाद उन्हें 'रामचरितमानस' द्वारा मानो समानान्तर धर्मशास्त्र भी ढालना पड़ा। यही

नहीं : विभिन्न दृष्टिकोणों से अपने समय और लम्बे जीवन की बदलती हुई प्रासंगिकताओं की वजह से उन्हें एक नहीं, बल्कि पाँच-छः श्रीरामों को विभिन्न स्थितियों में रचना पड़ा था। यथार्थता का एक अन्यत्र उद्‌घाटन यूँ होता है कि निगुर्णवादी 'श्री गुरुग्रन्थ साहिब' में जयदेव, मीरा, सूरदास शामिल हैं, किन्तु तुलसीदास नहीं। उसमें कबीर और रैदास के सर्वाधिक पद संकलित हैं। इसी विचारधारात्मक उपक्रम में तुलसीदास ने भी 'मानस' में साखी और दोहा कहनेवाले कबीर, तथा कहानी-उपाख्यान रचनेवाले जायसी, कुतुबन जैसे सूफ़ी शायरों की भी छद्‌मनिन्दाएँ की हैं। कारण यही है कि वे सभी निर्गुणवादी थे। उनके राम (तुलसी के) पूर्णब्रह्म राम से भिन्न थे; अथवा उनकी प्रेमकथाएँ इहलौकिक थीं। तुलसी ने 'मानस' के पार्वती-शिव-संवाद में कबीर-मत का, तथा सूरदास ने 'भ्रमरगीत' में निर्गुण मत का पुरजोर खंडन किया है। **यहाँ अवधारणाओं का उपकरणों एवं औज़ारों के रूप में इस्तेमाल हुआ है।**

हमारा निष्कर्ष यही है कि **क्लासिक-पाठ तथा सामाजार्थिक इतिहास के बीच द्वन्द्वात्मक तथा विरोधाभासी मैत्री परस्पर-स्पर्धी होती है।**

सुदीर्घ इतिहासोंवाले बहुलवादी समाजों में परम्परा तथा परिवर्तन का समाजशास्त्रीय अध्ययन बेहद प्रासंगिक है। अन्तोनियो ग्राम्शी ने कार्लमार्क्स की दर्शन-धारा के अन्तर्गत इस पर व्यापक विचार किया है।

तुलसी ने सनातनी परम्पराओं के अनुपालन को जोशीला साध्य बनाया क्योंकि राम-कथा के दैवी-चक्र में **परिवर्तन 'सत्य'** की उलझनें पैदा करता; इसलिए भी कि, उनके श्री राम तो पूर्णब्रह्म तथा मर्यादापुरुषोत्तम हैं। इसलिए वे परिवर्तन के पाथेरदावी कैसे होते ? तुलसी तो आदर्श मोहित पुनरुत्थानवादी ज़मीन पर डटे रहे। उन्होंने हिन्दू-समाज में वर्णाश्रम-व्यवस्था की शुद्ध-पवित्र संस्थापना पर प्रबल विश्वास जमाया तथा संयुक्त परिवार के रघुकुलीन रिश्तों की अधिष्ठापना में ही पुण्य, भक्ति तथा मोक्ष की नई सिद्धियाँ कराई।

यह सब कैसे हुआ ? तुलसी का कथानक-पर्यावरण तथा संघटना, दोनों ही मिथकीय–अलौकिक-दिव्य थीं। अतः एक सन्त-भक्त के नाते एक ओर तो उन्होंने प्राचीन इतिहास-पुराण-धारा में वैष्णवी **'पौराणिकीकरण'** किया, दूसरी ओर समकालीन दबावों के फलस्वरूप **'मध्यकालीनीकरण'** किया (यह 'कवितावली' तथा 'विनयपत्रिका' के आरम्भोत्तर विभागों में संकलित है); तथा तीसरी ओर वनों, तीर्थों-ग्रामों-कस्बों की ज़िन्दगी के अनुरूप कृषक-समाज की रूढ़ियों को लुभावना बनाते हुए सरल कृषक-रोमान्टिकता का पुट देकर **'कृषकीकरण'** भी किया। इससे उनका प्रकृतिवर्णन सौन्दर्योदात्त नहीं है। बल्कि उसमें पर्यावरण तथा नीति के संरक्षण के लिए ऋतु के अनुसार मानव एवं पर्यावरण की प्रशान्त आस्थावान मैत्री है। सो, 'मानस' में पौराणिकीकरण, 'कवितावली' में मध्यकालीनीकरण तथा 'रामललानहछू' एवं 'पार्वतीमंगल' में कृषकीयकरण परिलक्षित होते हैं। हमें यह भी ध्यान में रखना होगा कि मुग़ल शहंशाह अकबर-जहाँगीरवाले उनके समय के समाज में दो संस्कृतियों के बीच **संघर्ष** तथा **एकता**

का **द्वन्द्व-ऐक्य** जारी था। इसलिए 'मर्यादा-नियामक' (नार्मेटिव) बनाम 'वास्तविक' (एक्चुअल) के बीच की खाई को उनका बहु-प्रसारित 'समन्वयवाद' भी व्यवहारतः नहीं पाट सका था। इसका जीवन्त सबूत यह है कि उनके क़दमों के पीछे-पीछे आ रहे केशवदास ने 'रामचन्द्रिका' के साथ-साथ प्राकृतनृपगुणगायन द्वारा 'जहाँगीर जसचन्द्रिका' का भी प्रणयन किया। ठीक बाद में तो शृंगारपरक रीतिकाल ही छाता गया।

'रामचरित मानस' तथा 'कवितावली' में अपने समय के डरावने यथार्थ को उन्होंने परिपाटी के हाशियों के साथ जोड़कर 'कलियुग' का वर्णन किया है तथा 'विनयपत्रिका' में उसकी **भय और आतंक, गरीबी और अशिक्षा की बर्बर दशाओं को भयानक पशु-पक्षी के उपमानों द्वारा तिबारा व्यंजित किया है।**

अतएव उनमें सामन्तवाद की कलियुगी यातना के सभी आयामों को लाँघकर आत्मोत्तीर्ण होने का आत्मसंघर्ष है, वह उनकी भविष्यवादी (फ्यूचरोलॉजिकल) यूतोपिया 'रामराज्य' में साकार हुआ है। अतएव यदि 'कलियुग' तथा 'रामराज्य' के अक्षों को पाठ्य-समकालीनता तथा पाठ्य-क्लासिकता के भी दृष्टान्त माना जाए तो अत्युक्ति नहीं होगी। **इस भाँति से सामाजिक यथार्थता के समावेशन के लिए सिद्धान्तों एवं उपागमों (एप्रोच) की निर्मिति होती रहती है।**

तुलसी के समय के सामन्तीय मध्यकाल में कुछेक **द्विपर्णयुगल, द्विपर्णयुग्म** तथा **द्विपर्ण विरुद्ध** तीनों ही हैं :—यथा, ब्रह्म और माया, निर्गुण और सगुण, ज्ञान और भक्ति, अवतार और उद्धार, सन्त और सामन्त, नारी और शूद्र, कुल और शील आदि आदि।

इन ध्रुवान्तों, इन अक्षों में वे आद्यन्त दोलित और आन्दोलित रहे हैं। हम एक विलक्षण ज्वलन्त मिसाल लेते हैं—'मानस' में ही उन्होंने नारी तथा शूद्र को, ढोल तथा गँवार और पशु को (समुद्र-उवाच द्वारा) 'ताड़न' का अधिकारी बताया है (अगर यह चौपाई प्रक्षिप्र नहीं है, तो)। किन्तु इसी क्रम में वे शिव-मुख से कहलाते हैं कि नारी-स्वभाव से संशययुक्त होती है (इसीलिए सती, सीता का रूप धरकर, राम के ब्रह्मस्वरूप होने की परीक्षा लेती है तथा अपना पतिव्रतधर्म भंग कर डालती है)। इसी क्रम में आगे नारी को सहज रूप से जड़ तथा नासमझ भी बताया गया। आगे अनसूया नारी को सहन-अपावन भी बताती है। 'मानस' वाली अपनी इस योगी-तापसी प्रतिबद्धता का वे बाद में परित्याग-सा कर देते हैं क्योंकि फिर कभी भी कहीं नारी-निन्दा के संवाद नहीं मिलते। उन्होंने जब एक बार जलती चिता से निकलकर भागती हुई अधजली (सती) नारी को देखा तब से वे खामोश हो गए।

'विरोध' तथा 'युग्म' का इस्तेमाल करके वे सगुणचक्र में **'नाम'** (बालकांड में तो 'रामनाम' का दर्शन ही व्याख्यायित हुआ है), 'निर्गुण', 'जीव' इन सभी का समाहार करने की अर्द्धदार्शनिक कोशिशें करते हैं:—ब्रह्म जो व्यापक, बिरज (माया-रहित), अज (अजन्मा), अकल (अगोचर), अनीह् (इच्छा रहित), अभेद (भेद रहित) है, जो वेद के अभिज्ञान से भी परे है, क्या वह देहधारी मनुष्य (अवतार) हो सकता है ? सती की इस

अनास्था के उत्तर में वे बारम्बार 'मानस' में कहते हैं :–'हरि अनन्त हरिकथा अनन्ता' तथा 'सगुनहि अगुनहि नहिं कछु भेदा।' अगुण तो निर्गुण है, अरूप है, अलख (अव्यक्त) है। तुलसी इसका सीधा-सा निर्वचन करते हैं कि निर्गुण ब्रह्म ही भक्तों के प्रेमवश सगुण ईश्वर हो जाता है। सो, वे **'ज्ञान'** और **'योग'** के मुकाबले मध्यकाल में नई लोकधारा वाली **भक्ति** तथा **प्रेम** का भाष्य करते हैं। इस तरह त्रिविध द्विपर्ण-संरचनाएँ उनकी विचारधारा का समन्वयवादी एटलस हैं। **उन्होंने अतीत की यथार्थता एवं परम्परा का एक कालखंड के रूप में निर्माण कर डाला।**

उपर्युक्त तरकीबें तुलसी की निजता वाली हैं। इनमें विरुद्धों का सामंजस्य है, अन्तर्विरोधों का समन्वय है, विरोधाभासों की रामत्व में अन्तर्लीनता है तथा आश्विनीय सिन्ड्रोम (या युग्मता) का रूपकों-सांगरूपकों में समाहार है। **इन चारों तरकीबों में तुलसी की अस्मिता भी ढूँढ़ी जा सकती है** फिर, क्यों न, हम इसे **'तुलसीयकरण'** कह लें ?

तुलसीयकरण के अन्तर्गत **वनधुरी** की तरह **जलधुरी** भी परिव्याप्त है जो समुद्र से लेकर **सुरसरि** तक का, मानसरोवर से लेकर काव्य-शास्त्रीय-सरोवर तक का बन्धान करती है। साथ ही साथ तुलसी के परमप्रिय सांगरूपकों से संयुक्त रचनाओं में उन्हें गूँथ डालती है। इसी कड़ी में उनके कुछ अश्विनी-सिन्ड्रोम भी आते हैं जहाँ एक ओर खर-दूषण, नल-नील, लव-कुश, जटायु-सहोदर के **युग्म** आते हैं तो दूसरी ओर राम-लक्ष्मण, बालि-सुग्रीव, रावण-विभीषण, तारा-रूमा, अंगद-हनुमान, गरुड़-जटायु, शिवधनु-रामधनु के **युगल।**

तुलसीयकरण से हमारे तात्पर्य के कुछ और खुलासे भी अपेक्षित हैं:–

(क) अहल्या-मिथक में तुलसी ने किस तरह कामअक्ष का दहन करने में अथवा सीता-जयन्त प्रसंग में नैतिकता का आवरण ओढ़ाने में क्या कुछ किया है–परम्परा से हटकर, या जोड़कर या काट-छाँटकर ? वस्तुतः ये मात्र प्रतिपत्तियाँ नहीं हैं; तुलसी द्वारा गढ़े गए निजी सचेतन कथांश हो गए है।

(ख) बालि पहले श्रीराम से जीवनदान नहीं माँगता बल्कि प्रश्नों की लगातार झड़ी लगा देता है फिर तुलसी-प्रबोध के अन्तर्गत मुक्ति की कामना करके पूर्ण रामभक्त हो जाता है। (बालि-पत्नी तारा राम को कोई शाप नहीं देती)।

(ग) सती-प्रसंग का उपयोग तुलसी ने अपने ढंग से कैसे किया ? कैसे सती-मोह और सती-दाह के विरुद्धों का सामंजस्य किया और उसमें कबीर की भी प्रचंड विचारधारात्मक बखिया उधेड़ी ? कैसे उन्होंने इसे राम के पूर्ण ब्रह्म होने की प्रस्थापना से जोड़ा ? कैसे उन्होंने राम की शिवभक्ति तथा शिव की रामभक्ति का 'रि-मिक्स' कर डाला ?

(घ) इसी तरह परशुराम-प्रसंग में जनक की राजसभा में जुड़े **पात्रों की दशाओं** वाली देहभाषा की अपनी चित्रवीथी भी रची है (ऐसी छटा दोबारा 'पार्वतीमंगल' में दिखती है)

(ङ) काकभुशुंडि-प्रसंग में वे 'अध्यात्म रामायण' से कहाँ आगे, पीछे, नीचे, ऊँचे

हुए, यह जाँचना होगा। **मिथकें तो शाश्वत् वर्तमान हैं जबकि इतिहास कभी वर्तमान था।**

रामनाम का सन्दर्भ तो बालकांड में छाया हुआ है। वह एक ओर कबीरधारा के निगुर्ण-राम के विरुद्ध है, दूसरी ओर भक्तिधारा में दशरथ-सुत राम के सगुण-जाप के हेतु है। अतः रामनाम के दोनों आयामों में तुलसी का अर्थीय रजिस्टर खुल-खुल पड़ता है।

इसके अलावा तुलसीयकरण का पद्धति-क्रम (प्रोसीजर) 'मानस' के पहले तथा पश्चात् भी देखना होगा कि अपनी अन्य कृतियों में उन्होंने राम-कथा में **किन-किन** अंशों को प्रमुखता से **क्यों-क्यों** लिया है और उन बहुविध रामकथाकृतियों में राम, या सीता, या हनुमान, या कलिकाल में से **किसे-किसे** नायकत्व दिया है। ...'मानस' के उनके श्रीराम के पौराणिकीकरण-मध्यकालीनीकरण का आवेश एवं आस्था बाद में विषयेतर होती जाती है (श्रीराम के प्रति भक्ति नहीं)। एवज़ में उनकी आत्मकथा, उनका समसमय तथा उनके युग की सामाजार्थिक-व्यवस्था भी प्रकट होने लगती है। यह प्रकटावा तुलसीयकरण की विलक्षण विधि है।

तुलसीयकरण की प्रगाढ़ भक्ति में श्रद्धा तथा गहरी-आस्था सन्त-भक्त तुलसी की श्रेय तथा प्रेय, दोनों है; लेकिन क्या लोक, पाठक तथा आलोचिन्तक के लिए कवि की आस्था का अन्तरण कृति की आस्था पर कर दिया जाए ? क्यों ? क्या तन्मयता के बजाय आस्था की भूमि पर रचना का आस्वादन करें ? तो, हमें दैवी सौन्दर्यबोधशास्त्र के गूढ़ खतरे उठाने को भी तैयार रहना होगा।

अबुल फज़ल की 'आइने अकबरी' के विरोधी ध्रुवान्त पर तुलसी ने रघुवंशी राजा राम के राज्य, प्रशासन, विदेशी मामलों, कल्याणकारी समाज तथा कबीलाई जनजातियों पर भी राजनीतिक-आर्थिक समेत सामाजसांस्कृतिक पैटर्न तथा संरचनाएँ भी गढ़ी हैं। संक्षेप में इतना ही।

सामन्तीय राजतन्त्र की जनलोकधुरी पर तो कृषक एवं कारीगर रहे हैं। जब दलित व पिछड़े वर्ग के कारीगर शहरों की ओर पलायन करने लगे, तभी भक्ति-आन्दोलन की, विशेषकर निर्गुण सन्तों के अपने देवताओं-गुरुओं की भी, लहरें उठीं। राजतन्त्र की फिरनी (पेरिफरी) में छोटी-छोटी पेशेवर जातियाँ, आदिम एवं वन्य कबीले भी रहते थे। केवट और शबरी को तुलसी ने भी अपने भक्ति-चक्र में गौरवान्वित किया है। किन्तु ग्रामीण धुरी से परे आदिम-कबीलाई जनजातियों को वे आर्य-नैतिकता के न्याय-विधान से संचालित करने की ठानते हैं (वाल्मीकि स्वयम्भू, भवभूति आदि से भी प्रस्थान करके)। **कबीलाई व्यवस्थाएँ** अपने-अपने कुलचिह्नों (टोटेम) द्वारा अस्मिता (आइडेन्टिटी) प्राप्त करती आई हैं–स्वर्णमृग (खर-दूषण), वानर, ऋक्ष, गृद्ध आदि। इनके समाजों में सुस्पष्ट वर्ण-वर्ग भेद नहीं होते। स्त्रियाँ और पुरुष समान होते हैं तथा उनके बीच स्वच्छन्द यौन-व्यापार की भी अनुमति होती है और वैवाहिक प्रथा भी खुले आदि-अन्त वाली रहती है। इसलिए तारापति बालि अपने भाई सुग्रीव की पत्नी रूमा को भी अपने साथ 'बैठा' लेता है, अंगद अपने चाचा का साथ देने को अनुरागी है, शूर्पनखा राम से

प्रेम-विवाह का निर्द्वन्द्व प्रस्ताव करती है तथा बदले में लक्ष्मण द्वारा अमानवीय दंड पाती है। ये सब कार्य उन पृथक् तथा स्वाधीन व्यवस्थाओं पर आर्य-नीति-न्यायविधान थोपनेवाला एकाधिकार है। **अतएव इनमें नैतिकता और कामुकता को लेकर हमें नृतत्वशास्त्र (एन्थ्रोपोलॉजी) में समाहार ढूँढ़ना होगा; न कि तुलसी-चिन्तन में।**

यहाँ रावण और विभीषण के, बालि और सुग्रीव के, सुग्रीव और राम के; राजा-राजदरबार और दूत आदि के प्रसंगो में मध्यकालीन **विदेशी राजनय** (डिप्लोमेसी) की प्रतिच्छाएँ उद्‌घाटित कर सकते हैं।

राज्य-संचालन तथा **राजा की भूमिका** पर भी तुलसी ने, अपने ढंग से भी, विश्वामित्र, वशिष्ठ, भारद्वाज, जनकादि के द्वारा, तथा दशरथ-राम, राम-भरत के द्वारा सर्वाधिक विचार-मन्थन किया है।

रामराज्य में तो **प्रशासन** तथा **कल्याणकारी कार्यों** का एक बहुपक्षीय घोषणापत्र (मेनिफेस्टो) ही लिखाया गया है–वर्ण, आश्रम, वर्ग, परिवार, शादी, कुटुम्ब, रिश्तेदारियाँ, राज्याभिषेक, अर्थ, राजा के आदर्श, कानून-व्यवस्था, सेना आदि पर।

इसके अलावा **युद्ध एवं शान्ति एवं सन्धि** के कई प्रकार हैं :–राम-रावण युद्ध, लक्ष्मण-मेघनाद युद्ध, रावण-जटायु युद्ध, बालि-सुग्रीव युद्ध, राम-मारीच युद्ध आदि।

इस भाँति उन्होंने मानवीय तथा सभ्यतापरक विरासत की निर्मितियाँ सिद्ध की हैं। इन सभी पर मिथकीय, ऐतिहासिक, मध्यकालीन तथा समकालीन–इस कार्य-चौखट में अन्तर्ज्ञानानुशासनीय अध्ययन हो सकता है। ध्यातव्य है कि इतिहास कभी वर्तमान था। किन्तु मिथकें तो शाश्वत वर्तमान हैं।

तुलसी द्वारा परम्परागत वर्णाश्रमी हिन्दू-व्यवस्था को 'मनुस्मृति' पर ही आधारित किया हुआ प्रतीत होता है। इसलिए कम-से-कम महाकाव्य 'रामचरितमानस' एक धर्मशास्त्र का पद भी पा गया है। इसलिए क्लासिक के अध्ययन की प्रणाली पर अनेक तथा विशिष्ट सवाल उठ खड़े होते हैं। मुख्य है कि क्या नई अस्मिताएँ (न्यू आइडेन्टिटीज़), आधुनिक भारत के किसानों का लोकचित तथा साम्प्रदायिक समन्वय के समाधान आदि तुलसी के सकारात्मक-नकारात्मक पक्षों की द्वन्द्वात्मक मुठभेड़ों द्वारा इंगित किए जा सकते हैं, आधुनिकीकरण के लिए ?

इसके लिए पहले-पहल ज़रूरत है कि हम तुलसीदास के 'मानस' तथा अन्य कृतियों के मूल, प्रामाणिक **पाठों** (टैक्स्ट्स) का निर्धारण करें क्योंकि उनमें बाद में तो काफ़ी प्रक्षिप्त अंश जोड़े गए हैं। आचार्य विश्वनाथ प्रसाद मिश्र के बाद आजकल इस समस्या से लखनऊ के प्रेम शंकर तिवारी तथा त्रिलोकीनाथ सिंह जूझ रहे हैं।

इसके बाद दूसरा आयाम यह कि, पुनर्लब्ध मूल-शुद्ध-प्रामाणिक पाठ की **प्रासंगिकता** कैसे जानें ? समाजशास्त्री कृष्णा भारद्वाज, इतिहासकार रोमिला थापर, मानवशास्त्री श्यामा चरण दुबे तथा समाजसिस्टम-अध्येता नरेन्द्र सिन्धी ने कुछ सूत्र बताए हैं। **ये एक 'क्लासिक' के अध्ययन-अनुशीलन के मिले-जुले सारसूत्र** हैं :

(क) सामाजिक यथार्थता के समावेशन (कॉम्प्रिहेन्शन) के लिए **सिद्धान्तों** तथा **उपागमों**

का निर्माण। ये ही साधन बनेंगे।

(ख) विभेदक क्षेत्रों में **संज्ञान** (क्राग्निशन) परक निर्मितियाँ (काँस्ट्रक्ट) देखना ताकि उनका मूल्यांकन हो सके।

(ग) मानवीय तथा सभ्यतापरक **विरासत** की निर्मितियाँ सिद्ध करना।

(घ) अतीत की **परम्पराओं** तथा **विरासत** से प्रभावित समकालीन सामाजिक यथार्थता की निर्मिति।

(ङ) अतीत की **यथार्थता** का एक ऐतिहासिक कालखंड के रूप में निर्माण।

(च) ज्ञानक्षेत्र में सम्प्रेषण एवं शोध के निमित्त **अवधारणाओं** (कान्सेप्ट्स) का उपकरणों एवं औज़ारों के तौर पर निर्माण।

इनके द्वारा समापन चरण में–

(1) अतीत एवं वर्तमान के संचित अनुभव के परिप्रेक्ष्य में भविष्यद्रष्टा नीतियों का सूत्रायन करना, तथा

(2) समाजविज्ञानों के समग्र प्राचल (पैराडाइम) के विधान द्वारा सांस्कृतिक-सामाजिक-सौन्दर्यबोधात्मक दिशाओं को समृद्ध बनाना।

(3) तुलसी के सन्दर्भ में चार 'करण' ध्यातव्य हैं :–पौराणिकीकरण, मध्यकालीनीकरण, कृषकीकरण तथा तुलसीयकरण।

श्रीराम की आर्य-यात्राएँ उत्तर से दक्षिण तक हुई थीं। बाद में गुप्तों, चोलों, पल्लवों के साम्राज्यों के युगों में ये (यात्राएँ) दक्षिण एशिया के सुमात्रा (सुवर्ण द्वीप), जावा (यवद्वीप), बाली, कम्बोडिया, कालिमन्थान (बोर्नियों), सुखोथाई, चम्पा-पान्डुरंग, (वियेतनाम) तक कई शताब्दियों तलक जारी रहीं। इससे समूचे एशिया में श्रीराम अनन्त हो गए तथा रामकथाएँ भी अनन्त हो गईं। एशिया के दो महाप्रतीक आज भी अमृतमय हैं–बुद्ध और राम ! **तुलसीदास के 'मानस' का अनेक एशियाई रामायणों से बहुलवादी-तुलनात्मक अध्ययन-शोध का इन्तज़ार है**। ऐसे अध्ययन की नींव बरान्निकोव तथा फादर कामिल बुल्के रख चुके हैं।

[आठवीं] समापन-गोष्ठी

"उत्तर प्रतिउत्तर बहु आनसि" : अर्थात् आलोचिंतक-रूपी पाठक और सहभोक्ताओं ने कौन-सी आलोचनाएँ कीं ?

आलोचिंतक रमेश कुन्तल मेघ की यह गोष्ठी विशाल मध्यकाल के एक खंड की संस्कृति के एक साहित्य-रूप की एक धारा की भूमिका पेश करती है जब कि विशाल मध्यकाल की बहुमुखी संस्कृति के अनेक कला-रूपों की अनेक धाराएँ मिलकर ही पूरी तसवीर खींच सकती हैं। यह आलोचिंतक की अनिवार्य सीमा लगती है। उसने तुलसी, तुलसी के कृतित्व, और मध्यकालीन संस्कृति की जो मूल्य-मीमांसा की है उसमें उसने बेहद आधुनिक दृष्टिकोण अपनाने की कोशिश की है। लेकिन अपनी मौलिकता को वह पूरी तरह साबित नहीं कर सका है यद्यपि उसने नृवंशशास्त्र, समाजशास्त्र, सौन्दर्यबोधशास्त्र, राजनीतिशास्त्र, अर्थशास्त्र, दर्शनशास्त्र, मिथकशास्त्र आदि का भी पर्याप्त उपयोग किया है। हाँ, यह अवश्य कहा जा सकता है कि उसने इनकी वैज्ञानिक स्थापनाओं को ही आधार बनाया है।

- पहली गोष्ठी में आलोचिंतक ने इतिहास-पुराणों और ग्रामीण समाजशास्त्र के आधार पर मध्यकालीन वृत्तों की जो रचना की है उनके अन्तर्गत वह रामवृत्त को कृष्णवृत्त, शौर्यवृत्त तथा रहस्यवृत्त से पूरी तरह जोड़ नहीं सका है। इनके जोड़ने पर ही मध्यकालीन 'सांस्कृतिक रूपाकार' की धारणा मुकम्मिल होती।
- दूसरी गोष्ठी में आलोचिंतक ने कवि के मुगलकालीन रंगमंच को लिया है। यहाँ एक दयनीय तथ्य उभरकर आ गया कि यूनानियों, मिस्रियों, चीनियों तथा अरबों की तरह भारतीय जागरूक इतिहासकार नहीं रहे हैं। इसलिए उनमें सामाजिक विविधता और आर्थिक क्रियात्मकता के प्रति उन्नतिशील दृष्टिकोण नहीं पनप सका।
- तीसरी गोष्ठी में आलोचिंतक ने तुलसी की आत्मकथा की पुनर्रचना की है और उनके जीवन से मृत्युपर्यन्त चरित्र को पहली बार एकसूत्र में पिरोया है। लेकिन यहाँ भी वह चूक गया। उसने भक्त तुलसी को प्रधानता देने के बजाय सामाजिक पुरुष तुलसी को महत्ता दी है। शायद उसके दिमाग में आचार्य शुक्ल का दृष्टिकोण क़ायम था। उन्होंने भी भक्त तुलसी के बजाय लोकमंगल-साधक तुलसी का पुनर्निर्माण किया है।

- चौथी गोष्ठी में शिल्पविधि का विवेचन है। यह स्वयं में अत्यन्त तकनीकी कुहेलिकाओं में व्यस्त हो गई है।
- पाँचवीं गोष्ठी में आलोचिंतक ने सौन्दर्यबोध-शास्त्र के अनुसार तुलसी के कृतित्व के अध्ययन को जो दिशाएँ दी हैं वे खंडरूप हैं। सौन्दर्यबोधशास्त्र अपनी समग्रता में वहाँ प्रतिष्ठित नहीं हुआ है। किन्तु इस गोष्ठी में अनेक महत्त्वपूर्ण तथा विचारोत्तेजक दिशाओं का इशारा तो ज़रूर ही किया गया है।
- छठी गोष्ठी चरित्र-रचना से सम्बन्ध रखती है। यहाँ आलोचिंतक ने धार्मिक नैतिकता के बजाय सामाजिक नैतिकता को, साहित्यशास्त्र के बजाय समाजशास्त्र को आधार बनाया है। जिस तरह तीसरी गोष्ठी में उसने धार्मिक अवधारणाओं तथा प्रतीकों का आधुनिक किन्तु एकांगी विश्लेषण किया था, वह बात यहाँ कम है।
- अन्तिम सातवीं गोष्ठी में आलोचिंतक ने विद्वानों के बहुत ज्यादा उद्धरण दे दिए हैं और हिन्दी जगत् को मिथकशास्त्र से परिचित कराने का अतिरिक्त जोश भी दिखाया है। यह गोष्ठी पूरी वार्ता का उत्कर्ष है। किन्तु इसमें धारणाओं का पूरा प्रकाशन नहीं हो सका है। हम सहभोक्ता इस वार्ता को जारी रख सकते हैं। अब दूसरे संस्करण में लेखक ने कुछ परिशिष्ट भी जोड़ दिए हैं।

कुल मिलाकर हम भी आलोचिंतक के इस मत से सहमत हैं कि यह गोष्ठी 'मध्यकालीन अध्ययनशास्त्र' (मेडीवल स्टडीज) का एक अगला चरण है। इस गोष्ठी में हमें जो नई और आधुनिक दृष्टियाँ मिली हैं उनसे प्रेरित होकर हम इस परिसंवाद को आगे बढ़ाएँगे; और सूर, कबीर तथा जायसी पर भी ऐसी ही गोष्ठियाँ आयोजित करेंगे।

औपचारिकता-प्रदर्शन के लिए भी आलोचिंतक धन्यवाद का पात्र नहीं है। धन्यवाद के पात्र तो हम सब गोष्ठी में भाग लेनेवाले लोग हैं जिन्होंने उसको इसके लिए उत्तेजित किया कि वह तुलसी और तुलसी कृतित्व को ज़रा अपने आधुनिक झरोखे से भी पेश करके समाज में उत्तर-प्रतिउत्तरों को आमन्त्रित करे।

मानस-चतुश्शती के मौके पर अपना प्रवर्तक पत्र पेश करके इसे आलोचिंतक ने पुनः कुछ नए समकालीन प्रश्न उठाए हैं। इन्हें तीसरे संस्करण में संवादित किया जाएगा।

अब गोष्ठी विसर्जित की जाती है।

अनुक्रमणिका

द

ध

न

प

फ

ब

भ

म

र

ल

व

श

स

ह

ज्ञ

●●●